全国适用教材

最新版

李道平　等著

Public Relations

公共关系学

第五版

经济科学出版社

图书在版编目（CIP）数据

公共关系学/李道平等著．—5 版．—北京：
经济科学出版社，2014.7（2021.7 重印）
ISBN 978 -7 -5141 -4527 -4

Ⅰ.①公…　Ⅱ.①李…　Ⅲ.①公共关系学 - 高等学校 - 教材
Ⅳ.①C912.3

中国版本图书馆 CIP 数据核字（2014）第 068235 号

责任编辑：周胜婷
责任校对：王凡娥　刘欣欣
版式设计：代小卫
责任印制：邱　天　王世伟

公共关系学
（第五版）
李道平　等著
经济科学出版社出版、发行　新华书店经销
社址：北京市海淀区阜成路甲 28 号　邮编：100142
总编部电话：010 -88191217　发行部电话：010 -88191522
网址：www.esp.com.cn
电子邮箱：esp@esp.com.cn
天猫网店：经济科学出版社旗舰店
网址：http://jjkxcbs.tmall.com
固安华明印业有限公司印装
710×1000　16 开　27.75 印张　574000 字
2014 年 7 月第 5 版　2021 年 7 月第 9 次印刷
ISBN 978 -7 -5141 -4527 -4　定价：54.00 元
（图书出现印装问题，本社负责调换。电话：010 -88191510）

学术指导

廖为建　余明阳　李道平

撰　稿　者

（按撰写章节顺序排列）

李道平　余以游　刘庆龙　熊卫平
单振运　廖为建　舒咏平　薛　可
纪华强　樊建廷　陈志云　谢俊贵
游为民　黄　翔　干　勤

参与本书讨论、提供咨询意见和资料的专家与学者

李道豫　张润霞　邢　颖　郭惠民
张国庆　李兴国　孟　建　黄华新
钟育赣　齐小华　杨　魁　王维平
郭　虹　张依依　陈先红

本书简介

本书是面向高等教育推出的新一代的公共关系学教材。内容包括：公共关系基本理论、公共关系历史、公共关系组织与人员、公共关系工作对象、公共关系三大工作目标、社会组织形象塑造、公共关系沟通管理、公共关系协调等。

本书有六大特点：构建了一个崭新的公共关系学科体系；几个重要的学术流派首次融合；全书内容有很多创新；著名作者联手撰稿；理论与实用并重；体例规范、完整，并有新的形式。

主要供各类高校、党校、行政学院、经济与管理学校作为教材使用，也适合广大读者自学。

本书出版后，被北京大学、清华大学等上百所高校选用，被数百部专著和教材列入参考书目，被上千篇文章推荐，被《公关世界》杂志评为2000年度“中国公共关系十大重要事件”之一。

本书第五版在公共关系基本理论、公共关系工作方法和案例及阅读参考材料等方面，又有新的更精彩的内容。

本书简介

学术指导、作者及有关专家、学者简介

廖为建，中山大学传播与设计学院副院长、教授，中国国际公共关系协会学术委员会副主任。1985 年从事公共关系教学研究以来，撰写多部公共关系学著作。他与王乐夫等人编著的《公共关系学》是我国较早出版的公共关系专著。理论上主张将“传播管理”作为公共关系学的核心概念，公共关系“传播学派”倡导者。

余明阳，上海交通大学管理学院教授、博士生导师，中国公共关系协会学术委员会主任。1986 年开始研究、讲授公共关系学并撰写有关文章和《公共关系素质论》、《现代公共关系实务大全》等多部书籍，理论上力主将“形象塑造”作为公共关系学的核心概念，公共关系“形象学派”倡导者。

李道平，安徽出版集团编审，中国国际公共关系协会学术委员会顾问、中国公共关系协会专家委员会副主任、劳动部国家职业资格工作委员会公共关系专业委员会委员、人事部中国高级公务员培训中心政府公共关系专家委员会委员。1986 年开始研究公共关系学并编辑公共关系类图书，理论上将“社会组织与公众协调”作为公共关系学的核心概念，公共关系“协调学派”倡导者，有《公共关系协调原理与实务》、《公共关系策划》等著作出版，其组织编辑的大学教材《公共关系学》、《公共关系案例》数次被评为“全国优秀畅销书”，有广泛影响。

余以游，中国公共关系协会学术委员会常委、清华大学客座教授。

刘庆龙，清华大学公共管理学院教授，中国国际公共关系协会学术委员会委员、劳动部国家职业资格工作委员会公共关系专业委员会委员、人事部中国高级公务员培训中心政府公共关系专家委员会委员。

熊卫平，浙江大学法学院教授。

单振运，沈阳师范学院社会学系教授，中国公共关系协会学术委员会委员。

舒咏平，华中科技大学新闻与信息传播学院副院长、教授，中国公共关系协会学术委员会委员。

薛　可，上海交通大学媒体与设计学院教授。

陈志云，上海市委党校、上海行政学院教授，中国公共关系协会学术委员会委员。

纪华强，上海外国语大学公关研究院常务副院长、教授、中国国际关系协会学术委员会副主任、国家职业资格工作委员会公共关系专业委员会委员。

樊建廷，天津商业大学教授、公共关系教研室主任，中国公共关系协会学术委员会委员。

谢俊贵，广州大学社会学教授。

游为民，贵州民族学院旅游系教授。

黄　翔，成都大学经济系主任、教授。

干　勤，重庆市科技学院副院长、教授。

李道豫，中国国际公共关系协会会长，原中国驻美国大使。

张润霞，中国公共关系协会副主席、中国国际公共关系协会副会长，原安徽省副省长。

邢　颖，北京全聚德集团总裁，中国公共关系协会常务副主席。

郭惠民，国际关系学院副院长、教授，中国国际公共关系协会学术委员会主任。

张国庆，北京大学政府管理学院教授、博士生导师，北京大学公共管理研究中心主任。

李兴国，国家行政学院教授，中国公共关系协会副主席。

孟　建，复旦大学新闻学院副院长、教授。

黄华新，浙江大学哲学社会学系主任、教授。

钟育赣，广东商学院管理学院院长、教授。

齐小华，中国传媒大学广告学院公共关系系主任、教授。

杨　魁，兰州大学新闻与传播学院教授。

王维平，兰州大学政治与行政学院教授。

郭　虹，复旦大学新闻学院副教授。

张依依，台湾世新大学公共关系暨广告系教授。

陈先红，华中科技大学新闻与信息传播学院副院长、教授。

目 录

第一章　公共关系的基本理论

本章提要

学习一门新的学科知识，首先必须了解其最基本的理论，这样才能做到既高屋建瓴地从整体上把握这门学科的基本框架，同时又深刻地领会该学科的本质及特点。

本章主要探讨和介绍公共关系学最基本的理论，包括对“公共关系”概念含义的表述，对公共关系构造要素、形成条件、周期的分析，对公共关系基本属性及功能和地位的揭示，对公共关系学的研究对象与研究内容进行框定，并对公共关系一系列范畴与概念进行界定等。

通过对本章的学习，我们要充分认识什么是公共关系、公共关系对我们的工作和生活及社会发展有何等重要意义和作用，系统掌握公共关系学的基础理论和概念以及公共关系工作的重要规律和原则。

第一节　公共关系的含义

一、关系、社会关系、公共关系

在日常工作、学习、生活中，“关系”、“社会关系”、“公共关系”等经常出现在我们的话语中，这是因为：我们每天一睁开眼睛，就要和各种各样的关系打交道。关系像空气，看不见、摸不着，但我们却时时被它们影响。

我们学习和研究公共关系学，有必要像剥笋子一样，层层进入。我们首先来探讨关系是什么。

（一）关系

关系是什么？关系是人或事物之间的相互联系。也就是说，人与人之间、事物与事物之间、人与事物之间发生联系，就有了关系。

联系产生关系。明白这一点非常重要：关系不是凭空产生的，在联系的基础上才能建立关系。我们开展公共关系工作，必须十分重视联系。

联系，是指人或事物彼此连接、联合、结合在一起。

在哲学教科书上，联系有两重含义：一是指世界上的一切事物、现象、过程之间的相互影响、相互制约和相互作用；二是指各种事物、现象、过程内部的诸要素、诸成分及阶段之间的相互影响、相互制约和相互作用。

用一句话表述，联系就是事物、现象、过程之间以及它们内部诸要素、成分及阶段之间的相互影响、相互制约和相互作用。

而关系就是人与人、事物与事物之间相互联系、相互贯通、相互渗透、相互影响、相互依赖、相互对立、相互作用、相互制约、相互协调、相互转化、相互融合的状态。

（二）社会关系

人与人之间的联系构成了人际关系。社会是人际关系的结合。广义的人际关系通常又被称作社会关系，包括群体、个人相互之间的关系。

社会关系是指人们在相互交往和社会活动过程中形成的关系。

人作为自然存在物，他们之间必然发生自然关系，如空间位置关系、生理关系等。除此之外，人们还必然在改造自然界活动的基础上形成人与人之间协作劳动和相互交换活动的社会关系。

只有借助一定的社会关系，人们才能获得和运用劳动成果。这是社会关系的价值所在。既然人们的社会交往产生了社会关系，那么我们就来介绍一些有关交往的理论知识。

“交往”是一个多学科共同使用的科学概念，又是一个多层次概念。

哲学上的交往概念是指人所特有的相互往来关系的一种存在方式。心理学指人与人之间的心理接触或直接沟通，彼此达到一定的认知。社会学指特意完成的交往行为，通过交往行为形成特定的社会联系。语言学用其表达信息交流。

交往具有层次性：广义的交往包括人与自然、人与人交往；次广义交往指人与人的相互作用，包括个人之间、群体之间、国家与民族之间的相互作用，一般我们说的交往是指这个层次。狭义的交往指与生产相对应的交往，即物质交往。最狭义的交往指劳动产品的交换。

历史唯物主义对“交往”概念的内涵表述为：交往是人类特有的存在方式和活动方式，是人与人之间发生社会关系的一种中介，是以物质交往为基础的全部经济、政治、思想文化交往的总和。

交往是一种以主客体关系为中介的主体与主体之间的关系。这种关系本质上是互动的，而非一方主动另一方被动。也就是说，相互需要，彼此主动。

对于交往，我们划分出不同的种类：

根据交往的领域不同，划分出政治的、行政的（权力的）、经济的、文化的、军事的、科技的交往。

根据交往在社会发展中所起的不同作用，划分出积极的和消极的交往。

根据是否需要有中间环节，划分出直接的和间接的交往。

根据交往主体的不同，划分出个人与个人、个人与人的群体、人的群体相互之间的交往。

根据交往的范围，划分内部交往与外部交往，如国内交往和国际交往。

根据交往的性质，划分合作的、竞争的、对立（对抗）的、冲突的交往。与交往的这些种类相对应，社会关系也可以划分出若干类型。

从人交往的规模，可分为个人与个人、个人与人的群体、人的群体相互之间关系。

从人们交往的领域，可分为政治的、行政的（权力的）、经济的、文化的、军事的、科技的、外交的关系。

从人们交往的内容，可分为信息的、物质的、感情的、精神的关系。

从人们交往的性质，可分为合作的、竞争的、对立的、冲突的关系。

从交往的范围，可分为内部的、外部的、国际的、省际的、市际的关系。

在上面介绍关系时，我们用了“联系”；在介绍社会关系时，用了“交往”；在后面的对公共关系有关问题进行阐述时，我们将使用“互动”。在本书中，它们作为同义语使用。

（三）公共关系

对社会关系还有一种分类，就是个人关系与公共关系。公共关系是对社会关系的一种细分。

个人关系是狭义的人际关系，特指个人之间私人性质的关系。如血缘关系（父母与子女）、族缘关系（亲戚）、学缘关系（同学）、地缘关系（老乡、邻居）、情缘关系（朋友）等。

“公共关系”是20世纪80年代中期后在中国大陆被广泛使用的词语，是改革开放后的“舶来品”，是英语“public relations”的汉语译称。

“public”既可以译为“公共的”，又可以译为“公众”。“relation”译为“关系”，加“s”即变成复数。当动词用时译为“联络”，按照前面的“联系形成关系”，公众联络形成公共关系。“public relations”也有学者将它们译为“公众关系”，更多的人使用“公共关系”一词。

本书采用“公共关系”这种译称。

原因有两条：第一，现在大部分人已约定俗成、习惯地使用这个词；第二，“relation”有“关系、关联”的意思，已有学者推荐使用“relationship”，有“固有的、已建立起来的、更进一层的关系”及“Organizating Public Relationships（OPR）”，表达“组织与群众关系”。“公共关系”特指社会组织与相关公众结成的关系，这种关系具有“公共”的性质，与狭义的特指个人之间交往的“私人关系”一词相对应，使用“公共关系”可以更准确地反映社会组织与相关公众结成关系的根本属性。

我国著名学者于光远先生早在1985年3月29日发表《关于建立和发展“社会主义关系学”的理论和实践———问题的提出》（载于《南方经济》1985年第4期）一文中指出：“公共关系”这个概念是同“私关系”相对而言的，不是“私”关系。如家庭关系、私人朋友之间的关系就是“私关系”。私关系之外就是公共关系。因此，政府、企业、社会团体间的关系都是“公共关系”。

二、国内外有代表性的公共关系定义介绍

目前，从互联网上可以查询到：仅中国大陆出版的已被中国国家图书馆收藏的公共关系类图书就有3000多种。在世界范围内，同类出版物有数千种之多。关于公共关系的定义，也是众口不一，十分繁多。我们选择若干有代表性的定义排列如下。

（1）1976年，美国公共关系研究和教育基金会资助莱克斯·哈罗博士在收集和分析了472种定义后对公共关系所下的定义是："公共关系是一种特殊的管理职能。它帮助一个组织建立并保持与公众之间的交流、理解、认可与合作；它参与处理各种问题与事件；它帮助管理部门了解民意，并对之作出反应；它确定并强调企业为公众利益服务的责任；它作为社会趋势的监测者，帮助企业保持与社会同步；它使用有效的传播技能和研究方法作为基本工具。"

（2）1978年8月8～10日，在墨西哥城召开的各国公共关系协会世界第一次大会上通过如下定义："公共关系的实施是分析趋势、预测后果，向组织领导人提供咨询意见，并履行一系列有计划的行为以服务于本组织和公众共同利益的艺术和社会科学。"

（3）1981年出版的《不列颠百科全书》将公共关系定义为："旨在传递有关个人、公司、政府机构或其他组织的信息，并改善公众对于其态度的种种政策或行动。"

（4）1982年11月举行的第35届美国公共关系协会全国代表大会对公共关系定义作如下表述：

①它是一个组织管理中所进行的一种有计划、持久的活动；

②它处理的是一个组织与其各类公众之间的关系；

③它监测组织内外人们的意识、舆论、态度和行为；

④它分析组织所采取的政策、程序和行动对各类公众的影响；

⑤它调整那些与公众利益相冲突并影响组织生存和发展的政策、程序和行动；

⑥它向管理阶层的人员提供咨询，帮助制定新的政策、程序和行动方案，而这一切都是有利于组织与它的公众的；

⑦它建立和维持一个组织与其各类公众之间的双向交流；

⑧它使组织内外人们的意识、舆论、态度和行为产生某些具体的变化；

⑨最后，它使一个组织与它的各类公众产生新的、持久的关系。

（5）国际公共关系协会的定义是："公共关系是一种管理功能。它具有连续性和计划性。通过公共关系，公立的和私人的组织、机构试图赢得同它们有关的人们的理解、同情和支持——借助对舆论的估价，以尽可能地协调自己的政策和做法，依靠有计划的、广泛的信息传播，赢得更有效的合作，更好地实现它们的共同利益。"

（6）美国公共关系协会征询了2000多名公共关系专家的意见，从中选出四则定义向社会推荐：

"公共关系是企业管理机构经过自我检讨与改进后，将其态度公诸社会，借以获

得顾客、员工及社会的好感和了解这样一种经常不断的工作。”

“首先，公共关系是一个人或一个组织为获取大众之信任与好感，借以迎合大众之兴趣而调整其政策与服务方针的一种经常不断的工作。其次，公共关系是对此种已调整的政策与服务方针加以说明，以获取大众了解与欢迎的一项工作。”

“公共关系是一种技术，此种技术在于激发大众对于任何一个人或一个组织的了解并产生信任。”

“公共关系是工商管理机构用以测验大众态度、检查本企业的政策与服务方针是否得到大众的了解与欢迎的一种职能。”

(7) 英国公共关系学会所下定义为：“公共关系的实施是一种积极的、有计划的以及持久的努力，以建立及维护一个机构与其公众之间的相互了解。”

(8) 美国著名公共关系学者詹姆斯·格鲁尼格认为：“公共关系是一个组织与它的相关公众之间的传播管理。”

(9) 现代公共关系工作的先驱之一、美国著名的公共关系顾问爱德华·伯内斯认为：“公共关系是处理一个团体与公众（决定该团体活力的公众）之间的关系的职业。”

(10) 美国著名的公共关系研究权威卡特利普和森特在《有效公共关系》中下了这样的定义：“公共关系是一种管理职能，它确定、建立和维持一个组织与决定其成败的各类公众之间的互利关系。”

(11) 美国普林斯顿大学蔡尔滋教授揭示：“公共关系是我们所从事的各种活动、所发生的各种关系的统称——这些活动与关系都是公众性的，并且都有其社会意义。”“公共关系是为了公众的利益，协调和修正我们个人和企业那些具有社会意义的行为。”

(12) 英国著名的公共关系学者弗兰克·杰夫金斯指出：“公共关系是由为达到相互理解有关的特定目标而进行的各种有计划的沟通联络所组成的，这种沟通联络处于组织与公众之间，既是向内的，也是向外的。”

(13) 中国学者王乐夫、廖为建等人在《公共关系学》一书中定义为：“公共关系是一种内求团结完善、外求和谐发展的经营管理艺术。即一个社会组织在自身完善的基础上，运用各种信息沟通传播的手段，协调和改善自身的人事环境和舆论气氛，使本组织机构的各项政策、活动和产品符合于相关公众的需求，争取公众对自己的理解、信任、好感与合作，在双方互利中共同发展。”

(14) 明安香在《塑造形象的艺术——公共关系学概论》中写道：“所谓公共关系，就是一个企业或组织，为了增进内部及社会公众的信任与支持，为自身事业发展创造最佳的社会环境，在分析和处理自身面临的各种内部外部各项关系时，采取的一系列政策与行动。”

(15) 居延安等人在由他们编著的《公共关系学》中表述为：“公共关系是一个社会组织在运行中，为使自己与公众相互了解、相互合作而进行的传播活动和采取的行为规范。”

（16）余明阳在全国通用教材《公共关系学》中作了这样的界定：“公共关系是社会组织为了塑造组织形象，通过传播、沟通手段来影响公众的科学和艺术。”

（17）翟向东在《中国公共关系教程》一书绪言中表述道：“如果把中国公共关系的含义作一个广义的概括，即中国的公共关系是在建设有中国特色的社会主义理论指导下，社会组织（党的组织、政府、企业和事业单位、团体等）通过沟通信息、协调利益、化解矛盾，理顺和改善人际、社际、国际间在经济、政治、文化、科技等方面的关系，调动一切积极因素，促进社会主义物质文明和精神文明建设的一门科学。”

（18）李道平在《公共关系协调原理与实务》一书中下的定义是：“公共关系是社会组织为了赢得支持与合作，实现自身的生存和发展，通过一定的媒介与方式，同相关公众结成的一种社会关系。它包括政府与社会各界的关系、企业与消费者的关系、银行与储户的关系、报社与读者的关系、学校与师生的关系等。”

（19）中国台湾学者祝振华在其著作中指出：“五伦以外的人类关系，谓之公共关系。”

以上这些定义，或繁或简，或长或短，从不同角度、不同层次描述了公共关系，它们都是人们在研究公共关系概念时形成的成果。对这些研究成果进行分析和总结，有助于我们全面地、深刻地认识公共关系。

三、对诸多公共关系定义的分析与概括

上面列举的这些公共关系定义，都是较为有代表性的，基本上反映了公共关系学界已有的认识成果。对它们进行分析和概括，我们不难发现，这些定义主要从“公共关系是什么”、“公共关系有何特征”、“建立公共关系的目的是什么”、“怎样建立和维系公共关系”等几个方面描绘和表述“公共关系”的。

（一）公共关系是什么

从上列定义中，可以概括出以下几种说法：

（1）公共关系是人类的一种社会关系。

（2）公共关系是一种科学和艺术。

（3）公共关系是一种行为或活动。

（4）公共关系是一种工作。

（5）公共关系是一种职业。

（6）公共关系是一种技术。

（7）公共关系是一系列政策。

（8）公共关系是一种管理功能或职能。

（二）公共关系有什么特征

上列不少定义，对公共关系的特征作了一定的揭示，归纳起来有以下几点：

（1）公共关系是社会组织与公众结成的关系。

(2) 建立公共关系的社会组织与公众具有相关性。

(3) 公共关系具有公共性。

(4) 公共关系具有互利性。

(5) 公共关系具有连续性。

(三) 建立和维系公共关系有何目的

对此，不同的定义有不同的表述：

(1) 传递、交流信息，增进相互了解。

(2) 获得理解，改善态度。

(3) 塑造组织形象。

(4) 为了服务公众。

(5) 争取支持，赢得合作。

(6) 互利互惠，实现共同利益。

(7) 求生存谋发展，与社会保持同步。

(四) 如何建立和维系公共关系

公共关系工作如何做，不少定义进行了描述：

(1) 树立和维护社会组织在公众中的形象。

(2) 运用信息沟通与传播手段，社会组织与公众进行双向交流。

(3) 对社会组织自身和与公众关系进行协调。

四、对已有定义的评价

综观历史上已经形成的各种关于公共关系的定义，我们认为，其既有合理的、有价值的一面，又有存在问题、尚不完善的一面。

(一) 已有定义的价值

人们在不同时期或从不同角度做出的关于公共关系的定义，或多或少地对公共关系的属性、特征等作出了揭示和反映，这对我们认识、了解公共关系有积极的意义，为人们从事理论研究打下了基础，提供了条件，对实践活动起了指导、推动作用，产生了很有价值的影响。比如，大部分定义都将公共关系定位于社会组织与公众发生的联系。这对我们把握公共关系的最基本的特征有着极为重要的指导作用。

(二) 存在的问题

(1) 概念不清，表述混乱。英语“public relations”一词有多重含义，当我们把它们翻译成汉语时，没有进行概念的区分，仍然一词多用，“公共关系”既指“公共关系”本身，又指“公共关系学”、“公共关系活动”、“公共关系工作”、“公共关系职能”、“公共关系状态”等，把“公共关系”一词当作“公共关系”很多派生词的代用词。实际上，这些派生词与“公共关系”是有差别的，每个词都有自己特有的含义。不作区分只用一个“公共关系”，必然会造成混乱。

(2) 对公共关系的根本属性和本质特征虽有揭示但有不足，表述不突出。

(3) 观察、研究的角度、层面不同，有的从管理角度，有的从传播角度，有的从利益层面，有的从信息层面，等等，对公共关系概念的核心内容没有形成较为一致的意见。

（4）有的没有遵循下定义的规则，或同语反复或循环定义，或定义过宽或定义过窄等，造成许多不规范定义出现。

五、对如何给“公共关系”下定义的几点意见

没有定义是不行的。但准确、全面的定义也是较难求得的。很多学科都发生了这样的问题。不过，只要我们努力，“接近真理”总是有希望的。怎样为“公共关系”下一个较为科学的定义呢，我们提出以下几点意见。

（1）积极利用已有成果。

（2）避免一词多用。我们应该运用丰富的汉语词汇有区别地、更为细致地表达公共关系的方方面面，形成一个公共关系理论的概念和范畴体系，避免一词多用，使概念的使用更为严格、准确一些。这也是在引进、运用公共关系理论过程中，使其中国化的必然要求之一。

（3）概括表达本质属性。公共关系的属性有很多方面。公共关系定义应表达本质的属性和最主要的特征，让人抓住要害。

（4）运用科学的下定义的方法，符合逻辑要求。给概念下科学定义的方法是：种差 + 邻近的属。较为理想、全面的定义是既要对内涵作出揭示，同时又对外延进行框定。

（5）精练、简洁。定义内容只揭示“是什么”，至于公共关系具体“干什么”和“怎么干”，放在其他篇章中表述。在表明“是什么”时，文字也尽可能少而精。

六、本书对公共关系定义的表述

根据目前的研究成果，我们认为，以下几个关键问题应在定义中表达清楚：

第一，公共关系是客观存在的一种社会关系。关系是指事物内部及事物相互之间的联系。关系是人与人、事物与事物之间相互联系、相互贯通、相互渗透、相互影响、相互依赖、相互对立、相互作用、相互制约、相互协调、相互转化、相互融合的状态。人与人或事物与事物之间相互联系，即产生关系。人们在共同活动的过程中彼此间结成的关系称为社会关系。公共关系本身既不是一门科学和艺术，也不是一种工作、一种方法、一种职能，它是实实在在、客观存在着的一种社会关系。

第二，公共关系是社会组织及其人员与其利益相关公众结成的关系。“公共关系”邻近的属是“社会关系”，公共关系是社会关系的一个种类。公共关系的主体是社会组织，客体是利益相关公众，关系的性质是“公共的”，是社会组织与公众之间的互动，而非私人性质的，这就是公共关系的种差。

第三，公共关系是为特定目标而建立和维系的。社会组织与公众建立关系并加以维持，不是盲目的行为，而是有目的、有计划的行动。不同的社会组织有不同的利益需要，同一个社会组织在不同时期、不同情况下有不同的追求。总的来说，都是为了加强社会联系、协调各种关系、赢得社会各界的支持与合作，在互惠互利的基础上实现自身的生存与和谐发展。我们认识和运用公共关系的根本目的就是化解对立、统一合作，寻求共同发展。

第四，社会组织通过对自我主体形象的塑造，对社会组织与相关公众之间的信息进行有效沟通和双方关系进行协调等方式来达到合作的目的。

第五，通过枚举的外延定义，让人们更直观地理解公共关系的定义。

综上所述，本书对公共关系定义作出如下表述：

公共关系是社会组织为了实现良好合作与和谐发展，通过关系协调、沟通管理、形象塑造等方式，同利益相关的公众结成的一种社会关系。它包括政府与社会各界的关系、企业与消费者及有关客户的关系、领导与员工的关系等。

第二节　公共关系的构造要素、形成原因与条件

一、公共关系的构造要素

公共关系是一种客观存在，它是由一些“元件”构成的。构成公共关系的必要的和主要的成分，我们称之为公共关系构造要素。公共关系的组成主要有四大要素：社会组织、媒介、公众、互动。

（一）社会组织

社会组织是人们为了有效地达到特定目标，按照一定的宗旨、制度、系统建立起来的共同活动集体。它有清楚的界限、明确的目标，内部实行明确的分工并确立了旨在协调成员活动的正式关系结构，比如政党、政府、各种社团、企业、学校、医院等等。社会组织是公共关系的主体。它是公共关系中处于主动地位的一方。

（二）媒介

公共关系媒介是指使社会组织与公众发生联系的人或事物。人通过语言、行动表达思想和情感，传递信息，使社会组织与公众建立和发展关系。事物包括为建立和协调公共关系所开展的活动，使社会组织与公众发生联系的物品、符号、标志、图画、图像等等。在现代社会，报刊、电视、广播、互联网络等已成为非常重要的公共关系媒介。

（三）公众

公众是指与社会组织相关的有共同利益需求的个人、群体、组织集合而成的整体。组织内部员工、顾客、读者、观众、社区居民、社会名流等都是重要的公众。公众构成了社会组织生存和发展的社会环境。公众是公共关系的客体。它对社会组织产生制约和影响，是社会组织认识、作用的对象。

（四）互动

1. 互动也是公共关系构成的必备要素

公关界过去长期将“社会组织”、“公众”、“媒介”作为公共关系的构造要素，经过深入的研究，我们发现，将“社会组织”、“公众”列为公关构造要素是没有疑义的，他们分别是构成公共关系的“主体”和“客体”，把“媒介”作为公共关系主体与客体相互联系的构造要素，是有缺陷的。

第一，媒介是静止的东西，静止的东西不能自动使主体与客体相互联系、发生关系。

第二，“媒介”往往使很多人将其理解、定位于传播媒介，从而导致不少人认为公关就是社会组织与公众通过传播媒介构成的关系，进而片面认为公关就是传播，公关的其他重要方面被忽视了。

看来，我们必须寻找一个动态的、涵盖面更广的词来概括和揭示公共关系的一个非常重要构造要素。根据多个学科研究成果和比较选择，我们提出，应将“互动”列入作为公共关系的重要构造要素之一。

互动，这里指的是社会上的人与人、群体与群体之间，通过直接或间接的联系而发生的相互作用、相互依赖的过程。公共关系是社会组织与公众之间，通过互动而构造成的一种社会关系。这里的互动，是一种社会交往。而社会交往，恰恰是构成社会关系的重要中介。换一种说法，社会组织与公众，必须通过一种中介构成公共关系。“中介是指事物联系的中间环节”。“世界万物正是通过一系列中介而普遍联系在一起的。中介具有过渡性，使一事物同其他事物联系起来”①。社会组织与公众发生关系的中介就是社会组织与公众进行交往，“联系”、“交往”、“中介”、“互动”可以作为同义词。

社会组织与公众的互动，有以下几点含义：

- 互动发生在社会组织与公众之间。
- 互动可以是直接的、面对面的，也可以是间接的。直接的互动发生在社会组织与公众的代表人或当事人之间，比如双方代表直接会面、谈判等；间接的互动可以通过通信工具、传播媒介、某些物体（如礼物等）进行。这是公关工作和活动可以多策略、多渠道、多方法的理论依据之一。

互动的双方有利益关系和相互合作的需求，相互依赖和相互作用，这是互动建立的基础，也是互动的目的。

2. 确认“互动”作为公共关系构造要素的重要意义

在理论上更准确地把握了公关的构造。不仅认识到公关构成中有“中介”，而且这个中介不是静止的东西，而是一个活生生的行为。社会组织只有与相关公众发生联系，有相互作用，才能建立起关系。这使我们进一步在动态之中考察和分析公关，扩大了我们认识公关的视野，不仅在信息传播层面上了解公关，还在思想、心理、利益、行为等多方面全面地研究和把握公关。丰富我们的实践活动，既然公关不仅限于传播，我们就可以运用多种渠道、方法、手段、工具来开展公关工作。

3. 互动的类型

为了认识和研究的方便，我们将公关中的互动的类型作如下划分：

（1）根据互动的基本形式，将互动划分为物质互动和精神互动。

物质互动是指社会组织与公众在物质生产实践中发生的互动。物质互动产生的合

① 赵家祥等著：《马克思主义哲学教程》，北京大学出版社2003年版，第174～175页。

作互助关系是一种新的社会力量，它比一方所拥有的力量要大得多，对社会生产力的发展会起一种更大一些的推动力量，所以有时我们说，公共关系也是一种生产力。

精神互动包括思想和心理互动。观点、知识、经验、技能的传播与继承，认识、情绪的交流等，都属于精神互动的应用。

（2）根据互动的领域，将互动划分为经济互动、政治互动、思想文化互动。

经济互动是社会互动最活跃的领域，企业公共关系工作的活跃充分证明了这一点。

（3）根据互动在社会发展中所起的作用，划分出积极的互动和消极的互动。

（4）根据互动是否需要中间环节，划分出直接互动和间接互动。

（5）根据互动的范围，划分出内部互动和外部互动。比如组织内部互动及组织与外部互动，国内互动和国际互动。国与国之间的互动，构成国际公共关系。外交关系实际上也是一种公共关系。

（6）根据互动双方的行动方向，划分出单向互动与双向互动。

单向互动就是甲方相对乙方来说，是行动的主体，行动的发起者，乙方是行动的客体（作用的对象）。

双向互动是双方在行动上相互作用、相互依赖，互为主客体（相互既是行动发起者，同时又是被作用者、行动接受者）。

（7）根据互动所产生力量的性质，划分为：产生向心力的顺从型互动，产生聚合力的合作型互动，产生强制力的强制型互动，产生驱动力的竞争型互动，产生遏制力或破坏力的冲突型互动。

顺从型互动就是行动者之间发生性质相同、方向一致的行动过程。其具体表现有模仿、服从及从众等。

合作型互动是指为了达到目的，双方自觉或不自觉地在行动上相互配合。具体形式有协作、交换、互助等。组织中的协作所产生的合力就是生产力，由协作和分工产生的生产力，不费资本分文，这是关系管理产生的效益。

强制型互动是指：一方被迫按照另一方的某些要求行事。强制的核心是一种力量对另一种力量的统治或制约。法律、规章制度都属此类。这是社会劳动的自然力量。公共关系的价值很重要的体现，就是通过协作减少了生产成本、提高了经济效益，推动了生产力的发展。交换能够满足双方各自的需要，能够使人们所预定的各项社会活动得以进行，因此它也会产生一种合力。只不过这种合力有正面的积极的力量和负面的消极的力量之分，交换既有合理的交换，也有不合理的交换。互助是双方互相提供援助，这种援助是对方需要的，因而产生积极的力量。

竞争型互动是在主客体双方互动过程中存在优胜劣汰机制，这种互动产生一种驱动力量，推动双方不断发展提高自己。

冲突型互动是指双方产生矛盾和对立、相互冲突，导致冲突发生的原因，主要是利益上的不协调。

（8）根据互动的内容，划分出信息互动、情感互动、利益互动。

信息互动是互动双方相互交流信息。这是互动的基础内容之一。在充分交流的基础上，才能相互了解、相互合作。很多学者充分注意到了信息互动这一内容和其在互动中的重要地位。少数学者甚至将其视为公关中唯一的主要的工作。

情感互动是社会交流中一项重要的互动形式，这不仅是人类社会固有的交流需要，也是其他互动常常借助的手段。联谊会是此种互动的方式之一。

利益互动是根本的互动。利益的相互补充和相互需要，是互动的根本原因。

(9) 根据不同学者研究成果，划分出符号互动、表演性互动等。

符号互动论特别注意符号沟通问题。声音、语言、文字、图画、手势、姿态、表情、色彩等都可做符号。该学派学者认为符号是互动过程中起重要作用的中介，人运用符号进行互动。

表演性互动论从印象管理角度来揭示互动的特点。该学派论者认为生活就是演戏，表演者最关心的是留给观众什么样的印象。这一理论认为，互动的一方总想控制对方的行为，使双方通过对自己行为的理解，作出符合自己计划中的行为反应。

上述两种理论对互动的理解，有一定的追随者。美国有公关理论的语艺学派，中国大陆有形象学派。当然，这两种理论都受到不少学者批评。

这么多互动类型，使我们看到，社会组织与公众的相互作用的内容和形式是如此丰富。也使我们认识到，正是因为如此丰富的互动使社会组织与公众构成了多种多样的公共关系，更使我们认为，必须将互动作为公共关系的构成要素来对待和研究，考察、研究公共关系运作规律必须把互动放在重要地位，才能使公共关系学更加丰满、更加全面，在理论上更加完善，善于互动即是善于公关，提高互动的质量即是提高公关的质量，这对实践有更多的指导。公共关系的构造要素见图 1－1。

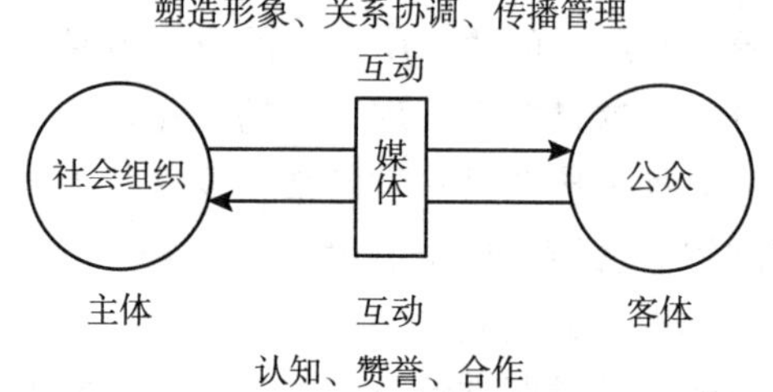

图 1－1　公共关系构造要素

图 1－1 表示：社会组织通过媒体与各类相关公众互动，作用方式主要有塑造形象、协调关系、传播管理等；各类相关公众对社会组织产生认知、表示赞誉，与社会组织进行合作，形成互助互利的关系。

二、公共关系形成的原因与条件

为什么会产生多种多样的社会关系？多学科的研究表明：人的需要及其满足是社会关系产生的根本原因和依据。

人作为有生命的存在物，必须同外界进行物质、能量、信息的交换，消耗自身能量，从外界获取人的生命活动必需的资料，维护新陈代谢。

人的劳动创造活动不能孤立进行，只有结成一定的生产关系，人们才能从事社会生产，只有在一定的社会关系中，人们才能生存和生活。只有借助一定的社会关系，人们才能获得和运用劳动成果。既需要引导人们形成一定的生产力，又促使人们结成一定的生产关系和社会关系。

关系发生的定律是：

第一，有事需要帮忙，有利益上的需要，才会产生互动。

第二，互动时间以利益需要的时间为依据。

公共关系不是凭空产生的，它的形成有深刻的社会基础与必备条件。

（1）公共关系产生的社会基础。

当社会发展到一定阶段，过去那种组织程度比较低的初级社会群体已不能适应需要，形式多样的社会组织应运而生。因为社会分工的发展，一个社会组织必须从外界环境得到支持，才能生存和发展，社会组织有意识地与环境互动，同环境相互依赖、相互作用，公共关系就产生了。所以，我们认为，社会组织的建立和分化，社会分工与相互依赖是公共关系产生的社会基础。

（2）公共关系形成的内在机制。

社会组织与公众之所以能建立关系，最根本的原因是相互之间在利益上能够互补。企业用产品或服务从消费者那里获取利润，消费者用货币从市场上得到企业提供的自己所需的产品和服务。如果没有各自利益的实现和满足，双方就不会建立良好的关系。各自利益需求的驱动，使社会组织与公众发生接触、形成协作、建立起关系。利益的互补、合作的需要是公共关系形成的内在机制。

（3）公共关系产生和发展的思想条件。

在现代社会，良好的社会关系是一种资源、是生存和发展的必要条件，已被人们深刻地认识到。从强调以个人为中心到提倡团队合作精神；从重视个人间的竞争到重视组织成员间的协作；从强调对抗斗争到注重和平与发展；——这些都表明人类开始增强相互帮助、相互合作的意识。在相互合作的思想指导下，人类相互关系越来越密切。人类协调、合作意识的增强是公共关系产生和发展的思想条件。

（4）公共关系产生的社会经济条件。

商品经济发展导致社会分工越来越细，竞争越来越激烈。分工越细越需要协作，竞争加剧的同时合作的要求也在增加。所以，商品经济的发展促使社会组织必须与公众加强联系和合作。

（5）公共关系产生的社会政治条件。

社会政治生活的民主化发展，是公共关系产生和发展的社会政治条件。公众被认可，公众权益被尊重，使公众在社会政治生活中地位大大提高。公众参与意识的增强、参与实践的增多，对社会组织产生了重要影响。公众的信任和支持，已成为社会组织生存和发展的重要条件。

（6）公共关系产生的物质技术条件。

传播媒体的发达和技术手段的现代化是公共关系产生和发展的重要的物质技术条件。尤其是电脑网络、移动通讯的发展，使我们当今的社会联系得更加紧密。社会组织的信息可以在瞬间通过网络图文并茂地传送到世界各地，迅速而又广泛地影响着公众。物质技术条件的现代化使社会组织与公众相互作用的范围、程度和节奏等都发生了很大的变化。尤其是新媒体传播产生后，以技术为导向独白式的传统线性传播转为以关系为导向的对话式的全息传播。

阅读材料：

人类合作精神探因

在世界万物中，没有哪种生物能像人类这样精诚合作，正是依靠这种团队精神，人类才走到了今天。究竟是何种神秘力量，促使人类之间进行合作呢？美国宾夕法尼亚大学助理教授罗伯特·库兹班与另一位进化论心理学家美国乔治梅肯大学的丹尼尔·豪泽对此进行了研究。

既然大多数人都试图取得成功，走在他人的前列，这似乎预示人与人之间主要应该是竞争对手关系，而不应该是合作关系。问题就在这里，库兹班指出，或许竞争是促使人与人之间展开合作的一个主要因素。他说："在人类合作的行为背后，最为重要的因素之一是在个体、群体间存在的竞争。只有一个群体内的成员彼此联合起来才能与其他群体抗衡。"

此外，语言也促进了合作。库兹班说："正是语言协调了我们的行为，而这是其他生命体所无法做到的。既然人类能在群体间协调，这就意味着他们彼此也能进行合作。"但是科学家也发现，我们绝大多数人不是合作者，而是"见风转舵者"。不过"合作者"树立了一种奉献精神，在这种精神的感召下，那些"见风转舵者"也开始变得合作起来。

人类历史表明：合作精神在不断进行着演化，因为任何一种宣扬不合作的文化都不会有太大的生存空间，最终必然要走向消亡。研究人员指出，在全球化越来越深入的今天，合作精神无论对于国与国之间还是人与人之间显得尤其重要。

（摘自 2005. 2. 23《北京科技报》）

第三节　公共关系的基本属性

根据社会学家的研究，社会关系的主要属性有：共同性、公共性、互动性（接触、联系、沟通、交往）、互补性（交流、交换）、相关性（相互作用、相互影响）、获利性（满足各自的需求是交往的动机、动力）等。

公共关系虽然看不见、摸不着，但它是一种客观存在，并有其特殊的属性。要做好公共关系工作，必须研究和认识公共关系的属性，把握公共关系基本特征。概括地讲，公共关系的基本属性有以下十个方面。

一、客观性

客观性是指：关系是事物本身所固有的，是不以人们的主观意志为转移的。所以，关系也是客观存在的。

公共关系的客观性是由社会关系所具有客观性质决定的。社会是由人群组成的，它是人们相互交往、相互作用的产物。人们在共同的物质生产等活动过程中彼此间结成各种社会关系。这些关系是不以人们意志为转移的客观物质关系。公共关系是由社会群体之间的互动而形成的关系，它同社会上的个人关系、社会制度一起，构成社会关系系统。现代社会是高度组织化的社会，各类社会组织已经成为全部社会生活领域中占据主导地位的群体形式，其社会作用已日益明显。社会组织在生存、发展过程中，对环境的依赖也在不断增强，双方处于持续的相互作用之中。社会组织必须不断地从外界环境中获得信息、物资和能量，以维持自身生存；同时，社会组织必须通过内部转换过程向外界环境提供其可以接受的输出，保持动态平衡和良性循环。而要很好地完成这个双向交流的任务，就必须建立和维持良好的公共关系。公共关系的产生和发展，有其客观必然性，它是社会上客观存在着的一种社会关系。

二、普遍性

普遍性是指：关系无处不在、无时不有。关系与我们时时处处相伴随。任何组织或个人都同周围其他组织或个人联系着，每一组织内部的各个部门也相互联系着，社会因为联系才形成一个整体。事物在联系中才能获得自身的规定性，才能有特定的地位、作用和意义。我们由于各种关系，形成了自身的价值。联系产生关系——关系推动联系。联系构成运动——运动体现联系。联系表现为相互作用——相互作用构成运动。运动产生变化——变化意味着发展。事物的联系引起事物的发展。

三、公共性

公共关系是社会群体与社会环境发生的联系。社会群体是人们通过一定的社会互动或关系而结合起来进行共同活动的集体。在现代社会，社会组织是社会群体的主要存在形式。社会组织的环境，是指组织界线以外的一切影响组织活动的因素。这里主要是指相关公众。社会组织的结构、功能、目标，社会组织与环境互动的目的及产生的影响，与个人关系相比，具有更高的层次和水平。也就是说，它不是个人的、私人性质的，而是属于社会的，具有社会意义的。公共关系活动的主体、作用对象都是集体，是公对公，相互沟通的媒介主要是大众传播媒介，活动的目的是为组织和公众谋利益，是公众性和公益性的，因而我们说，公共关系具有明显的公共性特征。

四、相关性

社会组织与公众建立关系不是随意的、随机的，而是明确对象的。公共关系是在利益相关的社会组织与公众之间建立起来并维系下去的。这里所谓相关，就是指某类社会群体的共同利益被某一社会组织的政策和行动所影响；反过来，这类社会群体的舆论和行为也制约着这个社会组织，甚至决定着这个社会组织的成败、命运。

五、互动性

社会组织与公众的关系本质上是互动的，而非一方主动另一方被动，它们相互需要，相互通过接触、联系、沟通、交往，建立和维持关系。人们早期对公共关系的认识往往只注重单向性，带有很大的片面性。双向对称的互动才是真正意义上的公共关系活动。另外，互动的频率对公共关系也有很大的影响。双向对称的经常性的互动，有利于构建良好的公共关系。

六、互利性

满足各自的精神与物质需要是各种社会交往背后的普遍动机。能为交往的对象提供补充和帮助是自身的价值所在。社会群体之间的交往，既以满足自己需求为前提，又以满足对方需要为必要条件。互补是社会关系建立和发展的动力。互利是互相交往的基础。只有在互补互利的基础上，才能够建立和维持相互间的关系。

七、多样性

人的需要和利益是多种多样的，这就决定社会生产和服务体系必须是分工协作的体系，也决定了社会关系的多样性和复杂性。公共关系的多样性表现为有内部关系与外部关系、主要关系与次要关系、直接关系与间接关系、和谐关系与冲突关系等。公共关系的多样性还表现为有若干层次，即有潜在的相关关系、有初步的接触与联系、有稳固的关系、有若即若离的关系等。美国学者杰尔·厄卡夫和维利·伍德在《关系决定成败》一书中把关系划分为以下层次：①连我名字也不知道的人；②知道我的名字；③喜欢我的人；④对我友好的人；⑤尊重我的人；⑥看重与我关系的人。

公共关系的复杂性表现为，它可以是一个网络体系。具体体现在：第一，一个社会组织与多个客体发生关系；第二，与社会组织发生联系的客体也与它自己的多个对象发生联系（这种联系的意义有：通过社会组织自己的客体可与其他客体对象发生联系）；第三，社会组织主体与公众客体、客体与客体以及它们之间组成的体系产生互相交错的联系，形成关系的系统、网络。

公共关系的复杂性还表现在它是可变化的。体现在两个方面：第一，公共关系的性质可以发生变化，原先的合作互助关系可能因为利益冲突等因素影响而变为竞争或敌对关系；反过来，对立性的关系也可转化为合作性的关系。第二，虽然建立起来的关系具有一定的稳定性，但也不排除因某种原因双方“另择对象”，主客体都可能进行置换。

另外，社会组织与公众发生关系还涉及中介和条件。中介是公共关系的中间环节。世间万物通过一系列中介而普遍联系起来。中介具有过渡性。条件是指同某一组织相关联的、对它的存在和发展发生作用的诸要素的总和。每一组织的存在和发展都依赖周围的其他公众，这些公众就是这一组织存在和发展的条件。条件也具有复杂性和可变性。

八、规范性

规范性即有规则制度约束。公共关系是一种群体关系，比个人关系更明确、更集中，表现了社会关系的基本倾向，它是社会制度的基础。

费孝通在《从私交到公关》中指出：“西方文明同我们的东方文明最基本的不同，是在他们的人和人的关系是以法维持的，而我们是以礼维持的。在他们，人与人之间有一套按法律规定的权利和义务。这同我们传统社会中建立在私人关系上的格局不同。”中国“传统社会里的公共事务主要是通过私人关系来解决的”；“把一个公众的社会事务插进了私人关系”；“这样做法在西方现代工业社会里就做不通，而且会引起反感的”；“中西文化的不同，人与人相处的办法不同”；“公众关系实质是法人之间的关系，是法制社会的基础”。

于光远在 1983 年《合同法与关系学》一文中指出：为了开展自己的活动，各经济单位之间必然要建立良好的关系，增进彼此之间的了解。加强相互合作，在业务中建立信用和友谊。我认为不应该一般地反对讲“关系学”，但是只允许讲符合社会总体利益、遵守国家法律和财经纪律的“关系学”，如果讲的是只顾本单位的利益，而不顾大局的“关系学”，那就完全要不得了。

九、稳定性

社会组织与公众的关系是长期存在的，不仅谋求眼前利益，而且考虑长远利益。公共关系的建立、维持，是一种连续的、持久的、有计划的努力。从宏观上看，社会组织与公众的互动是长久的；从微观上看，社会组织同某种公众对象建立起关系后，不会很快就解除这种关系，而要尽力维持下去。所以，公共关系具有一定的稳定性。

十、周期性

公共关系的构建和发展是有始有终的，从建立到结束呈周期性变化，这是公共关系的一个基本属性。

公共关系的周期可以分为四个时期：选择建立期、成长巩固期、成熟维系期、淡化结束期（见图 1－2）。

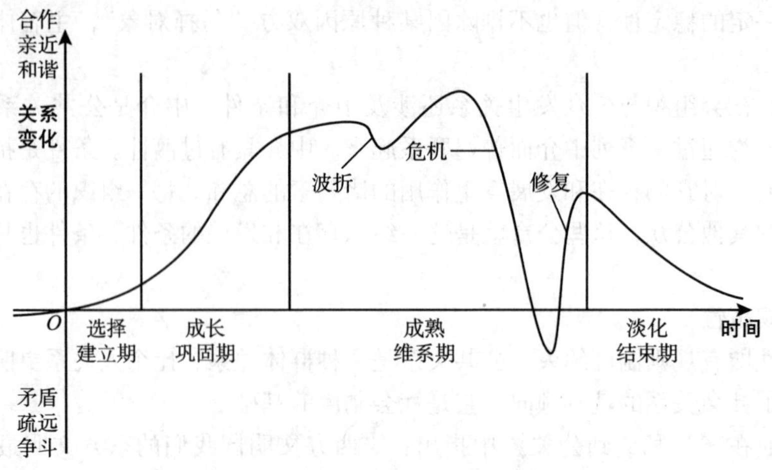

图 1－2　公共关系周期曲线

掌握公共关系的周期发展规律有非常重要的意义：一是不同时期的公共关系具有不同的特点，我们应当针对这些特点，积极地有效地开展工作，充分发挥公共关系的作用，解决公共关系发展中遇到的各种问题；二是公共关系有生有灭，我们既要顺其自然，又要发挥主观能动性，让其生得有价值，灭得无影响。

从公共关系周期曲线图可以看出，随着时间发展，公共关系呈周期性变化：从没有关系到建立和发展关系；关系既可以是积极的，表现为合作、亲近、和谐，又可以是消极的，表现为矛盾、疏远、争斗等。

具体阐述如下。

（一）选择建立期

社会组织为了生存和发展，必须同利益相关者建立良好的公共关系。

在构建关系初期，要选择好对象。这一点非常重要，合作对象选得准、选得好，建立关系的基础就好，为公共关系工作的成功创造良好的条件。

在这一时期，社会组织要通过调查分析，对自身的公共关系问题进行梳理与确定，识别、了解、选择与确立公共关系工作对象，制订建立公共关系的工作计划并努力实施，尤其要注重塑造组织形象，加强宣传与沟通，与合作对象初步建立起公共关系。

在实际工作中，社会组织还会面对这样一种关系，就是：由于社会组织的存在和发展，或是因为工作的失误，社会组织会与周围一些关系对象产生竞争、对抗等对立性关系，这些关系会对社会组织产生负面的消极的影响，社会组织在建立和管理公共关系的初期，对这一类关系也应重视，及早排除，并有应对策略。

（二）成长巩固期

社会组织开展公共关系工作的目标明确，关系对象选得好，初期接触和交流顺利，合作顺利展开，公共关系就会进入成长巩固期。此阶段公共关系发展较快，如度蜜月，要趁热打铁，重点做好推动和强化工作。

（三）成熟维系期

此阶段特点是公共关系发育成熟，合作双方沟通较为顺畅，配合较为默契，共同充分享受公共关系工作成果，社会组织要注重维持、维护、管理良好的关系。

在这一时期，由于会出现新的情况，比如，产生了不一致的利益需求、工作当中出现失误等，会造成关系面临波折，严重的会导致关系陷入危机，从原先的和谐合作状态下降为矛盾对立境地。此时，社会组织要及时做好协调工作，解决矛盾与冲突，克服危机，修复关系创伤，使公共关系重修于好，继续合作。

（四）淡化结束期

公共关系也是有生命周期的，当合作双方互补互利性减退或消失，互动减少或中止等，公共关系就会淡化乃至结束。我们要认识这一规律，在有关系、有合作时，充分珍惜，尽力维护；当无可奈何花落去时，也能顺其自然。

第四节　公共关系的功能与地位

一、公共关系的功能

公共关系的功能指公共关系对社会及社会组织所发挥的积极作用和影响。公共关系的根本价值在于它能够促成社会组织与公众的合作。

在日常生活中，我们说与某某有关系，这就意味着：有联系、有往来、有相关性，相互有所了解，彼此尊重，有沟通，有感情，有共同的利益，有共同的理想、目标、价值观、态度，有合作的愿望、基础、条件，有信任感、讲信用，有互助的责任与义务，等等。

公共关系具有建立联系、沟通信息、增加了解、解决冲突、化解危机、促进协调、增加效益等功能。这些功能，无论是对一个具体的社会组织，还是对整个社会，都是非常重要的。

（一）从微观看

从微观看，良好的公共关系对具体的社会组织所产生的作用和影响有如下几点。

1. 连接与沟通功能

这是指公共关系可以使社会组织与相关公众联系、联结起来，让它们相互沟通信息，交流能量、物资等。建立和保持社会组织与各类公众的双向沟通，一方面可以向公众传播组织信息，争取理解和支持，强化与公众的联系；另一方面帮助社会组织监测社会环境（社会舆论、意识、态度和行为等），收集社会对组织的各种反映，向组织决策层和相应部门提供信息和决策咨询。

2. 整合功能

这是指通过公共关系整合各种资源，有效取得关键资源，增强组织凝聚力和吸引力，使组织内外保持和谐一致，提高核心竞争力和竞争地位。

3. 协调功能

这是指促使社会组织有计划地调整组织目标和行动，并以相应政策和行动影响公众舆论、态度和行为，在社会组织与公众之间进行协调，促成双方合作，帮助组织实现既定目标。在组织面临危机时，有效地化解矛盾，缓和与消除冲突，变被动为主动，变不利为有利、变危机为机遇。

4. 约束功能

由于公共关系的规范性，使社会组织必须高度重视社会责任、权力、利益的统一，注重自我形象塑造，遵守社会伦理道德、法律、制度、礼仪等等。

5. 增效功能

构建和运用公共关系，可以增加组织收益，提升组织绩效。

公共关系能够增加效益，原因在于：

（1）整体大于各个部分相加之和。因为组织及组织与公众各个部分之间的连接，产生了新的要素、新的功能、新的力量。而这些新的东西更强更大。

（2）赢得更好的外部各种资源和条件，为我所用。

（3）降低成本。即降低交易成本和交易风险。

交易成本或费用，指运用市场机制的费用。包括人们在市场上搜寻有关的产品与服务和价格信息、选择与测定、为了达成交易进行谈判和签约，以及监督合约执行等活动所花费的费用。具体可以从以下若干方面理解：

- 寻找成本：有关系意味着相互了解、知己知彼，减少调研和主动寻找合作者的时间与费用；沟通成本：沟通范围、对象明确，内容简洁，形式便捷，速度快，效率高，谈判费用低。
- 选择成本：因为知名度高，可以吸引更多的合作者，好比较，好决策，得到更多的合作，扩大业务，增加利润。
- 开发成本：新的合作关系的建立是有开发费用的，保持一个消费者的费用仅仅是吸引一个新的消费者的费用的1/4；可以取得内部价格：有长期的交易基础，往往可以获得价格优惠；减少贷款、节省利息支出：可以先获得产品或服务后付款或分期付款；减少化解矛盾、冲突、危机的费用：有关系，协调起来更方便，通过关系的中介效果，尤其通过“人情与面子”这个关系元素，能促使双方倾向寻求第三者协调来解决冲突，这样就间接增加了公共关系的价值，可以节省巨大的法律诉讼和理赔费用。
- 内部管理成本：合作者在组织范畴外，省去很多内部费用，如日常工资、人力资源培训费用、行政管理费用等；规避风险：避免进入误区；避免投资无回（有信用基础）；通过新闻技巧，获得免费的媒体报道或发行出版物（广告则需付费购买媒体版面）；避免浪费；等等。

（二）从宏观看

从宏观上看，良好的公共关系对社会的作用和影响主要体现在以下几个方面。

1. 促进生产力的发展

人的因素和物的因素在生产过程中的有机结合而产生的总体能力，生产力内部各要素的合理结合和最佳功能的发挥，与公共关系密切相关。公共关系的连接和沟通作用，使信息、物质和能量等在社会组织和公众之间互补互换，重新整合，相关的社会群体相互依赖、相互影响，产生了新的要素、新的功能、新的力量。

2. 推动社会关系的变革和改善

生产关系是社会制度的基础，它是由物质生产领域中的公共关系活动产生的。政治关系、思想关系等其他社会关系，也是由这些相应领域中的公共关系活动产生的。公共关系活动是产生、发展、变革、改善各种社会关系的重要动力和源泉。

3. 公共关系活动是科学与文化继承和发展的重要途径

人类依赖公共关系活动，使已有的科学文化成果得到传承和创新。

4. 协调社会群体的目标、利益、态度与行动

促进社会群体的合作，保持各个社会群体同步发展，促成社会良性运转。公共关系一方面可以强化社会群体之间联系，促成其合作；另一方面可以互通信息，争取谅解，化解矛盾和冲突。建立和维持公共关系，可以在社会关系系统内形成自我调节机制，让社会群体之间自觉、主动地协调一致，保持和谐发展。

5. 有利于人自身的发展

在公共关系活动中，人的个体才能摆脱各种局限而同社会和世界发生联系，才能获得别人创造的物质文化和精神文化充实自己，使自身得到更好的发展。

6. 优化社会经济、政治、文化、心理等环境

有了正常的联系，协调了有关方面的目标、利益、态度和行动，促成了各个社会“细胞”和部门的合作，使社会互动处于良性状态，这就优化了各种社会环境，使整个社会运转有序。

市场是一个巨大但不完整的“网络型”组织系统。

第一，市场连接的关系是可能性的，不是必然性的，买卖成交后联系就中断了。第二，市场中的交往是片面的，以物为中介，商品交换的数量、质量和价格之外，信息和情感交流是少的。

公关正好可以弥补以上缺陷。

二、公共关系对个人的作用和影响

费孝通先生在《从私交到公关》中指出：“我觉得现在我们面对的最大问题就是人同人不知道怎么相处，所以我们现在必须要讲人同人相处的道理。我想，我们的教育必须教人怎么做人。做人怎么做法——就是人同人怎么相处。”

一个人从诞生到走向成年，有个社会化过程。人的社会化过程，就是人接触社会、了解社会、融入社会的过程。在这个过程中，人要学会如何与他人打交道，学会如何建立、协调各种社会关系。

善于建立和处理各种关系的人，拥有更多的社会资源，有助于个人获得他人和社会的帮助，更好地开展工作，使事业不断获得成功。不仅如此，各种社会关系处理好了，会使人生活于一个和谐环境当中，有助于人的身心愉悦，有助于生活幸福。

如果一个人不学习、不掌握有关社会关系知识，不善于处理各种社会关系，他就得不到别人的帮助和支持，工作、学习、生活都会很糟糕。一位著名作家这样告诫人们："人永远不要割断自己同他人的联系"，"世界上所有的抑郁症，都是在关系上出了问题。"①

三、公共关系地位及相关工作的定位

公共关系是社会组织与相关公众相互联系、相互作用产生的一种社会关系。这种社会关系的巨大的功能和作用，已被人们关注和重视。科学地认识公共关系地位、正确地把握与公共关系相关的工作的定位，是公共关系理论研究与公共关系实践发展的重要课题之一。

（一）目前流行的一些观点和现象

在讨论这一问题时，我们先列举一些观点和现象并作简要评论：

"公关是个大箩筐，什么都可往里装。"公关无处不在、无时不有，这是由公关的普遍性决定的。但"大箩筐"未免太笼统，让人不着边际。

"公关就是登门送礼请人吃饭。"把公关看得很简单很低级。

"公关崛起，广告衰落。"公关价值和作用在不断突现，但中国大陆广告业的经营额每年都在以15%以上的增幅增长。公关与其他相关工作和活动的关系是此起彼落的关系吗?

"公关就是沟通。""公关就是形象。""公关就是整合营销传播。"……这一类观点从某个角度看有一定的道理，但它们只是说出了公关的一部分或描述了公关的一些表象。

"干公关不知从哪儿下手。"不少人有这样的困惑。

"只干不说。"出现这种情况，要么是见社会上说得太多了，产生了逆反心理；要么就是公关被庸俗化了，人们不愿提及它。

出现上述观点和现象有种种原因，其中，对公关的职能、公关的地位认识不充分、不准确，与公共关系相关的工作定位不统一、不清晰，是非常重要的原因之一。

（二）公共关系的地位是由公共关系本身的属性和职能决定的

公共关系的地位是指公共关系在社会生活中所处的位置。公共关系是客观的、普遍的、多样的、持续的、互利的，这是它的一些基本属性。不管人们是否意识到，公共关系在社会的运转中，都拥有自己的位置。

公共关系具有沟通信息、增加了解、化解矛盾、促进协调、增加效益等职能。这些职能，无论是对一个具体的社会组织，还是对整个社会，都是非常重要的。

有为就会有位。公共关系所能发挥的这些重大作用，是社会组织和整个社会须臾不可缺少的。公共关系具有的这些属性和重要职能决定了公共关系在社会实践中居于十分重要的地位。

① 毕淑敏：《心灵密码》，安徽文艺出版社2009年版。

（三）当代社会发展的需要强化和提升了公共关系的社会地位

20 年前，伴随中国改革开放发展的隆隆脚步，现代意义上的公共关系事业在祖国大陆蓬勃兴起。

在历史进入 21 世纪之时，社会经济、政治、文化、科技、外交等各个领域都产生了对公共关系的迫切而广泛的需要。

市场经济发展导致各种经济组织对消费者等各类公众的依赖性越来越强。社会分工的细化，使市场主体之间的竞争越来越激烈。分工越细越需要协作，竞争加剧的同时合作的要求也在增加。社会政治生活的民主化发展，公众被认可，公众权益被尊重，使公众在社会政治生活中地位大大提高。公众参与意识的增强、参与实践的增多，对社会组织产生了重要影响。公众的信任和支持，已成为社会组织生存和发展的重要条件。政府机构改革和职能的转换，迫切需要引入公共关系的意识和方式方法开展工作。社会文化交流的活跃，公共关系担当了桥梁和纽带的角色。传播媒体的发达和信息技术手段的现代化，使我们当今的社会联系得更加紧密，社会组织的一举一动都会迅速而又广泛地影响着公众。

对公共关系的需要不仅表现在国内，在国际上，公共关系也是炙手可热。

进入 20 世纪 90 年代之后，联合国秘书长宣布："世界进入了全球化时代"。市场经济的全球化和信息传播的全球化，是全球化时代的重要标志。跨国公司构建的公共关系已成为跨国并实施全球化的重要工具。各国政府首脑及主要官员的外交活动都开始以扩大对外贸易、推销本国产品、寻求合作伙伴、拓展投资领域、签订经贸合同作为重点内容。冷战结束后，世界政治向多极化的方向发展，但天下仍很不太平。地区冲突、民族冲突时有发生，许多公共关系人员开赴世界各地，缓和冲突，增进双方的了解和沟通。原来人们对公共关系的认识是局部的、单项的，即所谓"小公关"。随着全球化浪潮的推进，公共关系活动范围在扩大，公共关系工作领域在拓展。公共关系的地位因社会需要的增加而得到强化和提升。

（四）公共关系具有重要的战略地位

公共关系的基本属性、职能和在当代社会经济、政治、科技、文化、社会发展中的重要作用，决定了公共关系在社会实践中，具有重要的战略地位。

1. 公共关系对社会组织的作用是全局性的、方向性的、有重大影响的

从上面对公共关系的属性和功能的阐述中，我们不难作出这样的判断：公共关系不仅仅是微观的、局部的、技术性的，它对社会组织的作用是全局性的、方向性的、有重大影响的。社会组织有了良好的公共关系，就有了和平、稳定、可持续发展的外部环境和高效、和谐、优化的内部运转条件，这使社会组织的生存与发展有了坚实的基础。

2. 公共关系是一种重要的战略资源

过去，我们把人力、物力、财力、科技等当作重要的战略资源，其实，公共关系也是一种重要的战略资源。它可以使上述这些要素结合起来，形成新的功能和合力。

它还可以争取合作伙伴，得到所需要的各种外部支持。社会组织拥有的良好的公共关系越多，它生存和发展的因素和条件就越丰富。现在一些老外交家呼吁："要积极地利用外交资源！"外交关系也是一种公共关系，它是国与国之间建立的公共关系。这些老外交家长期在外交领域工作，积累了丰富的关系资源。他们的呼吁是很有胆识的。

3. 公共关系是一种重要的社会实践活动

公共关系是社会组织与相关公众的互动。这种互动不仅给互动的双方带来了良好的效益，还在社会的各个方面发挥着重要的作用。人的劳动创造活动不能孤立进行。只有结成一定的生产关系，人们才能从事社会生产。只有在一定的社会关系中，人们才能生存和生活。只有借助一定的社会关系，人们才能获得和运用劳动成果。公共关系已被社会组织高度重视、广泛实践。

4. 公共关系是战略管理的重要组成部分

有一位著名的企业家曾说："我每天早上首先要考虑两件事：企业发展方向和企业的公共关系问题。"发展方向、公共关系都是事关全局和未来的大问题。社会组织的领导人必须把它们放在战略的位置上，通过有效的计划、组织、指挥、协调、激励、控制，对公共关系进行管理。内外关系理顺了，社会组织才能处于良好的运转状态，才能谋求发展。

（五）与公共关系相关工作的定位

公共关系定位是我们测定的或设定的与公共关系相关的一系列工作的地位。公共关系的客观的重要的战略地位，影响和决定着与公共关系相关的各种工作的定位。

公共关系工作应置于社会组织的领导决策层。具有战略性地位的工作，理所当然应进入领导层。领导层直接策划、决策、指挥实施、监督，才能使公共关系工作顺利开展，充分发挥公共关系应有的作用。

公共关系的核心职能应定位于协调。公共关系有诸多职能。认真比较、协调是最重要的核心的职能。抓住了"协调"这一核心职能，其他的就纲举目张了，公共关系工作的视野就更开阔了，活动的内容就更加丰富了。这不仅有利于提升和强化公共关系的社会地位，丰富公共关系的实践和理论研究，还有利于摆脱目前公共关系发展中遇到的一些困境。

组织内部的公共关系机构，应设定在管理层。组织内部设立的公共关系机构，担负着内部和外部的公共关系的管理任务。在组织内部结构中，公共关系机构应设定在管理层，使其能在组织负责人的直接领导下，统一地组织公共关系工作。

社会上的公共关系公司、公共关系产业、公共关系市场，都是服务性的。它们为社会组织提供社会关系资源经营与公共关系战略管理的咨询以及公共关系专门业务代理的服务。

美国前国务卿基辛格退位后组织了一个只有几个人的公司，其中包括美国前国家安全顾问斯考科罗夫特，前副国务卿伊格伯格。他们只做两件事：第一，你大公司要到什么地方投资，我想办法看一看，研究，看你这个方向行还是不行，作咨询，这是确定方向；第二，你要去找的关键人是谁，我想办法帮你联系上。

公共关系工作是高层次的、专业性很强的工作。随着社会分工的发展，社会组织需要社会来提供专门的公共关系业务服务。

公共关系从业人员，应充当管理者或管理咨询者、服务者的角色。公共关系从业人员是指专门从事公共关系工作的人，如公共关系专家、公共关系学者、公共关系顾问、公共关系经理、公关师、公关员等。公共关系工作专业化、职业化，是历史发展的必然趋势。在社会组织内部，公共关系从业人员担负着公共关系管理的职责，是公共关系的管理者。社会上的公共关系公司中的从业人员，是公共关系业务服务的提供者。他们以自己的社会关系资源、专业知识、智慧和技能等，为社会组织进行管理咨询和具体的业务代理服务工作。

与传播、市场营销、广告等社会活动相比较，公共关系活动处于领导者的地位。在公共关系与传播、市场营销、广告等社会活动的关系问题上，现在有一些不同认识：国内有学者将公关定位于“传播管理”，这与美国的公共关系传播管理学派相通。美国马里兰大学是此学派的代表性学校，詹姆斯·格鲁尼格（James Grunig）等是此学派的代表性学者。他们认为公共关系是组织的“沟通管理者”。

在我国大陆高校，曾经有一段时间将公共关系专业放在新闻传播学院或系里。这与公共关系是“传播管理”的认识有一定的关系。

社会组织与相关公众发生联系，首先要做到信息沟通。良好的有效的沟通是相互了解、建立和维持关系的基础。但是，公共关系工作仅有沟通是很不够的，沟通的目的是让双方了解情况，掌握彼此的目标、需求、态度、行为等，沟通可能引发社会组织与公众合作，为合作打下基础，但沟通在很多情况下并不能解决合作问题。合作是要有利益上的相互满足作为基本条件的，而且双方利益的组合、调节，是合作形成的关键。社会组织与公众既发生信息方面的沟通关系，也进行思想感情方面的交流和物质材料方面的交换，也就是说，不仅有信息交流关系，也有情感依赖关系和利益交换关系，而且利益交换关系是最基本的、实质性的关系。

所以我们说，信息、舆论等只是公共关系工作要特别关注的一个层面，它对掌握情况、影响公众有积极作用，但不是本质性的工作。利益的协调是解决公共关系问题的深层的、根本的方法。传播，是公共关系工作的一个具体的技术手段，它为公共关系提供技术支持。

美国西北大学在市场营销的研究和教育方面影响很大，以该校为主，形成了公共关系整合行销传播学派。该学派主张，公关业务主要是要处理“行销推广”的问题，公共关系主要的业务内容是“对所有有关产品或服务的消息来源进行整合管理”，目的是“使潜在及现行顾客采取购买的行动，或继续维持其品牌忠诚度”。

公共关系有助于市场营销，这是毫无疑问的。但市场营销不是公共关系的核心，更不是公共关系的全部。公共关系的意识和方法指导、帮助社会组织开展市场营销工作。

广告实质上也是一种传播活动，与公共关系工作相比，它也是一种技术手段，它可以为公共关系工作提供服务。公共关系的发展，可以带动广告的发展。两者不是此起彼落的关系。在不同的时期和不同的领域，可能会出现不同的发展速度，这是它们本身的性质和职能以及社会对它们利用、开发程度不同决定的。

总之，与公共关系工作相比较，传播、市场营销、广告等等只是某个层面、某个方面的具体方法，是在公共关系统驭之下的一些具体技术手段。公共关系工作处于领导者的地位。

公共关系的教学与培训，主要是进行素质和技能的培养。公共关系方面的素质包括对公共关系意识、公共关系理论、公共关系工作方式方法和与公共关系相关的知识的掌握。对一般人而言，只要他在社会上生活和工作，他就不仅是一个自然人，还是一个社会人。而且，这个社会人一般还都落在某一个社会组织中。社会人必须同社会打交道。打交道也是一门学问。要善于打交道，就必须学习和培养打交道的意识、知识、技能、智慧等。公共关系的教育与培训，应当针对社会的这种需要，积极地开展工作。至于公共关系从业人员，其在公共关系工作方面的专业能力水平应该比一般人高，但对其进行的公共关系教育与培训，基础也还是素质和技能的培养。

公共关系学科理论应定位于管理科学中。公共关系工作是一项管理活动，公共关系学研究公共关系管理的规律、管理的主体与客体、管理的原则与方法、管理的职能与过程等等，所以，公共关系的学科理论应该定位于管理科学中。

社会上的公共关系社团组织，其职责主要是做事业发展的推动者和行业的引导者。宣传普及公共关系知识、发动社会力量开展公共关系活动、组织公共关系理论研讨和工作交流、协调公共关系组织的关系、规范公共关系行业的行为等是公关社团的主要任务。

阅读材料：

我国进入国家公关时代

进入10月，在新中国庆祝61岁华诞之际，世界将收到一份来自中国的邀请——国家形象宣传片。这是中国第一次以国家公关的名义，如此自信而全面地把镜头对准自己。

这或许意味着，以该宣传片的制作和推广为标志，中国正在全面进入国家公关时代。而事实上，如何让世界了解到一个真实的中国，不仅在于他们怎么看和我们怎么说，更在于我们怎么做。

公关，以国家的名义

只有“解密中国”，才能拉近中国与世界的距离。

2010年国庆之后，由国务院新闻办发起制作的国家形象系列宣传片揭开神秘的面纱，在CNN、BBC等国际媒体上隆重亮相。其内容已经为中外媒体广泛报道：15分钟专题片（角度篇），以“以人为本、科学发展”的理念为核心，涉及政治、经济、社会、民族等多个领域，多角度、全景式地展示当代中国的建设成就。30秒广告短片（人物篇）则集中了各行各业享有国际盛誉的中国精英，力图展现当代中国生机勃勃的国家形象。

精英——担纲国家形象

京剧、武术、中医……谁，能代表中国形象？这个难题，是此次宣传片的制作、拍摄方必须跨越的第一道关卡。

“国家形象可以有许多载体，但如果论最重要，恐怕莫过于人，因为其他一切都必须通过人来承载，都必须通过人去展现。从这一意义上讲，中国人的形象是中国国家形象的根本所在。”学者欧阳君山说。

也正因此，袁隆平、吴敬琏、姚明等50余位在国际舞台闯荡的各界精英入选人物篇阵容。单拿出他们中的每一个人，或许都能拍成一部长篇纪录片。在30秒的“人物篇”中，他们作为一个集体出现。也许每人露脸的镜头不过零点几秒，但50多人中，无人拒绝。

能作为今日中国形象的代表之一，他们的自豪，用行动体现。

有媒体披露，著名歌星刘欢忍着股骨头病的病痛，坚持到京参演。拍摄完毕后，刘欢立即飞回国外继续治疗。“正是基于国家这些年的发展，我们才有这样的机会参与其中。希望我们（国家）文化的影响力，如同我们经济的影响力一样，在世界上越来越得到人们的关注。”刘欢说。

精英之所以能够入选，是因为他们每个人身上，都或多或少地融入了当代中国的代表性元素。曾在申奥会场用笑容和自信感染评委的杨澜，具有当代中国女性成熟端庄的气质；航天英雄杨利伟等人象征着为了科学事业不断进取的敬业与豪迈……

百姓——有你才完整

精英，可以站出来代表中国，但无法代表中国的全部。

“说实话，（角度篇的）策划和取材，特别是对打工子弟等底层人群的关注，让我为之一震。”一位驻京外国记者如是感叹道。

偌大的京城，哪里才有我的学校我的家？想必，每个打工子弟学校的孩子们，都会有类似的感伤。有光，就有影。一个高速发展的城市如此，国家亦如此。长长的影子，自然也是中国的形象之一。

可喜的是，在国家形象宣传片中，我们找到了这些影子，以及代表这些影子的陌生而又熟悉的面孔——周末去菜市场买菜时，他们就睡在父母的菜摊旁。平时，大人上班时，他们朗朗的读书声响彻整个打工子弟学校。城市外来务工者带着他们的孩子在这个社会努力地生活着，他们代表了国家形象中国民勤奋而善良的那个侧面。

“我要告诉世界的，是一个更加完整而真实，复杂多面的中国。”中国国家形象宣传片总策划朱幼光说。

其实，对外国人眼中的中国形象的理解，甚至是误解，朱幼光有着切身体验。“你知道老外心目中最有名的中国俗语是什么吗？就是广东人的那句话：天上飞的除了飞机，地上跑的除了坦克，我们都吃。这句话对他们来说印象太深刻了。”

为了消除外界对中国的片面看法，朱幼光曾在拍片前，花了长达两年时间做调研。他找到了所有能找到的外国人拍中国的纪录片。“我看这些片子，是为了了解老外看我们的角度有哪些欠缺。我要知道他们是怎么看我们国家的。正面的、负面的我都看。”

的确，了解受众的想法，才可能有的放矢地向他们展示一个真实全面的中国。

媒体——行动早已开始

在筹拍形象宣传片之前，中国就已加快了国家公关的步伐。

2010 年 7 月，新华社 CNC 电视台英文频道的开播，为中国媒体向世界发出声音开辟了新天地。

而不光是新华社，《人民日报》、中央电视台等中央级媒体也纷纷大力拓展海外业务，抢占海外舆论的桥头堡。2009 年 12 月 28 日，央视旗下的中国网络电视台（CNTV）正式开播。作为中国国家网络电视播出机构，开播之初，CNTV 提出的目标就是建设成为能够充分体现中国国家水平，并具有重要国际影响力的网络电视台。《人民日报》、央视等还在大力新建海外站点，扩充海外采编队伍。

走向国际，与国际媒体巨头同舞，是中央级媒体正在集中发展的方向，同时也是国家公关所需。这在很多发达国家，早就成为共识。

美国之音（VOA）在笼络全球英语学习者时，也将美国的国家理念渗透到每个节目，潜移默化地影响着每一位听众。在日本，带有浓厚国家背景的公共电视台 NHK，近来也受政府之意，扩大英文节目制作量。把日本打造成亚洲乃至亚太地区的发言人，是日本国家公关的核心目标之一。

综观全球，“国家公关，媒体先行”已是惯例。面对新冲进来的中国军团，其他国际媒体给予了高度的关注。日本 NHK 电视台附属研究所的一位研究员就曾对本报记者说，他准备录制某一天全天的 CNC 英文节目，与 NHK 的英文节目进行“彻底比较”。

时间——见证国家公关脚步

不仅仅是媒体，文化教育也是国家公关的重要一环。在拓展对外文化教育领域，中国虽然尚处在起步阶段，但步伐正在不断加快。自 2004 年 11 月全球首家孔子学院落户韩国以来，中国已经在全球近百个国家和地区开设了 300 家孔子学院。

而无论是孔子学院的开设、中央级媒体的国际化之路，还是国家形象宣传片的制作，都是中国国家公关的组成部分之一。回顾近 10 年来中国的国家公关之路，很容易发现，变化早已悄悄发生。

2003年“非典”肆虐中国。卫生部随后承认了工作上的漏洞。而在此之前，中国最高领导层已经规定，必须如实报告“非典”疫情，对瞒报或延迟报告的官员将进行严肃处理。此后，更是由时任国务院副总理的吴仪出任卫生部部长。疫情信息公开透明，惩处渎职官员雷厉风行，中国政府在非常时期的非常举措，有效地控制了非典疫情。与此同时，在危急关头的这次行动，也挽救了中国卫生医疗系统的国际声誉。

5年后，奥运会在中国成功举行。而在此前一年，外交部就宣布放宽海外记者在中国的采访限制。奥运期间，主办方还专门开设三个游行示威地点。2009年，商务部制作了“中国制造”的宣传片，主题为“中国制造，世界合作”……这些举措，都可谓中国国家公关的关键里程碑。

不可否认，中国的国家公关走过弯路，比如手段方式过于僵硬，缺乏互动，口号多、平实的语言少，不适用于国际语境，等等。但是，越来越多的官员和主管部门已经意识到了这种差距，中国的国家形象也正逐步从“被解释、被描绘”变为主动阐释积极沟通；从单一、平面变得丰富而立体；从神秘、遥远变得真实、可触可摸。

神秘——必须克服的公关障碍

只是，一部宣传片能立竿见影地改善国家形象吗？

网络上，对此次宣传片的怀疑声不难理解。因为公关毕竟是个互动的过程，而非单方的努力就能达到的。形象宣传片的受众在哪里？怎么看中国？了解这些，对把握国家公关的方向，很有必要。

2009年2月至2010年4月，中共中央党校国际战略研究所副教授赵磊先后赴加拿大、英国、比利时、科索沃等国家和地区进行有关中国形象的国际调研。从北美到欧洲，赵磊深切地感受到了中国形象的复杂性以及提升中国形象的迫切性。

“目前，中国国家形象存在的主要问题之一，是中国与世界的认识鸿沟。中国人对自己的看法和世界对中国看法之间存在巨大的差距。在很多情况下，中国认为自己是在‘行善积德’，而国际社会却认为中国是‘别有用心’的谋求私利之举。比如，中国的维和人员主要部署在条件十分艰苦的非洲，然而国际社会却猜测中国是为了获取石油资源。”赵磊在《对中国形象复杂认知以及应对之策》一文中如是表示。

如何才能有针对性地做工作、切实提升国家形象？赵磊认为，要做的工作有很多。“比如‘刷新国家形象’，为中国‘解密’。长期以来，中国在对外宣传上，过于强调中国的历史久远、博大精深、神秘古老。这会给外国人造成中国属于‘另一个世界’的印象。神秘化就意味着会被边缘化。”

应该说，中国国家公关依然任重而道远。国家形象宣传片即将播出。这仅仅是“解密中国”、拉近中国与世界距离的开始。

（摘自2010年10月11日新浪网）

阅读材料：

中国2010年上海世博会对国家公关的意义

中国2010年上海世博会已经落下帷幕，但举办这一盛会对我国国家外交关系与民间公共关系的意义何在，这始终是我九年来从事上海世博会申办、筹办和举办所思考的问题。10月31日上海世博会即将落下帷幕的当天，我们举行了一次高峰论坛，温家宝总理在论坛开幕式致辞上的两句话我认为是对今天主题的最好诠释。他说，“上海世博会是一部写在大地上的百科全书”；“一日观世博，胜读十年书”。闭幕当天的深夜12点，注视着参加上海世博会的国家和国际组织的旗帜缓缓降落，我在现场百感交集。

这一届世博会到底留给世界什么呢？我想至少有十个之最：

第一，这一届世博会的申办是159年世博史上竞争最激烈的一届。我们在2001年5月2日正式向国际展览局提出申办请求，最终在与俄罗斯、韩国、墨西哥、波兰的竞争中脱颖而出，这在世博会的历史上是从来没有过的。以往的许多世博会往往是一国有举办之意，随后多国附和，很少有世博会的申办像上海世博会这么激烈。

第二，这一届世博会是首度在发展中国家举办的世博会，也是在世界上人口最多的国家举办的世博会。

第三，这一届世博会的举办城市上海已有2100万实住人口，是举办世博会人口之最的城市。

第四，这一届世博会的园区面积达到5.28平方公里，其中围栏区面积达到3.28平方公里，为历史上世博园区面积之最。

第五，这一届世博会共有190个国家和56个国际组织参展，一举将2000年汉诺威世博会保持的纪录提高了74个。

第六，这一届世博会第一次将视角转向城市，专门设立了城市最佳实践区，充分展示了城市文明成果，交流了城市建设经验，传播了先进的城市发展理念，探讨了更好的居住、生活、工作的新模式，为人类可持续发展留下了一份丰厚的精神遗产。

第七，这一届世博会第一次开通网上世博会，真正成为“永不落幕的世博会”。

第八，这一届世博会吸引超过7308万人次的参观者，刷新了大阪世博会保持40年之久的6422万人次的入场纪录。

第九，这一届世博会创下了有史以来世博会单日参观人数的最高纪录，2010年10月16日全天入园人次达103.27万。

第十，这一届世博会迎来了101个国家元首和政府首脑、103个国家副元首和政府副首脑及97个部长代表团，创下了国际贵宾参观世博会之最。

上海世博会闭幕后，参展的190个国家、56个国际组织、50多个城市最佳实践区案例和18个企业馆，给上海写了一封信，这封信的标题叫做“致上海”。这就是世界对中国的评价。

回到今天的主题上，这一届世博会与国家的公共外交和民间的公共关系到底如何呢？我想一是让世界看中国，二是让中国看世界。

我非常赞成刚才赵启正主任对公共外交和公共关系的理论阐述和几个关键词的个人诠释。公共关系和公共外交两者的关系是紧合的，但又是有区别的。人们认为国家形象非常简单，其实非然。国家形象有三个词，第一个词是人们对你有“认知”；第二个词是人们开始要对你有“喜爱”；第三个词是人们要与你一起“参与”或“共享”。

有人认为，有着5500多年伟大中华文明的中国在这个世界上何人不知，何人不晓。其实不是这样，中国人的形象有些是矛盾的，甚至是被“妖魔化”的。说到中国的图腾，脑海中呈现的就是灯笼，我们的龙，还有一点民族服饰，这是最多、最常见的中国表达。

说到对世博会的认知、喜爱和参与，我想谈谈一份对海外学生的民调。我们请到过上海世博会的外国大学生回答一个基本问题，即通过这次世博会，中国在世界的形象有没有改观？78%的人回答中国的形象在世界上有极大的改变。那么这184天的世博会如何让世界看中国，我以为主要是看了三个层次：

第一，是看5000年的伟大文明。中国国家馆从12月1日起又要重新向公众开放了，人们须知如何去看中国馆。刚才赵启正主任用“和”来表达，多少人在这幅已经放大到128米的《清明上河图》长卷前流连忘返。他们所赞赏的就是在这幅画中，有那么多人可以如此和谐地相处，而且可以呈现这样一种和谐、和睦的景观，这是5500多年中华文明的集中体现。

第二，是中华民族绵延的城市文化。31个内陆的省区市展馆、再加香港馆、澳门馆和以“山水心灯”为主题的台湾馆，反映了中华民族和而不同的文化，完整地展现了这一国家在延绵城市文化中的丰富与多元。

第三，是看我国31年改革开放的巨大进步。世界如何看31年改革开放来中国的科技进步呢？首先就应当提到我们中国馆和主题馆所使用的共计4.7兆瓦的太阳能。其次是我们在园区内用混合动能的清洁能源所驱动的汽车，它开启了最密集、最大压力、最难气候条件、最广泛商业化使用的先例。

所以，世博会公共关系的成功，在于我们分层次、清楚地向世界表达和展现了多元的中国。

但是，除了国家形象外，世博会更要展示的是中国人学以致用、积极进取的形象。今年4月20日以后，上海世博会组织了6场试运行。很坦率地说，试运行充分暴露了我们的种种问题，对试运行的评价可以称得上“狼狈不堪”。6月上旬在苏州举行主题论坛时，有听众问我一个问题，上海世博会所出现的混乱局面当如何解决。他这里主要是指三大问题：一是有些观众不守纪律和秩序；二是随意插队；三是相当数量的人坐上了轮椅车混入特殊通道。有一个国家的驻沪总领事非常委婉地提示我，说其在上海任总领事3年了，从来没看到有这么多的轮椅车。对于人们提出的这一问题，我以为应当从两个层次来看：一个层次是中国首次举办世博会，人们内心的狂喜，那种想更多了解世界的激情值得肯定。此前我曾说过，世博会上最大的展馆不是16万平方米的中国馆，而是举办世博会的整个上海；世博会最好的展品不是上海世博会中国馆中和外国馆中那些历史沉积和新兴创造，而是每一个意气风发，同时文明礼貌的中国人。所以各位看到，上海世博会这座大学校整整6个月的历练，让中国人的精神面貌发生了根本的变化。如果说有什么可以传承给未来，我以为我们做而学、起而行的中国人在这届世博会的历练当传承未来，这是我今天讲的第一部分：世界看中国。

第二部分当然应当说说中国看世界。世博会这样一场世界闻名的最大的公共活动，如何让中国真切地看世界。我以为我们看到了四点：

第一，我们看到了和谐。今天各位打开报章，浏览网站，观看电视，战争、冲突、争端在世界范围此起彼伏。然而，在上海世博会世博园区里，190个国家所表现的和谐值得舆论和社会各界高度重视。本届世博会有两个馆不知道大家去过没有，我时常提到，因为我从内心对它们表达最高的敬意：一个是阿富汗馆，我们2006年举办第一次参展方会议时，就在收到阿富汗政府总代表确认参会的回复不到3天，有消息传来这位总代表在其国家首都被炸死了。第二个国家是伊拉克，伊拉克的开馆是在上海世博会正式开馆一个月之后，但这一文明古国却用崭新的方式向我们讲述了一千零一夜新的故事。

第二，我们看到了科技。这一届世博会的创新，正值两个伟大的科技革命交会点，一个是已经有70年历史的电子革命。参观者之所以排队9个小时看沙特馆，就因为这一展馆以声光电俱全的巨幕电影向我们展示这一文明的国度。但与此同时，本届世博会有许多国家馆展示了新的科技革命的最新成就，那就是低碳革命，或称为绿色革命。上海世博会的高新科技展示超过400项，就是明显的例证。

第三，我们看到了文化。许多人到访世博会，其实不用走进展馆就有很多的感受。与此同时，上海世博会竞相上演的两万多场次的文艺演出，更让我们领略世界各国文化的精彩纷呈。

第四，我们看到了发展。世博会的展示是预示未来的，各国来到黄浦江两岸的世博园区，共同交流和探讨如何面对和克服城市化带来的问题，以期共同建设好人类的地球家园。浦西的最佳城市实践区案例，更是将各地可复制的先进经验共同分享，引领人类未来。

所以我以为上海世博会作为新中国成立以来最大规模的一次国家公共外交和民间公共关系活动，成功经验值得大家共同不断深入的研究和总结！

（此文为上海市政协副主席、上海世博会执委会副主任周汉民2010年12月18日在上海国际公关高峰论坛上的演讲）

第五节　公共关系学的范畴与体系

有没有关系学，何为关系学？答案是：关系学是有的，关系学是研究人与人、事物与事物相互联系与协调发展的规律之学。

费孝通在1990年9月北京大学出版社出版的《公共关系学》中写道：我希望"产生出一门为21世纪的人类服务的、使得不同文化背景的人可以和平共处的、可以协调人与人关系的学科"。

于光远在《关于建立和发展"社会主义关系学"的理论和实践——问题的提出》一文中说："即使在社会主义社会里，要办成一件事，解决一个问题，都要处理好人与人之间的关系。"现在人们用"关系学"这个名词指的"是工作上、业务上、事务上的横向联系"。

我们认为，公共关系学是研究社会组织与其利益相关公众相互作用、相互协调、彼此合作的规律及工作方法的一门科学。

公共关系学有自己特定的研究对象、研究内容、范畴和学科体系。

一、公共关系学的研究对象

公共关系学的研究对象是社会组织与其利益相关公众相互关系的运动与发展规律。

二、公共关系学的研究内容

公共关系学的研究内容主要包括五个方面。

1. 公共关系基本理论

公共关系基本理论是由公共关系的基本概念、范畴及规律等构成的。还包括对公共关系构成要素，形成条件、基本属性、主客体特征等等的研究。

2. 公共关系工作原则

公共关系工作原则与方法指公共关系实际工作的有关规定、标准和程序、方法、技巧等。

根据多年的研究，我们把公共关系工作原则概括为"二十互"：即互联互访、互通互知、互尊互信、互忠互爱、互勉互享、互悦互融、互补互助、互惠互利、互谅互让、互赢互荣，这在公关界是独一无二的。

（1）互联互访：互相联系，互相访问。关系双方彼此同样主动与对方接上关系，互相拜望和交谈。

互联互访是公共关系基础性工作。相互联系才能建立和发展关系，相互访问才能有机会进行交流。

（2）互通互知：互相沟通和交流，互相了解和知晓。

沟通是公共关系的重要工作。沟通得好，才能相互了解。了解了，才能更好地理解。在了解和理解的基础上，才能更好地配合与合作。

（3）互尊互信：互相尊重，互相信任。

（4）互忠互爱：互相忠诚，互相珍惜和爱护。

互尊互信、互忠互爱是对精神和态度的要求。

（5）互勉互享：互相勉励，互相分享对方的快乐。

（6）互悦互融：互相使对方高兴，彼此融合和调和。

（7）互补互助：互相补充，互相帮助。

互勉互享、互悦互融、互补互助是对行为的要求。

（8）互惠互利：互相给予对方优惠和好处，互相有利于对方。这是对利益处理的要求。

（9）互谅互让：互相谅解，互相谦让。双方有矛盾冲突时，应当遵循这一原则。

（10）互赢互荣：彼此都获得利益，大家共同兴盛繁荣发展。这是建立和发展公共关系的目的，也是我们追求的结果。

3. 公共关系工作程序与方法

公共关系工作的重要程序为公共关系调查、策划、实施、评估。

公共关系工作主要方法有社会组织的形象塑造、公共关系的沟通管理、公共关系协调等。

4. 公共关系历史

公共关系历史研究包括公共关系实践发展史、公共关系理论发展史。

5. 公共关系案例

公共关系案例是对公共关系具体工作实例的叙述、分析与总结。公共关系学是一门实践性很强的应用科学，十分注重对具体工作实例进行研究，以总结规律、指导实践。

三、公共关系学的研究路径与方法

公共关系学的研究路径是双向的，即从理论（哲学、社会学、管理学、传播学等）到实际（演绎推理），从实际到理论（归纳概括）推论、推导；是实证的；进行案例分析；借鉴其他学科的方法。

四、公共关系学的范畴系列

范畴是一门学科的理论体系的重要组成部分，是反映学科对象的各个基本方面的属性、关系、行程的基本概念。在对公共关系进行深入研究时，我们必须确立一系列重要的范畴，以概括公共关系的重要特征和实质，完善公共关系理论体系，并为实践提供理论上的指导。在此，我们列举出以下数个公共关系的概念和范畴，作为公共关系学的理论基石。

1. 社会组织

社会组织是公共关系的主体，它是公共关系的四大构成要素之一。我们把以共同的物质生产活动为基础而相互联系的人们的有机总体称为“社会”。人们在社会互动中形成了社会群体。社会群体既是人生活的单位，又是社会的基本结构。根据社会群体的发育程度、联系纽带等可以将社会群体划分为初级社会群体和次级社会群体。广义的社会组织泛指一切人类共同活动的群体，包括家庭、家族、村社初级群体。狭义的社会组织指的是次级社会群体的重要形式。公共关系学所称的“社会组织”是狭义的。它是人们为了有效地达到特定目标，按照一定的宗旨、制度、系统建立起来的共同活动集体。它有清楚的界限、明确的目标，内部实行明确的分工并确立了旨在协调成员活动的正式关系结构，如政党、政府、企业、商店、公司、学校、医院等。

2. 公众

公共关系学中使用的“公众”，指与某社会组织发生联系并对该社会组织生存与发展具有影响的个人、群体集合而成的整体。

3. 公共关系主体

公共关系主体是指具有公共关系意识的公共关系工作的承担者，是公共关系活动的发动者，包括开展公共关系工作的社会组织——实质主体，以及公共关系专门机构和公共关系工作人员——实施主体。

4. 公共关系媒介

使社会组织与公众发生互动的人和事物被称为公共关系媒介。人在社会组织与公众的互动中，承担着沟通信息、协调关系的重要的媒介作用。符号、声响、图像、实物等事物也是公共关系重要的沟通媒介。它们主要起传递信息和情感的作用。报刊、图书、电视、电台、电脑、电影、幻灯、展览、广告、会议、演讲、对话、标语、公告牌、纪念品、礼品等均属此类。

5. 公共关系客体

作用于某社会组织的公众被称为公共关系客体，是公共关系工作的对象。

6. 公共关系

简言之，社会组织和与它利益的相关公众构成的社会关系被称为公共关系。此概念定义请见本章第一节。

7. 公共关系学

研究社会组织与相关公众相互作用、相互协调、彼此合作的规律及工作方法的一门科学，被称为公共关系学。

8. 公共关系状态

这是指社会组织与相关公众之间联系的程度、互动的性质与形态。联系程度有窄与广、松与紧、浅与深等等。互动性质通常分为合作性和对立性两大类。合作性的公共关系又被称为良好的公共关系，对立性的公共关系又被称为非良好公共关系。

9. 公共关系类型

公共关系类型是根据社会组织和公众的类型及它们之间的不同组合等对公共关系种类进行的区分。

根据公共关系主体的性质、职能、名称等区分，有政府公共关系、企业公共关系、群众团体公共关系、军队公共关系、学校公共关系等。

根据公共关系客体性质、名称等区分，有员工关系、股东关系、传媒关系、消费者关系、同行关系、社区关系、政府关系、社会名流关系、国际公众关系等。

根据公共关系主客体不同组合区分，有政府与政府关系、政府与企业关系、企业与企业关系、政府与政党关系、政党与政党关系等。

根据社会组织界限划分，有内部公共关系、外部公共关系等。

10. 公共关系要素

这是构成公共关系的最基本、最主要的成分，包括社会组织、媒介、公众、互动。

11. 公共关系功能

这是公共关系对社会及社会组织所发挥的作用和影响。

12. 公共关系意识

公共关系意识是我们对公共关系的本质属性、特征、作用及活动规律、方法等形成的理性认识和概括性见解。例如：公众意识、平等意识、互利意识、服务意识、形象意识、沟通意识、协调意识、开放意识、创新意识等。

13. 公共关系事业

人们为建立和发展公共关系所进行的有系统的、有规模的、有影响的经常性的活动。

14. 公共关系职业

人们在社会中专门以开展公共关系业务作为主要经济收入来源的工作。

15. 公共关系业务

个人或机构的专业公共关系工作。

16. 公共关系活动

为达到某种公共关系目的而采取的行动。

17. 公共关系活动目标

公共关系活动想要达到的境地或标准。比如扩大社会组织的知名度、让公众更全面地了解自己、赢得公众对本社会组织的支持等。具体体现在认知度、美誉度、和谐度这“三度”的定量与定性的标准上。

18. 公共关系活动原则

开展公共关系活动所依据的法则或标准。例如：平等互利合作原则、为公众服务原则、讲信誉原则、双向沟通原则、注重形象原则、求同存异与协调一致原则、讲效率原则、持久长效原则、创新原则等。

19. 公共关系活动类型

公共关系活动可以细分为若干个种类。比如建设性公共关系活动、维系性公共关系活动、防御性公共关系活动、矫正性公共关系活动等。

20. 公共关系活动方式

公共关系活动所采取方法和形式。比如新闻发布、谈判、组织参观等。

21. 公共关系工作

围绕公共关系所开展的具体业务活动。信息传播、关系协调、形象塑造等等是公共关系工作的主要内容。

22. 公共关系工作程序

开展公共关系工作的先后次序。一般为：调查、策划、实施、评估。

23. 公共关系工作道德

人们从事公共关系工作所必须遵循的行为准则和规范。

24. 公共关系组织

按照一定的宗旨和系统建立起来的公共关系集体。比如社会组织内部的公共关系机构、社会上的公共关系社团、专业公共关系公司等。

25. 公共关系部

社会组织内部专门履行公共关系职责、开展公共关系的工作机构。有的称为公众事务部。

26. 公共关系社团

公共关系社团指社会上为推动公共关系事业而组织起来的从事公共关系理论研究和实践活动的群众团体。如公共关系协会、公共关系学会、公共关系联谊会等。

27. 公共关系公司

公共关系公司是由各具专长的公共关系人员组成，运用专业知识、技能、经验，受客户委托，专门从事公共关系业务活动或提供咨询服务的企业组织。

28. 公共关系人员

专门从事公共关系工作的人。比如公共关系专家、公共关系学者、公共关系顾问、公共关系经理、公共关系业务员等。

29. 社会组织形象

社会组织形象是在一定时间和环境条件下，公众对社会组织的精神面貌、行为特征、产品和服务等产生的印象、感情和认知等的综合体现。社会组织形象通过其内在精神、外在行为和外显事物表现出来。

30. 公共关系沟通与传播

社会组织与公众之间通过一定的媒介彼此通连，进行信息、物资、能量的交流，就叫作公共关系沟通。公共关系的信息沟通，常常被称为公共关系传播。传播是指人与人、组织与公众之间，通过符号、声响、图像，直接进行信息、思想、感情、态度等交流，以达到表达某种愿望、说明某些情况、促成某种合作等目的。

31. 公共关系协调

在公共关系学中，"公共关系协调"一词有两重含义：一方面，它指社会组织内部及社会组织与公众之间的比较和谐一致的状态；另一方面，它指社会组织为了促使组织内部及社会组织与公众的相互适应、相互合作所做出的调整、平衡行为。

五、公共关系学科体系

经过几年的努力，我们尝试着构建了一个新的公共关系学科体系。该体系以公关基础理论、公关历史、公关四大要素作为领头，以公关三大目标、公关工作三大基本方法、公关活动四大步骤作为躯干，以对若干领域公关实践阐述为肢体，形成一个完整的、有机的、有逻辑性的、专业性较强的学科框架。如图 1－3 所示。

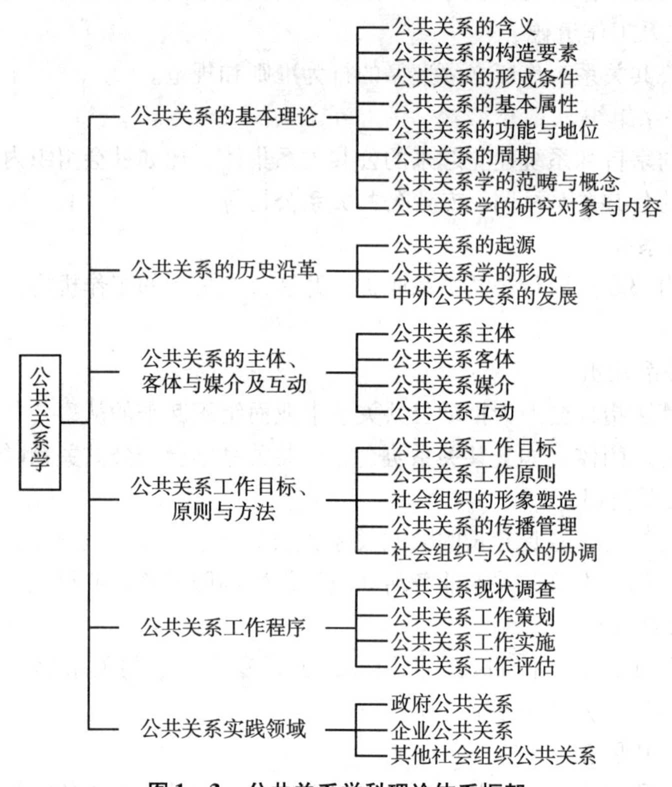

图 1－3　公共关系学科理论体系框架

我们勾画的公共关系学科体系框架，既总结、继承了目前已有的公共关系研究成果，又有很多创新。

我们将公共关系学科体系设计为由六大部分组成：

第一部分阐述公共关系学最基本的理论，包括对"公共关系"概念含义的表述，对公共关系基本属性及功能的揭示，对公共关系构造要素、形成条件、周期的分析，对公共关系学的研究对象与研究内容进行框定并对公共关系一系列范畴与概念进行界定。

这一部分内容反映了目前国内外对公共关系基础理论的研究成果，我们在梳理这些研究成果的基础上，对一些重要的理论问题发表了自己的创造性见解。比如，我们对公共关系的概念含义，作了新的表述，力求更全面、更深刻地揭示公共关系的内涵；在学术上首次提出“互动：也是公共关系构成的必备要素”；对公共关系的基本属性，我们有较为全面的概括；对公共关系一系列范畴与概念进行界定，这在同类书籍中是少见的，这样做的目的，是想借助它们，反映公共关系学科的属性、关系、行程等一系列重要问题，更为细致地表达公共关系的方方面面，同时，倡导大家更为严格、更为准确地使用公共关系的相关概念；我们把公共关系工作原则概括为“二十互”：互联互访、互通互知、互尊互信、互忠互爱、互勉互享、互补互助、互惠互利、互谅互让、互悦互融、互赢互荣，这在公关界是独一无二的；构建了一个崭新的公共关系学科体系；等等。

第二部分描述公共关系历史，既有对现代公共关系实践起源和公共关系学理论形成过程的记叙，又有对公共关系在当代中国现状的描绘，还有对公共关系未来发展趋势的展望。

这一部分向读者交代公共关系产生、发展的来龙去脉以及公共关系理论研究、实际工作、教育培训等成果，特别对中国的公共关系发展过程、条件、特征等进行深入的讨论。

第三部分对公共关系的主体——公共关系组织和公共关系人员、公共关系工作对象——公共关系客体以及公共关系媒介进行概要分析和叙述。过去的公共关系教科书一般都是将公共关系组织、公共关系人员、公共关系工作对象分散在书中介绍的。我们认为，研究和学习公共关系学，在了解其基本理论和历史的基础上，就应对构成公共关系的主体、客体和媒体进行分析。在对主客体、媒体的性质、特征等有了理性的认识之后，我们可以更好地研究它们相互影响、相互作用的规律以及做好公共关系工作的方式方法。

公共关系主体是公共关系的构建者和工作承担者。公共关系主体包括开展公共关系工作的社会组织、具体从事公共关系业务的公共关系机构及人员。对公共关系的工作部门、公共关系专业公司、公共关系社团的性质、职能、结构，对公共关系工作人员的知识、能力以及职业准则等等作出系统的阐述，是公共关系学科体系中必不可少的。

公共关系客体是指与某社会组织相关的作用于该社会组织的公众，是公共关系工作的对象。要做好公共关系工作，就必须了解和研究公共关系的工作对象。对公共关系客体的研究包括公众的特征、公众分类的方法及意义、基本公众的构成分析、公众心理需求与行为等。

公共关系媒介是指使社会组织与公众发生联系的人或事物。人通过语言、行动表达思想和情感，传递信息，使社会组织与公众建立和发展关系。事物包括为建立和协调公共关系所开展的活动，使社会组织与公众发生联系的物品、符号、标志、图画、图像等等。在现代社会，报刊、电视、广播、互联网络、专题活动等已成为非常重要的公共关系媒介。

第四部分介绍公共关系工作目标、原则与方式方法。突出阐述公共关系工作的三大目标及重要原则（包括相关法律与道德），并将社会组织的形象塑造、公共关系的沟通管理、公共关系协调作为全书的重要内容，首次使目前我国公共关系学界的三大学术流派的理论观点和运作方法在这里得到融合。

开展公共关系工作，首先应该明确公共关系的工作目标。不同的社会组织、社会组织的不同发展阶段、面对不同的公众，具体的公共关系目标是不同的，但概括起来讲，社会组织开展公共关系工作的总的主要目标是提高社会组织的认知度、美誉度、和谐度。认知度侧重衡量、确定公众对组织形象认知的广度与深度；美誉度是测定公众给予社会组织美丑、好坏评价的舆论倾向性指标；和谐度表示社会组织得到公众态度认可、情感亲和、行为合作的程度。提出社会组织开展公共关系工作的总的主要目标是提高社会组织的认知度、美誉度、和谐度，这是一种创新。以前公关界只将提高知名度、美誉度作为公共关系工作目标，我们认为是有缺陷的。

公共关系活动原则是举办公共关系活动所依据的法律、法则或道德准则及工作标准。例如：平等互利原则、为公众服务原则、讲信誉原则、双向沟通原则、注重形象原则、协调一致原则、讲效率原则、追求长效原则、创新原则等。

经过大陆学者十几年的探索，我们对公共关系的研究有了细化和深化，产生了形象塑造、沟通管理、关系协调等学术流派。我们觉得这些学术流派从不同层面、不同角度探讨了公共关系的理论和方法，都是有价值的。应该将它们梳理出来，并融合在一起，丰富公共关系的学科体系。有机地、全面地介绍这三大学术流派的理论观点和运作方法，使公共关系学科体系有了崭新的内容。这是公共关系学科体系建设的重大突破与发展，昭示着公共关系理论研究的新的趋势。

第五部分系统介绍公共关系工作的四个重要步骤。把公共关系调查、策划、实施、评估作为公共关系的工作程序，这是目前国内外公关界比较一致的做法。

第六部分是运用前几个部分阐述的原理和方法对不同领域的公共关系进行分门别类的研究和分析。这是“从一般到个别”。结合各行各业、各单位、各部门的特点研究公共关系的运作规律和具体方法，这是公共关系学作为一门应用科学所必须做到的。各式各样的公共关系案例的叙述和分析穿插在各章节中，可使公共关系的理论研究与实际结合得更加紧密。

回头我们再看，在上述这个学科体系中，第一部分解决“公共关系是什么、有什么功能”的问题；第二部分介绍公共关系的形成与发展；第三部分回答公共关系工作“谁来干”、“对谁干”、“通过什么干”；第四部分让人了解“干什么”、“怎么干”；第五部分告知“先干什么、后干什么”；第六部分对不同领域的公共关系实践进行具体分析和研究。整个体系内容丰富完整、逻辑严密、结构合理、具有创新性。

在构建这个学科体系时，我们除了运用系统论的方法之外，还使用了“加减法”、“整合法”和“梳理法”。

"加减法"：在公共关系基础理论中，加进了"公共关系的基本属性"和"公共关系学范畴与概念群"，以增进人们对公共关系本质的认识和进一步确立公共关系学的独立的学科地位。本体系为强化公共关系学的应用价值，花大量笔墨增添了公关工作三大目标和三大操作方法，在国内首次提出以增加"认知度"、"美誉度"、"和谐度"作为公关工作的目标，并将"形象塑造"、"沟通管理"、"关系协调"作为公关工作的三大主要方法。同时，对本体系中涉及的其他学科的知识，删繁就简，省出篇幅专门谈本学科的东西。

"整合法"：我们用第一章"公共关系的基本理论"，将涉及公关原理的内容组合进去，将有关公关组织与人员的内容包容在"公共关系主体"一章中，等等，使一些相关的、内部有逻辑性的内容在表述形式上更为集中。对各种公共关系学术观点和操作方法也运用整合的方法，使其有机地汇集到一起，方便学习和掌握。

"梳理法"：将其他教材的学科体系排列出来，取其合理的部分，舍其多余的成分。按照公共关系学学科内容内部的逻辑联系，将公共关系学内容概括成六大部分，先后顺序排列为：公共关系基本理论、公共关系历史沿革、公共关系主体、客体与媒体、公共关系工作目标、原则与方法、公共关系工作程序、公共关系实践领域分类研究。每个部分中再梳理出若干个问题分别阐述。在这个体系中，包含了公共关系哲学、公共关系管理学、公共关系伦理学、公共关系协调学、公共关系方法与技术等内容。

我们将公共关系学科体系定位于管理学中。这是因为，我们认为：公共关系工作是一项重要的具有管理性质的社会实践；公共关系学的研究对象和学科体系也明确体现出管理学的特征。做出这样的定位，对于理清公共关系学与其他学科的关系，提升和确定公共关系工作的社会地位，推动公共关系事业的健康、稳定发展，有积极的意义。

【案例1-1】 珠海重奖科学家

珠海市，南与澳门陆路相连，东与香港隔海相望，是我国首批对外开放的四个经济特区之一。1991 年，工业年增产速度达 67%，其中依靠科技进步占 34%。为进一步推动作为第一生产力的科学技术的发展，珠海市决定"重奖有突出贡献的科技人员"。同年，珠海市的有关部门对此创意做了大量的拟订方案及其法规化的工作。1992 年年初，该市市长向来珠海视察的中央领导同志汇报了重奖计划，得到中央领导同志的赞同。3 月 8 日，珠海市委、市政府召开隆重的首届科技进步奖励大会。会上，"凝血酶"的首席获奖者迟斌之、"BH-0111 型 80-480 门系列控制用户交换机"的首席获奖者沈定兴、"丽珠得乐冲剂"的获奖者徐庆中，分别获得重奖——一辆奥迪小汽车、一套住宅、一笔 30 万元的奖金。诸多记者迅速对此进行报道传播。一时间，"珠海重奖科学家"的新闻传遍大江南北，海外传媒也做了大量的报道。

“重奖”产生了多方效应，不仅珠海市尊重知识、尊重人才蔚然成风，而且使人才、成果、资金源源不断地涌入珠海市。同时，珠海市的经济发展速度显著加快，且极大地提升了珠海市的认知度、美誉度、和谐度。

【案例 1-2】 上海申博办申请 2010 年世界博览会

项目背景

当今社会国际商品交换的扩大和科学技术与经济发展之间的紧密联系，使世界博览会这一国际经济、科技、文化的奥林匹克盛会显得举足轻重。中国正以她前所未有的发展速度和在世界政治、经济、国际事务中的影响和作用，令世人所瞩目，举办一届成功的世界博览会显得极其重要。能否成功举办世界博览会，不仅反映出一个国家的建设成就和综合国力，更显示出主办国迈向下一世纪的决心和信心。

项目调查

作为中国最大的经济中心城市，拥有 1300 多万户籍人口的上海，2002 年人均国内生产总值超过 4900 美元，综合经济实力达到中等收入国家水平。经过 20 多年的不懈努力，上海的市政基础设施建设、旧区改造、产业结构调整都取得了重大进展，城市综合素质大大提高。特别是经过’99 财富全球论坛、2001 年亚太经合组织会议的洗礼，上海举办大型国际活动的能力得到进一步增强。上海正在迈向国际经济、金融、贸易和航运中心。如果中国申博成功，对长江三角洲影响巨大，上海周边城市将迎来一个扩大对外开放，活跃人流、物流、信息流，带动相关产业发展的历史性机遇。世博会从申办到举办，整个过程长达 10 年，上海市初步估计要投资 30 亿美元，用于世博会园区建设。1 美元的会展投资，将拉动 5 ~ 10 美元的城市相关产业投资，这对江浙两省无疑是一个极好的机遇。江浙两省作为经济大省、建筑大省，为上海发展出力，接受上海辐射，是江苏、浙江的区位优势。目前，上海进行的上万个建筑工程中，有无数的江苏人、浙江人在竭诚奉献。2010 年上海世博会，预计有 7000 万名参观者，其中 30% ~35% 将继续在华东地区游览。这意味着上海周边 100 公里内以苏州、周庄为代表的江南水乡，150 ~ 200 公里内的无锡、杭州，300 公里内的南京、扬州、镇江，以至于中国最为富庶的整个华东 6 省 1 市，都将被上海世博会直接带动。

对于民众支持度的调查，申博办委托上海城市经济调查队对全国 50 个城市的民意调查显示：89.4% 的人认为中国有必要申办 2010 年世博会，94.4% 的人拥护中国申办 2010 年世博会，92.6% 的人认为中国有能力申办 2010 年世博会，78.6% 的人相信中国申办2010年世博会会成功。一次广泛的网上调查也证明，92.3%的人支持上海举办2010年世博会。

项目策划

公关目标

★ 塑造上海国际大都市形象，展现上海魅力。

★ 最终夺取2010世博会主办权。

公关策略

充分发挥上海的五大优势是申博取得成功的保障，所以贯穿整个公关策划的就是突出优势、体现个性、展示魅力。

五大优势是：

1. 参观人数多。如果2010年世博会在上海举行，超过7000万人次的参观者将创世博会历史纪录。2010年上海世博会将成为各国人民的盛大集会。

2. 上海为世博会选定了合适的主题，“城市，让生活更美好”的主题能得到各国广泛关注。

3. 选址符合世博会的宗旨，做好了合理的选址场馆规划。世博会场址选在黄浦江滨水区，规划控制面积540公顷，世博园区面积规划400公顷，通过场馆建设，促使旧城改造；并在举办后，使该地区今后成为经济、科技和文化的交流中心。

4. 上海改革开放以来积累的经济实力完全有条件举办世博会。

5. 社会稳定，秩序良好。上海举办世博会得到了民众的极大支持。据调查结果显示，上海世博会的民众支持率在90%以上。

围绕这五大优势系列公关一一展开，让世界认同“上海是最好的选择”。

项目执行

前期宣传

2001年9月前以发放宣传册为铺垫，之后展开大规模全方位的宣传：

★ 世博会知识网络电视竞赛。

★ 举行申办2010年上海世博会新闻通气会。

★ 世博主题文艺演出。

★“万人支持申博网上签名”活动。

★“上海市民骑车申博万里行”。

★ 2010名上海市民代表宣誓。

★“长江三角洲申博之旅”。

★ 征求申办徽标、口号、招贴画。通过宣传征集徽标165个，海报470幅，口号6140条。最终决定入围海报10幅，入围口号10条，入选口号“中国如有一份幸运、世界将添一片异彩”。

★ 进入社区的“世博会向我们走来——世博知识巡回展”。

★ 派遣37个组团出国访问了87个BIE成员国，其中包括9个非建交国家。

★ 国外媒体宣传。世界各大主流媒体都对上海申博表示热切关注，分别以专题、专刊专版的形式给予追踪报道。英国《泰晤士报》、天空电视新闻频道以及星空传媒新闻频道，表示了对上海申办世博会的支持。

★ 成立支持中国申博“企业后援团”。

活动主体

1. 2001年6月6日国际展览局第129次成员国代表会议在巴黎举行。中方代表在会上进行了中国申博首次陈述，确定申博主题以及选址。申博市民代表袁鸣做诚恳的介绍，现身说法谈上海发展为人类提供实现价值的环境，以情动人，形式创新生动。

2. 2001年11月30日国际展览局举行第130次成员国代表大会，时任上海市市长徐匡迪作了申办陈述。瑞士罗氏制药有限公司总经理从一名外资商人角度谈自身在上海的投资回报，证实了中国政府的承诺是绝对可以信任的。

3. 2002年3月10~16日，中国作为申办国之一，第一个接受了国际展览局代表团的考察，通过一系列的陈述报告、实地考察，与各界人士交流沟通，国际展览局充分了解到上海的优势、能力、举办条件和各项准备工作。

4. 2002年7月2日，国际展览局举行第131次成员国代表大会，时任国务委员吴仪、外交部部长唐家璇、上海市市长、中国贸促会会长俞晓松等作了申博陈述。唐家璇部长代表中国政府承诺将投入1亿美元支援发展中国家和地区前来参展。对参展国建立永久性展馆，中国政府还将给予建馆资金25%的补贴。此外设立用于大会各项评奖的奖励基金。

5. 2002年12月3日，国际展览局举行第132次大会，时任国务院副总理李岚清、国务委员吴仪、上海市市长进行最后一次陈述，再次肯定了中国政府对于承办2010年世博会的信心与态度。会上以一部充满上海市民热切期盼的实地拍摄申博纪录片充分展示了上海的无限魅力。

当日，国际展览局成员国对2010年世博会主办国进行投票表决，中国获得2010年世博会的主办权。

项目评估

活动影响

★ 韩国YTN电视台在新闻报道中高度评价中国申办成功，认为这显示了中国经济发展的实力，提高了中国在国际上的威望和地位。

★ 香港特区贸发局认为上海世博会将为港带来商机。

★ 西班牙《世界报》把上海定为2002年世界最知名城市，其中成功申办2010世博会作为其中关键一条。

★ 法国《世界报》派发评论认为中国赢得2010年世博会主办权是众望所归。

★ 国际展览局官员评论：今天世界诞生了一个伟大的希望。

有了北京申奥的成功经验，上海申博活动开展得相当不错，整个申博过程中，政府牵头的国际公关为上海赢得了不少加分。

首先，在国际展览局成员国会议上的四次陈述形式有重大突破，给成员国代表以耳目一新的感受。

其次，1亿美元援助基金的提出也是史无前例的，充分表示了中国政府的诚意以及表达了上海努力办好国际性世博会的意愿。最重要的是，公关活动抓住了上海的五大优势展开，扬长避短，展示了上海开放、包容的鲜明个性，最终吸引了世界的目光。

（本案例获第六届中国最佳公共关系案例大赛杰出公关大奖）

复习思考题

1. 以一个组织的运转为例，谈谈你对公共关系定义的理解与看法。

2. 公共关系基本属性有哪些？了解它们有何意义？

3. 请注意当地行政长官（如市长、县长）一天的工作，然后从公共关系功能角度谈谈他工作的性质。

4. 珠海重奖科学家起了什么作用？对哪些社会关系产生重要影响？

5. 上海申博办申请2010年世界博览会工作中，哪些体现了公共关系作用或原则？

参考阅读

1. 卡特利普、森特：《有效公共关系》（中文版），中国财政经济出版社1988年版。

2. 王乐夫、廖为建：《公共关系学》，辽宁人民出版社1986年版。

3. 中国社科院新闻研究所：《塑造形象的艺术——公共关系学概论》，科学普及出版社1988年版。

4. 翟向东：《中国公共关系教程》，中国商业出版社1994年版。

5. 李道平、单振运：《公共关系协调原理与实务》，中国商业出版社、复旦大学出版社1996年版。

6. 邢颖：《中国公共关系二十年：理论研究文集》，北京大学出版社2007年版。

第二章　公共关系的产生与发展

本章提要

公共关系是人类社会发展进步的必然产物，它作为一种客观存在的社会关系和一种思想与活动方式有其久远的历史。作为一门学科的公共关系学却是近代市场经济、民主政治和传播技术等发展的结果，此学科建立至今100余年历史，是一门年轻的、新兴的学科。

本章描述了公共关系的起源与公共关系产生的原因、阐述了现代公共关系的发展阶段与特征、回顾了公共关系在中国的历史进程、探讨了公共关系的发展趋势，公共关系的来龙去脉清晰呈现。

学习本章的目的，是对公共关系产生与发展的总体情况有所了解，从中看到公共关系发展的规律以及在历史上所起的作用，从而更好地理解公共关系的本质和地位，更好地把握公共关系的未来。

第一节　公共关系的起源

公共关系是现代社会的产物，随着市场经济、民主政治和传播技术的发展，公共关系越来越成为现代社会的一种普遍现象。但是，公共关系作为一种客观存在的社会关系和一种思想与活动方式却源远流长。

一、公共关系的源流

公共关系的源流可追溯到古代社会。古代的埃及、巴比伦和波斯的统治者虽然更多的是用武力、恫吓等手段来控制社会，但舆论手段的运用在处理与民众的关系上占有相当重要的地位。这些古代的国家、政府、帝王都曾动用大量的金钱和人力去营造雕像、寺院、金字塔以及赞美诗等，用精湛的艺术描述他们东征西讨的英雄勋绩，树立统治者的声誉，宣扬自己的伟大和神圣的身份。当年君王们制造舆论、控制舆论的意图属于原始公共关系思想的萌动。

古希腊的民主政治导致公众代表会议和陪审团制度的形成，它为公众提供了对话的讲坛，演讲逐步引起人们的重视。公元前4世纪，一批从事法律、道德、宗教、哲学研究与宣传的教师和演说家在社会上十分活跃，他们被史学家称为诡辩学者，其代表人物有苏格拉底、柏拉图和亚里士多德。其中，亚里士多德利用严谨的思维逻辑和科学的研究方法写出《修辞学》，强调语言修辞在人际交往和宣讲中的重要性。他认为，修辞是沟通政治家、艺术家和社会公众相互关系的重要手段与工具，是寻求相互了解与信任的艺术。亚里士多德还提出在交往沟通中，要用感情的呼唤去获取公众的了解与信任，要从感情入手去增强宣讲和劝服艺术的感召力和真切可靠性。为此，西方的一些公共关系学者视亚里士多德的《修辞学》为人类历史上最古老的公共关系经典之作。

古罗马时代，人们对民意有更深的认识，并提出“公众的声音就是上帝的声音”。古罗马人注重发展各种影响人的传播技术，改进诗歌形式，使它更加精练，并巧妙地把宣传意图渗透进艺术的表现之中。例如，由于城市的发展，当时大量向往城市生活的农民涌进城市，罗马城一时变得拥挤不堪，人满为患。为了减轻城市的人口压力，同时也为了稳定农业人口，政府曾委托诗人写诗来协助宣传，维吉尔所写的《田园诗》就是其中之一。诗歌通过赞美乡村生活、新鲜的空气、纯净的水流，以及处身于大自然之中的乐趣，来吸引人们对乡村生活的向往，潜移默化，使人们受到艺术美的熏陶，最终达到宣传的目的。在恺撒时代，由于手抄小册子的流行，促使恺撒发行了世界上最早的日报——《每日记闻》，来作为自己与臣民沟通的工具[①]。由恺撒写作的《高卢战记》，记载了他的业绩和功德，成为一部纪实性的经典之作广为流传。国外的公共关系学者称这部书是出色的公共关系实务宣传的佳作。

中国古代公共关系的萌芽早于古希腊和古罗马。在春秋战国时期，中国的思想与言论是较为自由活跃的，那时便出现了百家争鸣、百花齐放的文化盛世。当时产生的士阶层，在社会上举足轻重，深受各诸侯君王的器重与信赖，形成策士游说成风，舌战宣讲艺术发达的历史局面。《文心雕龙・论说》曾描述道：“战国争雄，辩士云诵，纵横参谋，长短角势；《转丸》骋其巧辞，《飞钳》伏其精术。一人之辩，重于九鼎之宝；三寸之舌，强于百万之师。”战国的游说者，足智多谋，口才雄辩。战国的游说，以闻名中外的纵横之争达到最高境界。

中国古代十分强调争取“民心”在事业成功上的重要性。《老子・六六章》说：“江海所以能为百谷王者，以其善下之也，故能为百谷王。是以圣人之欲上民也，必以其言下之；欲先民也，必以其身后之。是以圣人处上而民不重，处前而民不害。是以天下乐推而不厌。”此即“得民心者得天下，失民心者失天下”。取信于民是中国古代争取民心的一种常用的方法。孔子曾讲过人与朋友交，要“言而有信”，“人而无信，不知其可也”；国家则“民无信不立”，如果失去了人民的信任，这个国家将无法生存下去。孔子的核心思想是“仁”，即仁爱、爱人。他看重人、宽厚待人、信赖人，主张施民以惠，以教育说服人，感化人。他提倡“和为贵”，礼为尚。孔子用“己所不欲，勿施于人”、“君使臣以礼，臣事君以忠”、“德不孤，必有邻”等信条来处理相互关系。虽然人类社会早期实际上就存在着公共关系的某些观念和某些类似的活动，但这些东西仅仅是零星的观念和技巧而已，始终没有出现过自觉地研究、推行公共关系的需要，更谈不上形成系统的公共关系理论和产生有一定目标、规模和系

① 纪华强：《公共关系的基本原理与实务》，厦门大学出版社 1992 年版。

统的经常性的公共关系活动。

具有现代意义的公共关系活动的出现可追溯到北美殖民地人民反对君主专制、争取独立的斗争。当时的领袖们都是很好的公共关系宣传家，他们利用报纸、小册子、传单、制造事件、集会、辩论等呼吁独立的主张。比如，萨缪尔·亚当斯为了攻击英国，塑造美国形象，于1750~1783年间出版了1500多种小册子广为散发，利用这些“现代传播手段”反对英国的殖民统治，为美国革命制造舆论。

具有现代意义的公共关系活动的另一源头，是企业界利用报纸进行的富有戏剧性的新闻广告宣传。19世纪30年代，在美国由《纽约太阳报》领头，掀起了一场“便士报运动”。便士报的诞生，使报纸的影响力迅速扩大。随着报纸发行量猛增，广告费随之上涨，这使一些急于宣传自己的公司不得不考虑如何使广告费的支出不要上升得太快。于是他们便雇用专门人员制造新闻，制造公司神话来引起公众的兴趣，扩大公司及其产品和服务的影响。从而使公共关系从它过去的模糊状态走出来，进入一个新的天地之中，并形成新闻机构的公共关系、广告宣传部门的公共关系和企业界的批评与改革的公共关系三个主要分支①。

19世纪50年代，美国的一些铁路和土地开发者利用公共关系和其他宣传手段吸引人们到西部去。1888年，互助人寿保险公司聘用查尔斯·史密斯为其撰写新闻稿或文章，以塑造公司的形象，在公司第一个设立了新闻宣传部。1889年，交流电的发明人乔治·威斯汀豪斯为他新创立的电器公司成立公共关系部门，雇用记者海因希斯来协助宣传交流电的知识，让公众了解他的公司。他们的努力成功地排除当时某些人阻碍交流电发展的企图，使交流电的观念为社会所接受。

上述具有现代意义的公共关系活动比古代社会的那种零星的公共关系观念和活动有较大的进步。其进步最主要的标志在于这些活动目的更明确、计划更严密、活动规模更大，现代的媒介、大众传播方式也已被公共关系活动广泛采用。应特别指出的是19世纪的最后20年里，企业界公共关系活动的发展和公共关系部、新闻宣传部的设立，带来了现代公共关系的新开端，这些具有现代意义的公共关系活动的出现，为现代公共关系事业的诞生奠定了深厚的理论与实践基础。

二、公共关系产生原因

英文public relations一词最早出现于1882年美国律师多尔曼·伊顿（D. Eaton）在耶鲁大学法学院对毕业班所做的《公共关系与法律职业的责任》演讲中，但那时该词的含义并非现代意义上的“公共关系”，而是“大众利益”的意思。现代意义上的“公共关系”这一用语第一次正式使用是在1897年，出现在美国铁路协会的《铁路文献年鉴》上。这个概念真正作为科学用语而流传和普及则要归功于美国著名公共关系专家爱德华·伯内斯（Edward L. Berneys），1923年他完成了世界上第一部公共关系学专著：《公众舆论之凝结》（Crystallizing Public Opinion），并在纽约大学开设

① 汪秀英：《公共关系学原理与应用》，中国商业出版社1991年版。

公共关系课程，使公共关系逐渐发展成为一门新的学科①。所以，从比较严格的意义上讲，现代公共关系产生于19世纪末20世纪初的美国。这是与当时美国的社会政治、经济、文化、科技等情况分不开的。

（一）民主政治：公共关系发展的制度安排

从人类社会制度发展看，公共关系的产生是社会民主化发展的必然产物。人类社会在数千年的漫长发展过程中，多数时间实行的是封建主或宗教主的专制统治。在这种制度下，君主拥有无上的权威，君主便是国家，君令便是法律，生杀予夺，全凭君主的喜怒哀乐。从根本上讲，在封建专制制度下不可能、也不允许发展真正的公共关系。文艺复兴和宗教改革，使欧洲从长达数千年愚昧宗教统治的“黑暗时代”中解放出来。随着经济关系的变化，资本主义的民主政体代替了封建专制政体。虽然资本主义的民主制仍存在着虚伪的一面，但它比起专制的封建制度来毕竟是大大进步了。政党要执政就得想办法争取社会舆论和选民的支持，就得靠竞选的胜利。即使当政，还得千方百计与选民保持良好的关系。在这一社会民主化的进程中，公民的参与意识不断提高，对各种社会重大问题，特别是关系到自己切身利益的问题，都要通过各种渠道来表达自己的意见。在这种情况下，公众的意愿第一次成为竞选者和执政者不能不加以认真考虑的问题。如何才能有效地与民众进行沟通，建立良好的关系，成为资产阶级政府、政党及各利益集团所面临的新问题。长期以来，公共关系也就一直成为各种政治变革、权力斗争的工具。

（二）市场经济：公共关系发展的现实土壤

在农业社会里，其经济模式是一种自给自足的封闭的小生产方式，其生产组织方式是以一家一户为单位。人与人之间关系的维系主要是靠血缘、地缘、人缘关系，靠传统的伦理观念和义务。直至资本主义社会前期，大工业尚不十分发达，受经济水平限制，人们的社会联系仍是相当狭隘，商品交换基本上用不着广为宣传，更没有必要花大力气去开展公共关系活动。随着时代发展，特别是工业革命之后，经济突飞猛进地发展，工业社会代替了农业社会。大工业的市场经济突破了时空和血亲的局限，形成以市场为轴心的极广泛的社会分工协作。任何社会组织均需得到社会广泛承认，获得社会整体的支持，才能生存和发展。所以，市场经济势必需要公共关系。在市场经济的发展过程中，市场形式经历了由“卖方市场”向“买方市场”的逐步转变。在买方市场条件下，消费者具有更多的优势，可以根据销售者的产品质量、价格、服务、品牌以及人情关系等条件，灵活地决定向哪一个“卖家”去购买所需商品。为此，必须通过发展良好的相互感情关系方能更有效地维护交换关系，维持市场发展。这样，构建公共关系，增进相互理解与感情，提升组织形象和声誉就越来越显得迫切与重要。此外，随着市场经济的发展，消费者的消费水平也随着商品的不断丰富而不断提高，从初始的满足温饱、安全等千人一律的“基本需要”，而逐步转向满足消费

① 居延安：《公共关系学导论》，上海人民出版社1982年版。

者的挑选商品的个性、情感等各不相同的“选择需要”。生产者、销售者必须对消费者多样的、多变的选择需求有及时、深入而全面的了解与掌握，以便能提供适销对路的商品，这就需要公共关系工作来促进双边沟通和相互了解。在市场经济的背景下，企业能否与市场对接，能否争取顾客，赢得市场，争取广大社会公众支持，成为企业生死攸关的课题，这就直接促成公共关系的兴起。

（三）人性文化：公共关系发展的精神源泉

美国是世界上少有的移民国家，几乎没有历史传统的包袱。美国文化体系中有三个突出特点：个人主义、英雄主义、理性主义。个人主义使美国人富于自由浪漫的色彩；英雄主义使美国人崇拜巨头伟业，富于竞争的精神；理性主义使他们注重严密的法规，崇尚教条、数据和实效。管理科学的鼻祖泰罗的思想及其制度，便是理性主义的典型代表。其将人视为机器的一部分，强调严格的操作程序，作业计量定额，颠倒了人与机器的关系，使手段异化为目的。这种机械唯理主义的管理，虽然短期内取得了显赫的高效率，但同时也促使阶级矛盾与劳资矛盾的日趋尖锐激化，孕育着社会危机和动荡不安，也孕育着社会文化意识的嬗变。正是在严峻的现实面前，人们逐渐意识到纯理性文化的局限，人文主义重新抬头，在管理中注重人性、注重个人和群体的文化精神理念迅速地获得人们的认同。20 世纪初哈佛大学教授梅约（Mayo）在著名的“霍桑实验”中提出的“人群关系理论”、“行为科学”，便是人性文化逐渐形成的有力体现。此外，大众传播的发展，社会化大生产的发展，也对尊重个人隐秘但又互不相关、过于狭隘的美国传统文化形成冲击，使社会生活、社会交往更趋开明化、开放化。这种尊重人性、尊重个人感情和尊严、人文的、开放的、人性化的文化，正是公共关系得以产生的精神源泉。

（四）传播技术：公共关系发展的技术支持

随着经济的发展和政治变革，人们交往的空间不断扩大，人们需要了解的信息量也越来越大。为适应这种需要，信息传播技术，特别是大众传播技术迅速发展起来。印刷技术日益普及与提高，报刊媒介遍及千家万户；电子技术不断进步，更带来广播、电影、电话、电视等电子传播媒介的普及；在微电脑、通信卫星全球普及的现代信息社会，具有极高的传播广度、速度与深度及高保真度并又费用低廉的崭新的传媒迅猛发展，各种信息在瞬间即可传遍世界各地，新的传播体制使整个世界越来越变得如同一个村落。这种“地球村”的发展趋势，使一个多空间、多层次、多元化的传播体制逐渐在全世界形成，使言论自由、新闻自由的理想能进一步实现，使社会舆论的力量、公众意见的表达越来越具有影响力。公众对社会组织机构政策、制度和管理实施的实际干预能力大大增强。这种干预力量又不以人们的意志为转移地向社会各管理层渗透，政府和企业界不考虑公众意愿的管理方法已行不通。摆在管理阶层面前的唯一出路就是尽快地学会有效地驾驭新的传播手段和传播技术，与自己的公众建立起一种新的有利于相互了解、相互协调的沟通关系。由此可见，传播技术与传播有关的信息通信技术、控制技术的出现和发展为现代公共关系的形成与发展提供了重要的物质技术支持。

第二节　现代公共关系的发展与特征

公共关系作为一种全新的思想，一种科学而系统的理论，一种新型的职业，发端于 19 世纪末 20 世纪初的美国。此后，随着社会经济、政治、思想、文化及其他社会历史条件的不断发展和变化，公共关系的发展也经历了不同的历史时期，并呈现出新的特征。

一、现代公共关系发展的四个阶段

（一）“公众受愚弄”时期（巴纳姆时期）

有组织的公共关系活动发端于 19 世纪中叶在美国风行一时的报刊宣传代理活动。19 世纪 30 年代，新闻报刊业在美国得到了社会各界的关注，开始有了长足的进步，形成了一场较大规模的“报刊宣传运动”。当时一些政治组织和公司、企业发现利用报刊宣传自己的主张、美化自己的形象有意想不到的效果，于是纷纷雇用一些能在报刊上发表文章的记者和与新闻界有关系的人员为本组织展开宣传，挖空心思“制造新闻”，根本没有职业道德的顾忌。报纸为了扩大发行量，也推波助澜，以“制造”的“新闻”吸引读者，以离奇的故事引起公众的好奇和对自己的注意。在这方面最为突出的人物是报刊宣传员费尼斯·巴纳姆（Phines T. Barnum）。应该说巴纳姆是一个新闻传播方面的行家里手，他具有卓越的吸引公众的才能，但是他走向了极端。因为巴纳姆所处的时代是公共关系孕育生长的重要时期，巴纳姆非但没有给公共关系学增进正面影响，反而败坏报刊宣传人员的声誉，滥用公众信任的大众传播手段。为了能赚到更多的钱，巴纳姆可以无中生有，制造神话。他的工作信条是：“凡宣传皆好事”，完全不把公众放在眼里。其致命弱点有二：一是这种宣传对公众的利益全然不予考虑，甚至出现了美国铁路大王“让公众见鬼去吧！”的谩骂公众的典型个案；二是几乎所有的报刊宣传员都以获得免费的报刊版面为满足，并为此而不择手段地为自己制造神话，欺骗公众，这种做法与公共关系职业的基本要求和道德准则相去甚远。这就使整个巴纳姆时期在公共关系的历史上成了一个不太光彩的时期，有人称之为“公众受愚弄”的时期。这一时期的报刊宣传活动已带有一定的组织性和较为明确的目的性，其范围已不仅限于政治领域、思想宣传领域，而且扩大到经济领域，与谋求经济利益的愿望紧密结合在一起。

（二）“说真话”时期（艾维·李时期）

1903 年，美国著名记者艾维·李在美国开办了一家正式的公共关系事务所，标志着现代公共关系的问世。从此，公共关系事业进入了一个前所未有的发展时期。19 世纪末，美国已进入垄断资本主义时代，垄断财团占有着社会的绝大部分财富。这一时期成为资本主义巨商和垄断资本家横行的时代。垄断财团及其巨头形象、声誉每况愈下，与社会公众之间的矛盾、冲突与日俱增。于是，一些大财团和大公司公开雇用记者创办自己的报刊，仿效巴纳姆时期报刊宣传活动的手法，杜撰有利于工商巨子们的耸人听闻的“神话”和“新闻”，遮掩自己公司和企业中出现的种种问题。结果适得其反，公众对垄断财团的敌意倍增。于是，以“说真话”、“讲实情”来获得公众信任的主张被提了出来，并越来越得到工商界一些开明人士的赞同。艾维·李就是“说真话”的公共关系社会思潮的主要代表人物。

艾维·李曾是《纽约日报》等报纸的记者。他审时度势，针对巴纳姆——“公众受愚弄”、“凡宣传皆好事”的宣传活动的局限性，提出了“说真话”的公共关系理论思想。在艾维·李看来，一个企业、一个组织要获得良好的形象和声誉，不是依靠向公众封锁消息或以欺骗来愚弄公众，而是必须把真实情况披露于世，把与公众利益相关的所有情况都告诉公众，以此来争取公众对组织的理解和信任。一旦披露真实情况确实对组织不利的话，那就应该调整组织的行为，而不是去极力遮盖实情。通常情况下，一个企业与员工或其他社会组织处于紧张的摩擦状态，往往是由于这个组织的管理者不注重与公众的沟通所造成的。因此，要想建立良好的公共关系，创造最佳的生存发展环境，其最根本的公共关系理念是：说真话。

1903 年，艾维·李辞去新闻记者的工作，成立了一家正式的公共关系事务所，承接企业和其他组织所委托的业务，协调各方面的关系。1906 年，艾维·李向新闻界发表了阐述其公共关系活动的《原则宣言》，这一宣言成为反映他的公共关系基本思想的重要文献。艾维·李开创公共关系事业之后，曾经成功地运用公共关系学原理处理一些重大事件，在社会上产生热烈的反响，为他本人和公共关系学赢得巨大声誉。

1904 年，艾维·李被美国著名的实业家小约翰·洛克菲勒聘为私人顾问。这时洛克菲勒因科罗拉多州燃料公司和钢铁公司工人罢工而处于焦头烂额境地。洛克菲勒在处理罢工事件时，态度强硬、不容妥协、进行镇压，在当时公众中声誉极坏，被称为“强盗大王”。艾维·李接受此事件的协调使命后，采取了几条不同凡响的措施：调查事发原因并公布于众，聘请有声望的劳资关系专家来主持调查，以示公正；邀请工人代表参与商讨解决劳资纠纷的办法；建议增加工人福利和向慈善事业捐款，以改变形象。洛克菲勒无奈只得接受艾维·李的建议，公众逐渐改变了对洛克菲勒本人的看法，平息了事端，挽回了声誉，从此艾维·李声名鹊起。美国许多大公司如美国电话电报公司、公平人寿公司、铁路公司等纷纷聘请艾维·李为公司的公共关系顾问或公共关系代理人。

正因为艾维·李在公共关系理论和实践方面的卓越建树，公共关系学界的多数人把他看成现代公共关系的鼻祖。

（三）“投公众所好”时期（爱德华·伯内斯时期）

艾维·李作为公共关系的创始人，虽然提出了一系列独创的公共关系思想观点或观念，但是，由于当时历史条件的限制和个人精力的局限，还没有形成比较系统严密的公共关系理论。完成公共关系理论体系奠基任务的是美国著名的公共关系顾问爱德华·伯内斯。

艾维·李之后，美国的公共关系事业得到长足发展。1913 年，爱德华·伯内斯受聘于美国福特汽车公司，担任该公司公共关系部经理，为塑造福特公司在公众心目中的良好企业形象，促进福特公司迅速发展立下了汗马功劳。第一次世界大战期间，他曾在威尔逊总统成立的官方公共关系机构“克里尔委员会”担任委员，负责向国外新闻机构提供美国参战的有关情况和背景资料。第一次世界大战结束后，他和夫人在纽约开办了一家公共关系公司，并开始致力于公共关系的理论研究。1923 年，出版了他的第一部公共关系学专著《公众舆论之凝结》。同年，他在纽约大学首次讲授公共关系课程。

1925 年，爱德华·伯内斯出版了教科书《公共关系学》，1928 年出版《舆论》，从而使公共关系的基本理论和方法形成一个较为完整的体系。爱德华·伯内斯在《公众舆论之凝结》一书中首次提出“公共关系咨询”的概念，并对它的作用作了详细的解释。在他看来，“公共关系咨询有两种作用：其一是向工商业组织推荐它们应采纳的政策，这种政策的实施可以保证工商业组织的行为符合社会利益；其二是把工商业组织执行的合理政策、采取的有益社会行为向社会广为宣传，帮助工商企业组织赢得公众的好感、信任和支持”①。

爱德华·伯内斯公共关系思想的核心是“投公众所好”。他认为，以公众为中心，了解公众的喜好，掌握公众对组织的期待与要求的态度，确定公众的价值观念，应该是公共关系的基础工作；然后按照公众的意愿进行宣传工作，才能做好公共关系工作。爱德华·伯内斯对现代公共关系的重要贡献主要表现在：公共关系活动职业化；公共关系摆脱了对新闻界的从属；公共关系运作程序、方法、技巧现代化，提出公共关系的整个运作过程应当包括从计划到反馈最后到重新评估等 8 个基本程序；初步建立了现代公共关系的理论体系；强调了舆论以及通过投其所好的方法和通过宣传引导公众舆论的重要；“投公众所好”是公共关系思想的核心和立足点；使公共关系观念有了科学的含义；主张获得公众的谅解与合作应当成为公共关系的基本信条。爱德华·伯内斯的理论探讨和实践活动为公共关系的职业化、科学化，为公共关系教育的发展做出了重要贡献，使他享有公共关系先驱者之一的美誉。1924 年，美国《芝加哥论坛报》发表社论，强调提出：“公共关系已经成为一种专门职业、一种艺术和一门科学。”②

爱德华·伯内斯终身以公共关系为业。1962 年，他从岗位上退休之后，仍然关注着公共关系事业的发展，他的一生贡献给了这个崭新的事业。

（四）“双向对称”时期（斯科特·卡特李普新时期）

第二次世界大战以后，国际间的经济、技术和劳务合作日趋频繁和紧密。但由于不同民族和国家之间在交往过程中存在语言文字、思想文化、社会制度和风俗习惯等

① 熊源伟等：《公共关系学》，安徽人民出版社 2003 年版。
② 熊源伟等：《公共关系学》，安徽人民出版社 2003 年版。

方面的障碍，客观上要求必须有一批公共关系的专业人员从中斡旋，进行有效的沟通与协调。正如美国《公共关系手册》指出的："打算进入外国市场的美国商人发现，他们的当务之急是公共关系问题。"因为"对外关系的交恶，十有八九不是出于利益的冲突，而是语言、文化、传统等方面的隔阂"。一个社会组织要想能够在世界范围内有所发展，必须和发生利益关系的一方相互了解、相互信任、相互支持，最终才能共同发展。传统的公共关系理论认为，公共关系无论其科学发展的理论深度如何，在公共关系实践中，它都是作为"一项具体工作"而表现出来的。"公共关系工作就是试图去保持和推进社会对组织的良好印象，这是建立在拥护组织的公众将会不断吸收组织的产出这样一个假设基础上的"。这类工作只注重将有关组织的信息扩散到组织环境之中，而忽略将有关环境的信息传递给组织。

这种理论实质上是把公共关系的组织系统看成"封闭系统"，把公共关系活动被动化了，这是典型的公共关系具体工作论。现代公共关系理论认为，公共关系首先是作为一种职能出现的，它要求以"开放系统"的思想方法去分析公共关系，以"双向对称"的理论模式去规划公共关系，即组织与其公众关系的维持与改变是建立在产出——反馈——调整各环节相互作用的基础上的。在这种模式中，公共关系具有潜在的、能够发挥参谋或顾问作用的能力，可以对决策过程施加影响。这种潜在能力能够在危急时期产生控制局势的作用，而且作为对外环境的感应系统，公共关系还可以阻止潜在危机的发生。斯科特·卡特李普、阿伦·森特、格伦·布鲁姆在《有效公共关系》中指出："公共关系的一个开放模型，从根本上改变了普遍存在的认为公共关系是一项具体工作的看法。这一模式就是被格鲁尼格（Grunig）和亨特（Hunt）称为'双向对称'的模型，它表明沟通是双向的，而且信息交流改变着组织——公众关系的双方。"①

开放系统的"双向对称"公共关系模式的基本思想，一方面要把组织的想法和信息向公众进行传播和解释；另一方面又要把公众的想法和信息向组织进行传播和解释，目的是使组织与公众结成一种双向沟通和对称和谐的关系。运用"双向对称"公共关系模式，首要和最重要的要求是对环境进行有目的性的感应，以便发现和预测对组织与公众关系有影响的环境变化。根据"双向对称"模式，公共关系必须有选择地注意那些对组织有影响的公众或者组织政策所涉及的公众。这不仅需要确定目标公众，而且还要运用研究技术，在协调组织本身的同时协调公众。开放系统的"双向对称"公共关系模式还具有在组织内部促进正确行为产生的能力和指导进行影响公众知识结构、观点与行为的工作能力。在这种模式中，对于公众的知识结构、观点与行为所施加的影响，是为了实现和维持组织目标，这一目标却是组织与公众双方的共同利益。当今世界，科技革命、知识革命和产业革命不仅使每一个国家的政治、经济乃至整个社会发生了划时代的变化，而且也使整个世界的经济格局、政治格局和人

① 斯科特·卡特李普等：《有效公共关系》（中文版），中国财政经济出版社 1988 年版。

们的思想观念都发生了重大变化。其社会发展的总体趋势表现为：一方面社会日益走向多元化与多极化；另一方面各种社会矛盾和对立又日趋融通和缓和。这就使任何一个社会组织只有增强与其他社会组织和公众的相互沟通、协调与合作，才能得以生存和发展。因此，社会组织与其相关团体和公众的自觉的、积极的、有目的的、有计划的相互沟通与联系就变得更加迫切和必要。开放系统的“双向对称”公共关系模式正是这一社会客观环境的必然产物。

二、现代公共关系特征

20 世纪 30 年代，尤其是第二次世界大战期间及战后，公共关系学受到人们普遍的关注，公共关系学的发展达到了一个新的高潮。具体特征有四个方面。

（一）公共关系学科规范化

公共关系学作为一门学科，其学术积累时间不长，规范性相对较弱。特别是有些人对公共关系学的滥用，把什么都归属于公共关系范畴，使人们在某些时期对公共关系学评价不高。因此，20 世纪以来，凡致力于公共关系理论建设和体系构造的有识之士都尤为强调该门学科的规范性，防止把公共关系学搞成一种无所不包、无所不能的“万金油”式的学科。其主要标志就是基本理论逐步得到确立。经过公共关系学研究者和实践者几代人的努力，这门学科的基本规范已经形成，基本理论逐步建立。从艾维·李的“说真话”到爱德华·伯内斯的“投公众所好”，再到斯科特·卡特李普等人所倡导的“双向对称”公共关系理论模式，大致构成了一套公共关系学基础理论。尤其是“双向对称”理论，强调公共关系是在组织和公众之间进行互动、解释、传播与沟通，以促成一种和谐的关系。作为公共关系的基础理论，它已广为社会所接纳。

（二）公共关系教育专门化

自从爱德华·伯内斯在 1923 年纽约大学首次开设公共关系学课程以后，公共关系教育发展之迅猛超出人们的想象。美国大学教育的特点是与社会需求联系紧密。当社会急需大批有专业背景的公共关系从业人员时，大学教育便会相应地迅速发展。1937 年，美国公共关系协会的创始人之一雷克斯·哈罗在斯坦福大学开设公共关系专业课程，首次比较系统地讲授公共关系学。据《有效公共关系》介绍，1946 年，被调查的 59 个主要高等院校中有 30 个开设了公共关系课程。10 年后，美国公共关系协会调查结果表明，开设公共关系课程的学院增加了 3 倍，653 个学院与公共关系协会保持联系①。

1947 年，美国波士顿大学创办了第一所公共关系学院，这标志着公共关系学教育已经达到一个新的高度。1978 年，美国已有 292 所大学开设公共关系专业。其中 10 所设博士学位，23 所设硕士学位，93 所设学士学位。到 1985 年，美国讲授公共

① 李强：《公共关系概论》，中国人民大学出版社 1991 年版。

关系课程的学校至少在400所以上[①]。

公共关系教育一方面强调自身的公共关系特点；另一方面也主张多学科兼容。因此，学习公共关系专业的学生就业面广、适应能力强，能符合社会的需求。在最新一次“最受欢迎的职业”调查中，公共关系仍然是20种热门职业中的一种。

（三）公共关系工作职业化

现代公共关系大发展的一个重要标志是：自20世纪30年代起，欧美国家纷纷成立专业化、职业化的公共关系咨询顾问公司，一些大公司设立公共关系部门，随后这种做法逐渐扩展到发展中国家，在政府部门和大公司中颇为流行。公共关系工作职业化有其自身的基础：其一是社会的现代化发展使得组织所处的环境日益复杂化，企业和政府都面临着繁复的公共关系事务和社会问题，必须有专门部门和人员来协调关系。公共关系活动介入了一些重大社会问题，例如民族问题、和平问题、生态环境问题等。其二是产业结构发生了变化。据统计，20世纪50年代在信息部门工作的人员只占就业人数的17%左右，到了80年代，在同类部门工作的人员占60%左右。许多投资、咨询、销售、调查公司所雇用的职员大都来自公共关系专业和其他相关专业。据统计，美国85%的企业公司设有公共关系部门；在美国，公共关系咨询公司在1937年约有250家，1960年约有1350家，1980年约有1600余家，目前公共关系从业人员近20万人。公共关系工作的职业化催发了公共关系职业道德建设。公共关系的主要特点是其为一门处理公众关系的科学，稍不谨慎，就会在形象真实、利益维护等方面出现偏差，引起公众的反感和不信任。因此，公共关系专家把公共关系职业道德建设放到了十分重要的地位，失去了职业道德就失去了公共关系及其职业的生命。世界各地的公共关系协会、组织都先后制定了公共关系职业道德守则，强化公共关系人员的道德观念、规范公共关系从业人员的行为。1954年，美国公共关系协会制定出第一部公共关系道德准则；1962年，这个协会专门设立一个检查机构监督公共关系准则的实施。

（四）公共关系行业国际化

1955年国际公共关系协会在伦敦成立，标志和预示着公共关系事业在全世界的发展和成功。经过几十年的努力，公共关系学在许多国家里被广为传播，已被明智的政治家、实业家视为一种资源来开发。可以说公共关系的原理和方法已经成为国际通用的“语言”，为具有不同文化背景和语言习惯的各国人民所接受。公共关系行业的国际化已成为一种不可逆转的趋势。第一，国际贸易的增长需要国与国之间加强了解彼此的经济体制和法律规范。由于历史和文化因素，各国建立的经济运行体制很不相同，强制其他国家实行与自己相同的经济体制必然会导致误解与冲突。现代公共关系是消除误解、化解冲突最为有效的工具。第二，跨国公司的增长使得经济活动完全与公共关系活动融合在一起。全球性经济合作发展已突破了国家和地区的界限。一国人

① 斯科特·卡特李普等：《有效公共关系》（中文版），中国财政经济出版社1988年版。

员到他国工作的情况已司空见惯，重视两国或多国人员在同一工作环境里交往的特殊性和采取特别的对策，如公共关系对策、文化融合对策是跨国公司得以顺利发展的根本保证。第三，国际旅游事业的增长尤其需要沟通各国人民之间的情感，防止种族偏见观念的滋长。公共关系教育和训练在旅游业中十分受欢迎。现今许多国家的旅游部门和公司都设有从事公共关系活动的专门机构。第四，国际政治文化合作的增长迫切需要公共关系人员更多地参与调解冲突、维持和平等。“冷战”结束后，世界向多极化的方向发展，但天下仍很不太平，地区冲突、民族冲突时有发生。各国政府和联合国成员一直在寻找合作的机会，共同解决局部冲突带来的诸多问题，许多公共关系人员进入了联合国机构，开赴世界各地，缓和冲突双方的矛盾，增进冲突双方的了解和沟通。

第三节　公共关系在中国

现代公共关系思想和公共关系实践进入中国，应以 20 世纪 60 年代香港、台湾地区的公共关系的引进为发端，但全方位地落户中国，则只能以中国大陆为参照系。20 世纪 80 年代初，中国大陆实行对外开放政策，公共关系作为一种新的经营管理思想和技术传入中国，并呈现出由南向北、由东向西，由服务行业向工业企业，由外资企业向国有企业，由企业组织向政府组织逐步发展的格局。

一、从积极引进到迅速发展

当代中国公共关系的发展，大致经历了三个发展阶段。

第一阶段：导入时期（20 世纪 80 年代初期及中期）。

随着改革开放的发展，在深圳、广州等地的一些中外合资企业和外商独资企业按照海外的管理模式，出现了公共关系活动，最早设立了公共关系部。在这些公共关系部中，多数是在海外受过公共关系训练的人担任经理。1980 年，与香港合资的深圳蛇口华森建筑设计顾问公司率先成立，这是我国第一家公共关系性质的专业公司，它主要是适应特区建设的需要，提供经验与技术。1982 年，深圳竹园宾馆成立公共关系部，开展以招徕顾客为目标的扩大影响的服务性公共关系活动。1983 年，中外合资的北京长城饭店成立公共关系部。1984 年，广州中国大酒店等宾馆、酒家和服务部门设立公共关系部。后来，广东电视台以这批宾馆酒楼的公共关系活动为背景拍摄了第一部反映公共关系理论与实践的电视连续剧《公关小姐》。该剧在全国放映后，影响千家万户，使公共关系为亿万中国人所知晓。1984 年 9 月，我国国有企业第一家公共关系部——广州白云山制药厂公共关系部正式成立。

1984 年 11 月，《经济日报》发表长篇通讯《如虎添翼——记广州白云山制药厂的公共关系工作》，并配发重要社论《认真研究社会主义公共关系》，对公共关系的引进和发展阐述了原则性的看法和指导性的意见。这标志着现代公共关系在中国已得到确立。导入阶段的公共关系主要是把国外的公共关系运作模式、运作程序、管理经验及具体做法引入中国。由于当初人们对公共关系缺乏认识和了解，公共关系的运用多采取简单搬用或模仿外国公共关系的做法。即便如此，对改革开放的中国人来说，能以新的思想观念接受外国的经验技术，已经是一个了不起的进步。

第二阶段：迅速发展时期（20 世纪 80 年代中后期）。

这期间，中国呈现第一个“公共关系潮”。其标志是专业公共关系公司、公共关系协会、公共关系教育培训以及公共关系理论研究迅速发展起来。1985 年，两家世界上最有影响的公共关系公司——伟达公司和博雅公司先后进入中国。其中，博雅公司与中国新闻发展公司达成协议，成立中国第一家公共关系公司——中国环球公共关系公司。1986 年 12 月，上海成立全国第一家省级公共关系协会。1987 年 5 月，全国权威性的公共关系社团组织——中国公共关系协会在北京正式成立。此后，全国各省、直辖市、自治区以及若干大中城市相继成立地方性公共关系协会或学会。许多企业内部的公共关系部开始运作，并取得了较大的实践成果。“健力宝”等企业的公共关系活动在全国范围内产生轰动效应。1985 年 1 月，深圳市总工会举办全国第一个公共关系培训班。在此前后，深圳大学、中山大学、北京大学研究生院、首都师范大学、复旦大学、清华大学、中国人民大学等相继讲授公共关系课或开办公共关系专业。1986 年 11 月，中国社科院编著的《塑造形象的艺术——公共关系学概论》正式出版。同年 12 月，王乐夫、廖为建等人的公共关系专著问世。从 1988 年起，全国公共关系组织联席会议相继在杭州、西安、广州等地召开。1989 年全国高校第一届公共关系教学研讨会召开。弗兰克·杰弗金斯著《公共关系学》、斯科特·卡特李普等著《有效公共关系》等国外公共关系著作在中国大陆翻译出版。1988 年 1 月，中国第一家公共关系专业报纸——《公共关系报》在杭州创刊，向全国发行。1989 年 1 月，中国第一份国内外公开发行的公共关系杂志——《公共关系》在西安创刊。公共关系的理论研究十分活跃，理论成果十分丰富。据不完全统计，在迅速发展时期公共关系专著、译著、教材公开出版发行近 100 部。在第一次“公共关系潮”时期，虽然仍有机械模仿、层次较低，良莠不齐、鱼龙混杂等情况，但理论上和实践上的“百家争鸣，百花齐放”的局面却为下一时期的公共关系发展打下了较好的基础。

第三阶段：成熟稳定发展时期（20 世纪 90 年代初至今）。

我们从以下几个方面介绍：

第一，中国的公共关系事业得到党和国家领导人的关注。1991 年 5 月，中国公共关系协会在北京召开全国公共关系工作会议，对中国公共关系事业的发展进行总结，交流经验。党和国家领导人李瑞环、薄一波等同志在给会议的贺词中充分肯定了中国公共关系事业取得的成绩，明确指出了公共关系事业的发展方向和根本任务，这在全国产生了重要影响。

第二，公共关系的实践活动从自发走向自为、从盲目走向自觉、从照搬走向自主创造。政府积极运用公共关系推动工作：北京奥运会、上海世博会、政府应急管理等，公共关系大显身手；企业普遍采用公关手段，创造佳绩。政府与企业是公共关系工作特别活跃的领域。

第三，公共关系的教育培训日趋成熟。中国内地公关教育的发展过程具体表现为：从社会的一般普及性的专业讲座，到面对全体大学生的基础素质课程教育；从高校的专业性的大专层次的教育，到普通的本科教育，再到高层次的研究生教育；从业界的短期的职业培训，到有系统的、标准化的终身职业教育等三个方面的发展过程。

中山大学政治与公共事务管理学院经历十几年的实践探索，为国内公共关系本科教育提供成功的经验。上海东华大学、中国传媒大学、上海师范大学、上海财经大学、上海外国语大学、东北财经大学、宁波大学等公关本科相继设立。据不完全统计，中国内地已有20多所普通高等院校设立本科的公共关系专业。所有的本科院校已开设了公共关系学课。

2006年1月12日，由中国国际公共关系协会与国家人事部中国高级公务员培训中心合作举办了“国家公务员公共关系专业系列”（暨《国家机构公共关系事务顾问》）讲座。我国著名公共关系专家郑砚农、李道平、刘庆龙、郭惠民就“现代公共关系原理及在政府工作中的应用”、“政府公共关系协调”、“领导人媒体形象优化”、“社会突发事件及危机管理”等课程进行传授，来自于中央国家机关的公务员和事业单位的工作人员参加面授培训，全国各省、市党政机关和企事业单位的人员通过“中国国家人事人才培训网”的卫星远程培训学院参与公共关系专业的培训。中国高级公务员培训中心启动公务员公共关系专业培训，标志着公共关系作为独立的专业学科，纳入公务员培训系列之中。

第四，理论研究日趋深入。以1989年召开的第一届全国高校公共关系教学研讨会和1990年召开的首届全国公共关系理论研讨会为标志，中国内地的公关研究进入“探索和发展”为主要特征的新阶段。

1990～1996年，由中国公共关系协会主持召开的历次公共关系理论研讨会，主要是围绕公共关系基本理论问题，公共关系如何为现实社会发展服务等来展开研讨。全国公共关系理论研讨会，极大地推进了中国公共关系的理论研究进程。在这一时期，学术研究较为活跃。一些学术流派开始产生，比如形象学派、协调学派、传播学派、管理学派等，细化和深化了对公共关系的研究。

1996～2010年，中国内地公共关系理论研究走向集中地表现在中国国际公共关系协会主持召开的历次中国国际公共关系大会、海峡两岸公共关系理论与实务研讨会以及历次的中国优秀公共关系案例评选等活动的成果上。从研讨的议题看，已涉及卓越公共关系、大营销中的公共关系问题、政府公共关系问题、财经传播、危机管理、议题管理、效果评估、整合传播等公关理论前沿问题，调查研究、内容分析、个案研究等现代研究方法逐渐被重视，现代公共关系的管理运作模式、操作性工具研究等已开始进入实务研究的领域，表现出我国公共关系理论探索研究视野的扩大，并逐渐国际化，逐渐走近国际公共关系研究前沿的发展趋势。

在这个时期全国公开出版的公共关系专著、教材、译著、工具书等已超过1000种。其中具有代表性的有：安徽人民出版社出版的由熊源伟主编的全国通用教材

《公共关系学》（两次获“全国优秀畅销书奖”）、中国商业出版社出版由翟向东主编的《中国公共关系教程》（获“中国公共关系二十年优秀出版物奖”）、复旦大学出版社与中国商业出版社联合出版的由李道平、单振运撰写的《公共关系协调原理与实务》（获“中国公共关系二十年优秀出版物奖”）等。

第五，1998 年，经国家劳动和社会保障部批准，公共关系职业载入“国家职业分类大典”，公共关系职业纳入国家正式职业行列。1999 年，国家职业资格工作委员会专门设立公共关系专业委员会。这标志着我国公共关系职业化迈出关键一步。

第六，公共关系市场和公共关系专业公司长足发展。

据中国国际公关协会统计，2000 年，国内公关行业具有 3 个以上长期客户、员工人数超过 20 人的专业公关公司数目达到 100 家左右，专业公司从业人数超过 5000 人。这一年，国内公关市场的营业额约达 15 亿元人民币，而到了 2010 年，整个行业年营业额估测为 210 亿元人民币。本土公关公司也随着整个行业的大潮迅速前行，一批本土的公关公司品牌迅速浮出水面。

中国国际公关协会年度调查报告显示，在中国市场上排名 TOP20 的公关公司中，本土品牌，包括蓝色光标、智扬、迪思、海天网联均位列其中。但同期，实力和品牌雄厚的外资公关公司也一直在中国“磨刀霍霍”，并收获颇丰。

二、公共关系在中国发展的条件

公共关系在中国的传播和迅速发展，具有不以人们意志为转移的客观必然性。20 世纪 80 年代，中国进入社会主义现代化建设新的历史时期，经济建设成为一切工作的中心，改革开放的时代潮流，市场经济发展的大趋势，为公共关系的兴起和发展提供了必要的条件。

（一）经济体制改革，呼唤与市场经济相统一的公共关系

中国经济体制改革要解决的是经济组织的活力问题，为此，就必须扩大经济组织的经营自主权，使之成为独立的经济实体。1988 年 11 月 1 日，我国《企业法》正式生效。《企业法》规定，企业的所有权和经营权分离，厂长、经理是企业的法定代表人。《企业法》生效后，企业作为一个独立的经济实体、一个开放系统，立即面临着一系列前所未有的新问题；企业再也不能仅仅为完成国家计划而生产，而要为满足消费者的需要而生产；企业再也不能单纯地根据上级的指示进行决策，而要根据瞬息万变的市场信息，根据消费者的需求、愿望来进行决策；企业再也不能只是坐等国家计划调拨的原材料，也再不能依赖于国家的所谓统购统销来推销自己的产品，而要靠自己去开拓原材料和产品的供销渠道与市场营销网络；企业再也不能继续摆“官商”的架子，而要通过营销、广告、宣传以及各种社会活动来与公众保持广泛的联系。所有这一切都需要公共关系。

值得特别提出的，是随着社会主义市场经济的建立，“卖方市场”朝着“买方市场”转变，给公共关系带来无限生机与活力。

（二）政治体制改革，呼唤重视沟通协调的公共关系

经济体制的改革要求政治体制作相应的改革。政治体制改革的目标是建立高度的社会主义民主政治制度，而建立高度民主政治制度的一条重要途径，就是要在政府和人民群众之间建立起一座信息沟通与交流的桥梁，以增加政治的透明度、公开性以及增强人民群众的参政议政意识。政府与民众的信息交流，实际上是公共关系的一种表现。在公共关系学看来，政府亦是社会组织，政府的公众就是人民群众，政府如何通过沟通协调活动来达到与人民群众相互了解和相互合作的目标，就是政府公共关系的活动内容。为此，各种社会组织必须学会利用公共关系的原理、法则，运用沟通技术，履行民主责任，在尊重他人民主的同时，维护自身的民主权利。从政府的角度讲，新的经济、政治体制仍然要求“从群众中来，到群众中去”，要求把基层的群众当作公众（“公众是上帝”、“领导者是人民的公仆”），而不是当作一群只能服从、只能听命的生物个体。公众是有自身独特利益的。他们的利益与政府的利益休戚相关，不尊重公众的利益，就是不尊重政府自身。目前，中国政府公共关系正稳步发展，政府形象工程、城市形象建设、勤政廉政建设、精神文明工程等，逐渐深入人心。可以推测，随着政治体制改革的深入和民主化进程的加快，公共关系将会发挥越来越重要的作用。

（三）文化变革，呼唤体现开放趋势的公共关系

当今世界，任何一个国家都已不能孤立地存在，处于封闭状态。中国实行改革开放以来，国际间的交往、交流、合作日渐增多，市场经济的进一步发展，与国际市场接轨，将增加这种交往、交流与合作。邓小平说：“社会主义要赢得与资本主义相比较的优势，就必须大胆地吸收和借鉴人类社会创造的一切文明成果，吸收和借鉴当今世界各国包括资本主义发达国家的一切反映现代社会生产规律的先进经营方式、管理方法。”①

改革开放之前，虽然我国已经开始进入工业文明时代，但中国的社会关系大多仍停留在乡土关系的水平。由于没有法人的存在和公众观念，因而改革开放前的社会关系还没有真正意义上的市场关系。改革开放使我国与国外的文化、思想、科技、学术交流与日俱增，国人大开眼界。人们真正看到，在这个“地球村”生存的不同文化的人越来越分不开了，因此，只有在相互尊重、相互接触中才能求生存、求发展。于是，人们不仅研究国家内部的组织与公众应怎样和谐相处，而且开始研究不同的文化之间如何实现跨文化沟通（cross-culture communication）。同时，需要研究如何从乡土关系进到市场关系，进到跨文化关系（cross-culture relation）；由以礼维持的人际关系推进到以法维持的公共关系。②

文化变革与文化融合对公共关系发展提出了更高的要求，同时把“内求团结，

① 《邓小平文选》第三卷，人民出版社 1993 年版。
② 秦启文：《现代公共关系学》，西南师范大学出版社 1995 年版。

外求发展”的公共关系理论推向了新的境界。

第四节　公共关系的发展趋势

纵观公共关系的发展历程以及全球的经济、政治、文化、环境、技术的发展，21世纪公共关系发展将是激动人心的，其趋势主要表现为以下几个方面。

一、公共关系活动范围全球化

所谓全球化，主要表现在资本、熟练劳动力和信息的自由流动，尤其是信息的自由流动。全球化是世界经济发展的必然趋势。

20世纪90年代以后，信息革命和信息经济的大潮是加速全球化进程最重要的因素。近20年来，数字通信技术的发展，已使通信、计算机与媒体渐渐融为一体，人们称此为数字融合。数字融合主要表现在各国通信市场开放，为互联互通提供了便利。市场经济的全球化和信息传播的全球化，应该是全球化时代的重要标志。继美国和英国之后，欧盟国家从1998年1月1日起也开放了通信市场。预期全球化的信息市场形成，信息的自由流动，使社会生活进入一个新的时代。跨国公司的发展是经济活动全球化的主要推动力量和活动条件。目前，世界上的大公司都相继成了跨国公司，它们在某一个国家名义上的基地所占的资产和利润率已越来越少。像德国西门子公司，它的近6万种产品已经在近140个国家和地区生产和销售，它构建的公共关系已成为跨国并实施全球化的公共关系。全球化的含义，不单指经济生活的全球化，而且也包括政治、文化和社会生活的全球化。形成于20世纪90年代初的全球政治经济格局，使以经济实力为主的经济安全理论成为各个国家的行为准则。

综观当今世界，经济利益在各国对外关系中的地位日益突出；政治—经济一体化趋势更加明显；改革政府的管理体制已经成为潮流，各国政府正试图从原来的统治者、控制者向协调者、服务者的角色转换。正是基于这样的态势，掀起了全球化政府公共关系的大潮，各国政府首脑及主要官员的外交活动都开始以扩大对外贸易、推销本国产品、寻求合作伙伴、拓展投资领域、签订经贸合同作为重点内容。据有关统计，美国政府公共关系的支出，每年达十几亿美元。而日本，单是为了在华盛顿寻找盟友，每年的公共关系投入就得数亿美元。据美国《国会》周报的消息说，连巴哈马和开曼群岛这样的小国，在1997年上半年用于在美国进行游说和公共关系活动的费用也高达数百万美元。①

显而易见，不论是贫穷的小国还是富裕的大国，都在不惜人力、物力、财力努力开展“院外”和“院内”的公共关系活动。目前，大家几乎达成某种程度上的共识：如果在别国首都有一个朋友，就等于雇了一家自己的公共关系公司。就整体而言，这是公共关系在政府行为领域中的新突破、新开拓。原来人们对公共关系的认识、理解和实施的公共关系活动是局部的、单项的即所谓“小公共关系”。随着全球化的信息

① 沈志屏：《公共关系的21世纪》，载于《公关世界》1998年第2期。

交流，跨国公司的持续发展，公共关系范围在扩大，公共关系领域在拓展，实施大公共关系的宏观条件已经具备，开展全球化公共关系工作的趋势也已在逐渐形成气候。

二、公共关系实施主体职业化品牌化

据一项调查报道，美国的公共关系从业人员认为自己的职业地位不低于物理学家、律师、工程师和大学教授，甚至还高于飞机驾驶员、新闻记者、广告设计师和商品推销员。另据一项资料显示，公共关系职业仍然是21世纪20种热门职业之一。职业化导致竞争，竞争则必然促使公共关系实施主体的品牌化。复杂的竞争态势，势必对公共关系从业者提出了更高的要求。分散的、个人的智慧与技能已不能满足大社会、大市场的需要。公共关系人员素质要提高，操作手段与技术要现代化，思想观念要符合新潮流，具体工作要富有创造性。所以，公共关系以职业化为基础，而在竞争中形成品牌化服务，则成为历史的必然。

未来的公共关系要立足国内面向世界，要借助高科技和高智能在重大社会关系的处理与均衡、组织的形象设计、连锁活动的策划与规划、市场流向的把握与公众行为心态的捕捉等方面，进行广泛的调查研究，并利用现代人的智慧、谋略、胆识，创造性地开展工作。如此，公共关系实施主体便走向规模化，继而走向品牌化。

20世纪80年代以来，全球咨询业蓬勃发展，仅美国一地就有上万家品牌咨询公司。大型的品牌咨询公司荟萃各种高级专家。从退休的白宫官员和军事首脑，直至大学教授，应有尽有。目前，品牌咨询公司已遍布全美各地，而且趋向于跨学科、跨部门、跨领域、跨国际组构。诸如兰德公司、安德森咨询公司、普赖斯·沃特豪斯会计事务所、麦肯锡咨询公司等品牌公司，近几年成为哈佛大学商学院毕业生竞相加盟就职的热门单位。

三、公共关系传播渠道网络化

随着信息时代的到来，作为数字信息化的必然结果，世界正以极快的速度，以极短的时间实现全球的网络化。世界网络化的结果将是社会组织的分子化、组织成员的分子化。分子化的信息社会，组织及其个体显示出前所未有的主动进取精神。在网络化时代，学习与合作是生存的先决条件，人们所固有的时空概念将被彻底打破，距离和时间都缩小到最低限度，人们的相对时空却获得了空前的延伸与拓展。创新、创造、做出成就，必须善于捕捉住每一瞬间的机会，这往往是在组织与组织、个体与个体之间高度合作的前提下方能实现。网络化时代的这种互为补充、互为依托，建立在主动进取之上的合作，它的公共关系事务活动将成为推动整个世界加速运转的不可或缺的技术力量。互联网络的迅速发展，必然地为公共关系提供了新的传播渠道，公共关系网络化随之出现。据有关资料，英国、法国、西班牙、意大利的公共关系公司建立跨国界网络的比例分别是20.5%、23.3%、43.8%和50%。①

网上公共关系业务的出现和发展已成为大势所趋。

① 张雷：《数字化时代的公共关系》，载于《公关世界》1998年第6期。

网络化公共关系与传统的公共关系（这里指通过报纸、杂志、广播、电视等大众媒体进行的公共关系传播）相比有较多优势。第一，由于网络互动的特点，传者与受众的界限变得模糊不清了。只要进入网络，传者与受众是互动的，既可以是传者，也可以是受众。与大众传播相比，受众不仅能给传者以及时反馈，还可以同时充当传播者，双方都能积极地参与传播。这样，使整个社会的信息来源大大丰富了，信息量也大大增加，公众有可能了解更多的信息，有更多的机会发表自己的意见，参与社会互动。第二，由于互动传播，使组织能把握公共关系的主动权，能够在对其公众（客体）产生直接影响的同时与新闻记者建立良好关系。第三，在传统的公共关系传播中，编辑、记者、导演等人充当“守门员”的角色。他们决定组织的新闻消息是否发布和以什么风格发布，而网络化使组织直接面向公众发布新闻而不需要媒体的中介成为可能，这是一个极为重要的革命。网上组织通常是通过网络论坛、BBS、新闻组、E-mail 及其他方法直接发布组织新闻，完全符合网络礼仪。运用适当的网络公共关系对组织和公众来说是一笔巨大的财富。第四，不像报纸或杂志每天或每月发布一次新闻消息，在网上可以全天 24 小时随时发布新闻，这有点类似于广播新闻，消息一有更新即可播出。这种改变对公共关系人员来说既是机会也是挑战。记者们需要更多的信息，组织新闻发布的机会也增多了，但同时这种慢节奏的公共关系工作方式也不复存在。第五，由于 E-mail 即时互动的特性，使网络化公共关系还具有创建组织与公众“一对一”亲和关系的优势。当然，值得注意的是，网上组织的信誉难建立，易丢失，应好好珍惜。记者在网上很容易检查组织提供的新闻的真实性，有时他们甚至会因为虽然是准确但不完整的数据而惩罚提供新闻的组织或个人。另外，网络化公共关系的发展，对公共关系业也提出了技术上的新要求。美国著名传播专家杰佛里·哈利特在《策略公共关系》日报上提出：网络的数字化扩张会对媒介实践产生巨大影响。公共关系人员不可能再像以前一样仅仅有一份记者名单，并认识某些记者就可以了。他们必须知道网址及其特点，必须尽可能地学习公众是如何通过这一媒介接受信息。从操作层次看，互联网络给公共关系业带来的技术问题还包括域名注册、网页设计、网络行为规范、网络法规、信息信任危机、信息垃圾污染等，这一系列技术问题直接关系到网络化公共关系的发展。

四、公共关系实务运作整合化

20 世纪 90 年代初以来，中国公共关系进入了开拓创新时期。创新的标志是公共关系向策划业进军。公共关系策划的运作，打开了公共关系理论建设的新视角，既深化了公共关系理论内涵，又扩展了公共关系学科的外延，开拓了公共关系发展空间。在策划理论指导下，公共关系策划从单一的活动策划到全方位的整体策划，从公共关系策划到 CIS 策划、CI 策划及企业整体运作策划。随着公共关系策划实践的深入，人们越来越发现原来人们理解和实施的公共关系是一些局部的、零星的、散乱的、单个的活动。如开幕典礼、迎来送往、记者招待会、产品展销会等，这些从战术角度认识和运用的公共关系很难适应策划实践的需要，于是，公共关系的社会实践向人们提出了整合化公共关系的课题。

公共关系实践显示：公共关系在组织中能够发挥它的各种主要职能，而不能偏颇哪一个方面。它的主要职能应包括收集信息、分析环境、决策咨询、研究计划、传播设计、形象工程、协调沟通、宣传推广、策划活动、教育引导、辅助服务、危机管理等。各种职能不应“各自为政”、“各自为战”，而应该相互协调与整合。公共关系实务运作整合化，必然对公共关系理论的整合化提出要求。公共关系理论是一门系统科学，时代的发展将不断赋予公共关系理论系统更加丰富的内涵。作为一门不断获得新生和发展的科学，公共关系吸纳了诸多社会科学、人文科学乃至自然科学的最新成果，具有多学科交叉整合的特征。同时，策略公共关系与战略公共关系应有机整合。在战略公共关系方面，公共关系要支持本组织总部的整体经营管理战略。其要点是：高层协调、配合默契和有效沟通。策略公共关系要远离本组织总部，到基层去，要更接近公众，进入到具体技术操作层面，这样，战略公共关系才有生存发展的根基，其战略决策才会正确无误。另外，公共关系是一门科学，也是一门艺术，狭义来讲，也是一种社会文化。卓越的公共关系既能够吸收西方的经验，又能够融合中国文化的精髓，能够将这两个方面很好地结合起来，使其经验和成果既有浓厚的中国特色，又有强烈的国际化的时代色彩。①

可以说，公共关系之根本，实务运作整合化，将有力地推进有中国特色公共关系的理论形成。

五、公共关系文化思想立体化

公共关系自诞生以来，就不断吸纳、融汇诸多社会科学和人文科学的最新成果，具有多学科交叉综合的特征，而且本身还具有一种开放的张力，使得公共关系理论在趋于丰富中而形成一种立体化的文化思想。在未来的岁月中，这种公共关系文化思想的立体化，将在三个层面影响、推动着人类社会生活。

在高层面上，公共关系的理论思想将成为国际组织、各国政府协调国际关系、实施民主政治、优化人间生存环境、推进社会文明的最重要的思想武器。联合国的宗旨及其行动就是一种公共关系；而国际合作中的一些基本准则及其事务的进行，同样也是一种公共关系。

在中间层面上，公共关系优化组织行为、塑造组织形象、协调组织的内外部环境等功能，也促使各组织的管理者把原来视为临时抱佛脚的“小玩具”、“小技巧”、“小点子”，看作经营管理必不可少的管理哲学，赋予其组织运作战略思想的色彩。美国公共关系协会从 1995 年起，把公共关系杂志改变成两种报刊——实务性报纸《策略公共关系》和学术性期刊《公共关系战略家》，其名称紧扣“战略”，无疑标志着公共关系地位的提升。最近，欧美的一些企业已实现了“公共关系进入董事会”的重大转变，公共关系的作用从参与决策提高到成为决策的一部分。这标志着 21 世

① 廖为建：《中国卓越公共关系的标准》，载于《公关世界》1998 年第 9 期。

纪的组织管理，一定意义上就是公共关系思想文化的管理。

在基础层面上，公共关系作为一种现代人的基本意识与能力而在全民中得到普及。公共关系的一些基本常识已成为现代社会常识化的文化知识，“公共关系”已不是新鲜的词汇，由于公共关系运用的普遍性，它将无所不在，甚至将淡化自身的学科性，而成为浑然无迹的社会文化。任何一个现代人，倘无公共关系的文化知识与相应的素质能力，他将无法与他人相处合作，也就无法生存发展。

如此，公共关系真正成为一种普及性的文化思想。公共关系文化思想的立体化，则必然带来公共关系教育的两极延伸：一方面是高层次的公共关系教育加大力度，公共关系硕士、公共关系博士的培养，将为社会造就中高级的公共关系专家；另一方面是公共关系知识的普及化与素质培养的全民化，甚至在中小学的素质教育中，也将更多地注入公共关系的内容，以形成一种与现代化建设相适应的民众公共关系文化。

【案例2－1】 子产不毁乡校

春秋时期，郑国人喜欢聚集在乡间的学校里，七嘴八舌地议论国家主政的官员。大夫然明便对丞相子产说：“下道命令，不让他们聚集议论，以免是非，可不可以呢？”子产说道：“为什么要这样做？那些人早晚聚集在一起休息、谈笑，当然要议论我们把国家治理的好坏。他们肯定的，我就努力去做；他们讨厌的，我就马上改正。他们是我们的老师啊，为什么要打击他们呢？我只听说忠诚为善可以减少怨恨，没有听说以势作威就能防止怨恨。如果作威防怨而不能止住怨恨，就会像大河决口，我就无法救治了。所以，不如开个小决口，让人们的怨恨有发泄渠道，我就能从容地听从并改正了。”然明被子产的话折服了。弱小的郑国也在子产的开明治理下，出现了政通景明的气象。

此案例说明，古今中外的历史中，都有公共关系的身影，它一直伴随着人类文明的进程。

【案例2－2】 第29届奥运会会徽发布

项目背景

奥运会会徽是奥运会形象景观的核心元素，是当今世界最具价值的无形资产，因而构成奥运会市场开发和奥运会形象宣传的重要载体。因此，此次北京奥运会会徽发布活动是奥运筹备阶段具有里程碑意义的重大事件。会徽发布恰逢北京“非典”之后，是北京及全中国恢复国际形象的重要契机，也是中国人民恢复信心的重要时机，这无疑使会徽发布活动显得更加意义非凡。

项目调研

根据北京在举办大型活动方面取得的经验，北京奥组委多次组织国内活动创意精英，就北京奥运会会徽发布方式进行讨论。从近几届奥运会来看，2000 年悉尼奥运会和 2004 年雅典奥运会以及 2006 年都灵冬奥会均针对其新会徽的推出举行了发布仪式，特别是悉尼奥运会，创造出了奥林匹克大家庭团结、庆典的良好氛围。经过深入的研究讨论，北京奥运会会徽发布活动方式确定为采用大型推广活动的形式，将会徽形态融入恢宏的、富有中国特色的表演当中。通过电视和互联网方式向全世界进行直播，体现全国各地对北京奥运会会徽的企盼以及对奥运会筹备工作的关注与支持。

项目策划

★ 聘请国内外大型活动和奥林匹克策划专家，组成核心创意国际团队。

★ 严格保密，保证会徽发布前的悬念。

★ 消息披露层层递进，以预热宣传营造强大新闻悬念。

★ 整合政府、社会各方有利资源，组成活动实施团队。

★ 聘请专业制作公司制作实施。

★ 充分做好各项预案，如天气变化预案，反复演练，确保电视直播成功。

★ 聘请国际专业公关公司，确保充分境外媒体宣传。

项目执行

1. 活动准备

★ 成立核心创意国际团队和制作团队。

★ 成立发布活动领导小组和指挥部。

★ 协调北京市各委办局进行任务部署和分工；提前做好场地技术保障工作。

★ 多次彩排，制定详细活动脚本，程序安排精确到秒；充分做好天气变化预案。

★ 设计并制作会徽宣传片、会徽徽宝，制作会徽纪念品。

★ 设计制作全面的媒体报道手册，制订危机处理方案。

2. 媒体预热和报道准备

★ 充分利用有关会徽评选过程各新闻点，组织媒体宣传，保证前期关注热度。

★ 利用多种媒体平台。提前组织记者撰写通讯《会徽诞生记》；请中央电视台、北京电视台体育节目中心提前录制专题节目。

★ 请电视台播放预告性片花。

★ 安排公关公司通过多媒体传播技术向全球媒体定向发出报道安排，使媒体关注度不断升温。

★ 发布前两周组织9次新闻发布和新闻访谈，激发报道热情，引起公众期盼。

★ 协调IOC果断、完善地处理了国外某网站对会徽图样的恶意猜测性泄露和负面报道。

3. 现场发布

★ 发布仪式地点选定在中华古老文明的象征性建筑天坛祈年殿，为会徽发布搭建了一个前所未有的东方文明的背景和平台。

★ 会徽从世纪坛经长安街运送到天坛，由邓亚萍、成龙护送会徽入场，期间通过电视直播，向全世界展示了现代化北京的风采，为发布活动做了精彩铺垫。

★ 全国人大常委会委员长吴邦国和国际奥委会协调委员会主席维尔布鲁根为会徽揭幕，活动提升到了国家庆典的水平。

★ 播出国际奥委会主席罗格的电视致辞和张艺谋执导的宣传片。

★ 诠释会徽元素和理念的文艺表演。

★ 中央电视台和北京电视台对发布仪式互动式现场直播，奥组委官方网站进行网上直播。

★ 仪式后，现场举行简短新闻发布会，邀请会徽设计者、评审等相关人员会见媒体。

4. 后续宣传

★ 安排中央电视台、北京电视台各套频道在黄金时间、重点栏目于会徽发布当晚和之后一周全面推出有关会徽的专访、专题节目。

★ 组织平面媒体和电台进行后续新闻报道和专访，深度挖掘会徽诞生的故事。

★ 首届奥林匹克文化节期间，在世纪坛举行会徽展，推出会徽专题论坛，加深公众对会徽的了解。

★ 在青岛、沈阳、天津、上海等奥运会协办城市举办会徽巡展，继续扩大会徽在全国范围的影响力。

★ 借举办一系列文化活动公开宣传会徽，推广会徽。

★ 开展严密的媒体监控，针对一些不属实报道（如专利注册问题）及时展开纠正性报道。

项目评估

★ 2008年奥运会会徽发布仪式圆满成功，隆重、典雅、富有中国文化特色的会徽发布仪式得到社会各界一致好评。

★ 国际奥委会官员在发布后举行的媒体见面会上称，北京奥运的会徽发布是奥运会百年历史上最出色的会徽发布。“中国印·舞动的北京”一夜之间深入人心。

★ 媒介的热烈反响是会徽发布活动取得空前效果的最好注脚。国内、港台媒体在头版或重点时段刊发、播出大量全面、强势的新闻报道，会徽形象深入人心。会徽发布仪式当日及第二日，国内主流报纸先后刊发报道28篇、图片29张；新华社发组稿20余篇，全国近200家媒体转载；北京市属报纸共刊发报道56条、图片93幅、专版9块，其中头版头条报道3篇；香港文汇、大公两报刊发报道14篇、图片28幅。

★ 境外媒体报道充分全面，且基本上为正面或中性报道。来自35个驻京境外新闻机构的100多名记者出席了会徽发布仪式，全球共产生了635篇次的平面和电视报道，全球各大主要电视台和广播电台反复播放现场发布的壮观场景，共实现了37亿人次的媒体印象。

★ 会徽的成功推出，同时也为之后北京奥运会市场开发的顺利启动奠定了坚实的基础。发布仪式第二天推出的包括衣、帽、纪念邮票、纪念邮品、纪念章、纪念币在内的会徽纪念品热销京城；市场开发计划尚未启动，国内外企业纷纷致电询问市场开发情况。

（本案例获第六届中国最佳公共关系案例大赛杰出公关大奖）

复习思考题

1. 现代公共关系产生和发展的主要原因是什么？
2. 公共关系发展经历了哪些历史时期？
3. 中国公共关系成熟稳定发展时期有哪些突出收获？
4. 21世纪公共关系的发展趋势有哪些？
5. 《子产不毁乡校》中“开个小决口，让人们的怨恨有发泄渠道”体现了公共关系的什么思想？
6. 你对《第29届奥运会会徽发布》哪一点印象最深？

参考阅读

1. 何春晖：《中国公共关系的回顾与瞻望》，中国公关网。
2. 中国国际公共关系协会学术工作委员会：《中国公共关系教育二十年》，中国公关网。

第三章　公共关系主体、机构及人员

本章提要

本章内容共分三个部分，即公共关系主体、公共关系机构及公共关系人员。公共关系主体仅限于社会组织，是公共关系的构建者和承担者。

社会组织有自身的特征，有其赖以生存的环境，不同的社会组织有着自己特定的公众对象及所要协调的关系。

公共关系机构是专业从事公共关系工作的组织机构，代理着特定组织的公共关系工作，其实质是公共关系的实施主体。尽管它也是一个组织，有自己的规章制度和公众对象，但这里侧重介绍的是其所从事的公共关系工作的具体内容。无论是组织自设的公共关系部，还是一个独立存在的公共关系公司，都可承担社会组织的公共关系工作，只是在运作特征上有一定的差别，这也是本章所要重点介绍的内容。

公共关系人员专指在公共关系部或公共关系公司工作的从业人员。随着公共关系的发展，对公共关系人员的要求也越来越高，无论在意识观念方面，还是在知识结构、能力素质方面以及道德修养方面都提出了较高的要求。

通过对本章的学习，我们要了解公共关系主体在公共关系中的重要作用，掌握如何建立公共关系机构及各类公共关系主体的职责、公共关系人员的基本素养，学习公共关系礼仪知识和职业道德准则。

第一节　公共关系主体

公共关系主体是公共关系的构建者和承担者。根据公共关系的定义和要素分析，公共关系主体就是指那些相对独立地存在于社会之中的各种社会组织。公共关系主体处于公共关系的核心地位，其经营理念和行为对公共关系的形成与发展起着至关重要的作用。社会组织不同，其公共关系的对象也会有所不同；处于不同发展时期或公共关系环境下的社会组织，其公共关系的目标、策略和方法也会有所不同。因此，有必要对公共关系主体——社会组织作一认真的分析。

一、社会组织及其特征

所谓社会组织，是指人们为了有效地达到特定的目标，按照一定的宗旨、制度和系统建立起来的共同活动集体。社会组织有明确的目标和确定的职能，内部成员有明确的分工，并确立旨在协调其成员活动的正式关系结构。社会组织有大有小，功能不一，大到一个国家，小到只有一两个人的个体企业，如政府、部队、企业、学校、医院、社会团体、酒店和商场等。

社会组织是人类社会的组合方式，是社会关系有组织、有秩序的体现。在人类社会生活中，彼此孤立的个人通过一定的社会活动进行交往，由此建立特定形式的社会联系并组合在一起。这种通过社会活动形成的联系与组合，本质上是社会关系的体现，形式上便表现为社会组织。

在现代社会中，社会组织必须以明确的组织目标、以认同组织目标的一定数量的成员、以确定的公众对象和社会环境需要的有利于发挥组织功能的方式作为其赖以生存、发展的依据和条件。

社会组织的发展与变化是现代公共关系产生的基础。随着社会的发展，社会组织也随之不断地进行着调整改变，不适应社会发展需要的社会组织消亡了，适应社会发展要求的社会组织应运而生。社会组织的生存与发展必须与外部环境相适应，必须得到外部公众的支持。因此，社会组织必须与外部环境实现互动，相互依赖，相互作用。自然，公共关系也就在社会组织与公众之间产生了。

公共关系说到底是指社会组织与其相应的公众对象之间的关系，在这一关系的协调中，社会组织起主导作用。因此，要协调好这一关系，就必须认清社会组织的特征。社会组织的基本特征有三个，即目的性、整体性和变动性。

1. 目的性

任何社会组织的建立都有着明确的社会目的，都有着本身的目标追求，社会组织存在的目的往往就是试图通过自身的努力达到所期望的目标。社会组织存在的目的是确立其宗旨、原则和运行规范与条件的依据，是协调组织人力资源、发挥组织群体效应、实现组织目标的前提和基础，也是区分不同社会组织的类别、性质和职能的基本标志。社会组织存在的目的对组织的生存与发展具有导向作用，对组织成员具有统一认识、规范行为的作用。

2. 整体性

社会组织是社会的一个组成部分，有着严密的组织机构和足够数量的组织成员。组织内部各部门、各成员之间既有明确的分工，又有机地构成一个整体，组织成员有着共同的追求目标和利益保障。

3. 变动性

社会组织生存于社会环境之中，社会发展及其相应的社会环境的变化对社会组织的生存与发展必然产生一定的影响。组织的新生与消亡，在某种程度上也往往要取决于社会环境的变化。因此，可以从两个方面理解和把握社会组织的变动性：一是社会环境是不断变化的，要适应这一变化，社会组织就应适时地进行目标、功能、机构及人员的调整；二是社会组织本身也是要不断发展变化的，在不同的发展时期，组织的目标也会有所不同。

二、社会组织的环境

社会组织存在于复杂的宏观和微观环境之中，其存在和发展必然要受到环境的制约及影响。一方面，社会组织的运作方式要同一定的社会环境相适应，组织成员要通过对既有环境的监测和把握来选择、确定合适的运行方式和管理方法；另一方面，组织也必须设法创造有利的环境以实现组织的目标。因此，对所处环境的调节与控制，也自然成为社会组织公共关系工作的一项内容。

社会组织的环境大致分为两个方面：一是组织内部环境；二是组织外部环境。这两者构成了社会组织的环境系统。

（一）社会组织的内部环境

社会组织的内部环境，包括组织内部的人际关系环境（如组织内部公共关系状态）、组织内部管理环境（如人流、物流与信息流的管理）及组织外观环境（如厂容、厂貌等），其中人际关系环境是社会组织内部最普遍、最重要的内部环境。做好组织内部公共关系工作是组织搞好内部环境建设的重点。

在现代社会，一个组织要想生存发展，必须具有较强的竞争力，而健全的运行机制、高效的工作业绩以及全体成员的精诚合作乃是一个组织立于不败之地的根本保证。现代社会组织往往是由相互联系、相互依存的若干要素组合而成的一个复杂的系统。组织内部各职能部门之间及员工之间能否密切配合、步调一致，组织成员是否爱岗敬业、士气高昂，反映着这个组织是否具有生存和发展所必须由的生机与活力。一个组织的公共关系目标能否得以顺利实现，首先也要取决于组织内部公众是否真诚接纳、鼎力支持。因此，协调组织内部各个部门、科室之间的关系，各不同岗位成员之间的关系，使组织内部上上下下，全体成员都为组织目标的实现献计献策、不懈努力，是组织内部环境建设的重要任务。

（二）社会组织的外部环境

社会组织的外部环境，主要是指组织的生态环境和政治、经济环境等。如果说组织的内部环境重在影响组织本身的运作过程，那么，组织的外部环境则重在制约组织的运行方向和目标。社会组织生存于确定的社会环境之中，其公关工作的推出必须考虑环境的要求并与之相适应。否则，再好的公共关系方案也不可能取得预期的效果。

生态环境是指社会组织所处的自然环境和社会文化环境。

自然环境包括土壤、气候、地理位置等。社会文化环境包括人口数量、年龄构成、人口的生理状况、文化水平等。自然环境相对稳定，社会文化环境则处于不断变化之中。社会文化环境主要由一定社会的信念、习惯、风俗和群体心理等综合构成。社会文化环境影响着社会组织成员的思想、观念和认识方法，同时也决定着对社会组织所开展的公共关系工作的评价。富有创意的公共关系活动，如果得不到外界公众的认可也是徒劳的。

政治环境与经济环境也是相互关联的具有重要作用的外部环境因素。政治环境主要是指对社会组织的活动有制约作用的社会政治制度、政治结构及政治关系等因素。政治制度和政治结构主要为社会组织提供一个外部的政治组织环境，它主要通过组织体系的合理化和有效的权力分配状态与机制对社会组织产生影响。政治关系则表明一定社会中的各种政治角色在政治体系运行中所形成的关系，这种关系往往影响着社会组织公共关系目标的选择和实现的程度。

经济环境是影响社会组织生存与发展的最基本的因素。经济环境主要是指特定的经济制度和结构、经济实力和发展水平、经济利益等相关因素。这些因素无论对社会组织的形态特征还是制度特征或行为特征都有着强硬的制约作用。

当然，需要指出的是，虽然社会组织离不开具体的政治环境和经济环境，但对不同性质、不同规模的社会组织而言，其影响力和制约作用也会有所不同。同样，组织决策者对不同环境因素的重视程度也有一定的差异。

三、社会组织的划分

社会组织是公共关系的主体。在现实社会中，社会组织为数众多，形式多样，很难确定出一个统一的分类标准将社会组织加以区分。一些学者根据其研究的需要，按照组织本身的性质将其划分为政治组织、经济组织、军事组织及文化组织等；另一些专家又根据组织本身的特点和功能将其划分为营利性组织与非营利性组织；等等。

从公共关系学的角度来说，对社会组织的划分，并不着重于形式上确定一个统一的划分标准将各类组织加以分门别类的区分。关键是要分清公共关系学适用于哪些社会组织，这些社会组织在公共关系的协调中各有什么独具的特点。在进行组织的公共关系分析时，人们知道，不同的社会组织有着不同的公共关系对象，而不同的公共关系对象对组织的发展又有着不同的要求。因此，将公共关系学有较多应用的社会组织（如政府、企业、商业服务业、事业单位及社会团体等）逐一列出，并分析其公共关系协调的特征，对搞好社会组织的公共关系工作更有实际的意义。（具体内容请参阅第八章《社会组织与公众的协调》。）

第二节　公共关系机构

公共关系机构是专业从事公共关系工作的组织机构，代理着特定组织的公共关系工作，其实质是公共关系的实施主体。从历史上看，它是随着公共关系问题的出现和解决而产生的。也就是说，公共关系问题的出现以及解决问题的需要是公共关系机构产生和赖以存在的社会基础。

公共关系机构作为一个具有特定职能的组织具有双重身份。首先，作为一个组织，其本身也存在着需要不断解决的公共关系问题，这是一个公共关系主体的身份；其次，作为一个专业从事公共关系工作的机构，以代理特定的组织处理其公共关系问题，进行有效的形象管理，这是一个“美容师”的角色或实施者的身份。这里所讨论的公共关系机构，正是从后一种身份而谈的。

在现有的公共关系机构中，主要分为两类：一类是社会组织内部设立的公共关系部门，如组织内部的公共关系部（或公共事务部等）；另一类是专门承接公共关系委托业务，代理其他社会组织公共关系业务的服务性机构（如公共关系公司、公共关系事务所等）。

一、公共关系部

公共关系部是社会组织内部自行设立的专门负责处理公共关系事务的部门（或机构）。社会组织不同，其公共关系机构的设置和名称也有所不同。以美国为例，目前约有 85% 的企业自设公共关系部或外聘公共关系顾问，从事公共关系工作的部门也多称为公共关系部、公共事务部、公共信息部、公共广告部或社区关系部等，这些都是国际上广泛采用的机构名称。

公共关系的多种职能，客观上要求必须由相应的组织机构和人员承担和实现。在现代社会中，社会组织要建立良好的公共关系，争取有利的发展条件，就必须有相应的组织机构来承担信息采集、环境监测、决策咨询、联络沟通、协调关系等各项工作。

随着社会的快速发展，社会组织的形象管理工作日趋重要，公共关系部门的工作也日趋繁重。一个组织要想做好公共关系工作，不仅要在组织机构上设立公共关系部门，更重要的是对公共关系部门的地位和作用、公共关系部门的设置原则、组织机构的规模与模式及组织自设公共关系机构工作的局限性有一个足够的认识。

（一）公共关系部的地位与作用

社会组织内部的公共关系机构是为实现组织的既定目标而设置的，与组织内部的其他机构（如人事部门、财务部门、业务部门等）一样，公共关系部门也有着特定的职能。公共关系部门在社会组织中的地位，既取决于组织决策者对公共关系内涵的把握以及对公共关系部门的目标期望，也取决于公共关系部门自身作用的发挥。通常，组织决策者对公共关系部门的目标期望高，公共关系部门自身作用发挥得好，其在组织中的地位就高。反之，组织决策者对公共关系部门的目标期望低（如仅限于一般接待或促销工作），公共关系部门的自身作用发挥得不好（如不能参与决策），其在组织中的地位就低。组织决策者对公共关系部门的目标期望，或公共关系部门的作用应突出表现在以下三个方面。

（1）监测环境。即感知和预测影响组织目标实现的公众态度及社会环境的变化。社会组织的环境是由其公众及其他影响组织生存和发展的社会政治、经济、文化等因素构成的。组织的环境是不断变化的，要适应这种变化，就必须对此作出迅速反应。公共关系机构的一个重要作用，就是及时、准确地向组织提供环境变化的信息，帮助组织准确地分析并预测环境的变化，从而进行适当的行为或目标的调整。公共关系部要发挥好这一方面的作用，就要不断了解组织内部公众对本组织的意见和建议；了解社会政治、经济、文化发展的现状及变化，并预测其未来趋势；了解外部公众对本组织的方针、决策和行为的反映与评价等。当然，这些作用的发挥还要依靠建立一套完善的信息网络系统和广泛的信息沟通渠道。

（2）决策咨询。即在采集、整理、分析信息的基础上，为组织目标的实现提供可供选择的决策方案，或对已有的决策方案提出咨询意见，协助组织决策者进行科学决策。组织决策是指社会组织针对其现存的问题，制订并选择解决问题的最有效的行动方案。在现代社会，任何一个社会组织都必须考虑决策不当可能带来的社会后果。因此，公共关系部必须就有关组织环境问题和公众态度倾向提供决策咨询。在这一方面，公共关系部的重要作用表现在协助组织决策者分析、权衡各种决策方案的利弊；预测组织决策所产生的社会后果及影响的广度和深度；督促并提示组织决策者修正不利于组织长远发展的政策与行为等。为了保证公共关系部这一作用的充分发挥，不仅要求组织提高决策的民主化程度和科学化水平，而且要求组织决策者应亲自主持这一部门的工作，甚至兼任公共关系部的领导职务，在组织上给予充分的保证。

（3）沟通协调。即借助各种媒介有效地通过与公众的信息传递，获得公众的理解和信任，从而取得公众的支持与合作。组织内部的公共关系机构要不断地向公众宣传组织的政策，解释组织的行为，增加组织的透明度。现代组织是一个开放的系统，它必须与公众实现有效的沟通。因此，传播信息，增加组织的认知度、美誉度是公共关系机构的重要职能。除此之外，还应通过对外联络、接待访问、社会服务及社会赞助等多种交往活动，为组织广结人缘，发展友谊，化解矛盾，协调关系，创造一个“人和”的环境。在这一方面，公共关系部门的重要作用表现在：对外赢得公众，避免或减少组织与公众的摩擦与冲突；对内增强组织凝聚力，创造一个充满理解信任、团结合作气氛的良好内部环境。

（二）设置公共关系部应遵循的原则

公共关系工作在现代社会组织中的重要性越来越被人们所认识。为了做好这方面的工作，使组织处于一个良好的公共关系状态，一些组织已组建了公共关系部，还有一些组织对是否一定要设置一个专门的机构来负责组织的公共关系工作举棋不定。为此，提出以下三项原则供组织决策者统筹考虑。

1. 必要性原则

任何一个社会组织，只要在社会上存在一天，就不可避免地会面对一系列的公共关系问题。也就是说，公共关系问题是随着组织的产生而出现，随着组织的消亡而消失的。但是，一个组织的公共关系问题是否一定要设置一个专门的机构去处理，这取决于组织对设置这一机构的职能和作用的认识，也取决于组织现有专门人才的状况，当然，还取决于组织的特定公众对这一机构的认可程度。如果一个组织对公共关系机构的职能与作用认识充分，有主持这项工作的恰当人选，并能被外部公众所接受，则具备了设置公共关系部的必要条件。此时，组织组建一个公共关系部是必要的。但如果以上条件不完全具备，组织不一定急于设置一个专门的公共关系机构。此时，组织的公共关系工作可暂由其他部门（如办公室、宣传处等）负责，组织的大型公共关系计划也可委托给某些专业公共关系公司，这也是一种可行的做法。

2. 职责化原则

公共关系部一旦成立，即是组织内部的一个专门机构，应如同组织内部的其他部门一样，必须赋予它特定的职责。如果说，一个组织的人力资源开发部是对组织的人力资源进行管理的话，那么，一个组织的公共关系部则是对组织的公共关系进行管理。因此，在组织上和职能上都必须保证其正规化、明确化。公共关系部及其人员应在其职责范围内行使权力，同时又对组织的公共关系状态负责。此外，公共关系部门的工作还应具有相对的独立性，保证其在确定的工作范围内自主地行使权力、履行职责，并能适应外界环境的变化自行进行工作上的调整。当然，这种工作的独立性是以实现组织的总目标为前提的。

3. 专业化原则

公共关系部门是社会组织贯彻公共关系思想、实现公共关系目标的专业化机构，因此，必须从组织上和工作内容上保证其专业化的特性。在组织上必须由公共关系理念清晰、具有一定的专业素养、勇于开拓进取的公共关系专职人员为骨干，组成一个精干、高效的专业化工作班子。在工作内容上，公共关系部必须将全部精力集中在与组织的公共关系目标有关的事务上，不能以公共关系部代替办公室、秘书处或接待处等部门。否则，就不能保证公共关系部的专业性质，公共关系的职能也就无法实现，这样，公共关系部就会形同虚设，不能发挥其应有的效能。

（三）公共关系部的设置类型

社会组织不同，对公共关系部的设置要求也会有所不同。对一个具体的社会组织而言，选择设置什么类型的公共关系部，重点应考虑机构的规模和运行机制。

1. 对公共关系部规模的考虑

从机构规模来看，组织内部的公共关系部有大、中、小三种不同的类型。大型公共关系部人员众多、机构复杂，通常适合于大型组织设置，其组织结构参见图 3 –1；小型公共关系部人员少、机构简单，多为小型组织设置，其组织结构参见图 3 –2；中型公共关系部则介于大型公共关系部和小型公共关系部之间，适合于中等规模的社会组织设置，其组织结构参见图 3 –3。

2. 对公共关系机构运行机制的考虑

从运行方式上看，组织内部的公共关系部大体有三种运行机制。

其一是总经理直接负责型，其组织结构实例参见图 3 –1。这种运行机制的特点是公共关系部的领导人由组织的一名最高决策者兼任，组织的公共关系部与组织的决策层直接挂钩联系，公共关系部及工作人员也能够站在组织全局的高度考虑和把握公共关系工作。尤其在组织内部进行联络沟通的过程中，其工作的权威性、有效性大大增强。这是一种较为理想的运行机制。

其二是总经理间接负责型，其组织结构实例参见图 3 –2。这种运行机制的特点是组织的公共关系部等同于组织的其他各部门，同其他相应工作部门一样，有特定的分工和职能，对组织的最高领导人负责，其工作范围受到一定的限制。尤其是在进行

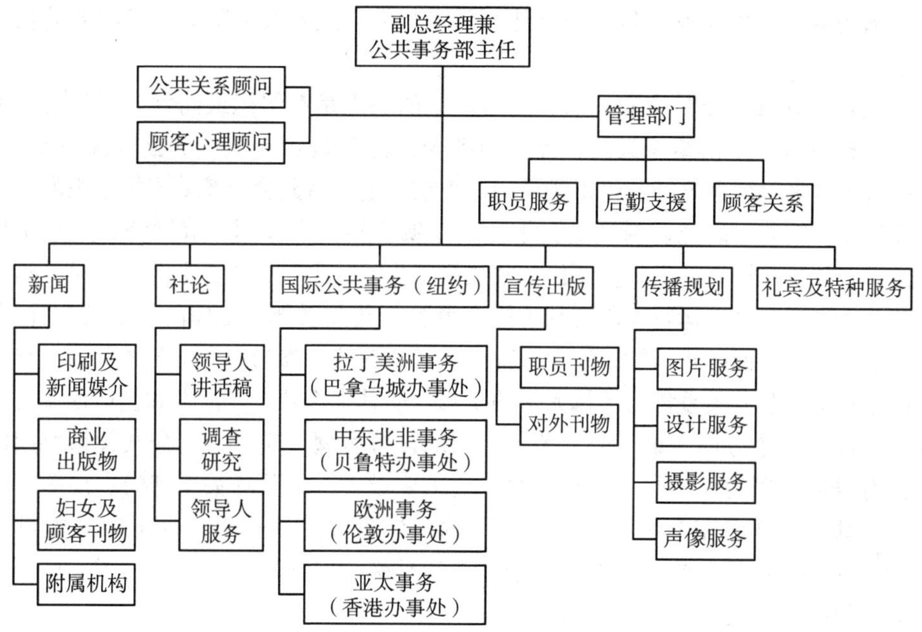

图3－1　美国第一花旗银行公共事务部

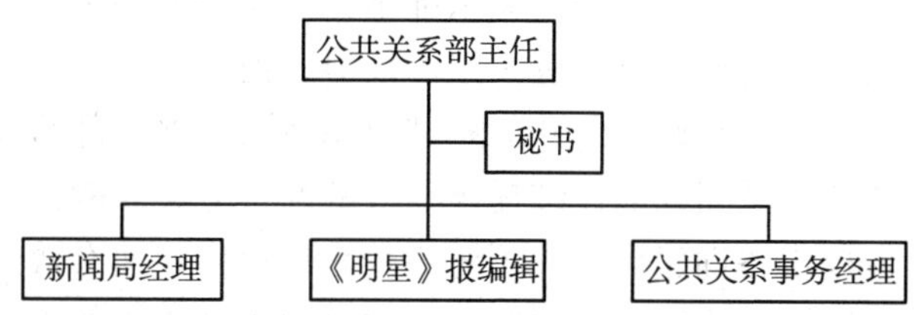

图3－2　美国洛克希德导弹与空间公司公共关系部

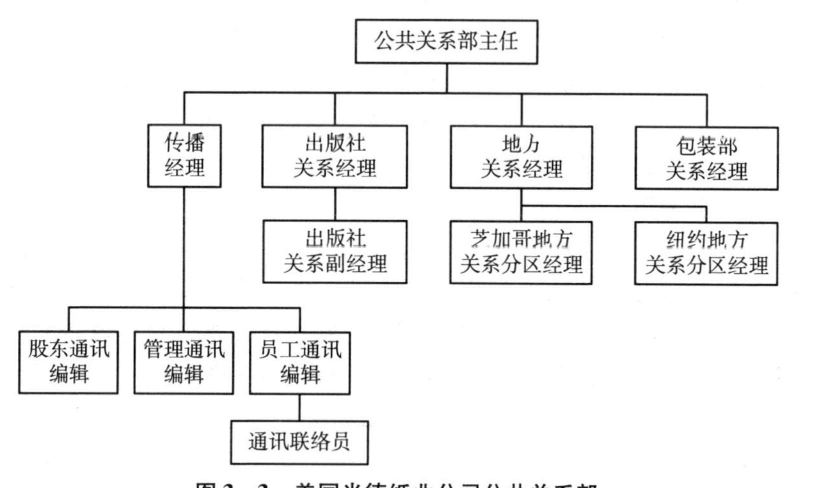

图3－3　美国米德纸业公司公共关系部

组织内部沟通时，由于其地位是与其他部门平行的，这就大大降低了其沟通的权威性和有效性。

其三是公共关系委员会制。这种运行机制的特点是在组织最高领导层与公共关系部门之间，设置一个由组织最高领导人和各相关部门负责人组成的公共关系委员会。这种运行机制多为特大型社会组织所采用。委员会定期召开会议统筹安排组织的各项公共关系工作，例如：研究、制订组织年度或专项公共关系计划，审批公共关系工作预算，监督公共关系计划的实施及评价公共关系工作的效果等，委员会并不直接处理具体的公共关系事务。这种运行机制有利于提高组织公共关系部门工作的权威性和计划性，调动组织内部各方面的积极性，使大家都来关心、支持、参与组织的公共关系工作。但也往往容易束缚公共关系部及工作人员的手脚，使其工作缺乏灵活性和创造性。

以上仅从两个方面考虑了公共关系部门的设置类型。实际上，公共关系部门的设置并没有普遍适用的模式。一个社会组织要不要设置一个公共关系部门、设置一个什么样的公共关系部门完全取决于组织自身的具体需要。在这里，外国的经验可以借鉴，国内的模式也可以参考。但是，最重要的是必须保证建立一个有利于实现本组织公共关系目标且行之有效的工作系统。

（四）公共关系部工作的优势与局限

组织内部设置公共关系部，由公共关系部承担组织的公共关系工作，相对于委托组织外部的专业公共关系公司而言，有一定的优势，但也存在一定的局限性。

从工作优势上看，组织自设的公共关系部熟悉本组织的内部情况与外部环境；容易抓住本组织现有公共关系问题的症结提出有效的改进方案；能够及时提供公共关系服务，随时为决策者提供咨询建议，并可对突发事件提供快速有效的对策；有利于组织内部公众的沟通与协调；能够确保组织公共关系政策及工作的连续性和稳定性等。

从工作局限性上看，公共关系部在开展工作的过程中，很难摆脱习惯势力的影响，对组织本身的公共关系问题往往也缺乏足够的敏感性；受组织内部人事关系的制约，对情况的反映和处理可能不尽客观和公正；工作人员的经验范围较狭小，公共关系工作难以有大的创新和突破。此外，在协调本组织与外部公众的利益冲突时，由于其自身的角色及立场，很难得到公众的信任与合作。

二、专业公共关系公司

专业公共关系公司是指那些受客户委托，以代理者、实施者的身份专门从事公共关系活动或咨询的服务性机构。公共关系公司（也称公共关系咨询公司或公共关系顾问公司），通常是由经过一定的专业知识学习和技能训练、具有较多工作经验的公共关系专家组成的。公共关系公司是随着公共关系作为一种职业的出现而产生和发展起来的。由于它在公共关系工作方面的显著效果，越来越多的客户尤其是一些具有较强经济实力或较大规模的客户，通常愿将自己的一些公共关系业务委托给公共关系公司代理。在现代社会条件下，各种各样的社会组织都存在着公共关系协调的问题，都不同程度地需要专业化的公共关系机构为自身出谋划策。因此，为了最大限度地发挥专业公共关系公司的作用，为了使社会组织恰当地选择公共关系工作的代理机构，正确地认识专业公共关系公司的职能、类型及收费标准是会有所帮助的。

（一）公共关系公司的具体职能

公共关系公司的基本职能是帮助客户确立公共关系目标，通过调查研究，对客户进行准确的形象定位（即查明客户的公共关系状态）；制订并实施公共关系计划，以帮助客户改善公众形象，在公众中建立良好的信誉。在具体职能上，公共关系公司可为客户提供以下几方面的服务。

1. 公共关系咨询

公共关系公司可根据客户的要求，为客户提供社会政治、经济、文化、教育、科技等方面的情报，提供市场信息、公众态度、社会心理倾向及社区文化习俗的分析资料；为客户进行公共关系问题的分析与诊断；为客户的形象设计、形象评价及公共关系政策或决策提供咨询等。

2. 传播信息

代为客户进行各种信息传播，包括为客户撰写新闻稿件，选择新闻媒体，建立媒体关系，举行记者招待会（或新闻发布会）；为客户设计、印制宣传资料和纪念物品及统一的标识制品；为客户制作宣传影片、录像带或光盘等视听资料；为客户制订广告投资计划，设计制作产品广告及公共关系广告；协助客户推广产品信息，制造有利的市场气氛；等等。

3. 组织活动

协助客户与相关公众进行有效的联络沟通，帮助客户与政府、社区、媒体等公众建立并维持良好的关系；为客户安排、组织重要的交往活动，如贵宾和社会政要的参观访问等；为客户策划组织各种专题活动，如剪彩仪式、庆典、联谊以及各种社会赞助活动等；组织各种会议，如信息交流会、产品展销会及洽谈谈判会等。

4. 人员培训

公共关系公司可代为客户进行各类人员的知识或技能培训，使其具有足够的公共关系理论知识和实际操作技能，以适应岗位的需要。以上是专业公共关系公司的基本职能，需要特别指出的是，一个专业公共关系公司不应承接超出自己特定职能的业务项目，对有损客户整体形象的委托项目，也应力劝客户慎重考虑，一般不要简单顺从地听命于客户的主张。此外，专业公共关系公司不该创办隶属于公司的生产性企业或经营性公司，这也是公共关系人员的职业道德所要求的。

（二）公共关系公司的基本类型

从国外及国内公共关系公司的现有情况来看，不同的公共关系公司在规模、结构及业务范围方面有很大差别。从规模上看，有跨地区、跨国度经营的大公司，也有局限于一个地区、一定范围内经营的中小公司；从业务范围上看，有多种业务项目的综合型公司，也有仅承办专门业务项目的专业公司。归纳起来，大体可分为三种基本类型，即：综合服务型公司、专项服务型公司及顾问型公司。

1. 综合服务型公共关系公司

综合服务型公司通常可提供多种公共关系服务，此类公司一般拥有先进的信息收集系统和信息储存与分析系统，通过多种途径广泛采集世界各国政治、经济、文化、法律、社会政策、风俗习惯及市场动态等多方面信息。公司拥有一大批擅长处理不同方面问题和协调不同方面关系的经验丰富的专家。公司具有较大规模，联系广泛，实力雄厚，可为不同类型的客户提供多种形式的服务。比如外国或地区的市场开发；政府、社区、媒体、顾客及至雇员关系的处理与协调；客户 CI 战略的策划与实施；公众调查及人员培训等。

2. 专项服务型公共关系公司

专项服务型公共关系公司是仅可为客户提供特定项目服务的公司，其服务项目一般仅限于一种，或专项为客户进行市场调查，或专项为客户组织某种公共关系活动。专项服务型公共关系公司的人员通常都是某一领域的专家，在该工作领域有广泛的联系和丰富的经验。这类公司较综合服务型公司的经营规模和业务范围要小。

3. 顾问型公共关系公司

顾问型公共关系公司也是一种专项服务型公司。它所开展的服务一般仅限于为客户提供咨询，作为客户的“参谋”，对其公共关系事务提出意见或建议。只不过它所提供的意见和建议往往是多方面的，并不局限于单一方面，因此，将其单独列出介绍。顾问型公共关系公司的组织成员，基本上都是已有一定名望的某一工作领域的专家，如公共关系专家、新闻传播专家、社会心理分析专家、公众关系协调专家、市场分析与预测专家等。这些专家阅历广、知识新、头脑灵、眼光远，不仅能为客户做决策咨询，还可进行各种公共关系具体业务的指导。对于那些与公共关系顾问公司建立长期业务关系的组织，可委托其负责代理某些特定的公共关系业务，这样往往更有利于帮助组织取得良好的公共关系效果。

（三）公共关系公司的服务费用

公共关系公司是营利性企业，通过为客户提供有偿公共关系服务，满足客户预先提出的要求，取得公司的利润。

公共关系公司通常是根据服务项目的具体要求来确定所需费用的，即采用所谓的项目计费方式。公共关系公司接受客户委托，办理某一特定的项目，所需支付的经费均由客户支付，以保证项目的顺利完成。项目所需经费通常包括：项目活动费、项目管理费、咨询服务费和劳务费等。项目活动费包括为完成项目实现项目目标而进行的一系列活动所需的费用；项目管理费则为用于公司行政管理和办公开支的费用，通常按项目总费用的一定比例提取；咨询服务费为支付公司聘请的项目指导专家的费用；劳务费则为项目实施期间所有与项目设计与执行有关的工作人员的工资等。

公共关系公司的计费方式与费用标准，没有统一的规定，除以上常用的计费方式外，也有按工作日的计费方式，或按项目进展情况分项、分期的计费方式。公司的声誉、公共关系人员的资历不同，其计费方式与费用标准也有很大差别。所以，在选择公共关系公司时，客户应慎重考虑。

（四）选择公共关系公司应考虑的因素

社会组织往往缺乏策划和运作影响较大的公共关系活动的经验，组织内部的公共关系部也可能不具备进行综合性服务所需的经验和能力。因此，需要委托专业公共关系公司代理某些特定的业务，此时就有一个如何选择专业公共关系公司的问题。因此，在选择公共关系公司时应着重考虑以下几个因素。

1. 专业公共关系公司的资信

面对诸家专业公共关系公司，可比较一下公司成立的时间、现有的规模、所能提供的服务项目和专长；公司以往的业绩，曾有哪些客户，客户的情况及对公司的评价如何；公司推出的影响较大的公共关系活动有哪些；社会公众对该公司的评价；等等。资信好、名气大的公司经验丰富，委托其代理业务可靠性强，成功率高，但又可能缺乏创意且需要较高的费用；资历浅、名气小的公司，可能缺乏经验，但所收费用一般较低，且可能有新颖的设计，取得意想不到的效果。对此，客户可进行认真的对比，最后确定代理公司。

2. 公共关系公司的人员素质

了解专业公共关系公司是由什么人开办的；公司从业人员具有哪些方面的专业知识或技能的训练；公司拥有哪些方面的专门人才，以往的工作业绩如何；对客户的情况是否熟悉，能否满足客户的要求；等等。公共关系人员的素质往往决定公司的业务水平，因此，应慎重考虑。

3. 公共关系公司的收费标准

资信好、规模大的公共关系公司往往也是收费标准较高的公司。因此，客户可根据自己公共关系目标的要求及经费预算，综合考虑公共关系公司的资信水平、人员素质及费用标准，最后确定自己的代理公司。

阅读材料：

深圳公安局宣传处更名警察公共关系处

深圳市公安局宣传处改名了。昨日，深圳市公安局警察公共关系处正式揭牌。该处在原有职能的基础上，增加了警察公共关系建设、舆情处置及构建警民和谐关系三项职能。

深圳市委常委、公安局长李铭在揭牌仪式上说，随着媒体大众化的趋势日益明显，舆论监督、网络问政的力度越来越大，深圳公安也面临全新的挑战。警察公共关系处的成立不仅仅是名称的改变，更重要的是工作理念、工作机制和工作模式的转变。市公安局警察公共关系处正式挂牌成立，这是深圳警队发展史上的一个里程碑，进一步加大警务运作的透明度，推动警方与新闻界之间的沟通，增进社会各界对警队的了解和沟通。

新挂牌的警察公共关系处共增设了警察公共关系建设、舆情处置及构建警民和谐关系三项职能，负责策划、组织、指导、协调全局的警察公共关系建设，指导全局警察公共关系联络员队伍开展工作；负责公安机关与相关政府部门、人大、政协、社会组织、群众团体联络，拓展沟通交流平台，积极构建和谐警民关系；组织、协调、指导和管理全市公安机关的新闻发布工作，与各级媒体建立畅通的沟通渠道；完善网络发言人机制，通过现代网络传播手段，拓展网络沟通平台；组织、指导全市公安机关开展警营文化建设等工作。

李铭接受采访时称："宣传处改名公关处，把我们所站的角度进行转变，这样更加平等，更加亲民，这样的一个姿态，我想，能够有效扭转少数人的一些偏激，或者部分不了解情况的群众的看法。"

深圳市人大代表杨建昌受邀参加了揭牌仪式，他认为，警察公共关系处的揭牌，标志着深圳公安更加注重警民关系的建立，而这样一个职能的调整有利于社会的和谐。其他的深圳政府职能部门也应该参照深圳公安的做法，将过去职能单一的宣传机构转变为建立公共关系的层面来。

（来源：《南方都市报》2010年8月6日）

第三节　公共关系人员

从事公共关系事业必须清楚公共关系的目标以及个人在实现这一目标中所发挥的作用。很多刚刚对公共关系有一些初步认识的人，常常认为新闻记者更适宜从事公共关系工作，其实这是一个误解。记者的天职是最大限度地发掘他们应告之于公众的事实，而公共关系人员则可看做某一组织的特殊辩护人，其天职是设法影响公众，使公众舆论有利于该组织，从而达到维护和提高组织声誉的目的。公共关系人员还要尽自己的最大努力将公众的各种不同意见及时地反馈给组织决策者。

随着时代的变迁以及公共关系专业化水平的提高，公共关系工作领域已远远超出传播媒介的范围，对公共关系人员的意识观念、知识结构与能力素质都提出了新的要求。只有具备满足这些要求的条件，并善于在实践中不断提高自己的从业人员水平，才能适应新的历史时期公共关系工作的需要。

一、公共关系人员的意识

公共关系意识是公共关系人员的思想灵魂，是公共关系人员所应具备的各项基本素质中最为重要的一项素质。公共关系意识作为一种深层的思想，指导约束着从业人员的行为。良好的公共关系意识能促使从业人员始终处于一种积极主动的工作状态，可创造性地完成各项公共关系工作。反之，不具有足够明确的公共关系意识是绝不可能做好公共关系工作的。公共关系人员所应具有的公共关系意识主要有形象意识、公众意识、协调意识、开放意识、互惠意识和创新意识等。

（一）形象意识

在现代社会中，良好的形象是组织的无形资产。因此，具有明确的形象意识的从业人员，往往能够深刻理解知名度和美誉度对社会组织的生存和发展的重要性，会在行动中敏锐体察组织形象中的问题，自觉维护组织的形象。

（二）公众意识

公众的需求就是组织所追求的目标，组织是因为有公众才有其存在的意义。因此，组织应一切为公众的利益着想，创造一切条件为公众服务，满足公众不断发展的需求。只有牢固树立“公众第一”的观念，明确组织的公共关系工作归根到底就是为了“赢得公众”，才能承担起组织应有的社会责任，才能真正做好组织的公共关系工作。

（三）协调意识

社会组织与相关公众之间关系的协调是公共关系的本质属性。组织公共关系的性质既有对立的一面，也有合作的一面。促使组织与其相关公众建立信任与合作的关系，调节其对立性因素，并使其向合作方面转化是公共关系人员的重要工作。只有在协调的状态下，社会组织和公众才能各得其所，才能获得更好的生存和发展的空间。

（四）开放意识

作为公共关系的主体，社会组织应主动地在公共关系行为活动中寻求建立良好的公共关系的途径。开放意识倡导的正是要社会组织以开放的姿态和胸怀向公众、向社会袒露自己，这种诚挚的举措是实现公共关系协调发展的重要基础和条件，营造“玻璃屋”，增强社会组织行为的透明度，可以使社会组织坦诚地、全面地融入社会、面向公众，以达成与公众、与社会的全面的双向交流。

（五）互惠意识

互惠互利、“与自己的公众共同发展”是社会组织开展公共关系工作的原则，也是组织是否真诚地对待公众的试金石。在现代社会，任何组织都希望有一个良好的发展环境，都希望得到更多的公众的信任、理解和支持。但组织在自身的发展过程中，能否想到信任、理解和支持自己的公众的利益，能否想到自己对公众的回报，是组织是否具有互惠互利意识的表现。不具有互惠意识的公共关系人员，是不可能做好公共关系工作的。

（六）创新意识

每一个公共关系活动都不可能是以往或他人已有的活动形式的简单重复，其策划与设计都需要有所创新。人们说公共关系是一门科学和技术，是因为它有可遵循的客观规律，有相对稳定的操作程序；而说公共关系是一门艺术，则指它有突破固定程式、追求不断变化的特点。唯有创新，才能打动公众，征服公众。

二、公共关系人员的知识结构

公共关系学是一门综合性的应用科学，其学科体系包括专业公共关系人员从事公共关系工作所需的专业知识及相关知识构成的全部知识内容。公共关系从业人员的知识结构就是公共关系知识体系在其头脑中的内化。健全的知识结构不仅是公共关系人员基本素质的重要组成部分，而且是其创造性地开展公共关系工作的保证。公共关系人员的知识结构应包括公共关系基础学科知识、背景学科知识、专业学科知识、相关学科知识及操作性学科知识。

1. 基础学科知识

公共关系从业人员的基础学科知识包括哲学和思想史等。哲学是从世界观和方法论的高度对公共关系的学科研究和具体实践进行宏观指导。思想史可对认识人类社会发展历程与规律给予一定的启示。公共关系人员的基础理论知识越深厚扎实，其思维空间就越开阔，创造性也就越强。

2. 背景学科知识

广泛的背景学科知识，如政治学、经济学、社会学、心理学、法学等，为公共关系人员提供了完整的文化知识背景，这对于提高其理论修养和分析现实问题的能力是十分重要的。不可想象，一个不懂政治或经济的人会是一个出色的公共关系专家。

3. 专业学科知识

公共关系专业的学科知识包括：公共关系基本概念、公共关系历史与发展、公共关系要素、公共关系职能、公共关系传播、公共关系协调、公众分析、公共关系策划及工作秩序、公共关系实务知识等。专业学科知识是从事公共关系工作直接运用的知识，公共关系人员必须掌握这些知识并在实际工作中灵活运用才能做好公共关系工作。

4. 相关学科知识

公共关系工作所涉及的领域是多方面的，单一的学科知识是不能满足实际工作需要的，一些与之密切相关的学科知识，公共关系人员也应熟知和掌握，例如：管理学、传播学、市场营销学、文化学、民俗学和人际关系学等。

5. 操作性学科知识

操作性学科知识对提高公共关系人员的实际工作能力有直接的帮助，如广告学、写作学、演讲学、社会调查学、计算机应用与社交礼仪知识等。以上几个方面的学科知识，是专业公共关系人员所必备的。公共关系人员或有志于从事公共关系工作的青年学生，可通过学历教育或专业培训获得知识补充或进行系统学习。

三、公共关系人员的能力要素

美国学者丹尼斯·威尔科克斯在其所著《公共关系的战略与战术》一书中提出，公共关系人员应具备三项至关重要的才能，即写作技巧、研究能力和创造才能。在斯科特·卡特利普等人所著的《有效公共关系》一书中，曾将公共关系工作概括为10类，即：写作；编辑；与新闻媒介的联络；特殊事件的组织与筹备；演讲；制作；调研；策划与咨询；培训；管理。由此可见，公共关系人员所需要的能力要素是多方面的。当然，在公共关系工作中，并不是要求每一个工作人员都是全能的，但对于一个高水平的公共关系人员来说，一些基本的能力要素是必须具备的，如创新能力、表达能力、协调能力、交往能力和自控能力等。

1. 创新能力

创新是公共关系活动的一个突出特点，每一个成功的公共关系活动就像是一座雕塑精品。只有不断推出富有想象力的、别具一格的新颖活动方案，才可能使组织或一鸣惊人、旗开得胜，或力挽狂澜、化险为夷，或力克群雄、出奇制胜。公共关系之所以如此迅猛地在世界范围内得以发展，正是这种变幻无穷的创新设计，使人们强烈地感受到公共关系的强大魅力。因此，创新能力是公共关系人员的极为重要的一项能力要素。

2. 表达能力

把所要传达的信息或思想清晰地用文字或口头表达出来，是对公共关系人员的一项基本要求。无论是准确地表达思想，还是给表达对象留下良好的印象，在公共关系工作中都是十分重要的。清晰、简洁、明了的表达才可能达到良好的沟通效果。

3. 协调能力

公共关系中的每一件工作都离不开公共关系人员的协调，对组织内部公众而言，有组织上下级关系的协调，有同级部门之间关系的协调；对组织外部公众而言，有组织利益与公众利益关系的协调；等等。公共关系人员的协调能力强，公共关系活动的推展就快，效果就好，公共关系工作的成效也就越大；反之，则可能处处受阻，寸步难行，公共关系工作很难取得成效。

4. 交往能力

公共关系固然是一种组织间的关系，但组织间关系的建立和维护要依靠人际间的交往来完成。因此，有效的人际交往是组织搞好公共关系工作的基础。衡量一个公共关系人员能否适应公共关系工作需要的标准之一，就是看他是否具备善于与他人交往的能力。不具备这种能力，就无法有效地与周围的人进行有效沟通，组织之间的关系也难以协调，这样的人也就很难胜任公共关系工作。

5. 自控能力

公共关系人员既要面对繁杂的日常事务，又要处理重大的应急事件，工作并不都是一帆风顺的。在工作不顺心不如意的时候，在遇到棘手的问题难以处理或激烈的矛盾冲突的时候，要表现得不急不躁，耐心冷静，调控好自己的情绪，理智、平和地面对各种复杂的局面。只有这样，才不会激化矛盾，才可能把握住解决问题的转机。自控能力既是对公共关系人员心理素质的一种挑战，也是对其道德修养的一种检验。

第四节　公共关系礼仪

公共关系从业人员经常要进行对内对外的沟通与协调，因此，对一般礼仪知识的掌握与运用就显得特别重要，礼仪也就成了公共关系人员在进行公共关系具体活动及与公众交往时必须遵守的基本的规范与准则之一。对公共关系人员来说，礼仪不仅是与公众交往的通行证，还是体现公共关系人员自身修养和业务素质的一种标志。

公共关系与礼仪的结合主要是基于公共关系礼仪在整个公共关系理论及实践中的独特地位。从公共关系礼仪的理论地位来看，它是整个公共关系理论的一个基本组成部分，但是公共关系礼仪与一般礼仪在目的和对象上不完全相同，这也是公共关系礼仪作为一门独立学科存在的原因所在。一般人际交往中如果不慎有失礼仪，只是个人形象受损，若是公共关系活动中，公共关系人员或组织重要成员有失礼仪就会有损组织形象。

一、礼仪的含义与本质

（一）礼仪的含义

礼仪是人们在社会交往活动中应共同遵守的行为规范和准则。礼仪是律己、敬人的一种行为规范，是表现对他人尊重和理解的过程和手段。礼仪的“礼”字指的是尊重，即在人际交往中既要尊重自己，也要尊重别人。古人讲“礼仪者敬人也”，实际上是一种待人接物的基本要求。礼仪的“仪”字顾名思义，“仪者仪式也”，即尊重自己、尊重别人的表现形式。

（二）礼仪的本质

礼仪即尊重。既要自尊，又要尊重他人。

讲礼仪就是以最恰当的方式来表达对自己和对他人的尊重。

二、礼仪的功能与作用

礼仪是个人文化素养的体现；礼仪是密切人际关系的纽带；礼仪是追求事业成功的手段；礼仪是建立社会秩序的基石；礼仪是改善社会风尚的良药。

三、仪容仪表

仪容通常是指人的外观、外貌。仪表是人的外表的综合，它包括人的形体、容貌、健康状况、姿态、举止、服饰、风度等方面。

在社会交往过程中，仪容仪表是引起对方关注的第一要素。人们常说的“第一印象”，很大程度上就取决于此。保持良好的仪容仪表不仅仅是一种习惯，更是贯穿于点滴行为中良好修养的具体体现。

（一）头发

好印象从“头”开始。美发礼仪的基本要求是：必须保持干净、清爽、卫生、整齐的状态。要重视头发的清洗和梳理。

男士发型的统一标准可以概括为大方、简洁。以前部头发不要遮住自己的眉毛，侧面头发在耳朵之上，后部头发在西装衬衫领子上部为佳。需要注意的是，鬓角不可留得过厚过长。

女士可以选择的发型多种多样，但在选择具体发型的时候，一定要考虑到自己的脸型、身材，甚至是服饰、身份等。

（二）面容

面部要保持清洁。包括眼睛、鼻孔、耳朵、口腔、胡须。

眼睛、鼻孔、耳朵的分泌物要及时清理干净。露出的鼻毛要及时剪除。

注意牙齿的清洁和口腔的清新。如果要到比较重要的社交场合，之前不能食用蒜、葱、韭菜、腐乳等有强烈气息的食品。餐后应清洁口腔。在他人面前嚼口香糖是不礼貌的，特别是与人交谈时，更不应嚼口香糖。

胡须要及时刮净。

（三）表情

善用微笑是人际交往中比较重要的一个礼仪环节。"眼睛是心灵的窗口"，视线的角度、注视范围、注视时间，都能表现出你的礼仪分寸。一般情况下，视线的落点应该在对方的发际以下、下颌之上。注视其他区域会让对方不舒服，是不礼貌的注视方法。在问候、致意、告别、表示同意、强调自己见解的时候，一定要看着对方的眼睛。在与别人正面交谈时，视线停留在对方面部的时间不少于交谈总时间的1/3，以表示敬重对方。切忌目光东移西转，这样会让对方感到你心不在焉。但如果长时间地盯着对方，也是失礼的行为，可以有意识地将视线不时转换一下，让对方可以放松。

（四）手部

从某种意义上说，手是人的第二张脸，也是我们在社交场合中动作比较多的部位，所以手部的整洁很重要。保持手部的洁净是最基本的礼貌。特别注意不留长指甲，指甲缝要清理干净。

（五）体味

在正式的社交场合，身体的气味也是仪容礼仪中的一个重要环节。保证身体气味的清爽是前提条件，如果带有汗味或者其他异味会被视为失礼。如果洗浴后仍有异味，可以适当使用香水。喷洒香水最简单的礼仪就是不要使用过量。

（六）服装

对于穿着，需要遵循三个原则，即时间原则、环境原则和个性原则。

第一，时间原则。指服装有季节性。春夏秋冬，不同季节着不同服装。在一天中，服装也有时间性，一般有日装和晚装之分。日装要求轻便、舒适，便于活动，但款式不能过于裸露；晚装则要求艳丽、华贵、珠光宝气，适当裸露一点也无伤大雅。日装和晚装不能颠倒。每日、每周，服装也应有变化。一是让人有新鲜感；二是让人感到清洁。

第二，环境原则。指不同的工作环境、不同的社交场合，着装要有所不同。正式场合泛指一切进行正式交往的场合，又可分为公务场合与社交场合两类情况。公务场合是指人们在自己的工作单位上班办公的场合，正统、保守、庄重是基本要求。一般制服、套服及其他符合这一要求的服装才是公务场合的适当之选。在社交场合，着装的基本要求是典雅、时尚和别致。

第三，个性原则。要考虑两层因素：穿着对象和交际对象。也就是说，你的穿着既要适合自己，能表现自己的个性风格，又要对应别人，与你的交际对象保持协调一致。要想穿得自然得体，就要根据自己的高、矮、胖、瘦，选择不同质地、颜色、款式的服装来扬长避短。着装还要综合考虑自己各方面的条件和社会条件，从而穿出自我、穿出个性。

服饰礼仪是三位一体，即款式、面料、色彩。其中色彩给人留下的印象往往是直接而深刻的。因此，在服饰的选择上首先必须对色彩进行选择。色彩搭配一般有三种方法：一是同色搭配；二是主色搭配；三是相近搭配。

1. 男性着装要求

（1）西装的穿着。西装套装穿着有一定的程序：梳头、换衬衫、换西裤、穿皮鞋、系领带、穿上装。正规的西装应是三件套，可以是单排扣也可以是双排扣。打领带之前先扣好领扣和袖扣，衬衫的领口应露出上装领口外1～2厘米，领子必须平整而不外翻，衬衫下摆不应露在裤子外面。衬衫袖子露出上装袖口2～3厘米，正式场合不应用毛衣或毛背心来代替西装背心。

上装左侧口袋用来插装饰性的鲜花和手帕，上衣内袋用于存放证件、记事本、名片等，其余口袋不放东西。背心口袋放珍贵的小物件，如钢笔等。西装裤袋用作插手，不放东西。裤脚盖住鞋面，后面略长一些，外面大衣不宜过长，最长到膝盖下3厘米左右。正式的社交场合必须打领带，领带以长及腰带为宜，领带夹夹在第三到第四颗扣子之间。男士应当多备几条领带，以供不同场合使用。

（2）正装与便装。西服、中山装、衬衫等属正装。夹克、拉链衫、T恤衫等属便装。休闲装、运动装、旅游鞋适合于郊游、室外活动，不适宜于办公室。

对于男性来说，形象设计专家建议，饰物的佩戴应遵循以下原则：

①不要佩戴领带夹、领徽等多余饰品。

②不要用电子表，要选用金属表、优质真皮或金属表链。黄金色表看起来优于白金。虽然白金表被认为高雅，但容易和银表、不锈钢表混淆。

③金丝边眼镜比塑料边的眼镜显得儒雅，不要选用粗、厚、宽的塑料框架的眼镜。

④腰带要与皮鞋同色，腰带扣形状要简洁，不要把大字符的商标符号显露在外，还要避免太显眼的品牌设计。腰带上不要挂钥匙串和手机包。

⑤公文包要选用国际公认规格的公文包，放弃“砖头”包；选用深棕色或黑色的牛皮或羊皮包；外表杜绝一切花纹图案和文字，因为“花哨”意味着“低品位”；不要用背肩式、夹式或箱式的皮包。

⑥买一支优质的名牌金属墨水笔，杜绝廉价的塑料圆珠笔。

⑦不要戴毛线、布料手套，戴黑、深棕色皮手套。

2. 女性着装要求

（1）穿法。女性的西装上衣如果是单排扣的可以不扣，双排扣的则应一直扣着（包括内侧的纽扣）。

（2）颜色。职业套裙的最佳颜色是黑色、藏青色、灰褐色、灰色和暗红色。精致的方格、印花和条纹也可以接受。如果买红色、黄色或淡紫色的两件套裙则要小心，因为它们的颜色过于抢眼。

（3）衬衫。衬衫的颜色可以是多种多样的，只要与套装相匹配就可以了。白色、黄白色和米色与大多数套装都能搭配。丝绸是最好的衬衫面料；另一种选择就是纯棉，但要保证浆过并熨烫平整。

（4）丝巾。选择丝巾时要注意颜色中应包含套裙的颜色。

（5）袜子。女士穿裙子应当配长筒丝袜或连裤袜，颜色以肉色、黑色最为常用，肉色长筒丝袜配长裙、旗袍最为得体。尤其要注意，女士不能在公众场合整理自己的长筒袜，而且袜口不能露在裙摆外边。不要穿带图案的袜子。应随身携带一双备用的透明丝袜，以防袜子拉丝或跳丝。

（6）鞋。鞋跟高度应该以 3 ~4 厘米为主。正式的场合不能穿凉鞋、后跟用带系住的女鞋或露脚趾的鞋。鞋的颜色应与衣服下摆一致或再深一些。推荐中性颜色的鞋，如黑色、藏青色、暗红色、灰色或灰褐色。不要穿红色、粉红色、玫瑰红色和黄色的鞋。

在较为宽松的职业环境中，女性可选择造型感稳定、线条感明快、富有质感和挺感的服饰，以较好地表现职业女性的职业能力。

女性切忌在办公室穿着这样的服装：领子低到可以看见胸部；裙边高于膝盖的短裙；过于轻薄或透明布料制成的服装；紧身到让身体每一处线条都毕露的服装；有非常醒目突出图案的服装；有过多蕾丝花边和装饰物的服装；过于肥大宽松的服装；脏、破旧、有污渍或有异味的服装。

四、行为举止

行为举止指人们在外观上可以被他人觉察到的活动、动作，以及在活动、动作之中身体各部分所呈现出来的姿态。它在与人交往中也是体现人的内在品质、个人气质修养以及知识能力的重要方面。

行为举止大致可分为坐姿、站姿、行姿、手姿四个方面。

（一）坐——如钟自然沉稳

正确的坐姿礼仪要求“坐如钟”，指人的坐姿像座钟般端直，当然这里的端直指上体的端直。

坐下时腰部挺直，只坐到椅子一半到 2/3 的位置，表示对对方感兴趣和尊重。如果背部靠着椅背，则会给人傲慢的印象。边坐边摆弄手里的东西，暗示着当时的漫不经心的心态。

入座的正确动作是：走到座位前，转过身轻轻坐下。女士如果着裙装，应在落座前用手将裙摆捋直。落座动作要协调，声音要轻。

1. 男士基本坐姿标准。

上身正直上挺，双肩打开放平，两手分别放在两腿上，双膝并拢，两脚自然分开呈45度。总体应体现自信、豁达。

2. 女士基本坐姿类型

（1）双腿垂直式。双腿垂直于地面，两腿、膝盖和两脚脚踝并拢，双手自然放在双腿之上。背部挺直，平视前方。

（2）双腿斜放式：当座椅较低时，穿裙装的女性应采用此种坐姿。即双膝并拢，双脚向左侧或者右侧斜放，尽量使腿部与地面呈45度角。

3. 入座时的基本礼仪

在正式场合，入座时应该注意以下几点：

（1）在和客人一起入座时，出于礼貌，要先请对方入座，在分清主次的情况下，女士先于男士入座。

（2）如果条件允许，尽量从座位左边入座。

（3）就座以后，应主动向周围的人点头致意。在公众场合，如果想要坐在别人身边的位置，必须先征得对方同意。

4. 离座时的基本礼仪

（1）先后顺序。和别人同时离座时，要注意起身的先后顺序。地位高的一方可以首先离座。

（2）提前示意。离席时，身边如果有人在座，应该用语言或者眼神示意，然后再起身。

（3）安静离座。起身离座时，注意不要弄响座椅，碰掉东西。

（4）左侧离开。跟从左入座相同。是一种礼仪的象征。

5. 坐下时应该注意的细节

（1）入座后不要将两手分别放在扶手上，会显得过于拘谨。

（2）不要跷二郎腿。抖腿是非常不好的习惯，会让人眼烦心乱，给人很不好的印象。

（3）坐下的时候，即使在沙发上，也不要半躺。

（4）不要把双脚藏在座椅底下或者勾住椅腿。脚尖指向他人，或将脚翘起使对方能看到鞋底都应该避免。

（5）女士坐下时尽量将双腿并拢，不可以分开很多，也不要将腿伸直出去。

（二）立——如松端直挺拔

基本站姿的要求是：头部抬起（一般不应高于自己的交往对象）、面部朝正前方、双眼平视、下颌微微内收、颈部挺直、双肩放松、呼吸自然、腰部直立。双臂自然下垂，自然地放在身体两侧，也可以将两手交叉，右手轻搭在左手背上，轻放在腹部的位置。两脚立正并拢，双膝与双脚的跟部紧靠在一起。两脚呈“V”状分开，两者之间相距约一个拳头的宽度，身体的重心应当平均地分布在两条腿上。这一站姿的主要特点是头正、肩平、身直。从侧面看则含颌、挺胸、收腹、直腿，使人看起来稳重、大方、俊美、挺拔。

（三）行——如风轻盈稳健

正常生活中行走时，步态应该自然放松，目光平视前方，身体挺直，双臂自然下垂。脚尖要指向正前方，步伐大小适中，自然稳健。

正确而优美的行姿应该从以下几个方面加以注意：

（1）步幅。步幅是指行走过程中两脚之间的距离。人们行进过程中的正常步幅与本人身高成正比，与本人一只脚的长度相近。

步幅的大小与穿着的服装也有一定的关系，一般来说，穿裤装走路的步幅可以略大一些，而女士如果穿着短裙，步幅不宜过大，但速度可以稍微加快。如果穿着高跟鞋，步幅更要小，并且脚跟先着地，两脚脚跟要落在一条直线上。

（2）步速。行走时，步速应该保持均匀、平稳，不能忽快忽慢或者过快过慢。脚步要干脆利落，不可拖泥带水，步速有鲜明的节奏感。

（3）步位。正确的部位应该是：两只脚踩的接近于一条直线，而不是两条平行线。

（4）步韵。步韵指的是走路时候的韵律。行走时，保持身体的放松状态，膝盖和脚腕应富有弹性，双臂随着走路的节奏自然摆动，保持身体各部位之间动作和谐，自然优美。

（5）步态。步态是一个人内心情绪的良好反映。自信时，步态会坚定明快。悲哀时，步伐沉重、缓慢。心情愉快时，步伐轻盈而欢快。

（四）手势——优雅妙不可言

谈话时适当地运用手势，可以加重语气，增添感染力，有助于情感的表达，但一定要讲究自然协调，避免做作、僵硬和夸张。

人在站立时基本的手姿有三种。一是双手自然下垂，掌心向内，叠放或者相握。二是当需要为别人指明方向时，应该将五指自然伸直，掌心向上指示方向。三是从别人手中接过物品的时候，两臂适当内合，自然将双手伸出，拿稳物品；递出物品给人时，尽量使物品的正面对着接物的一方，在递出笔、刀或者剪子等尖利物品的时候，把尖头面对着自己，以免误伤他人。无论接物还是递物，用双手均表示礼貌，单手显得不够重视。

造成被他人误解的手势有两种原因：一是个人习惯但不通用，所以不被他人理解；二是因为文化背景的不同，被赋予了不同的含义，这是在不同国家和地区使用手势的时候要特别注意的问题。

用手势要注意：

（1）不论是在哪种社交场合，用手指点着人说话都是非常不礼貌的行为，代表的是你对他人的轻视。

（2）在公共场合打响指的行为不仅是对对方的不尊重，也显得自己不严肃、不够成熟，严重时会引起对方的反感甚至厌恶。

（3）在需要鼓掌致谢的时候，应该注意掌握力度大小、速度快慢和时间的长短。

（4）不要双手抱在胸前，因为这样会使你看起来对别人采取了一种防卫态度，不易接近。

（5）在各种交际场合，都应该避免一些不卫生、不稳重、容易给人造成误解和失敬于人的手势。

五、人际交往

（一）称呼

正确、适当的称呼不仅反映自身的教养、对对方尊重的程度，甚至还体现着双方关系达到的程度和社会风尚。务必注意：一是要合乎常规，二是要入乡随俗这两点。

另外，还应对生活中的称呼、工作中的称呼、外交中的称呼、称呼的禁忌细心掌握，认真区别。

（1）职务称呼。如经理、主任等。如知其姓氏，在其所担任的职务前加上姓氏更好，如李局长、刘主任等。

（2）职业称呼。可直接称呼对方的职业，如医生、教授、法官、律师等。如知其姓氏，可在对方职业前加上姓氏即可，如刘师傅、李老师、李律师、张医生等。

（3）职称称呼。可直接称呼对方职称，如教授、会计师等，如知其姓氏，在对方职称前加上姓氏更好，如张教授、李会计师等。

（4）学位称呼。可直接称呼对方学位，如博士。而学士、硕士则不直接称呼。

（5）代词称呼。如您、他、这位等。

（6）对君主国家贵宾的称呼。根据国际惯例，称国王、王后为陛下，称公主、王子、亲王为殿下；对有公、侯、伯、子、男爵等爵位的人士既可称爵位，也可称阁下，有时也称先生。

（7）对军人的称呼。对军人一般称军衔或军衔加先生，知道姓名者可以冠以姓名，如上校先生、莫利少校、威尔斯中尉先生等。有的国家称将军、元帅等高级军官称为阁下。

（8）在国际交往中，一般对男子称先生，对已婚女子称夫人或太太，对未婚女子称小姐，所有的女子都可称女士。

生活中的称呼应当亲切、自然、准确、合理。

（二）问候致意

见面打招呼“您好”挂嘴边，若求人相助“请”字先出口，受人滴水恩“谢”字发于心，一声“对不起”干戈化玉帛，善用婉拒圆满不伤人。

（1）问候语。问候语并不强调具体内容仅仅是表示一种礼貌，公共关系人员要主动地向交往的公众表示问候，根据不同的时间做出不同的问候，脸带微笑。一般问候语言不涉及私人问题，也不套用中国的习俗问候，如“吃饭没有？”等。因为并非所有的习惯都是好习惯。

（2）请托语。请求别人帮助时要“请”字当先，即使请人共进晚餐也应表现得有礼貌：“能否和您共进晚餐？”当然向别人提出请求时必须考虑别人当时是否适合帮助你或接受你的请求，这是一种对别人的理解和尊重，即别让别人过分地为难。

（3）致谢语。当别人向你提供帮助时必须向别人表示感谢，即使别人侧身让你先过也是一种对你的谦让，也应该表示感谢，对别人的感恩之心是人们交往中的常有心态。

（4）称赞语。赞美别人时要注意赞美的技巧，要学会赞非所赞，最好是通过第三人赞美。

（5）道歉语。及时道歉可以大事化小，小事化了。道歉是一个人心胸坦荡、深明事理、真挚诚恳和具有勇气的表现。当别人未向你表示歉意时，要作出两种解释：一是他也许正在找机会；二是他给了你一个表现大度的机会。

（6）祝贺语。在喜庆祝贺和节日祝贺时，学会向别人表达你的情感，为别人的喜悦而高兴，这也是大度的一种表现。即使在很多竞争的场合，向你的竞争对手表示祝贺也会为你赢得众多的舆论资源。

（三）握手

1. 握手的次序

在比较正式的社交场合，握手礼中体现出来的最为重要的礼仪问题，就是握手时双方应由谁先伸手。要遵守握手时“尊者决定”的原则，遵守这一原则，既是为了恰当地体现对位尊者的尊重，也是为了维护在握手之后的寒暄中位尊者的自尊。

这一原则的具体体现是，在社交场合中，上级与下级握手，应由上级先伸手；长辈与晚辈握手，应由长辈先伸手；女士与男士握手，应由女士先伸手；主人与客人握手，应由主人先伸手。

值得注意的是，当握手双方符合其中两个或两个以上顺序时，一般以先职位再年龄，先年龄再性别的顺序握手。例如，一位年长的职位低的女士和一位年轻的职位高的男士握手时，应由这位男士先伸手。

应该强调的是，上述握手次序，主要用于律己，不可处处苛求他人。在社交场合中，无论谁先向我们伸手，即使他忽视了握手礼的先后顺序，我们都应将其看作是友好的表示，要马上伸手与其相握。拒绝他人的握手有悖礼仪规范。

2. 握手的方式

（1）距离。行握手礼时，双方相距 1 米左右。

（2）神态。握手时，应自然、热情、专注。要面带微笑，目视对方的脸，亲切问候。这一点很重要。一般的问候语是：“你好！”“见到你很高兴！”“恭喜！恭喜！”等。

（3）姿势。双腿立正，上身略向前倾，伸出右手，四指并拢，拇指张开，掌心向内，右手掌与地面垂直，手的高度大致与双方腰部平齐。

握手时，适当用力，上下轻摇几次。伸直相握时，双方手臂应大致形成一个直角，虎口交叉。这是标准的握手姿势，也叫平等式握手。

（4）力度。握手的力度要适中，一般以不捏疼对方的手为限度。不可用力过猛，也不可柔软无力或伸而不握，否则会给人缺乏热忱或敷衍之感。

若对方是亲朋好友，握手时力度可稍大些；若对方是异性或是初次见面的朋友，则千万不可用力过猛。试想当对方久久地、强有力地握着你的手，且边握边上下晃动时，则说明他对你的感情是真挚而热烈的；当对方握你手时连手指都不愿意弯曲，只是例行公事般地敷衍一下，没有任何力度，则说明对方对你的感情是冷淡的。

另外，男士握女士的手时应该轻一些，不要握满全手，只要握住手指部分即可。

(5) 时间。握手时间的长短因人因地因情而异。在通常情况下，握手的时间不宜过短或过长，一般应控制在3秒钟左右。

另外应注意的是，在与异性或初次见面者握手时，握手时间不宜过长，否则容易造成对方的误会或不快。

3. 握手的禁忌

由于施礼过程中可传递多种信息，因此在行握手礼时应尽量做到合乎规范。

握手时不可东张西望或与他人打招呼；行握手礼时，除长者和妇女外，都应起身站立；不可左手握手，尤其在与阿拉伯人、印度人打交道时，更要注意这一点；在多人同时握手时，不可交叉握手，当自己伸手时发现别人已经伸手，应主动收回，并说声“对不起”，待别人握完手后再伸手相握；不可戴着手套握手；不可在握手时将另一只手放在衣袋里；当自己的手不干净时，应伸出手掌，示意声明，并表示歉意；不可在握手时戴着墨镜，只有患有眼疾或眼部有缺陷者方能例外；不可在与他人握手之后，立即擦拭自己的手掌；不可拒绝与他人握手，在任何情况下都不能这样做。

(四) 介绍

1. 自我介绍

自我介绍是社交场合中运用最多的一种介绍方式。它是指当自己与他人初次见面时，由自己担任介绍的主角，自己将自己介绍给他人，以使对方认识自己。

(1) 时机。社会交往中，何时把自己介绍给他人是一个复杂的问题，它和场合有关，也和当时的气氛、现场人员的互动有关。

一般情况下，总是在以下环境中介绍自己：当主人无法抽身或忘了介绍，你与周围的人不认识，而又十分想认识他们时，最好的方法就是自我介绍，以表明自己的身份；若希望结识某个人，又无人引见时，也可以自己充当自己的介绍人，将自己介绍给对方。

有时，如果拿不定对方是否愿意认识你时，你不妨先请问对方的尊姓大名，如对方马上告诉你，则说明对方想与你认识，此时，你便可以马上介绍自己的情况；他人希望结识自己时，也有必要进行自我介绍；自己熟悉他人，但又担心他人健忘或不能完全了解自己时，可以再次向对方简要地介绍一下自己。

(2) 内容。自我介绍应根据当时的具体场合、具体对象以及实际需要来确定自我介绍的内容。一般来说，自我介绍的内容比较简单，但要实事求是，真实可信。在一些场合，除了报上自己的姓名和单位、部门、身份外，再提及与正在进行的活动是什么关系就可以了。如：“我是李信，毕业于北京师范大学，现在亚洲国际大酒店人力资源部任职。”

（3）应注意的问题。在自我介绍的过程中，要注意介绍的时间。一般来说，自我介绍的时间不宜太长，不超过一分钟即可。

进行自我介绍时，态度要自然、友善、随和。另外，自我介绍还应注意一些细小的礼仪环节。如果两人正在交谈，你想加入，而你们又彼此不认识，这时作自我介绍就应选择两人谈话停顿的时候，并说“二位好！对不起，可以打扰一下吗？我是××……”

如果是参加一个集体活动迟到了，你又想让大家了解你，这时就应当说：“女士们、先生们，你们好！很抱歉，我来晚了，我是××，是××单位的处长，很高兴与大家在此见面。还请大家多多关照！谢谢！”等。

2. 介绍他人

介绍他人又称第三者介绍，是指由第三者为彼此不相识的双方所进行的引见、介绍。介绍他人通常是双向的，也就是说，要把被介绍双方作一番介绍。有时也可以进行单向的他人介绍，即只把被介绍者中的某一方介绍给另一方，这样做的前提是前者认识后者，而后者不认识前者。在为他人做介绍时，要注意以下几个问题。

（1）介绍者的确定。在介绍他人时，由谁来充当介绍者是颇有讲究的。一般情况下，介绍者是由单位专门负责此事的相关人员担任，如秘书、办公室主任、公关礼宾人员或专职接待人员等。

当有外单位人员来访，但来访者又与本单位其他人员不认识时，一般由和对方有业务联系的相关人员担任介绍者。

作为主人，一般有主动充当介绍者的义务。如果来访者身份较高，本着“身份对等”的惯例，一般应由东道主一方在场人士中身份最高者担任介绍者，以示对被介绍者的重视。

有时，需要征求某一方的意见，看他是否乐意把自己介绍给某人，此时，应先征求身份较高者的意见。

（2）介绍时的顺序。在为他人介绍时，先介绍谁后介绍谁，是一个比较敏感的礼仪问题。必须遵守“尊者优先”的原则，即在为他人介绍前，先要确定双方地位的尊卑，然后先把位卑者介绍给位尊者，后把位尊者介绍给位卑者。

目前，国际上公认的为他人介绍的顺序是：先将职位低的人介绍给职位高的人；先将年轻者介绍给年长者；先将男性介绍给女性；先将主方人士介绍给客方人士；先将未婚者介绍给已婚者；先将晚到者介绍给早到者。

值得注意的是，当所要介绍的双方符合其中两个或两个以上顺序时，一般以先职位再年龄，先年龄再性别的顺序做介绍。例如，要为一位年长的职位低的女士和一位年轻的职位高的男士作介绍时，应该将这位女士介绍给这位男士。

（3）内容和方式。应该注意的是，正式介绍他人之前，最好先了解双方是否有结识的愿望，切不可冒昧引见。

最客气的介绍方法是先以询问的口气问尊者，如“张厅长，我可以介绍小王和您认识吗?”等。如对方同意，在正式介绍时，最好先对尊者说诸如“请允许我向您介绍……”“让我来向您介绍一下”等礼貌语。介绍时，应面带微笑，说话简洁，介绍的基本内容包括姓名、单位、部门、职务、爱好等。

当介绍者走上前为被介绍者做介绍时，被介绍双方应起身站立，面含微笑。

一般来说，介绍者位于中间，介绍时用右手，五指伸开朝向被介绍者中的一方。此时，被介绍者的眼睛要看着另一方。介绍完毕，双方应依照礼仪顺序握手，彼此问候。“您好!”“认识您很高兴。”“久仰大名!”“幸会，幸会!”等是最常见的问候语。

（五）名片交换

社会上在使用名片时一般讲究对等的原则，所以制作名片时应该真实，印刷也应正规，同时选择自己有代表性的内容。

使用名片时应该注意一些基本的礼节：当与长辈、女士、上级交往时应先递呈名片，双手正面递上。接受名片时，先说“谢谢”，然后仔细看一遍，牢牢地记住对方的名字，然后必须妥善地保管。

名片代表一个人的身份，在未确定对方的来历之前，不要轻易递出自己的名片。否则，不仅有失庄重，而且可能日后名片被他人冒用。同样，为了尊重对方的意愿，尽量不要向他人索要名片。

1. 名片的放置

随身携带的名片应使用较为精致的名片夹，且应放置在容易拿出的地方，不要与其他杂物混在一起，以免用时手忙脚乱，甚至拿不出来。在穿西装时，名片夹只能放在左胸内侧的口袋里。在不穿西装时，名片夹可放置于自己随身携带的小提包里。

2. 名片的递送

（1）递送的顺序。名片递送的先后顺序没有太严格的讲究。一般来说，是由职位低的先向职位高的递送名片，晚辈先向长辈递送名片，男士先向女士递送名片。

当对方人数不止一人时，应先将名片递给职位较高或年龄较大者；如果分不清职位高低和年龄大小时，则可先和自己对面左侧方的人交换名片。总之，在与多人递送名片时，应讲究先后顺序，由尊而卑、由近而远，顺时针依次进行。

（2）递送的方式。递送自己的名片时，除了要检查清楚，确定是自己的名片之外，还要看看正反两面是否干净。向对方递送名片时，应面带微笑，注视对方。可以是四个手指托住，拇指捏住或者用双手的拇指和食指分别持握名片上端的两角送给对方，名片的位置是正面朝上，并以让对方能顺着读出内容的方向递送。如果你正在座位上，应当起立或欠身递送，递送时可以说一些“我叫××，这是我的名片。”或是“这是我的名片，请多关照!”之类的客气话。

此外，自己的名字如有难读或特别读法的，在递送名片时不妨加以说明，同时顺便把自己“推销”一番，这会使人有亲切感。相反地，接到别人的名片时，如果有不会读的字，应当场请教。

3. 名片的接收

接收他人递过来的名片时，除了长者、女性外，应尽快起身或欠身，面带微笑，用双手接住名片的下方两角，并说“谢谢!”“认识您很高兴!”等寒暄语。

名片接到手后，应十分珍惜，认真看一下、稍加赞许后妥善保管好。切不可在手中摆弄，或随意放置在桌上，或放在手中揉来揉去。可以放在名片夹里，若放在办公桌上，不能在名片上压任何东西，不能手拿名片摆弄着和别人交谈。

如果是初次见面，最好将名片上的重要内容（如对方的职务、头衔等）读出声来。如果对方的组织名气大或个人知名度高，也可只重读组织名称或对方姓名。

另外，接到名片后，应立即将自己的名片递出。如果自己没有名片或没带名片，首先向对方表示歉意，再说明理由。

（六）交谈

交谈者需学会以下五大本领：第一，学会赞美；第二，学会幽默；第三，学会补救失言；第四，学会拜访辞令；第五，学会聆听。

一个会说话的人应该是让别人有兴趣和你交谈下去的人。交谈的内容不要涉及隐私或死亡等不愉快的话题，一般不能用批判的语气谈论在场者和其他相关人士，也不要讥笑他人。

遇到不便谈论的话题不要轻易表态，应学会委婉、幽默、模糊等基本表达方式，涉及对方反感的话题应马上道歉。

在公共社交场合，应该选择大家都可以介入、又都方便发表意见的话题，即寻找共同的经验范围，如现场气氛、环境布置、天气、当日新闻、国际形势、文艺演出、体育比赛等，切忌只谈论个别人知道或感兴趣的事而冷落其他人。

男士一般不参与女士圈内的话题议论，与女士谈话要宽容、谦让、尊重和不随便开玩笑。

正所谓“会说的不如会听的”，对别人尊重的一个简单而有效的表现即是耐心地专心地听别人说话，听话的技巧就是让自己成为一个善于听别人说话的人。

听时不仅要用耳朵还要用脑、用整个身心。听话时要注意少说多听；听话时听重点听思路；凝视说话的人，努力用眼神与对方进行交流，注视对方时眼神要轻松自然，不要过多地聚焦于对方身体的某个部位，最好能够把对方的整个人都笼罩在你的视线之中。

为了表示对对方说话的专心，身体向前倾斜，边听边时时点头表示你的诚意和兴趣；神情专注，不能作小动作，也不能只顾着做自己的事情。

最会听话的人应该是让对方把话说完的人。符合礼仪的交谈应该是充满感情的，因此，有两个方面必须考虑：一是用词的情感性，多用褒义词，少用中性词，不用贬义词；二是要考虑说话人的地位、职业、爱好、习惯等，既把握住语言环境，同时注意用词的繁简适当。

在交谈时如果双方的意见不一致时，要学会最基本的劝服技巧，即先肯定后否定，肯定的是对方的一种思维方式，而否定的是对方的结果，要永远站在别人的立场思考原则。

六、通信联络

（一）拨打电话

电话是一种重要的社会交往形式，声音可以较准确地传达一种情绪。打电话也是一门艺术。一般应掌握以下几个原则。

一是一般不在早上7点以前和晚上10点以后及三餐的时间打电话。电话交谈的时间一般以3～5分钟为好，若要占用较多的时间一般要作出说明或另约时间。

二是打电话前要注意好身姿，左手听筒右手笔、挺直背脊说话，通话重点最好一一列出，注意四周环境是否安静，因为通话对方可以察觉到你周围4米方圆内的细微声响。

一般是由打电话的一方先结束谈话，致告别语；若对方是外宾、女士、长辈、上级，要听到对方先挂下话筒后才能挂电话。

对着话筒不能发出不雅的声音。若遇急事需要和身边的人交谈时应该捂住话筒或按下电话上的按音键。凡是对方说到数字、名字、地名或关键性的词，最好自己重复且记录下来。

（二）接听电话

（1）电话铃声响两声后，必须接听。如果超过3声铃响，再接电话，必须先说："对不起"或"对不起，让您久等了。"

（2）正常情况下，拿起电话听筒说"您好"，然后自报家门，再询问对方来电的意图等。说话音量和语速应有所控制。

（3）如是找他人，转接电话，首先必须确认同事在办公室，并说：请您稍等。应用手轻捂话筒，然后呼喊他人接电话。如果电话打进来了，对方要找的同事不在，礼貌的做法是先向对方说明情况，再询问对方名字，并考虑如何处理；如果要求对方不要挂断时，一定要不断向对方打招呼，表示你还在照顾这个电话，同事回来后，立即转告并督促回电。

（4）如遇打错的电话，请他重拨一次，切不可责怪对方。

（5）电话交流要认真理解对方意图，并对对方的谈话作必要的重复和附和，以示对对方的积极反馈。

（6）接听电话时必须保持足够耐心、热情。注意控制语气、语态、语速、语调，语言亲切简练、礼貌、和气。一般不要在对方话没有讲完时打断对方。如实在有必要打断时，则应该说："对不起，打断一下"。

（7）对方声音不清楚时，应该善意提醒："声音不太清楚，请你大声一点，好吗？"切记不要在电话中大声喊叫。

(8) 如果谈话所涉及的事情比较复杂，应该重复关键部分，力求准确无误。

(9) 应备有电话记录本，对重要的电话应做记录。

(10) 电话内容讲完，应等对方结束谈话再以“再见”为结束语。对方放下话筒之后，自己再轻轻放下，以示对对方的尊敬。

(三) 使用手机

(1) 公共场合特别是楼梯、电梯、路口、人行道等地方，不可以旁若无人地使用手机。

(2) 在开会或者和别人洽谈的时候，最好的方式还是把手机关掉，起码也要调到震动状态。

(3) 在一些场合，比如在看电影时或在剧院打手机是极其不合适的，如果非得回话，采用静音的方式发送手机短信是比较适合的。

(4) 在餐桌上，关掉手机或是把手机调到震动状态还是必要的。不要让大家正吃到兴头上的时候，被一阵铃声干扰。

(5) 无论业务多忙，为了自己和其他乘客的安全，在飞机上不要使用手机。

(6) 在一切公共场合，手机在没有使用时，都要放在合乎礼仪的常规位置。无论如何，都不要在没使用的时候放在手里或是挂在上衣口袋上。放手机的常规位置有：一是随身携带的公文包里（这种位置最正规）；二是上衣的内袋里。

(7) 在会议中、和别人洽谈的时候即使用手机接收短信，也要设在震动状态，不要在别人能注视到你的时候查看短信。

七、会议

(一) 会议发言者礼仪

(1) 对于会议的发言者和报告人来讲，发言一定要遵守秩序，如果话筒离自己较远，应精神饱满以不紧不慢的步子走向话筒。

(2) 在发言之前，应面带微笑环顾一下会场，如果会场里掌声四起，可适时鼓掌答礼，等掌声停下之后再开始发言。

(3) 发言或报告一般应使用普通话，并掌握讲话的节奏。如果会场里交头接耳之声不断，要考虑适当转换话题。

(4) 发言时要注意内容尽量紧凑，切忌兴之所至，长篇大论，任意发挥。

(5) 报告结束时，可向会议参加人员表示感谢。

(二) 与会者礼仪

1. 注意身份举止得体

作为贵宾被邀出席会议时，要听从东道主的安排。当邀请在主席台就座时，要按名签或主人指定的座位就座；台下鼓掌欢迎时，要点头示意或以鼓掌作答，以示礼貌待人。

在主席台就座时，既要主动与其他贵宾打招呼，又不能与他人长时间交头接耳，影响会议气氛. 贵宾一般不要中途退席，尤其在别人发言时退席，是极不礼貌的。

2. 严守时间遵守秩序

在本地开会也应提前3~5分钟或再稍多的时间到达会场，以便有充裕的时间签名、领取材料，并找到就座之处。去异地参加会议，最好提前一天报到，以便熟悉有关情况。

提倡正点开会，正点散会，反对轻易迟延。提倡限时发言，发言者要有明确的时间观念。在发言时，要切记少讲、精讲。

3. 集中精力凝神聆听

每一个与会者，在会议期间都要聚精会神，专心听讲，并记好笔记，以便会后掌握、理解会议精神。他人发言时，专心听讲，也是尊重对方的一种表现。

八、迎来送往

（一）迎接

对应邀来访者无论是官方人士、专业代表团或民间人士，在他们抵离时都应该安排身份相应者前往机场、车站、码头迎送。

首先，要确定迎送的规格，主要迎送人员与来宾的身份相同。如有各种原因不能完全对等时，可由职位相当的人士或副职出面，并向对方做出解释。另外，迎送的人员不宜过多。迎送时，如果双方身份较高，可以事先在机场（车站、码头）安排贵宾休息室，并准备好饮料。尊重来宾的民族特点及风俗习惯，如需要献花，则必须选用鲜花，一般可选用一至两枝较名贵的花，如兰花、玫瑰花等，有时也可送花环；一般是在迎送的主要领导人与客人握手之后，由儿童或女青年献上。

其次，要掌握时间，提前到达迎送地点。对远道而来的客人，要做好接站工作，要掌握客人到达的时间，保证提前等候在迎接地点。要高举迎客牌，以便客人辨认。客人到达，主人应主动迎接，不应在会谈地点静候。见到客人应热情打招呼，先伸手相握，以示欢迎，同时应说一些寒暄辞。

如果客人是长者或身体不太好，应上前搀扶；如果客人手中提有重物应主动接过来。

（二）乘车

如果迎接地点不是会客地点，还要注意乘车礼仪。接到客人后，应为客人打开车门，请客人先上车，接待者坐在客人旁边或司机旁。在车上接待者要主动与客人交谈，告知客人对日程的安排，征求客人的意见。向客人介绍当地的风土人情、沿途景观。到达地点后，接待者应先下车为客人打开车门，然后请客人下车。

陪车也有礼仪方面要求：

乘坐小轿车的次序是比较讲究的。四个座位的小轿车，一般是后排右侧靠窗的位置是上座，为主宾的座位，后排左侧的位置次之。如果后排是三个座位，则中间位置为第三位，司机旁边的位置为低。

乘主人自行驾驶的小车，以前座为尊，后座右侧次之，左侧再次之，而以后座中间座为最末。作为主宾理应陪坐于前座，并且前座客人中途下车后，后座客人应立即移至前座，补其空缺。

上车时应打开车门请客人、长辈和女士先上车；下车时最低位者先下车，并为位尊者做好“护顶”，即左手开车门，身体顺势站在门后，右手挡于车门框上端，以免客人下车时碰了头。

乘坐火车、飞机时，靠窗的位置为贵，靠窗且和车前行方向一致的座位为最贵。如果是一般的大巴车，不管何人驾驶，多排座位轿车排位皆应由前而后，自左而右，依据距离前门远近而排位。

（三）入室

下车后，陪客者应走在客人的左边，或走在主陪人员和客人的身后，到达会客室门口时应打开门，让客人先进。在会客室内把最佳位置让给客人，同时，还要按照介绍的礼仪把客人介绍给在场的有关人员。对长途旅行的客人，应先送其到宾馆房间，让其稍事休息和整理一下。

（四）陪访

陪访也是接待的一项重要工作。在陪同客人参观、访问、游览时要注意一些方式方法。

首先，接待者要事先做好准备，熟悉情况，以便给客人做详细的介绍。其次，陪同时要遵守时间，衣着整洁，安排好交通事宜。再次，陪同时要热情、主动，掌握分寸，既不要过分殷勤，也不要冷淡沉默。最后，参观、游览时要注意客人的安全，车费、门票费用尽量由主人支付。

（五）陪行

作为主人一般都有引导客人的义务。引路时一般是走在客人左前方一步左右。用手示意方向时，应张开手臂，小手臂与大手臂的夹角约130°，手掌自然摊开，四指并拢，掌心向上。引导客人上楼梯时，要走在客人的前面，为客人带路，送客人时应走在客人的后面。

一般陪行时以前、右为上，三人行时以中为上，自己是主陪时并排走在客人的左侧，若自己是陪访的随行人员，应走在客人和主陪人员的后面，不能并排或走在前面。换行走方向时，应立于一边说明同时以手示意。乘有人值班电梯时，客人先进先出；乘无人值班电梯时，客人后进后出。至会议室时，为客人开门，门向外开时应站在外面让客人先进，门向内开时，则应自己先进站在里面。

上下电动楼梯应靠右，为需要急行的人留出空间。

（六）送行

送客礼仪是接待工作的最后一个环节。如果处理不好，将影响整个接待工作，使接待工作前功尽弃。送客时应注意以下几点：首先，婉言挽留。其次，送客时应主动与客人握手送别，并送出门或送到楼下，不要在客人走时无动于衷，或只是点点头、摆摆手招呼一下，这都是不礼貌的。最后还要用热情友好的语言欢迎客人下次再来。

安排交通送客时应按照接待时的规格对等送别，不能虎头蛇尾，无论双方目的是否达到，都要按接待规格送客，而且要做好交通方面的安排，如购买车票、船票、机票或者安排车辆等。

如果客人来访时带有礼品，在送别时也要准备一些具有地方特色且有象征意义的礼品回馈。

九、参观访问

（一）参观

应当重点做好以下准备工作。

1. 了解背景

为了使参观者对参观项目有进一步的认识，并且在进行参观时有的放矢，抓住重点、难点，应当在参观之前了解一下参观项目的背景，避免在参观时信口开河，提出不适当甚至令人发笑的问题。

2. 要进行分工

在参观之前对全体参观者进行必要的分工可以使参观得以顺利进行。领队、带路、接洽、应酬、翻译以及交通、膳食、安全等各个方面的具体工作，都应该具体落实到个人，使每件事情都有专人负责。

另外，在参观之前，还可以结合每位参观者的个人所长，把提问、记录、录音、拍照等具体任务分配下去。这样，在进行参观时，全体参观人员就可以目标明确地分头深入考察，在参观之后的总结会上进行汇总，以便掌握更全面、更细致的情况。

3. 要有所准备

参观者在参观时，不可避免地要与出面接待的东道主之间发生交际应酬关系。因此，参观者，尤其是参观团体的负责人，要提前做好必要的准备，以免在参观中失礼于人。

具体来讲，要安排专人负责在礼仪性场合的工作，包括主动向对方问好；通报参观团的情况；向对方作自我介绍后，把参观团的主要成员也介绍给对方，使对方对参观团及其成员有一个大致的了解，从而保证参观活动顺利、有序地进行。另外，如果已经制订了发言计划，则应事先确定进行发言的相关人选，不能临时找人，影响发言效果。

4. 要明确要求

衣着方面的要求。参观者的衣着打扮，往往左右着东道主对其的总体印象。因此，参观者在参观时的装束，既要注意时令与行动方便，也应兼顾具体的参观项目。比如，在参观风景名胜时应着便装，而在参观工厂、农村、部队、学校与机关时则应着正装。

携带工具的要求。在参观时，通常应当预备一些必要的辅助工具。例如，参观者都应当携带记录工具。为了方便笔记，应当带上两支以上的圆珠笔和足够使用的小卡片纸。如果在参观时还想录音、拍照或摄像，还必须备齐录音带、胶卷、录像带以及电池、充电器等用具。

（二）拜访

（1）访问前要事先和对方约定，以免扑空或扰乱主人的计划。访问时要准时赴约，时间长短应依据访问目的和主人意愿而定，通常宜短不宜长。

（2）如果接待者因故不能马上接待，可以在接待人员的布置下在会客厅、会议室或在前台，安静地等候。

（3）有抽烟习惯的人，要注意观察周围有没有禁止吸烟的警示。即使没有，也要问问有关人员是否介意抽烟。如果等候时间过久，可以向有关人员说明，并另约时间，不要显现出不耐烦的样子。

（4）即使和接待者的意见不一致，也不要争论不休。对接待者提供的帮助要致以谢意。要注意观察接待者的举止表情，适可而止。当接待者有不耐烦或有为难的表现时，应转换话题或口气；当接待者有结束会见的表示时，应识趣地立即起身告辞。

（5）抵达被访人所在地时，一定要用手轻轻敲门，进屋后等主人布置后坐下。后来的客人抵达时，先到的客人可以站起来，等候介绍或点头示意。

（6）访问时应文质彬彬，注意一般交往细节。会谈尽可能在预约时间内结束。告辞时要同主人和其他客人一一告别，说“再见”、“谢谢”；主人相送时，应说“请回”、“留步”、“再见”。

十、会谈签字

会见也称会客、会晤、会面。会见总是一方处于主动地位，另一方处于被动地位。而会谈双方都处于同等地位，也可以称为谈判或洽谈、磋商，是指有关各方就某些感兴趣的问题进行实质性的讨论，以求部分或全部地达成一致，或者订立协议。会见或会谈时，除参加人员外，其他工作人员在安排就绪后均应退出。谈话过程中旁人不要随意进出。记者采访最好也安排在谈话前几分钟。如谈话中允许采访，应有隔离带。

会见客人时，可视具体情况安排好座位。如果是接待外宾可正式一些，并配备翻译和记录。如果接待内宾，不需要翻译和记录，可采取随便的就座方式。双方就座时如果是面对面的，一般是用于公务性的会谈，通常可以考虑两种情况：一是一方面对正门，另一方背对正门。此时的要求是：面门为上，背门为下。如果室内分为左右两侧，讲究右上左下。如果双方是平起平坐的话，意即地位相仿，一般是礼节性的交谈，可以采取并列式坐法。如宾主双方面门而坐，同样讲究以右为上，或者以远为上。多边会谈通常是由三方或三方以上的人士参加的会谈，其位次排列主要有两种方式：一是主席式的，某一方发言时可走上主席台；二是自由式的，即自由就座，不具体安排座位，如果是安排圆桌的话，则不必区分位置的上下。

签字仪式是最常见的公务形式之一。

首先要做好文本的准备工作，内容应该由双方商定，然后定稿、校对、印刷、装订、盖火漆印等。正式文本要一式若干份，同时准备签字用的文具、国旗等物品。双方助签人员必须事先就细节问题进行具体洽谈和磋商，事先与对方商定签字人员和助签人员。

其次是布置签字场所。不论是专门的签字厅还是临时用的会议室，都要布置得庄重、严肃，最好铺满地毯。面对正门的墙上（签字桌的背景）一般要高挂帷幕，幕上标明签字仪式的时间。

我国一般会在签字厅内放一张覆以绿色台呢的长方桌为签字桌，桌后放两把椅子为双方主签人员的座位，主方在左，客方在右（以面门方为准）。座前放各自保管的文本，文本前放置签字文具。桌子中间摆一旗架，悬挂双方国旗或者是印有组织标志的小旗。双方参加仪式的其他人员，按身份顺序排列于签字人员的座位之后，不设座椅。如果设观礼座位，要放在签字桌的对面。双方助签字人员分别站立在各自签字人员的外侧。

举行仪式时遵循国际惯例采取轮换制，在双方条约中，双方签字处即在左边的首位处。正式签字时，各方代表先在自己保存的文本上签字，之后，包括几种不同文字的文本，均需要一一签字。助签人员分别站在签字人员外侧，协助文本的翻页，指明签字的地方，防止漏签，并用吸水纸按压签字处以吸干墨汁。

签完自己保管的文本后，由双方助签人员合上文本，然后各方代表在对方保管的文本上签字。当签字人员签完最后一份文本时，双方签字人员起立，互换手中的文本，并互相热烈地握手，表示祝贺。有时，签字人员还互换签字的用笔。这时，观礼嘉宾要鼓掌表示祝贺。

最后，礼仪服务人员端上香槟酒，参加签字仪式的人员共同举杯以示祝贺并合影留念。

十一、庆典发布

（一）庆典

1. 出席庆典礼仪

第一，仪容要整洁。第二，服饰要规范。第三，时间要遵守。第四，表情要庄重。五，态度要友好。第六，行为要自律。第七，发言要简短。

2. 组织的庆典活动

具体地说，要办好一次庆典活动，应认真做好以下一些工作。

第一，精心选择对象，发出邀请，确定来宾。庆典活动应邀请与组织有关的政府领导、行政上级、知名人士、社区公众代表、同行组织代表、组织内部员工和新闻记者等前来参加。

第二，合理安排庆典活动的程序。庆典活动的程序，一般由这样几方面内容组成：安排专门主持人宣布活动开始，介绍重要来宾，由组织的领导和重要来宾致辞或讲话；有些活动，需要有剪彩和参观的安排；安排交流的机会（或座谈、宴请，或安排喜庆、余兴的节目，席间进行交流）；重要来宾的留言、题字（该项活动，也可安排在活动开始前）。

第三，安排接待工作。庆典活动开始前，应做好一切接待准备工作。接待和服务人员要安排好，活动开始前所有有关人员应各就各位。重要来宾的接待，应由组织的首脑亲自完成。要安排专门的接待室或会议室，以便在正式活动开始前，让来宾休息或与组织的领导交谈。入场、签到、剪彩、留言等活动，都要有专人指示和领位。

第四，物质准备和后勤、保安等工作。庆典活动的现场，需要有音响设备、音像设备、文具、电源等。需要剪彩的，要有彩绸带。鞭炮、锣鼓等在特殊场合，也要有所准备。宣传品、条幅和赠予来宾的礼品，也应事前准备好。赠送的礼品要与活动有关。

另外，为活动助兴，可以安排一些短小精彩的文艺节目，这些节目可以组织内部人员表演，也可以邀请有关文艺团队或人员表演，节目力争要有特色。

（二）新闻发布会

新闻发言人的发布语言要则如下：一是简洁明了，要点清晰，口齿清晰，反应敏捷。二是避免公式化的语言和做报告的口吻。少用命令式，多用建议式。三是处理好书面语和口语的关系。尤其是运用到专业术语时，要给出解释，或用更容易理解的词语代替。四是身体语言的结合。发言时，与媒体面对面，传播活动不仅仅是语言，还有眼神的交流、身体姿势的表达。五是语调的变化。在长时间论述一个问题的时候，单一的语调容易使人厌倦，也容易加重发言人的紧张情绪。所以在发言中要注意语调的变换。

新闻发言人回答攻击性问题的要则如下：①要注意回答的底线。发言人心中一定要明确每次发布的底线，可以说什么，不能说什么。②以原则对具体。当遇到具体的事例，难以直接做出回答时，可以转移到发布者对于相关问题的原则和基本态度，而对于具体问题不用作答。③对于的确存在的、目前未能解决的问题，不要逃避，要诚恳地表示歉意，注意语言的运用，不要用套话，并表示将很快做出回应及其改善。④不要重复记者的话。尤其是当提问中包含一些过激的批评或不实的言论时，不要被记者带到他的逻辑当中。如果记者的提问带有诱导性，要请他再明确地重复一遍问题。如果记者一再追问，可以直截了当地回绝："这个问题我已经回答完毕，大家还有别的问题吗？"⑤不要被记者激怒，避免发生争执。⑥"无可奉告。"当记者提出尖锐的敏感问题时，首先看能否把问题转移开来，或者请其在会后到相关部门了解情况，最后的底线不可打破——"无可奉告。"

（三）剪彩

剪彩仪式规范主要有以下几点。

一是剪彩现场的布置。一般在建筑物入口处和工程现场举行，也有的在室内举行，布置应烘托出欢乐喜庆气氛，可摆放花篮，悬挂横幅、彩旗、气球，铺上红地毯。

二是用具的准备。红色缎带，用整幅的薄绸中间结花，红花的朵数根据剪彩人数加一的原则确定；新剪刀若干把；用来盛剪刀、花球、手套的托盘；给剪彩人使用的手套若干副，要干净洁白。

三是确定剪彩执行人，包括剪彩的人，一般是由上级领导、社会名流担任；司仪；礼仪小姐，负责引导剪彩人上场、退场，拉直彩带，捧托盘，接住剪掉的花球。

四是剪彩的程序，司仪宣布剪彩仪式开始，礼仪小姐捧托盘从剪彩人员的左后方上前递上手套和剪刀，然后退回到左后方一米处等候，剪彩人相互示意一起行动，将彩带剪断，礼仪小姐及时托住剪落的彩球。司仪要示意乐队奏乐，观礼者鼓掌。礼仪小姐从左后方上前接过剪彩人的剪刀和手套，会同拉彩带的和捧花球的礼仪小姐一起左转，从左侧退场。剪彩人和观众一起鼓掌，同司仪及台上的其他领导、来宾握手，表示祝贺。礼仪小姐上前引导剪彩人员从左侧退场，剪彩仪式结束。

十二、宴请餐饮

（一）宴请

1. 宴请的形式

宴请分为宴会、招待会、工作餐、茶会等。宴会又包括国宴、正式宴会、便宴、家宴等。

国宴是国家元首或政府首脑举行的庆典，是规格最高的宴会。宴会厅内要悬挂国旗，安排乐队演奏国歌或席间乐。餐前有致辞仪式和祝酒活动。正式宴会上不挂国旗，不奏国歌，规格与国宴大体相同，宾主均按身份就座。

家宴就是指在家中设宴招待客人的一种宴请形式，出席家宴时一般要带礼物，如鲜花、酒等。

便宴是形式简便的宴请，也属于正式宴会。一般来说，正式、规格高、人数少的宴请以宴会为宜，人数多则以冷餐酒会更为合适。妇女界活动一般多用茶会，在外交活动中提倡多举办冷餐会和酒会以代替宴会。

招待会是不备正餐的较为灵活的宴请形式，备有食品、饮料，通常不排座位，也可自由活动，有酒会和冷餐会两种形式。

酒会也称鸡尾酒会，招待品以酒为主，略备小吃，为便于广泛接触交谈，不设座椅，仅备小桌和茶几，便于走动。

冷餐会一般不排座位，以冷食为主，也可用热菜。由于菜连同餐具陈设在菜桌上，供客人自取，因此也称为自助餐，可自由、多次取食；可在室内、花园里、院子里举行；可设小桌、椅子自由入座，也可不设座椅，站立进餐。

工作餐包括工作午餐、早餐、晚餐，这是利用进餐时间边吃边谈的一种非正式宴请形式，只请与工作有关的人员参加，规格较低，菜的道数较少；往往会安排座位，尤其以长桌为多，便于交谈。

2. 在组织宴请时需要注意的问题

确定宴请的范围及规模、时间、地点，根据拟订的人员名单发出请柬，请柬一般提早 1 ~2 周发出，同时再以电话的方式确定被邀请者能否出席。

宴请的酒菜根据活动形式和规格，在规定的预算标准以内安排。选菜不以主人的爱好为准，主要考虑主宾的爱好与禁忌。

正式宴会一般都要排定席位、放置席卡，也可只排部分客人的席位，其他人只需排桌次或自由入席。较为正式的宴会都要按宾主顺序入座。在中国，座次高低一般以进门方向为准，面门方为上位，背门方为下位，不论桌子形状均如此。

按西式礼节，排座位一般不考虑进门方向，而是以主人位置为准，桌次以主桌位置为准。基本原则是右高左低，近高远低。

一般来说，席位安排是一门精细深奥的学问，必须深谙为身份地位不同的宾客安排与之相称的座位之道。当然，宴会既然是一种社交活动，其首要目标应该是社交的成功，因此，有必要将有利于交流及增进沟通放在第一位。

（二）请客

1. 门前迎客

宴会之前，举办者应提前到达宴会地点，最后检查准备工作进行的情况。开宴前，主人应站立在门口迎接宾客。重要的宴会，可由主人率领其他人员排列成行迎宾。也有派专车接请客人的做法。

客人到达后，主人应迎上前去握手，互相问候，对来宾表示欢迎，不要疏忽冷落了任何一位客人。按客人到达的先后，由工作人员分批陪送到休息厅小憩，或直接进入宴会厅，由专人接待。主宾到达，由主人陪同，进入休息厅同已在座的客人见面后，再一起步入宴会厅。

2. 导引入座

为了防止忙中坐错席位，大型宴会可在宴会厅门前陈列“桌次排列简图”，让来宾依据请柬提示，自己对号入座；也可以由工作人员或服务人员分别引座。一般先把非主桌上的宾客，引入宴会厅就座后，再领主宾进入宴会厅。主宾入座时，全体客人起立，鼓掌欢迎。主人给客人做介绍，增进交往交流。

3. 准时开席

按约定的时间，准时开席，是宴请礼仪的基本要求。不能因为个别客人未到场，推迟很长时间开席。如果主宾因特殊原因，不能及时赶到，主办人应尽快联系，采取相应的办法调整，并向已入座的客人说明情况，表示歉意。推迟时间，只宜在 10 ~ 15 分钟以内，最多不应超过 30 分钟，否则会让人觉得宴会的组织工作不力，影响宴会效果。

4. 致辞敬酒

正式宴会中，在宾主入席后、用餐前开始，由主人与主宾分别致辞，并由主人向来宾提议，为某种事由而干杯。

在主人主宾致辞时，其他在场者一律停止用餐或饮酒，保持安静。可随时在就餐过程中举杯敬酒，用双手举杯敬酒，眼睛注视对方，碰杯时，杯子不高于对方的杯子，喝完后再举杯表示谢意。尊重对方的饮酒习惯和意愿，不以各种理由强迫对方喝酒。当侍者斟酒时，勿忘道谢，但不必拿起酒杯。当男主人亲自来斟酒时，则端酒杯致谢，必要时，起身站立或欠身点头。

5. 介绍菜肴

服务人员每上一道菜，一般要用转盘转至主人与主宾之间，并报出菜名。主人可要求再介绍菜的色、香、味、形方面的特点和菜名由来等，为宾客助兴佐食。对有些具有鲜明地方特色的菜，更需如此。向服务人员道谢后，主人应举箸盛情请大家品尝。如果客人之间彼此谦让，主人可用公筷、公匙先为主宾或长者分菜。分菜时相对均匀，避免有厚此薄彼之嫌。自己转盘取菜时，需注意观察别人是否正在取菜，不要中断别人的取菜。

6. 席间主持

一般每桌的主人或桌长在席间主持中扮演主要角色。

宴会从介绍客人开始，到开席的菜肴介绍、向宾客敬酒以及引导和谐的攀谈调侃等，都是席间主持人应主动做到的。

宴会上的交谈十分重要。席间主持人要不时地提出一些能让宾主都感兴趣的话题，引导大家畅所欲言，各抒己见。对于客人谈话内容，主人可不时地表示肯定和赞赏；让客人充分发表见解。席间的话题，忌谈单位内情、他人隐私、政治评论。

7. 宴会结束

宴会时间一般在 1 ~ 2 小时以内，不宜过长或过短。当宾客酒酣饭饱、气氛浓烈时，宴会便可进入结束阶段。这时主持人应把握节奏，及时送上水果，示意宴会已接近尾声，接着宾主起立，互相致谢离席。

（1）适时结束。宴会达到高潮时，适时结束，可以给宾主留下难忘的记忆。主人宣布宴会到此结束，对宾客莅临宴会，表示衷心感谢。如安排余兴活动，如卡拉 OK 或舞会，可邀请来客自由参加，主随客便。

（2）依依话别。客人与主人告别时，主人要以恋恋不舍之情与客人依依话别。感谢客人赏光赴宴，同时可重提双方所议之事，表达希望多加关照之意。如有纪念品赠送，应当在宾客离席之时，当众发放。礼品的规格、分量应统一，以免引发误会。对于年长的客人和路远的女士，还应考虑护送。

（3）送客出门。宴会结束，话别时间不宜过长。主人、副主人及陪客，都应把宾客送到门口，热情握手告别，目送客人离去。对乘小车来的客人，主人应送客上车，待车开动后，再向客人挥手致意。

（三）赴宴

宴请与赴宴是相互依存的两个方面。赴宴者应当具备良好的气质风度、高深的礼仪修养。

1. 注重仪表仪容

接到出席宴会的邀请后，应及时答复举办者，便于主人安排。一经答应赴宴，不能轻易改动。遇有特殊情况，不能如期赴宴，要及时通知主人，说明原因，诚致歉意。主宾如果不能如期赴宴，最好亲自登门道歉。接到邀请后，既不答复，又不赴宴，是极不礼貌的。

边幅修饰是赴宴者应注意的礼仪之一。正式宴会的请柬上，多注有着装要求，赴宴时应按照要求穿着。如果请柬上没有注明着装要求，赴宴时应按照宴会性质和当地的习俗，选定例行服装。在欧美等国，参加正式宴会，男士应穿深色西服，白色衬衣，系上领带，配锃亮的黑色皮鞋。一般来说，这套装扮可以出席任何隆重的宴会。女士赴宴时所穿礼服，若是长袖的，可戴短手套；若是短袖的应戴长手套。赴晚宴的年轻女宾，可以穿着色彩艳丽的裙装，或低胸露背款式的丝质罩衫，以便能与晚宴的礼服协调。在我国，男士可以穿西服，也可以穿中山服赴宴。穿旗袍的女士，应以色调高雅为宜。穿着过分华丽花哨或衣冠不整，都是对主人和其他客人的不尊重，是非常失礼的。普通宴会，衣着不必过分讲究，以整齐合体为宜，但也不宜太随意。如太透、太短、衣领过低的服装就不宜赴宴时穿。

赴宴前，应当修整自己的仪容。

2. 准时赴宴

掌握赴宴时间，按照请柬标明的宴会时间，准时到场。能否遵守宴会时间，适时抵达，在一定程度上反映了宾客对主人的尊重，也反映了自己的素质，绝不可马虎大意。所谓适时、准时，一般情况下，是指宴会前 3 ~ 5 分钟到达。如因故不能准时赴宴，应提前电话通知主人，诚恳说明原因。

3. 按位落座

如约到达宴请地点后，赴宴者由服务人员引导，先到衣帽间寄存外衣和帽子，然后去迎宾处，主动向主人问好、报到。如带有礼物（如花束、花篮等），可恭敬献上。要和先到的客人相互致意。

从休息室步入宴会厅，按服务人员的指引和主人的安排或按照席卡标示，按位落座，要注意自己的姿态。既不可过于拘谨，也不要散漫随便。可将身体轻靠在座椅背上，座椅距餐桌不要太近，也不宜过远，以与其他客人协调，自己感觉舒适为好。

攀谈时，双手自然摆放，忌手托下巴，给人以“等候开宴”的印象。不要用手频频整理头发或拉扯台布等。和同桌客人交谈，要热情大方，同新朋友不要一见如故，彼此介绍应稳重诚恳，交换名片注意应有礼节。上茶时，不要过多与服务人员说话，影响他们的正常工作，必要时说声“谢谢”即可。

4. 就餐

上桌后不要先拿筷，应等主人邀请、主宾动筷时再拿筷。吸烟者应征求周围女士意见后方可抽烟，在禁烟餐厅不要抽烟。不往地上和桌子底下扔东西。不慎摔碎餐具，应道歉并赔偿。用餐前，如提供有湿方巾，则用来擦手，不可用以擦脸、擦嘴、擦汗。擦手之后，应放回盘中由侍者取回。正式宴会结束前，会再上一块湿方巾，则用来擦嘴。将餐巾放在膝盖上，不可用餐巾擦脸，可用巾角轻轻沾嘴唇与嘴角。用餐完毕后，将餐巾叠好，不可揉成一团。照顾他人时，要使用公共筷子和汤匙。喝汤用汤匙，不出声。嘴里有食物时，不张口与人交谈。嘴角和脸上不可留有食物残余。剔牙时用手挡住嘴。咳嗽、打喷嚏或打哈欠时，应转身低头用手绢或餐巾纸捂着，转回身时说声“抱歉”。说话时不可喷出唾沫，嘴角不可留有白沫。不可高声谈话，影响他人。

就餐过程中，如上有洗手盅，可将两手手指轮流置于其中，轻拨水沾湿，然后将手放在餐桌下，用纸巾擦干。不可将两手完全置于洗手盅中搓洗，乱甩，乱抖。

当其他客人还没吃完时，不要独自先离席。在宴会餐桌上，进餐速度快慢不要依个人习惯，而应适应宴会的节奏，等大家都吃完，主人起身，主宾离席时再致谢退席。用完餐离座时，将椅子往内紧靠桌边。

5. 热情话别

宴会结束，赴宴者应起身离座，不可贪杯恋菜，拖延撤席，不能因余兴未尽而说笑不停。男宾应先起身，为年长者或女士移开座椅。主宾先向主人告辞，随后是一般来客向主人表示谢意。

如主人备有小礼品相赠，不论价值轻重，都应欣然收下，表示感谢。不能借口不便携带而不屑一顾，或一面收下就一面转送他人，这是对主人心意的违拗，也是对聚会的轻视，很不礼貌。

作为应邀的赴宴者，有可能的话，也可向服务人员表示感谢。称赞他们服务优质、菜肴可口，感激他们的辛勤准备、周到服务。这实际上是人与人之间平等礼貌的应有之举。

从礼仪角度讲，宴会后再给主人打个电话致谢，或者在一个星期以内发一封感谢信去，也很有必要。除感谢主人盛情款待之外，重申宴会上的友谊，加深相互之间的良好印象，为今后的进一步合作打好基础。这虽属宴请余音，却也是赴宴者不应忽视的。

（四）西餐

西式宴请首先要预约，说清人数和时间及座位上的要求。

西式宴请的上菜顺序是：前菜、汤、主菜、附餐（水果、乳酪、甜点和咖啡），还有餐前酒和餐酒。一般前菜和主菜（鱼或肉）加甜点是最好的组合。

喝酒时，用三根手指轻握杯脚，为避免手的温度使酒温升高，应用大拇指、中指和食指握住杯脚，小指可放在杯子的底部固定住杯子。喝酒时不能吸着喝，而是倾斜酒杯，像是把酒放在舌头上似地喝。

喝汤时先用汤匙由后往前将汤舀起，汤匙的底部放在下唇的位置将汤送进口内。汤匙与嘴部呈45°角较好，身体的上半部往前倾。

吃面包时，先用左手拿起来。吃硬面包时，用手来撕不但费力而且面包屑会掉在地上，此时可用刀切成两半，再用手撕成块来吃。

餐具由外向内取用。中间离席，刀叉交叉成“八字”形状，将餐巾揉得较皱放在椅子上。就餐完毕后，刀叉并排放在盘子里，但不能放在桌布上，将餐巾稍叠整齐放在餐桌上。

最好不要移动餐桌上的杯子，每次喝完酒把杯子放回原来的位置，嘴里有食物时不能喝酒或饮料。

喝咖啡时，一手拿杯一手托盘，取方糖时用专用的夹子。咖啡勺是用来搅拌咖啡的，用后放回托盘上，吃水果时应切成小块。

（五）自助餐

自助餐亦称冷餐会。它是目前国际上通行的一种非正式的西式宴会，是由就餐者自主取食，或立或坐、自由与他人或独自一人用餐的一种就餐方式。也是现代餐饮活动普遍采用的一种就餐方式。

自助餐礼仪如下：

（1）排队取菜。避免乱挤、乱抢，更不应插队。

（2）循序取菜。取菜的先后顺序一般是：冷菜、汤、热菜、点心、甜品和水果。

（3）多次少取。即“多次取菜，每次少取”。每次取食量力而行，即便是自己所喜欢的，也宁可多取几次，避免吃不完剩余浪费。

（4）避免外带。自助餐只许就餐者在用餐现场里自行享用，绝对不许携带回家。

（5）送回餐具。自助餐强调的是客人自我服务，善始善终，在用餐结束后，自觉将餐具送至指定位置。

（6）在用餐过程中，对于其他相识或不相识的用餐者要以礼相待，在排队、取菜、寻位以及行进过程中，要主动谦让，不可目中无人。

（7）积极交际。自助餐可方便就餐者认识新朋友，自由沟通。

十三、出席文艺晚会

看演出、听音乐，是一种隆重高雅的娱乐活动，人们应如同出席正式宴会一样穿着礼服。

剧场规矩也很严格，迟到者只能在幕间进场。演出过程中不要鼓掌、叫好。待一个节目终了才报以掌声。听交响乐，有时中间停顿较长，并非节目结束，不应鼓掌。如果自己音乐知识不多，没有把握时，最好在别人鼓掌后你再跟着鼓掌。观看演出要保持剧场安静，不要随便谈话、大声咳嗽或打哈欠，以免影响别人专注欣赏。即席翻译，声音要轻。

参加舞会服装要整齐。以穿晚礼服和西装为多。即使天气炎热，如主人未表示请宽衣，男宾不能随意脱下外衣。跳舞时，纽扣要扣好。

第一场舞，主人夫妇、主宾夫妇共舞，如夫人不跳，也可由已成年的女儿代之。第二场舞，男主人与主宾夫人、女主人与男主宾共舞。男主人应陪无舞伴的女宾跳舞，或为她们介绍舞伴，并要照顾其他女宾。男主宾应轮流邀请其他女宾，其他男宾则应争取先邀女主人共舞。

男子应避免全场只同一位女子共舞。不得男子与男子、女子与女子共舞。男子邀请女子共舞，如其丈夫或父母在旁，则应先向其丈夫或父母致意，以示礼貌。

请舞时，应立正，向对方点头邀请，待对方同意后，陪伴进舞池。如对方不同意，则不必勉强。女方无故拒绝男方共舞的邀请是不礼貌的。如实在不愿意同某人共舞，可婉言辞谢。已辞谢邀请后，一曲未终，不要同别的男子共舞。一曲完毕，男子应向女方致谢，陪送回原来座处，并向其周围亲属点头致意后才离去。要注意舞姿。自己不熟悉的舞步，不要下场。跳舞时不可以戴口罩。

第五节　公共关系职业道德

一、公共关系职业道德的地位及作用

公共关系作为一种职业至今已有100年的历史，正如同其他所有职业的产生都是一种社会的需要一样，公共关系这种职业的出现也是因为社会需要吸引一些有专业技能的人士去履行公共关系这一社会的责任与义务，同样社会也会授予这种职业某一种特权。当然，任何一种特权的赋予都会以履行一种义务为代价的。公共关系人员首先是一个社会的成员，应该履行社会最基本的道德规范；同时作为一个职业的承担者，公共关系人员又必须履行其相应的公共关系职业的具体化伦理规范，因为任何一种职业都有其自身的特殊的规范性，又有其普遍的规范性。公共关系人员的社会责任意识及其专业的职业道德规范会将公共关系这种特殊的职业与其他的职业有所区分，同时成为一种职业或行业的一种标志而为公共关系带来重大的影响。所有职业道德与职业的技能都是密不可分的，只有两者的结合才真正构成了一个完整意义上的社会职业，所以没有能力的职业道德是无意义的，没有职业道德的能力是无方向的。如今，人们对于一种职业的期待不仅仅是一项专门的技术，或是一种单独的道德原则，而是你能够运用专业的技术做出良好的工作和良好的道德判断，而这一切都将取决于从事某种职业的从业人员的道德素质的高低。公共关系职业道德专家唐纳德·赖特曾经表示过，尽管有一些职业道德准则是强制实行的行业自律，但是在我们这个领域里，职业道德的决策底线继续依赖于公共关系从业人员的膝盖。由此可见，公共关系人员职业资格认证中的道德比重及道德考核要求理所应当越来越受到重视。

公共关系作为一门社会职业，其职业道德规范有一个逐步形成的过程。1946年，美国公共关系协会成立后，前后经过5次讨论修改，通过了一项职业道德法规，名为“执行公共关系的专业水准法规”。在此基础上，又于1954年拟订了世界上第一部公共关系职业道德准则。随后相继成立的一些国家、地区公共关系协会和国际公共关系协会也制定了各自的道德标准和行为准则。卡特利普等著的《公共关系教程》中提到：“即使进入20世纪中期以来，公共关系已经取得了有史可查的相当大的进展，公共关系作为一个真正职业依然缺少公众的认可。这个领域缺乏开展教育的必要资格，缺乏强制性的资格认证或颁发执照，缺乏发育完全的为公共利益服务献身的精神，缺乏公众对其社会有用性和自我管制有效性的认可。”①

二、公共关系职业道德的基本内容

下面提供一些具有代表性和影响力的公共关系职业规范的具体内容。②

① 卡特利普等著，明安香译：《公共关系教程》，华夏出版社2001年版，第143页。
② 见郭惠民、居易：《公关员职业培训和鉴定教材》，复旦大学出版社2001年版。

《国际公共关系道德准则》

应该努力做到：

1. 为建设应有的道德、文化条件，保证人类可以享受《联合国人权宣言》所规定的诸种不可剥夺的权利做贡献。

2. 建立各种传播网络与渠道以促进基本信息自由流通，使社会的每一个成员都有被告知感，从而产生归属感、责任感与社会合一感。

3. 牢记由于职业与公众的密切联系，个人的行为——即使是私人方面的——也会对事业的声誉产生影响。

4. 在自己的职业活动中尊重《联合国人权宣言》的道德原则与规定。

5. 尊重并维护人类的尊严，确认各人均有自己作判断的权力。

6. 促使为真正进行思想交流所必需的道德心理、智能条件的形成，确认参与的各方都有申诉情况与表达意见的权力。

应该保证做到：

1. 在任何场合任何时候，自己的行为都应该赢得有关方面的信赖。

2. 在任何场合，自己均应在行动中表现出对他所服务的机构和公众双方的正当权益的尊重。

3. 忠于职守，避免使用含糊可能引起误解的语言，对目前及以后的顾客或雇主都始终忠诚如一。

应该避免：

1. 因某种原因而违背真理。

2. 传播没有确凿依据的信息。

3. 不参与任何冒险行动或承揽不道德、不忠实、有损于人类尊严与诚实的业务。

4. 不使用任何操纵性方法与技术来引发对方无法以其意志控制因而也无法对之负责的潜意识动机。

《国际公共关系道德准则》未附任何解释，但国际公共关系协会强调，该道德准则实施时，可参照1961年在威尼斯通过的《国际公共关系协会行为准则》（又称《威尼斯准则》），其内容与《英国公共关系协会行为准则》的内容极为接近。

《中国公共关系职业道德准则》

1989年全国省市公共关系组织第二次联席会议提出《〈中国公共关系职业道德准则〉草拟及实施方案》，1991年全国省市公共关系组织第四次联席会议上正式通过。该准则以我国社会公认的道德规范和我国公共关系实际为出发点，并借鉴了《雅典准则》、《威尼斯准则》以及国外一些有参考价值的文件，这既是中国公共关系发展史上的一件大事，也是中国公共关系职业化的一个重大步骤。

总则

中国公共关系事业的发展，是中国改革开放的必然趋势，它以新型的管理科学，直面社会各方面的关系，密切党和广大人民群众的联系，调动积极因素，维护安定团结，促进社会主义建设。因此，公共关系工作者肩负着时代的使命，公共关系工作者必须具有高尚的职业道德作为自己完善自身形象的行为准则。

条款

公共关系工作者应当坚持社会主义方向，自觉地遵守我国的宪法、法律和社会道德规范。

公共关系工作者开展公共关系活动首先应注重社会效益，努力维护公共关系职业的整体形象。

公共关系工作者在公共关系活动中，应当力求真实、准确、公正和对公众负责。

公共关系工作者应该努力提高自己的政治水平、文化修养和公共关系的专业技能。

公共关系工作者应当将公共关系理论联系中国的实际，以严肃认真、诚实的态度来从事公共关系学教育。

公共关系工作者应当注意传播信息的真实性与准确性，防止和避免使人误解的信息。

公共关系工作者不能有意损害其他公共关系工作者的信誉和公共关系实务。对不道德不守法的公共关系组织及个人予以制止并通过有关组织采取相应的措施。

公共关系工作者不得借用公共关系名义从事有损公共关系信誉的活动。

公共关系工作人员应当对公共关系事业具有高度的责任感，不得利用贿赂或其他不正当手段影响传媒人员进行真实、客观的报道。

公共关系工作人员在国际公共关系实务中应该严守国家和各自组织的有关机密。

本着中国的国情，中国公共关系职业道德规范的具体要求可以概括为以下几个方面：

敬业爱岗，忠于职责；强烈的责任感；廉洁奉公，遵纪守法；坚持原则，处事公正；求真务实、勤奋高效；顾全大局，严守机密；维护信誉，光大形象；认真钻研，锐意创新。

所有这些公共关系的职业规范都是对公共关系这种职业所赋予的责任，也是公共关系人员面对多种判断与选择时进行衡量的标准。

【案例3-1】 “炉边谈话”见奇效

美国前总统富兰克林·罗斯福堪称公共关系的行家里手，他亲自“导演”和

“主演”的一出出有分量的重头戏，在政府公共关系史上留下了不少令人拍案叫绝的杰作。“炉边谈话”即是其中一例。

罗斯福总统入主白宫之日，正是德、日、意法西斯羽翼渐丰之时，他以政治家的敏锐洞察力预感到世界战争阴云即将来临。但是，20 年前美国卷入第一次世界大战的教训像梦魇一样缠绕在美国人的心头，“不介入战争”的孤立主义呼声席卷全国。有鉴于此，罗斯福总统以“炉边谈话”的巧妙形式，开始了有步骤地引导公众舆论的工作。

入主白宫的第八天，他就借助广播这个当时最先进且最普及的传媒工具，一改过去播音主持人正襟危坐的“传道”式的刻板风格，以围坐在壁炉边与家人、朋友聊天的形式，用平和轻松的语调及时把大政方针传达给听众。他将“炉边谈话”看作对美国公众进行宣传的极好形式，看作潜移默化地实施舆论导向的极佳载体。此后，这一由总统主持的节目一直延续了 12 年，且收听率极高。

欧战爆发的当天晚上，罗斯福即发表了“炉边谈话”。为了安抚国人，他首先说道：“我希望美国将不会介入这场战争，我认为它不会介入。我向你们保证，并再次保证，你们的政府将为实现这个目标做出一切努力。”但在讲话中又委婉地暗示：“美国的安全现在和将来都是同西半球及其邻近海域的安全联系在一起的。总有一天，美国应该为受到创伤的人类提供尽可能的帮助。”第二次世界大战伊始，德国法西斯入侵势头强劲，法国投降，英国军事力量损失惨重。为了说明战争局势的严重性，总统再次发表“炉边谈话”，警告国民英国战事吃紧，美国已难隔岸观火，号召人们丢掉同纳粹和平共处的幻想，准备斗争。总统的呼吁逐渐赢得了公众的支持，并先后两次修改中立法以适应形势需要。

珍珠港事件使美国人彻底清醒，在总统发表了题为《我们将打赢这场战争，我们还将赢得战后的和平》的“炉边谈话”后，“美国参战”成为美国社会的共同呼声。美国上下同仇敌忾，积极投入了反法西斯战争。罗斯福总统的良苦用心终于得到了预期的回报。

【案例 3－2】　交警心态之变——全国首个交警公共关系科引发的思考

交通警察简称交警，曾经是许多人眼里最“牛”的警种之一，也是和人民群众接触最多的一个公安警种。曾几何时，在人们印象里，“耀武扬威”的交警总是和“服服帖帖”的驾驶员形成鲜明的对比。

2006 年，安徽省芜湖市交警成立公共关系科。这是我国交警系统中的第一个公共关系科，其核心职能是在交警中淡化管理意识、强化服务群众意识，从而改善警民关系。

当交警不再以管理者自居，而是放下架子为群众服务时，我们究竟收获了什么？

交警与驾驶员——管理还是服务？

在交警中曾经流传着这样的一种说法：交警是驾驶员的舅舅！就是管驾驶员！你管他是为他好，宁可被群众骂，也不要群众哭（出了交通事故之后）。

“停到一边去等着！把驾照拿来！”相信不少违章驾驶员都听到过交警的这些“经典”语言。话虽不多，但却淋漓尽致地刻画出“交警在上，驾驶员在下”的管理者心态。

交警同样委屈。不管是三伏天还是三九天，交警总要站在街头吸着汽车尾气；上班要在别人之前，下班则要在别人之后。一线交警最容易患上腰椎和肺部疾病。在所有公安警种中，受到辱骂、厮打最多的是交警。

一面是群众的抵触，一面是交警的辛苦，这种扭曲的警民关系，的确引人深思。安徽省公安厅交警总队负责人说：“从2005年开始，安徽交警开始在全省交警中尝试推行服务化理念：强调交警和驾驶员是平等关系，交警要通过服务来赢得群众的理解，从而实现和谐的警民关系和执法环境，进而实现和谐的道路交通秩序。”

为引导全省交警转变观念，2005年以来，安徽省公安厅交警总队每年都出台便民利民措施，如“10种轻微交通违法行为，不罚款教育后放行”、公安机关交通民警执勤执法“四条禁令”等。

安徽省公安厅交警总队负责人说，在总队出台这些措施后，全省各地交警均结合各自实际出台了近千项便民利民措施。

芜湖市交警的公共关系科便是在这种背景下应运而生的。

“两年来，公共关系科根据群众和媒体意见，提出并实施了许多服务性措施。”芜湖交警支队有关负责人说。

公共关系科成立后第一条举措就是提出实行“交警执法实名制”：芜湖交警在执法时必须向被执法人出具一张写有实名和真实联系电话的“警民联系卡”，卡上同时写有举报和咨询电话。

“卡片虽小，但对执勤交警却是不小的约束，同时方便了群众准确投诉和及时了解处理情况。”芜湖市交警公共关系科有关负责人说。

随后，芜湖市交警公共关系科还推出了一系列改革措施：如交警执法时通过数码录音笔进行全程录音，以便支队抽查执法态度；和媒体之间建立“协调”制度，对于市民的投诉和记者提出的问题，新闻媒体可开出《新闻协调单》，交警须在三日内将处理结果回复给新闻单位；群众送危重病人急救时，有权要求附近交警为其警车开道；出租车在运送危急病人时，可闯红灯，交警核实后不处罚；交警购买一批头盔，遇到未戴头盔的摩托车驾驶员，不是对其开罚单，而是把备用头盔登记借给其使用，用后归还等等。

“这些措施虽有不尽完善之处，但却体现出为民服务的理念。好的警民关系从何而来？就是从这些一点一滴的小事中积累而来的。”芜湖交警支队有关负责人说。

……

（新华社《新华视点》，记者：代群）

复习思考题

1. 简述公共关系部门的作用。

2. 某一生产电子产品的公司，现有员工 1280 人，经济效益较好。随着其产品的增加和经营范围的扩大，公司的公共关系问题也越来越突出。现拟决定成立一专门机构，即公共关系部，全权负责处理公司的公共关系事务。请帮助设计一个公共关系部的组建方案，就机构的设置、人员的配备、职责的确定等内容做出详细分析说明。

3. 运用公共关系基本礼仪规范进行自我训练。

4. 从《“炉边谈话”见奇效》中，探讨组织领导人在公共关系工作中的重要作用。

5. 《交警心态之变——全国首个交警公共关系科引发的思考》给予我们什么启示？

参考阅读

1. 王乐夫、廖为建：《公共关系学》，辽宁人民出版社 1986 年版。

2. 居易：《公共关系学入门》，安徽人民出版社 1987 年版。

第四章　公共关系客体

本章提要

本章主要介绍公众的基本含义和特征、公众分类的方法及意义、基本公众的构成分析、公共关系工作主要对象简介等。了解公众的特点和需求，根据公共关系工作目标明确公共关系工作对象，是开展公关工作的基础性工作。

通过对本章的学习，我们要明白公众对社会组织的特别重要作用，掌握公众的特征与需求，学会对公众进行分类，善于根据组织需要针对不同公众开展工作。

第一节　公众的含义和特征

公众是公共关系学中的一个基本概念，正确理解这个概念对于把握公共关系的真谛至关重要。

一、公众的含义

所谓公众，即与特定的社会组织发生联系并对其生存发展具有影响的个人、群体或组织的总和，是公共关系传播沟通对象的总称。在日常生活中，公众与人民、群众、人群几个概念容易混淆。我们应适当注意它们之间的区别。

人民（people）作为一个政治哲学及社会历史范畴，量的方面泛指居民中的大多数；质的方面指一切推动社会历史前进的人们，其中包括劳动群众，也包括具有剥削性但又促进社会历史发展的其他阶级、阶层或集团。

群众（mass）与人民相比，其内涵大，外延小，也就是说，本质含义很大程度上是一致的。从范围上看，群众包含于人民之中，但其内涵更具体、稳定。人民是个流动的概念，在不同的历史时期有不同的内容，但其主体和稳定的部分始终是从事物质资料和精神资料生产的劳动者，这部分人就是群众。

人群（crowd）作为社会学用语，在量上指居民中的某一部分；在质上，人群是个松散的结构，不一定需要合群的整体意识和相互联结的牢固纽带，凡是人聚在一起均可称为“群”。

受众（audiences）是传播学的概念，在新闻学、广告学中通用，其含义与公众很接近。从广告的角度讲，“受众”一词的含义是指信息的接收者。因此，受众是消极和被动的。而公众与组织的关系是相互的，公众会对组织施加影响，组织也会影响公众。可见，虽然从信息传播的对象、信息的接收者这个角度，可以把公众和受众看做同义词，但公共关系活动的目标是激起较强的公众参与，从公共关系的角度看，公众是积极的、主动的，而不是消极的和被动的。为解决语义上的差异，公共关系界趋向于把受众划分为“积极受众”（active audiences）和“消极受众”（passive audiences），公众是积极受众。

在公共关系学中，“公众”这个词特指任何被共同利益或共同关心的问题联结在一起的个人、群体和组织；这些个人、群体和组织与公共关系主体有相关的利益，对公共关系主体有着重要的影响，因此成为公共关系主体开展工作的对象。

二、公众的特征

公众概念在公共关系学中的含义及应用有着特殊的规定和意义。我们可以从五个方面来认识。

（一）整体性

公众不是单一的群体，而是与某一组织运行有关的整体环境。任何组织的生存和发展都离不开一定的公众环境。公众环境与自然环境、地理环境不同，是指组织运行过程中必须面对的社会关系和社会舆论的总和。这些社会关系和社会舆论范围很广，涉及组织内部和外部、社会的方方面面，而且相互关联，构成复杂。比如一家企业，既有内部的职工公众、股东公众，又有外部的社会公众；不仅包括市场上的顾客、销售商，还包括社区、政府、新闻界、文化界、体育界等等有关的团体、组织或个人。公共关系工作不可只注意其中某一类公众，而忽略其他公众。对其中任何一种公众的疏忽，都可能致使整个公众环境恶化。公众环境恶化必然影响组织的生存和发展。因此，首先应该将组织面对的公众视作一个完整的环境，要用全面、系统的观点来分析自己面临的公众。

（二）共同性

公众不是一盘散沙，而是具有某种内在共同性的群体。当某一群人、某一社会阶层、某些社会团体因为某种共同性而发生内在联系时，便成为一类公众。这种共同性即相互之间的某些共同点，包括共同的利益、共同的需求、共同的目的、共同的问题、共同的意向、共同的兴趣、共同的背景等。这样一些共同点，使一群人或一些团体和组织具有相同或类似的态度和行为，构成组织所面临的一类公众。比如，表面上看相互间并没有联系的许多个人或团体，因为同处一个社区，都面临着某家工厂的污染威胁，从而使他们的态度和行为具有内在联系，不约而同地或者有组织地针对该家工厂构成一定的公众压力、舆论压力。因此，了解和分析自己的公众，必须了解和分析其内在的共同性、内在的联系，这样才可能化混沌为清晰，从公众整体中区分出不同的对象来。

（三）相关性

公众不是抽象的、各组织“通用”的，而是具体的、与特定的组织相关的。公众总是相对一定的公共关系行为主体（组织或个人）而存在的。一群人之所以成为某一组织的公众，是因为他们与该组织具有一定的相关性、互动性。即他们的意见、观点、态度和行为对该组织的目标和发展具有实际或潜在的影响力、制约力，甚至决定组织的成败；同样，该组织的决策和行为也对这些公众具有实际或潜在的影响力、作用力，制约着他们利益的实现、需求的满足、问题的解决等。这种相关性是组织与公众形成公共关系的关键。寻找公众、确定公众很重要的就是寻找和确定这种相关性，并把他们具体的担心揭示出来，分析清楚，从而确定自己的工作目标。

（四）多样性

公众的存在形式不是单一的，而是复杂多样的。“公众”仅是个统称，具体的公众形式可以是个人，可以是群体，也可以是团体或组织。日常的公共关系工作对象，包括各种各样的个人关系、群体关系、团体关系、组织关系等。即便是同一类的公众，也可以有不同的存在形式。比如消费者公众，可以是松散的个体，也可以是特殊的利益团体（如消费者公众），还可以是一个严密的组织（如使用产品的其他公司乃至政府）等。公众形式的多样性，决定了沟通方式和传播媒介的多样性。

（五）变化性

公众不是封闭僵化、一成不变的对象，而是一个开放的系统，处于不断变化发展的过程之中。任何组织面临的公众，其性质、形式、数量、范围等均会随着主体条件、客观环境的变化而变化：有的关系产生了，有的关系消失了；有的关系不断扩大，有的关系又可能缩小；有的关系越来越稳固，有的关系越来越动荡；有的关系甚至发生性质上的变化——竞争关系转化成协作关系、友好关系转变成敌对关系；等等。公众环境的变化，必将导致公共关系工作目标、方针、策略、手段的变化。反过来，组织自身的变化也会导致公众环境的变化，如组织的政策、行为、产品的变化，使公众的意见、评价、态度或行为发生相应的变化，这种变化的结果又可能反过来对组织产生影响、制约作用。可口可乐公司决定生产新型（带甜味）可乐，在顾客群中引起了强烈不满，这种公众舆论立即迫使可口可乐公司慎重考虑其决策，以免导致公众环境的剧变。可见，必须以发展的眼光来认识自己的公众。

从整体性、共同性、相关性、多样性、变化性五个方面来把握公众的特定含义，可以帮助我们理解这一概念与人民、人群，特别是群众这几个概念之间的区别。我们传统的工作方法中有走群众路线、做群众工作，从群众中来、到群众中去的经验，公共关系工作在一定意义上是与其一致的。比如一家企业要处理好职工关系，协调好社区的居民关系，与做群众工作是一致的。除此之外，比如，要处理好与股东的关系、与新闻界的关系等，这些关系对象难以简单划入群众的范畴之中，它们均是组织的特定公众，是公共关系工作的特定对象，我们将它们称为股东公众、媒介公众等，而不称作股东群众、媒介群众等。

第二节　公众的分类

公众分类是公共关系理论中的重要部分。其方法论意义是很明显的：没有区别、没有政策，从而也就没有方法。公共关系政策的制定和公共关系方法的运用，都有赖于科学地区别不同的公众。这一节我们先讨论划分公众的不同标准和方法，下一节再分别讨论一些基本公众的特点和意义。

一、不同的组织有不同的公众

不同的组织，由于目标和利益不同、性质和内容不同、价值准则和管理观念不同、人员结构和运作方式不同、历史背景和环境条件不同等，必然面对着不同的公众。社会组织是非常复杂的。对组织进行分类本身就是一个异常复杂的问题，可以采取各种不同的划分标准，其意义主要取决于划分者的目的和需要。我们这里提出问题的目的在于使读者了解：公众的分类首先取决于组织的分类。我们不准备详细讨论组织学的分类体系，只列出几种以便说明上述观点。

最通常的是按照组织的社会职能来划分，这样可以将社会组织区分为经济组织、政治组织、文化组织等。经济组织如各类从事生产、流通、交换、分配的工商企业；政治组织如政党、政府、法律、公安、监察等政治行政机关；文化组织如教育、文艺、出版、体育等组织机构。组织的社会职能不同，接触的公众就不一样。比如政府公共关系工作所面对的公众，比其他任何组织的公众都要广泛得多，面对社会的各个阶层、各种组织，面对着整个公众舆论，其所要承受的公众压力比其他任何组织都要大得多，与各类公众沟通的方法也就复杂得多。

就同一类职能的组织（如经济组织）来说，还可以根据其生产或经营品种的特点，根据其经营管理方式等，划分为重工企业、轻工企业、商业企业、服务企业、公用事业单位等。由于产品不同、服务方式不同，其公众也有区别。其中以公用事业单位的公众最为广泛，如供电公司、自来水公司、公共交通部门等单位，经营着城市居民最基本的必需品和设施，这些单位大多为国有企业，对其经营的必需品和设施有一定的独占性，享有某些服务特权，往往又有政府保证其营业区域和规定其收费标准，虽然缺乏足够的利润刺激，但盈利比较稳定，其经营不完全受市场规律支配，而很大程度上受政府的控制，一般来说缺乏竞争的压力，等等。这些特点使公用事业单位虽然牵涉的公众面很广，但却容易忽视公众的要求，容易受到各方的指责，成为舆论攻击的目标。其公共关系工作不仅难度大，而且工作好坏直接影响到政府的形象。实际上，组织类型对于公共关系行为方式及公众类型区分影响比较大的因素主要有两个：一个是营利还是非营利，另一个是竞争性还是独占性。以这两项标准来划分，大致上可将社会组织划分为四类（见图4　1）。

图4－1　社会组织的分类

一般来说，公共关系与营利性的商业活动以及竞争性的社会活动联系比较密切，这是现代公共关系活动的一般规律。

第一类组织：竞争性营利组织。这类组织为了自己的经济利益，为了在市场竞争中争取顾客，一般都有比较自觉的公共关系行为，主动地争取公众支持。但比较容易偏重与市场活动直接相关的公众，其公共关系行为的营利性质也较为明显。

第二类组织：竞争性非营利组织。这种组织没有经济动机，但由于需要在竞争中赢得舆论的理解和公众的支持，因此，也会十分重视自己的公共关系工作，尽可能广泛地去建立和发展自己的公共关系。

第三类组织：独占性非营利组织。由于缺乏自身利益的驱动，缺乏竞争的压力，往往容易忽略自己的公众，或"脱离自己的公众"，公共关系管理工作一般比较薄弱。

第四类组织：独占性营利组织。由于对产品或服务具有独占性，管理机制上不容易输入公众的信息，而又有营利的动机，因此，容易产生违反公众利益的行为，容易陷入公众舆论的压力之中。

这种分析仅考虑了两种比较直接的因素，没有结合其他社会条件，只能作为一种参考，实际情况可能要复杂得多。但起码我们可以明白，对公众的分析首先离不开对组织的分析；公众的形成和发展，是与组织自身的性质、特点、行为方式直接相关的。

二、同一个组织有不同的公众

任何一个组织都不会只面对一种公众，因为利益的相关点不同，需求或问题的性质、层次不同，一个组织会面对着不同类型的公众。因此，也就会有不同的公共关系对策和传播方法，所以，对同一组织的公众整体必须细分为不同性质、不同类型的目标对象。比如一家企业，由于内部管理和外部经营的复杂性，由于其专业职能的分化和经营范围的变化，所涉及的公众异常复杂。比如发达国家企业的公众，比较主要的就可以列出 24 种：①股东关系；②雇员关系；③主顾关系；④社区关系；⑤一般公众关系；⑥消费者关系；⑦竞争者关系；⑧原料供应者关系；⑨批发商关系；⑩代销商关系；⑪经销商关系；⑫公务员关系；⑬金融机构关系；⑭报界关系；⑮慈善团体关系；⑯宗教团体关系；⑰劳工关系；⑱工会关系；⑲学校关系；⑳政治团体关系；㉑政府关系；㉒公共服务团体关系；㉓同业团体关系；㉔工业界关系。

这些公众，一般都是要求从某个企业得到某些利益、获得某些信息的个人、群体或组织，并对该企业的生存和发展具有实际或潜在的影响力和制约力。企业的公共关系人员必须充分地了解他们，熟悉他们，并根据他们的利益、需求或问题引申出公共关系工作的具体目标，制定具体对策。

在我国社会条件下对公众的划分，与上述划分不完全雷同，主要区分为内部关系和外部关系两大类。外部关系中又主要区分为市场关系和非市场关系两大类。对于其中的主要关系成分，我们将在第三节进行分析。其他任何一种组织，在分析自己的公众时，都需要根据实际情况对公众进行细分。

三、同一种公众有不同的分类

不同的组织有不同的公众，同一组织有不同的公众；而同一种公众又可以根据不同的标准作不同的区分。

第一，根据组织公共关系活动的内外对象分类，组织的公众可划分为内部公众和外部公众两类。内部公众即组织内部的成员群体，如管理人员、技术人员、销售人员、辅助人员以及股东公众等。外部公众即组织的外部沟通对象群体，如消费者、协作者、竞争者、记者、名流、政府官员、社区居民等。公共关系的政策需要内外有别。公共关系传播的信息是经过选择、整理的有序的信息资料，其内部传播和外部传播在形式、尺度、时间等方面都有区别。组织内部的情况不能毫无控制和调节地宣扬出去，必要的保密也是一种重要的传播政策。在对外传播之前，内部传播必须统一口径，否则就会造成整体形象的混乱。

第二，按公众的组织结构，公众可以区分为个体公众和组织公众两类。个体公众，是形式上分散，以个人作为意见、态度和行为的表达者，以个体形式与公共关系主体发生联系的公众对象。如竞选过程中面对的选民、酒店或商场中的散客等。组织公众是以一定的组织或团体形式出现，以组织团体作为意见、态度和行为的表达者，并与公共关系主体相互交往的公众对象集团。如竞选过程中面对的各种助选团体，工商企业面对的集团消费者、订购者等。组织在公共关系传播过程中，要根据个体公众和组织公众的不同特点采取不同的传播方式，如对个体公众可以采取直接的、面对面的个体传播沟通方式；对组织公众可采取间接的、传播幅度较大的大众传播方式或采用组织沟通的方式。

第三，根据组织权力的性质，组织公众又可分为一般社团型公众和公共权力型公众。社团型公众指一般的组织机构，如企业、学校、新闻单位、社团组织等。权力型公众主要指政府及各类行政管理机关，如公安、税务、市政等部门，也包括上级主管部门。

第四，根据关系的重要程度，可区分为首要公众和次要公众。首要公众即关系到组织生死存亡、决定组织成败的那部分公众。比如酒店、宾馆宾客关系中的 VIP（贵宾），就是首要公众的概念。里根总统在长城饭店宴请，英国女王下榻白天鹅宾馆，对这些重要人物必须置于重要位置，必须投入大量的人力、物力与时间，接待、安排稍有差错便会造成重大影响。次要公众指那些对组织的生存和发展有一定影响、但没有决定性意义的公众。当然，这种首要和次要之间的划分只是相对的，而且两者之间也可能存在着转化关系。次要公众也不能完全放弃。公共关系的投资总是有限的，从投入产出的比率来看，有时虽然首要公众只占公众绝对量的 20%，可他们给组织带来的效益却可能达到 80% 以上，因此，对此类公众总投入量（活动的人力、物力、财力等）应多作安排。次要公众从表面数量上看可能相当多，但由于影响力比较弱，即使投入大量的力量，也只可能收到较少的效益。因此，应该将力量集中在“刀刃”

上。可见，所谓“首要”、“次要”的划分，要从投入产出的效果来考虑，保证首要公众，兼顾次要公众。

第五，根据公众对组织的态度，可将公众区分为顺意公众、逆意公众、边缘公众三类。

顺意公众指那些对组织的政策、行为和产品持赞成意向和支持态度的公众。逆意公众指对组织的政策、行为或产品持否定意向和反对态度的公众。边缘公众则是指对组织持中间态度、观点和意向不明朗的公众。一个组织首先应该将顺意公众当作同舟共济的伙伴，细心维持和不断加强与他们的关系。其次要注意做好逆意公众的转化工作，改变其敌对的态度，即使不能将其转为顺意公众，也应争取其成为边缘公众。“多交友，少树敌”是公共关系的一项基本政策。值得注意的是，顺意公众和逆意公众往往只占少数，多数是无动于衷的中间派边缘公众。公共关系工作中，大量精力是做边缘公众的沟通工作，争取他们对组织的了解和好感，引导他们成为顺意公众，防止他们成为逆意公众。这种“争取大多数”是最艰巨的公共关系工作。

第六，根据公众构成的稳定性程度，可区分为临时公众、周期公众、稳定公众。

临时公众是因某一临时因素、偶发事件或专题活动而形成的公众。如因为飞机航班误点而滞留机场的旅客、足球场闹事的球迷、上街游行示威的队伍等。每个组织都难以事先完全预测到某些突发事件的产生，往往遭受一些临时公众构成的额外压力，这时需要公共关系部门进行紧急应付。现代组织的公共关系部门必须具备应付临时公众的能力。当然，这种临时公众有时也可能是因为组织事先的计划不周而造成的，特别是在举办一些大型专题活动的时候，可能会出现预料之外的事情。

周期公众是指按一定规律和周期出现的公众。如逢节假日出现的游客、招生时节的考生及家长。周期公众的出现是有规律的、可以预测的，有条件可事先制订公共关系活动计划，作为必要的准备。对于某些季节性强的行业来说，周期公众的节律是与行业自身的节律同步的。如旅游业及酒店业，其中一部分周期公众就可能转化成稳定公众。

稳定公众即具有稳定结构和稳定关系的公众，如老主顾、常客、社区人士等。稳定公众是组织的基本公众，甚至具有“准自家人”的性质，融合为组织的一部分。组织往往对稳定公众采取额外的优惠政策和特殊的保证措施，以示关系的亲密。稳定公众的多寡可以作为考察组织公共关系成熟性的一个标志。临时公众、周期公众和稳定公众的划分，是制定公共关系的临时对策、周期性政策和稳定策略的依据。

第七，根据组织的价值判断，可以将公众区分为受欢迎的公众、不受欢迎的公众和被追求的公众。

受欢迎的公众是完全迎合组织的需要并主动对组织表示兴趣和交往意向的公众。对于组织来说，这是一种两相情愿、一拍即合的关系，如自愿的投资者、慕名前来的顾客、为组织采写正面宣传文章的记者等。这种关系因双方均采取主动的姿态，不存在传播的障碍，沟通的结果一般来说对双方都有利。

不受欢迎的公众指违背组织的利益和意愿，对组织构成潜在或现实威胁的公众。对于组织来说，这是一些“入侵者”。他们对组织表示出一种不友好的意向和交往行为；或者对组织抱有过分的要求从而构成组织的负担。前者如持不友好态度的记者，后者如反复纠缠索取赞助的团体或个人，这均是组织力图躲避、不愿接触的公众。这种关系只是公众一方采取主动姿态，但由于交往结果对组织不利甚至有害，因此，组织往往有意设置障碍，制造困难，将其拒之门外，以减少对组织的威胁。

被追求的公众指很符合组织的利益和需要，但对组织却不感兴趣、缺乏交往意愿的公众。对于组织来说，这是一种求之不得、难以如愿的关系。比如，对于许多组织来说，著名的记者、社会名流均可能是被追求的公众，组织希望与他们建立关系来扩大影响。可要与他们建立起密切关系却是件很不容易的事，要想方设法建立沟通的渠道，要讲究交往的艺术，把握传播的时机。

第八，根据公众发展过程不同阶段的特点，可以将公众分成四类：非公众、潜在公众、知晓公众、行动公众。

非公众是公共关系学的特殊概念，社会学中没有这个概念。非公众指处在某组织的影响范围之中，但却与该组织无关；其观点、态度和行为不受该组织的影响，也不对该组织产生作用的公众。这样的公众被视为该组织的非公众。划分出自己的非公众是有意义的，可以帮助我们减少公共关系工作的盲目性，将非公众排除在公共关系活动范围之外，避免不必要的浪费。

潜在公众主要指由于潜在的公共关系问题而形成的潜伏公众、隐患公众、隐蔽公众或未来公众。即某一社会群体面临着组织行为或环境引起的某个潜在问题，由于这个潜在问题尚未充分显露，这些公众本身还未意识到问题的存在，因此他们与组织的关系尚处于潜伏状态。这需要公共关系人员未雨绸缪，加强预测，密切监视势态的发展，分析各种可能出现的后果，制订多种应对方案，积极引导事情向好的方向发展；当事情不可避免要变糟时，采取必要的预防措施，防患于未然，将问题解决在萌芽状态，避免酿成更大的麻烦。应当承认，遇到这类公共关系问题要妥善处理是有相当难度的。但现代组织面临这种复杂情况的可能性越来越大，这促使公共关系活动策划者日益重视公共关系预测功能、参谋功能。这也是20世纪70年代末以来国际公共关系界重视“问题管理”的原因。

知晓公众是潜在公众逻辑发展的结果，即公众已经知晓自己的处境，明确意识到自己面临的问题与特定组织有关，迫切需要进一步了解与该问题有关的所有信息，甚至开始向组织提出有关的权益要求。这时，潜在的公众已发展成现实的公众，构成组织不可能回避的沟通对象。对组织来说，采取积极主动的公共关系姿态，及时沟通、主动传播，满足公众要求被告知的心情，使公众对组织产生信赖感，这对于主动控制舆论局势非常重要。因为知晓公众如果不能从有关组织那里获得必要的信息，便会转向其他信息渠道，各种不准确的小道消息将会流传开来，局势的演变将难以控制，事后的解释将事倍功半。美国前总统尼克松处理水门事件时，由于没有正视知晓公众的要求，失去了引导公众舆论的时机，使自己越来越被动，最后只好辞职下台。事后，尼克松在总结水门事件的经验教训时认为，这完全是“公共关系的失策”。

行动公众自然就是知晓公众发展的结果。在这个阶段，公众已不仅仅表达意见，而是采取实际行动，对组织构成压力，迫使组织必须采取相应的行动。无论公众的行动是积极的还是消极的，组织的反应也不能仅停留于语言、文字上，还必须有实际的行为。也就是说，行动公众必然促成公共关系行为的发生。面对行动公众，除了采取相应的行动别无选择。当然，高超的公共关系行动方案，必将使行动公众的压力转变为动力，转变为对组织有利的合力，这乃是公共关系人员神往的最佳结果。

把公众划分为非公众、潜在公众、知晓公众和行动公众，是一种纵向的分类方法，其意义是把公众理解为一个连续的发展过程。

公众分类的方法还有很多，包括最常用的按人口学的人口结构理论进行分类的方法。公众分类的研究成果可为公共关系从业人员认识和分析自己的公众提供理论上的指导。但从现实考察，上述各种分类是仅就纯粹理论形态而言的，因此仅具有理论指导和分类学的意义。公众的分类是多角度或多维的，每一类公众都可以按各种分类标准细分为相应类型。但实际上，任何现实生活中的具体公众都不纯粹属于某种类型。某一个体公众或组织公众可能同时承担或被赋予多重公众身份。如一类公众既是外部公众，同时也可能是个体公众、首要公众、顺意公众、行动公众、积极公众等。在具体的公共关系实践中，可以采用“公众细分矩阵”对公众加以分析，这种做法由于贴近现实而更具有实践操作意义。图 4－2 是利用简单的公众细分矩阵对组织内外公众对象与组织关系的重要程度（或对组织影响力）的分析。图 4－3 则是对处于不同地理位置的公众对组织的态度的分析。

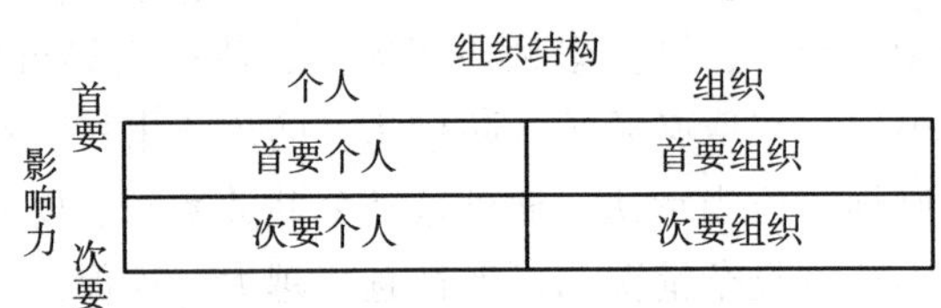

图 4－2　公众细分矩阵（2×2）示例

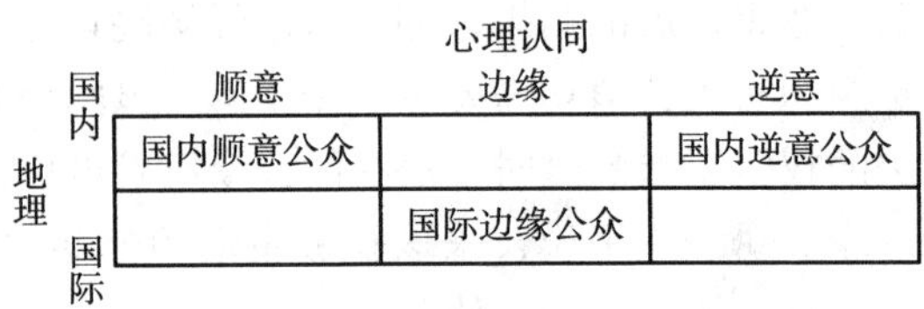

图 4－3　公众细分矩阵（2×3）示例

四、公众分类的意义

我们在列举每一种公众分类方法的时候，都谈到了它的意义。这里我们再总结一下：

第一，科学的公众分类为公共关系的调查研究和组织形象评估确定范围。公共关系工作是从调查研究开始的，通过调查研究客观地评估组织形象，确定公共关系问题，寻找形象差距，这是公共关系工作的第一步。而这一步要走好，就必须首先正确地确定自己的公众，通过确定公众来确定调查的对象和研究的范围，通过确定公众来找到客观评估组织形象的“一面镜子”。因为反映组织形象的镜子就是公众舆论，公共关系的调查研究很重要的是作民意分析。要了解公众的看法和态度，首先就必须研究公众，分析公众。

第二，科学的公众分类为制定公共关系政策、设计公共关系方案明确方向。正确的政策和成功的方案是公共关系活动的灵魂。制定公共关系政策和策划公共关系方案是公共关系活动过程中第二个重要步骤。决策和策划的水平决定着整个公共关系工作的层次和水平。而科学的决策和周密的策划是建立在对实际情况了解基础之上的，特别是对公众的了解和分析是至关重要的。前面我们就指出：没有区别就没有政策，从而就没有方法。通过对公众的分析，区分出亲疏远近、轻重缓急，把握住公众发展的脉络，为制定不同的政策、策划针对性的方案提供依据，指明方向。

第三，科学的公众分类为公共关系活动的组织和运行打下基础。运用各种传播媒介、开发多种沟通渠道去“说”和“做”，是公共关系运行过程的第三步。公共关系工作成功与否，要通过实际的公共关系活动来体现，即“说”得精彩，“做”得成功。实际传播沟通活动的许多环节，都离不开对公众的研究和分析。通过对公众的分类研究和分析，为选择传播媒介沟通渠道提供可靠依据，从而使“说”和“做”具有更强的针对性。

第四，科学的公众分类为科学评审公共关系工作的效果提供依据。公共关系工作过程的最后一步是科学地检测和评审公共关系工作的成效。公共关系工作成效的评审是多层次、多视角的，如信息的传递范围和效率，感情的建立和深化，公众态度的形成和改变，公众行为的支持与配合等。这些效果的评审都直接与对公众的研究有关。需要分门别类地考察各类不同的公众，了解他们是否接收到了与他们有关的信息，他们的情感、态度和行为有什么变化，预期的形象效果与他们的实际评价还存在什么差距，等等。科学的公众分类，为评审公共关系工作效果提供了重要依据。

第三节　公共关系工作主要对象

第一节我们讨论了公众的概念，第二节侧重研究公众分类的方法，本节我们主要介绍公共关系工作的主要对象，即目标公众。这是理论研究从抽象到具体的辩证思维过程。跟随着这个思维过程，我们对公众这个概念的认识便会越来越深入，越来越细致。“目标公众”的列出是以一定的公共关系主体——社会组织为参照系的，这里，我们仍然以公共关系应用最普遍的企业组织为主。我们列举分析的企业的目标公众或公共关系工作对象包括员工关系、股东关系、顾客关系、社区关系、媒介关系、名流关系、国际公众关系。这些均是企业公共关系工作最基本的目标公众。而且对于其他类型的组织来说，了解企业组织的公众，也可以触类旁通、举一反三。我们在分析过程中会注意适当兼顾这些关系对象在不同组织中的意义。

一、员工关系对象

员工关系指在企业内部管理过程中形成的人事关系，其具体对象包括全体职员、工人、管理干部。员工是企业内部公众，是内部团结的首要对象。任何一种组织都会有自己的内部公众，都需要首先处理好自己的内部关系。由于员工是企业组织的成员，因此从内部公共关系的角度看是对象，从外部公共关系的角度看又成了主体。这是一种与公共关系主体最密切的公众。

建立良好员工关系的目的，是培养组织成员的认同感和归属感，形成向心力和凝聚力。

二、顾客关系对象

顾客关系即企业与本企业产品或服务的购买者、消费者之间的关系。在现代社会，顾客关系的对象是广义的，泛指一切物质产品、文化产品及服务的购买者、消费者，如工业企业的用户、酒店的客人、电影院的观众、报社的读者等。其中包括个人消费者和社团组织用户。顾客是与企业具有直接利害关系的外部公众，也是企业市场关系的具体对象。协调顾客关系的目的，是促使顾客形成对企业及其产品的良好印象和评价，提高企业及其产品在市场上的认知度和美誉度，为企业争取顾客、开拓和稳定市场关系。

三、媒介关系对象

媒介关系也称新闻界关系，即与新闻传播机构（包括报社、杂志社、广播电台和电视台）以及新闻界人士（记者、编辑等）的关系。新闻界公众是公共关系工作对象中最敏感、最重要的一部分。这种关系具有明显的两重性：一方面，新闻媒介是组织与公众实现广泛、有效沟通的必经渠道，具有工具性；另一方面，新闻媒介人员又是组织必须特别重视的公众，具有对象性。媒介与公众的合一，决定了新闻界关系是一种传播性质最强、公共关系操作意义最大的关系。因此，从对外公共关系实务工作和层次来看，新闻界往往被摆在显著的位置，或被称为对外传播的首要公众。不管哪一种类型的组织均不例外。与新闻界建立关系的目的就是争取新闻界对本组织的了解、理解和支持，以便形成对本组织有利的舆论气氛；通过新闻界实现与广大公众的沟通，密切组织与社会公众之间的联系。应该清醒地认识到，虽然公共关系人员与新闻界人士之间具有“血缘的”、内在的联系，但他们之间不可能总是融洽、一致的，也会有不愉快乃至对抗的时候。公共关系人员必须记住，其他关系对象可能是变动不定的，唯有新闻界关系是伴随终生的——除非不再从事公共关系工作。作为一个公共关系人员，与新闻界人士交恶是所有愚蠢行为中最愚蠢的。一个得不到新闻界“把关人”的信任与好感的公共关系人员，对任何组织都毫无用处；一个被新闻界人士讨厌的公共关系人员，对于组织来说就是有害的。如果能够得到记者、编辑的信赖，这将是一个公共关系人员所拥有的最重要的财富，是他的职业“本钱”。因为，只有新闻界关系才会给组织带来大众传播的机会和好处。

四、政府关系对象

政府关系指社会组织与政府之间的沟通关系，其对象包括政府的各级官员、行政助理、各职能部门的工作人员。任何组织都必须面对和接受政府的管理和约束，需要与政府的各种管理职能部门打交道，如工商、人事、财政、税收、审计、市政、交通、治安、法院、海关、商检、卫检、环保等行政机构。这些行政机构代表社会公众最普遍的、共同的利益来行使社会管理的权力，因此，政府关系对象是任何组织的公共关系对象中最具社会权威性的对象。与政府保持良好沟通的目的，是争取政府及各职能部门对本组织的了解、信任和支持，从而为组织的生存和发展争取良好的政策环境、法律保障、行政支持和社会政治条件。

五、社区关系对象

社区关系对象指本组织所在地的区域关系对象，包括当地的权力管理部门、地方团体组织、左邻右舍的居民百姓等。社区关系亦称区域关系、地方关系、睦邻关系。社区在地理上与组织密不可分，是组织的生存空间和根基；社区公众与组织有着共同的生存背景，与组织的关系千丝万缕，是一种“准自家人”的关系。发展良好的社区关系是为了争取社区公众对组织的了解、理解和支持，为组织创造一个稳定的生存环境；同时体现组织对社区的责任和义务，通过社区关系扩大组织的区域性影响。

六、名流关系对象

名流关系对象指那些对于公众舆论和社会生活具有显著的影响力和号召力的社会名人，如政界、工商界的首脑人物，科学、教育、学术界的权威人士，文化、艺术、影视、歌坛和体育方面的明星，新闻出版界的舆论领袖等。这类关系对象的数量有限，但社会能量很大，对公众的影响力很强，能够在社会舆论中迅速“聚焦”。通过社会名流进行公众传播工作，具有事半功倍的效果。与社会名流建立良好关系的目的在于借助社会名流的社会知名度，扩大本组织对公众的影响力和号召力，强化组织的良好形象。

七、国际公众对象

国际公众对象主要指组织在国际性活动中面对的不同国度和不同文化背景的公众对象，包括对象国的政府、媒介、消费者等。国际公众是一种跨文化传播与沟通的对象，涉及与公共关系主体所在国不同的语言、文字、历史、风俗、社会制度和公众心理。任何跨国组织的公共关系，都具有这种跨文化的特征。发展良好的国际公共关系是为了争取国际公众和国际舆论的了解、理解和支持，为组织的国际活动创造良好的国际声誉和国际环境。

八、其他公众对象

除了上述的基本公众对象之外，还有若干种公众对象亦是比较重要的。

(1) 股东关系对象。这是指企业与投资者之间的关系。主要对象包括：董事会和董事局，广大的股民，金融舆论专家。对于股份制企业来说，良好的股东关系是企业的生命线，因为这种关系直接涉及企业的“财源”和“权源”。建立良好的股东关系，加强企业与股东之间的沟通，能够争取已有股东与潜在投资者的了解和信任，能够创造良好的投资气氛，稳定股东队伍，吸引新的投资者，最大限度地扩大企业的社会财源。

(2) 金融关系对象。这主要指企业与银行的关系。没有银行的支持，企业的信贷业务就会瘫痪，生产经营就要停顿。因此，企业必须与银行、信用社保持密切的沟通和稳定的关系。

(3) 商业关系对象。这主要指生产性企业与经销商、批发商、零售商之间的关系。没有良好的商业网络，企业的产品就无法占领市场，利润就无法实现。这是一种共兴衰、同进退的伙伴关系。

(4) 竞争关系对象。这是指工商企业与自己的竞争对手之间的关系。竞争者之间需要在公平的机会和条件下进行良性的竞争，遵守一定的商业道德规范，并且在竞争中保持一定的协作关系，争取在竞争中共同发展。这种竞争中的公共关系是现代企业风范中不可缺少的。此外，还有供应关系对象、学校与科研关系对象、行业关系对象等。认识上述基本关系对象的性质、内容、特点和公共关系意义，能够帮助我们从客体、对象的角度进一步理解公共关系的现象和本质。

【案例4-1】 何振梁诠释伦敦申奥疑团

在国际奥委会第117次全体会议上，英国伦敦最后击败法国巴黎，赢得了2012年夏季奥运会主办权；会议还决定2012年奥运会棒、垒球项目被淘汰出局。

何振梁说，伦敦最后胜出，在于他们对委员们的工作做得细，很到位。他们既拥有较多的基础票，又拉到了相当多的第一轮、第二轮表决后别的城市出局后转移过来的票。初到新加坡时，有人问何老最后谁将胜出？他表示，巴黎、伦敦呼声较高。

何振梁说，出乎意料的是巴黎竟然在前三轮投票中从未领先过。他认为，从硬件条件看，伦敦、巴黎没什么差别，而且巴黎的优势确实很多。美中不足的是，他们在最后阶段做委员的工作不够细致，对不断变化的形势估计不足。

伦敦做委员的工作则很细。英国首相布莱尔在八国峰会前夕，抵达新加坡为伦敦游说，先后会见了20多位国际奥委会委员，与委员一对一地交谈，而不是大拨儿的礼节性会见。这些都为最后争取委员的选票发挥了很大作用。

【案例4－2】　西门子"自动化之光"中国16城市巡展

项目背景

致力于科技创新是西门子自动化与驱动集团一直以来坚持的信念。西门子于1997年提出了"全集成自动化"的概念——拥有共同的数据管理、组态、编程和通信，利用开放式的产品结构将功能各异的产品整合在一起，在工业领域独树一帜。围绕这一概念，西门子又发展了全集成能源管理、集成的安全和电子商务概念，不断地改善着人类生活的方方面面，为世界工业的发展和创新开启了更为广阔的未来。

作为全球著名的高科技企业，西门子自动化与驱动集团秉承其百年的科技积累，致力于和世界工业界同仁分享其工业自动化的创新成果，共同推动世界工业的革新。而直接有效地与工业界人士沟通则成为更好履行这一信念的方式。

2002年，一辆蓝色的列车肩负起了其改变世界工业面貌的使命。这辆名为Exider（中文名为"自动化之光"）的西门子列车于2002年3月从布拉格出发，开始了其周游世界、真正走向全球工业圈的梦想之旅。列车共有14节车厢，长达300米，重达580吨。它将展品、应用实例、录像片和多媒体展示融入列车车厢内，以流动的方式展示工业自动化领域的应用实例和技术。在一年半的欧洲之行中，Exider访问了欧洲20多个国家和100多个城市，将其满载的工业自动化领域的全球领先科技和代表未来工业发展趋势的自动化理念完全展示给欧洲的参观来宾。列车所带来的无限的科技灵感和广阔的交流空间为其欧洲之行赢得了满堂喝彩。2003年，这位科技使者在欧洲工业界的欢呼和全球科技界人士的期待中，在中国开始履行其新的使命。

西门子与中国的合作已有130年的历史。植根于西门子（中国）有限公司在自动化与控制、信息通讯、交通、医疗、能源、家电、照明等各个领域强大的科技实力和市场基础，西门子自动化与驱动集团已经成为中国工业长期的、值得信赖的合作伙伴。

如何加强与中国工业界的沟通，将与世界同步的领先科技带到中国，从而更为广泛地参与和加快中国的工业化建设进程是Exider列车全球之旅中国行的目标。

从2003年9月底入境开始，Exider列车作为西门子的创新科技使者，先后访问了满洲里、哈尔滨、长春、沈阳、北京、天津、济南、南京、上海、武汉、郑州、西安、成都、重庆、广州，于12月6日在深圳结束了其中国之行。让更多的中国大众了解西门子自动化对自身生活方方面面的渗透和改变，并且让中国工业界人士和相关政府部门理解、探讨西门子自动化科技对工业社会建设进程的推进作用是列车此次中国之行的核心使命。

帕格索斯传播机构作为西门子自动化与驱动集团此次"'自动化之光'专列全球

行中国十六城市巡展”的合作伙伴，负责这位科技使者整体的信息传播定位和巡展的策略制定，策划和实施了16站的后勤管理和现场管理，以及历时4个多月的媒体宣传活动。与西门子（中国）自动化与驱动集团一起，帕格索斯将这位科技使者传奇性的中国之行呈现给了全球工业界，为列车的世界之旅积累了丰富的经验，成为其中永远璀璨亮丽的一笔。

项目调研

对于这么一个历时长、传播信息复杂、涉及各方协调工作、层次多而烦琐的项目，帕格索斯传播机构面临的主要问题是3个矛盾：

矛盾1：传播信息的复杂、晦涩与2个月内16站活动安排的紧密程度之间的矛盾。

矛盾2：16站活动管理的同一性和各站情况的差异性之间的矛盾（既有相同的环节，又有不同的特色和变化，在紧凑的活动进程中所涉及的各个方面之间产生的矛盾）。

矛盾3：内部沟通信息的复杂与活动参与方众多之间的矛盾。

SWOT分析

- 优势：

1. 西门子品牌的美誉度高，有利于媒体报道和政府关系的沟通。
2. 西门子在自动化领域的国际领先地位和丰富积累，有助于新闻点的挖掘。
3. 作为国际公司，西门子的管理结构和自身的VI系统很健全，有利于活动的管理和双方的沟通。

- 劣势：

1. “自动化”是一个相对复杂的概念，并不直接面对消费者，增加了传播的难度。
2. 传播的时间长达2个月，客观上给把握媒体兴奋点造成困难。
3. 活动参与方众多，增加了活动管理的难度。
4. 16站的场地各异，条件差异很大，给搭建和人流管理带来压力。

- 机遇：

1. 媒体对“科技含量高”的新奇事物的关注。
2. 政府对拥有先进技术的国际企业在中国发展的支持。

- 挑战：

1. 媒体传播与活动内容的配合：

如何在各个阶段与活动内容紧密配合，把握媒体的兴奋点，突出阶段性传播的重点，达到整个传播计划的疏密有致、点面结合。

2. 来宾邀请的任务重，环节烦琐：

邀请来宾数量达到3万人次，随着巡展进程的推进，邀请环节随之调整和进行。

3. 场地设计、搭建的周密性：

各地差别较大的场地条件、天气等不可控因素对前期场地设计的周密性提出更多要求。

4. 16站的物流管理和人员管理要求及时、有效物流管理的专业性和应对不可控因素的第二方案成为保证物流通畅的关键。现场多方人员的协调和临时工作人员的管理成为保证16站活动质量稳定性的关键。

5. 现场参观人流管理的变化多。

各个城市变化的场地条件和不可预知因素给现场管理提出更多的要求。

6. 多方协调、沟通工作的繁重。

项目策划

★ 目标：

传播西门子自动化科技的崭新理念和代表未来自动化发展趋势的尖端科技，加强与客户之间的关系。

向中国工业界和大众传达西门子自动化科技与自身生活息息相关的信息，并推广西门子科技创新、关注未来的企业形象。

向各级政府部门传达关注中国各地区工业建设，谋求共同发展的良好企业形象。

★ 策略：

传播受众1：媒体。

关键：传播信息的定位——“自动化”无处不在，身边一切文明的成果和实物都离不开自动化；它是衣、食、住、行。

A. 提前两个半月预热，将图片影像作为吸引注意力的关键。

由于传播信息的晦涩，长时间的预热成为必需。

根据认知曲线选择合适的、丰富的新闻点成为媒体宣传的关键。首先利用列车本身全新的展示形式和图片新闻的说服力吸引大众的关注，营造憧憬。随即渐次传达列车作为科技使者背后的科技原动力和中国之行的使命，宣告列车来到中国。

B. 新闻稿和广告宣传并进，各有侧重。

前期宣传以新闻稿为主，旨在介绍列车基本情况。

选择各个巡展城市的主流平面媒体，保证前期宣传的信息到达率，并兼顾媒体报道时段与参观者邀请进程的配合。

活动开始后，在重要各站前辅以广告宣传，提升活动的口碑效应。

C. 电视媒体报道的深度挖掘。

提供影像充足的视频资料和安排深度报道所需要的专访等环节。

利用各个巡展城市的主流电视栏目的前期宣传，让视觉冲击力带来更多关注。活动开始后，周密细致的媒体环节保证电视媒体的深入报道。

D. 媒体兴奋点的节奏的把握。

活动进行中，以4个主要城市丰富的活动内容为新闻点，不断推进全国媒体的报道热潮。

传播受众2：工业用户。

关键：展览的专业性要求参观者的专业性，邀请参观者为主要来宾。

现场氛围的有序、国际化、亲和力。

讲解和交流的时间与环境。

A. 来宾邀请工作决定启用专业的Call Center，保证接待工作的可控性。

B. 现场搭建物必须保证充分的交流空间和舒适的环境。

C. 车厢配备讲解员。

传播受众3：政府相关部门。

各城市政府部门领导的邀请从一开始便纳入巡展工作进程计划，从而加强与政府部门的关系，加强媒体报道的力度。

活动管理1：活动设计与媒体报道相配合。

活动设计与其他大型展示活动的结合，如与北京中国铁道博物馆展示、上海外滩巡游、工博会展示的结合，以及在长春站开进一汽大众厂区等，以便加强媒体报道的力度和提升活动背景。

各城市活动流程环节设计充分考虑媒体报道的需要。

活动管理2：搭建物的“弹性”，适应场地变化。

搭建物的“弹性”设计，以提供交流空间为导向，兼顾人流导引和控制，并且可以方便组合，适应场地变化。

活动管理3：内部沟通、人员管理的环节标准化。

内部会议记录、文案管理、工作日程和分工标准化，以保证各城市巡展质量的稳定性。

活动管理4：物流系统的标准化管理。

启用物流系统的标准化管理保证活动的流畅性。

项目执行

★ 解决矛盾1（传播信息的复杂、晦涩与2个月内16站活动安排的紧密程度之间的矛盾）：

亮点：

A. 定位的关键信息（“自动化”无处不在）的传播。

信息的定位通过新闻稿以及现场西门子领导在新闻发布会上的发言、交谈得以传播。定位的制定、沟通保证了传播的一致性和有效性。

B. 活动环节对信息传播、媒体兴奋点把握的关键作用。

a. 各站的盖章环节和拉页设计的纪念册成为亮点和关键

问题：如何将专列的全球行中国16城市巡展的背景展现给各站媒体和政府领导，使其具象化，成为活动的关键环节和媒体兴奋点。

解决：拉页设计的纪念册将各站的情况完全展现出来；盖章环节具象化了各站政府领导与列车之间的沟通，成为各站媒体的兴奋点，增加了图片报道的力度。

盖章环节还向各站媒体和政府领导传达了西门子专列全球行和各城市之间的关系，比剪彩等形式更有纪念意义，更有民族性，体现了西门子的创新思维方式。

b. 前期预热宣传结合列车入境吊装、新闻发布会、自动化专家会议等，丰富立体的新闻点

列车满洲里吊装：利用新奇事物吸引眼球。

新闻发布会：将“自动化之光”中国行与每年一度的西门子自动化专家会议相结合，邀请全国和北京的百余家媒体参加，向媒体宣布此次“自动化之光”专列中国行的到来，同时传达“自动化之光”专列的科技原动力——西门子自动化与驱动集团长期以来的对科技创新的关注，比如每年一度的西门子自动化专家会议。新闻点的把握让媒体的宣传报道更容易实现，报道内容也更加立体和充实。

c. 以“科技使者”的身份推出西门子专列

结合欧洲行的车厢图片，很快吸引住了媒体的目光。随后在车厢展示内容和应用实例上挖掘，把媒体兴奋点一步一步提升。

d. 现场媒体环节的安排把握媒体兴奋点

从开展仪式、参观列车到新闻发布会，将核心概念“全集成自动化”渐次展开。

活动后的媒体资料提供，将后续深入挖掘报道推向高潮。

C. 关键媒体报道的拉动效应。

在帕格索斯安排下，前期预热宣传抓住关键媒体如CCTV新闻联播对活动的关注和报道，扩大了信息传达的受众范围，并对媒体报道起到了良好的推动作用。

D. 信息传递的快速、及时、充足。

现场图片和影像资料的即时编辑和传递，保证网络广告信息和内部网站的及时更新。

影像资料库的统一管理和登记系统，及时而有效，充分保证了各站活动影像资料的编辑和播放需求。

★ 解决矛盾2（16站活动既有相同的环节，又有不同的特色和变化，在紧凑的活动进程中所涉及的各个方面之间产生的矛盾）：

关键：抓住各城市活动相同和“必需”的方面，又能适应各站的变化。

制作物的设计要求功能性和灵活性（“弹”性），适应各个场地的变化。

执行：

A. 制作物的组合性强，适应场地、条件的变化。

B. 抓住关键制作物——如帐篷，既是来宾交流的必需，又能很好适应场地要求。功能性和适应性都很强。

C. 前期列车停靠场地踩点工作对搭建至关重要。

D. 考虑因素包括人流管理、制作物尺寸、各个活动流程、环节。

软性设施的设计和配备服务于传播的目的和活动管理的顺利进行。

执行：

A. 咖啡、茶饮的供应和吧桌、吧椅的提供是为了满足来宾交流的需要，是“必需”。

B. 现场搭建制作物，包括前期邀请和现场的制作物都有统一的VI设计。简洁美观，直指人流管理和疏导的目标导向，并保证了舒适度和国际化标准。

★ 解决矛盾3（内部沟通信息的复杂与活动参与方众多之间的矛盾）。

关键：会议的沟通+文案的管理。

执行：

A. 内部工作会议上适时的、及时的沟通和总结。

B. 文案的标准化管理和及时更新。

活动亮点：

关键：具象实物和环节对关键信息传播的重要性。

人文气息、文化交流和可操作性、可控性的结合。

A. 制作物和相关流程的人文气息和象征意义：

◇ 帐篷的采用突出了现场沟通的目标导向，实用而且美观。

◇“自动化之光”专列中国行纪念册封面的苏绣设计完全凸显了专列全球行的国际活动背景和中国之行的特点。纪念册的16站拉页设计成为每一站活动的亮点。

◇ 各站纪念章的设计体现了西门子自动化与驱动“合”的精神实质，其象征意义成为重要的留念物品。

◇ 盖章环节的设置更是将传递的信息具象化，起到了关键作用。

B. 着装设计的文化气息和实用性的结合：

◇ 各站关键岗位的形象大使拥有统一的与西门子企业标识协调色调的着装。各站当地的礼仪小姐选择了具有德国巴伐利亚风情的着装，标志醒目而且传达了德国文化气息。通过披风等小变化，应对各地气温的强烈变化。

◇ 咖啡先生和所管辖的食品台的设立更好地服务于来宾的休息、交流。着装采用全身闪银的太空装和滚轴，以及背在身后的饮料桶。标志醒目，符合未来科技的风格，移动性增强了现场气氛的活跃和对来宾的即时照顾。在个别条件较差的场地取消了滚轴装备。

C. 影像资料的国际化和民族性：

◇ 各站选取每个城市有代表意义的城市景观与“自动化之光”专列的结合，反映专列中国之行的独特人文气息。

◇ 重点站如北京站的专列过青龙桥、长城的景象以及过上海南浦大桥、外滩的航拍安排，为整个活动在当地的影响力和以后各站影像资料的现场播放提供了亮点。

◇ 配乐的定位和编辑突出国际化和民族性。它将列车与中国特色的人文景观的交相辉映展现得淋漓尽致，在活动现场赢得了各方的热烈好评，成为活动现场振奋人心的亮点，同时也为活动后进一步宣传提供了宝贵素材。

D. 参观者管理的可控性：

◇ 前期来宾邀请确认后数据库的建立和及时更新保证了现场人流控制的准备工作的完善。按照既定时间和步骤对这两万名参观者逐一电话联络、寄送背景资料、确认参观意向、发出邀请函、回执确认、提前致电提醒参观，同时即时更新数据库，保证现场人流控制的最优选方式的采用。

◇ 来宾签到采用自动扫描方式，快捷而且便于现场、后期的整理统计。

◇ 由于车厢容量有限，来宾参观采取分组方式。

◇ 现场更新的来宾数据及时录入数据库，为以后的参观客户分析报告提供原始数据。

◇ 由于各站大多数火车站离市区较远，多在市区安排来宾专用巴士接送。

项目执行的质量离不开专业的团队、合理的团队分工和严密的项目控制。与客户沟通人员的相对固定，保证了对项目各个关键环节的准确把握。关键岗位人员的固定和各站临时工作人员的及时培训，既保证了项目执行的质量，又增加了投入产出比。

项目评估

★ 媒体反响正面而强烈。

“自动化之光”专列巡展得到了全国媒体的热烈响应，平面媒体报道量达到了350篇，共计414062字。网络媒体报道量达到了388篇，在新浪的专题报道浏览量达到50万人次，电视媒体报道超过90个，共计376分钟，广播媒体报道时长达到108分钟。

中央电视台新闻联播两次对其进行了报道，西门子（中国）自动化与驱动集团总经理前后两次接受中央电视台国际频道和上海东方卫视的专访。

全国媒体均对此次活动给予正面的响应，赞扬之声不绝于耳……

★ 各界人士给予高度评价。

西门子“自动化之光”专列得到了政府、工业界、科技界和社会各界人士的关注。辽宁省省长及东三省的3位副市长率先领略了专列的风采，纷纷表示东北老工业基地正是需要不断借鉴如西门子这样的国际公司的先进理念，以科技振兴东北经济。

在北京，铁道部副部长兴致勃勃地参观了专列并欣然为“自动化之光”题词。在上海，“自动化之光”更成为工博会现场最亮丽的风景。上海市委书记参观后慨叹“西门子的工业科技确实值得上海的工业界学习”。随之又先后有商业部、科学技术部、信息产业部3位部长或副部长参观。他们在现场表示：“西门子这辆代表国际自动化领先水平的列车能够来到中国，来到工博会，真正体现了西门子将最先进的技术带到客户身边。这种面对面的、独特的交流方式对推动中国工业科技的发展有着重要的意义和作用。”

参观来宾人数众多，行业覆盖工业建设的各个领域：

列车共接受将近5万中国工业用户的参观，遍及东北等几个大区，来自钢铁等十几个工业门类和工业、技术研究机构。

（本案例荣获第六届中国最佳公共关系案例大赛金奖）

复习思考题

1. 以自己的身份、经历为例，列出你曾经是哪些组织、哪几种类别的公众（可以交叉）。

2. 如果你是一家商场的顾客公众，请从自己的心理需求出发，谈谈该商场如何做才能使你满意。

3. 请展开联想，为你所处的组织列出一份公众对象名单。

4. 《何振梁诠释申奥疑团》提醒我们开展公关工作应注意什么？

5. 《西门子“自动化之光”中国16城市巡展》展示了一个大型的公关活动，涉及了哪些公众，其工作对你有何启发？

参考阅读

王乐夫、廖为建：《公共关系学》，辽宁人民出版社1986年版。

第五章　公共关系的三大目标

本章提要

其他教科书中既有的组织形象评估指标“知名度”、“美誉度”存在着欠缺，因而，我们在本章提出应以“认知度”、“美誉度”、“和谐度”作为公共关系的工作目标。

认知度侧重公众对组织形象认知的广度与深度进行衡量确定；美誉度、和谐度侧重公众对组织进行道德价值的评判，其中，和谐度主要是就组织与目标公众的关系而言。这“三大目标”的提出，其意义在于：使“公共关系”具有了独立存在的个性化标志，使组织的公共关系工作具有了可比照性，并使公共关系工作更好地服务于组织目标。

本章对三大目标的含义以及确立公共关系工作三大目标意义作了阐述，最后，对“三度”的分解与量化确定作了介绍。

通过对本章的学习，我们要树立明确的公共关系工作目标，学习用“认知度”、“美誉度”、“和谐度”来考察公共关系现状，衡量公共关系工作结果。

公共关系的主体——社会组织“是人们为了达到特定的目标而建立的系统，明确的目标是社会组织的显著特点之一。组织目标指的是组织争取达到的一种未来状态，是组织开展各项活动的依据和动力”。① 而公共关系目标则是组织目标的一个子系统，指的是社会组织通过一系列工作，所欲达到的树立组织形象、与公众取得和谐的状态。与组织目标一样，公共关系目标也是一个变量，有长远目标、中期目标、近期目标、特定目标之分；但它与组织目标在一个时期往往由特定的工作重心派生出特定的目标不一样，公共关系目标由于涉及的主要是组织与公众的长远关系，其制定与衡量便有着一个统一的标准，这就是社会组织的认知度、美誉度、和谐度，即本章所要阐述的公共关系的三人日标。

第一节　三大目标的内涵

毋庸讳言，在我们既有的公共关系教科书中，公共关系目标的表述一直为“知名度、美誉度”，然而，伴随着公共关系实践与理论的交替推进，“知名度、美誉度”的“二度目标”之提法，越来越暴露出其不足来：

① 郑杭生：《社会学概论新编》，中国人民大学出版社 1987 年版，第 201 页。

其一，“知名度”的本身无法作量的分解，即它表示的仅仅是组织被知晓的广度，而无法表示组织被认识的深度。如一个组织仅仅被公众知道名称，与既被公众知道名称又被公众知道其运行信息，其引发的结果必大不一样；而组织更多的信息被公众所知晓却是“知名度”无法涵盖的。

其二，仅以“知名度”与“美誉度”来表达组织的公共关系目标，很大程度上表示的是组织的非公众对组织的知晓与评价，虽然任何一个组织都需要非公众的良好评价，但从组织存在的本质上看，组织更需要的是与目标公众取得和谐，在目标公众的心目中树立良好形象。如广州“白云山”、郑州“亚细亚”一度追求的只是“知名度”与“美誉度”，但由于与内外部的目标公众不相和谐，以致经营出现困境。如此，一定意义上“二度目标”远离了组织利益的关注点，即脱离了社会组织的实际。

其三，由上述两点决定，“二度目标”对社会组织的公共关系工作的要求来说存在着不周延现象，也就无法作合理的分解以及周密的量化统计，如此，组织的公共关系状态只能作模糊的判断；而作为一门为社会实践所需要的现代学科，如果不能得到量化的衡量与操作，则一方面难以上升为真正的科学；另一方面对组织的公共关系工作也缺乏精确的指导。

鉴于以上不足，我们设计出“认知度”、“美誉度”和“和谐度”这“三度目标”来作为进行组织公共关系目标量化衡量的统一标准。

一、“认知度”的内涵

“认知”，英文为 cognition，是 20 世纪 50 年代兴起的认知心理学的核心概念。该心理学流派主要是从信息加工的角度来研究认知或认识活动，如此，“认知”即认识知晓之意。世界最大的公共关系公司博雅公司，1997 年对公共关系作了全新的诠释，认为公共关系即“认知管理”。①

由“认知”转换过来而为公共关系目标之一的“认知度”，表述的是一个社会组织被社会公众所认识、知晓的程度，其包含被认识的深度、被知晓的广度两个方面。比如，一个企业的企业名称、产品商标、行业归属、历史沿革、主要产品、产品特征、经营状况、法人代表等诸多具体信息在多大范围内被公众所知晓，在多深的程度上被公众所认识，合起来则为这个企业的“认知度”。

“认知度”与“知名度”相比，其内涵更加丰富。它不仅可以指组织的名声在多大范围内被公众所知晓，而且指组织有多少信息被公众所认识。一般来说，公众如果只闻组织名，即“知名”，对组织的意义并不很大；而在知名的基础上，公众对组织的认识越多、越深，对组织的意义或作用就越大。如某公众群只知道“海尔”，可谓“海尔”在该公众群中拥有知名度；但该公众群如果还对“海尔”的产品——电冰箱、洗衣机、空调等，“海尔”的产地——青岛，“海尔”的内部管理——“日清日

① 李亦非：《公关新概念——认知管理》，载于《中外管理导报》1999 年第 3 期。

毕”、“日清日高”、“零缺陷”等，“海尔”的当家人——张瑞敏，“海尔”的发展历史——砸不合格冰箱的故事、“琴岛·利勃海尔”向“海尔”的演变等，“海尔”的深层文化——以“真诚到永远”理念为核心的“海尔文化”等都有认知，那么，应该以“认知度”表达的后者，对企业发展的意义显然就比前者重要得多。因此，任何组织开展公共关系工作，其目标之一就是追求拥有较高的认知度。

认知度的确定首先取决于组织被认知的广度，其广度的确定宜建立在组织被公众认知的一定区域的级别之上。其区域级别共有 A—国际、B—全国、C—大区、D—省区、E—当地等五个级别（见图 5－1）。

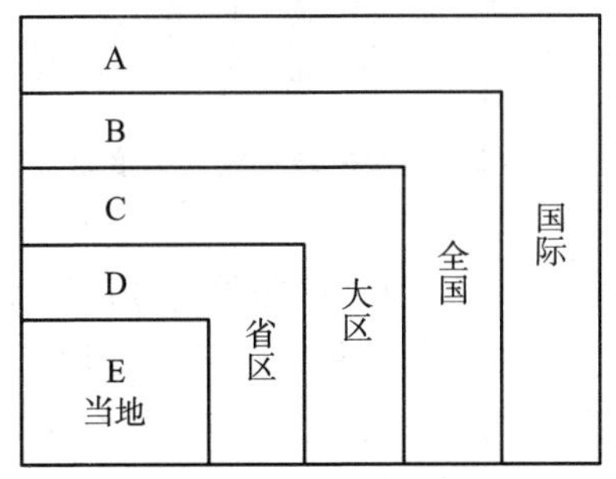

图 5－1　组织认知度区域级别

在图 5－1 中，E—D—C—B—A，呈一种层层递升、扩大的关系，也是现实中任何一个组织在公众心目中认知度大小在区域上的反映。这 5 个级别的划分，使得认知度的定量确定有了一个基本的前提，否则，认知度仅以百分比来表示，则缺乏可比性。而这 5 个级别的确定，则建立在该组织的规模和档级、与之发生关系的公众分布、媒介传播曾经所及的范围等量化数据的基础之上。比如，邯郸钢铁公司是大型企业，与之发生关系的公众分布于全国范围，中央级的传播媒介曾对其进行过多次报道传播，全国国有企业曾经掀起“学邯钢”的热潮，但其产品尚未走向世界，它的典型经验也不可能得到世界范围的关注与传播。如此，在经过一定数据取证之后，就可以确定该企业具有“B 级—全国”的认知度。其次，认知度的确定建立在公众对组织信息认识知晓的深度上。一个组织在运行过程中，其产生的信息量是很大的。对于一般公众来说，当然不可能对任何组织的任何信息都有深入的了解。因此，就需要把组织方面的一些最基本的信息要素按照由浅入深、由表及里的排序列举出来，通过对公众的调查，从而确定组织被公众认知的深度。这些基本的信息要素为 10 个，其排序与量化的认知度，可从“组织要素认知度坐标图”得以显示（见图 5－2）。

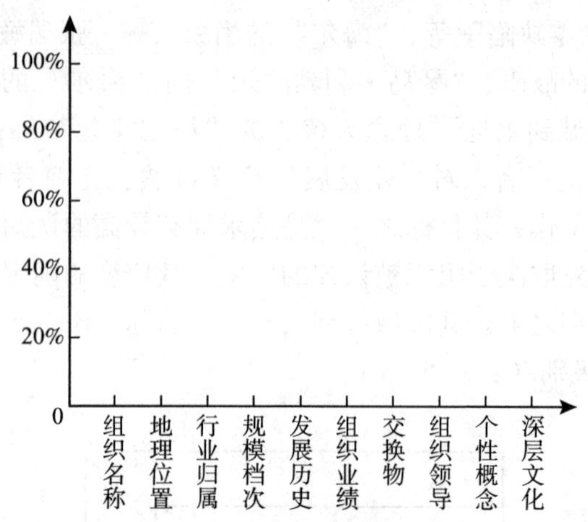

图 5－2　组织形象要素认知度坐标

在图 5－2 中，横坐标上的 10 个要素中越靠近 0 的要素，越是表层的、浅层的要素；越远离 0 的要素则反之。在这些要素中，所需要说明的有两个概念：一是“交换物”，其包括企业向公众提供的具体商品——物质产品与无形服务、政府机关与事业单位向公众提供的各类服务。之所以称作“交换物”，是因为在现代社会，一个组织只有以特定的、有形或无形的“交换物”服务于公众，它才会有生存的价值。二是“个性概念”，指的是组织曾经引起公众瞩目的个性信息，如个性化的管理经验、个性化的“交换物”、个性化的信息发布。“个性概念”是一个组织创新能力的概括性反映，也是一个组织形象引起公众瞩目的重要特征。由于深层的、里层的要素是由浅层、表层的要素深化而来的，虽然它们彼此之间多多少少有着重要与次重要之分，但为简化操作考虑，我们依然赋予同样的系数——“1”。

对组织 10 要素认知度调查的百分数，会在坐标图上显示出波浪曲线，也就必然会呈现 3 种不同的变量值，即：

众值 M_0，即 10 要素中所占百分比最高的变量值；

中位值 M_d，即 10 要素中按百分比的高低排序，从中央位置所取的变量值；

均值 $\overline{X}$，即 10 要素百分比的平均值。如果进行深入研究，这 3 种变量值都是值得重视与运用的，而在一般对组织认知度进行衡量确定的操作中，可以重点采用均值。其计算公式为：

$$\overline{X} = \sum X_i / N$$

公式中，$\sum X_i$——所调查到的变量值的总和，即百分点的总和；N——所调查的要素总数，在认知度的调查中固定为 10。

假设一个组织的 $\sum X_i$ 为 632. 3，再除以 10，其均值 $\overline{X}$则为 63. 23；为了使组织的认知度便于把握，我们将每 10 个百分点归为 1 个档次，那么，该组织的认知度则为6档。如此，再与前面所确定的级别相结合，这个组织的认知度的完整确定则为6A、6B、6C、6D、6E中的一个。

试以安徽芜湖傻子瓜子公司为例，其认知度是这样确定的：

经调查，“傻子”因作为个体经济的代表得到特殊传播的缘故，其认知的广度可确定为“全国—B级”，而认知度衡量的10个要素的数据则分别为：

组织名称：62.5

地理位置：47.0

行业归属：56.2

规模档次：38.3

发展历史：32.0

组织业绩：34.4

交换物（瓜子）：61.8

组织领导（年广久）：53.5

个性概念：8.9

深层文化：22.0

在这组数据中，占百分比最高的量值，即“众值 M_0”，则是62.5；而10要素中按百分比的高低排序，从中央位置所取的变量值、即“中位值 M_d”，则是47.0与38.3；而我们所要采用的“均值 $\overline{X}$”，即10要素百分比的平均值，则以 $\sum X_i$——所调查到的变量值的总和——百分点的总和416.6，除以 N——所调查的要素总数10，得出“均值”为41.66。按0～10为0档级、10～20为1档级进行类推，41～66则为4档级。如此，傻子瓜子公司的认知度的指标即可以确定为“4B级”。下面，我们将组织认知度的所有档级列表如表5－1所示。

表5－1　　组织认知度档级一览

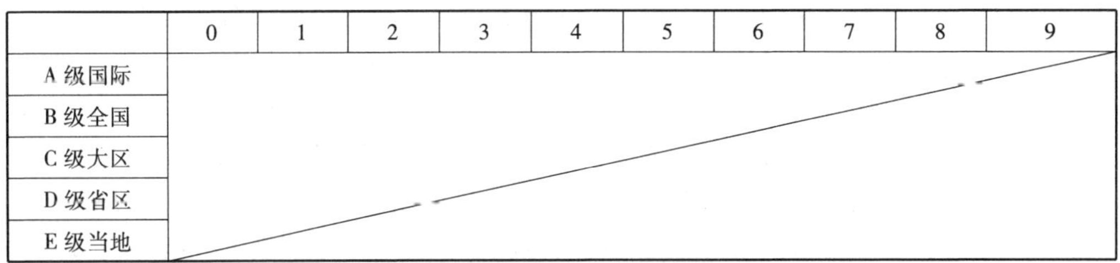

	0	1	2	3	4	5	6	7	8	9
A级国际										
B级全国										
C级大区										
D级省区										
E级当地										

当地从表5－1上，显示出斜线的右上方为9A级，也就是组织认知度的最高级；而斜线的左下方为0E级则是组织认知度的最低级。可以说，任何一个组织的认知度都可以从中找到一个对应点。

二、“美誉度”的内涵

美誉度，即一个社会组织获得公众赞美、称誉的程度，是组织形象受公众给予美丑、好坏评价的舆论倾向性指标。美誉度与认知度不同的是：认知度是中性的，不存在道德价值的判断；而美誉度则是有褒贬倾向性的统计指标，是对组织道德价值的判断。因此，一个组织有可能“先天不足”，认知度只能限制在当地E级，但它却完全可以通过努力，拥有比C级、D级，甚至A级、B级认知度的组织更高的美誉度。

不同的社会组织，其美誉度的体现有不同的内容。如企业的美誉度与政府的美誉度衡量的角度就不尽相同，而生产性企业与服务性企业的美誉度也有不同的要求。但美誉度作为舆论倾向性的指标，又是有共性的，任何组织都应该可以在一个统一的指标体系中得到衡量，这个指标体系的分解我们将在第三节介绍，但它赖以进行的基本坐标图如图5－3所示。

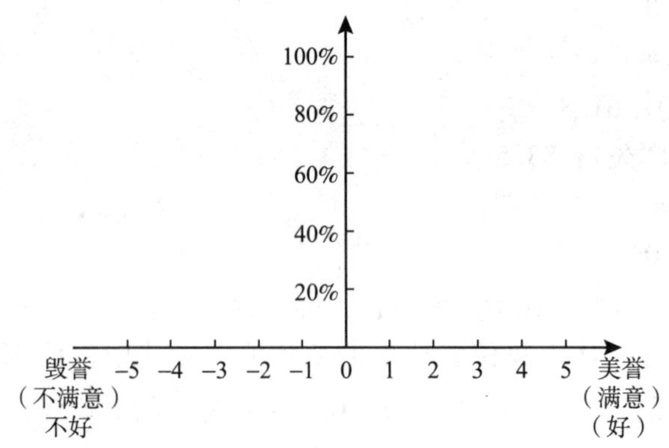

图5－3　组织美誉度衡量的基本坐标

在这个坐标图中，“美誉”、“满意”、“好”为肯定性舆论倾向的一极，即正极；“毁誉”、“不满意”、“不好”为否定性舆论倾向的一极，即负极。每一极以5个等级划分，以便打分量化。以此坐标图为基础，还可以演化为“十分赞赏”、“赞赏”、“比较赞赏”、“无所谓”、“不够赞赏”、“不赞赏”、“极不赞赏”等相类似的衡量方法。但从简便、可数量化的角度上看，以正负5等级、加百分比的衡量方法最便于操作，最能相对准确地反映组织美誉度，因此，上图可视做基本坐标图。

该基本坐标图可以用于美誉度分解后的各个要素衡量之上，但最后依然要归于组织整体美誉度的基本坐标图。图上依然会取出众值M_0、中位值M_d、均值等3个变量值；但从美誉度的衡量最后应落到等级上考虑，我们采用的是众值M_0——所占百分比最高的变量值。即先取其众值M_0，然后看众值M_0位于哪个等级上，该等级即为组织美誉度的等级。如某个组织的众值M_0落在等级“3”之上，由于众值M_0所占百分比最高、具有多数公众众望所归的性质，因此“等级3”就是该组织的美誉度。

依然以傻子瓜子公司为例：

经调查，傻子瓜子公司美誉度的百分比分布为：“－1”级0.3%，“0”级1.7%，“1”级10.8%，“2”级46.6%，“3”级27.6%，“4”级13.3%。根据组织美誉度取众值的原则，“傻子”的美誉度即为2级。

如此，组织的美誉度总在正、负各5以及“0”这11个等级中的一个之上。一般来说，大多数组织的美誉度又总在正极的5个等级幅度之内，只是从基本坐标图上看，在正负之间还有一个0等，如此，在理论上就应该将其加上，组织的美誉度就总共有了11个等级。当然，在实践中，组织的美誉度非正即负，0等往往是不存在的。

三、“和谐度”的内涵

与“美誉度”一样，“和谐度”也属对于组织道德价值判断的范畴，但却是美誉度在目标公众中的延伸，即一个社会组织在发展运行过程中，获得目标公众态度认可、情感亲和、言语宣传、行为合作的程度；是组织从目标公众出发、开展公共关系工作获得回报的指标。

在客观世界，关系无所不在，而关系的最佳境界就是和谐。爱因斯坦认为，统一、联系、和谐、协调是自然界的普遍性质。人与人构成的社会关系，和平共处、和谐发展，同样也是处理各种各样关系最基本的准则。而公共关系学本身，便正是求取组织与公众关系的和谐而应运而生的。美国著名公共关系学专家卡特利普和森特在《有效公共关系》中对公共关系的定义就表述为：“公共关系是一种管理职能，它确定、建立和维持某个组织与决定其成败的各类公众之间的互利关系。”①

在这个定义中，我们应注意到两点：一是公共关系重点关注的是决定组织成败的“各类公众”，即目标公众，而不是可能对组织认知度、美誉度作出反应的非公众；二是确定、建立、维持“互利关系”，实际上就是取得组织与目标公众之间的和谐。显而易见，“和谐度”是在“认知度”、“美誉度”基础之上的必然延伸，是组织最为关心的一个指标。

如此，“和谐度”的确定就与“认知度”、“美誉度”的确定有所不同，它不是在向普遍性的社会公众（含非公众与目标公众）调查统计的基础上产生，而是建立在专门向各类目标公众调查统计的基础之上。目标公众的类别、和谐度的程度档级，我们依然放在第三节加以阐述，这里，则重点介绍组织和谐度衡量的基本坐标，如图5－4所示。

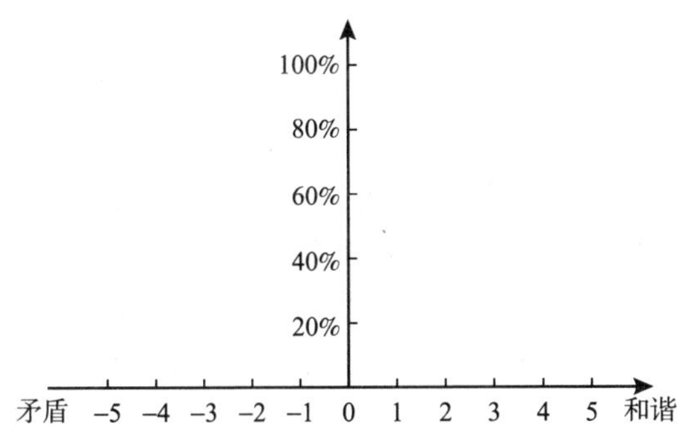

图5－4 组织和谐度衡量的基本坐标

① 卡特利普、森特等：《有效公共关系》（中文版），中国财政经济出版社1988年版，第8页。

该坐标图的操作使用，与“美誉度”的衡量一样，也是取其众值 M_0，然后看众值 M_0 位于哪个等级上，该等级即为组织和谐度的等级。如傻子瓜子公司的和谐度，经调查衡量，其众值 M_0——53.6%在“3”上，那么，“3”就是该公司和谐度的等级。在坐标图上我们可以看到，“和谐”与“矛盾”是对应举出的，即关系不和谐就表现为“矛盾”、就是“负和谐”。在现实中，一个状态稳定的组织，其“和谐度”不可能为负数，否则它就无法生存；但在某个危机即将来临的一段时间，组织出现“负和谐”却是可能的，它警醒组织要赶紧采取危机公关。

第二节　确定三大目标的意义

如上，我们在突破“知名度、美誉度”这公共关系既有的目标表述之后，提出“认知度、美誉度、和谐度”这新的公共关系三大目标。之所以做如此的努力，是因为公共关系科学的目标体系的建立对学科本身、对社会组织的运行发展有着重要意义。具体体现在三个方面。

一、是“公共关系”独立存在的个性化标志

公共关系的诞生，从艾维·李的公共关系职业实践到爱德华·伯纳斯的理论建树，始终是围绕着组织的形象、组织与公众的关系展开的；只是至今组织的“形象”与组织的“公众关系”，一直没有一套科学、系统的目标体系，以至于组织开展公共关系的效果只能间接地体现在组织的管理指标之中，如此则必然地影响了公共关系学科地位的提升。而对比企业品牌无形价值的评定、产品质量管理的ISO9000体系、国家卫生城市的评比验收等都具有科学、明确的指标体系，公共关系原有的、以“知名度、美誉度”进行的衡量判断，就显得模糊、不科学，因此也就无法强有力地证明自身的独立存在。科学哲学认为：“一门可确定和测量它所研究之现象的学科将比那些不能够做到这一点的学科发展得快一些。”①

如此，学科的发展与理论的实践，都呼唤着公共关系学建立可量化、更精确的目标体系。

不仅如此，由于公共关系学具有学科交叉的特点，其涉及管理学、传播学、心理学、社会学、交际学、策划学等多个学科，因此，如果自身没有核心的概念，没有完整、严谨的体系，就容易丧失自我，失去本体。虽然，公共关系学经过近百年的发展，已形成了若干稳定的、被人们广为接受的概念，如“组织形象”、“公众”、“四步工作法”、“沟通”、“双向对称”等，但公共关系工作的意义具体体现何在？公共关系理论的凝聚点将由怎样的个性化的概念来表述？种种疑问都在呼唤用个性化的、科学严谨的概念来表达公共关系的目标。科学的发展往往是“用新的概念代替较旧的概念，或者从根本上修正这些旧概念，因此常识便受到科学的改造”。②

① 克特·W·巴克：《社会心理学》（中文版），南开大学出版社1987年版，第248页。
② M.W. 瓦托夫斯基：《科学思想的概念基础》（中文版），求实出版社1989年版，第18页。

而汲取既有概念长处的“认知度”、“美誉度”、“和谐度”三个概念，既科学地表述了公共关系的目标，又显示出鲜明的个性色彩，也就自然地成为公共关系独立存在的个性化标志。而且“认知度、美誉度、和谐度”这三大目标提出，并可进行量化操作执行，然后可相对精确地对组织形象状态进行判定，为我们一切公共关系工作的开展，确立了一个核心点、一套参照系，使得公共关系工作本身、公共关系的价值效能、公共关系理论发展，都有了独立存在的个性色彩。而学科独一无二的个性，恰是学科的生命力、理论的实践性的关键所在。

二、使组织的公共关系工作具有了可比照性

工作目标越具体，其实施操作就越有章可循，工作的结果就越容易接近目标。公共关系三大目标的提出，由于它的可分解、可量化，同时在分解量化后又可合理地概括、综合，从而作出组织公共关系状态的科学评判，如此，就显得具体可行，使整个公共关系的操作过程都具有可比照性。以上面所分别阐述的三大目标内涵为基础，组织的公共关系工作目标可以具体、稳定地划分为如下等级：

认知度：5 级——A—国际、B—全国、C—大区、D—省区、E—当地

10 等——0、1、2、3、4、5、6、7、8、9

美誉度：11 等——－5、－4、－3、－2、－1、0、1、2、3、4、5

和谐度：11 等——－5、－4、－3、－2、－1、0、1、2、3、4、5

“三度”、“四档级”的合成，就是一个组织公共关系状况的等级。它首先可以作为组织公共关系目标的表述，其次可以作为组织公共关系状态的反映。一般情况下，组织的公共关系状态总是呈正数的，其标准的“公共关系状况等级”表述则由 4 个符号构成，即：

公共关系状况等级＝认知度档级＋认知度区域级＋美誉度等级＋和谐度等级

比如，一个组织的认知度为 6 档、区域为全国—B 级、美誉度为 3、和谐度为 4，那么，该组织的“公共关系状况等级”则表示为“6B34”；一个组织的认知度为 5 档、区域为省区—C 级、美誉度为 2、和谐度为 3，那么，该组织的“公共关系状况等级”则表示为“5C23”；等等诸如此类。

在极少数的情况下，组织的美誉度或和谐度可能呈负数，那么，只要把负数写进“公共关系状况等级”即可，比如：“6B－21”、“5C2－2”、“4E－1－3”。但只要一出现负数，这个组织就相当危险了，“危机公共关系”也就成了必然的选择。

有了“公共关系状况等级”，组织公共关系状态衡量就有了标准体系，组织所制定的公共关系目标也呈科学化、系统化，而公共关系调查的开展也有了针对性；同时“公共关系状况等级”还成为公共关系的评估体系，以使公共关系活动开展以后的效果评估有了可进行比照的具体指标。比如一个组织的公共关系状态，根据对“认知度、美誉度、和谐度”的逐项调查，得出“公共关系状况等级”为“7E44”，即在当地有 7 等的认知度，且美誉度、和谐度均为 4 等，离最高的 5 等仅一步之遥，应该说这个组织在当地的形象是很不错的，于是，它就可以比照性地制定更高的公共关系

目标。如果将“公共关系状况等级”定在“4D44”之上，即在“认知度”上区域从“当地”扩大为“省区”，等级则降低了3档，“美誉度”与“和谐度”维持不变，而公共关系工作实施后的评估，则可以比照“7E44”、“4D44”来进行。总而言之，认知度、美誉度、和谐度这“三度”构成的“公共关系状况等级”，使组织公共关系目标的制定更为具体，也使社会组织公共关系的每一步工作都具有了可比照性。

三、使公共关系工作更好地服务于组织目标

一个社会组织开展公共关系工作，努力实现较理想的“认知度、美誉度、和谐度”的公共关系目标，其实并不是终极目的，而是为组织的生存、发展之总体目标服务的。

组织的总体目标体现在经济效益与社会效益上，这两个效益都是可以量化的；而任何组织都只能根据自身实际，制定出切实可行的量化目标。相应地，组织也就要求公共关系的目标与之接轨、为其服务。而可分解、量化的“认知度、美誉度、和谐度”的公共关系三大目标，就能有效地与组织目标接轨，并促使公共关系工作更好地服务于组织目标。比如，某个企业在当地（城市或地区）是个较有影响的企业，其品牌在当地属于地方名牌，其“公共关系状况等级”为“8E45”，这时，该企业制定的战略目标一般为：把市场的覆盖面扩大到全省，品牌则从地方名牌提升为省级名牌，其产值、利润也应有大幅度的提高；为了服务于组织的新的战略目标，组织的公共关系目标当然也应该进行相应的提高：首先，根据组织“公共关系状况等级”中“认知度”的实际等级——“当地E级”，合理地确定自己认知度的区域应该向“省区D级”攀升。虽然区域等级只上升了1个等级，但区域范围、社会公众的人数却往往扩大了数十倍，短期内不可能奢望认知度的等级也如同在当地一样为“8档”，因此就可以确定在若干年内达到“5档”。如此，企业认知度的目标即为“5D”级，为企业要在省区内有一番大作为，从认知度上进行了铺垫。

其次，企业要开发全省的市场、创省级名牌，美誉度是基础，其要求丝毫不能降低。但考虑到原有的美誉度“4等”已经很高，且在全省范围内无形的标准会更严格，因此美誉度仍可以确定为“4等”。如果实现这一目标就可以为企业的战略目标奠定良好的舆论基础。

最后，根据战略目标企业将在全省的市场上进行开拓，企业的目标公众也将大幅度地增加、扩大；如此，企业与新的、更为广大的目标公众之间就有一个认知、认可、亲和、合作、磨合、协调的过程，其和谐度便将面临一个全新考验的过程。因此，在短期内，其和谐度就可能有所降低，暂且确定为“3等”则是适宜的。但企业的决策者必须明确，企业战略目标的实现，很大程度上取决于企业与目标公众的和谐度。只有和谐度在更大范围内得到保证，企业的经济效益才能得到提高，企业才能得到实质性的发展。此外应说明，企业的社会效益，一定意义上与公共关系效果是一致的。虽然，这里仅仅是从企业发展的角度来谈“三大目标”对组织实现工作目标的作用，但对更重视组织形象的政府机关、事业单位来说，公共关系的三大目标一定程度上在组织目标中占到了更大的比重。所以，公共关系三大目标的确立，对服务于组织整体目标的意义是毋庸置疑的。

第三节　三大目标的分解与量化确定

认知度、美誉度、和谐度这三大目标，由于我们已经赋予它们可量化的等级，比起原有的、一般只作模糊把握的知名度、美誉度之“二度目标”，确实显得科学、清晰多了。但是，如果不对它们进行分解，它们量化等级的衡量评定，依然缺乏大量科学的数据来做依据。为此，三大目标就必须进行分解与量化把握。

一、“认知度”的内容分解与量化确定

“认知度”的内涵在前面已经指出，它有着两个衡量角度，即区域的广度，认知的深度；并分别分有5级、10档。而一个组织最后确定为哪个等级，却还需要进行如下分解与量化确定。

（一）区域的广度

其区域的广度共有A—国际、B—全国、C—大区、D—省区、E—当地5个级别。而这5个级别如何确定，则应将组织影响力分解成几个主要的要素来进行衡量。

1. 该组织的规模、档级

企业主要看其规模，从总资产、年产值、利润、员工人数等方面确定其为大型企业、中型企业、小型企业。一般大型企业认知广度的级别为B级或C级，少数为A级；中型企业为C级或D级；小型企业为E级。如大庆油田、宝山钢铁公司无疑可定为B级，而某地的牛奶厂、制冰厂则只能是E级。政府机关、事业单位主要看其档级，从它归属中央、省、地市而相应地确定级别。

2. 与组织发生关系的公众分布

生产性企业主要看其产品消费公众的分布范围，如长虹电视、联想电脑，其产品销售全国，其就可以定为B级；而某地的食品厂、标准件厂，其产品在省内销售，就只能定为D级。服务性企业以及政府机关、事业单位，则主要看其服务对象的分布范围，从而确定级别。如安徽的黄山市、广西的桂林市因常年接待国际旅客，就可认定其具有A级的认知广度。相反，这两个省区的省会（首府）城市合肥市、南宁市，却只能认定为B级。

3. 媒介传播所及的范围与频率

一个社会组织在运作过程中，总会得到传播媒介进行传播报道；而传播媒介所及的范围，如全国及海外发行、省内发行为主、地市发行为主，往往使被宣传传播的组织的形象区域等级与之相对应；但是还得考虑组织被传播的次数与频率，一个当地组织偶尔被中央级、省级的媒介传播信息，并不等于就是B级、C级或D级认知度；只有被某一级媒介频频报道且被媒介所及范围内的公众所认知，才能确定相应等级的认知度。如山东的潍坊市因举办风筝节、广东的珠海市因举办大型航空航天展览而经常被国际传媒报道、传播，因此，可认定其认知广度具有A级；而江苏的张家港市

因创建文明城市、重庆的綦江县因彩虹桥垮塌而被国内媒介报道，则可认定具有B级的认知广度。

（二）认知的深度

前面，我们已经把组织的10个最基本的信息要素按照由浅入深、由表及里的排序列举了出来，即已经经过了一次分解。这里，则需把这些基本的组织形象信息要素再分解一次，以便于在量化的基础上确定组织的认知度：

（1）组织名称，含组织名称的全称、简称。

（2）地理位置，含组织所处的省、城市或城镇、街道。

（3）行业归属，含企业、事业单位或政府机关，以及进一步可分解的工业门类、服务业门类、事业的门类、机关的部门等。

（4）规模档次（参见“区域的广度”）。

（5）发展历史，含组织的成立时间、发展阶段、经验与教训等。

（6）组织业绩，含组织最近的经济效益、社会荣誉等。

（7）交换物，含交换物的品牌、品种、技术含量、服务质量等。

（8）组织领导，含企业家、单位领导、首席官员的名字、性别、年龄、经历、业绩、性格、领导作风等。

（9）个性概念，含个性化的管理经验、个性化的交换物（如企业的新产品、新的服务项目）、个性化的广告词、个性化的公共关系活动等。

（10）深层文化，含组织理念、组织制度、组织风气、文化生活等。

如上再分解后的10个要素，经过问卷调查以及统计后，再运用坐标图综合标出，就可以在量化的基础之上对组织的认知度作出准确的确定。

二、“美誉度”的内容分解与量化确定

我们已经知道，“美誉度”是一个社会组织获得公众赞美、称誉的程度，是组织形象受公众给予美丑、好坏评价的舆论倾向性指标，是一种对组织道德价值的评判。由于不同的社会组织其道德价值的体现有所不同，对其美誉度的确定也就应分解为不同内容的衡量。这里，我们主要对生产性企业美誉度、服务性企业与事业单位美誉度以及政府美誉度的不同衡量的角度进行分解：

（一）生产性企业美誉度内容分解

（1）产品评价，含产品性能、材料质量、技术（手艺）含量、可靠性、美观舒适性、多样性、价格因素等方面的评价。

（2）服务评价，含意见征询、销售服务、售后服务、信息服务等。

（3）贡献评价，含就业提供、纳税数量、产品覆盖、环境保护、公益赞助等。

（4）文化评价，含企业名称与标志、品牌名称与商标图案、包装设计、广告品位、管理风格、企业理念、员工行为素质、企业家形象、企业环境、企业重大举措等。

（二）服务性企业与事业单位美誉度内容分解

（1）硬件评价，含建筑设施、技术装备、服务环境等方面的评价。

（2）服务评价，含服务项目、制度措施、信息咨询、服务态度、服务艺术、投诉处理、服务价格等。

（3）贡献评价，含就业提供、经济效益、便利地方、公益赞助等。

（4）文化评价，含环境设计、陈设布置、服务理念、管理风格、员工行为素质、领导人形象、宣传品品位等。

（三）政府机关美誉度内容分解

（1）政绩评价，含政策制定、政府投资综合收益、卫生文明建设、科教实绩、政府外交、社会稳定、民众生活质量、可持续发展状态等方面的评价。

（2）服务评价，含服务项目、服务渠道、服务能力、服务方法、服务效率、服务态度等。

（3）民主建设评价，含民主制度制定与执行、沟通民众的渠道与畅通程度、政府工作透明度、决策的民主程序、民众监督力度等。

（4）廉政建设评价，含官员财产公开、干部任命公开公平、政府投资与采购招标、官员待遇公开、廉洁制度规范、廉政监督保证等。

各类组织美誉度的内容经过如上分解，再分别借助“组织美誉度衡量的基本坐标图”与“以众值 M_0（所占百分比最高的变量值）确定美誉度等级的方法”，就可以为每一项内容确定量化的目标，或者经过调查确定组织美誉度每一项内容的状态等级。

三、“和谐度”的内容分解与量化确定

前面已经强调，组织和谐度建立在专门向各类目标公众调查统计的基础之上，因此组织的和谐度的分解首先就是对目标公众的分类，其次则是对目标公众与组织的和谐度进行程度的划分。而和谐度的程度，主要是就目标公众与组织的实际关系而言，一般可分为从“态度赞同”到“情感亲和”，再到“言语宣传”，最后到“行为合作”这4个档级。如此，我们便可进行如下表示（见表5-2）。

表5-2　组织和谐度内容分解

和谐程度 目标公众	态度赞同	情感亲和	言语宣传	行为合作
员工（公民）				
股东（人民代表）				
顾客				
媒介				
社区				
名人				

在表5－2中，每一个“目标公众”与“和谐程度”相交叉的空格中，都可以用“组织和谐度衡量的基本坐标图”的正负各5个等级来进行衡量确定。当然，其衡量确定，是以量化统计、取众值 M_0 定等级为基础的。这里，我们再以傻子瓜子公司和谐度的分解衡量为例（见表5－3）。需说明的是，傻子瓜子公司目前尚是民营独资企业，因此目标公众——“股东”这一栏暂缺。

表5－3　　傻子瓜子公司和谐度分解、衡量表

和谐程度 / 目标公众	态度赞同	情感亲和	言语宣传	行为合作
员工（公民）	3	2	2	3
股东（人民代表）				
顾客	4	2	3	4
媒介	3	1	3	3
社区	3	2	3	2
名人	2	0	1	0

还需说明，一个组织公众和谐度分解衡量的平均档级与组织和谐度的综合档级一般是相统一的。只是分解衡量有利于找到组织和谐度的不足出在何处。例如，傻子瓜子公司和谐度的综合等级前面已认定为“3”，而分解衡量的平均等级为2.3，两者基本接近；但分解、衡量表中却显示傻子瓜子公司的“情感亲和”方面的公共关系诉求、针对名人公众、员工公众、社区公众的公共关系工作存在不足，均需予以加强。

分解是为了综合，量化是为了准确定性。经过如上对“认知度、美誉度、和谐度”的分解与量化确定，最后结果将导向对组织的公共关系与组织形象的综合确定，即对组织的“公共关系状况等级”进行确认。如此，便为组织的公共关系目标总体确定与量化分解提供了操作程序。具体“公共关系状况等级”的确定归位可参见下面的组织公共关系状况等级全表（见表5－4）。

表5－4　　组织公共关系状况等级全表

认知度		美誉度	和谐度
深度档级	区域等级		
9		5	5
8	A	4	4
7		3	3
6	B	2	2
5		1	1
4	C	0	0
3		－1	－1

续表

认知度		美誉度	和谐度
深度档级	区域等级		
2	D	-2	-2
1		-3	-3
0	E	-4	-4
		-5	-5

【案例5-1】 粒粒瓜子寄深情“傻子”致信邓小平

1992年，由于年初小平同志南方谈话中提到安徽的傻子瓜子，“傻子”品牌的认知度急剧上升。但“傻子”年广久却很苦恼。因报刊上炒作的多是他的绯闻与官司，人们对他的看法仍有偏见，业务也难以展开，也就是说美誉度与和谐度较低。于是，他采纳了公共关系专家的意见，决定在元旦和春节到来之际，给邓小平同志寄上几斤瓜子，以表达自己的感激之情。他亲手炒制了几斤瓜子，并委托专家代笔给小平同志写了一封信，信上写道：

敬爱的小平同志：

您好！

我们是安徽芜湖“傻子瓜子”的经营者。今年年初，您在南巡中讲到了我们“傻子瓜子”，我们感到好温暖、好激动。您是对全国人民讲的，但对我们更是极大鼓舞。

光是今年下半年，我们“傻子瓜子”就新建了13家分厂，生产了1400多万斤瓜子。从经营“傻子瓜子”以来，我们已经向国家缴纳了200多万元的税，向社会提供了40多万元的捐赠。这都是您的政策好啊！但我们还要兢兢业业地继续做“傻子”，为顾客提供更多味美可口、价钱公道的瓜子；我们还计划更快地扩大经营规模，把“傻子瓜子”打到国际市场上去，为国家多作贡献。

敬爱的小平同志，我们时时铭记着您的恩情，在这新春佳节到来的时候，特地寄上几斤瓜子给您尝尝。这是非常微薄的礼物，却代表了我们对您深深的敬意，希望您能喜欢。

衷心祝愿您新春快乐！健康长寿！

“傻子”年广久　“小傻子”年强

1992年12月30日

为避免记者采访，产生不必要的误会，“傻子”悄悄到邮局寄出了瓜子包裹和信件。不久，某报记者得到中央有关部门的电话，说瓜子与信已转交小平同志，便首先进行了报道。在此之后的两年中，转载该信息的媒体达200余家。“傻子瓜子”的美誉度与和谐度大幅度上升，“傻子”的事业又进入第二次顺利发展时期。

【案例5-2】“小燕子”的一封信

日本奈良市郊区有一家旅馆，外在环境优美，招待客人热情，很能吸引顾客。但美中不足的是每年春季，许多燕子争相光临，在房檐下营巢安家，排泄的粪便弄脏了玻璃窗和走廊，服务员小姐擦不胜擦，使得旅客有点不快。旅馆主人爱鸟，不忍心把燕子赶走，但又难以把燕子粪便及时、彻底清除，很是苦恼。一天，旅馆经理忽然想出一条妙计。他提笔写道：

女士们、先生们：

我们是刚从南方赶到这儿过春天的小燕子，没有征得主人的同意，就在这儿安了家，还要生儿育女。我们的小宝贝年幼无知，我们的习惯也不好，常常弄脏您的玻璃和走廊，致使您不愉快。我们很过意不去，请女士们、先生们多多原谅！

还有一事恳求女士们和先生们，请您千万不要埋怨服务员小姐，她们是经常打扫的，只是她们擦不胜擦。这完全是我们的过错。请您稍等一会儿，她们就来了。

您的朋友　小燕子

这显然是以小燕子的名义写的向旅客们解释、道歉的信。旅馆经理把它张贴到显眼的地方。客人们看了这封公开信，都给逗乐了。不仅不再提意见，而且还对这家旅馆更感亲切，并留下了美好的印象。

复习思考题

1. 请解释组织公共关系状况等级“3A34”、“4B33”、“6C35”、“6D42”、“8E-31”的内涵。

2. 请为你所属的某一组织（企业、单位、政府）进行公共关系与形象衡量，并确定它的“公共关系状况等级”。

3. 请根据你对“海尔集团”的了解，对它的认知度、美誉度、和谐度进行分解及量化确定；在此基础上，再对“海尔”的公共关系状态、形象目标进行模拟性的“公共关系状况等级”综合确定。

4. 《粒粒瓜子寄深情“傻子”致信邓小平》这一举动，对实现公共关系三大目标起了什么作用？

5. 《“小燕子”的一封信》妙在哪里？

参考阅读

舒咏平：《公关目标需引入“第三度”——“和谐度”指标的失落与回归》，载于《公关世界》2005年第11期。

第六章 社会组织的形象塑造

本章提要

加强公共关系主体的建设，塑造社会组织的良好形象，是做好公共关系工作的三大基本方法之一。

本章内容共分四部分：首先对“组织形象”进行界定，认为组织形象是指社会公众对一个组织综合认识后形成的印象和评价，继而揭示了塑造组织形象的意义。后三部分，具体阐述了组织形象的定位与设计、组织形象的建立与推广以及组织形象的巩固。阐述中结合大量的实例说明了组织形象塑造的方法与程序。

第一节 组织形象的内涵与意义

一、组织形象的界定与构成

（一）组织形象的界定

组织形象是指社会公众对一个组织综合认识后形成的印象和评价。组织形象对于社会组织来说至关重要。在现代社会中，一个组织的形象如何，会直接影响到组织的生存和发展。因此，树立良好的组织形象，是组织至关重要的任务，也是公共关系工作的重要目的。

组织形象具有以下四个基本特征：

第一，组织形象的客观性。公众心目中的组织形象不是从天上掉下来的，也不是公众头脑中固有的。它是公众在对组织各方面有了具体的感知和认识之后才逐渐形成的印象，是组织各方面活动和所有外在表现这一系列客观状况在公众心目中的反映。因此，组织形象具有鲜明的客观性。

第二，组织形象表现的主观性。组织形象作为公众对组织的一种综合性认识、一种综合性的总印象，必然会受到公众的价值观念、思维方式、道德标准、审美取向、性格差异等主观因素的影响。因此，任何一个组织形象在不同的公众心目中有不同程度的差异。所以，为了塑造良好的组织形象，社会组织应全面重视自己的每项活动，力求把每件小事做好，以便使自己在公众心目中留下良好的印象。

第三，组织形象的相对性。组织形象的好坏既受同一定的参照物相比较所表现出来的优劣的影响，又受主客观两方面因素的影响，任何一种要素的变化都会对组织形象产生作用。因此组织形象具有相对性的特征。

第四，组织形象的稳定性。组织形象是组织综合行为的结果。组织形象一旦形成，不论其内在理念还是外在形象，都会在一定时空条件下，在一定的公众心目中形成一种心理定式，它不会随着组织行为的某些变化而马上改变。因此它具有一定的稳定性。

(二) 组织形象的构成

组织的总体形象的建立是受众多具体要素影响的。以企业为例，其构成组织总体形象的要素有：

——实力形象。它是企业形象存在的物质性基础。富有强大的经济实力，便使形象的其他因素均有了附着的落脚点。实力形象主要包括企业固定资产、总资产、流动资金、产品销售与生产规模、员工人数、装备先进性等。

——文化形象。它是组织形象的精髓所在。它以组织的价值观为基础，以组织系统和物质系统为依托，以组织员工的群体意识和行为为表现，形成具有特色的生产经营管理的思想作风和风格。文化形象主要包括组织使命、组织精神、组织价值观和组织目标。

——人才形象。它是指组织现有人才的状况对组织形象的影响。一个人才济济、阵容整齐的组织，会使组织的形象倍增光彩。人才形象主要包括人才阵容、科技水平、管理水平等。

——品牌形象。即为组织的产品质量和服务、组织的标志等留给公众的总体印象。品牌形象是组织形象的生命线。如果在其他要素上存在缺陷仅仅会影响其他形象的话，品牌形象的低劣则会使组织形象毁坏殆尽，从而直接威胁到组织的生存。

总之，一个组织形象的状况不是由一两个因素所决定的。组织形象是一个有机体，它的每一个要素都会对组织形象产生效应。要树立一个良好的组织形象，必须使这个形象系统中的每一个要素都发挥作用。如果忽视了其中某一个或几个要素，则有可能使整个组织形象毁于一旦。

二、塑造组织形象的意义

市场经济的基本特征是竞争。竞争的最高层次就是组织形象的竞争。谁拥有了良好的组织形象，谁就能赢得公众的支持，谁就拥有了市场，并获得了源源不断的利润，且能使产品和组织在激烈的市场竞争中立于不败之地。就塑造组织形象的意义而言，主要可以概括为以下三点。

(一) 组织形象是无形资产的重要组成部分

无形资产是组织资产的重要组成部分，它是不具有实物形态而以知识形态存在的重要经济资源。美国可口可乐公司的老板曾说过：如果公司在一夜间被大火烧成灰烬，第二天各大银行就会主动上门来向公司贷款。因为公司还有价值360亿美元的无形资产。可见，无形资产的价值可以远远超过有形资产。

自然灾害可以损毁有形资产，但对无形资产却无可奈何。世界上许多著名的组织，其无形资产都是具有很高的价值的。万宝路的商标权为330亿美元，是世界烟草行业无形资产价值最高者，世界排名第二；柯达商标权为120亿美元，是世界摄影材料、器材行业无形资产价值最高的，位居世界排名第三……无形资产具有如此大的魅力是因为它代表组织在公众心目中的良好形象，组织形象的好坏决定了无形资产价值的高低。无形资产主要是靠组织形象来作为表现形式的。组织形象的认知度越高，美誉度越好，和谐度越佳，定位越准，无形资产的价值就越大，增值率就越高。日本丰田汽车公司就是依靠其组织形象的不断完善来维系、保护它的无形资产的。一般的汽车公司厂家维修中心都是由顾客把车开到维修中心进行维修，而丰田汽车维修中心接到电话后，会派人到用户家中，开走需要维修的汽车，留下一辆好车供用户日常使用。汽车维修好后，维修中心会在汽车中加满汽油再开回用户家中，开走上次留下的汽车。这种处处为用户着想的服务思想，为丰田汽车树立了良好的组织形象。这种深入用户心目中的组织形象使丰田汽车公司的无形资产倍增。因此，一个组织要不断地发展，维系自己的无形资产，就必须充分重视组织的形象。

（二）组织形象是生存发展的精神资源

组织形象之所以能以精神资源作用于组织的生存发展，是因为组织形象具有以下的功能。

（1）规范与导向功能。组织形象是把组织的价值观念和行为规范加以确立，为组织自身的生存和发展树立了一面旗帜，向全体员工发出了一种号召。这种号召一经广大员工认可、接受和拥护，就会产生巨大的规范与导向作用。像美国IBM公司提出“IBM意味着最佳服务”、日产公司强调的“品不良在于心不正”、德尔塔航空公司倡导的“亲和一家”等，都是在教育引导、规范着员工的言行、态度，让他们在尽善尽美的工作中注意把自己的形象与组织的形象联系起来，使本组织成为世界一流的组织。

（2）凝聚与整合功能。组织因不同的人从事不同的工作，人的性格、爱好、追求又不一样，如果没有一种精神力量把他们“黏合”起来，组织就会成为一盘散沙。组织形象确立的共同价值观和信念，就像一种高强度的理性黏合剂，将组织全体员工紧紧地凝聚在一起，形成“命运共同体”，产生“集体安全感”，使组织内部上下左右各方面“心往一处想，劲往一处使”，成为一个协调和谐、配合默契的高效率集体。

（3）激励功能。良好的组织形象可以使组织内部的员工产生一种骄傲自豪感。这种感觉可以让员工保持一种士气高昂、奋发进取的精神状态。因为每个人都有尊重的需要，希望得到他人的尊重与羡慕。因此，当员工在与别人谈起“值得骄傲”的组织时，那种对组织的热情与爱戴就不言而喻了。对组织的热爱会产生强烈的激励作用，诱导并刺激着员工的工作热情和积极性。

（4）辐射功能。组织形象的建立，不仅对内有着极大的凝聚、规范、号召、激励作用，而且能对外辐射、扩散，在一定范围内对其他组织乃至整个社会产生重大影响。像我国20世纪60年代的“铁人精神”以及在日本企业界经常听到的“松下人”、“丰田人”等说法，都是组织形象对外辐射的典型范例。

（三）组织形象是外在扩张的市场铺垫

在现代社会中，公众对商品的购买，不仅是对产品功能和价格的选择，同时也是对组织精神、经营管理作风、服务水准的全面选择。组织形象的优良与否，是公众选择的重要依据。良好的组织形象，会使公众对产品产生“信得过”的购买心理与勇气，使公众能够在纷乱繁杂、令人眼花缭乱的商品世界中培养起对组织、对产品的忠诚度，从而达到使组织争夺更大的市场份额、进行组织扩张的目的。德国大众汽车公司通过在北美和欧洲进行的顾客调查发现，如果顾客的愿望在一家公司没有得到满足，那么他便会疏远该公司的产品。调查报告认为，一个厂家失去了顾客，只有30%是由于产品质量或价格的原因，60%的顾客转向其他产品是由于服务或售后服务不好，使他们没有受到礼貌的接待。大多数消费者会对组织的服务进行评价，并且会一传十、十传百。这种口头传播的效力是十分惊人的。因此，树立了良好的组织形象，就等于留住了顾客，就等于达到了组织扩张的目的。新加坡东方大酒店就利用“顾客至上、以人为本”的组织形象，为顾客在力所能及的范围内提供“超级服务”。一次，4位来东方大酒店咖啡厅的客人，因人多嘈杂，随口说了声“吵死了，听不清”。这话让一位服务小姐听到了，她马上为他们联系了一间免费客房供他们讨论问题。对此，4位客人十分吃惊、感动。两天后，4位客人给酒店送来了感谢信：“感谢贵大酒店前天提供的服务，我们受宠若惊，并体会到什么是世界上最好的服务。我们4人是贵酒店的常客，从此，我们除了永远成为您的忠实顾客外，我们所属的公司以及海外来宾，亦将永远为您广为宣传。”可见，良好的组织形象可以赢得社会舆论，铺垫潜在市场。社会各界的了解、信任、好感和合作，有利于改善组织的生存发展环境，便于组织的对外扩张。

阅读材料：

形象在经济社会发展中的地位和作用

——关于河南形象建设的实践与思考

河南形象变化影响着什么，河南形象近几年为什么会改观？

一个地区的形象通常是指社会公众对该地区的综合实力、外显活力和发展前景的具体感知、总体看法和综合评价，是该地区自然、经济、政治、社会、科技、文化、历史、生态、国民素质、领导人物品格在公众头脑中反映后形成的总体印象。地区形象的形成和影响与“软实力”、“硬实力”密切相关。一个时期以来，河南形象一度成为社会聚焦的热点，直接影响了全省经济社会发展。如何正确看待河南形象，怎样提升河南形象，对于廓清迷雾、以正视听，对于全局发展、长远影响，都具有重大意义。

河南形象的嬗变及其原因

河南形象是随着经济社会发展而不断变化的一个动态概念。纵观河南形象，大体经历了由辉煌灿烂到逐渐衰落、由曲解丑化到显著改观的演变过程，可分为四个时期。一是从夏朝到北宋3000多年的“辉煌期”。这一时期，河南始终是全国的经济、政治、文化中心，是“八方争辏，万国咸通”之地，是当时全国乃至世界发展的“模板”和“标杆”。二是从南宋到1949年大约800年的“衰落期”。这一时期，中原地区历经战乱和“水旱蝗汤”之苦，地位迅速沉沦并被边缘化，成为贫穷落后的代名词。三是从新中国成立特别是改革开放以来到20世纪末的“觉醒期”。这一时期，虽然河南经济社会发展取得了长足进展，但基础差、底子薄、人口多的基本省情并没有根本改变，“古、土、穷、苦”仍然是外界对河南的直观印象，自省、自觉、自强成为全省上下的新实践。四是21世纪以来开始的“复兴期”。这一时期，河南发展的步子越来越大，亮点越来越多，环境越来越优，人气越来越旺，影响越来越好，一个充满生机、正在崛起的新河南逐渐展现在中华大地，河南人民吃苦耐劳、诚实守信、见义勇为、乐于助人、大度包容、忠诚爱国、开拓创新、奋发进取的新形象开始出现在世人面前，河南形象开始了凤凰涅槃般的重大变化。

探究河南形象的起伏变化，原因很多，主要有以下四个方面：一是与生产力发展水平相关。历史上的中原之所以辉煌，主要是青铜器、铁器等先进生产工具的出现和使用，以及四大发明等科技成果的产生和运用，创造了巨大的物质财富，成为农耕文明的代表，成为全国乃至世界的经济心脏，开创了奴隶社会和封建社会的鼎盛时期。南宋以后，随着全国政治中心的南移北迁，中原地区逐步丧失了经济上的优势地位，最先进的生产力及其所形成的产业形态均不在河南率先兴起，河南形象也随之丧失了曾经有过的辉煌。二是与区域文明程度相关。拥有先进文化的地区，文化辐射力和感召力就强，民众的文明程度就高，区域形象就好。国内有“五千年文明看河南，两千年文明看陕西，一千年文明看北京，一百年文明看上海”的说法，这从一个侧面反映出历史上的河南文化是多么的灿烂、形象是多么的美好！博大精深的中原文化发挥了多么大的作用！三是与特定的发展阶段相关。前些年河南负面形象较多，表面上是少数人和个别地方的不良行为的集中体现，本质上则是计划经济向市场经济转轨、农业社会向工业社会转型特定阶段的特有现象，是农业文明与工业文明、小农意识与市场意识、内陆观念与开放思想冲突的反映，是发展中、前进中的问题，有一定的客观性和必然性。四是与公众信息传播不平衡相关。形象是各种信息的聚合，与一个地区输出正面、负面信息多少密切相关。过去几年河南形象之所以受损，一个重要的原因就是输出的负面信息相对较多、较快、较“生动”，而正面信息则较少、较慢、较“干巴”，不处在主导地位，导致在很大程度上掩盖了积极健康信息，使人们了解不到河南的发展变化，认识停留在片面和印象思维里。

河南形象变化影响着什么

第一，影响着人们的自信心和自豪感。形象差时，一些干部群众产生了自卑和消极心理，滋生了妄自菲薄、自惭形秽心态；一些河南人在外不敢说自己是河南人，面对歧视和曲解不敢抗争，有本事的人不愿意在河南发展创业。形象靓时，中原人民信心百倍、底气十足，对家乡的认同和热爱随之增加，许多人情不自禁地发出了“我自豪，我是堂堂正正的河南人”的心声；热爱家乡、建设河南成为全省上下的共同心愿，人人代表形象、处处增辉河南已成为中原儿女的共识和自觉行动。

第二，影响着发展的活力和动力。区域形象受损，对内具有破坏力，对外具有排斥力；区域形象好，对内具有号召力，对外具有影响力。近年来，河南之所以能够在这样一个人口大省和特殊时期不断深化改革并且在农村改革、国企战略重组等许多领域实现了突破，之所以能够在产业布局、资金投入、体制创新等方面得到国家的更多支持和倾斜，之所以能够兴起一轮又一轮的发展高潮，掀起一波又一波的创业热潮，主要是激活了群众的创造激情，得到了广大群众的理解、支持和参与，受到了上级和外界的认同，赢得了更多的信任。

第三，影响着开放的广度和深度。这几年我们的对外开放取得了巨大变化。从过去招商难、难招商，到如今引进境外省外资金成倍增长，成为人流、物流、资金流汇集的“洼地”；从过去产品走出难、走不远，甚至有的打出“本店没有河南货”的牌子，到现在“河南制造”叫响全国、走向世界；从过去打工受歧视，到现在“河南劳务”全国抢手。原因何在？关键就在于我们这几年的环境优了、信任多了、形象靓了，实现了要素流入“软闸门”到资源聚集“强磁场”、产品开拓“隐鸿沟”到占领市场“通行证”、向外发展“暗礁石”到扩大合作“金招牌”的转变。

第四，影响着地区的认可度和美誉度。由于认识上的“马太效应”，同一件事情却有不同的结论。同样是有问题商品，在河南叫“假冒伪劣”，在别的地方却叫“仿真产品”。近年来，河南省的软实力大大提升，形象越来越好，得到的积极评价也越来越多。党的十六大以来，中央领导多次到河南视察工作，对河南发展给予了充分肯定和鼓励。俄罗斯国家领导人普京来河南后坦诚评价“如今河南在中国政治经济发展中占有举足轻重的地位”。美国前总统克林顿曾由衷赞叹黄河文明，称在中原大地上生活过的人、发生过的事，曾经塑造着这个国家的精神、这个民族的品格。众多国内外媒体异口同声“刮目相看新河南”。就连走遍全球的世界旅游小姐也动情地说“河南是我到过的最美的地方之一”。

河南形象近几年为什么会改观

第一，以经济建设的大跨越增强了底气。近年来，我们深入贯彻落实科学发展观，牢固树立“用发展赢得尊重”的理念，抓住发展第一要务不松劲，坚持科学发展根本原则不动摇，围绕跨越谋发展，围绕崛起做文章，经济社会实现了由一个经济落后的省份向全国重要经济大省的转变、由一个温饱不足的省份向全国第一粮食生产大省的转变、由传统农业省份向新兴工业大省的转变、由文化资源大省向全国有影响的文化大省的转变，一个发展快、效益好、后劲足的实力河南展现在世人面前。

第二，以中原文化的大弘扬铸造了灵魂。我们牢固树立新的文化发展观，在继承中创新，在创新中升华，坚持弘扬社会主义核心价值体系，大力开展社会主义荣辱观教育，深入开展丰富多彩的精神文明创建活动，公民的思想道德素质不断取得新提高；坚持弘扬以改革创新为核心的时代精神，干事创业氛围日益浓厚，创业创新创造成为全省上下的共同追求和社会风尚；坚持全面推进体制创新、艺术创新和运营方式创新，不断解放和发展文化生产力，有力地推动了优势文化和先进文化的大繁荣，走出了一条传统文化和现代文化相融合，以文化育人、文化强省的新路，一个厚重文明、进取向上的文化河南展现在世人面前。

第三，以宣传推介的大声势展示了风貌。我们牢牢把握舆论导向，积极研究宣传规律，精心设置宣传专题，坚持走出去与请进来相结合，经济活动与文化活动相结合，节会活动与经贸活动相结合，民间活动与官方活动相结合，丰富载体，扩大影响力，让海外朋友走近河南、了解河南、融入河南，让河南走向世界、走进世界、走红世界；坚持境内媒体与境外媒体共用，传统媒体与新兴媒体并重，主流媒体与非主流媒体齐上，拓展手段，提高展示力，形成了定位准确、主题鲜明、覆盖广泛、功能互补的传播沟通网络；坚持团结稳定鼓劲、正面宣传为主的方针，有效规避人为炒作、过度炒作和集中炒作，使危机事件不放大、焦点问题不热炒、负面影响不扩散，积极引导，形成掌控力，确保舆论始终服务大局、促进发展、维护稳定，有力、有序、有度地开展广泛宣传和深度宣传，全面展示了我省跨越发展的新成就、新业绩、新气象。

第四，以发展环境的大优化擦亮了窗口。我们把优化环境作为塑造活力河南、魅力河南的最大工程、最大品牌、最大保障，在不断改善硬环境的同时，把软环境建设作为硬任务，坚持以硬手段抓软环境，优化政务环境，大力推进服务型政府建设，大力加强工作作风建设，基本形成了少环节、快节奏、高效率、低成本的运行机制，擦亮了服务窗口；优化信用环境，不断完善征信体系，加大失信惩戒力度，加快全社会信用体系建设，“信用河南”已开始赢得外界的认同，擦亮了市场窗口；优化法纪环境，不断提高依法行政能力和司法公正公平水平，使法制在和谐社会建设中的保障作用明显增强，擦亮了法制窗口；优化生态环境，努力实现资源节约、环境友好，可持续发展能力、生态承载能力不断增强，擦亮了绿色窗口，初步打造了一个文明河南、阳光河南。

第五，以和谐稳定的大促进激发了活力。我们坚持在加快经济发展中促进和谐，在共享共建共创中凝聚民心、激发活力。努力维护民安，深入开展平安河南建设，健全社会治安防范体系，加强社会治安综合治理，切实强化安全生产，完善社会应急管理机制，夯实了激发活力的基础。努力改善民生，大力发展社会事业，坚持每年为群众办好“十大实事”，并形成了长效机制，提供了激发活力的条件。积极畅通民意，创新新形势下群众工作机制，全面推广“义马经验”和“渑池模式”，疏导了情绪，融洽了关系，创造了激发活力的环境。广泛集中民智，积极拓宽广大人民群众参与决策的渠道，充分发挥人民团体和社会自治组织、中介组织作用，提高人民群众自我管理能力，开启了激发活力的源泉。

河南形象变化说明了什么

第一，加快发展是树立形象的根本。发展是改善提升区域形象的决定性因素。正是我们紧紧扭住经济建设这个中心不放松，加快发展不停顿，才形成了今天前所未有的好形势、好态势、好趋势，也才有了焕然一新的好形象。实践证明，这道理、那道理，发展才是硬道理；这变化、那变化，发展才有新变化；这形象、那形象，发展才能出形象。面对区域竞争对形象提出的新要求，面对近亿人民对美好形象的新期盼，面对我们发展水平亟待提高的新需要，我们必须始终秉持“用发展赢得尊重”的理念，更加自觉地做到发展为大，发展为先，发展为重，为我们的形象筑牢更为坚实的根基。

第二，提高素质是树立形象的基础。人是形象的第一要素，既体现形象又塑造形象。区域形象是通过活生生的人和实实在在的事体现出来的，提升河南形象离不开全省广大人民群众素质的不断提高。这几年，我们紧紧抓住促进人的全面发展这一形象灵魂，以社会主义核心价值体系教育人，以中原文化的大弘扬升华人，以先进模范人物感召人，以群众性精神文明实践活动影响人，以各类教育的大发展培养人，中原儿女的文明程度和文化素养显著提高，展示出昂扬向上、奋发进取的时代风貌。当今世界已经进入知识经济的时代，我们必须把素质教育摆上经济社会发展的全局和战略位置，大力实施“人才强省”和“科教兴豫”战略，加快文化强省建设，全面提高全省人民的道德素质、科技素质、人文素质，让素质支撑起河南美好形象的大厦。

第三，调控舆论是树立形象的关键。舆论宣传是树立形象的先导和桥梁，对区域形象具有先入效应和倍增效应。舆论传播可谓是“润物细无声”，对于区域形象评价有一种潜移默化的导向作用。这些年我们认真汲取舆论引导方面的经验教训，坚持正面宣传，坚持主动引导，坚持协同联动，坚持内外并重，坚持创新载体，形成了为河南鼓与呼的强大合力，向外界充分展示了一个真实的河南、发展的河南、进取的河南、跨越的河南，为加快中原崛起营造了良好的社会环境。随着信息社会的深入发展，舆论传播对人的影响、对区域发展的作用日益凸显。我们要树立崭新的现代舆论观，遵循舆论引导规律，不断改革创新，增强舆论引导的权威性、公信力和影响力。要抓紧研究制定提高我省传播能力的总体战略，着力建设受众广、信息量大、影响力强的现代媒体体系，不断提高新闻宣传的吸引力和感染力，使河南的图像、声音、文字等信息远播四方。

第四，法制建设是树立形象的保证。优良的法制环境是区域文明的重要标志。近年来，之所以来我省旅游的人越来越多，投资的人越来越多，一个重要原因就是我们营造了一个安定有序、公正公平的法制环境，使外来的人工作安心、生活舒心、投资放心。坚持不懈的平安河南建设，不断深入的普法教育和社会主义法治理念教育，不断提高的执法司法水平，使我省成了平安之地、文明之乡、和谐之境。市场经济是法治经济，和谐社会是法治社会，现代文明是法治文明。无论是推进科学发展还是构建和谐中原，无论是夺取全面建设小康社会新胜利还是开创中原崛起新局面，都需要我们弘扬法治精神、强化法制观念，全面加强立法司法执法工作，让法治阳光普照中原大地，为经济社会发展保驾护航。

总之，我们应全面看待河南形象，辩证看待河南形象，怀着平常之心，坦然处之，既不妄自菲薄，也不沾沾自喜；怀着珍爱之心，倍加珍惜，既细心呵护，又用心培育；怀着进取之心，永不懈怠，既妥善应对，又增光添彩，让河南形象在神州大地熠熠生辉！

（这是原河南省委书记徐光春在郑州大学“形象与发展”座谈会上讲话的节选。原载 2008 年 12 月 4 日《光明日报》）

第二节 组织形象的定位与设计

一、组织形象的定位

组织形象的定位是指组织根据环境变化的要求、本组织的实力和竞争对手的实力，选择自己的经营目标及领域和经营理念，为自己设计出一个理想的、独具个性的形象位置。

定位理论最早出现于 20 世纪 60 年代末美国广告界的一些文章里，到 1972 年在美国很有影响的《广告年代》杂志上正式出现。当时强调的是通过广告攻心，将产品定位在顾客的心中潜移默化，而不改变产品的本身。到 20 世纪 80 年代，美国著名营销专家菲利普·科特勒开始把定位理论系统化、规范化。他指出：定位就是树立企业形象，设计有价值的产品和行为，以便使细分市场的顾客了解和理解企业与竞争者的差异。可见，要想使组织在公众心目中留下清晰、深刻的印象，就必须有准确的形象定位。

（一）组织形象定位的缘由

在现代社会中，多数组织为了塑造自身的形象，大都采用了公共关系、广告等宣传手段。可由于广告及公共关系活动数量的暴增，导致了对公众的影响力相对减弱。加上繁多的形象宣传方法而造成的沟通“过度”，使公众更难在眼花缭乱的市场中确认某一组织。此时，最有效的识辨办法就是明确独特的组织形象定位。只有这样，才能使组织形象的信息深入人心，让他们在消费者心目中扎下根。否则组织形象根本不可能产生。比如日本尼西索公司在第二次世界大战结束时只有 30 多名职工，却生产雨衣、游泳帽、卫生带、尿垫等多种产品，品种杂多，缺乏明确的形象定位，生产经营极不稳定。战后的经济恢复和发展为企业带来了契机。有一次，尼西索公司的董事长多川博在考虑市场定位时看到了一个人口普查报告，得知日本每年大约出生 250 万个婴儿。多川博想，如果每个婴儿用两条尿垫，一年就需 500 万条。如果能够出口，市场就更大了。于是尼西索公司把企业及产品定位于“尿垫大王”上，放弃一切与尿垫无关的产品，最后靠它明确的形象定位占得日本 70% 以上的婴儿尿布市场，成为名副其实的“尿垫大王”。由此可见，在当今产品、宣传都先进的时代，组织形象要得到公众的认可，首先就必须进行准确的定位。

（二）组织形象定位的三要素

公众的喜好与要求，是千奇百怪、千变万化的，处于不同地区、不同行业的公众对一个组织的形象会有不同的看法与评价。因此，组织在哪方面出名，便成为树立形象的关键。

认识到这一点，我们就有必要来系统研究一下组织形象是怎样定位的，哪些因素会影响组织形象的定位。

（1）组织形象定位要素之一：主体个性。主体是指组织主体；个性，包括品质个性、价值个性两个方面。

主体个性，是组织在其品质和价值方式方面的独特风格。唯物主义强调物质决定意识，所以，组织形象定位必须以主体的存在特性作为基础，否则定位是假的、虚的。当然主体有些共性，比如都要良好的质量，都需要售前、售中、售后服务优良，都要生产适销对路的产品等，这些都是共同的。但更值得思考的是个性特点，像组织目标定位、组织精神定位、组织风格定位等。

日本的五大电器公司都是以各自的个性来表现其组织形象定位的。索尼以冒险、创新的精神作为其形象定位；东芝以尽量满足公众的各种需求而生产包罗万象的产品为其形象定位；松下则在为生产像自来水一样廉价的家电用品而努力；日立是以不断改革自身技术来发展组织形象；三洋则是在薄利多销上狠下功夫。这些定位都从不同程度上体现了组织目标、组织精神、组织风格。

组织形象定位必须是组织所具有的个性，不能夸张，也不能捏造，否则一定会被公众所遗弃。像劳斯莱斯是以“不求廉价便利，只求高档豪华”来做形象定位的。但这种定位必须以过硬的产品及服务作为基础。如果一家品质、服务平平的组织，也提出高档豪华的形象定位，其结果只能是事与愿违。

因此，组织形象定位不是空泛的，也不是随心所欲的，而是实实在在需要以自身品质、价值方式作为其保障和基础的。

(2) 组织形象定位要素之二：传达方式。传达方式指的是把主体个性信息有效准确地传递到公众方面的渠道和措施。主体个性信息如果不能有效传达，公众根本无法去了解和把握。因为信息时代，“酒香最怕巷子深”。

传达方式主要指营销方式和广告与公共关系等宣传方式。组织形象不见得在主体个性上有过多的优势，但其传达到位是不容置疑的。

IBM 并不是电脑的发明人，电脑是由兰德公司发明的，从这一点讲，IBM 在电脑方面的主体个性肯定不是优势。但是 IBM 确实运用有效的传达方式使人们将电脑与 IBM 联系起来，并以优良的服务，建立起“IBM，意味着最佳服务”的形象定位。从营销角度讲，IBM 在售前、售中和售后服务上确实是有一套的，快捷、便利、放心使用、保证维修，所有这一切，使其确立了组织形象的地位。

广告与公共关系宣传也要把定位宣传到位，IBM 的广告和公共关系无时无刻不在宣传着服务的理念，这样的配合，使 IBM 不容置疑地大获成功，成为“蓝色巨人”。

(3) 组织形象定位要素之三：公众认知。主体个性确定及有效的传达方式使用之后，真正达到形象定位完成的标志，应是公众认知。

以烟草公司形象定位为例：从烟草质量的角度来说，烟草质量的差距远没有目前烟草业名牌公司与非名牌公司销售距离巨大，其口味、口感的差距更小，但公众认知差距却相当大。像万宝路香烟，最初是一种女士香烟，由于市场销售不畅，公司决定以新的西部牛仔的粗犷形象定位，最终成功获得公众认知。公众在吸万宝路香烟时，油然而生的是一种冒险、创造、粗犷的感受，这种公众接受、认可的形象，使组织大获成功。同样，555 香烟以高贵不凡为其形象定位，KENT 香烟以浪漫、休闲为其形象定位，Salem 香烟以清新和淡雅为其形象定位，都是公众认知成功的表现。公众对组织形象的认知是在获得组织提供的物质、服务的同时，也要能获得精神上、感受上的满足，才能使组织形象更易、更深地被公众认知、接受。上述三要素，分别从主体、通道、客体三个方面构成了完整的组织形象定位，使组织形象的功能和效应得以发挥。

(三) 组织形象定位的方法

组织形象定位的方法有很多，这里主要介绍以下几种。

(1) 个性张扬的定位方法。个性张扬的定位方法主要指充分表现组织独特的信仰、精神、目标与价值观等。它不易被人模仿，是自我个性的具体表现。这既是组织形象区别于他人的根本点，又是公众认知的辨识点。因此，组织形象定位时一定要注意把这种具有个性特征的组织哲学思想表现出来。太阳神集团就以“健康、向上、进取、开拓，以人为中心”的经营管理理念为个性特点；美国 IBM 公司也是以“科学、进取、卓越”的独特定位来表现组织哲学的。这种个性形象可以是整体性的，也可以是局部性的，如组织的人员个性、产品个性、外观个性、规范个性等。丰田汽车的“车到山前必有路，有路必有丰田车”，就是其局部性——产品个性的表现。当然，这种个性也应是组织整体个性的代表性、集中性的表现。

（2）优势表现的定位方法。在当今“好酒也怕巷子深”的年代，组织要想在激烈的市场竞争中立于不败之地，除了利用个性的张扬之外，还必须扬其所长而避其所短，重视表现组织的优势。公众对组织形象的认识实质上是对其优势性的个性形象的认识。组织给予公众这种优势性形象的定位，才能赢得公众的好感与信赖。因为公众都会不同程度地得益于这种形象定位。当然，组织也同样会因这种定位而获得更高的经济效益与社会效益。不同特色的组织都有不同特色的优势，只要抓住其优势特色进行定位，就可以很好地发挥作用。如法国轩尼诗公司的 XO 白兰地，在 1991 年 6 月 6 日，历经 38 个月的海上航行到达上海客运码头时，公司不仅动用了中国传统舞狮和鼓乐开道，还举行了有爵士乐队和时装模特献技的宣传活动，充分表现了法国轩尼诗“高贵气派”的形象定位，给中国老百姓留下了深刻的印象。

（3）公众引导的定位方法。组织通过对公众从感性上、理性上、感性与理性相结合上的引导来树立组织形象的定位方法。感性引导定位法主要是指组织对其公众采取情感性的引导方法，向公众诉之以情，以求消费者能够和组织在情感上产生共鸣，进而获得理性上的共识。比如“百事可乐，新一代的选择”，就是针对新崛起的年轻一代而定的；海尔集团的“真诚到永远”则以打动人心的感情形象扎根于公众心目中。理性引导定位法主要指对消费者采取理性的说服方式，用客观、真实的组织优点或长处，让顾客自我做出判断进而获得理性的共识。如艾维斯出租车公司的“我们仅是第二，我们更为卖力”，就表现出公司对公众的真诚、坦率；苹果电脑那只被挖掉了一块的苹果，让公众清楚地知道公司仍然存在不足，并非完美，但他们会不断努力。这种理性的引导公众的定位更有利于培养起公众对组织的信任。感性与理性相结合的引导定位综合了感性与理性的双重优势，可以做到“情”与“理”的有机结合，在对公众“晓之以理”、“动之以情”的过程中完成形象定位。麦当劳以其干净、快捷、热情、优质而组成的“开心无价，麦当劳”为其组织形象定位，充分表现了公司愿让每一位顾客都享受到“高兴而来，满意而归”的宗旨。这种既表现出组织的价值观又带有人情味的形象定位，能适应不同消费者心理的多方面需求，更能赢得公众的青睐。

（4）形象层次的定位方法。形象层次定位法是根据组织形象表现为表层形象与深层形象来进行定位的。表层形象定位是指构成组织形象外部直观部分的定位，比如厂房、设备、环境、厂徽、厂服、厂名、吉祥物、色彩、产品造型等的直接定位。如“可口可乐”那鲜红底上潇洒动感的白色标准字就体现出了“世界第一可乐饮料”的大家风范。深层形象定位主要是根据组织内部的信仰、精神、价值观等组织哲学的本质来进行定位的。美国通用公司的“以提供高品质的产品与服务为目标，满足顾客需要，成果共享，利益均沾”的定位即为深层形象定位。

（5）对象分类的定位方法。对象分类定位方式主要是针对内部形象定位和外部形象定位而言。内部形象定位主要指企业家、管理人员、科技人员以及全体员工的管理水平、管理风格的定位。如喜来登酒店的“在喜来登小事不小”；昆仑饭店的“深疼、厚爱、严抓、狠管”，都是其管理风格的真实写照。外部形象定位是指组织外部的经营决策、经营战略策略、经营方式与方法等方面的特点与风格的定位。如今日集团“一切为了国人的健康”；长安汽车的“点燃强国动力，承载富民希望”等，都是属于外部形象定位的方式。组织因其形象定位的不同，采取的方法也是不一样的。但各种方法归纳起来目的都只有一个：在公众心目中留下深刻、清晰的组织形象。

二、组织形象的设计

在全球经济一体化的今天，市场机制日趋成熟，市场的产品、服务差异日渐缩小，组织间的竞争已发展到了组织形象的竞争。于是，如何树立个性化的组织形象，成为现代组织中的重要课题。

（一）组织形象的内在基础

组织形象的设计必须首先从它的内在基础开始，这是组织形象相互有所区别的根本，其中主要包括组织事业领域的确定、组织目标的确定和组织理念的确定三个方面。

（1）组织事业领域的确定。组织的事业领域与生产领域有很大的差别。生产领域是组织生存的基础，事业领域则是组织面向未来的总体方面，是组织发展的长远意图。它作为组织行为的总纲领，组织事业领域能够并且应该使每个员工都清楚并参与到以后的组织活动中来，确定各自的责任范围，在工作中获得自我的满足、自我的成长机会，并为组织今后的资源分配和利用指明方向。如雅马哈是人们熟知的日本公司，它本以生产钢琴为主，后来发展到电子琴、射箭用具、滑雪设备、游船、网球拍和游乐场上，这实际上就是根据企业的事业定位——娱乐工业而进行开发的。

事业领域的内容主要包括四个方面：组织历来的“业务”是什么？组织的总目标是什么？组织在未来该如何？组织怎样才能在不断变化的环境中稳步发展？一般而言，对组织事业领域的表达，必须包括核心产品或服务、基本市场、主要技术、组织性质等四个要素，由此，才能为组织的发展确定一个基础的范围。

组织在确定事业领域时，必须充分考虑技术发展的未来趋势，使组织的形象定位能为组织的发展提供相当大的空间；同时，组织的定位还要充分考虑消费者形态的变化趋势，既要谨慎，保持经营内容的连续性；又不可过于死板，丧失了灵活性和可变性。实际上，组织要繁荣兴旺，就必须对自己的任务进行不断的审查，并在必要时加以改变。

（2）组织目标的确定。组织的事业领域只是描述了组织的发展前景、希望，它并不是详细的量化指标，欲使它真正落实还必须设定相应的目标。没有组织目标，就如同马拉松选手不知道自己要跑多远，终点在何处一样，或者中途退场，或者大费周折，浪费时间，绝不会有很好的成绩。

组织目标分为总目标和阶段目标。任何一种目标的确立都必须遵循下列原则：

①一致性原则。总目标的确定必须与组织确定的事业领域保持一致，是组织事业

领域的量化指标；阶段目标必须与总目标一致，是总目标的分解。

②可行性原则。组织确定的目标必须既富于挑战性，又符合客观发展规律，是最终能够实现的。

③可衡量性原则。目标必须是明确的。应侧重定量化和便于计量。目标定得越明确具体，越具有可行性。

④优先性原则。总目标的实现往往要经过相当长的时期。因此，必须根据阶段目标对总目标的重要性进行排序，将其中重要的、具有决定性的阶段目标优先实行，保证其实现。

(3) 组织理念的确定。在组织形象的内在基础中，组织理念是十分重要的。组织理念特指带有个性的组织经营活动的思想或观念，其作用如同空气之于生命，虽然看不见、摸不着，但足以影响组织的兴衰成败。IBM公司的创始人在谈到组织信念时说："任何一个组织要想生存、成功，首先就必须拥有一套完整的信念，作为一切政策和行动的最高准则；其次必须遵循那些信念。处于千变万化的世界里，要迎接挑战，就必须自我改变，而唯一不能变的就是组织信念。换句话说，组织的成功主要是跟它的基本哲学、精神和驱策动机有关。信念的重要性远远超过技术经济资源、组织结构、创新和时效。"由此可见，组织理念是组织生命力和创造力的综合的整体反映，是一切组织形象的出发点和归宿点。

（二）组织形象的外在条件

组织形象的设计除了注重内在基础的建立之外，还需要与外在条件相配合，才能使组织形象在市场竞争中保持优胜的状态。组织形象的外在条件可分为市场环境中的条件和未来发展中的条件。

(1) 市场环境中的条件。社会进入高度成熟的消费时代后，公众需求的，不只是量的满足、质的追求，他们更强调"感性"的需要，也就是说，消费要求有一种被关心、被理解、被诱引、被个性化服务的感觉。面对如此"挑剔"的消费者，组织只有通过具有个性化的形象战略，赋予组织独特的魅力，才能接受消费者的挑战。如三菱公司的"诚实、和睦、公私分明、顾客第一"的定位；美能达的"通过以光为中心的视觉器材，来提高信息的质量，使人人都能享受并实现创造的梦境"的定位；美国兰铃公司"优质与服务"的组织形象定位，都是各自整体组织的文化特征在为公众服务中的集中表现。正如畅销世界的《成功之路——美国优秀公司的管理经验》一书中所说到的："不管是不是都像弗里托公司、国际商业机器公司或迪斯尼公司那样醉心于服务，所有的优秀公司看来都充满着强大的服务精神。我们的一个重要结论是：不管这些公司的业务是金属加工、高级技术，还是汉堡包，它们始终都把自己规定为服务性企业。"所以，从创立良好组织形象的本质上讲，创造满足公众需求的、具有文化内涵的一流服务是其形象的基础。

市场环境中的条件的另一个方面就是组织形象必须与同行组织之间保持有差异性。这样才能在复杂的市场中独树一帜。组织形象的差异性不仅表现在组织的标志、商标、标准字和标准色等不同于其他组织，还表现在组织的经营哲学、企业文化、市场定位、产品定位、营销手段、组织机构设置等不同于其他组织。同时，这种差异性还表现在国与国之间的民族差别上。由于各个国家在政治环境、文化背景、社会特征、组织形态、国民心态等方面存在差异，使组织形象的内涵及形成的运用规律、具体模式都具有不同的社会性和民族性。因此，在组织形象的设计时必须重视其形象的差异性。

（2）未来发展中的条件。在设计组织形象时，不仅要考虑到现在的定位，而且要考虑到如何在公众心目中立于不败之地，如何继续发展组织形象的问题。因此，必须注意到组织形象的统一性和动态性，这对组织形象在未来的发展中起着重要的作用。

①统一性。组织形象设计的基本内容就是形成统一的组织形象系统，使组织形象在各个层面上得到有效的统一。它是突出组织个性、强化组织印象的最有力的武器，是组织形象可持续发展的基本保证。组织形象的统一性具体表现在企业理念行为及视听传达的协调性，产品形象、员工形象与组织整体形象的一致性，组织的经营方针与其精神文化的和谐性等方面。各要素之间的系统一致性就像奔流不息的同一脉流水，互相导引，互相照应。因此，组织在形象设计之时，一方面要把组织形象灌输在经营管理思想和经营管理活动之中，不仅要注意通过厂徽、建筑物等外表形状，而且还要通过组织的优质产品和优质服务，以及组织文化活动来体现组织的完整形象；另一方面则要调动组织员工塑造组织形象的积极性，教育和要求组织每个员工充分认识自己所处的地位和作用，用组织形象规定的价值观和准则来约束自己。只有这样，组织形象才有可能在未来发展中不会被人所忽视。

②动态性。组织形象的设计和导入是一项复杂的系统工程，它牵涉到组织经营的方方面面，既是组织外在“形象”的更新，也是组织内部“灵魂”的革命。因此，组织形象的树立不是一次性的短期行为，而是一项长期的工作。在这一期间，组织的内外环境，如经营战略、经营方式、市场定位、产品定位及组织机构设置等都可能发生一定的变化。因而，组织的形象设计也不可能是固定不变的，它应随着组织内外环境的变化而不断进行调整。组织形象的设计和推广应是一个只有起点而永无终点的螺旋上升过程，这才是保证组织形象可持续发展的重要条件。

（三）组织形象设计的作业流程

组织形象的设计是一项周密、复杂、系统的长期发展规划。作为一项系统工程，必须按照一定的规则，循序渐进地展开工作，才能达到预期的目标。原则上各组织形象设计程序都大致相同，这里，我们细化、分解为 43 个作业流程，以便各组织根据自己的特点和实际，具体操作和实施。①

组织形象设计的作业流程如下：

① 方向新：《CI 战略：企业形象设计与推广》，知识出版社 1994 年版，在转引时对其表述及内容有所改动。

（1）组织形象设计计划的开始和确认。

• 有关导入组织形象设计的提案被批准，组织形象设计的计划的施行正式得到公司内部的承认。

• 公司内部与其他相关人士，确定执行已确认的作业。

• 公司与所委托的机构签订基本合同。

（2）组织形象设计委员会等的设置。

• 设置组织形象设计委员会。

• 选定委员会负责人和具体业务负责人。

（3）系统分析。

• 以委员会为中心，研讨有关组织形象的期待成果和现状问题。

• 如有必要，通知相关单位来参与讨论。

（4）搜集内部意见。

• 发放调查表，请公司内部职工记下有关组织形象的现状问题，以及对组织形象的期待事项。

• 收回调查表，经过分析后再加以整理。

（5）组织形象设计方针的确认和决定。

• 以系统分析结果和调查表等为基础，构筑组织形象系统。

• 使组织形象计划的推进方针明确化。

• 确认是否有必要设置执行机构来协助。

（6）实地考察。

• 为了让外界顾问机构了解公司情况，可安排他们到本公司的事业部门和流通部门实地考察。

（7）公司内部的信息传递活动。

• 唤起公司员工的组织形象意识，进行内部启蒙教育，策划信息传递方式、媒体。

• 编发《组织形象信息》等刊物，进行公司内部的启蒙活动，并分别举行各员工阶层的说明会议。

（8）调查体系的策划。

• 根据组织形象设计以客观地调查企业形象的现状为目的，安排调查对象和调查方法。

• 确认调查方针。

（9）调查设计、调查对象和调查方法的决定。

• 选定调查对象和调查方法，具体实施有关调查问题和问卷的设计。

• 事先预估调查作业，选择适当的调查机构。

• 确定调查作业的概略计划表。

（10）选定调查机构。

- 与选定的调查机构签订合同。
- 确认调查顺序、调查内容的明细计划表。

（11）调查准备。

- 根据调查计划而进行准备工作，如抽样、印制问卷、分配调查工作等。
- 调整并事先约定访问对象。

（12）实际调查。

- 施行公司内、外环境的调查。
- 整理收回的调查问卷，安排统计分析作业。

（13）调查结果的统计分析。

- 完成定量调查后，根据调查资料进行分析。
- 收集定性调查结果的资料，加以整理。

（14）信息媒体调查。

- 根据信息媒体的需要，设计问卷调查表。
- 将有关信息媒体的方式和期限等计划立案，同时对内部进行传递和说明工作。
- 整理信息媒体收集的结果。

（15）视觉审查。

- 分析已有的识别系统和识别要素，进行设计的视觉审查。

（16）访问负责人。

- 直接访问负责人，了解其意向。
- 向企业经营的负责人请教其企业理念，以便了解公司未来的活动方针，以及探讨有关视觉问题等。

（17）解析调查分析结果。

- 以一切调查结果为基础，解析这些资料所显示的意义。
- 找出公司目前形象活动中的问题点，以探索未来发展方向。

（18）制作总概念报告书。

- 根据调查的综合整理结果，构筑组织形象概念的方案。
- 对企业思想、将来的企业形象和识别问题等，经过充分研究做出结论。

（19）总概念的发表。

- 对公司高级主管阶层（或董事长）说明总概念。
- 审议总概念提案内容，决定施行方针和内容。

（20）企业理念体系的构筑。

- 根据总概念的施行方针和内容，探讨表现新企业理念体系问题。
- 由高级主管阶层决定新企业理念的表现内容，加以讨论后正式通过。
- 完成组织形象设计，接受新管理系统的业务。

（21）企业识别系统的再构筑。

- 根据总概念和新企业理念决定企业名称、识别内容，以及有关标志和个别标志的问题。

- 企业识别系统的再构筑作业完成后，争取公司内外的认同。

（22）变更企业名称、称呼。

- 决定变更企业名称后，先选出几种新名称，经过讨论后再决定新的企业名称。
- 办理必要的法律手续。

（23）制定组织形象设计开发计划书。

- 根据总概念和变更企业名称的结论，整理出设计开发条件。
- 如果需依靠外界设计时，应先制定《设计开发要领》或《设计开发计划书》。

（24）设计人员的挑选和签订合同。

- 挑选负责组织形象设计开发的设计专家或设计公司。
- 必须按照《设计开发要领》的规定，与负责设计的专家和机构签订合同。

（25）设计人员确定方针。

- 选定设计人员后，应提示调查结果的开发条件标准，并说明各种有关设计开发的问题。

（26）介绍设计基本形态。

- 设计专家完成以基本要素为中心的设计基本形态后，呈送上级组织形象委员会和企业高层主管阶层。
- 审议此设计案。

（27）设计测试。

- 向指定受测对象，进行新设计基本形态的反应测试、视认性测验。

（28）法律上的核定。

- 核定商标、标志等设计方案。
- 办理商标注册等必要的法律手续。

（29）决定设计基本形态及精细化。

- 从几件基本形态设计方案中，经讨论选定企业的设计基本形态。
- 对选定的设计形态，进行造型精致化作业。

（30）制定企业标语的措施。

- 制定企业标语，作为基本设计要素的一部分，也可采取对公司内部公开征求标语的措施。
- 企业标语确定后，应列入设计系统中。

（31）基本设计要素及系统的提案。

- 以设计基本形态为中心开发基本设计要素及说明设计系统的提案。
- 以基本设计要素的组合为中心，经讨论决定设计原则。

（32）制作基本设计手册。

- 编辑基本设计手册。
- 定稿后，印制基本设计手册。

• 复制用的清样制作完成。

(33) 对外发表计划。

• 策划设计对外发表的有关计划。

• 做好关于发表的方针、时机、方法、费用等问题的计划。

(34) 公司内部的信息传达计划。

• 策划有效的诉求方式，将组织形象设计的成果有效地传达给全体员工。

• 制订周详的有关信息传达的方针、方法、顺序、资料、费用等计划。

(35) 应用的适用计划。

• 对开发的新设计在具体项目中展开适用性考察，并制订详细计划。

• 妥当安排适用计划的方针、时机、方法、费用等。

• 整理新设计对各项目的应用条件。

(36) 应用设计开发。

• 将基本设计具体地使用于应用项目。

• 对应用项目的设计进行试作、测试。

(37) 编辑应用设计手册。

• 编辑应用设计手册。

• 定稿后，印制应用设计手册。

(38) 新设计的应用展开。

• 按照新设计的项目，配合应用适用计划而进行实际制作。

(39) 策划制作企业内部使用的用具。

• 制作公司内部信息传递用的用具。

• 制作公司内部信息传递用的概念手册。

(40) 对内推广。

• 对内推广组织形象成果，施行员工教育。

(41) 对外推广。

• 对外推广组织形象成果，以及企业思想和企业识别的变化等。

• 发行报道组织形象设计消息的报刊。

• 利用广告媒体来进行公开发表活动。

• 通知各交易对象。

(42) 组织形象相关计划的推行。

• 对于与组织形象的相关计划，必须考虑其应用问题以及公司内有效的推行方法。

(43) 组织形象管理系统的施行。

• 确定施行组织形象设计的管理维持作业系统。

• 决定组织形象相关计划的结束和继续管理问题，建立新企业的信息开发管理系统。

由此可见，就整体而言，组织要一次性完成所有的组织形象设计并使之统一化，并不是轻而易举的。这不仅需要投入大量的资金，更需要大量的人力和时间。因此，组织可以根据自身的需要和状况，有秩序、有选择地逐步进行。

第三节 组织形象的建立与推广

一、组织形象的建立

对于一个组织而言，组织形象的建立一般有以下三个步骤。

（一）组织现有形象的调查

在这一步骤中重点在于把握组织的经营现状、外界认知、设计现状，客观地分析组织现有形象的优劣。它是组织形象建立的依据。对组织现有现象的调查可以通过内部调查、外部调查和组织综合指数调查。

（1）内部调查。内部调查主要通过对组织经营理念、行为准则、营运机制、生产管理水平、技术及人才储备、产品结构、员工状况、产品开发策略、财务、信息传达方式、现存组织形象等方面的内部检讨、研究和分析，整理出组织形象的问题点。内部调查应从与高层主管访谈、与员工访谈、文案调查、情报视觉审查四个方面入手。

（2）外部调查。外部调查可分为两个层面：一是宏观层面，它包括经济、政治、社会、科研等几个方面；二是微观层面，它包括竞争对手、市场调研等方面。外部调查可以了解和掌握组织面临的外在状况，为组织形象的准确、顺利建立提供重要的依据。

（3）组织综合指数调查。它主要是调查公众对本组织的认识、态度和印象。这是一个受综合因素影响作用的结果。其中主要包括组织的文化、组织精神、组织的产品质量、服务态度、组织认知度、组织美誉度、组织和谐度等方面，它直接影响着组织的整体形象。特别是认知度、美誉度、和谐度这三个指数更为调查的基本内容。为了有的放矢地建立或改善组织形象，就必须围绕关键公众（员工、消费者、新闻媒介、融资界等公众）对组织的意见和态度展开调查。这是组织形象调查的重要因素。

（二）组织形象框架的设定

这一阶段主要是以组织形象的调查评估为基础，对组织未来形象建立构筑理念、行为和识别系统，提出具体可行的形象塑造方案。组织形象是否能扩大，是否能成功，与这一阶段的工作成果有很大的联系。组织形象的框架设定主要是从以下三个方面来进行。

（1）组织理念的确定。组织理念主要包括四项基本内容：组织使命、组织精神、组织价值观和组织目标。其具体的表现形式为：口号、标语、守则、歌曲、警语、座右铭以及组织高层人员精神讲话。它是把组织的价值观念、最高追求连为一体，为组织的发展指明方向。它是把模糊、抽象而又分散的意念统合起来，概括成明确、精练、具有感染力的语言文字，从而对员工起到教育、激励、塑造英雄、增强凝聚力的作用。理念只有以具体的形式渗透到员工之间，渗透到整个组织之中，才能树立起有个性的组织形象。组织理念没有固定的规定，可根据组织自身的特色来定。通常决定组织理念构建的有三个方面，它们是：本组织是什么组织；本组织将是什么组织；本组织应是什么组织。通过对这些问题的认识、检讨，可设计出自己的理念。

世界上许多大企业在确定自身理念时可谓煞费苦心。他们都希望借助理念取信公众，树立良好形象，争取顾客，谋求自身的繁荣。

从现状来看，组织理念的概括越来越抽象。大多用精神口号、标语式的简单语言文字来表达。表面上看显得有些空洞无物、不着边际，实际它把无形的思想变成有形的可视物凸显出来，作为统一的意志和行动的“焦点”，深入人心，能唤起某一群体的斗志。下面我们来看看一些大企业精心构筑的企业理念。

——丰田汽车公司的组织理念：

- 目标：世界性的丰田
- 精神：合理化精神
独立自主精神
- 标语：再把干毛巾挤出一把水
自己的城池，自己防守
- 口号：车到山前必有路，有路必有丰田车

——本田技研的组织理念：

- 社规：本社立于世界的视野，应顾客之需求，生产价廉物美的产品
- 经营方针：常葆梦想与青春
重视理论，构想与时间
热爱工作，使工作场所明亮清爽
勿忘不断地研究与努力

——雅戈尔的组织理念：

- 企业目标——装点人生，还看今朝。
漫漫人生路，我们在执著地追求！
我们越过高山，跨过平原，正在向国际一流企业迈进！
- 事业领域——以制衣业作为发展的龙头，用多元化经营开拓更多的生存空间，我们生命不息，奋斗不止！
- 企业特色——我们用灵巧的双手和真诚的心，给同胞梳妆，为人类装扮，让地球村的村民们生活得更加美好！
- 企业价值观——我们用事业的辉煌成就，武装我们自己的人生，把生命的价值提升到最高的顶点！
- 企业理念——装点众人生，今朝更看好，看我雅戈尔！

从这些理念中可以看出组织形象是建立在深层的价值观念基础之上的。如果没有这一点，难以建成良好的组织形象，或者无法保持持久的良好组织形象。

（2）行为规范的确立。组织形象不是说出来的，也不是想出来的，而是做出来的。它是靠组织员工行为规范的一致性来实现的。组织的行为主要包括五个方面的规范化管理：

①指挥系统的规范化管理。即通过章程等形式建立和完善领导制度，合理设置机构和人员，明确组织各部门的责任和权力，保证组织机制正常运行。

②组织决策的规范化管理。即根据问题的大小，分类制定决策原则、决策标准、决策程序，明确决策层次、决策机构乃至决策人，力求使每一个问题都得到正确及时的解决。

③产品流转的规范化管理。即通过一系列规章制度，明确各环节的任务、标准、程序，使各环节运转自如，环节之间配合默契。

④专业工作的规范化管理。对计划、财务、业务、信息等专业工作进行规范，并以此作为日常活动的依据和准则，使组织各项工作有章可循，顺利开展。

⑤部门工作与岗位工作规范化管理。即通过责任制等形式，让各部门明确自己的基本职能、工作范围、工作标准、权力和责任，以及与其他部门的关系等，使组织紧张有序地运转。通过规范化管理，规范组织的一切活动和全体员工的行为，使本组织从意识到行为达成完全统一，从而有效地塑造和提升组织形象。

麦当劳为了保证组织行为达到高度的统一，针对全体员工专门制定了一本厚达385页的行为规程，主要有：

营业的训练手册（Operation Training Manual，OTM）：详细说明麦当劳的各项规定，餐厅各项程序、步骤和方法，是指导麦当劳运转的圣经。

岗位检查表（Station Operation Checklist，SOC）：麦当劳把餐厅服务工作分为20多个工作段，每个工作段都有SOC，上面详细说明工作段事先检查的项目、步骤和岗位职责。

品质导正手册（Quality Guide，QG）：管理人员人手一册QG，详细说明各种半成品的接货温度、储存温度等各种与质量有关的数据。

管理人员训练（Mangement Development Training，MDT）：麦当劳的训练系统很完善，所有的经理从员工做起，一方面学习经理发展手册，共四级四本；另一方面有一整套课程，循序渐进。学完第四册，升到第一副经理后，就要送到芝加哥汉堡包大学学习高级课程。对麦当劳经理实行的是一带一的训练，即一个经理训练一个经理，其训练的经理合格后，才有晋升机会。

（3）识别系统的确立。识别系统是组织形象外在的硬件表现。这一系统所包括的内容，清晰可见，非常明确，具有极强的感染力和传播力。识别系统的设计必须遵循以组织理念为核心的原则，美学原则、动情原则、习惯原则、法律原则、民族个性设计原则，化繁为简、化具体为抽象、化静为动的设计原则，才能使识别系统具有很强的冲击力、识别性。

一个完整的识别系统包括如下内容。

①基本要素：

- 组织标志/产品商标
- 组织名称
- 标准字（中、英文）
- 应用标准字
- 标准色
- 组织造型/吉祥图案
- 组织辅助图案

②应用要素：

- 办公事务用品
- 产品包装
- 广告传播
- 建筑环境
- 车辆标识
- 服装制式
- 展示规划
- 接待用品
- 环境标识
- 规范手册

③基本要素组合规范：

- 基本要素组合规定
- 基本要素组合系统的变体设计
- 禁止组合规范

组织形象框架在经过组织理念的确立、行为规范的制定和识别系统的设计之后，已基本建成。但其框架是否正确，是否可行，则需要经过专家们的认真、周密的论证。于是，我们便进入下一步——组织形象方案的论证。

（三）组织形象方案的论证

组织形象框架确立之后，必须经过多次反复的论证，才能得出切实可行的行动方案。论证的主体是专家。因此，组织在选择专家时不仅要注意选择本部门、同行中造诣高的专家，而且还要注意选择各门学科，比如社会学、心理学、经济学、管理学、文化学、传播学等方面的专家共同为组织形象的可行性加以论证，才能保证方案的全面合理。

经过组织形象的调查、框架的设立、方案的论证，组织形象的建立就基本完成，下面要做的就是怎样让公众了解组织形象——组织形象的推广。

二、组织形象的推广

组织形象的推广，必须要经过周密的策划，拟订详尽的推广计划，通过对内宣传和对外推广，使崭新的组织形象能够尽快得到社会公众的认同，完成组织形象建立的目的。

(一) 组织形象对内的宣传

组织形象对内的宣传是组织形象推广的第一步。这是因为组织形象的建立是靠全体员工共同努力得到的。内部员工不仅是组织形象的传播者，更是组织形象的缔造者，他们的言行和对组织的态度直接影响到组织的形象。正如施乐公司的领导人马库罗所说："以设计来统一企业的印象，必须由最高经营阶层至基层员工彻底实施，内部统一之后，方能对外诉求。"所以，在组织向外推广形象之前，一般都要对组织的员工作一次详细的宣传，使他们成为组织形象向外推广的主力军。

(1) 对内宣传的主要内容。对内宣传主要就是向员工传递两个最关键的信息：一是组织的前景如何；二是组织目前的处境，我们应采取何种行动。

①组织的前景如何。向员工传递这个信息是为了提供给员工组织发展的目标，使员工有努力的方向。让员工了解组织未来的形象，可以利用《前景宣言》来进行宣传。

《前景宣言》主要描述了组织未来运行的方式以及组织必须达到的目标。它既给员工指明了前进的方向，不会使大家误入歧途，又可以在士气低落时鼓舞员工："想想，当我们能实现目标，会有多棒!"

一个强有力的《前景宣言》虽不必长篇大论，但必须铿锵有力，直言不讳，富有感染力。它一般包括三个因素①：它的焦点在如何运作上，对员工起到指导作用。它包含了可测的目标，可不时检查进度。揭示未来产业变化的趋势与机会，甚至可以彻底改变产生竞争的规则。

《前景宣言》在组织形象的推广中可以多次反复使用，以此来提醒员工，牢牢记住组织的目标；以此来激励员工，不断奋进。

②组织如何进行变革。告知员工组织目前的处境，是要给员工敲响警钟：我们不能故步自封，必须建立、推广、强化或修正组织形象，才可能不被时代所淘汰。而组织的变革又要涉及员工利益、行为的调整，因此要说明这部分的内容，可以借用《行动方案》来规范、引导变革。

《行动方案》揭示了现存危机与事实，具有较强的震撼力；说明了如何抵达未来的方法，具有很强的指导性。其语言应简洁、明了，并具有强制性。一旦发布了这一消息，就要求员工必须按时执行，不能只是纸上谈兵。

(2) 内部宣传的方式。美国行为学家卢因曾就组织变革提出了"变革三部曲"，即第一阶段：明确变革的必要性。在这一阶段主要收集令人不满意的证据，与其他组织进行横向比较，发现自身的差距，认清变革的形势和紧迫感。第二阶段：实施变革的过程。它要求向员工提供变革的资料，鼓励员工参与变革计划的拟订和执行，并向

① 李道平主编：《策划家丛书》，中国商业出版社1996年版。

员工提供变革的咨询，随时解决变革中的新问题。第三阶段：巩固变革成果。此时要采取各种方法强化员工的新的价值观念、行为规范及行为方式，并使之持久化。由此可见，要使组织形象内部宣传成功，还必须加强宣传。

①注重自上而下的宣传。先对高层主管进行培训，再依靠组织内的等级结构，向下通知、指派和解释。如召集全体员工召开组织形象宣传大会，由董事长宣讲《前景宣言》，再由各职能部门主管具体向本部员工介绍组织理念、行为规范和组织视觉识别，并制成说明书，要求全体员工遵照执行。1932 年，松下电器公司不过是一个只有 168 人的小企业。在一次职工大会上，松下提出了他的长远理想："经过 10 个阶段（每个阶段 25 年，直到 250 年以后），建设一个使所有人都富有、舒适、幸福的乌托邦。"他把第一阶段的 25 年分为三个时期：10 年用来建设，10 年全力以赴地工作，然后在公司所有成果的基础上，用 5 年时间为社会做贡献。具体工作由各部门的经理布置。由于有了明确的目标和具体的宣传，使松下公司才发展成为全球著名的大企业。自上而下的宣传方式具有很强的号召性，一般应用于对内宣传的初期。

②强调自下而上的反馈。在组织形象的宣传中，仅靠行政手段的强制传达是远远不够的，还必须运用各种技巧和方法，对员工进行教育、培训，充分发挥全体员工的主观能动性。如员工意向调查、演讲会、征文比赛、征求宣传标语等，都是自下而上的信息反馈，都可以调动员工的积极性。在松下公司有一个"泄气中心"，里面摆放着松下幸之助的橡皮模型，工人可以在这里用竹竿随意抽打"他"，以发泄心中的不满，等他们骂完了，喇叭里就会自动响起松下的声音："这不是幻觉，我们生在一个国家，心心相通，手挽着手，我们可以一起去求得和平，让日本繁荣富强。干事情可以有分歧，但记住，日本人只有一个目标：让民族强盛、和睦。从今日起这绝不再是幻觉。"这是松下写给员工的诗，意在宣扬松下的理念。而员工则每隔一个月至少要在他所属的团体中进行 10 分钟的演讲，表明他对公司的精神、公司的使命以及行为方式等的看法，以便公司收集意见，加以修正。

③深化横向沟通方式。横向沟通主要通过组织内部召开的各种会议来进行。如各部门主管的形象讨论会，会议可以就"如何展开公司的未来"等问题进行讨论，在讨论中落实组织形象的方针计划。

在员工之间可以开展小团体活动，让员工们相互讨论组织形象的问题：本公司是一家什么样的公司，将来的变化如何，公司对于我的意义，我怎样为公司服务等。通过这些问题的讨论，可进一步了解公司，并说明了自己应当为公司做些什么；应当怎样做才能使自己的观念、行为与他人行为和公司的规范要求协调一致。

另外，还可以利用公司内的宣传海报、墙报、公司会报、员工手册、幻灯片等媒体，传递信息，提示说明。

组织形象建立最根本的作用是改革意识、改善内部素质，以此来显示良好组织形象内涵，而不单纯是变更公司招牌、标志等。正因为如此，组织形象对内的宣传教育才显得至关重要，不可缺少。

（二）组织形象对外的推广

组织形象建立的总目的，就是通过周密、系统的策划，从复杂的内外关系中，整理出秩序，从而建立一个统一而独特的组织形象，因此，在对外推广组织形象时，必须针对组织不同的关系对象，选择与之相适应的传播媒体和手段。

（1）人际传播。人际传播是指人与人、人与群体之间的直接传播。它具有如下特征：一是无媒体的参与；二是传播范围有限；三是因人因事而异；四是能及时了解公众的反应。因此，人际传播是人类社会进行交流和传递信息的一种最普遍、最常用、最直接的传播方式。它对于组织形象的推广，特别是组织美誉度、和谐度的建立，具有极大的作用。

①美誉度的建立。由于公众认为大量广告是在吹牛，是王婆卖瓜、自卖自夸，因此消费者判断组织形象的好坏时，只有亲自使用其产品，享受其服务或听信其他使用者。调查数据显示，公众对其他使用者介绍的产品品牌质量、性能、文化特性的相信程度，是广告宣传的18倍。其中公众相信其他使用者介绍的产品优点的人数比例为92%，而消费者相信广告上宣传的优点比例数只有5%。

因此，组织形象中所包含的美誉度要素，主要靠人际传播取得。另外，人际传播在传播组织形象美誉度的同时，也逐渐地积累提高组织形象的认知度。作为大众传播的补充，人际传播在组织形象的二级传播和多级传播中，是必不可少的。有时候，公众通过二级传播（人际传播）所获得的组织形象认知度，甚至超过一级传播（媒体传播）。

②和谐度的建立。人际传播有助于增加公众对组织的和谐度，其和谐度表现在对品牌的忠诚度上。消费者行为的研究者通过调查发现，每个消费者在购买和使用某个品牌或某个商号的服务后，一般评价很好或很坏，满意或不满意，觉得受骗上当还是觉得合算，受虐待还是受到善待，都会向他周围的亲友、同事们诉说。传播对这个品牌的评价信息，传播的面比较少，只有亲友、熟人中比较接近的一部分，大约9～10个人。

我们假设这9～10个人中有一半人记得了，一半人忘记了。其中的5个人如果听他人介绍那么好，会亲自去试一试，去购买（如果听他人说某品牌不好的话，他就不买这个牌子了，明知不好就没必要去试了）；如果购买试用的结果，果然如他人介绍那么好，他又会再向其他9～10个人传播这个品牌的好的信息；如果品牌评价是中等的、一般的，就不值得再传播了，一般评价就没有传播的价值。这与所谓“一传十、十传百”是如此地吻合。这9～10个人中，又会有一半人记住，并且也去购买使用他人介绍的这个评价很好的品牌。这样，经过两轮的品牌美誉传播，某品牌就会拥有几十个购买者。

实际上品牌美誉传播不只是两级的，可能是多级的。传播级数的多少，取决于推动这种人际传播的力量大小。顾客对这个品牌评价越高，产品越优异，推动传播的力量就越大。因此，企业要创名牌，必须首先创造质量优异的产品，创造超越他人的产品特色，才能获得顾客的高度品牌忠诚，从而推动持久的多级的传播，逐渐增大美誉传播。如果我们好好对待一个顾客，经过美誉传播，就至少会带来随后的成百笔生意；

反之，如果我们虐待一个顾客，通过负面传播，就可能会失去以后成百笔的生意。

（2）大众传播。大众传播是通过一定的传播媒介向公众进行的组织形象的宣传。它具有如下的特征：一是由报纸、杂志、广播、电视进行的间接传播；二是受众多、范围广；三是传播速度快；四是无直接反馈。在现代社会，对于组织形象的推广，大众传播是最快捷、最有利的手段。

大众传播对组织形象推广主要有两种方式：广告和形象推广活动。

①广告。广告是完全由组织控制的对形象宣传最直接、最有效的方法。

大规模的广告战，大大缩短了组织形象推广的周期。现代高度发达的传播媒体为品牌传播提供了超越时空的能量，显示了人际传播所无法与之比拟的巨大威力。企业要利用广告创造组织形象，必须深入研究各种媒体的特点，进行周密精心的策划。

由于使消费者了解产品、了解组织最好的办法就是广告的传播，因此，企业不惜以重金去争夺广告段位，为的就是要利用广告传播来推广、宣传企业产品、企业形象，让组织形象能深入人心，融入人们血液之中，让其组织形象之花在广告的传播中越开越艳，越开越久。这正是为什么每年中央电视台黄金广告时段招标活动竞争激烈的主要原因。

②形象推广活动。形象推广活动是由组织向各种传媒提供真实的信息以便宣传组织的一种方式。它通过庆典活动（开业剪彩、周年纪念、庆功表彰、重要仪式、赞助活动、举办文化体育竞赛评选活动、企业开放日、名人示范举措、新闻发布会、制造新闻等）、社区活动、促销活动（展览会、订货会、贸易洽谈会、技术交流会、研讨会等），有效地提高组织的认知度、美誉度。

形象推广活动是一种低投入、高产出的传播方式。它被有识之士认为是免费或省钱的广告宣传，是一种巧妙地传播企业和产品品牌的方式。所以，近几年创出名牌的企业，无一不对形象推广活动予以高度重视。健力宝饮料、霞飞化妆品、太阳神保健品、乐百氏奶等名牌，都曾大量运用形象推广手段塑造企业和品牌形象，提升认知度、美誉度、和谐度。

第四节 组织形象的巩固与矫正

组织形象在对内的宣传得到了员工的理解和支持、对外的推行得到了公众的认同和拥护之后，其组织形象就可说得到了很好的建立和推行。但要使组织在公众心日中一直保持良好的形象，就需要不断地加以强化和修正，才能确保形象能永葆青春。

组织形象成功建立之后，喜悦、荣誉、利益等均随之而来。与此同时，巩固形象也就成了现实而迫切的任务。古人云：“祸兮福所倚，福兮祸所伏”、“打江山易、守江山难”，由此看来，巩固形象并不是一件容易的事。从世界著名企业发展的历史，我们可以看到，曾有多少红极一时的名牌纷纷衰落了。才领风骚没几年，最后终于被人们淡忘了。即使目前排位在全世界前 50 位的名牌企业，也无不几经风雨，最后方才巩固形象成功。

组织形象应怎样巩固呢?

一、组织形象内质的更新

组织形象的更新是通过内在组织理念、领导者观念、员工素质、质量水准等方面的更新提高来完成的。

(一) 组织理念的更新

组织形象是以组织理念为内涵而建立的。组织理念要随着组织的发展、进步而不断地加以调整、修正，以创造出最能体现组织精神、组织价值观、组织目标的组织观念，最能征服公众的组织形象。虽然对组织理念的丰富、补充过程是十分艰辛的，但组织理念的更新带给形象的升级，就像人们刚刚发现原子弹的威力一样，是不可估量的。因此，组织理念的丰富是组织形象更新的基础。康佳集团也是因其不断更新的组织理念使企业不断有新的活力产生，使企业不停地向前发展。20 世纪 80 年代初，康佳提出了“爱厂爱国、遵纪守法、团结协作、好学上进”的企业理念，强调团队精神和奉献精神。这激励了康佳人在早期的市场竞争中求生存、求发展。随着改革开放的深入，1986 年，康佳对其理念进行了更新，提出了“质量第一、信誉为本；团结开拓、求实创新；员工至亲、客户至尊”的理念文化，充分表现了强烈的市场观和人的主体性，使员工在各种企业活动中受到了尊重，找到了友爱，增强了员工的归属感，调动了员工的积极性、创造性，为企业发展找到了内在驱动力，使康佳集团进入了第一次腾飞期。到 1995 年，为了在激烈的市场战中获胜，康佳再次更新了其理念：“康乐人生、佳品纷呈”，即为企业内外公众健康快乐的生活，不断奉献优秀的产品与服务。

它体现了员工为社会的服务。这种将个人价值的实现与企业的发展、社会的进步相统一的理念，反映了企业由生产型向经营型转变的新特质。康佳经过不断更新而形成的适应社会需要的新理念，培养了现代康佳人“爱国家、爱康佳”的康佳精神；树立了“我为你、你为他，人人为康佳、康佳为国家”的康佳风格；营造了“情感留人、待遇留人、事业留人”的康佳环境，为康佳集团成为中国彩电行业的龙头起到了巨大的推动作用，为康佳集团的国际化奠定了良好的发展基础。

(二) 领导者观念的更新

约翰·奈斯比特在他所著的《亚洲大趋势》中指出：“当代亚洲的强大与崛起，将造就一代企业巨人。他们将重塑现代人的灵魂，在唤醒个性意识、树立坚定信念和倡导苦干与献身精神方面，他们将以先驱者的姿态出现。”这些“巨人”就是现代企业朝气蓬勃，不断奋进，具有新思想、新观念的领导者。他们就是组织形象更新的核心主宰，他们决定着组织形象更新的方向和前途。因此，他们是否具有新的观念，是否从旧文化中脱胎换骨都直接影响着组织形象的更新。日本大型企业川崎钢铁公司就是在其领导者的不断改革下发展了企业的形象。西山弥太郎作为川崎钢铁公司首任总经理，“长期执政”达 16 年之久，他的积极进取精神，冲破阻力不断开拓的企业作风，曾给当时的日本经济界留下了深刻的印象。然而，随着公司规模的不断扩大，川崎钢铁公司的形象及企业文化反倒越来越淡漠了。公司在一次对子公司内 7000 多员工进行公司形象的民意测验中，发现子公司员工大都说对川崎钢铁公司没有太深印象。这一结果让公司的领导八木靖浩十分惊讶，他决心对原有企业文化进行更新、重塑公司形象。他以原企业文化中的那种开路先锋为基础精神，以力求创新、加强团结、尊重信赖、自由开放、不断上进为主要内涵，形成企业的新名牌文化。八木靖浩不仅亲自通过卫星通信网向分布在全国各地的子公司员工宣布了川崎钢铁公司新的企业文化体系，而且还以开放的形式向社会介绍了“谋求不断发展、与时代同步、革新经营”的新的企业文化理念。在更新后的名牌文化的支撑下，企业员工心往一处想，劲往一处使，不但重塑了企业良好的社会形象，而且也大大提高了企业的认知度和美誉度。

（三）员工素质的提高

被世界企业界誉为“经营大王”、“企业家之圣”的松下幸之助在总结其经营文化精华时说：“事业的成败取决于人”，“没有人就没有企业”。日本顾客在评价松下时提出：“别家公司输给松下电器公司，输在人才的运用上。”可见，企业的人才——高素质的员工是企业的发展、企业组织形象更新的主要推动力。因为一个人的能力是有限的，如果只靠领导者一个人的智慧指挥一切，即使一时取得了惊人的发展，也肯定是会有行不通的一天。所以，发挥全体员工的智慧，运用全体员工的力量才是组织形象永葆青春的根本。

员工素质的提高首先要注重对其思想观念的引导、更新。“一切美好从今日开始”是广东今日集团的主体理念。这个理念引导了今日人致力于阳光下的事业——为孩子们生产、开发各种不同的饮品，以他们的健康为己任，以他们的快乐为回报，以此发展自己独特的企业形象，使组织形象不断更新。

提高员工的素质另一个重要方面就是专业素质的提高。过硬的质量是名牌延伸的前提，只有良好的专业素养，才能保证形象的质量。许多国际知名的大企业十分重视人才的培养，把这看成企业发展、文化延伸的保障。松下总公司就设有教育培训中心，下属8个研修所和一个高等职业学校，分别培养不同层次、符合不同要求的人才；包括主任、课长、部长等领导干部，技术人员和技术工人，销售人员和营业人员，松下在国外的工作人员和国内外贸人员，地区工作人员。高等职业训练学校负责培训刚招收进来的高中毕业生。为了不断提高员工的专业素质，松下公司还有内留学制（即技术人员可以自己申请、公司批准，到公司内办的学术或培训中心去学习专业知识）、海外留学制（即定期选派技术人员、管理人员到世界各地去学习）等一系列培养人才的计划。这既为公司的发展储存了后备军，也为组织形象更新提供了必要的条件。

（四）质量水准上的提高

组织形象的巩固、更新是以企业名牌产品不断推陈出新、不断进步为基本前提和必要保障。如果产品质量上不去，技术不更新，组织形象的巩固、更新也就是一句空话。所以，组织形象的更新必须包括产品质量水准上的提高与创新。

组织形象以质量为依托，如果质量水准难以提高，其形象迟早会落伍。被誉为中国国车的红旗牌轿车，一度是中国民族工业水准的象征。但在社会不断变化的环境下，若干年不变，质量水准没有明显的提升，制作工艺落后，设计款式陈旧。有那么几年，它只是博物馆里的陈列物品，成为人们缅怀历史、追忆往昔的物质寄托。今天的质量优势，有可能成为明天的质量劣势。所有名牌企业都在进行质量水准提升的竞赛。名牌企业要抓住目前质量优秀、技术领先、人才济济、资金实力雄厚等优势，把质量优势提升到他人无法与之抗衡的水准，使名牌形象不断更新。

市场营销学常识告诉我们，产品都有特定的生命周期。如果一味地死抱原产品不放，最终必定被市场淘汰。上海名牌奶糖“大白兔”，早在10年前就进入美日市场，然而渐渐地，“大白兔”不受欢迎了，在琳琅满目的糖果市场上消失了。因为10年来一成不变的老配方、老味道、老形象、老包装根本无法跟上市场的变化和产品换代的需要。中国消费者是能感受到日本名牌电器的换代速度的，像索尼、东芝、日立、松下、夏普等，每年都会推出几款新品和几种新型号，令消费者时时感到其形象的更新。

组织形象要巩固、更新，其产品必须建立在一定的档次之上，否则就会影响形象的巩固、更新。产品质量的创新，不仅可为组织带来滚滚的财源，而且也可巩固组织形象，加速形象更新，为组织形象的丰富、提升起到良好的推动作用。

二、组织形象的外观改良

（一）名牌产品的外观更新

组织形象外观的更新也就是从包装到品位上的更新。一味地墨守成规、数年如一，只能让消费者对其形象产生厌倦感，这是组织形象更新中的大忌。因此，更新形象是组织得以持久发展的关键，而形象更新主要又是创意的更新。一个形象创意的更新是否成功，主要取决于消费者的认同度，即公众对形象的心态。在市场经济条件下，公众就是市场，公众心态就是消费者对形象更新的要求。只有符合公众心态的需求，才能得到公众的认同，才会拥有市场，组织形象更新也才能为企业带来光明的前程。组织形象外观上的更新主要包括包装上的改良和传播内涵的更新。包装是组织形象最直接的外在形态。随着组织形象的更新、公众品位的变化，包装也一定要随之变化，以求得与组织发展、公众的要求相适应。包装要精心设计，精工制作，使包装文化、使用质量和消费效益达到“尽善尽美”。

早年在英国市场上畅销的两种封闭式铁皮包装的沙丁鱼罐头，一种是英国生产的，一种是葡萄牙生产的，但开启时都十分困难。葡萄牙生产厂家首先改良了外包装，使用了拉环式开启包装，这使顾客不用任何工具就可以打开罐头，十分方便。这种外观的改良一下子吸引了更多的消费者，特别是爱吃沙丁鱼而又怕麻烦的消费者。这样，不仅开发了潜在市场，而且也把没有进行外包装改良的英国厂家挤出了市场，争取了更多的消费者，为葡萄牙厂家生产和发展打开了光明的前途。

1993年春节前，法国白兰地生产厂家一改过去的酒瓶外观，把高档的干邑白兰地装入了一只定价310元的引颈高歌着的公鸡造型的玻璃瓶，推向中国市场。这年正是鸡年，这一改良后的外观引起了人们的注意，成了无声的推销员，激发了人们购买的欲望。许多顾客在货架上看见它后，都喜不自禁地争相购买。这种干邑白兰地成为鸡年人们探亲访友的首选礼品。无独有偶，马爹利公司在1994年年底也推出一种经过改良外包装的新的瓶装酒。这种前所未有的独特包装的酒瓶是以24K纯金装饰，内装“马爹利金酒”。这种超豪华的包装象征着马爹利公司悠久的历史和非凡的造诣，在市场上大受消费者的欢迎，为公司的发展开辟了新路。

（二）传播内涵上的更新

国内有许多知名的企业，像太阳神、霞飞、孔府家酒等许许多多曾经红极一时的企业，在20世纪90年代末纷纷受到冲击，或难以高速发展，或产品发展和市场营销严重滑坡，其重要的原因是文化内涵未进行及时调整和充实。太阳神从“猴头菇”一举成名以后，产品单调，形象更是固定在“当太阳升起以后，我们的爱天长地久”模式之上难以突破。孔府家酒曾是中国白酒行业中的新贵，其广告词“孔府家酒，让人想家”随着《北京人在纽约》的走红而火爆，连创销售佳绩。但昨天的成功不等于今天的经验，多年不改的广告词使文化内涵已被抽取得一干二净，毫无新生气息和冲击力。

综观世界知名企业，从可口可乐、柯达、摩托罗拉到耐克、雀巢、索尼等没有一个是墨守成规、一成不变的。麦当劳的主导产品虽仅有汉堡包和薯条两大类，但它的内涵形象永远是在主旋律下而变化多端、层出不穷、新鲜生动：有一闻到麦当劳香气就清醒的儿童；有摇篮里婴儿对麦当劳的喜爱；有利用汉堡包扯弄主人的小猫；还有想吃薯条但又被鱼柳枝吓跑了的鱼群……这些不断变化的形象总能给人们一个又一个的惊喜，让人感到了“开心无价，麦当劳”。又如，可口可乐每年利用广告对其内涵的形象宣传就升达几十款，让人备感新鲜与活力，为其成为世界一流企业做出了巨大的贡献。

组织形象的外观改良使其外观更具个性、更有特色、更富内涵，也更能适应消费者的各种需求。满足了这些需求就等于开发了新市场，等于为组织的发展壮大铺平了前进的道路，为组织形象的传播、名牌产品的创立提供了广阔的天地。天高任鸟飞，海阔凭鱼跃。组织形象外观的改良创造了需求，也创造了企业的辉煌。

三、组织形象的矫正

组织形象在发展中常常会遇到因自身失误损害了公众利益，导致了公众的不满，或公众对组织的认识不够全面有所误解，从而影响组织的认知度和美誉度，影响了组织的形象，此时就必须对形象加以矫正。（具体方法请参见后面第七章案例7－2和第八章第五节中有关内容）。

【案例6－1】　上海锦江饭店是世界上最好的宾馆之一

陈毅同志生前曾夸奖上海锦江饭店“是上海一个窗口，一个门面”。从1951年开业以来，锦江饭店已接待了100多个国家300多位国家元首和政府首脑以及难以计数的外国商人和游客。正是依靠优质的服务，使上海锦江饭店创立和保持了良好的形象：

1984年，美国总统里根一行访问上海时下榻锦江饭店。当他们早起披上晨衣时，不由得脸露惊讶："哦，这么合身，就像为我们量了尺寸定做的。"

个儿大脚大的斐济总统在中国其他地方访问时，很难穿到一双合脚的拖鞋。当他走进锦江饭店的总统套房时，一双定制的特大号拖鞋已放在床前。一试，正合适！总统哈哈大笑："你们怎么知道我脚的尺寸？中国真神！"这位总统特意将拖鞋带回国留作纪念。

圣诞之夜，饭店小姐向住店的日本专家房间送去蛋糕，微笑着向客人祝贺："生日快乐！"日本专家满脸惊喜："小姐，你们怎么知道今天是我的生日？"小姐笑答："住店卡上有您的出生年月。我们知道每位住店客人的生日，这是我们的客史档案。"

一位奥地利游客在锦江酒吧丢失了一只紫红色手提箱，内有一万多元奥地利先令和美元。当服务员走遍当时上海的十大宾馆，最后终于在达华宾馆找到这位游客时，他激动地说："我们的音乐世界闻名，但你们中国人的心灵比我们的音乐还要美。"

美国前总统尼克松曾在锦江饭店留言簿中写道："上海锦江饭店是我住过的世界上最好的宾馆之一。"

【案例6-2】 太湖宝岛花园导入CIS

CIS是英文"corporate identity system"的缩写，意为企业识别系统。CIS是一种由欧美和日本企业开发出来的经营管理技法，它把企业及产品形象中的个性与特点有效地传达给一切可接受该信息的受众，使其对企业及产品产生统一的认同感和价值观，从而达到使企业及其产品更能引起外界注意、树立企业形象、扩大市场占有率的目的。

CIS战略由三个部分构成：理念识别（mind identity，MI）、活动识别（behavior identity，BI）、视觉识别（visual identity，VI）。

MI、BI、VI构成了一个有机的整体，三者共为一体，缺一不可。MI是CIS战略的策略面，好比企业的心脏；BI是CIS的战略执行面，好比企业的手脚；VI是CIS的展开面，好比企业的脸。MI、BI、VI构成了塑造形象的三大支柱。

1998年4月至1998年9月，太湖宝岛花园全面地导入CIS，迅速提升了企业形象。本案例介绍太湖宝岛花园导入CIS的做法。

背　景

太湖宝岛花园，地处苏州太湖风景区中心的长沙岛上，北靠杨梅山，南倚浩渺太湖，位于苏州木渎、光福、西山、东山、石湖五大风景区内，地理位置绝佳。东太湖旅游环线，贯穿多景区之间，为旅游提供诸多便利；太湖大桥与市环路相接通，出行可谓畅通无阻。

太湖宝岛花园由一家五星级酒店和百幢别墅构成。五星级酒店设计的会所，提供客房、餐饮、会议、商务、游泳、网球、美容、健身、健美、保龄球、真冰溜冰场、棋牌、游艺、歌舞、桌球等服务。绿树掩映中，风格各异、款式多样的百幢别墅点缀其间，其从整体到局部，均出自大家手笔，时尚设计，融合传统与现代建筑设计理念，荟萃中西建筑文化精华；高雅华贵，气派非凡；悉心铺陈的豪华寓所，显贵堂皇的住客会所以及生机盎然的花圃庭园，一一完美展现。

太湖宝岛花园虽然是一处具有良好自然生态环境、高尚浓郁文化气息、高质高效圆满生活设施的美丽园区，但也存在地理位置离苏州较远，人流量较少，对外认知度较差等缺点。因此，在太湖宝岛花园建设过程中，就有必要通过导入 CIS 来传播企业形象信息，扩大认知度，吸引消费者和游客，提高企业的文化品位，增添企业的无形资产。

策划与实施

CIS 的导入，其前提条件是要对企业自身和市场实际进行深入调查，因为企业形象要得到公众的赞誉，顺应市场的需要，符合经济发展的大势，就必须在公众面前和市场中界定自身的坐标。只有认真周详地进行市场调查，充分掌握企业自身的实情和市场发展的前景，才能认定企业的市场定位和产品方向，做出切实可行的符合企业发展状况的客观规划，确定企业的独特个性。只有这样设计企业形象，企业形象塑造才有坚实的根基。基于这样的认识，在为苏州太湖宝岛花园导入 CIS 以前，进行了反复的市场和企业实际情况调查，在此基础上，制订了 CIS 的整体方案。

一、VI 设计

VI 是 CIS 的静态识别符号，是具体化、视觉化的传达方式。它所包含的内容、项目最多，传达层面最广，获得的效果最直接。它是在企业经营理念的确定和战略范围经营目标制定的基础上，运用视觉传达的设计的方法，根据传播媒体的个性要求，开发通过视觉符号的设计系统来传达企业的精神理念，目的是刻画企业的个性，突出企业的精神，凸显企业特征，使企业内部、社会各界和消费者对企业产生一致的认同感。

苏州太湖宝岛花园依山傍水，一年四季，好景不绝。动人的湖滨金色沙滩，营造了自然畅意的空间，嬉戏碧波清水，享受日光月华，能充分体味人生的美好趣味。太湖宝岛花园绿化率超过45%，桃林、梅园落英缤纷；桂花、茶花香气袭人。太湖物产丰富，银鱼、虾蟹堪称一绝；纯菜、珍珠中外驰名；碧螺春茶享誉世界。通过反复总结提炼太湖宝岛花园的个性特征，设计出了如下的标志（见图6－1）。

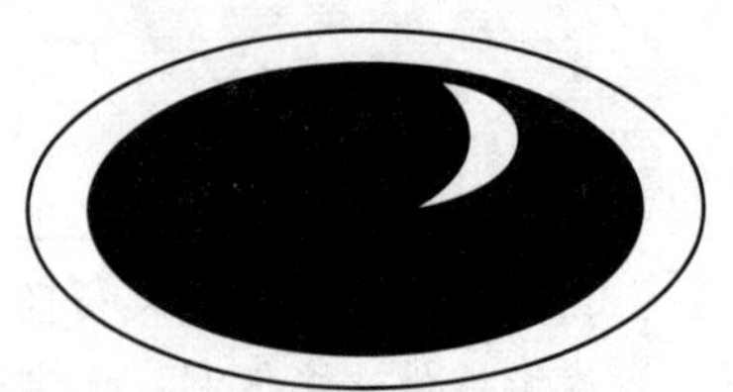

图6-1 太湖宝岛花园标志

该标志采用绿、蓝两种主色，在椭圆形的空间展示出绿水蓝天相互连接，一轮明月悬于水面，将人们带到了诗情画意般的境地：碧波荡漾的太湖水秀丽多姿，瑶海上月，星河倒映，山影荡漾，涛声如诉。给人们以强烈的视觉冲击力和广阔的想象空间。

二、BI设计

BI是企业具体可感的动态识别形式。它以理念识别为基础和原动力，直接规范着企业内部的管理、教育以及企业对社会的一切活动，构成塑造企业形象的重大支柱之一，在塑造企业形象中具有其他识别系统无可比拟的巨大功能。

太湖宝岛花园的BI系统分为内部系统和外部系统两个方面。结合酒店和高档住宅小区的特色，内部系统围绕干部教育、员工教育、敬业精神、礼仪规范、企业环境、职业道德、企业文化、环保对策等八个方面展开。外部系统围绕市场调查、公共关系、广告宣传、促销活动、公益活动、项目开发等六个方面进行。以基本规则和规章制度来规范员工的行为，并进而塑造太湖宝岛花园良好的动态形象。

三、MI设计

MI是CIS的核心和最高层面。重视MI，精心提炼MI，是导入CIS丝毫不容忽略的事。在整体形象设计中，太湖宝岛花园的决策者将MI视为企业的内在灵魂和生存、发展、强盛的活力源泉与精神支柱，着重围绕企业经营理念、经营哲学、企业精神、发展战略目标、企业形象定位进行了精心设计。

（一）经营理念

提出了“营造诗意的居住意境，倡导全新的生活理性”的经营理念。这一意境深远、令人回味的经营理念，向各界公众昭示：高品质的生活环境是人们梦寐以求的追求；科学的消费方式是时代发展的要求；使人获得全身心的发展，是社会进步的目的。宝岛花园以造福于人类、服务于公众为己任，刻意为人们创造一个远离都市喧嚣，回归大自然怀抱，能够充分地品味人生，诗意般地栖居的美好生活意境，使古人“结庐在人境，而无车马喧”、“采菊东篱下，悠然见南山”的企盼成为现实。

宝岛花园充分利用美丽的太湖山水这一得天独厚的空间环境，通过国内外著名的建筑学家、美学家、文化专家和企业形象设计专家等各路高手独具匠心的规划和设计，推出一处以吴文化为特色，荟萃中西建筑文化精华，具有理想的自然生态环境和人文环境，能使人们充分品味现代生活内涵的美丽园区，使它成为苏州这一“人间天堂”中的一颗熠熠生辉、璀璨夺目的明珠，成为太湖中令人神往的“蓬莱仙境”。

（二）经营哲学

总结出了“以诚创造价值，以美装点生活”的经营哲学。

这一经营哲学对外展示：宝岛花园企业的旗帜上始终铭刻着两个闪光的大字：“诚”、“美”。

诚实守信是中华民族代代相传的祖训，也是现代企业必须信守的基本职业道德准则。宝岛花园以一颗诚实、诚挚、诚恳、诚信的赤子之心服务于公众，奉献于社会，并从中获得价值回报。

崇尚美、向往美和追求美是当今时代的主旋律，是人们参与社会实践活动的强烈精神需求。宝岛花园决心以给人类带来火种的普罗米修斯为楷模，当美的使者，通过美的创造，为人们的生活奉献束束五彩缤纷的鲜美花朵，让人们在美好的生活中陶冶性情，奋发向上。

诚实即美，美即诚实。生活需要诚实，生活需要美。写着“诚”、“美”大字的旗帜，永远激励着宝岛花园的全体员工开拓进取，推动事业的腾飞。

（三）企业精神

“刚柔相济，百折不挠。柔似太湖水，刚如太湖石。”

宝岛花园企业精神可以简括为“水石精神”。这一精神的文化意蕴在于：

首先，将宝岛花园的精神和中华民族精神融为一体。中华民族历经磨难、生生不息的力量源泉在于刚柔相济。宝岛花园继承和弘扬这一民族精神，以刚柔相济的韧性、弹性和张力，百折不挠地朝既定目标挺进。

其次，将宝岛花园的企业精神和儒家文化传统紧密结合。《易经》云：“天行健，君子以自强不息；地势坤，君子以厚德载物。”号召人们要有博大的胸怀，刚柔相济，自强不息。

最后，将宝岛花园的企业精神和吴文化主线贯串起来。吴文化的鲜明个性是水文化。浩渺的太湖水，碧波万顷，奔流不息。水是柔和的，但能克刚。一切源于水，一切又复归于水，可见水的力量。柔和的太湖水拍击和砥砺着太湖石，使太湖石坚硬如铁，坚不可摧。

宝岛花园诞生在吴文化的腹地，要继承和发扬吴文化的精粹。刚柔相济，百折不挠。柔似太湖水，刚如太湖石。宝岛花园奉行这一企业精神表明：对公众和社会，宝岛花园有博大的胸怀和满腔柔情；对事业，宝岛花园有顽强而执著的追求精神，不达目的，誓不罢休。

（四）发展战略目标近期目标，亦即通过3年的努力所要达到的目标是要成为：

- 独具风格的现代高品质美丽生活园区。
- 富有魅力的国内外旅游基地。
- 国内一流的四个中心，即：康复保健中心；培训教育中心；度假商贸会务中心；吴文化展示中心。

（五）企业形象定位

①形象定位：创造高品质的生活文化环境。

②形象定位概念结构图解（略）。

③宝岛花园企业形象概念：

创造：创造全新生活质量和舒适的生存空间。

生活：阐述人与人、人与环境和谐的崭新生活观。

文化：培育高品位的文化氛围。

环境：有机整合得天独厚的生态环境与优秀的人文环境。

四、宝岛花园企业形象构造

①形象准则：

品质：人事时地物，整体高品质。

服务：国际级的星级标准满意服务。

文化：以吴文化为主流的多维文化。

环境：地理环境与人文环境的有机融合。

②功能准则：

独特个性：独特的山水桥岛、独特的创意设计和独特的形象推介。

强化认知：从视觉识别、行为识别到理念识别三位一体，环环相扣，给公众以强烈的识记效果。

拓展想象：品质、环境、文化的有机结合，给公众以美好遐想和巨大振奋。

富有美感：山水桥岛等整体环境与独特建筑风格的外在美，加之企业文化的内在美，对外展示出企业整体优美形象。

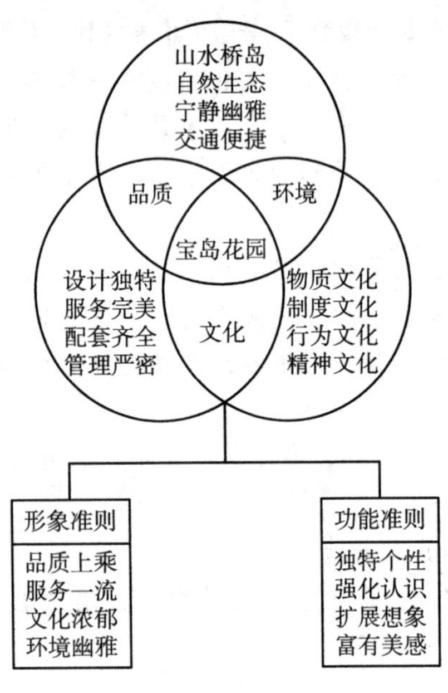

图 6-2　宝岛花园企业形象构造

效　果

太湖宝岛花园全面导入 CIS，取得了很大的成功。

水天一色之间一轮明月的企业标志，通过太湖宝岛花园的事务用品设计、广告媒体设计、交通运输工具设计、制服设计、室内设计、建筑设计、展示设计、包装设计等，全面表达了企业识别的基本精神和独特个性，起到了十分巨大的传播力量和感染力量。

太湖宝岛花园的 BI 使企业理念从抽象和间接的层面转化为具体的直接的员工行为，又通过员工行为反映其形象和企业整体形象。BI 在企业实施后，对企业员工的行为起了十分强烈的规范作用，规范他们应该怎样干和如何干。而企业员工良好的行为，如敬业精神和为顾客提供的优质服务等，对外都产生了一种强烈的亲和力，引起外界公众由衷的信赖和好感，成为塑造企业形象的有效环节。

太湖宝岛花园的 MI，由于是一个包含了企业的目标、宗旨、使命、价值观、经营思想等内容的一整套的理念体系，可以在企业具体的活动过程中，起到整体统一的指导作用，使员工在思想情感和言行举止等多方面与企业保持协调，做到与企业同呼吸、共命运，把企业员工组织成了一个团结、自立的整体，显示出共同的意志、品格和精神追求，使员工个体对企业整体产生了归属感和凝聚力。MI 的对外传播散发了太湖宝岛花园高品位的精神文化和价值追求，使各界公众对太湖宝岛花园有了全方位的了解，并从中产生好感和爱戴。

太湖宝岛花园导入 CIS 后不到半年，百幢别墅已销售一空，酒店尚未开张营业已有人预订。慕名而去的人络绎不绝，在观赏太湖时，又把这一美丽的生活园区作为一个漂亮景点观赏。

（资料来源：方世南：《公共关系案例分析》，中国商业出版社 1999 年版）

复习思考题

1. 请从组织形象构成要素的角度，将中国银行与你所在区域的信用社进行比较。
2. 请为你所在的组织（学校、企业或城市）进行组织形象定位。
3. 假设海尔集团不再用“真诚到永远”的理念，请你与同班同学合作为海尔设计一条新理念（目标或精神）。
4. 请回忆并画出“美菱”、“丰田”、“奔驰”、“中央电视台”、“一汽”的标识，并加以评点。
5. 请为你所在的组织写一篇《前景宣言》。
6. 《上海锦江饭店是世界上最好的宾馆之一》揭示了何种秘诀？
7. 参照《太湖宝岛花园导入 CIS》，为你熟悉的单位策划一个导入 CIS 的方案。

参考阅读

余明阳、陈先红：《CIS 教程》，中国物资出版社 1995 年版。

第七章　公共关系媒介与沟通管理

本章提要

媒介是信息传播沟通的载体，是构成公共关系不可或缺的要素之一。沟通管理，是公共关系工作的重要方法之一。系统了解各种媒介特征和传播功能，科学把握沟通规律和技巧，是进行有效的公共关系活动的基础。

本章内容十分丰富：用前六节篇幅对组织公共关系沟通管理活动中最常运用的口头传播媒介（公众演讲和院外游说）、视觉传播媒介（VI 传播系统）、组织设置的传播媒介、组织外部的大众传播媒介、网络传播媒介、活动与媒介事件等公共关系媒介进行了充分介绍；后五节描述了传播与传播方式、公共关系的言语传播、公共关系新闻传播、公共关系广告传播、整合传播管理等公共关系沟通的内容与方法。

整章学完，可以基本掌握公共关系沟通方面的理论与方法。

第一节　口头传播媒介

口头传播是组织日常公共关系活动中最常见的传播沟通方式，口头传播媒介则是组织公共关系活动中最常采用的传播手段。在这里，我们只就组织公共关系管理活动中最常用的以口头传播为主要手段的公众演讲和院外游说进行介绍。

一、公众演讲

（一）演讲的特点和作用

演讲是演讲者在特定的时空环境中，借助口语和体语等信息载体，直接对广大听众发表意见，抒发情感以达到感召听众的一种传播活动。它是组织与公众建立认同、产生共感、增进相互了解和情感交流的重要沟通手段。

演讲作为一种公共关系常用的媒体，其特点主要表现在两个方面：一是具有人际间直接口头传播活动和特定氛围中进行交流的生动活泼，双方高度投入，反应快，以及强烈的鼓动性和感染力等特点；二是具有传播面较宽，受众影响面大，以及以演讲者作为主导传播者所带来的传播信息相对集中，较有系统性等优势。

在组织管理上，娴熟地运用各种演讲技巧，成功驾驭演讲，对组织、企业或个人形象的塑造，推销某种观念、产品或服务，赢得公众支持、好感和爱戴等具有十分重要的作用。因此，人们常把舌头、金钱和电脑并列为三大战略武器。对于各种组织、管理人员和公共关系人员而言，口头表达能力、能言善辩是一种巨大的财富，也是一种职业的需要。

（二）公众演讲稿的写作

（1）公共关系人员或演讲人在预备演讲稿时应遵循以下几个原则：一是讲稿的内容要切合时宜，最好能针对公众的利益而发；二是讲稿的内容和语气要适合演讲人的身份；三是演讲中所谈及的事必须是事事真实，诚实无欺，完全符合组织、企业的现行政策和企业实际的业绩；四是演讲稿应采取的写法（除非纯属于鼓励性演讲），演讲应持朴实、谦虚、平等的态度，这样才会更有利于与听众的接近、沟通，有利于自身形象的建立。

（2）公共关系人员应掌握以下演讲稿写作技巧：

第一，讲稿的内容要点、穿插的先后顺序要有明确的安排。要点是讲演时应着重强调的观念，一般三五点就够了，太多了听众记不住，把握不了。穿插是为增加演讲的情趣而有意安排的小故事、实例或富有幽默感的话题，应注意切题。要点和穿插的安排应注意对整个演讲结构和节奏的影响，最好使其相间而行，有张有弛。

第二，讲稿的开场白应着重考虑如何抓住听众，建立共感，与听众建立认同关系。一般可采用幽默故事或用诚恳的开场来吸引、拉近听说双方的距离，建立融洽、认同的氛围，为紧接下去的主题演讲确立一个良好的开端。

第三，避免过分严肃和说教，尽可能使演讲变得活泼一些。在这方面应向西方人学习，他们在演讲中常常以幽默风趣的话语来调剂整个演讲的气氛，吸引注意，引发兴趣，从而达到提高传播效果的目的。

第四，讲稿结束时，要记住作简要复述以强调演讲要点。这对增进听众记忆、帮助听众完整理解讲演的思想内容、提高传播效果有重要作用。复述应是对演讲主题的发挥和升华。如通过总结全篇，或呼应开头所提出的问题；或以促人深思、耐人寻味的格言警句以起画龙点睛的作用。切忌太过啰唆，甚至画蛇添足。

第五，完整规范的讲稿需要标明停顿。特别是为高层领导写的讲稿，更是一项不可少的内容。标明停顿的作用有：强调演讲的节奏感；引起听众的注意；配合听众的反应；让听众有适当的休息；让演讲人能集中精神拉回话题。但要注意每次停顿都不宜太长，太长了听众和演讲者都容易忘记前面所讲过的话题。

第六，讲稿在语言上应简练明了，直截了当。以口语写作，尽可能用短句、简单句和常用词字，给以平易纯正的印象。

第七，讲稿后应附有“回答提纲”。这提纲是根据可能被提问的问题编写的。一般管理人员，特别是高级管理人员被问及本企业或本专业业务问题时，不宜有太多的“无可奉告”，不然会有损于个人和企业的形象。这与公共关系人员在回答外界提问时可将棘手的问题推给决策层的应对技巧有较大的差别。

（三）公众演讲的准备与处理

（1）演讲前的准备主要有两大方面：一是器材准备；二是练习和预演。器材准备有：讲台和会场设计、扩音、录音设备、辅助视觉设备（如写字的黑板、幻灯机、电影放映机、录像投影设备等）。设备一般应配有维修零件，预防万一不测事故发生，可临时换上以确保演讲顺利进行。练习和预演对初次演讲者是绝对必要的，即使有演讲经验者也应先把讲稿熟读几遍。初上讲台者应在有经验的公共关系专家指导下进行一番精心的准备。在演练中，演讲者应根据自己的讲话习惯和风格，将一些喜欢的字句加进讲稿。应将讲稿中的要点、高潮、结论及重要的引证实例完全熟记。在演练中还应特别注意自己的声调、动作、表情、视线活动等与演讲内容的配合。注意克服不良的讲话习惯，不雅的习惯性动作，充分展现演讲者良好的主体形象。

（2）演讲中应注意处理好的问题。

第一，克服紧张情绪。人在生人或熟人面前演讲都有可能产生一定程度的紧张情绪。克服紧张情绪是使自己能在镇定自若的心境中顺利演讲的关键。

第二，在赶赴会场之前的自我检查。如将演讲词提纲中的要点、论据、穿插的安排再浏览检查一遍；对着镜子将自己的仪表容貌再检查一遍，做到无可挑剔。

第三，演讲中要注意举止。如站立时身体要自然舒展，取稍息姿势，不宜立正。不要太多走动及太多的手臂大动作，以免影响听众的视线。手的动作如果不善借势，就干脆放在身前合拢或背在背后，不要放进口袋。尽量克服不雅观的动作，如不时地摸鼻子、抓耳朵、捂嘴巴、理头发等。

第四，配合适当的表情。运用表情以传达信息，最重要的是要取之自然，不可太过分，更不能给人以做戏的感觉。演讲人的眼神不但要配合演讲内容变化的需要，而且不可专视一隅，要注意来回巡视听众，与更多的听众进行无声的交流。

第五，对声音、节奏的控制。一般声音应洪亮，流畅而不宜太快，讲究语调和节奏，并随情感变化而调整。

第六，使用提问和回答问题等形式，引导听众积极思索，促使听众高度介入，避免唱独角戏。变单向传播为双向交流，以提高演讲的传播效果。

第七，善于处理各种意外。如演讲中忘了原定的演讲词时，应随机应变，想到哪里就从哪里接着讲。如果忘记的是较重要的内容，后来又记起来时，也不要随时插入，应把它放到后面再作补充陈述以保证演讲的顺畅。如遇到有敌对情绪的听众时，应讲究劝服策略，切不可一开口就讲对立观点或攻击对方，而应耐心疏导。

二、院外游说

院外游说原意指的是在走廊或休息室对议员进行劝说。现代游说是指某一组织（政府、企业、政治集团、行业协会等）直接或间接通过代表自己利益的游说代理机构或说客，与直接影响本组织的特定对象公众进行接触、劝说，使其建立起有利于本组织的态度、立场，并据此而采取行动，进而达到促使某项有利本组织的政策、法令的确定或通过的传播沟通活动。

美国最早的游说法是1946年通过的，其规定：任何从事以影响国会为目的的活动即为游说。游说法还规定：游说必须向国会登记，并呈送财务报告。凡500美元以上服务收入及付款人、10美元以上的支出及收款人的支付理由都要列表报告，说明游说目的、针对某一法案、散发哪些宣传品等。最高法院的解释是：游说的要件是只限于直接与国会全体、议员个人或委员会沟通，目的在于促进或制止某法案通过。至于与议员办公室职员、顾问、幕僚等的沟通；通过议题管理、媒介报道、国会作证等来影响议案的不包括在游说范畴。由此可见，在美国大量的游说活动没有被列入统计范畴。

（一）现代游说的特点

（1）游说是一种采用人际间直接接触方式的公共关系活动。在有限的时间里，与公众对象的接触面受到较大的局限。因此，在公共关系活动中，它一般被大量用来针对数量不太大的、对某问题的影响有决定意义的特定对象公众的沟通上，如政界要人、立法人员、某事件的关键人物、决策者及其智囊等。由于是一种私人间的接触，游说活动对人的影响特别深刻，私人间的友谊与信任对其效果的影响特别重要。

（2）成功的游说是一种效益极高、影响巨大的公共关系活动。游说的高效首先体现在投入产出比方面，很低的游说投入，带来很高的利益产出。如 1902 年，法国年轻工程师菲利普·比诺·瓦列拉曾巧妙地利用了尼加拉瓜火山爆发的自然灾害所提供的机会，向美国国会议员寄送了附有尼加拉瓜发行的印有火山活动图片的邮票，以及有他本人亲笔附言的尼加拉瓜火山活动的官方见证的游说信件，成功地促使议员们改变了原来赞成修建尼加拉瓜运河的意向，转而投票赞成接过尚未过期的法国合同，建造了穿过巴拿马的运河。这可以说是事关一个国家命运和发展的大事。游说的高效还表现在具有很高的成功率。如 20 世纪 70 年代，随着日美贸易摩擦增大，美国国内对日贸易的敌对情绪日益高涨，要求国会通过对日报复法案的呼声越来越高。但日本则通过游说，一次又一次成功地阻止这些法案的通过，使日本的产品一如既往畅通无阻地销往美国。

（3）趋向草根化。过去政治集团、企业都习惯于遇事才直接通过对政府或其他正式渠道的游说来保护或获取自身的利益。现在已更多地依赖于院外游说公司或说客的关系网络、丰富的经验和专业技术去做影响各级决策者的工作，影响对立法有决定性影响的议员，以便早早地获得预期的结果。为了影响议员的决策，他们又进一步把工作做到对选择议员有决定意义的选民身上。这就是所谓的草根游说。以选民影响议员态度，以议员态度影响法规、议案、决议的通过。今天，与议员的直接接触说服活动只是游说活动的一个环节。

（4）日益国际化。随着经济活动日益国际化，代表外国政府、企业的国际性游说活动迅速地发展，已成为令人瞩目的现象，也是当今游说活动的另一个特征。以美国为例，到 20 世纪 80 年代中期，国际性游说活动在美国的投入已达 1.5 亿美元，其数量是代表国内利益游说活动总支出的 3 倍。

（5）渠道多样化。现代游说的服务和渠道也日趋多样化。游说公司或说客除了直接提供游说代理业务之外，还利用其与行政、立法机构的各种联系渠道，以及与决策人士的接近所了解到的详尽信息，为政治集团、企业集团提供所需的各种政治、经济、立法等方面信息资料。如新加坡货币管理部门每年支付18万美元，以获取美国中央情报局前局长柯尔比为首的法律事务所提供的有关美国经济政策变动的咨询；美国最大的院外游说机构——格雷公司就曾以收取20万美元的费用，为来美国缓解贸易摩擦纠纷的日本前首相中曾根的访问活动的言谈举止提供策划、咨询；除了雇用游说公司和说客之外，利用侨民是最常用的有效渠道。如代表500万犹太人利益的以色列游说分子和集团，长期利用信件、竞选赞助费、会晤接触等方法，使美国的共和、民主两党联手袒护以色列的利益，赢得美国国会传统的巨额经济和军事援助。

（二）会晤接触的要则

私人间的接触与会晤是游说代理人提供的一项重要服务，是促进决策人对一项议案进行了解的最直接有效的方式。这种接触是一位富有远见卓识的代理人与这些政要人士、议员及其智囊长期接触、成功的合作及其真挚友情的延续。这种力量是任何企业集团或外国政府难以办到的。每一位想要在游说中取得预期效果的说客，都应记住以下的要则。

（1）应尽可能详细地阐述所要传达的观点。这些观点本身则应简洁明了，措辞慎重。事前应有充分准备，表述要熟练。如果会晤时间太紧，就应改变策略，直截了当地阐述对仍处于争议中问题的看法。

（2）进行充分准备。对如何扼要地介绍仍处于争议中的问题、分析正反两方面的理由等要有充分的准备。通常游说对象会要求游说者作这方面的介绍。一位优秀的说客应充分了解自己的对立面，并掌握一种大体上不至于削弱自己理由的方法。在介绍中应让对象感觉到你的坦诚。如果对此采取逃避、遮盖或不够坦率的态度，将会使自己的信誉、形象受到不可弥补的损害，使对方对你的观点失去信任。

（3）要了解游说对象的背景，弄清楚所提出的主张将会如何影响游说对象自身的利益，不要使对象处于难堪的处境。如应弄清楚提出的议案将会如何影响这位议员所代表的选区。如果提出的问题会在某一选区中产生分歧，就不要强求议员、政要人士去支持那些与不可抗拒的选民的意见相背的东西，或要求他们去公开宣扬与这些意见相反的各种主张。而应依据各种具体情况，考虑议员、政要人士的政治需要，采取相应的策略。

（4）如果这位游说对象赞同我们的主张，就应适时结束会晤。会晤结束时应留下一份有关你的主张见解的文字报告书。不要希望一位政要人士或议员能记住会晤中你所阐述的主张。文字报告书可便于议员及其智囊们过后查阅、研究之用。而这份资料最好以一页为好，不可太多太杂。

（5）会晤之后，如果这位议员或政要人士愿意倾听你的意见，寄一封书面的感谢信是会晤后的常规礼节。信中应对议员及任何一位有助于会晤成功人员的合作表示感谢。此外，要密切注视这位议员对你的建议的反应。如果这位人士决定去推动你的事务，仍要继续与其保持紧密联系，可再采用寄送各种文章或其他各种新的切题的、恰当的文件资料的方法，以保持这种接触关系的不断发展。

第二节　视觉传播媒介

VI 系统是目前社会组织公众传播中最为重要、运用最为广泛的系统性视觉传播媒介。VI 系统的设计与开发包括两个步骤：一是对 VI 的基本视觉识别要素的设计与开发；二是对 VI 应用的延展设计和开发。VI 的基本视觉识别要素，也称基本设计系列（Basic Design System），即包括企业名称、标志、标准字、标准色、专用印刷字体、企业造型与象征图案、编排设计风格等，这些都是整个 VI 设计系统中的核心，是实现视觉传达的基本要素。VI 的延展应用设计，也称为应用设计系列（Applied Design System），即根据基本要素及其组合系统的有关规则，针对企业的经营特点和实际应用需要专门设计的可供使用的视觉要素。这是基本设计要素的扩展与延伸，也是组织、企业视觉符号传播的载体与媒介。

一、组织名称的确定

一个人的名字是一种符号，一经确定，此名字指的就是特定的人。所以名字对于企业来说很重要，因为不论是标志、标准字都是要在名称确定之后才能进一步去做的。标志只是对名称意念的图案化表现或是字体的装饰美化形成视觉表象。名称选得不好，其他做得再好也会影响传播效果，甚至带来歧义理解。在确定企业名称时要注意以下几个问题。

（一）强调识别

名字是否有助于公司形象识别，取决于两个方面因素：一是所取的名字是否和企业的行业特征有联系，即行业的识别性。这是取名经常要考虑的问题之一。如南源永芳公司一听就知道是一家生产化妆品的企业。二是名字是否有组织、企业独特性，即企业的识别性。独特性是保证企业在名字能在嘈杂的传播环境中脱颖而出的条件。为了有强烈的区隔性，许多公司都使用杜撰新造的名称，凸显与众不同，如施乐复印机公司的 XEROX，甚至都快成了复制与复印的通用词汇了。此外，是否有好的彩头、能否讨到吉利，这也是中国人取名字经常要考虑的问题。如领带大王曾宪梓若不是及时将“gold lion”的意译“金狮”改为意译与音译相结合的“金利来”，恐怕也难以取得今天这样的成功。因为“金狮”在广东话里是“金输”，既晦气又忌讳，而后者“金利来”则讨人喜欢得多。

（二）名副其实

要考虑名称的寓意，反映企业的特征、企业的现状和未来等内容。在这方面最主要是要注意名副其实。切忌浮夸，或拉大旗作虎皮，带有欺诈之嫌。如不少公司的名称大得漫无边际，一取名就是中国、亚太、环球，环球不行就叫宇宙，专在名称大小上竞争，以虚假架势骗人，这种做法实不足取。

（三）避免歧义

日本的石桥（Bridge Stone）轮胎公司原名称为缩写 BS。在导入 CIS 调查阶段，PADS 设计公司在美国发现，很多美国人认为 B 字可以理解，而 S 又是什么？石桥

(Bridge Stone) 同时也是 Best Service 的缩写，但是美国人却理解 BS 为 "Bull Shit"，正因为这个问题，PADS 建议企业放弃简写而运用原名。

(四) 易记易传

组织的名字要使人易于记忆，就必须做到易于拼写和易于发音。据研究，在名字的发音上，能上口而且易于记忆的一个简单方法是利用元音，以及在名字最后音节上使用会产生共鸣的尾音等。使名字叫起来朗朗上口、响亮，特别是尾音能产生共鸣，余音缭绕。要易于拼写，在形态上就要求字体美观，笔画不可太多太繁，名字或音节不要太长或太生僻，使人无法接受，或感莫名其妙。

(五) 长久使用

取名称要考虑长久使用，有长远打算，以免朝三暮四，不断更改，给人造成机构不稳、不成熟的印象。另外不断改名，造成在商标知名度和信誉上投资的浪费。如有某家杂志曾取名"七十年代"，也曾风行一时，但没过几年，20 世纪 80 年代到来，这家杂志就办不下去，无人问津，只好更改刊名，像这样的事在企业界中应尽量避免。但对于信誉差、形象不好的产品或组织，在配合产品改造、企业改造的同时，则可利用改换名称，洗心革面，以新的面貌重新进入市场，这要比仍用原来的"恶名"来得有利，也可以节约广告上的投资。

(六) 简称问题

组织、企业的简称易记易传，在企业名称传播影响力方面往往会超过企业全称，因而具有不可忽视的作用。因此，企业取名时一定要考虑避免企业名称节缩后的简称在传播中可能带来的歧义、误解或负面影响等问题。如上海测量仪器研究所（上厕所）、开封刀具总厂（开刀）、厦门蟹肉制品总厂（下泻）等。

二、组织标志的设计

标志是一种最重要的视觉符号，借助于各种精练的形象来表达特定的含义，通过视觉传达明确的信息，从而克服语言和文字上的障碍以及表达的困难，如红十字会卫生组织的红十字标志在任何情况下都能识别，这为实施战地救护、人道主义援助创造了条件。

(一) 组织标志的设计要求

这些要求主要是视觉冲击力强，容易识别性，简洁大方，有创意，具有时代感与美感，富有特定内涵，能反映企业的理念和行业特征等。标志要符合企业的经营方针和管理风格，适合其市场，适合其文化和目标。总之，标志设计都应根植于企业的内在本质。如奔驰汽车的标志，其设计构想发源于早期汽车的方向盘，明确地显示出汽车行业的特征；标志简洁大方且结构简单，在各种传播环境下都能给人以强的视觉冲击力，无论是放大还是缩小，无论运用于什么媒体和材质，其辨别性都很强；圆以三角支撑，给人以稳定、成熟和饱满之感，体现出"尊贵名车"的典范。

(二) 组织标志的类型

(1) 以产品特征来设计。如轮船公司以船为商标、设计公司以人头为商标、摄影公司以光圈为图案等。这种设计可让人直接了解企业的产品或服务。

（2）以公司名称为标志。如“红叶”蛋糕厂，以红叶为商标。国外公司用名称直接为商标的占绝大多数。

（3）以抽象形体为商标。一般采用商品形象或公司名称的抽象形体，也可以是一种纯意味的抽象形体。如日本味全食食品公司的商标，被设计成由 5 个圆圈所形成的 W 形，5 个圆圈代表吞食之意，五味以抽象形式表示公司的综合性和味全的意义。

（4）唯美造型的设计。这种设计不大考虑商品、企业等因素，只追求商标造型形式的美，以此给人以娱悦，进而乐于接受它所代表的商品或公司。

徽标一般是不制造商品的企业常用的一种代表、象征本组织的标记。如酒店、旅行社、银行、学校、商店等。它和商标一样，以其简洁有力的表现形式、频繁的显现，来加深公众的印象。

三、组织标准字和印刷专用字体设计

（一）组织、企业的标准字

组织单靠标志图形，其传达的信息是十分有限的，所以还常采用文字来补充。在同一企业的形象中，使用杂乱无章的文字组合形式和字体，无疑会对企业的统一性有所削弱，因而需要制定规范化的字体的组合形式，这就是标准字。

标准字是 VI 中最基本的设计要素之一，其使用广泛，几乎涵盖各种应用要素，其出现频率比企业标志有过之而无不及。标准字与普通字体最大的差别在于：标准字要在企业内在独特性下设计成独一无二的造型外观，标准字是根据企业名称、性质、个性特征进行规划创作设计的，所以从一开始它就是企业整体形象显征系统不可分割的一部分。对字体间距、笔画配置、线条粗细，统一的造型要素均要作细致精密的谋划布局与严谨的制作。尤其是文字的配置关系，经过视觉调整的修正，取得平衡的空间与和谐的结构。这不同于普通活字。普通印刷活字由于其无法预知将来搭配组合的“邻居”，其设计重点和出发点在于强调要与任何字均可搭配，字是“活”的，可根据需要任意组合；而标准字通常是“死”的，固定搭配，不能拆开。

（二）组织的印刷专用字体

标准字体通常只限于运用在企业的名称、产品品牌或企业标语的文字表现，以构成整体的形式感；印刷专用字体则是专属于组织、企业的印刷字体，出现在组织、企业所有文本上的文字表现，通常是较松散的，只是一种风格而非严格的形式要求。

组织、企业的印刷专用字体虽也是一种“活”字，但它与印刷中通用的活字字体不同，是经过特别设计用来表现组织形象的字体。这样，通过这种专属于企业的字体来传递企业的信息，达到从形式与内容的与众不同，创造出企业统一的形象与风格来。但是一般而言，对于西文环境下的企业，可以较轻易地开发创造出一套专属于自己的新字体。如英文总共不过 26 个字母，最多再包括一些其他符号，而中文常用字就有 6000 多个，要形成专用印刷字体，每个字都去设计是不现实的。

（三）标准字的设计流程

企业标准字的设计流程同企业标志一样，首先要从收集资料与调查入手，掌握企业行业特征与性质和目标消费者偏好，然后确定字体造型，根据企业所欲告知的内容与期望建立的形象确立字体造型。如食品企业要选择圆体字，给人以圆润柔软饱满之感；而科技企业标准则要方正平直、给人以精细冷静之感。

其次进行字体的配置与设计，包括字距空间大小、字形大小的修正。在设计时要创造出美感，最好还要能发展出一个特定的视觉中心，如马自达汽车的 MAZDA 中的“Z”采用反白，形成一个吸引人目光的趣味点。

最后还要注意标准字与标志搭配使用时的风格问题。标准字的风格与标志可以不一样，但必须在变化中求统一。如金利来工整大方的标志和手写体的“gold lion”的随意潇洒相得益彰。又如，中国银行标志采用的是现代的设计风格表现出传统古朴的内涵，而标准字直接使用苍劲有力的书法，中国味道十足，两者在内容风格上一致，形式上稍许变化，在统一中求变化。此外，还可以在标准字中包含标志全部或部分要素。如何掌握全靠设计者的构思，古话说：“法之于妙，存乎于心。”因为标准字经过整体设计，具有一定的美感，同时文字本身又具有明确的说明指向性，所以可直接传达企业或品牌的内容，而且还可通过视觉与听觉同步，强化企业形象与品牌诉求力，不像图案意念型标志要经过转化，被人理解后才能沟通。如马自达公司的标准字 MAZDA 在经过设计后，在传播中发挥了重要的作用。相反，其标志却渐渐变得不为人所知。于是，便出现了字体标志，如 SONY、3M 等，这种标准字取代了标志的作用，将二者功能合而为一。

四、组织标准色彩

（一）组织标准色彩的作用

色彩是最吸引人也是最能给人产生心理感应的视觉符号。一般人所接受的外界情报 80% 以上来自视觉信息。在观察商品时，前 20 秒内色彩感觉占有 80%，形体感觉只占有 20%，随后的趋势是色彩与形体各占有 50%。可见色彩给人的印象是最深刻的，具有先声夺人的魅力。在如今的传播环境下，能先入为主、率先吸引受众注意和占领他们的心智是传播成功的关键。因此，色彩是组织最具独特性的、不可忽视的有效传达手段。可口可乐的红白两色洋溢着青春与活力，在与百事可乐的竞争中色彩就使可口可乐占了很大的便宜，逼得百事可乐公司于 1995 年不得不重新规划，确立了一套以蓝色系为主调的色彩风格，意图与可口可乐的红展开竞争。世界上许多著名的大企业都有自己独树一帜的色彩，并郑重其事地用公司名称去命名这种色彩。如丰田公司的丰田红；肯德基炸鸡公司（KFC）的 KFC 红与 KFC 蓝。除非要作较大的改变，否则他们对企业色的忠诚度相当高，不会轻易变革，美联存捷运公司甚至把企业的色彩（橘色和紫色）看成是自己最大的资产之一。

（二）组织标准色彩的类型

依据色彩运用的复杂程度不同，组织的标准色彩主要有三种类型：

一是单个标准色。不含其他色（黑白除外），以单纯有力的一个标准色，可收到强烈的印象，容易让消费者记忆，是最为常见的企业标准色彩形式。如李宁服装公司就采用了一种比较独特的红色。

二是多个标准色。许多企业采取两种以上的色彩搭配，追求色彩组合的对比效果以增强色彩的美感，来完整地说明企业特质。如美孚（Mobil）石油公司在标准字上应用了蓝、红两色，红色“O”字形成了视觉趣味点，蓝色表示其工业企业之特性。但标准色不宜过多，以免混乱视觉。

三是标准色与辅助色。这主要适合于多元化集团型的公司。一方面，为了形成总公司的总体形象，要有一个通用的标准色；另一方面，为了区分企业集团子母公司及子公司之间的不同，或者是事业部门或品牌、产品的分类，利用色彩的差异性，以利于辨别区分，正如军队里各军种采用不同的色彩一样。这种色彩系统在使用上可选择标准色与辅助色同时使用，以标准色显示集团统一，以辅助色求变化来显示不同。也可选择标准色与辅助色独立使用，标准色只出现于涉及集团总体形象的情况，辅助色独立使用成为某子公司或事业领域自己的标准色。前种使用情况关联性大，适合于紧密型企业，后者从色彩上看关联性不大，适合于松散型企业。

（三）组织标准色彩设计的策略和步骤

根据心理测试，不同色彩能给人以不同感觉，如红体现活泼、青春、热情与积极；橙黄表示温暖、美味和健康；绿意味着成长、健康、安全与可靠；蓝显示出清洁、尖端、科技及速度。基于色彩给人以不同的感受，不同行业所选择的色彩不一样，同行则多是同类色彩，这几乎又成了行业识别标准色，如食品行业以红、橙等暖色系为主，电子科技则以蓝色系为基调，因此在标准色的设定与选择上要根据企业特征来做，这是最重要的原则。依企业类别确定色系只是一种基本规律。但有时为了与同类产品相区别，建立明显的不同，可以独树一帜地舍行业类色彩而选用其他。如康柏（Compaq）电脑公司选择的标准色即是红色而非“按常理出牌”的蓝色。企业标准色设定可根据企业形象多样与否，选择单色或多色组合。

五、企业造型

企业造型可称为企业吉祥物（mascot），是指为了强化企业性格，诉求产品特质，选择合适的人物、动物或植物制作成具象化的插图形象，通过平易近人的可爱造型，塑造公司的亲切感和通俗性的视觉符号。

（一）企业造型的作用

很多知名大企业都有自己的吉祥物造型。如电池市场上两大竞争品牌——“金霸王”有敲着行军鼓的玩具“长命兔宝宝”帮其招徕顾客；“劲量”则有长着发达四肢的“劲量小子”为其助阵。这种拟人化造型除了具有突出企业形象的动感外，还能配合企业各项活动的需要，起到穿针引线的作用，在不同的时间地点和场合，企业造型都可拟人化地做出各种相应的动作，弹性运用，加深公众对企业形象的认同。如在每个麦当劳快餐店的门口，都会见到坐或立的各种姿态的笑容可掬的小丑——

“麦当劳叔叔”；而对着行人的电视里的“麦当劳叔叔”则在快乐地又唱又跳；当你进店后，还会发现里面还有个“麦当劳叔叔”在领着一大堆小朋友在做游戏。

另外，通过这种吉祥物，也可扩展企业的传播空间与方式。标志、标准字都是平面的，比较规范死板，采用企业造型便能丰富整个企业的外观形象，创造出生动活泼的氛围。如法国米其林轮胎公司为了拉近与消费者沟通的关系，消除轮胎企业给人冷冰冰的感受，利用大小各异的许多轮胎叠加组合成了一个大腹便便的轮胎小胖子，其姿态滑稽可爱。企业造型还可实现扩展与个人的直接沟通方式，通过人来饰演企业造型，作为企业代言人直接与消费者进行面对面的交流，如迪士尼乐园里的员工经常扮成米老鼠、唐老鸭与游客一起嬉戏，就是所谓的“活人广告”。

企业造型还可以发挥其他一些功能，制作成包装或赠品，刺激购买。如 M&M 巧克力豆的包装就像个圆圆身子有手有脚的巧克力豆娃娃，肚子里藏有好多豆豆来吸引小朋友购买。企业造型还可应用于电视剧动画片的拍摄，为企业做隐形广告。如海尔集团以其吉祥物“海尔兄弟”拍的同名动画片为海尔公司树立了良好的社会形象。

（二）吉祥物的设计应注意的几个问题

第一，要尽量做到与企业有一定的关联。有的直接对产品拟人化，如前面讲到的劲量电池的“劲量小子”；有的与企业所处的国家文化有关，如昆塔斯（QVTAS）航空公司因其为澳洲国航地位，所以选用了澳洲特有动物袋鼠做其吉祥物。只有与企业有联系的企业造型，才能形成与企业的对应，当然也最能说明问题。

第二，进行恰当的人性化表现设计。采用卡通表现这种塑形方式，老少皆宜，具有共通性，有利于传播运用。动态夸张，表情憨态可爱是企业造型的通用模式。但也有企业也采用其他表现手法，如万宝路香烟将西部片中的牛仔形象拿来为已所用，经过几十年的不懈努力，牛仔成为万宝路的形象标志。又如苏格兰一种名为“行者约翰”的威士忌酒用一手举礼帽、一手挟杖的跨步绅士的剪影作为企业造型，虽然不识“约翰”的面目，但只要一看到这特殊的动态一下子就能形成识别。

第三，设计要考虑今后利用吉祥物进行延展应用的需要。如将吉祥物制作成公仔玩具和像章等促销品；出版以企业造型为主人公的漫画书；考虑能否方便“活广告”的演出等。

第四，同标准字与标志合二为一形成字体标志一样，另外一种趋势就是标志与企业造型合二为一形成图案标志。如肯德基公司的桑德士上校笑容可掬的形象，直接向公众传达富有人情味的企业形象。

第五，不是每个企业都必须具有企业造型，这并不是 VI 中的必备要素。一方面，有些公司如生产资料公司与消费者关系不是很密切，其企业特质偏重于理性风格，没必要用企业造型，如 3M 公司、杜邦公司等；另一方面，企业造型是为了弥补标志与标准字传达内容的偏差或是缺憾，利用独特、具有亲和力的造型来从另一个角度阐释企业形象，以作为标志的补充，但如果标志本身便能很完善地实现传达任务，标志本身所蕴涵的意义已较全面，多做了可能会造成代表企业的符号元素过多，增加传播的成本和负担。

六、延展应用设计

在核心要素确定以后，就是将上述基本识别要素在企业内外各物件上加以应用，作延展设计。这可使企业所有传播的信息形成有序的关联组合。如希尔顿酒店连走廊上的灯罩的设计都要求与希尔顿组织标志系统相符合；联合航空公司飞机尾翼上的标志与用餐时纸巾上的标志虽然大小相差悬殊，却都要完全一致。延展设计是基本要素的应用设计，如果没有进行广泛的应用设计，充分发挥企业每一个物件的信息载体作用，再好的标志，标准字也无法形成传播效力，也实现不了价值。延展应用设计所涉及的项目一般有以下几种。

（一）产品

这是最重要的应用项目，产品是企业最终的成果，也是公众认识企业的最基本途径，因此产品的造型设计上要将企业识别要素摆在最醒目位置。另外，产品设计风格还要与企业包括在 CIS 在内的其他传播活动的风格有内在的一致性和传承关系，如德国“百灵”（BRAVN）家电公司多以黑白灰等素色为产品装饰，再加上刚正严谨的产品外观，很强烈地体现出日耳曼民族的成熟与理性。

（二）包装

包装是产品的一部分，包装本身不仅具有一般广告的功能，而且产品在货架上集中排列，统一风格的包装对消费者无疑是极具吸引力的。在包装上企业标志、标准字等所有这些基本要素都可以得到充分运用，是一种相当有效的 CIS 传播媒介。国际知名大公司都采取“家族式”包装，即整体上统一风格，在局部加以变化来表明同一家企业不同的产品。如 P&G 公司的洗发水，光是飘柔品牌就有白色装、绿色装和棕黄色装三种，依靠这种颜色包装上的差别化一方面满足了消费者求变心理从而维护了品牌忠诚度；另一方面占领了更多的货架，挤走了竞争对手。有的情况下，包装还可升格为企业 CIS 中的基本设计要素。可口可乐、法国皮埃尔矿泉水两种不同风格的曲线瓶是各自企业形象的代表，只要一看能知道哪是可口可乐、哪是皮埃尔。这两种曲线瓶型甚至成为美法两个国家的另一种象征物。

（三）办公用品

办公用品包括办公用纸（如专用信笺、便条和各类票证等）、办公室用品设施（如订书机、烟灰缸、茶具、各类用笔和文件类等）。这些一方面有利于内部的管理沟通；另一方面在对外业务交流中能给客户带来良好的第一印象，传递企业严谨规范的大公司形象。

（四）招牌、旗帜和标牌等指示系统

招牌是企业的门面，是吸引顾客、诱导其动向的主要媒体。招牌、标牌等应规划不同的规格，方便各分支机构设置区域的空间需要。应用时要考虑好标牌的周遭环境、阅读距离和视觉角度等各种实际情况。旗帜对于一个企业来说犹如企业的“国旗”。这些指示系统需要注意维护，如果因为缺乏保养，造成褪色、字迹残缺、歪斜

不整，对一个企业的形象来说是巨大的损害。

（五）制服

俗话说“人要衣装，马要鞍”。组织员工的统一着装，不仅能让顾客以及各类社会公众感受到企业的正规、统一、整洁、和谐以及独特的良好员工形象，而且对于员工来说也是一种认同与激励。它可以让员工更有归属感，在一种平等、融洽的氛围中，更畅快舒适地工作。

（六）建筑景观

企业外部空间环境与室内环境设计，对公众而言是企业直观形象的一部分，对内部员工而言舒适的工作环境更能激发起工作的积极与热情。如香港特区的中银大厦以其现代派直冲云霄的设计风格使中银大厦成为香港的标志性建筑，体现尊贵与实力，给人以安全之感，大大提升了中国银行的形象。

（七）交通工具

企业自身的交通工具是一种良好的广告媒体，不用付费、不受限制。可口可乐公司由于有大量的运输车队，所以将其每辆车都通体刷成红色，再加上白色的花体字和波浪纹，形成一道流动的风景线。只是在进行车身设计时，需特别注意防止图案造型被车门分割而有不完整或不利的形象。

（八）展示与陈列

展览会是企业进行自我宣传的好时机，如何以好的展示环境设计以吸引人流很是关键。将基本识别元素巧妙地结合现场空间设计和环境布置，凸显企业的个性形象，招徕观众，吸引他们的参与。

（九）广告

广告是企业对外传递信息进行宣传的最重要途径，公众较多地也是通过广告来接触感受企业，所以在CIS传播中，对广告应投入十足的注意。在平面广告上，应统一编排设计，传递一致风格的信息；在电波广告上，应突出宣传标志、名称、企业标语和企业歌曲等；网络广告集声影图文于一体，集平面与电波媒体的优势于一身，更加上受众的自主选择互动式的交流方式，无疑是最好的与消费者进行沟通、树立识别形象的好媒体。

第三节　组织外部的大众传播媒介

一、大众传播媒介的功能和职业传播者

（一）媒介的主要功能

在公共关系传播中，要正确使用媒介，还需对媒介的功能有较全面的了解。在公共关系传播中，媒介的功能主要表现为以下几个方面：

（1）媒介能大大地扩大传播者的传播能力。正如传播学者麦鲁恒所说的，媒介是人体能力的延伸。媒介能大大地扩大我们的信息传播距离和范围。

（2）媒介能提供给我们新的传播语言形式，各种媒介的特点都会对传播语言形

式产生影响，各类媒介都有切合自己特点的语言表达形式。媒介的使用会丰富传播者的传播语言形式。

（3）媒介能赋予地位，影响传播者的形象。由于媒介本身的社会影响力，会使通过它而传播出去的人或事物为社会所关注、所承认。同样会使人或事物身败名裂。此外，由于媒介本身的形象问题也会影响到使用或通过它传播出去的人或事物的社会形象。

（4）媒介会引起传播行为的变化。通过媒介的传播（特别是大众传媒）是一种间接性的传播，它会引起人们对信息接触方式、接触深度、接触效果的变化。它也会带来传播信息反馈的滞后问题，传播的准确性难以预料，深层的传播效果降低。

（二）大众传播媒介中的职业传播者

公共关系传播中的很大一部分信息，是通过大众传播媒介中的职业传播者的把关后才传出的。因此，公共关系人员在研究传播问题时，不能不对这些“把关人”有所认识。

把关人对公共关系传播来讲是非常关键的人物。但把关人并非能主宰一切，他们仍要受各种因素的制约。了解制约把关人的各种因素并加以利用，对公共关系传播是有重要的现实意义。制约把关人的把关行为因素主要有以下几个方面：

（1）把关人的个人学识、性格和行为。

（2）把关人所服务的机构的政策、规章制度。

（3）把关人所服务的机构的所有者和直接的上司。

（4）把关人的工作环境、工作条件。

（5）把关人所服务机构的财政状况、广告来源或财政资助者。

（6）把关人的同事、家庭、朋友等。

（7）把关人所生活其中的社会的社会规范。

（8）政府对把关人所服务的机构及把关人的影响。

二、印刷媒介

印刷媒介指以印刷作为物质基础、以平面视觉符号（文字和图像符号）作为信息载体的传播信息的工具。印刷媒介主要有：报纸、杂志、招贴、传单等印刷品。印刷媒介是当今公共关系活动中运用最频繁和最多的媒介。

（一）印刷媒介的特点

与电子等其他媒介比较，印刷媒介具有以下几个方面的主要特点：

（1）印刷媒介是单纯的平面视觉传播媒体。视觉是较冷静的、偏向理智的信息感知器官。印刷媒介对人的理性所形成的影响最大，虽然一般受众调查资料都显示电视的影响力已超过印刷媒介，但是如果从其影响的长远效果看，从对人的深层理性的影响看，印刷媒介的渗透力要超过电视。

（2）印刷媒介对舆论领袖的影响最大。社会各界的精英、舆论领袖多数都偏好印刷媒介，他们的知识、信息的摄入大多来自印刷媒介，思想观念的形成受印刷媒介的影响也最为深刻。

(3) 从传播者的角度看，信息传播的灵活性较强。这种灵活性主要表现在对传播空间选择上的灵活性和对内容处理上的灵活性。如印刷媒介可以根据需要选择覆盖的空间，扩大或缩小版面，而电子媒介较难，受限制较大，对内容繁简、深浅的处理上也比电子媒介简便灵活。

(4) 从接受信息的对象看，信息接收的选择性较强。受众读不读印刷品，读哪个专栏、哪篇文章，是快读还是慢读，是详读还是略看，都可自由选择。不像电子媒介那样，只有收受与不收受两种选择。

(5) 保存性强。印刷媒介可随时保存，不用花特别的工夫与特别设备和手段，保存的成本低廉，时间也长。

(6) 传播的重复性。印刷媒介易于重复使用。如一本杂志可随时翻看、多人翻看，一本书更是可供不断重复使用。

(7) 印刷媒介制作工艺较简单，总成本较低，但从传播对象的单位成本看要比电子媒介高。

(8) 由于出版周期和传播发行环节等的限制，其传播速度不如电子媒介快，很难做到事件发生和报道时间的同时性。

(9) 印刷媒介的传播要受到受众文化水平、理解能力的限制。受众的文化程度、理解能力在很大程度上决定着其传播的效果。

(二) 报纸的特点

(1) 报纸是以整张的形式刊出的，在编辑方法上，是通过版面的空间组合，将各类不同的信息集中结合在一起。因此，报纸的大小题目相对集中，从编辑处理上反映出来的对各内容的评价信息都可一目了然，阅读的效率高。

(2) 报纸的内容一般是大众化、综合性的，一般的新闻也多数属于告知性的，即使专题文章也是较短小，较通俗的。因此，读者范围比较广泛，宣传的适应面也较广。

(3) 报纸的发行周期较短，印刷工艺上较简单，信息复制速度快捷。因此，在传播的及时性上为印刷媒介之首，所提供的宣传频率也较高，制作成本也较低。但是报纸读者的重复阅读率较低，外观及内容上都较粗糙。

(4) 读报已成日常生活的一个部分，报纸的读者多数为较稳定的长期读者，多数报纸又具有区域性、地方性的特点。因此报纸对读者具有较强的影响力，对市场有较大的渗透性。

(5) 报纸在公共关系活动中起独特的作用。它可及时组织新闻专辑、连续报道、广告专辑、独特的协作广告宣传等以配合公共关系活动的需要。

(三) 杂志的特点

(1) 杂志是以成册装订的形式刊出，以目录为引导，将各种内容分类顺序编排。因此，杂志内容分类清楚，阅读时一般注意力较集中，较认真，信息的感受较强。

（2）杂志分类较细，内容比较专门化，针对性较强，传播的目标指向比较明确。因此，同一个杂志的受众，其特征都比较接近，更能适应于日益专门化的传播趋势的要求。但缺乏市场的通融性。

（3）杂志刊载的内容都有一定的深度，较完整系统，即使消息也都是解释性、资料性的报道。因此，杂志的内容价值一般都较高，读者重复阅读率也较高。但是多数专业杂志，对读者的文化水平或专业知识方面的要求更高。

（4）杂志发行周期比较长，印刷较精良，编排设计和印刷工艺要求较高。因此，杂志时效性较差，成本也较高。

（5）杂志在公共关系传播上也有其独特的作用。它更适合于对特定公众的传播，更适合于刊载带有理论性的公共关系专稿或广告，其劝诱力，对公众深层心理的影响力都较强，但效果的反应较缓慢。杂志能充分发挥在彩印及图像设计上的效果，其感染力大于报纸。此外，专业性杂志在专业上的权威性或高级杂志的高贵感都能对组织形象产生影响。

三、电子媒介

电子媒介指的是以电波的形式来传播声音、文字；图像等符号，并需运用专门的电器设备来发送和接收信息的传播工具。电子媒介主要有广播、电视、电影、幻灯等。电子媒介在传播上是发展最快的新兴媒介，特别是电视媒介在大众传播上的影响力已居首位。

（一）电子媒介的特点

这里所说的电子媒介的特点主要是指广播和电视相对于印刷媒介的特点。

（1）电子媒介传播速度较快，覆盖面大，可重复传播。

（2）电子媒介现场感较强、较生动，对受众情感方面影响较显著。

（3）电子媒介的传播效果较少受听观众文化水平、理解能力的影响。

（4）电子媒介的单位受众成本较低廉。

（5）电子媒介所传播的信息重复使用较为困难。

（6）受众对电子媒介所传播的内容的选择性较差。传播者传播时受到的限制也较大。

（二）广播的特点

（1）广播在传播上速度最快，最及时，覆盖面也最广。可重复传播。广播节目的制作最简单，而且不受时空的限制，能最广泛地接触听众。

（2）广播是一种单纯的听觉传播方式，人的听觉是偏向情感，口语和音响较为生动，感染力较强，具有亲近感和情绪性，容易打动人的感情，公众反应也快。由于是听觉传播，最少受文化程度的限制和影响，社会适应面最广。

（3）广播的接收方式最灵活方便。收听状态无独占性，可一边收听，一边从事其他活动。

（4）广播的制作成本和购买广播时间的单位成本最低廉，投资较少。

（5）由于只是听觉传播，缺乏深入说理的功能，说服力较差。声音稍纵即逝，难以全面把握信息内容，重复使用较困难。此外，公众对于声音的注意力不及文字或图像。

（6）公众对信息内容的选择性差，公众无法根据自己的需要灵活选择节目，只能被动接收既定的节目。

（7）广播还存在着公众的收听时间不稳定，收听率难以准确估算，以及顺便收听等缺陷。

（三）电视的特点

（1）电视是综合视觉和听觉的传播媒介。它可以同时具有文字、声音和动感图像。因此富有现场感，较生动，最容易引起人的兴趣，最容易感染公众、引起共鸣，影响力最大。

（2）电视信息是以动感图像为最主要载体。因此较少受观众文化程度的限制。同时也最适宜做各种示范表演。

（3）电视传播的娱乐性最强，已成为目前家庭生活中最主要的娱乐工具。它是最讨公众喜欢的传播工具，也是多数人最关心、接触时间最长的传播工具。

（4）电视传播速度快，覆盖面大，可重复传播。

（5）电视受众的选择性小，只能按既定的时间、顺序和速度接收既定的节目。此外，接收时还要受场地、设备等条件限制。

（6）电视传播的信息的保存、重复使用也较困难。

（7）电视节目制作成本高，购买电视时间的投资大。

（8）受众对节目中插入带有宣传性质的公共关系资料或广告的反感，为四大媒体之首。

第四节　组织设置的公众传播媒介

组织设置的公众传播媒介传统上也称为公共关系出版物，它指的是区别于一般社会大众传播媒介、由组织控制编撰制作、以特定目标公众为传播沟通目标的书面或视听的公共关系传播媒介。

20 世纪下半叶，组织出版物已大量发展起来。早期的组织出版物主要以报纸、期刊为主要形式，多数是面向全体公众，内容类似于小镇上的周刊，娱乐性很强。现在，组织出版物的形式已日趋多样化。其种类有：定期或不定期的组织报纸、杂志、小册子、书籍、公告牌、材料或文章，以及各种音像资料等。随着电子计算机技术的开发和利用，又出现了以计算机制作的所谓“办公桌刊物”和录制在计算机磁盘上的公共关系出版物。组织出版物也日益趋向于面对范围狭窄的特定公众对象进行沟通的专门化媒体。

一、组织设置的公众传播媒介的特点

（一）它是一种独立的、由组织自行控制的传播媒介

它从编辑方针、内容编撰、形式设计到对象选择，完全可根据组织的需要来确

定。它与其他需借助于公共大众传播媒介的公共关系传播活动相比较，其最突出的优势就在于传播的主动权完全掌握在自己手中。因此，它是公共关系活动中能够最有效地配合组织公共关系目标，经常性地、有计划、有步骤地进行传播沟通的媒介。

（二）在全面、深入地传播组织的各种信息上具有明显的优势

与其他传播手段相比较，公共关系出版物能为传播组织的公共关系信息提供最充裕的空间和时间。能为组织全面、翔实、深入重复地报道某一项事实、解释某一项政策、宣扬某种思想观念提供最自由、最理想的选择。如日本资生堂出版的《资生堂月报》（1924 年创刊，名为《花椿》，1937 年改为现名）成为全日本最受欢迎的美容杂志，发行量为 400 万册，成为该公司几十年来联络千万消费公众、公众全面了解该公司的最理想的媒介。

（三）它是一种针对性很强的传播媒介

它可以专门针对特定公众的特点和兴趣来设计、编写和制作，并能做到准确地发送信息。根据预定名单，由专人传送或个别邮寄，把出版物送达特定对象手中，因此，它是一种命中率很高的极有效的沟通工具。英国每三个矿工中就有两人购买《煤矿新闻》。据杜邦公司的统计，约有 80% 的杜邦职工阅读《生活得更美好》的公司员工杂志，而只有 53% 的职工选读美国最受欢迎的杂志——《读者文摘》。

二、在媒介设计制作上应注意解决的问题

组织自己设置的公共关系媒介最常受到的批评是“死亡率”较高，每年都有大量刊物停刊。多数媒介的内容枯燥无味，呆板雷同，缺乏创新精神。此外，组织自己的公共关系媒介也常被指责为组织管理者的传声筒，加之印制或制作上的投资较大，故也常被怀疑是组织管理上的一种浪费。这些批评和怀疑都是由于组织自己的公共关系媒介在设计制作上的种种不完善，或缺乏专业知识而引起的，是完全可以通过努力加以改进的。因此，组织在决定设置自己的公共关系媒介时，应注意处理好以下几个方面的问题。

（一）解决好总体设计问题

公共关系媒介的设计包括：媒介的具体目标的确定，对象公众的确定，所应刊载的内容，出版物的形式、名称、出版量、出版物的容量周期等问题。

从公共关系活动的整体看，公共关系媒介的设计制作，只是整个公共关系活动的一部分，只是整个公共关系计划中的一个专项。因此，这些问题的决定通常要受组织的总体公共关系目标，以及根据这一目标所制定出来的具体的公共关系计划和公共关系预算的制约。

媒介的传播对象，一般是根据媒介的目标来确定的。比起其他社会的大众传播媒介，组织自己设置的公共关系媒介的对象一般更为具体、更专门化。

媒介传播的内容是由媒介的目标和受众等因素来确定的，一方面要根据组织公共关系管理的需要；另一方面又要考虑对象受众的特点、兴趣爱好及接受能力等来决定。

媒介的形式、出版量、出版周期，同样由出版目标、预算及受众状况来定。不同形式的媒介，在公共关系传播上有各自不同的作用和效果，如公告板、报纸、杂志、电视专题片，就各有其特殊作用，这就需视需要而确定传播形式。此外，设置这些不同传播媒介，投资也是大不一样，有的投入金额甚巨，不能不加以考虑。出版量和单位出版物的容量、周期同样也直接关系到投资问题和公众联络的效果问题。一方面要考虑需要；另一方面仍要尽可能考虑经济合算的问题。从公共关系传播角度看，在同样投资的情况下，一般以压小容量、以精取胜、保证出版量和缩短出版周期、提高接触频率为好。

组织设置公共关系媒介的命名要有自己的特色。最好要与组织名称、产品名称、服务的种类以及组织的宗旨等联系起来。如《福特时代》就是根据企业名称命名；《煤矿新闻》是根据产品或行业名称命名；《生活得更美好》是根据杜邦公司宗旨命名。

（二）解决好制作和出版物的管理问题

组织自己设置的公共关系媒介的制作，由于媒介形式的不同而有很大的不同。公共关系人员应熟悉掌握印刷出版物和影像出版物的各种不同的制作方法，了解各种不同制作的效果和不同的投入问题。这样才有可能使自己经营的公共关系媒介既经济合算又有良好的传播效果。

媒介管理要解决经费和发行问题。经费来源一般有三个方面：一是公共关系费的专项拨款；二是向读者收取一定的工本费；三是刊载广告。虽然目前绝大多数公共关系媒介都是免费赠送的，但制作精良、有较高知识性、趣味性和阅读价值的媒介已和商业性出版物一样公开出售。有的则象征性收取一定费用以补充经费，如由英国的钢铁厂理查·汤麦司与鲍德文公司出版的《钢铁消息》、由英国国家煤矿委员会出版的《煤矿新闻》等都是有价出售的。他们认为，出版物如果真有价值，人们就会破费来购买。收费不仅可证明出版物的价值，还可以减少人们对出版物水平的误解，提高公共关系出版物的价值。刊载广告是办好公共关系出版物的好主意，有影响力的出版物不仅可刊载本组织的广告，而且可接受外组织的广告。通过征收广告费来增加投入，通过增大投入，进一步把组织自己的公共关系媒介办得更好、更吸引人，吸引更多的广告，使之形成良性循环。

组织的公共关系媒介一般都由组织自己独立发行。如职工刊物可在工厂门口等场所发行到工人手中；想让更多的职工家属也成为读者，就需邮寄到职工家中。对外出版物可在产品售点、展览场所、会议现场等发送。出版的影像资料可分送到各分支机构，各种消费者团体、职工团体、各种娱乐和购物场所进行播放。发行的方法可有各种各样，但最主要的原则就是要满足公共关系的特定需要，针对特定的对象公众，采用灵活的发行方式。

由于这类媒介是由组织自己控制的媒介，在宣传上很容易出现只考虑组织自身需要的倾向，而沦为说教的工具。这也是有些公共关系媒介效果不显著和死亡率过高的主要原因之一。在处理这一关系时，作为组织出版物的编撰人也会常常陷于两难的地步。特别是当管理当局对这一问题认识不清、主管人拼命想要塞进自己文章的时候。对此，有时需借助读者调查，拿出可以说明的资料来让管理当局明白，如果这样做，会使投入的资金白白浪费，甚至导致公共关系工作的失误。

大型组织要注意建立起自己专业化的编撰制作队伍，并外聘专业作家、记者或编辑当出版物的顾问。中、小型组织如果有较大型的出版业务，一般需要考虑委托具有专业水平的外部咨询或代理机构帮忙设计和制作。以此来保证组织自己的公共关系媒介的专业化水平。

三、组织设置的公众传播媒介的类型

（一）组织的报刊

组织报刊是最常见的公共关系出版物，按对象分有三大类：一是针对员工的组织内部刊物；二是针对组织外部各类公众的对外刊物；三是兼有对内对外的刊物。按其形式分又有：简单的通讯或报刊摘要；报纸、杂志，或兼有报纸与杂志风格的刊物。

通讯或报刊摘要是一种最普遍被广泛采用的形式。相对其他刊物，它有出版迅速、内容集中、编辑容易、成本较低的特点。多数组织采用这种形式来进行有关新闻或业务信息的传播。特别是大型组织需要有各种纵向的和横向的通信网络。通讯或报刊摘要成为建立或维系这种网络健全运行的一种重要的手段。

机关报是组织公共关系刊物中最流行、表现最丰富多彩的形式。在我国，一般大型企业或机关团体都办有自己的报纸。组织办的报纸所报道的内容有新闻报道、特写、问题解释、读者来信、图片、社评等。主要是反映组织的各种活动及与组织有关的各种外部动态。它的形式和一般的小报一样，定期出版，通常也是黑白印刷，很经济。出版的周期一般为一星期或半个月。这类报纸在确保内、外公众能迅速、全面了解组织的动态，统一对组织目标、政策的认识方面具有独特的作用和较高的价值。

公共关系杂志是公共关系刊物中最有争议的媒介，由于成本较高常常受到批评。印刷和纸价上涨，邮寄费用上升，使得定期公共关系杂志越来越难以维持。公共关系杂志的内容可以是综合性的，也可以是消闲娱乐性的，同时也可以是教益性的。它刊登短文、采访报告、小说及其他描述性或政论性文章。它可以是朴素的黑白印刷，也可以是图文并茂富有吸引力的彩印。公共关系杂志的深度和报道的广度很难界定，根据不同的出版目的和受众，有较大的伸缩性。它的出版周期一般较长，根据需要有月刊、双月刊或季刊等。

随着电子计算机技术的发展，新型的“办公桌上的刊物”已逐步发展起来。公共关系人员只要拥有一台电脑和三原色文字打印机，通过特定的软盘，就可以进行几乎所有的报刊编辑工作，这对组织公共关系刊物，特别是内部刊物的出版带来极大的便利，质量也可有极大的提高。

（二）手册、书籍、印制资料或文章

为推行公共关系管理，组织还出版一些辅助性的传播工具——小册子和书籍。小册子一般有：综合性的公共关系手册，政治、时事手册，业务上的信息手册，产品手册，各类的年度报表等。书籍一般则是追述组织历史，创始人传记或总结、阐述组织经营管理经验和管理思想的专著。一些非营利性机构还出版宣传某种新观念、新科学、新技术的科普性质的书籍。这类出版物的主要作用有如下几方面。

(1) 有强化组织文化建设，指导组织公共关系管理的作用。这类出版物，特别是综合性的公共关系手册，一般都详细阐述企业的哲学观念、价值观念和行为准则，刊有组织的历史、现状和展望，组织创始人，组织中的模范人物，组织发展史上的大事件的纪实，分析组织的社会责任和组织在社会生活中的地位和作用，制定处理各种公众事务、各类事件的准则和管理措施、奖励条例等。这类出版物能让读者在较短的时间内，了解组织的传统和概貌，对公共关系管理的各方面有所了解，促进职工或外部公众对组织的认同感。作为组织文化传统的集中体现和公共关系管理经验的总结，这类刊物又会对组织管理产生规范和指导作用。

(2) 能起到作为了解组织的工具书的作用。如从政治时事手册中了解到组织所处的社会大环境问题。从经营业务信息手册、产品手册就可了解到组织的经营状况、产品系列的信息资料。又如，从职工手册中还可了解到职工的保险计划、退休制度、医疗劳保制度、工资、奖金、晋升制度、企业的建议制度、住房政策、福利娱乐项目、职工培训项目、组织机构及办事程序等资料。因此，这类出版物是组织员工或外部公众全面了解组织的极方便的工具。

(3) 这类出版物常常被用来作为教育和宣传的工具。在新员工集中培训及组织的各种员工培训计划中，这类出版物经常被用来作为教材或指定参考书。在与外部交往中，有的也常被选择作为广为散发的宣传材料和馈赠给某些专家、研究机构、学校、图书馆的礼品。

这类出版物较明显的不足是灵活性较差、内容相对集中于某一问题、编撰较复杂、制作成本较高，因此，它无法代替报刊、通讯等经常性的不间断的传播沟通工具的作用。

印刷的资料或文章主要是用于组织在一些重大事件或者是重要而且敏感的、容易引起争议的问题上，为了表明立场和态度，与特定公众所进行的沟通。它的特殊作用主要在于能向公众详细地阐述自己的观点。提供充足的论据，能对某些观点进行深入分析或驳斥，并能准确及时地将这些完整的资料或文章分送给关心此类重大事件、想了解真相的公众，如议员、政府官员、舆论领袖、新闻界、职工、股东等，起到其他媒介所难以起到的作用。有时也可用于对公共出版物所发表的资料的扩散。例如，将公共出版物上对某事件或某问题所进行的报道、分析的文章，收集复印，进行有针对性的扩散，以唤起人们对此事件的注意，将本来在公共媒体上的不可控制的传播，纳入可控制的轨道。

(三) 音像出版物

近年来，音像出版物在组织的公共关系出版物中已有异军突起之势，这一发展不仅在数量上，而且在形式上也日趋多样化。从早期的幻灯、电影，到影视纪录片、专题片、艺术片，正从各个方面影响公共关系出版物的格局。

音像出版物在公共关系传播上的最大价值是能将直观的形象感受、现场的感觉传递给不同空间里的特定受众。它能将庞大的组织机构作迅速、形象直观的介绍，能将复杂的工作场面、产品使用方法、各种业务的处理程序、在各种不同文化区域内如何拓展业务、开展公共关系交往工作等形象地展示出来。它在向公众介绍一个组织、进行职业训练、市场教育和消费观念教育上有突出的效果。

幻灯是视觉交流工具中最古老的形式，也是一种长用不衰的工具。它的优点是轻巧、灵活、方便，制作较容易、低廉。幻灯片、幻灯机可毫无困难地装进行李，随身带往任何地方，又可根据需要灵活地对内容进行增减、改动播放次序。这种媒介广泛地被用于各种会议和接待参观等活动，作为向各类公众演讲、介绍或与之讨论各种问题的辅助手段。

影视纪录片、专题片、艺术片都是目前国内组织广泛采用的公共关系传播形式。特别是纪录片和专题片已逐渐成为电视台节目的一部分，产生了很大的影响。这些片子用途也很广，它可以在接待来访时作为向客人介绍的一部分，可在各种招待会、研讨会、职工培训及各种展示活动等场合放映，也可在各种社团组织、俱乐部、学校巡回放映，甚至可通过翻译送到海外的电视中去放映。影视纪录片、专题片的拍摄投入的费用一般较高，但一个片子使用的时间一般都较长，总的说来还是合算的。拍摄这类片子最重要的是要有明确的目标，有明确的对象受众范围，应把它视为公共关系策略的一部分，根据不同公共关系目标和策略，考虑不同的发播场合和特定对象来拍摄出具有各种不同用途的片子。这样的片子才能获得对象公众的理解，适合于特定公共关系目标的需要，取得较好的预期效果。拍摄是采用电影胶片还是录像带，要看投入多少而定，电影的投入较大，但图像效果优于录像。电影制成 35 毫米胶片适于公共电影院放映，制成 16 毫米胶片较适于一般组织自己播放。录像带一般是 3/4 英寸、1/2 英寸。在国内电视台播放，一般是采用 3/4 英寸带子。用录像播放机一般备兼容制机子更为方便。

公共关系影视艺术片指的是最近几年出现的、由组织出资拍摄的、带有公共关系宣传色彩的电影故事艺术片和电视剧。如以某企业的发展为原型而进行艺术创作的电影故事片，为宣传税法、交通安全法规、环境保护等问题而拍摄的电视连续剧等，都属于这类的出版物。这类片子投资很大，少则几十万元，多则上百万元，但多数的效果又不太理想。主要原因是艺术创作规律和宣传需要的关系没有处理好，多数片子摄制较草率。组织在这方面的投资应更为谨慎，计划要周密，不管是在剧本创作还是角色选择，具体到每个镜头拍摄都要严格按艺术规律办事，按专业水准去要求。只有创作出具有高度艺术感染力的作品，才能博取公众的好感，进而达到公共关系宣传的目的。

（四）电视杂志、电视报纸和公告板

电视杂志和电视报纸是正在发展起来的另一种新的组织的公共关系媒介。电视杂志一般是按月或按季度录制，职工可通过安置在办公室、食堂或组织的其他办公娱乐场所的电视接收机，随时根据自己的兴趣和需要，收看组织的杂志，有的还可将录像带拿回家中去收看。电视报纸则是利用组织自己的新闻电视服务系统和计算机将新闻录制在电视屏幕上。电视报纸的新闻一般可储存几天，每天又可将新的内容增加进去，职工只要在配备有新闻电视服务系统接收器的场所，都可从屏幕上，收看到他们想知道的事情。这些新的出版物的长处是可把影像资料定期传送给特定的公众。特别是对于有各种分支机构分散于各地的大型组织，可以利用电视杂志，将本组织各地的动态以图像声音的方式真实地展示给全体职工。如及时将组织人事变动中的新领导人介绍给各地的职工，及时将各地有关活动的实况进行报道，增强职工的印象和参与感。

公告板主要作用在于能迅速、确凿、简要、公开地发布消息。它对各种舆论，特别是谣言所作出的反应最快，在经常提示人们的记忆、唤起人们的注意等方面，也有较高的价值。由于公告板载体的限制，报道的容量小，容易过时变得陈旧而失去吸引力，故应经常更新内容，变换手法。目前，公告板这种最古老媒介正在发生变化，在组织内部利用计算机终端显示器来发布通知、布告、新闻，在公共场所，大型电子公告牌也在交通要道、人口聚集场所发挥其作用。这也是公共关系人员所应给予注意的新发展。

第五节　网络传播媒介

在公共关系领域，网络的重要性也日益凸显出来，正影响到每一位公共关系从业人员的工作，在互联网上做公共关系，意味着无穷无尽的机会和挑战。虽然网络时代的到来并没有改变公共关系最基本的内涵，但网络的出现使公共关系特征与网络特征结合在一起，必将对传统公共关系学理论与公共关系实践造成冲击，它对组织的社会生态环境管理、公众沟通、形象管理以及危机管理等方面都提出了新的研究课题。

网络公关是指企业借助联机网络、电脑通信和数字交互式媒体的威力来实现公共关系目标的行为。公共关系特征与网络特征的交叉重塑了网络公关的基础理念。

一、网络时代传播方式的新变化

公共关系的过程是组织与其公众之间的信息传递、信息交流的传播过程。所以，探讨公共关系问题就必须研究传播。进入网络时代，网络传播的互动性、小众化、实时性和全球化等特征使公共关系的传播方式出现了一些新变化。

（一）实现双向互动传播

在公共关系理论与实践的发展过程中，曾相继形成过四种传播模式：宣传型、公共信息型、双向非对称型和双向对称型。从这四个发展阶段可以看出，人们对公共关系传播的认识经历了从主观宣传到促进相互理解的发展过程，从线性的单向传播到双向传播沟通的发展过程，从任意支配公众、不对称的双向沟通关系到双向对等共享信息的传播关系的发展过程。互联网凭借其技术上的优势，使人类的传播方式由单向传播转变为互动传播，增强了受众与传播者之间的双向交流。只有在互联网时代，双向对称型的传播模式才从真正意义上得以实现。从接受信息方面，受众经历了从“push”（推）信息到“pull”（拉）信息的过程。传播权利平等。在网络传播中，受众从被动的信息接受者转变为主动的信息参与者。传播与反馈即时进行。传统媒体的受众虽然也可以对收到的信息进行反馈，但是这种反馈在时间上具有很大的滞后性，不是实时进行，人数也受到限制。与之相比，网络传播中，受众可以在获取信息后立刻用电子邮件与作者交流，还可以把对某件事的看法“贴”到“公告牌”上或在某个“论坛”发表，或者在聊天室里交流对某条消息的看法，与其他受众一起讨论。

（二）传播方式多元化

网络传播呈现一种多元化的特点。网络传播汇集了人际传播、组织传播和大众传播的优势。传统媒体一般是点对面的大众传播方式，而互联网除了点对多即网络向网民、某一网民向不特定的其他网民发布信息这一方式外，还有点对点即网民通过网络向其他某个网民发电子邮件的方式，众多网民向某一个网站发送信息、反馈意见的多对点方式，以及网上聊天室、电子公告牌等多对多的传播方式。互联网媒体整合了报纸、广播、电视三大媒介的优势，实现了文字、图片、声音、图像等传播符号和手段的有机结合。网络受众可以根据其需要随时自由选择媒介表现形式。受众在获取信息时，网络能够提供全方位、多感觉的信息。

（三）传播速度更加迅捷

报纸必须等印刷，电视一般需要拍摄与剪辑录像，而网络可以随事件的发生随时上网。网络传播速度快捷，信息来源广泛，制作发布信息简便，具有很强的时效性。1998 年 9 月 11 日，美国特别检察官斯塔尔关于总统克林顿性丑闻的调查报告上网后，互联网真正露了一回脸。在斯塔尔报告上网的第一天内，阅读这份报告的网民人数达 2470 万。这种传播速度让人们看到了网络正在改写人类信息传播的游戏规则，它可以全天 24 小时不间断地传播到世界各地。一家市场调查公司曾向 2200 名网友调查他们的新闻收视习惯，结果显示，虽然广播电视还是一般大众收看新闻快报的主要来源，但遇到突发新闻事件，超过一半的网友会先上网查看最新消息。

（四）全球范围内传播

互联网的出现使我们生活的地球变成了一个“全球村”，在这个村庄里，地域的界限将不再存在，在局部地区发生的事件，通过互联网转眼就可以传遍全球，不再像传统的传播中，为了获得其他国家与地区的消息，还要派驻记者去进行采访。网络时代的企业，不但要熟悉跨国市场顾客的特性以争取信任，并满足他们的需求，还要安排跨国生产、运输与售后服务等工作，并且这些跨国业务都是经由网络来联系与执行的。

二、网络时代公共关系的新特点

（一）网络公共关系主体——组织的新特点

第一，范围更广。在公共关系实践中，公共关系的主体是各种类型的特定社会组织。它指的是一个按照一定的目标、任务和形式建立起来的协调力量和行动的合作系统。但是在网络中，除了组织，个人也可以是公共关系主体，公共关系主体的范围更加广泛。个人可以通过建立个人网页进行公共关系活动，也可以通过电子论坛、聊天室、电子邮件等形式发表消息或自己的观点，在网上形成一个可以聚集在一起的舆论群体。

第二，更具能动性。因为网络具有互动的特性，使公共关系主体在公共关系活动几乎所有环节中都能发挥主动作用。比如利用新闻媒介开展公共关系活动，在传统公共关系活动中，企业公共关系组织与人员要想方设法引起新闻媒介的注意来达到公共关系目的。可是新闻媒体是否进行报道取决于多方面的因素，不是由公共关系人员单方面可以左右的。而在网络中，公共关系主体可以直接面向目标受众及时发布新闻，不受篇幅、媒体空间与时间的限制，不需要通过新闻媒介的审批，打破了传统公共关系活动利用新闻媒介的局限性，做到按照公共关系活动计划随心所欲地、及时地传播信息。

第三，更具挑战性。在网络公共关系活动中，网上公众对网上企业的影响变得更直接、更迅速，因为传统公共关系活动的信息传播和反馈过程相对过长，公众从知晓到行动有一段时间，企业公共关系人员可利用这段时间调整、改进下一步的行动，而在网上信息的传播与反馈速度快，范围广，有关企业的消息可以迅速传遍整个网络，引起公众的反应，导致企业公众环境的恶化。同样，由于网络传播的双向对称，使公众的意见、态度、观点和行为也会迅速在网络上扩散，对企业产生重大影响甚至会决定企业的成败。

（二）网络公共关系客体——公众的新特点

首先是公众突破了地域的界限。公众是公共关系工作的对象，指任何面临某个问题而形成的社会群体。网上公众是指与网上企业有实际或潜在的利害关系或相互影响的个人或群体。网络公共关系必须在网络环境下进行，所以能够成为网络公众的前提是其必须是上网者。由于网络传播的信息是全球性的，不像一般传统媒体那样仅仅是面对局部区域的固定受众群体。因此，在网络公共关系中要更多考虑具有不同文化背景的公众的习惯。互联网络突破了空间和地域的界限，企业面对的是不同国家、地区和民族的网络公众。不同国家或地区的政治环境、经济条件、技术发展水平、法律制度、社会文化背景、风俗习惯、宗教信仰的不同，导致网络公众的极大差异性，这就给网络公众的全球化特征中又增加了民族性、地域性的特征。

其次是公众的地位得到提升。过去公众是大众传播媒介的最终接受者，是读者、听众、观众的统称。由于传统媒介是以点对面的单向传播，公众接受信息是处于被动地位的。而在以互动性为主要特征的网络传播中，公众不是消极的被影响、被作用的对象，公众既是信息接受者也是信息发布者。这时，信息不再被“推给”公众，而是公众根据需要把信息“拉”过来，并参与到制造信息的过程中去。公众的意见和行为成为关系企业生存和发展的决定性因素。

（三）网络公共关系过程的新特点

首先是强化了“软营销性”。公共关系是一种柔性调节手段，特别注重与公众进行心理上、情感上的沟通，目的是调节企业与公众的关系，以此改善组织的社会生态环境，提高企业形象，促进产品销售，维护企业利益等。人们可以称它为“软”营销工具。在网络公共关系中，其软营销性可以说发挥得淋漓尽致。“沙宣”洗发水在许多网站上设立一个新颖的小游戏，看谁可以将一个新发型最短时间内完成。点击进入后鼠标就变成了一把剪刀，可以对几张不停闪动的发型进行选择，剪刀点击中哪一张头像，哪一张就进入一种编辑状态，这时原始发型上会出现许多编辑点，剪刀每点击一个编辑点，都会有一绺碎发缓缓落下，全部点击之后，一个全新的发型完成，每一络头发都开始动感十足地飘动，背景与人物都变得光彩照人，像是对你的赞赏。此外，企业网络公共关系还可努力创造虚拟化的社会生活形象，以此作为公共关系调节手段。如美国南卡来罗纳州的 Molson 啤酒公司在网站中虚拟了一家小酒店，吸引需要经常碰头、交流对流行音乐和运动体会的 20 多岁的毛头小伙子。在现实生活中，这些人也喜欢在小酒店迷蒙的灯光中醉醺醺地争吵着这些时髦的话题。而网站中的这种氛围很容易勾起他们类似的情绪。在以上例子中，企业不依赖强制的信息灌输来强化印象，而是利用网络传播的特点营造了潜在的销售氛围，在这种氛围中体现了企业的形象。

其次是更具“个性化”。网络整体传播模式趋向于个性化。由于网络传递信息在形式上是个人选择的结果，网络受众可以根据自己的需要和兴趣选择信息，将信息“拉”过来享用，这使得原有的“公共关系到群体”发展为“公共关系到个人”。企业的目标市场从过去的大众市场转化为个人市场，企业要满足的是个性化的消费者。这促使企业的经营理念开始由“全面质量管理”改变为“全面关系承诺”，即从“不惜任何代价来推销产品”，演变为“与每位消费者发展长期的关系，并以替消费者终身服务为目标”。企业具有了和消费者建立一对一关系的能力。企业只有针对不同的受众采用不同的策略，才能达到良好的效果。

网上公共关系针对性与倾诉力高度突出，受众有更为从容的时间、更为集中的注意力来享受网上公共关系活动的开展，不受任何外在干扰。网络公共关系通过互联网宣传，增加生产商与用户之间的交流，这些是通过网络聊天、网络发表、链接等方式实现的。在网络公共关系中，公众的中心地位能得到完美的体现。如一家销售户外活动商品的商家，在网络上开展了定制旅行袋的业务，允许顾客利用自己的电脑和网络，自行设计或修改旅行袋的式样、颜色、材料、尺寸等，还可绣上自己的姓名或其他标志。接下来，只需等着商家把带有自身风格的东西交来了。美国推出了一种个人化报纸，如《华尔街日报》的个人版，读者每天早晨一打开电脑，即可读到一份专为你设计的报纸，内容基本上是你需要并感兴趣的。

再次是网络公共关系具有“直复性”。直复性的“直”指企业与公众不通过其他中间渠道而直接连接，“复”指的是企业与公众之间的互动。

在传统的大众传播中，编辑、记者等人充当着“把关人”的角色，他们决定企业的新闻消息是否能见诸当天的媒体。与传统新闻传播的这种局限相比，网络给企业的公共关系活动提供了巨大的机会。网络使企业可直接面向消费者发布新闻而不需要媒体的中介。网上企业通常是通过网络论坛、BBS、新闻组、E-mail 及其他方法直接发布企业新闻，它可以同时影响公众和记者。互联网技术的普遍应用可以使企业与公众的沟通更加容易，使企业对公众的服务更完善。通过互联网，企业可以利用文字、声音、影像等多种技术全方位地展示商品，介绍其功能，演示商品的使用，建立征询系统，甚至可以让消费者参与产品的设计，向顾客传达企业提供的多种服务。顾客可以在网上自己阅读服务信息，也可以通过互联网与企业一对一的对话，把自己的需要、感想、意见和建议直接传达给企业，企业也可以直接通过电脑记录顾客意见，建立顾客档案。对于顾客提出的问题也可以在电脑中检索信息并把答复迅速地传达给客户。通过与顾客网上交流创立一种全新的互动式的服务，企业也可以随时掌握顾客的满意程度，从而迅速地改进和完善自己的产品和相关服务，增强市场竞争力。

最后是网络公共关系具有整合性。网络技术的发展实现了文字、图片、声音、图像等传播符号和手段的有机结合，网络公共关系的受众不仅可以阅读文本，还可以听声音、观图像。在网上可实现从人际交流、群体交流到大众传播等多种传播方式、多种传播媒体的立体化传播，这种整合性传播效果是其他类型的传播媒介难以达到的。网络公共关系还可以通过对传统公共关系手段的翻新来实现网络的潜在优势，如将新闻发布会变成交互式网络聊天，将采访转为音频或视频稿件，将图片的发布转变为流式图像等以提高整合性传播效果。“超链接”的功能也为网上互动性公共关系资料的整合提供重要手段，使得其信息容量远远超过真实世界中的静态公共关系资料。在传播大量资料信息之外，由于网络传播的即时性特征，企业还可以对资料数据库作动态的修改或增删，因此，网络是建立庞大、精确、动态的整合性公共关系资料数据库的理想工具。

第六节　活动与媒介事件

一、活动、媒介事件的概念

活动（events，或称为“事件”）单纯从词义上看，指的是“历史上或社会上所发生的大事”[①]。在语言运用的习惯上，小事一般称事，有影响的大事才称“事件”。“活动”就不同，世间之事大大小小皆可称之为“活动”，可见“活动”一词所指过于宽泛。如果一定要以活动称，就需要冠上“大型”（活动），或“重要”（活动）

① 辞海编辑委员会编：《辞海》（1979 年版）缩印本，上海辞书出版社 1980 年版，第 57 页。

的前缀。

初期，组织、企业是把“事件”作为一种有效的传播手段或信息媒介。组织企划、实施可以让公众直接参与并享受乐趣的活动，并通过活动达到吸引或转移公众注意力，改善、密切公众关系；塑造组织形象，达到实现构建和谐的组织社会生态环境的目的。如奥林匹克运动会、组织开放活动、重大庆典活动等。

随着大众传播媒介的发展，其影响力成为不可忽视的力量和重要社会资源。人们开始寻求让“事件”跨越活动空间制约，通过吸引大众传媒的注意，进而利用大众传播媒介的传播，发展为“媒介事件”。这时的“事件”已经不单纯是一般企业、政府机关、各种社会团体自身策划实施的活动，而演变为众人关心的社会公共事件。艾丰称“媒介事件”为“宣传性现象”①，他指出：“它不是事件日常运转所产生的现象，而是因为同传播联系起来以后才产生的现象。”

传播学界把这种策划为新闻媒介传播的“事件”称为“媒介事件”（media events），也称为“新闻事件”。著名传播学者施莱姆（Wilbur Schramm）把它称为“主要是制造出供媒介报道的事件”②。“媒介事件”中还有一部分是纯属通过媒介的议题设置功能进行传播炒作的事件。如《新周刊》首次提出了成都“第四城”的概念，并对成都进行全貌式报道，以 50 页的篇幅把成都提到了继北京、上海、广州之后第四大城市的显著地位，在城市建设、经济实力、生活质量、文化魅力和城市声誉等诸多方面与其他城市进行对比。之后，“第四城”的概念引发了强烈的反响，不少媒体纷纷以大篇幅报道，并展开热烈讨论，成了各地市民的热点话题。广告、公共关系界重视运用“媒介事件”来提升企业或品牌声誉，把“媒介事件”引入营销领域，则被称为“事件营销”（event marketing）。

对策划“媒介事件”持批评意见者名曰“假事件”（pseudo events）。如美国史学家卜斯丁（Boorstin）曾在《幻象》一书中感叹，大量“假事件”充斥了美国的各家报纸。学者们忧心忡忡，人们生活在蓄意制造出来的现实中，与真实的世界愈来愈远。但是，这些学者忽视了一个最基本的事实，即他们所司空见惯的所谓的“真实”的世界里所发生的事实，其实 85% 以上都是人们有意识策划制造出来的。如果以是否“人为”策划，来判断某一“事件”能不能作为新闻报道传播的对象的标准，我们将无法想象今天的大众传播媒介上还能剩下哪些社会新闻？

二、组织开放活动

（一）组织开放活动的作用及主要类型

自 1936 年美国钢铁公司（US STEEL）首创现代模式的开放参观活动以来，开放及参观就一直是公共关系中最普遍采用的特别活动事项之一。举办组织开放及参观活动的目的在于让社会公众亲历其境地了解一个组织机构的全貌或某一方面的情况，如

① 艾丰：《新闻写作方法论》，人民日报出版社 1996 年版，第 106 页。

② ［美］宣伟伯·施拉姆、威廉·波特：《传播学概论》，新华出版社 1984 年版，第 272 页。

实地了解一个组织的规模、业务状况、生产过程、科技水平、工作条件、职工福利及精神面貌，使公众加深对一个组织的印象，消除误解，增进对组织的亲近感，提高员工的士气和凝聚力，并且可通过开放组织的活动为社区公众提供服务。

组织开放活动有各种不同的类型。按开放对象范围的不同，可分为向全社会开放和向部分特定公众的开放两种。如厦门华伦公司在 1990 年举行的开放日，就是面向社会公众的大型开放活动。在开放日里，不管是何种身份的人士，都可自由来厂参加开放日活动。又如上海电视台曾经举办过专为本台职工及家属的开放活动，其目的是为呼吁家属对本台职工工作的支持。按开放程度的不同，也可分为全开放和局部开放两种。一般的开放日活动都属于全开放型。有时为消除社会的某种误解或为某种特定目标，也采取局部开放的做法，让新闻界和特定对象公众做现场的实地参观。

（二）组织开放活动的策划、实施要则

开放及参观，特别是大型的开放日活动的筹备和实施是一件繁重而复杂的工作。厦门华伦公司的开放日，一天接待上万来宾，对象包括职工及其职工家属，退休老职工，历届公司领导，市委市政府各部门有关人士，市工、青、妇、文化界人士，大、中、小学的学生和教师，协作单位管理人员和职工，商界人士，原材料、零件与设备的供应商，社区公众及各驻厦门新闻媒介的记者等。从年龄看，有从幼儿园的儿童到 70 多岁的老人；从文化程度看，有从目不识丁的文盲到高级知识分子；从地域看，有公司所在地的邻里，有厦门市的各区县、附近兄弟市县的公众及外省市驻厦的代表。为了招待各方来宾，该公司临时组织训练了一批礼仪小姐，精心布置了整个参观路线。同时也准备了丰富的活动项目，如厂史展览、公司荣誉室、职工书画展、棋牌邀请赛、职工健美操表演、在花园式的厂区里进行各种有趣的游园娱乐活动、企业各种刊物展、黑板报展评、电影招待、舞龙舞狮表演、印刷介绍公司的小册子、出版《华伦风采》专辑、为参加者准备茶点及午餐，还为想购买本厂产品的来宾提供特价优惠的供应服务。对一个企业来讲，如此庞大复杂的活动，如果没有精心组织策划是难以搞好的。

要策划好组织开放活动，使之达到预定目的，就应注意抓好以下几个方面的工作：

（1）要尽早开始计划，有时一年前就应开始准备，至少应提前半年。

（2）要做出活动计划的大纲，推行计划的详细的时间表及详细的各具体工作负责人员的指派任命。

（3）要成立各种小组。在各具体活动项目里，不分经理或职工都要参加，要尽可能让更多的员工分担一部分工作，以增进职工的参与感，激发工作的积极性。

（4）要尽可能利用本组织机构的专业人员，如公司中的画家、设计家、写作人才、工程技术人员及各种专长人才来亲自动手，发挥各自特长，激发各方面人才的积极性和对企业的向心力。

（5）要注意安排特别吸引人的节目。如表演、展览、比赛、游园娱乐活动等项目。节目的选定和安排，一方面要考虑照顾大多数参加者的兴趣，以及容易参与等问题；另一方面要考虑其在活跃气氛方面的作用，做合理安排。有时可考虑安排如乐队演奏之类的节目，穿插在各活动之间，以维持整个开放日的气氛。

（6）要有纪念品或纪念性赠品。对此不要太讲究其贵重，更重要的是投其所好，不同对象应有不同的纪念品，能被认为是专门为其设计的专用品最为理想。

（7）要注意安排好交通运输问题，使来往方便流畅。要有指定的停车场，要提供方便的交通工具，这些在发请柬时都要附详细说明。此外，应训练一批导游人员，设置交通标志，供应参观交通地图，对重要的设施要特别加以标示，并用大牌子予以说明。整个参观路线要有统一的布置设计，以显示良好的企业管理素质。

（8）要尽早通过各种传播渠道宣布活动消息。可利用不受控制的大众传播媒介、受控制的各种组织出版物以及其他传播工具，通过宣传引起人们重视，增强活动的效果。

（9）必要的时候要利用广告来配合整个活动。对一些与活动有关的重要消息，并一定要保证公布时间，如果发新闻不能如愿，就要采用广告及时准确地把消息传播出去。

（10）在活动完成之后，要及时对所有参加这个活动的每个人道谢，即使是最低层人员，哪怕贡献一点力的人也不可忽略。一般可采用书面道谢形式。这样做可与各位员工建立良好关系，为将来继续开展其他活动、调动员工的积极性打下基础。同时也可避免由于活动的良好效果受到赞誉时，公共关系部门有私窃独占成绩之嫌。这工作最容易被忽略，也是最重要的。

三、联谊、庆典活动

（一）联谊活动

联谊活动是指社会组织为了达到内部管理人员与员工之间、社会组织成员与社会公众之间，或者社会组织与社会组织之间联络感情、增进友谊的目的而组织的活动。社会组织内部的联谊活动可以调节职工文化生活，创造和谐的人际关系。社会组织对外部所组织的联谊活动可以增进公众对社会组织的关注和了解，加强相互联系和协作交流。联谊活动形式多样，包括组织舞会、观看演出、参观游览、各种有益身心健康的休闲活动、相互间信息的共享等。社会组织内部的联谊活动，应注意形式的多样性，以满足员工的不同需求和对员工情绪的及时调节。领导者应将参加联谊活动作为和员工建立信任关系的一种方式。同时，也应注意满足员工携带亲属、好友参加联谊活动的要求。

社会组织与外部进行联谊活动时，要掌握客人的爱好。邀请客人观看演出应事先了解演出内容，避免因为出现政治、宗教、民族、风俗、文化方面的问题而伤害客人的感情；组织参观游览活动时，应和接待单位事先联系，确定日程表，参观、游览项目应适宜，不致使客人劳累不堪；在举办舞会时应确定邀请的客人名单并发出请柬，要注意不能使客人在联谊活动中被冷落；在单纯的文化形式的联谊活动中，主办者应注意避免主动过多商谈经济问题。以增进组织间的合作作为主目的而进行的联谊活动中，社会组织应把握真诚互利及效益的原则。组织社会组织间的联谊活动，要注意联谊对象的选择，要考虑对方的信誉和公众的形象。联谊关系的建立应循序渐进，在相互了解的基础上提高联谊层次。

（二）庆典活动

庆典活动是社会组织面向社会和公众展现自身，体现自身的领导和组织能力、社交水平以及文化素养的一种形式。通过邀请知名人士和记者参加，还可以扩大影响。常见的庆典仪式有法定节日庆典，某一组织的节日庆典，特别是“日、周、月、年”的庆典仪式，签字仪式，颁奖、授勋仪式等。庆典活动必备工作和注意事项如下。

（1）确定庆典活动的主题，进行精心策划安排，并进行适当宣传，如海报、宣传品、广告等。

（2）拟订出席庆典仪式的宾客名单，一般包括政府要员、社区负责人、知名人士、社团代表、同行代表、员工代表、公众代表和新闻人士，对邀请出席典礼的宾客要提前将请柬送到其手中。

（3）拟订庆典程序，一般为：签到、宣布庆典开始、宣布来宾名单、致贺词、致答词、剪彩等。

（4）事先确定致贺词、致答词人名单，并为本单位负责人拟写答词。贺词、答词都应言简意赅，起到沟通感情、增进友谊的目的。

（5）确定主要关键仪式人员，例如剪彩、揭牌、托牌等，除本单位负责人外，还应有德高望重的知名人士作为来宾共同参加。

（6）安排各项接待事宜，应事先确定签到、接待、剪彩、摄影、录像、扩音等有关服务礼仪人员，这些人员应在庆典前到达指定岗位。

（7）可在庆典过程中安排如舞狮耍龙、乐队伴奏、民间舞蹈、歌舞节目、锣鼓、鞭炮礼花等，还可以邀请来宾为社会组织题词，作为永久纪念。

（8）庆典结束后，可组织来宾参观本社会组织的设施、陈列等，增加宣传社会组织传播信息的机会。

（9）通过座谈、留言形式广泛征求意见，并综合整理，总结经验。

一般庆典活动并不复杂，用时也不多，但要办得热烈隆重，丰富多彩，给人以强烈深刻的良好印象并不是件容易的事。举办庆典活动，公共关系人员应做到准备充分，接待热情，头脑冷静，善于鼓动，指挥有序，应详细安排程序及交通安全和接待上的细节。

四、展览活动

（一）展览活动的特点

（1）展览活动是一复合性传播方式，是一种多媒介交叉混合的传播活动。从口头到印刷媒介、到音像媒介，各种手段都运用起来。从人际交流、小群体交流到大众传播各种交流方式也几乎全用上。综合各种传播媒介，传播方式的优点，常常会起到互补的优势，取得较令人满意的传播效果。

(2) 展览活动是一种直观、形象和生动的传播方式。展览活动上的实物展示、专人讲解、现场示范表演等，能给人以直观形象的感受，进而对强化记忆所展示的内容留下深刻的印象。

(3) 展览活动能提供对特定受众进行直接沟通的机会。展览活动中，参展单位可直接与参观者面对面交流，并可就共同感兴趣的问题进行深入讨论。展览活动不仅可让公众了解组织，而且组织也可了解自己的公众，能快速了解到公众对本组织各方面的意见。此外，这种沟通又是针对特定对象的沟通，沟通效果也会较理想。

(4) 展览活动是一种高效率的沟通方式。在大型的展览活动中，厂家、商品高度集中，这大大方便了商业交往活动，大大提高了经济活动的效率。

(5) 展览活动，特别是大型的或有特色的展览活动，常常会产生较大的社会影响，形成舆论的注视中心。因此，它也是一种常被利用来扩大组织的社会影响、吸引新闻界注意的手段。

(二) 展览活动的主要类型

(1) 从举办的空间看，有三种类型：一是室内展览。通常较为精致、贵重的小型展品，都采用室内展出的方式。室内展览的好处是不受气候影响，展示效果好。但是室内展台租金较贵，布置较复杂，所需费用大。二是露天展览。通常大型机械、设备、运输工具等都采用露天展览的方式。露天展览的好处是较少受展品大小限制，布置展台容易简单，花费少，但受气候影响大，展示效果没有室内好。三是室内和露天综合起来的展览。如综合性博览会、工业展览、军事武器展览等，大多采用综合室内露天的展示方式进行，以适应各种不同展品展示的需要。

(2) 从展览的内容看，有综合性展览和单一性展览。综合性展览指的是展品种类或商品种类繁多的展览。单一性展览是指单一种类展品的展览，如瓷器展览、自行车展销、小轿车展销等，这种展示活动在品牌上的竞争十分激烈。博览会是指“规模庞大、内容广泛、展出者和参观者众多的展览会。一般认为博览会是高档次的，对社会、文化以及经济的发展能产生影响并能起促进作用的展览会”①。1999 年 5 月 1 日至 10 月 31 日以“人与自然——迈向 21 世纪”为主题的昆明世博会、上海以“城市，让生活更美好”为主题申办的 2010 年世博会均属于博览会。为产业即制造业、商业等行业举办的展览，主要目的是交流信息、包括交易会、贸易洽谈会、展销会、看样订货会、成就展览等。例如’98 贸易洽谈会、广交会都是贸易性质的展览。基本上都展出消费品，目的主要是直接销售，如国际汽车展、国际花卉展、时装展。

(3) 从展览活动规模看，有大型展览，如世界性的博览会。有小型的专为某个组织或某位艺术家所举办的展览。有微型的，展览甚至小到只有一个展台或一个商店的橱窗。

① 《展览名称的种类及含义》，http：//www. show666. com/zlzs/04. html。

(4) 从展览活动的性质看，有宣传性质的展览和商贸性质的展览。宣传性质的展览只单纯达到与公众沟通的目的，没有直接的商业目的，不产生直接的商贸活动。在这类展览中，非商业性展览在公共关系活动中已越来越受到国内企业界的重视。商贸展览则是一种通过展示传播活动所进行的直接促销活动，是通过展览而进行的商贸活动。

(5) 从展览的地点看，有静态展览和动态展览。静态展览指的是固定在某一地点的展览。动态展览指的是利用交通工具，如轮船、火车、飞机等所进行的流动巡回展览。这种巡回展览可将展品布置于列车车厢里、轮船的船舱中，随巡回路线，在停靠的码头、车站进行展览。20 世纪 50 年代初，美国奇异电气公司曾策划一项大规模的列车巡回展览的公共关系计划，活动取名为“让美国的快车增加电力”，首次运用当时最新式的流线型列车，列车内共布置有 2000 多种电器、电器的生产制造程序及技术表演，共巡回 3 万英里，遍访全美各工业中心，产生了巨大的影响。

(三) 展览活动策划实施要则

(1) 确定展览会的目的和主题。每次展览会都应有自己明确的目的和鲜明的主题。根据目的和主题，进一步确立展览活动的形式（即类型）、具体的展览项目（即内容）和规模。并根据展览活动的形式和项目来确定展览的预算。

(2) 确定是否邀请参展单位及邀请参展单位的性质和数量。邀请可通过广告和直邮信件的方式进行，在邀请信件中应附有：一是此次展览活动的详细说明资料(讲明展览的目标、宗旨、类型、展出项目、展览的目标对象、参展要求等内容人)。二是订购各类展台的价目表和展览场所的平面图。三是预订展台的回执等。潜在的参展单位可根据这些资料来源来做出自己的决策。

(3) 进一步分析展览活动的目标对象公众。在对目标公众分析的基础上，结合展览的主题、项目等内容来确定展览会的地点（地点应以方便对象为佳)，展览活动中应采用的沟通方式和接待方式（以对象最容易接受为好)。如展览场所的布置、各种辅助工具和辅助宣传材料的准备、讲解员的选择与培训等都应考虑展览对象和内容的问题。

(4) 确定展览活动所需的相关服务项目。良好的服务在商贸展览特别是国际性展览活动中显得特别重要。如要考虑是否需要设立处理外贸业务的部门，附设产品订购、文书、邮政、商检、临时海关、海陆空运输、旅游和预订饭店、咨询服务台等的服务部门或项目。服务周到，将会大大地提高商贸展览的实际效绩。

(5) 成立展览活动的新闻中心，全盘负责展览活动的新闻发布活动和记者的采访接待。新闻中心应在参展单位正式进入场地时就开始工作。新闻中心不仅要为整个展览制订出新闻发布的计划，并加以实施，而且还要主动协助各参展单位组织新闻发布，将他们介绍给新闻界。

(6) 培训展览活动的工作人员和讲解人员。

培训内容应包括：

①展出各项目、内容的基本专业知识。

②公共关系方面的常识，接待和礼仪方面的训练。

③各自的职责及对各种可能发生的突发事件的处理程序和准则等。

（7）事先应准备好各种宣传资料。如设计展览会的徽标、纪念册、纪念品、展览场所的平面导游图、展览会的目录册、展览会的宣传招贴、广告等，各参展单位也应事先准备好各自的宣传小册子、招贴、纪念品及可供在展台上播出的影视资料等。

（8）应注意公共关系技巧的应用，策划一些别具一格的活动，以造成社会的关注，吸引更多参观者。如展览的开幕式，可邀请名人或政府官员剪彩，也可借助某些具有戏剧性的活动来引起人们的兴趣，造成更大社会影响。各参展单位也应想办法、出奇招，把更多的参观者吸引到自己的展台来，创造更高的驻足率和征询率。

五、社会赞助活动

（一）社会赞助活动及其作用

近年来，各种社会赞助活动十分流行。从大型电视剧拍摄、大型体育赛事等文体活动的赞助，到对奖学金、研究基金等教育科研事业的捐赠，从对老年人、儿童、残疾人等社会福利事业的资助，到公园中的座椅、路灯、阳伞、果皮箱、路标等市政公共设施的赞助，其形式繁多，涉及领域极广泛，在协助政府及有关机构解决某些社会问题、保持社会繁荣和稳定发展等方面起着积极的作用。也有人把这种从社会赚取的钱用于社会的现象，称为“利润还源”。

由于社会赞助活动对社会公益福利事业的贡献，借助于这种活动，也同样极有利于公众对组织机构的了解，密切组织与社会公众及社会各方面的关系，起到改善组织机构形象的作用。例如，美国的 P&G 公司通过赞助“肥皂剧”，在家庭主妇中培养了良好的感情而声誉大增。

（二）社会赞助活动策划实施要则

社会赞助活动的一般做法是：由赞助单位支付一定的款项或物资给赞助活动的主办单位或直接受赞助的单位，而赞助单位则可以借助这一赞助进行一系列的公共关系宣传活动。这是对社会、对组织都有利的一举两得的好事。但是，就目前社会上所开展的一些赞助活动看，多数效果仍不太理想。而最主要的原因是赞助单位对应如何参与或开展社会赞助活动缺乏了解。要保证社会赞助活动取得应有的效益，应注意做好以下几项工作。

（1）要把赞助活动纳入组织的公共关系目标和公共关系计划之中。也就是说，社会赞助活动要根据本组织的实际能力和实际需要来有计划地、有选择地进行。要反对为赞助而赞助，或把赞助视为一种孤立事项的做法。社会需要赞助的事项有千千万万，组织能力又十分有限，样样都想参与，这不但是组织所承受不了的，而且力量分散，效果很差。在这方面，组织要尽自己的社会责任，就需要根据自身能力，集中力量，使自己的捐助能支付一个项目，或是对被捐助者有明显的帮助，这样才能确立起捐助者的明显地位，获得目标公众的赞赏。而对具体项目的选择还应依据组织的性质和形象塑造的需要来决定，这样才能使赞助活动与组织公共关系形象相得益彰，达到事半功倍的效果。

（2）尽可能争取所赞助活动中一切有利的宣传机会。关键是要把握好赞助费支付前审查赞助活动合约的有利时机，尽量争取活动中的一切宣传机会。这是参与赞助活动前最重要的具体工作，也是赞助者掌握有主动权的最有利时机。企业、集团的委托人或是本单位负责这方面工作的公共关系人员应弄清所赞助活动的一切具体细节和活动中所有宣传活动的安排情况，根据这些情况，有目标、有计划、具体地提出自己的要求。并据此与主办单位或接受赞助的单位（或机构）进行商谈，力争把本单位的宣传安排得科学合理。这些问题都要在签约前讨论清楚，并取得对宣传计划安排的一致认可。如果盲目签约，事后再提出要求就不容易得到满足，有时主办单位（或受赞助机构）也没兴趣或不愿再和你详细讨论这一问题。即使通过力争得到满足，也常会增加与主办单位（或受赞助单位或机构）的误解或矛盾。从另一方面看，主办单位（或受赞助单位）应尊重赞助单位的意见，本着互惠原则，尽可能为赞助单位提供宣传的机会，提供如何科学合理地配合活动进行宣传的咨询，促使宣传和活动协调一致，保证所主办的活动能取得更大的社会效益。绝不可搞欺骗：拉赞助时，一切都应允，钱一拿到手，就翻脸不认人，或随意取消或改变原定的宣传事项。这都将会严重损害主办单位的信誉和形象，丢掉合作伙伴。

（3）应注重配合赞助活动的宣传工作。即赞助单位要配合赞助活动相应地策划一系列公共关系宣传活动，来进一步扩大赞助的效果。不少企业在付出赞助费后，就算完事了，他们理所当然地认为活动主办单位（或受赞助单位）会替自己的公司做宣传。实际上这是不太可能的，主办人的最主要目标是活动本身，而非替某家企业做宣传，他们只是为赞助单位提供宣传的机会。寻找赞助伙伴，其实质是主办单位出卖机会，换取活动经费，达到自己目的的一种努力。企业不要把主办单位拉赞助伙伴时的热情，误以为是全心全意为赞助单位做宣传的热情，把宣传的希望寄托于主办单位。更何况有时一个活动常常是由多个单位共同赞助的，要求主办单位（或受赞助单位）面面俱到为各赞助单位做宣传也是不现实的。所以如何来利用这种机会，是赞助者和他所委托的公共关系公司或广告公司的责任。在付出赞助费的同时，赞助单位应同时考虑付出同样多或更多的经费开展一场公共关系或广告宣传活动，来宣传这项赞助活动，并借此宣传组织的形象和商品（但不要把促销搞得太显眼，不然会失去社会赞助的意义和作用），以达到让社会公众、消费者等加深对组织及组织的行为、产品、服务等各方面认识的目的，保证赞助活动在产生应有的社会效益的同时，也带来有利于本组织形象及其他方面的实质性成果。

（4）做好赞助活动的总结。在参加赞助活动之后，赞助单位应对参加赞助活动所取得的效果进行评估、总结经验，以提高在这一方面的工作水平。做评估时，可向主办单位有关人员、本单位职工或一般社会公众作一些调查。调查应了解的内容有：是否知道本组织赞助了这项活动；对这项活动意义的认识；对本组织在这项活动中所进行的某些重要宣传内容的记忆和评价；对本企业参加这项赞助活动的评价；对本企业在这项活动中的表现提出批评；通过这项活动，公众是否加深对本企业的认识等。这样做既可以对赞助活动的成功程度进行较客观的总结，从中吸取一些经验教训，进一步提高公共关系人员的业务水平，又可以再次增加人们对赞助活动的记忆，达到重复宣传传播的效果。

六、媒介事件

（一）媒介事件的类型

从公共关系的媒介事件管理角度看，事件（event）一般可以被分为“自然或突然发生的事情”和“人为或预计好的事情”。

所谓自然发生的事件指非组织或公共关系管理人员策划的、在组织控制之外发生的各种事件。这类事件，从组织公共关系管理角度看，可以分为：正面事件，即对提升组织形象、塑造组织、企业品牌有利的事件；负面事件，即对组织、企业形象、声誉、经营等有不良影响的事件；中性事件，即介于正面事件与负面事件之间的事件。

所谓人为策划的事件指组织为了达到某种目的，人为策划、推动而发生的事件。在这类事件中，有的需要通过争取申办，如奥运会、全运会、世博会等；有的是完全由组织、企业自己策划实施的；有的只是一次独立的事件；有的则成为每年固定举行的活动。按照事件性质分类，人为策划的事件可以分为以下几类。

（1）体育事件，如北京申办2008年奥运会、厦门举办国际马拉松比赛、南京举办十运会等。

（2）展览事件，如博览会、贸易性质的展览和消费性质的展览等。

（3）会议事件，即通过举办各种会议来造成影响的活动；如上海承办的APEC会议即“亚太经济合作组织领导人非正式会议，是亚太经合组织最高级别的会议”。2001年10月在上海举行的是第九次会议，共有13万名代表与会。这是新中国成立以来，在我国举办的规格最高、规模最大的多边国际活动。

（4）文化事件，即以举办各种文化活动的方式来促进组织、企业的发展，塑造组织、企业形象，包括各类艺术展、演奏会、公演以及各类文化节，如中国青岛啤酒节、中国潍坊风筝节、洛阳牡丹花会、南宁国际民歌艺术节等。

（二）媒介事件策划与实施

1. 问题界定

公共关系问题往往是主观动机和客观环境因素互相激荡而产生的。前者来自企业本身，如管理层的伦理及道德动机、建设企业文化、促销产品、消除危机等的需要。客观环境则包括政治的、法律的、社会的、经济的、科技的等因素变化对企业提出的挑战。通过环境分析，可以了解公众的态度、本企业的问题或机会所在。公共关系部门把分析结果向企业管理阶层报告，有问题达成预警作用，是机遇就要抓住。这里讲问题界定，就是要决定问题的性质及所要解决的问题。组织公共关系问题形形色色，但大致可分为三大类型：

第一，消除不利的舆论。外界对企业不利的看法，可能是事实，也可能是误会。此时，企业一方面要自我完善；另一方面要及时与公众沟通，如能成功策划“媒介事件”，积极争取大众传媒的支持，对消除不利舆论往往事半功倍。

第二，创造良好的舆论环境。企业采取主动，创造良好舆论环境。比如，企业在推出新产品或新服务之前，常常借助产品报道来预热市场，获取公众的好感，以改变旧有的消费习惯。

第三，维持良好的舆论环境。在上述两类具有危险性、紧迫性的问题解决之后，组织仍然需要具有持续性的公共关系活动来巩固、扩大成果，才能长治久安。公众长期没有听到企业声音，就可能产生种种猜疑。如果企业按常规运作，没能出现受新闻媒介关注的新闻，就应策划别出心裁、与公众利益相关的事件，以保持公众对企业的关注，增强公众对企业的好感。

2. 确定传播目标

企业通过公共关系管理营造和谐环境，谋求与公众的良性互动发展。但环境构成复杂，企业公共关系管理的功利倾向及谋求与环境契合的深度，决定了组织策划“媒介事件”时的三种基本的目标导向类型。

第一，市场导向。企业把“媒介事件”的功能侧重在市场促销上，带有较明显的功利倾向。“媒介事件”因促销功能不凡而被称为“事件营销”（event marketing）。它可以在新产品上市时，启蒙、教育消费者，制造气氛，帮助打开知名度；在产品进入成熟期时，巩固与消费者的关系，提高好感度，培育忠诚消费①。

第二，形象导向。企业通过“媒介事件”来塑造形象，进行情感投资，回报社会，也企图社会回报。如柯达与富士轮番成为奥运会和世界杯足球赛等世界重大体育比赛的指定赞助商，就是要争取胶卷消费的意见领袖——记者们的好感；而百事可乐与可口可乐争夺中国足球甲A联赛的冠名权，也是盯准了球迷这一可乐的重度消费群（heavy user）。以形象为导向的“媒介事件”需要持续开展，保持调性统一。

第三，文化导向。以文化为导向的企业活动策划上升到了较高层次，旨在建构企业文化，追求与社会生态环境的和谐共处，以及组织自身的可持续发展。企业文化的核心是企业精神，而企业精神是企业形象的精髓、灵魂。较高层次的公共关系在实施过程中以企业精神为导向，具体化为企业员工的行为规范，长期开展而形成独特的企业文化。

第四，三种目标导向之间的互补。三种导向的公共关系活动，其目标各有侧重，承担着不同功能。公共关系人员要合理使用企业资源，使三种导向的公共关系活动结合开展，优势互补，从而既照顾到短期的经济效益，又保证有长久享用的良好信誉和社会环境，全面发挥企业公共关系管理的绩效。

3. 明确传播主题

主题是制造“媒介事件”的核心，即企业参与解决的、与公众利益相关的中心

① 黄升民：《IMC旋风下的MPR》，载于《国际广告》1997年第12期。

议题。同一公共关系活动所传播的信息都要围绕统一的主题、统一的基调来宣传。企业接受不同媒介采访，或主动向不同媒介提供公共关系新闻稿，都要凸显主题，阐释意义。目标决定了主题，主题是实现目标的“切入口”，必须鲜明、独特，具有较高的品位，具有个性企业文化特征。主题要求能体现企业理念，它由企业理念衍生而来，有时就是企业理念的一个组成部分。

4. 把握时机

“机不可失，时不再来”。“媒介事件”能否成为新闻而广为流传，时机的把握运用是关键。公共关系人员如能见机行事，趁势造势，活动就会引起公众的瞩目。“媒介事件”的时机策划可从两个角度入手：一是企业内部出现传媒有望关注的时机；二是利用社会热点、焦点等问题借势发挥，展示形象。一些事件属于企业运作管理过程中自然发生，并非为获取报道而进行，包括企业在科研、生产、销售上取得重要进展，如新研究、新发明、新产品、新服务推出；企业成立、庆典、改名或合并；企业举行一些特别活动，如举办展览、召开会议、邀请名流参观、企业或其员工在各种评选竞赛中得奖、捐助公益或文体活动等，都不一定属于严格意义上的“媒介事件”。但企业公共关系人员对这些事件精心加以策划，阐明事件的新闻价值，就能引起传媒注意，促成报道。公共关系的实施既要有计划、有步骤地按部就班，又要灵活机动，随时注意外部可能利用的时机，巧借东风，取得意想不到的效果。但这种外部机遇并非“天上掉下的馅饼”，需要公共关系人员有敏锐的意识和极高的智慧，在执行上又必须得到企业战略管理层的支持与配合，才能巧夺天成。如利用各种传统节日、纪念日，制造“媒介事件”；利用社会公众关注的热点问题制造“媒介事件”；创造、利用和名人接触交流的时机，借助权威声望吸引媒介注意，形成媒介传播的焦点、热点。

第七节　传播与传播方式

探讨公共关系问题就必须研究传播，研究传播的原理、方式、过程及一切公众传播的手段。一切想从事公共关系研究和实践的人都必须对传播有一个基本的认识。

传播（communication）指人类社会中的信息传递、收受、交流、分享与沟通的过程。由于人们早期的传播思想和传播研究方法的影响，也由于中国人传统的对传播这一词的理解的影响，人们习惯于把传播只理解为一种单向的、大量的、大范围的散布、扩散某种信息的行为。这与我们现代所说的传播，在概念上有较大的差距，现代“传播”一词其含义至少应包括：①信息传递。即某一信息源将信息传递给某一目的地的活动。②双向交流。即在传播中的双方都是信息传递的参与者，他们之间相互影响，构成信息上的相互交流关系。③信息共享。即在传播中，双方通过分享信息，使在某种程度上取得一致的了解、认识、理解或意向，达到了相互间的沟通。传播是人类的一种基本社会行为。人们不管有意无意，每时每刻都在传播。个人的思考活动、人与人间的信息交换以致人的任何行为都具有信息传播意义的价值。人类的传播方式虽可以有千万种，但其基本的方式可分为四大类型。

一、自我传播

自我传播也译成个体的自我交流。这类传播方式最主要的特征是传播的主体（传者）和客体（受众）为同一个体，即主客为一体的信息交流沟通方式，如个人自我反省、思考、自言自语，自我发泄、自我安慰、自我陶醉、思想斗争、内心冲突等。这种个体自我传播沟通是人进行其他对外交流沟通，以及应付对外交流沟通中出现的各种变化的基础。人通过自传，可在与外界交流前就能得到内心的“预演”，提高人的传播效率，导致成功和谐的对外传播沟通。通过自传，可使人在受到外界的各种冲击时，达到自我的心理调节，以更有效地适应多变的外部世界。

二、人际传播

人际传播指的是个人与个人间直接的信息交流沟通方式。人际传播可分为面对面的直接的人际交流和通过媒介的直接接触交流两种。这是一种普遍的、渗透于人类生活各个方面的最基本的传播方式。

这种传播方式的主要特征有以下几个方面。

（1）个体性。这类型的传播是在个体间进行的，如朋友间、同事间、夫妻间、兄弟间、师生等之间进行的，从传播行为看是属于两个个体间的私人性行为。

（2）参与度高。在人际传播中参与的双方是处于互为主、客的传播关系状态。良好的人际传播，应是双方平等的沟通。在交流沟通中，双方可根据需要不断调整传播角色，既可是传者又可是受众，既发表自己的看法，又倾听接受对方的意见。由于有这种传播关系的基础，所以传播的双方都高度投入地参与了对共同面临着的问题的交流讨论或沟通解决。

（3）从传播的信息看，其交流的手段丰富，符号多样化。作为信息的载体——符号，是人类交流不可缺少的手段。人际传播中人们所运用的符号最为多样：从口头的到文字、图像到音响，从仪表到特定的交往时空环境等，构成人际交往中的复杂符号系统，它从各方面对交往中人的思想、情感产生综合的影响。

（4）从传播的反馈看，其速度最快，交流的双方最易于相互调整适应。人际传播多数是面对面的，或通过媒介的直接的交流沟通活动，人们最容易通过观察对方的反应来不断调整自己的传播形式和内容，或根据需要及时作出某种反应，以表达自己的态度和情绪。反馈的优势，带来这类型传播方式在调整适应上的优势。

（5）人际传播是最富有人情味的传播方式。在一般情况下，人在交往中的感情投入和流露随着对象的增加而递减；对情感的直接体验，随距离接近而加深、而丰富。因此，个人私下直接交往的场合，比在公共场合，感情沟通的效果更为明显。采用人际传播方式最容易让人感受到情感的力量。

（6）人际间的个体传播不利于信息广泛、迅速、准确地传递。人际传播由于受个人性的限制，一次传播的覆盖面十分狭小，要对大量的受众进行传播，其速度不如其他方式快。又由于个人间的传播双方参与度高，要把一个信息传给大量的公众，需要经过多层次的传播过程。因此，极易受各传播层次上的传播者的态度、情绪、传播能力等个人因素，或时、空等环境因素的影响，而使信息失真或形成传播上的障碍。

三、群体传播

群体传播指的是介于人际传播和大众传播之间的传播方式。这种传播方式最突出的特征是传播者通过媒介或面对面向大量的公众进行直接信息交流传播沟通的方式，如大型演出、公开演讲、展示活动、开放组织、记者招待会等。群体传播的主要特征有以下几个方面。

（1）群体传播的主体可以是一个人，也可以是一个组织。群体传播是公开的传播，因此，它虽是直接传播活动方式，但又不等同于人际传播的私人性特点。

（2）群体传播的客体是较大而又集中于特定空间的公众群体，因此，它虽是一种面对大众的传播活动方式，但其客体又不等同于大众传播中在空间上彼此分散的公众。

（3）群体传播虽也是一种直接传播方式，但由于受众人数较大，而且受众无法像人际传播那样随时参与，因此，其信息反馈比起人际传播来要笼统些、慢些。但总的说来对传播效果还是可通过观察或事后征求意见较快、较容易取得。

（4）由于群体传播的受众是相对集中于特定空间，因此，团体所形成的气氛、特定空间的氛围对传播有较明显的影响。

四、大众传播

大众传播指传播者通过大众传播媒介将大量复制的信息传递给分散的大众的信息交流沟通方式，如企业通过电视、报纸、杂志、广播所做的宣传活动。大众传播方式的主要特征有以下几个方面。

（1）大众传播是一种间接性传播，其传播过程需经过大众传播媒介，传播主体和客体不直接接触。因此，受众参与度较人际传播和中继传播要低。

（2）大众传播信息的公众性特点。因为大众传播的信息是要为大众所共享的，需要照顾到多数人的需要，因此，信息内容一般较少个人色彩。在交流沟通中也是最少个人情感因素的传播方式。

（3）大众传播是能最准确地以最快的速度向最大量公众传播信息的传播方式。由于大众传播借助了大众传播媒介对信息进行大量的统一复制，借助传媒的覆盖面，大大减少了对大量公众传播一则消息所需要经过的层次，从而减少传播过程中对信息准确性的损害，提高传播的速度。因此，对于大范围的公众，大众传播的力量是其他传播方式所无法相比的。

（4）大众传播信息反馈的困难。由于大众传播是间接传播，影响面大，而公众是分散的，互不联系的，因此，大众信息反馈缺乏有效的渠道，要靠人们有意识地去收集，所以传播者难以及时得到准确、充分的信息反馈。

（5）大众传播的高度专业化特点。大众传播需要经过媒介，媒介的作业从采写、编辑、设计，到印刷、拍摄等大量复制信息的过程，已日趋专业化，每条信息经过媒介传出，都是经由一系列专业人员协同工作的结果。

(6) 大众传播对象的高度大众化。大众传播面对的对象非常庞大，在空间上分布于各地，他们之间一般也没有紧密的联系。

五、组织传播

组织传播是一种特定环境的传播活动方式，即在特定的组织结构中，在特定的组织与其环境的关系下所进行的传播活动。它指组织内部、组织与其环境间的信息沟通活动方式。公共关系本质上也是属于组织传播行为范畴。因此，公共关系人员一定要对组织传播有更深入、更专门的了解。组织传播的主要特征有以下几个方面。

(1) 特定的传播主体——组织。传播主体的特点，决定了组织的一切传播活动是“公共”性的，而不是“私人性”的。传播主体的特殊，决定其对内对外传播上的巨大差别，决定了传播活动的多样性和复杂性。

(2) 组织结构影响下的传播活动。组织传播和其他传播方式不同，它的传播活动深受本身的组织结构的影响，如组织结构规定信息传播的流向、速度，形成传播的层次性和有序性等特点。即使是组织的对外交流沟通，也常常会受到组织机构的制约。

(3) 正式沟通和非正式沟通并存。任何组织沟通中都存在有正式和非正式沟通的两种形式。一种是层级的正式沟通；另一种是自由的人际间的非正式沟通。这两种沟通如果能相互补充、相互支持，组织的凝聚力就大，就有活力。如果相左，将会造成不必要的内耗，组织的效率就会降低，人心涣散。

(4) 多元化的公众。组织传播面对的公众比较复杂。针对各种问题，它面临的是具有不同需求和利益关系的公众群体。而这些对象，可能是数量极其庞大松散的群体，也可能是组织严密的团体，也可能是富有社会影响力的个人。

(5) 组织传播是一种有特殊目的的，受严格控制的传播。组织传播不同于人际间的随机性交流、沟通活动，它是受组织特殊目标制约的，受到组织机构严格控制之下的传播活动。因此，它的传播活动有很强的目标导向和计划的特点。

(6) 组织传播综合运用了各种最基本的传播方式和传播手段。由于组织传播面对最多元的公众，在传播沟通上，必然要采用各种各样与各类公众相适应的传播方式和传播手段去与之接触，进行沟通。因此，也就必然形成了组织传播在传播方式和传播手段运用上的多样性和复杂性。社会组织的目标能否达到，很大程度上取决于该组织公众分享信息的有效程度。个人或机构为达到共同理解的目的，需要分享信息，这是一个双向的过程，人们互通信息而不是单向传播。信息分享始于发送者即传者，它给出某项信息以期引出接收者，即受者的反应；而受者则根据自己的理解解释这一信息，并做出相应感应而返回传者；一旦传者的意图与受者之反应不相一致，就会导致失误。因此组织公共关系传播管理特别强调建立、推行传者与受者的双向传播机制和双向互动传播关系的建立。

第八节　公共关系的言语传播

一、言语语言传播与类言语语言传播

言语传播是就传播主体的具体实施人而言的，其又包括言语语言传播与类言语语言传播。

言语语言是一种具有一定形式和语音的信息载体，人们在言语语言发明之后，以言语语言为思维工具，并赖以进行交际。人类历史是以借助言语语言口头传递信息为特征的。书面文字出现后，人类用文字记载下知识的结晶，主要有书籍、报刊等形式。书面同口头相比，记录更加精确，也更加持久。电子媒介产生后，广播、电视、互联网等更具广泛性、及时性。言语语言首先应注意的不是如何表达，而是要清楚地认识到：第一是倾听，第二是观察，第三是感受，第四才是表达。我们要把公众想听的，以他们最能接受的方式，把我们想说的传播给他们。

类言语语言是人们除了言语语言之外，所能给出的一切信息。它是人作为一个完整的肌体在神经系统各个部分统一协调下对外界的反应。人们有所思、有所想、有所欲、有所求，必然会在类言语语言上有所反映。类言语语言在一般沟通交往中，伴随着言语语言，成为人们传情达意的方式和彼此感知的重要信息传播，它是人们心照不宣、彼此理解的代码。

类言语语言所显示的意义要比言语语言多得多，而且深刻得多。说出来的语言，往往并不等于存在于人们心中的语言。类言语语言比言语语言更能表现人的情感和欲望，人们常常“词不达意”、“言过其实”、“言不由衷”或“欲言又止”，因此，交流双方不仅要“听其言”，而且要“观其行”、“察其意”。类言语语言包括表情、手势、体势、副语言、空间语言、时间语言、物饰语言等。掌握类言语语言，有利于更好地认识和评价自身，调整和修正自己的言谈举止，使之更加合乎礼仪，更有修养，提高自身的文明程度，更好地表达自己意欲表达的思想和行为，有益于沟通。类言语语言也有利于我们洞察“举手投足间之秘密”，达到“知人、知面、知心”的目的，更加了解他人，善解人意；使交往更有效，关系更融洽，工作更顺利；通过了解需要和动机，消除隔阂，改善关系。

二、公众沟通的口语传播

（一）口语作为交流工具的基本特征

口语是人类交际的重要工具。口语传播一般而言，应做到：表情要自然亲切；态度要真诚热情；语言要准确规范；意思要完整明确；语气要柔和诚恳；音量要高低适度；语速要快慢适中；口齿要伶俐清晰；内容要客观实在；表述要言简意赅。采用口头传播的主要形式有：新闻发言人的新闻发布活动、演讲、报告、讲授；小道消息、传言、电话沟通；拜访、会见、会谈、会议、论坛、讨论、对话、辩论、劝说游说、谈判等。

口语作为实用性很强的语言，其特定的使用目的、使用对象、使用场合，决定了

它除具有一般语言的特点外，还具有以下特征：

(1) 真切性。口语的真切性，一是指说话内容要真实、贴切，介绍商品时要实事求是，说理切忌含混不清，模棱两可；二是口语表达要感情真挚、满腔热情，不能唯利是图、诓骗公众。唯有说话真切，才能取信于民，取信于社会。

(2) 应变性。现代人由于各自的文化水平、情趣爱好、个性特征、生活经历等不同，具有各自不同的心态。这要求经营管理者适应其变化，根据不同的公众、不同的心理需求，运用不同的口语艺术。对于不爱说话的公众要“循循善诱”；对于喜爱多讲的公众要“洗耳恭听”；对于心直口快的公众要“将就将就”；对于性急或忙碌的公众说话要简明扼要等。

(3) 两重性。大量的口语是存在于经营者与公众的交际之中的。所谓“一言既出，驷马难追”，就说明口语与书面语言有许多不同。书面语言错了还可以修改过来，而口头语言在很大程度上是表达与感受同步的，即具有表达与反馈的两重性。

(4) 艺术性。口语不仅是公共关系活动的桥梁，而且是一种艺术。口语的艺术性表现在接待公众，介绍企业、商品，上门拜访、推销等具体的经营管理活动中，它要求经营者不仅要讲究如何说，而且要注重如何听，从而即时调整自己说话的策略与艺术，使传播活动能有效地进行下去。

(5) 时代性。作为思维和交流的工具——口头语言，在公众传播活动中的运用是最富有时代特色的。社会的政治、经济、文化的发展变化都可以通过口语集中地表现出来。陈旧过时的语言被淘汰，新的口语逐渐产生并传播出去。

(二) 公共关系传播的口语表达原则

1. 话由旨遣

说话是一种有意识的言语交际活动，商业口语更是为了实现一定的交际目的而进行的。无论是为了传递信息、促进购买，或是增进了解、加强联系，只有目的明确，才知道该准备什么话题和资料，采取何种说话语体风格，运用哪些技巧，从而做到有的放矢、临场应变。

与这一原则相适应的传播技巧有以下几项：

一是步步引导，启发对方回答问题，使他心悦诚服地接受自己的主张。采用步步引导的谈话方式启发对方回答问题，使他心悦诚服地接受自己的主张，达到预期的交际目的。

二是采用故作不知的方法，也能达到预期的目的。无知不是福气，但在短兵相接的谈判中，无知有时是个可供选择的手段。这种出奇制胜的原因何在于以静制动，挫其锐气，后发制人。

三是故意答非所问，不作正面回答。在回答别人的问题时，为了达到某种表达目的，故意答非所问，不作正面回答。

四是双方对立时，采用针锋相对或接过对方话题的应对策略。当交际的双方处于对立的地位，又可采取针锋相对的言语形式，达到回击的目的。或接过对方的话题直说，或接过对方的话题曲说。

五是见机行事，投其所好，将计就计。有时进行言语交际，又可见机行事，采取投其所好的言语形式，达到将计就计的目的。

六是表达某种要求难以启齿，可采取遮遮掩掩的表达策略。有时，为了表达自己的某种要求但难以启齿，便采取遮遮掩掩的表达策略达到自己所预期的目的。

2. 话因人异

人们说话总是有对象的。在公众传播活动中，说话更要有强烈的对象意识，说话者必须细心研究对象，予以区别对待。日本社会心理学家古烟和孝说得十分中肯："即或是最有效的发送者传播最有效的信息内容，如果不考虑接受者方面的态度及其条件，也不能指望获得最大效果。"

遵循这一原则应注意把握好几个具体传播问题：

一是对方的知识水平与言语表达的量力性。从对方的知识水平出发，有的放矢，切入对方关心的话题，就很容易打动对方，获得成功。

二是对方的思想水平与言语表达的针对性。一个人的思想水平、精神状态，同样也会影响到他对话语意义的理解。

三是对方的处境心情与言语表达的灵活性。有人说，人们的心情简直像一只野兔，活蹦乱跳，很难逮住。要逮住这只野兔，就需要善于透过言语现象与非语言举动，由表及里地进行探求，洞察听话人的需要、目的、心情，掌握人的心理变化规律。真正考虑到对方的处境心情去全面分析对方的利益得失，态度真诚，语气亲切随和，入情入理，就能成功地劝说对方。

3. 话随境迁

说话要顾及场合。在公共关系活动中，无论是在谈判桌旁还是商店柜台边，都必须遵循话随境迁的原则。这里的"境"，主要是说话的具体场境，即由一定的时间因素、空间因素和交际情景有机组合成为的语言交际场合。交谈时，说和听双方对话语的采用或理解，都要受特定场合的影响和制约。与此原则相适应的具体传播技巧有以下几个方面：

一是用特定场合，造成情境歧义，以实现特定的交际目的。

二是用特定场合的特殊情境造成弦外之音，进行巧妙反击。

三是用情境意义，避免直白对峙，实现委婉曲折的表达。

四是用情境的参与，正话反说，摆脱不利的话语交际环境。

五是用情境的微妙关系，言此彼意，使双方心领神会，从而实现交际目的。温斯顿·丘吉尔曾任英国首相。一次，他的政治对手阿斯特夫人对他说："温斯顿，如果我是你的妻子，我会把毒药放进你的咖啡里。"丘吉尔微笑着答道："夫人，如果我是你的丈夫，我就会把那杯咖啡喝下去！"这里，双方都使用了隐含判断。它的好处在于可以尽情地按自己的态度去攻击对手，但效果上又可以不至伤了感情，仍能维持彼此的尊重。

4. 话贵情真

所谓“真”，就是不言虚浮，不矫揉造作，能够保持说话人的自我本色，使人听了感到亲切自然，乐于接受。每个人的话语本身是自己的身份、经历、职业、文化教养等一系列因素在话语表达上的综合体现。合乎身份，就“得体”，否则就“失体”。

具体应注意的问题如下：

一是身份。在话语交际过程中身份表现为称谓。称谓有对人与对己两种，必须与彼此的身份切合。

二是口吻。身份在交际过程中还表现为口吻。口吻要得体，“过”与“不及”都会给人一种虚假做作，不够真诚的感觉，或曰哗众取宠，或曰阿谀逢迎。大诗人白居易曾说过：“功成理定何神速，速在推心置人腹。”只要你捧出一颗火热滚烫的红心，怎会不使人感动呢？真缘于诚，人际关系贵在真诚，恳切至诚之心，怎会不动人心弦？精诚所至，金石为开，这是一句不会被人们遗忘的格言。

三、公众沟通的文字传播

（一）有效文字传播的特征

在公众传播活动中，人们面对的对象往往是陌生的。几次事务性的会面或社交聚会很难深入地了解一个人，而高效运作的商业活动从时间上又不允许彼此有更多的交往。因此，人们除了从谈吐举止、言行风范等外在表现感觉对方的为人，还可以通过文字来了解其个性。俗语说“文如其人”，要想给对方良好的印象，就必须注重文字表达的锤炼，学会用文字来改善个人形象。在公众传播中，有效的语言文字传播必须具备准确、简洁、得体、清楚等基本特征。

（1）准确是对公众传播语言的首要要求，指表达完整，内容明确，不会引起误解或歧义。除了不致引起误解外，准确的文字表达还有利于提高办事效率，避免使对方为了确定内容的真正意义，浪费时间进行推敲和考证而产生不悦。

当今世界各国的商业组织都广泛使用电脑，各项业务都使用数据化管理，如组织名称、业务项目等都用数字代替，若表达不准确，电脑就会将错就错，令人吃尽苦头。因此，在电脑时代，准确的表达等于有效地保护本组织的利益。只有准确表达事实，尤其是数字，才能避免烦恼，节约时间和精力。语言准确还体现在遣词造句是否合乎语法与逻辑，专业用语是否得当。这对于使用非母语文字的作者尤为一大考验。在与西方一些大公司交往时，如果一份报告用词晦涩，语法漏洞百出，对方常常会认为作者对业务不熟悉，对工作不关心，或者以为作者素质低下，能力不足，从而削弱了双方的信任感。

（2）简洁提高公共关系传播效率的捷径。美国人帕克豪斯特将其归纳成 KISS 原则，即 Keep It Simple，Stupid 的缩写，意思是说行文要简明扼要，文风质朴，没有与特定内容、特定目的和对象无关的谈话。在时间就是金钱，效率就是生命的商业活动中，用冗长的文章浪费他人的时间和精力异于谋财害命。烦琐的文字极容易引起阅读者的不满，甚至连累到本组织的形象。因此，无论使用哪种文体，开头一定开门见山，让读者明白作者的用意，有心理准备或把注意力调整集中到文章的重点内容上。新闻记者写电讯稿时常常用“倒金字塔结构”，把最重要的事实排在前面，既调起听众和读者阅读下文的胃口，又能让人短时内了解事情的大概，值得借鉴。

一般文学作品都比较讲究修辞，强调细节的刻画。而在公众传播的遣词造句上却要“厉行节约”，惜字如金。一个词能概括的不用两个词，三句话能交代的不用五句话。所以，要掌握和学会缩略语。在表达方式上，要注意叙述平直，说明扼要，议论确当，不宜使用文学中常见的描写、抒情等语言表达方式。

（3）语言得体能博得受众的好感和共鸣。它包括运用适应行文的语体风格，以及使用必要的讳饰和婉曲。由于行文内容、目的不同，语体风格也就各不一样。就内容方面来说，如颁布董事会决议的通知必须庄重严肃；向合作机构或客户报喜祝贺，则需热情愉快；制订计划报告一类的文字要严明缜密：申请和联系的文字宜平和晓畅。为适应特定的语体风格，需要讲究词语的语体色彩。

一般说来，商业传播的语言应庄重文雅，不宜使用通俗的口语色彩的词语。要做到语言得体，也需要考虑必要的修辞上的讳饰和婉曲。这样做，可以取得某种含蓄、委婉的表达效果，可以使一些不便具体表达的内容得以说明，也可以在一些问题的表述上留有余地。如在某些经济文件中，常见这样的婉转表达：低收入地区（贫困地区）、待业人口（失业人口）等。在与其他组织进行文字往来时，还应讲究敬辞、谦辞的运用，这也是语言得体的一个要素。

（4）在字数较多的文章中，文字安排要清楚有序才有助于读者领会要义。人们阅读时都有这样的体会，一篇长文如果分成多个段落且各段文字较少，读起来就觉得不会太吃力。的确，不论内容如何，只要是分段的格式，就使人有看似容易的感觉，让人愿意读下去。但是，如果只有一段文字，却长达数十行，读者照样会头皮发麻。所以，每段文字打印的最好不要超过十行，手写最好不要超过五六行。如果阐述的问题较多则最好分要点或专题逐一叙述。

此外，句子也应力求简短。简短的句子使人一目了然，尤其是使用英语时，尽量避免一个句子里包含多个从句。用词也要力求平易，不要用大词或生僻词，既会造成理解困难，也可能招人反感。

（二）公共关系语言文字传播的技巧

公共关系传播中的语言文字传播采用的一般是应用文体，它是指综合运用记叙、议论、说明等手段直接反映日常生活的需求，并能据以办事的文章样式。这是一种历史悠久的文体，古代皇帝就职、禅位时的誓词，军旅出征时的檄文，文武百官的奏疏，从实质上看，都是应用文体。这也是公众传播中最经常、最普遍的写作样式，是公众传播中必不可少的手段和工具。

1. 文字传播的文体分类

在公众传播中，文体的实用性强，种类繁多。如果从它的不同性质和不同作用加以分类，可分为以下五大类：

一是事务文书。如通知、请示、会议记录、工作计划、工作总结、会议讲话稿、规章制度、情况通报等。它用于组织处理公共事务，并按特定程序在组织内部流传。

二是业务文书。如电报、信函、经济合同、调查报告、组织活动分析报告等。这是组织内部或内部的专门职能部门，专业业务人员在处理业务工作时使用的。

三是宣传类文体。如报道、通讯、评论等。这类文体往往需经过一定的大众媒介加以传播，主要起向组织外部传递消息，促进公众了解的作用。

四是信息类文体。如商业广告、商品说明册、市场信息收集等。它们也要通过内部和外部的某种媒介加以传递，起告知、沟通、交流信息的作用。

五是调研类文体。如调研报告、经济论文、学术研究综述等。这是组织和研究人员从事调查研究，解决实际问题和进行学术理论探讨的有力工具。

2. 公共关系应用文体的特征

一是目标受众针对性强。一般文学作品都没有固定的阅读对象，如金庸的武侠小说中外皆读，老少皆宜。但公共关系应用文不是为畅销而作，它的阅读对象非常明确，或是供应商、销售商，或是内部财务部、行销部，绝对不能混淆。甚至为了保密起见，有时一份研究报告只有几名相关人员才能阅读。

二是有相对稳定的惯用格式。文学创作为了增强文章的可读性，最忌格式千篇一律，而商业应用文为了能迅速处理问题，提高办事效率，逐渐形成了一套能够随时填充内容的行文框架，有的还规定了书写格式，以保证信息的准确无误，及时传达。

三是内容必须绝对真实、详尽。应用文的材料都源自于事实，绝非肥皂剧的“本故事纯属虚构”。它的任何细节都要有真实的依据，经得起审核和分析，作者如有一丝一毫的臆测和歪曲，都会给本组织带来难以弥补的损失。

四是语言力求准确、朴实。应用文的写作目的是为工作服务，而不是娱人身心，所使用的主要是记叙和说明两种方式，只要把情况说清楚，把问题说明白即可。因此，它的语言要求不是“浓妆”，而是“淡抹”，讲究用准确无误的语言说明问题，阐释道理。所谓“淡极始知花更艳”，这种朴实无华的笔法，比起华美的词句更难掌握。

3. 公共关系文字写作技巧

一是准备材料。尽管有些应用文，如通知和便笺等只有寥寥数语，也应有其事实的依据。特别是关键的要素，如时间、事由、执行人等，作者还有找经办人一一核实的义务。如果是报告类的文章，则不仅要收集事实材料，包括本组织有关本项目的业务状况，调统计的原始数据，比较分析的资料和相关图表、表格等，还要准备一些背景材料，如目前本行业经济形势的分析，有关机构的政策，同类课题的历史资料等。由于材料是作者形成观点，提炼主题的基础，所以，占有的材料越丰富，越全面，越完整，就越有利于总结出既符合事实，又有深度的观点。事实胜于雄辩，阐述问题时也就更有说服力。

二是确立主题。应用文是命题作文，聪明的办法是先确立主题，即找出最需要说清楚的问题。首先主题要明确。对一个问题的解释不能模棱两可，使读者不得要领，无所适从。写杂文可以嬉笑怒骂间讽喻褒扬，写应用文只能直截了当地向读者对象陈述自己的写作目的，切忌含而不露，言犹未尽。其次主题要集中，即“目标始终如一，方寸一丝不乱”。主题集中，对写作者来说才容易驾驭材料，才能突出重点；对读者来说也容易理解；有关事项便于处理。面面俱到，主次不分，不但写来艰难，读来也一头雾水，造成沟通的困难。

三是取舍材料。这主要是针对较长的应用文而言。主题的确立犹如搭起了房子的框架，接下来就要选材，选择优质的建材也是盖房的重要步骤。在构思文章时，必须对占有的材料做一番查实、鉴别、比较、分析、筛选的工作，从严选材，认真选材。商业应用文的特点决定了选材的首要要求是真实，一个数据或一个例子的虚假都会削弱文章的可信度，影响组织的权威性。其次是准确，既包括选择能有针对性地说明问题的材料，也包括选用能突出、明确、具体地说明观点的材料。

四是结构安排。以上解决的是言之有理、言之有物的问题，结构安排则解决言之有序的问题。前文提过，商业应用文具有相对稳定的惯用格式，掌握这些结构的方法是比较容易的。但文章结构不仅表现为某种特定格式，还是作者对一个问题的思路在文章构造上的反映。安排好结构必须先注意到要围绕主题。如一个会议记录，一般有开始的主持人发言，接下来的主讲人陈述，各部门的评述、讨论，提出新建议和最后的总结发言，这里面就有时间上的先后关系，会议记录就应以此顺序安排结构。总之，要体现出情况发展的客观性，各内容组合的系统性以及作者认识、表现事物的逻辑性。商业应用文的层次常常有外部标志，如各部分的序号、小标题和各段首句等，应视情况灵活运用。

四、公众沟通的类语言传播

类语言传播指的是除语言之外的所有传递信息，交换意见的传播方式。美国心理学家、人类学家霍尔认为：无声语言所显示的意义要比有声语言多得多，因为有声语言往往把所要表达的意思的大部分，甚至绝大部分隐藏起来。经过理性加工后表达出来的语言往往不能真正表露出一个人的真正意向。

（一）类语言传播的特征

世间存在的每一物都有不同于他物的特性，这是它存在的原因，也是世界丰富多样的表现。类语言传播也有着自己的特征。

（1）非语言传播的广泛性。美国学者米迪·C·皮尔认为，即使是最保守的估计，一个人每天平均用于讲话的时间只有10~11分钟，平均每句话只占25秒。而人们在面对面交谈时，其有声部分低于35%，65%的信息沟通是无声的。这个结果，乍一看令人难以接受，但细细一想，是不是有道理呢？据研究员斯蒂尔曼和汉斯利（1980）说，女招待在头上戴一朵雏菊或一朵玫瑰，用餐的客人就会给她超过平均数26美分的小费。在我们第一次接触的陌生人中，那些穿着邋遢、眼睛挤得很紧、面颊凹陷、有着小而薄嘴唇的人总给我们一种奸诈之相，而那些有着长睫毛、漂亮脸色、小巧的鼻子、小而丰满的嘴的少女，总给我们美好的希望和遐想。每天试着做一个细心的人，我们会发现很多信息并不是通过交谈获得的。通过观察周围人的服饰、发型、眼神、兴趣爱好、行为态势，我们能探知他人的内心世界，探知他们对我们的感情。事实上，类语言传播是获取信息、相互交流的重要渠道。

（2）类语言传播的民族性。类语言信息能提供有关传者背景和动机的线索。同一个动作、同一种表情，在形成过程中往往因为种族、地域、历史、文化、风俗的不同而有不同的含义。日本人在马路上碰到熟人时，有时会用手指一下对方说："啊，这不是松田君吗?"在美国，这却是绝对不允许的，家长们严格地教育孩子，不能用手指着人家，就算谈起远处的某人，也只能用手掌、眼睛或下巴示意。有时表示同一语义，各民族使用的体态语也有的差别。如表示吃得很饱了，中国人是把手掌抬到齐脖子的地方，法国人则把手抬到嘴唇上边快到鼻子的地方，而加拿大人竟然把右手掌抬到额头上（胃口一个比一个大!）。

（3）类语言传播的模糊性。尽管类语言传播在人类日常传播行为中占有重要地位，然而与语言传播行为相比，类语言传播表达的意思朦胧含蓄，如果离开了一定的语言环境或有声语言的具体内容，孤立分析某个类语言现象的话，理解就可能产生歧义。类语言传播表达的模糊性，表现在同一动作的多义性方面。如发"嘘"声和吐口水就是两个例子：马来西亚的小黑人用突然呼出一口气表示侮辱，美国人也用"嘘"和吐口水来侮辱对方，而这些动作在日本、巴苏陀和非洲马塞就可能是表示友好和欢迎。同一种手势或体语在不同文化中赋予不同含义，就可能引起误解。勃列日涅夫和尼克松就曾经犯过这种愚蠢的错误。勃列日涅夫在抵达美国时，双手高举相握想表示友好、缓和，不想却得罪了全美国人。原来这在美国是表示胜利的象征，美国人看到这一手势当然觉得受到了侮辱。

（4）类语言传播的确定性。虽然类语言传播的模糊性会给我们在使用上带来一定误会，但对于那些约定俗成、广泛使用的类语言传播行为，如交通手势、体育裁判手势、喝茶时的叩指礼、吃西餐的刀叉拿法等，至少在特定行业、特定时间和地点中有着不可置疑的确定性。如果有人想要刻意打破这种确定性，就会遭到社会的惩罚或嘲弄。许多类语言传播行为经过时间的积淀，已经被人们普遍接受，需要社会成员共同遵守。

（5）类语言传播的真实性。弗洛伊德认为要了解说话人的深层心理，即无意识领域，单凭语言是不可能的，因为人类语言所表达的意识大多属于理性层面。经理性加工后表达出来的语言往往不能表露一个人的真正意向。通常情况下，语言和伴随着非语言的行为之间必须和谐一致。如果口语和体态语之间发生矛盾，人们往往更多地注意类语言行为所表达的信息。一位应聘者在说话过程中表现得从容不迫，但他的手指却无意识地紧紧扣在一起或插在裤兜里，这就暴露了他内心的紧张。正因为有些动作行为是下意识的，所以弗洛伊德说："没人能保守秘密，他的嘴保持沉默，而他的手指尖却在喋喋不休地说着，他的浑身每一个毛孔都渗出对他的背叛。"

（二）类语言传播的类型与技巧

类语言传播的表达方式多种多样。体态语学派的创始人、人类学家雷·勒·伯德惠斯特尔博士经过细心的观察，认为人的整个头部、脸、躯、干、肩、臂、腕、手、手指、腿、踝、脚等十几个主要部位，均为无声体态语的“嘴巴”。它们做出的每一个细微动作，都相当于有声语言的“内容”。另外，人类的气味、服饰、发型也同样传递着特定的信息。为了研究的方便，我们简要地把类语言传播分为面部表情、身体态势、服饰和空间距离四大类。

（1）面部表情。苏格拉底说：“高贵和尊严，自卑和好强，精明和机敏，傲慢和粗俗，都能从静止或者运动的面部表情和身体态势上反映出来。”在人们传递信息的总量中，55%是靠面部表情获得的，难怪有人称面部是思想感情的“荧光屏”。人的面部表情由脸的表情、眉、眼、鼻、口等的肌肉运动组成。据说光是眉头就能做出20多种示意动作，相书上称“看眉毛见人心”并非没有道理。在面部表情中，我们着重谈谈目光语和微笑语。

①目光语。目光语是运用眼的动作和眼神来传递信息和感情，实现交际的语言。眼睛与眼神，早就是迷惑人的源泉。《诗经》中的美女不是“美目清兮”、“美目盼兮”就是“美目扬兮”。古希腊人则相信眼睛有特殊的力量，相信利用“魔眼”死盯着某人就会让他患病，甚至有致死的力量。古代聪明的波斯珠宝商就曾根据顾客观看珠宝时瞳孔的大小来酌情索价。现代阿拉伯商人更是谙熟此道，他们谈判时喜欢戴着墨镜就是担心自己的瞳孔会暴露内心的活动，让对手占了上风。自然流露的目光语，能反映人的性格和深层内心活动。心中有浩然正气，眼睛就坦然照亮；心中藏有阴谋，眼睛就黯然无光。一个人说话时，如果视线闪烁不定，不敢与别人对视，很可能就是我们常说的“心中有鬼”。从心理学角度上，有能力和别人互相注视而不畏缩的人，往往自信心很强，而且内心坦荡，没有什么隐私。

②微笑语。微笑是面部表情的重要组成部分，是人际交往的润滑剂。微笑好似冬日暖阳、夏际凉风，所以人际关系专家说：“一副好的笑脸就是一封介绍信。”我们每天早晨碰到同事或上司都会报以微笑，微笑表达了我们友善的态度和良好的祝愿。很多成功的政治家、商业家、演员、公共关系人员，他们事业上的成功，不仅因为他们有出众的才华，更重要的是他们都有颇具魅力的微笑。戴尔·卡耐基在《处理人际关系的艺术》中说：“卡耐基要求几千位工作人员做这样一件事：对他们周围每天遇见的人都报以微笑，并将结果反馈回来。不久收到了纽约场外交易所坦哈特的来信说：‘现在，当我出门上班时，我微笑着向公寓电梯司机打招呼，我微笑着向门卫打招呼；在地铁票台要求换零钱时，我向出纳员微笑；当我来到场外交易所，我向同事们微笑。我发现人们很快对我微笑。我以愉快的态度对待前来找我发牢骚、诉苦的人，我微笑着倾听他们的诉说。这样一来，我发现调整工作容易得多了。微笑给我带来美元，每天都有很多’。”斯坦哈特用微笑改变了环境，和自己部下友善相处，微笑给他带来了愉快的工作，微笑给他带来了经济效益。难怪老希尔顿见到他的员工时

第一句话就是："你今天对顾客微笑了没有?"

（2）身体态势。身体态势是传者表情达意的又一重要手段，它包括传者的手势、姿态、形体动作等。李渔曾在《闲情偶寄·声容部》中评价女子说："女子一有媚态，三四分姿色，便可抵过六七分。试以六七分姿色而无媚态之妇人，与三四分姿色而有媚态之妇人同立一处，则人止爱三四分而不爱六七分，是态度之于颜色，犹不止一倍当两部也。"这就是说，如果只有三四分姿色，却晓得怎样在举手投足间流露自己的风味，知道怎么用眼睛说话、怎么笑得动人，那一定能敌过那个有七分姿色的美丽小姐。

①手势。手势是除口语、书面语外人们最常用的交流思想的工具。美国科罗拉多大学的人类学家戈登·休斯曾研究过一个有趣的问题，那就是白种人的手背是白的，手掌也是白的；黄种人的手背是黄的，黑种人的手背是黑的，那他们的手掌是什么颜色的？答案很肯定：白色。为什么在所有灵长目动物中，只有人类是唯一在手掌和指甲内缺乏色素的动物呢？这个问题令科学家长期困惑不解。戈登·休斯对此解释说，人类之所以在进化过程中保留了这种独一无二的特征，是因为人类的手在交流思想和传授技艺方面有着无可替代的重要作用。原始人是用手势语表达思想的，有一副白手掌，即使光线较暗或双方距离较远，手势也能清晰可辨。这一解释不一定完全，但就传达信息、表达思想感情而言，手势的确在社会交际中发挥着重要作用。手势之所以重要，还因为它是一种广泛使用的国际语言。现代游客到了语言不通的外国，要靠使用大致相同的手势问路或做简单的交谈，入乡随俗地学会使用一两个当地的问候语，那肯定会受到热情的款待。

②坐姿。中国有句老话叫"站有站相，坐有坐相"，正襟危坐、七倒八歪的坐、如坐针毡的坐、跷起二郎腿的坐……所有这些坐姿，都传达着不同的信息和情感。在鸡尾酒会上，常会看到不同的小圈子。如果一个小圈子（3个人）坐在长沙发上，坐在两端的人就会像书的封面封底那样折起来，转身向内，把中间的人圈在里面来排斥他人。如果是有好感的一男一女坐在沙发上，他们会脸对着脸，身子向对方倾斜，或者用胳膊围成一个圈子，或者交叉起腿冲着对方，把旁人排斥开。遇到这种情形，最好别凑过去打扰别人的兴致。

③立姿。立姿是生活静力造型的动作。良好的立姿，应该是直立、收腹、挺胸、梗颈。一般情况下，立姿可分为以下几类：庄重严肃型（这类站姿腰板挺直，全身直立，精神振作，态度庄严）、谦恭尊敬型（略微低头，垂手含胸站立）、消极防御型（双臂交叉抱于胸前，这个姿势在世界各地都被人们普遍用来表示防御性与消极的态度）、无礼轻浮型（歪斜着身子，一腿在前一腿在后，或两脚交叉立，抖动脚尖，这是一种轻浮无礼的举动）。

④步姿。走路是腿部的主要功能，一个人的性格往往也可以通过走路表现出来。观察一个人的行走步姿可以了解他的性格。一般人的步姿大致可以分为以下六种：步伐急促型、缓步平稳型、向前微倾型、性感摇摆型、昂首阔步型和步伐严整型。事实

上，研究步姿的运用应该与研究坐姿、立姿有所区别。步姿是一种动态信息，所以要放在动态中来考察。在不同场合下，同样的人可能会变换不同的步姿，比如高兴时可能昂首阔步，丧气时可能拖拖沓沓没精打采，不可同一而论。

（3）服饰。俗话说："三分长相，七分打扮"，现代生活中，得体的服饰是无声的重要语言。人们通过服装、发型、珠宝、香水……传递着职业、个性、修养、地位等多种信息。一位精明的公共关系人员可以根据对象衣服的裁剪样式、质料做工来判断他的地位和嗜好。以衣取人虽然遭人不齿，但细想一下也不无道理。人们关注自己的服饰并坚定地相信，外形的恰当与否，其影响大不相同。美国的赛伯斯和劳奇曾总结过衣着的象征意义：

①衣着象征身份地位；

②如果不照所希望的那样去着装，我们的职业变化性就会受到不好的影响；

③必须根据职业着装，这样可给其他人以深刻的印象；

④对衣着的选择，会使其他人联想到我们的社会经济地位、目标是否称心。

穿衣服不可能不传送社会信号，它影响着别人对我们的看法。IBM 公司的董事长汤姆斯·J·华生曾决定，凡是 IBM 的代表和经理都要穿白衬衫、黑套服和硬领子。当然，现在这种正式的服装规定已经改了。如今 IBM 的代表和经理不再被要求穿着硬领，但黑色套装和白衬衫在 IBM 仍在实行。IBM 制服成了保守性和可信任的象征，最重要的是成了老字号的象征。与 IBM 相似，美国最大的百货商店之一——联合商店有一个强硬的着装成文规定；五月公司、J. C. 彭尼公司和西尔斯也使用类似规定，规定套装、衬衣和领结必须谐调一致，主管经理们穿背心，穿着非常保守。休闲时穿着的 T 恤和牛仔裤绝不允许在工作时出现。这些大公司确信，衣着能代表自己的经营理念，表达公司的价值追求和文化背景。

（4）空间距离。空间距离，是指人与人之间交际时的间距。每一种生物除有一个肉体界限外还存在一个非肉体的界限，若有异物侵入这个界限后，就会感到警觉不安。几乎所有的动物都有领域感，只不过有些动物的领土是暂时的，随着季节而变迁，有些动物的领土则是永久固守的。对于人而言，人类的领域感得自遗传，而且根深蒂固不易改变。

人与人交往过程中相互距离的远近，反映了他们亲疏复杂的微妙关系。霍尔把一般人常用的空间距离分为四种：亲密距离、私人距离、社交距离、公众距离。

第一，亲密距离（intimate distance）。

近位亲密距离（0～20 厘米）属于紧密接触关系。亲密的恋人间、知心朋友间、孩子依偎着父母或相互嬉闹时都会产生近位亲密距离。若是一对不太亲昵的男女处在这种空间，双方都会十分尴尬，他们会尽量向后倾或避开视线。要是在亚洲或是美国，两个女性之间的近位亲密距离可以被社会接受，如果换作两位男士，这么紧密的接触会让他们觉得很不舒服。

远位亲密距离（20～60 厘米）是身体间有一段间隔，但仍可以用手触摸到对方的距离。它可以用于朋友间的相互交谈。如果是领导者在谈话时主动缩短与对方的距离，则可使下属感到亲近。远位亲密距离也是在拥挤的公共场合下人们接触的距离。对于在地铁、电梯或公共汽车这样狭小的空间里，人们会自动遵守某些行为准则，比如说尽可能直挺挺地站着不碰旁边人的任何部位，如果他们碰到了，就会退开或绷紧触人部位的肌肉，表示绝对没有想亲昵对方的意思。相反，如果人们在这种场合浑身放松，让身体靠在旁人身上，把接触旁人的体温当作一种享受，就会犯最愚蠢的社会错误。

第二，私人距离（personal distance）。

如朋友间的非正式接触、两个熟人在街上遇到停下来聊天都经常采用这种距离。霍尔博士同样把私人距离分为两种范围：

近位私人距离（60～100 厘米）是自己的手可以搂抱对方或向对方挑衅。若妻子处于这种距离，表明她可以随时接近丈夫。如果换成一个陌生的女子进入这种界限，便表明她很可能对旁边的这个男子有某种企图。不过这种距离在鸡尾酒会上倒是令人愉悦。

远位私人距离（1～1.5 米）是双方把手臂伸直还能够得着对方的距离。人们在大街上遇到不太熟悉的朋友往往采用这种距离。如果一位平日交情一般的人处在这种空间时，想要进一步靠近，那可能说明他在献殷勤或对另一方有特别的好感。

第三，社交距离（social distance）。

近位社交距离（1.5～2 米）通常在处理非个人事务时采用。例如，接待因公来访的客人，进行比较深入的个人洽谈。家庭主妇礼貌地与送货员、邮递员、管道清理工交谈时也保持着这个距离。在这个距离内，如果一个上司站着对一些职员布置任务，那就显得他权高势大，以此强调“你们为我工作”的事实。

远位社交距离（2～4 米）是在正式的社交活动中采用的距离。例如，国家元首接见外宾、大公司的总经理与下属会谈，由于身份的关系，双方要保持一定距离。一般身份越高，需要的距离就越大。一般公司的大老板都愿意用一个大得足以把自己和雇员隔离到这个距离的写字台，他可以坐在写字台后同一位站着的职员说话而不会显得矮。相反，那站在面前的人从头到脚都在他的视野之中。远位社交距离可以起掩饰作用，保持这种距离时既可以把工作放下与对方攀谈，也可以继续工作而不会被看作不礼貌。在公司里女接待员和来客应保持这种距离，以便让她继续工作，而不必被迫去与来客交谈。

第四，公众距离（public distance）。

近位公众距离（4～8 米）是正式场合公开讲话的距离。如老师对教室里的学生讲课、领导对下属讲话、小型聚会中演讲者和听众之间都采用这个距离。如果说话人能适当运用表情手势，经常变换位置，使用教鞭、图表、幻灯等辅助手段，可以起到“拉近距离”、加强传播效果的作用。

远位公众距离（8 米以上）通常用于政治家所到之处，因为它有安全防护作用。

这也是人与动物相对峙的最近距离，一般动物只允许你跟它作这种距离的接近，如果再近一些，它就会跑掉。在文明社会中，远位公众距离多用于大会堂发言、戏剧表演、晚会演出等。在这种距离上，要做真实的传达很困难，政治家和演员都深知其中三昧，他们善于用身体的动作来做不实的表情，在观众眼中制造错觉。

在商界、政界中，领导人是用什么手段来维护自己的地位呢？第二次世界大战前夕，查理·卓别林曾拍了一部名为《大独裁者》的电影。最有意思的一场戏是在理发店里，卓别林扮演的希特勒和杰克·奥基扮演的墨索里尼并排坐在理发椅上刮脸，他们围着白布单，脸上都是肥皂沫，为了表明自己的领导地位高于对方，他们都拼命地把椅子上下摇动，想用高度来压倒对方以显示领导地位。

几千年来人们都沿袭着这种传统。君王、偶像和圣坛总是高高在上，供人们顶礼膜拜，人们正是用鞠躬和跪拜表明：你比我高，因此你是统治者。在现代社会里，用高度来显示地位的情景毕竟不多见了，你很少看到你的老板坐在离地几米高的位置跟你讲话，但他仍然借助别的手段来维持他的地位，其中之一就是位次顺序。

在家里，家长的座位一般是父亲的，他会占据方桌或椭圆桌的主位。在亚瑟王和圆桌骑士的故事里，本来桌子是圆的，这样就没有谁主谁次的问题，席间的每个骑士都可以分享到平等的荣誉。然而这个想法未免太理想，事实上，亚瑟王坐在哪里，哪里就是主席位，离他越远地位就越低。这种现象在今天的政治会议、公司董事会议或宴会上都大量存在，权力的次序一般是顺时针方向的，从钟面的数字 12 点开始，当转到 3 点、6 点、9 点等位置时，权力逐渐下降。所以，第二位最有权势的人会安排在 1 点的位置上，最不出名和权势最小的那人会坐在 11 点钟的位置上。因此，公共关系人员每次在安排座次时总是小心翼翼，煞费苦心。

类语言传播中有很多规范性的要求，具体内容可参阅本书第三章的礼仪部分。

第九节　公共关系新闻传播

一、公共关系新闻的特点、内容和类型

公共关系新闻指由社会组织、企业发布的消息及其他形式新闻性信息的总称。公共关系新闻也包括新闻媒介机构为自身品牌形象、营销等目的而发布传播的新闻。这类新闻与一般新闻的区别就在于它是直接为一个社会组织（如政府组织、企业公司、行业协会、警察组织或电视台报社等）的日标服务的。因此，所谓公共关系新闻传播活动指的是由组织、企业围绕着组织自身的社会生态环境管理的目标，运用新闻传播手段进行的一切对内对外的传播沟通活动的总称。

（一）公共关系新闻传播活动主要特点

公共关系新闻传播活动与公共关系活动中的其他传播行为相比较，有以下突出的特点。

（1）公共关系新闻传播活动能最为广泛地、较为系统地、不断地把组织的状况或与组织有关的问题向公众进行报道，它是让公众全面了解组织的最有效工具。公共

关系新闻传播活动所具有的这种广泛的、系统的、持续不断的传播优势，是其他任何单一的公共关系传播媒介难以达到的。

(2) 公共关系新闻传播能使受众对其所传播的内容产生客观的印象和客观的感受。这主要是受益于长期以来新闻的接受者和传播者之间已建立起来的，一方面客观报道；另一方面相信接受的一种非成文的契约关系。这种契约关系已成为一种新闻的阅读心理现象，直接影响着新闻的接受和传播的效果。

(3) 公共关系新闻传播的内容是经过第三者即新闻媒介的把关人筛选出来的，新闻的发布权在于新闻媒介。这种由第三者赞同或者直接出面、站在客观立场上的报道，比起组织自己出来讲话更容易赢得公众的信赖。

(4) 公共关系新闻必须通过新闻媒介来发布，而新闻媒介的授予地位的功能会强化新闻信息的影响力。特别是权威性的新闻媒介，这种影响力更大。反之，一些名声不好的媒介也同样会影响组织的声誉。

(5) 公共关系新闻传播是免费的，通过新闻报道进行的公共关系传播是最经济合算的。而且，由于是免费的，更能增加公共关系新闻报道的可信度。由于公共关系新闻传播活动具有以上这些特点，决定了公共关系新闻传播活动在公共关系传播活动中占有最重要的地位，从而成为公共关系传播中最为经常采用的手段。

(二) 公共关系新闻传播的主要内容

在组织的公共关系传播中，需要并且可以作为公共关系新闻传播内容的事项，有以下几个方面。

(1) 宣布社会公众所感兴趣的新研究、新发明和新的技术进步消息。

(2) 发布生产、业务上的重要发展消息。如在产值、产量、利润、销售等方面有重要突破的消息。

(3) 报道组织机构的特别活动事项。如开放企业、周年纪念活动、举办展览及各种会议、邀请名流参观、与外界交流及各种文体活动等。

(4) 宣布各种重大的人事变动情况。如管理部门的改组、主要管理人员的升迁、调动等。

(5) 报道组织的财务经营状况。如向职工、股东及公众报道企业的收支、盈余、股息及其他财务信息。

(6) 报道组织对社会的贡献。如纳税情况、社会服务项目、捐助公益慈善福利事业、举办社会培训、捐助教育科研、对就业和社区繁荣的贡献等。

(7) 报道组织管理当局或领导人就企业情况与社会公众所关心的问题所发表的声明或演讲。

(8) 讨论某一行业或组织在职工及社区生活中的地位，并对其影响进行展望。

(9) 报道介绍组织所提供的产品和服务，使消费者懂得更好地利用本组织的产品或服务，了解组织的政策和服务。

(10) 向社区报道重要的劳工关系新闻。如职工福利、对离退休职工的关怀、职工的贡献和先进事迹。

（11）尽可能让公众了解组织管理部门的基本问题，消除公众对本组织的误解，争取社会各界的谅解与合作。

（三）公共关系新闻的主要类型

公共关系新闻按其表现形式来分，主要有以下四种基本类型。

（1）新闻性报道。公共关系的新闻性报道一般是由公共关系部门提供或由专业记者采写的，目的是要告诉公众一项事实。其形式有消息、特写、专访，还可以是以图像为主的新闻报道，如新闻图片、新闻电影、电视新闻专题报道等。这种以传播事实为主要任务的新闻报道形式，在公共关系传播上能及时向公众传递信息或证实澄清某一事实，有极强的告知、吸引注意及影响态度的作用。因此，也是公共关系新闻传播上最常采用的形式。

（2）舆论性报道。舆论性报道是政论形式的报道，一般是由编辑或专栏作家、主笔以评论、社论或漫画的形式发布的。舆论报道所反映出来的一般是代表媒介政策的观点，因此对社会舆论有很强的影响力。公共关系人员要经常与编辑、主笔保持联系，向他们提供各种资料，如企业领导的演讲稿、年度报告、组织公共关系出版物以及组织在管理政策、职工福利、改革措施、发展计划等方面的材料。让他们了解并注意到组织的见解，进而对组织的政策措施给予支持。在需要的时候，他们就会把这些有价值的材料拿来写短评，或在社论等政论性文章中作为引证材料。这就可间接通过这些舆论报道来影响组织的公众，影响社会舆论，对组织声誉产生有利的影响。

（3）服务性报道。服务性报道指以增进知识、扩大眼界、方便群众为目的，向社会公众提供的一些带有知识性和指导性的报道或资料。这类报道一般是由公共关系部门配合组织的业务、技术等专业部门提供的。这种类型的报道也常被用来配合市场教育、市场培养的需要。但即使是在这种情况下，这类报道的最主要目的也仍在于沟通，并不直接表现出推销产品或推销服务的意图。如服装厂商可发布最新国际流行时装的新闻和资料，介绍各种新款式服装设计的知识，介绍穿戴打扮的常识等。这类服务性报道一方面可显示企业的实力，另一方面可在为公众服务中争取到好感，培养、开拓市场，同时增进与媒介的良好关系。

（4）娱乐性报道。娱乐性报道主要是为公众提供休闲性服务，为丰富社会精神文化生活，提高公众的文化水平和艺术欣赏水平，在新闻媒介上发布有关体育、文艺等方面内容的报道。这类活动对社会的精神文明建设具有很高的价值。一般常用的娱乐性报道有：赞助或协办体育专栏、文艺专栏或专题节目，提供书评、影评、画评，征诗征歌、征集组织徽标设计，在报纸杂志上刊发“广告文学”或企业文学作品等。这种活动常有较好的连续性，吸引受众面较大，较易引起社会的关注，其内容可读性强，影响力大。这对提高组织的知名度作用很大，而且还能促使组织和社区公众接近。在淡化商业气味，塑造更有人情味的组织形象方面有其独特价值。

二、公共关系新闻报道的管理

（一）公共关系新闻报道的基本政策

公共关系新闻报道管理的首要任务，就是要拟订出良好的新闻报道政策，让本组织的公共关系新闻编辑、报道人员在撰写稿件、发布新闻时有原则可遵循，以确保公共关系新闻报道的质量。

组织在确定公共关系新闻报道政策时，一般需要考虑以下几个方面的问题。

(1) 公共关系新闻报道要与组织的整个公共关系传播计划的目标相一致。公共关系新闻报道是整个公共关系活动的一个组成部分，它要服务于组织的总体目标，要考虑组织的整体形象问题。

(2) 公共关系新闻报道要考虑社会责任和公众利益问题。要认识到我们处在大众传播的时代，传播的主导权最终仍是掌握在公众手中，所报道的东西一定是公众所需要的、确有社会价值的东西。

(3) 公共关系新闻报道要尊重事实。公共关系新闻报道要做到真实、准确，不得有半点的虚假或浮夸。

(4) 公共关系新闻报道在质量上要显示出本组织良好的管理素质。公共关系新闻报道要研究时效，力求新鲜，写作上力求规范化，要注意人情味和对特定公众的吸引力，以提高新闻报道的可读性。

(5) 公共关系新闻报道要尊重人权，尊重新闻记者的权利。要认识到新闻媒介及其记者、编辑在国家法律允许的条件下，有自由收集、表现、发布新闻的权利，社会的其他组织或个人不得利用职权，对其采写、发布新闻等活动随意阻挠，甚至粗暴干涉，更不能以利诱或施加压力等不法手段来破坏这种自由权利。此外，组织公共关系新闻报道对于被报道对象的批评或赞扬都应持有公正的原则。

(6) 公共关系新闻报道应委派专门机构或专人负责。大型组织的公共关系部门一般应设立专门的新闻报道编辑组，或设立由各部门有关人士组成的报道委员会，再外聘公共关系顾问提供建议或把关。中小型组织则应由公共关系部门经理亲自负责或委派专职公共关系人员负责，也可外聘公共关系机构或顾问代理。

(7) 公共关系新闻报道应有明确的纪律原则。在公共关系新闻报道的纪律方面至少应明确两个方面：首先，本组织的各成员要充分认识新闻报道的责任，不得随意发布未经审查的有关本组织的新闻，或随意透露本组织的秘密；其次，公共关系人员应严守职责，不得超过职权发布新闻。公共关系人员一般是新闻发布的组织者，应严格按规定的职责行事，不得擅自抢先将应由组织负责人或公共关系经理发布的新闻内容发布出去。如不得在开新闻发布会或正式接受记者采访前，就将新闻内容抛出去，影响新闻发布的工作安排和发布效果。

（二）公共关系新闻报道应注意处理好的具体事项

在做好公共关系新闻报道工作时，应注意处理好以下几个问题。

(1) 要正确地选择公共关系新闻发布的媒介。选择公共关系新闻发布的媒介，并不是越大越好。公共关系新闻报道一般使用报纸比较多，就多数情况看，使用地方性媒介比使用全国性媒介多。英、美国家一般把当地（社区）的报纸称为“大炮”，意思是当地报刊所刊出的公共关系新闻影响力较大。这是由于地缘关系，当地报纸和社区公众的关系最为密切；一般人认为当地报纸较可信，在当地报刊上也有较多的机会，较有条件对新闻进行深入全面的报道，报道的质量也会较高。

当然，在选择公共关系新闻报道的媒介时仍应遵循具体情况具体分析，根据不同公共关系活动的需要加以分别对待的原则。如对只有在地方上才有影响的新闻，一般就应只选择地方媒介。对具有全国性影响的新闻，就应争取在全国性报刊上发布。又如，根据新闻报道所指向的不同对象公众来选择发布的刊物。对一般性对象公众，可选择日报、晚报；对特定对象公众，可选择专业性报刊。

（2）要考虑时间因素对新闻报道的影响。新闻报道的时间因素如果掌握不好，会直接影响到新闻发布的质量和新闻的作用。对此。应注意把握好以下几个问题：

①注意掌握媒介的截稿和出版时间。如本市晚报一般在上午 9 时截止收一般稿件，11 时截止收重要稿件，以便能赶在下午出报。早报一般在下午 18 时截稿，最重要的稿件在晚上 23 时截稿，以便能赶在次日凌晨出报。星期日刊必须在星期五中午前送稿，要闻最迟也不要超过星期六 16 时的截稿时间。向杂志送稿，要考虑提前 1 个月至 6 个星期。

②对媒介的组稿状况要有所了解。如星期一是报纸新闻的清淡期，一般可以提高发稿率。发稿应避开当地广告拥挤的时期，这可以降低失败率。

③组织的声明、演讲稿或特别活动事项的材料通常可提前几天发稿，但应特别注明刊载日期。专访或特写也可较灵活地与媒介商谈较为适当的刊播时间。一些大型活动，如厂庆、大工程落成等要预先拟订报道计划，作有目标的、计划周密的连续报道，并提前向媒介提供各种文字、图像资料以寻求媒介支持，作配合宣传。

（3）做好新闻报道的预算。新闻报道虽然花钱少，但也要有预算。新闻报道的预算一般是由公共关系总预算中取成。如可取整年公共关系预算的 10% 左右作为新闻报道的全年总预算。这占 10% 的预算一般只是用于：撰稿人、调研人员、摄影人员的人工费用，新闻记者的接待费用，来往的交通费和邮资，编印特制的新闻稿纸和新闻发布夹等。至于要编印出版组织的公共关系杂志、拍摄新闻录像、新闻电影或其他专题片等，其费用较大，需另立专项预算。

（4）要注意分别对待两种不同的组织新闻。组织新闻按其产生、发展的特点，基本上有两大类型：第一种是自然发生的，媒介会主动报道的新闻。如意外事件、事故、劳工纠纷、组织发展等在组织正常业务活动下发生的事件。这种事件有时对公司有利，有时不利。对此类事件，新闻媒介会主动进行采访报道，有时他们也可通过其他渠道得到新闻来源。对此类由外部主动报道的新闻，要给予密切的注意。一旦发现带有偏见或错误的报道，就要马上采取措施给予更正或补救。第二种是由本组织进行的有计划的新闻报道。如组织在技术上的进步，在产品服务质量上的提高，纠纷的解决，特别的奖励，发展的预测，专题报道等。此类事情可能有很多，媒介对此类问题的新闻报道一般较挑剔，选择较严格。因此，需要公共关系人员的努力才能在媒介中刊播出来。在这方面，公共关系人员应首先对此类新闻、各具体事件本身的价值、典型意义要有所认识，并以此说服媒介，让他们认识到这些新闻的价值。其次，公共关系人员还要有意识地设计、策划某种有新闻价值的活动或事件。如社会开放日，邀请名人主持剪彩，举办各种竞赛、表演，赞助某种活动，发起某项社会活动等。以这些事件或活动来吸引新闻媒介和公众的注意，使本组织成为舆论注意的中心、成为新闻报道的主角，争取到更多的新闻报道机会。

人为策划的新闻事件的主要特征是：第一，这种新闻事件不是自然而然地产生、发展的，而是公共关系人员精心策划或有意促成，有意安排导演出来的。第二，这种新闻事件比一般自然产生、发展的新闻事件更富有戏剧性的效果，更能迎合新闻界和公众的兴趣。第三，这种新闻事件一般都明显地与策划该活动的组织的公共关系目标相联系。事件的发展及所造成的影响都有很明显的目标导向。第四，这种新闻事件在吸引社会注意、提高组织的知名度等方面有突出的效果。

人为地策划新闻事件应遵循的原则包括：第一，这类活动必须是能真实地反映一个组织的状况，而不是一种弄虚作假或粉饰的手段。第二，这类活动必须是符合公众利益的，特别应注意把这类活动的社会效益问题放在首位，实实在在地给公众、给社会带来好处。第三，这类活动的策划要尽可能做到合情合理，师出有名。注意避免令人产生生硬、造作的感觉。如要注意对自然产生的新闻时机的利用，对社会舆论注视中心、热门社会话题等的利用。第四，对这类活动要精心组织好新闻资料，特别是要在资料中将活动或事件的过程、特点及社会意义作详细介绍。活动中要主动安排好新闻界人士参加，提供一切实地采访的方便。

（5）要善于处理新闻泄露问题。有时组织还没有发出或还不想发出新闻时，新闻被就有意或无意地泄露出去了。这些消息如有一定的价值，新闻界了解到后，一般会来电话或约见公共关系人员要求证实新闻的内容。对于可能出现的这种被动处境，公共关系人员一定要先有预见，要有心理准备，并掌握处理这一问题的方法。处理此类问题，一般可分两个步骤进行：

首先，要考虑如何变被动为主动，并争取弄清对方的消息来源。如果消息是由企业内部人员泄露出去的，就要考虑今后如何在内部防止泄密。如果新闻来源是竞争对象，就得考虑今后可能出现的竞争问题，并对此先有所准备。在一般的情况下，不论对此事是否清楚，都不要直接给予肯定或否定的回答，而应先问对方，这消息是从哪里来的。在这种情况下，记者急于得到对内容的证实，需要合作，所以一般会把新闻来源讲出来，以求换取回报，或为作进一步证实新闻事实提供线索。然后可告诉记者：目前在我们手中还没有关于这方面消息的确切资料，但我们会马上去查证，一旦有了结果，定会首先将结果告诉你。

其次，采取进一步应对措施。在初步处理之后，要马上找有关部门核对情况，并向公共关系负责人和组织最高负责人汇报，商讨对该新闻发布的处理及其他应付措施。在通过证实及内部商讨后，如果确认该新闻属实，但又不能马上发表，公共关系人员就得告诉记者情况属实，但很抱歉尚不能正式发表，并把暂时不能发表的原因解释清楚，以争取记者的谅解和合作。如果消息的泄露已无法再挽救，不如早一点发表还可争取主动，这时可向最高负责人建议将消息提前发布。

（三）公共关系新闻发布的审批手续

无论是在国内或国外，任何组织在对内或对外的新闻发布上都有一定的审批手续。审批的目的主要是对新闻发布实行把关，进行统一的管理。主要作用是对新闻事实在发布之前进行核实和确认，对新闻稿的写作水平、政策水平进行审定，以确保公共关系新闻发布的质量。各组织所制定的新闻发布审批手续虽各有差别，但从总体上看，一般大致都具有以下几道基本的审批程序：

第一，新闻稿交新闻来源核实。

第二，新闻稿交新闻所反映的人或事的主管部门审批认可。

第三，新闻稿如可能涉及法律问题，要交法律顾问审批认可。

第四，新闻稿交公共关系部（重要稿件要交组织最高领导人）作最终审批认可。

这四道审批程序是一般公共关系新闻发布管理上都具有的，而对各种不同类型的新闻的发布管理，公共关系部门则还应根据其各自的特点和所涉及问题的范围、重要程度，具体制定出各自的审批程序。

三、新闻采访的接待和处理

新闻采访的接待和处理是公共关系实践中较经常遇到的专业实务性的工作。当新闻界主动提出来访的建议或要求时，一般应表示热情和欢迎的态度，而不应拒之门外。新闻采访活动的接待和处理是组织与新闻界直接接触、增进双方相互了解的一种重要的机会，也是建立和发展双方关系的一种重要的渠道。每次接待、处理是否得当，合作是否成功都将或多或少、或好或坏地影响到以后组织与新闻界的关系，影响到新闻界对组织的印象和评价。此外，被采访的内容、采访活动的成功或失败，也都会直接影响到紧接着的报道的内容和报道的质量。因此，组织对每次来自新闻界的采访活动都应给予认真的对待并尽可能地加以利用。

（一）公共关系人员在处理新闻采访时应注意的问题

在一般的情况下，公共关系人员在新闻采访中充当的是协助和推动者的角色，而并不是直接的被采访对象。如何创造有利的采访环境，如何创造条件使本组织的被采访者能胜任采访，如何促使采访能取得令人满意的效果，这些都是公共关系人员在处理新闻采访时应考虑的问题。在一般的情况下，公共关系人员应注意处理好以下几个方面的问题。

（1）采访地点的选择。公共关系人员在与记者商谈时，最好能选择被采访者所熟悉的地点。这可避免由于环境的变化、陌生感等影响采访的气氛和被采访者的心理。

（2）采访的时间要充分。公共关系人员要注意安排出有足够采访的时间段，让记者能充分地提出问题，以保证采访有较圆满的结果。

(3) 对采访的问题要有充分的了解。对记者想与被采访对象所谈的问题要了解清楚，在答应接受采访时，应同时要求对方提出书面采访提纲或要点。公共关系人员要根据这些要点做充分的准备，以保证回答能切中要害。公共关系人员要提前准备、熟悉与采访有关的资料，并把这些资料提前交付被采访者做充分准备，特别是要把一些事实和数据整理出来，交被采访者熟记。

(4) 对记者采访中可能提出的问题进行预测、研究，并拟出回答纲要。特别是难度较大的、有爆炸性的、有争论性的问题要提前深入探讨和充分准备。这类准备工作有时可与被采访对象共同进行，并将准备的结果提交被访者熟记。

(5) 分别向采访者和被访者通报对方的有关情况，让双方都先对对方做到心里有数。如可向被访的有关领导告之记者的脾气、采访的特点、爱好等。也可先告诉记者被采访者的脾气、爱好、办事特点、不要问的忌事等。

(6) 约法三章。先定出一些简单的采访规矩，并事先同双方都打招呼，希望遵守这些简单规矩。如果双方是老相识，这些规矩就可简单些。

(7) 考虑采访中可能涉及不宜公布的问题。列出不能向外界公布的事宜，并告诫被采访者不要讲不能发表的话。除非记者十分可靠，不然，谈这类事情，言论一旦发表出去，就可能会给组织带来麻烦。

(8) 协助记者按时完成采访工作。记者的采访都是有计划的，要及时向他们提供所需的各种材料，尽可能协助他们按照计划当天写好或制作好采访报道。

(9) 在采访时，公共关系人员必定要在场。但这时公共关系人员的主要作用是防止被采访者出大的差错，不可越俎代庖，随意跳出来解答记者的提问。只有在被采访者所讲的话不符合组织的政策，或对某事的态度把握不定等情况下，公共关系人员才有必要参与解答。

(10) 在结束访问时，要再次敬请记者如果有问题还可再提出来共同研讨，以表示合作愿望和诚意。可通过确定记者是否得到了所需的资料或新闻，来判断此次采访是否达到预定目的、访问是否成功。此时，还应注意避免问及是否发表的问题。一般的被访者，特别是高级领导人或老板是喜欢见报的，他们常常会问采访的内容是否发表，将登在第几版等。这种不宜做的事，又可能会发生在采访结束时，故要事先提醒被访者不可问及此事。

(二) 接受新闻采访时应注意的问题

(1) 全面、深入了解将要接受访问的问题，事先熟悉有关资料，熟记公共关系人员所提供的有关事实资料和数据资料。

(2) 事前预测可能提出的难以回答的问题，并事前对此做深入研究，做出回答纲要。

(3) 接受采访时要一贯保持开放、坦率、诚实的态度。

(4) 回答问题一般要直截了当，不要兜圈子。如果涉及政策问题不能回答，可直接道歉，说明无可奉告。

（5）答不出的问题就直说答不出来。如对统计数据的提问，不可随便凭印象回答，而应告诉记者在找到确切的资料后，会尽快地告诉他。

（6）如果碰到记者很不客气时，要保持高兴轻松的态度。这虽很难做到，但作为高级管理人员应注意这方面的修养，以保证采访的成功。

（7）在采访中所回答的内容都应是可以公开发表的，不违背本组织政策的。如记者提出涉密问题时，可直接告诉对方：对此问题我不便回答。

（8）在接受采访时，要把自己所要传播出去的内容主动讲出。

（9）在采访中要注意摆正自己的位置。这时，不应摆老板或领导的架子，因为记者不是你的职员。这时应表现出专业人员的素养、专家的姿态，让人觉得你对本行是深有研究的，并尽可能使记者留下这种印象。

（10）当采访结束后，可要求记者让我们看看最后的采访稿，帮助记者再核实一下记者所记下的事实、人物、数据等。对此，一般记者是允许的（但也有些记者是不让看稿的，就不应强求）。但要记住，要求看稿的目的是为核实稿上的内容。看稿应有君子风度，君子一言既出，驷马难追。看新闻稿或记录材料时，对自己所讲的事情绝不可反悔，更不可超越职权动手改稿，干涉对方的采访自由。即使有些材料、数据需要更正，应告诉记者，由对方自己来校正，这样才不至于伤害对方的感情。采访完后要对记者表示谢意和欢迎再次来访。

（11）采访过后，被采访人要密切注视采访者所代表的媒介的近期动向。当看到被采访的内容被刊载出来，就应及时把报刊上的文章剪下来，写一封信寄给记者，再一次感谢对方，表示进一步发展双方合作关系的良好愿望。当看到刊出的报道有重大失误时，应及时与记者或媒介取得联系，采取补救更正等措施。

四、新闻发布会管理

新闻发布会成功的首要前提是一个好的发布主题。新闻发布主要分主动发布和被动发布两种。主动发布主要指发布者意志的传达，是事先有准备、有计划的；而被动发布则是指当突发事件发生时的新闻发布，属于危机公共关系的传播活动。

就主动发布来说，好的发布会应为“政府重视、群众关心、媒体感兴趣的问题”。

（一）新闻发布会的类型

新闻发布会从形式上看，一般可分为三种类型：一是小型的、较不正规的新闻发布会或叫吹风会；二是正规的记者招待会；三是正规的新闻发布活动。这三种发布会在活动形式上虽有差别，但在策划、组织上所应遵循的原则基本是一致的。

新闻发布会指的是组织或个人为了公布、解释自身或与自身有关的重大新闻事件，集中邀请有关新闻媒介的记者，正式发布消息，阐述自己观点或立场的一种与新闻界的公开直接的传播沟通活动。重大新闻发布活动经常是与具有战略意义的公共关系战役相联系，是组织整个公共关系战略行动的一部分。

记者招待会则是组织或个人为了增进与新闻界的沟通，及时向外界交流、解释、澄清组织的观点或立场，而邀请记者参加的沟通活动。记者招待会注重的是及时的双向的互动交流作用。

吹风会，是召集记者集中参加，给记者们作某个问题的背景介绍，供他们写作时作为参考，但是要求不能引用发言人的姓名。吹风会有时会被组织利用于某个特定目的与媒介圈内的某些特定朋友的沟通。

新闻发布会和记者招待会本质上是一致的，只是在形式上存在一些小差异。新闻发布会顾名思义一定是有新闻的发布，其流程一般是针对特定的内容，先对要发布的信息作简短介绍之后再回答记者提问。而记者招待会的主要目的是回答记者的提问，可以不发布新闻直接回答记者的提问。另外，从发言人的角度来看，记者招待会通常是国家领导人或者某部门的负责人亲自担当，而新闻发布会则多是由受委任的新闻发言人承当。

(二) 新闻发布会的作用

组织通常需要运用新闻发布会发布的新闻事件有：重要新产品、新服务的推出；重要经营方针的改变；组织首脑或高级管理人员的更换；组织重要的创立周年纪念；企业或组织的上马、下马，扩大或合并；重大的突发事件（如重大事故，生产、供销、质量等出现问题而产生的危机）；等等。

举行新闻发布会的最大好处是可与广大的新闻媒介进行面对面的直接双向交流，可以当场公开地向社会公布各种重大新闻，解释各种问题或误解。新闻发布会既为组织、发言人（或主持人）提供面对较多记者的机会，也为新闻界提供了获得新闻材料的一种有效而又简便的采访方式。这种形式的新闻发布活动影响面较大，能造成一定声势，对传播组织的重要信息、创造较为良好的社会舆论环境以及缓和危机形势、缓解舆论压力，起到积极的推动作用。

(三) 策划新闻发布会应注意的问题

(1) 组织发布的信息应有新闻价值。如果有的消息记者已事前获悉，我们发出的新闻稿已达到目的，如果开发布会没有进一步的、更详细的、有价值的消息，就不要召集记者来开会，浪费记者的时间。

(2) 要妥善安排新闻发布会的时间和地点。新闻发布时间的选择至关重要，最佳新闻发布时机的选择，主要是在不影响组织公共关系活动整个计划实施的情况下，依据对社会信息相互作用结果的分析来决定。我们的新闻信息如遇到社会重大新闻事件发生时，价值会相对变小，而遇到新闻清淡的时间，则会相对变大，会扩大信息的能量。如抓住社会对我们关注的时机趁热打铁，也会造成较大的影响。如果所发布的新闻可能会对自身产生冲击，就得采用相反的方法，选择有重大社会新闻事件发生的同时发布，以减轻由于新闻发布所造成的冲击和社会影响。

地址的选择主要应考虑三个问题：

①环境安静，无噪声干扰或其他外界干扰。

②照顾大多数记者的交通便利问题。

③考虑与别的活动配合的需要。

如需要参观工厂或参观事件现场等，就要考虑选择能配合这些活动的方便场所，有的就可选择在现场附近或就在现场开招待会。这既节省时间，又更有气氛，更能受到记者们的欢迎。

（3）确定会议主题，统一发布口径。新闻发布的主题是由特定的公共关系目标所决定的。如某电冰箱厂由于产品质量问题而受到社会的批评，为了达到挽回自己的名誉、重建消费者信心的目的，新闻发布会的主题就应是：本企业敢于面对自己的缺点错误，是对消费者负责的。统一口径就是围绕主题来确定消息发布的程度、发布的基调及其基本的措辞。这些问题都要先在内部统一认识，做出原则的规定，以求达到统一对外传播的效果。此外，对一些涉及经济技术、国防等机密问题，也要事前确定好对外传播的分寸，把好关，以防泄密。

（4）确定新闻发言人和发布会的主持人。新闻发布会一般先由主持人发布或介绍情况，随后再由主要发言人详细发言。发言人、主持人及各位在台上就座者要特别注意仪表礼貌问题。精神要饱满，言谈要典雅而有力量、幽默风趣而不失庄重，讲话时注意有快有慢、详简得当、突出重点。特别是在开头和结尾可简要重复强调重点。

主要发言人原则上应是组织机构的首脑，他们才能够准确地回答有关组织方针、政策、计划、经营等重大问题。如果发布会是针对某项工作或事情的，分管此项工作或事情的负责人也应出席会议，以备接受提问。主要发言人应头脑机敏，口齿清楚，具有较强的口头表达能力。如果安排有几位不同的发言人，则每人所发布的新闻内容应各有重点，不要夹杂不清。非发言人，不可随便跳出来答话、插话或解答问题，以免扰乱会场秩序。

主持人一般由公共关系部负责人担任。主持人要懂得尊重别人的发言、提问，不能用任何动作、表情或语言阻止别人讲话。主持人要把握整个会议的发展和时间的合理安排，维持好会场秩序。一般整个发布会不宜超过两个小时，发布新闻和提问的时间一般比例为3∶1。整个议程要安排紧凑，各议项要按时进行，不可拖拉。主持人要引导记者踊跃提问，要善于打破冷场。有时可让记者和出席发布会的负责人作自我介绍以增强彼此的了解，提高发言的兴趣。如果提问异常活跃，记者竞相提问时，主持人应维持好会场秩序，控制好发言时间，不可让提问离题太远，或超过时间太长。

（5）准备好新闻发布的文字资料，安排好现场参观、实物及图片展等活动。要组织专门的班子在事前负责发言稿的撰写，发言稿要注意准确、生动和通俗有趣。事前准备的宣传资料主要是提供各种内容的要点和背景材料，有条件的可附有照片资料。这些资料的撰写要系统、简洁，注意用事实说话，不要出现错别字、遗漏、脱页等现象。根据需要配合做好发布会的现场参观、实物及图片展览等活动。会后也可举办餐会、茶会或鸡尾酒会，以便记者单独向重要人物采访，增进交流的效果。

（6）其他会务工作。新闻发布会的会场布置应注意到会场的温度、灯光的亮度、会标及会议所需的各项器具设备的安放。要预先准备好各种所需的视听辅助工具。如图表、画片、地图、放大的图片、产品实物、模型、沙盘、幻灯、影片、录像带、录音带、录音录像辅助材料等。此外，提供给记者用的签名簿、电话、电传、电源等设备，都要事前检查无误。会场空间位置的安排要以适用为准，如小型发布会可用圆桌，以造成融洽和谐平等的交流气氛，减少冷落感。大型发布会可用方桌，设立发布台等，使会议的组织容易集中。

新闻发布会的请柬一般要言明召开会议的目的、发言人的姓名、开会的时间、地点，此外还应注明召开发布会的机构的地址、电话，以方便新闻媒介进一步查询。向记者和有关人士发出邀请时应注意：一是邀请工作应提前两星期开始，至少要提前3天将请柬送达各位手中，这样才能让被邀请对象有充足的时间来安排各自的工作日程。二是请柬发出后，多数人一般不会主动回复，这对会议的筹备很不利。因此，对于没有回复者，公共关系人员应提前打电话与之联络，最后落实确切的出席人数。

（7）做好经费预算和新闻发布总结。新闻发布会的预算项目有：①资料制作费；②送请柬、送稿件的车费或邮资；③租用会场和租用各种会场设备、器具的费用；④茶点或餐费；⑤摄影或录像费；⑥嘉宾签名簿、胸花、胸章等费用；⑦会场布置费用；⑧嘉宾住宿和交通费用；⑨礼品费；⑩其他费用。

发布会总结可通过收集到会记者所发布的报道稿进行分类分析，检查是否有由于自己的失误而造成的谬误。如果出现差错，应及时更正补救。可征求部分与会记者的对发布会的意见，检查是否有不周的地方，以便今后改进工作。

（四）新闻发言人的素质要求与发布要则

1. 新闻发言人的职业素质要求

（1）政治立场坚定，具备良好的马克思主义理论修养。通晓党和政府的各项政策、方针、策略，尤其对所在部门的工作和政策要熟悉、全面掌握。

（2）熟悉新闻工作。对新闻学、传播学理论、媒体新闻流程、记者采访技巧、新闻撰写等新闻工作有深刻的了解。

（3）知识面宽阔。“内知国情，外知世界”，对社会学、管理学、逻辑学、修辞学、心理学等有助于新闻发言工作的学科也要有所认知。

（4）良好的个人修养和操守。良好的心理素质，能够在较大压力下长时间工作。

（5）优秀的个人表达能力。特别是应具有较强的口头语言表达能力。

2. 新闻发言人的发布要则

（1）准备充分，口径统一。发言人事先要对发布主题信息有充分的掌握，不仅要有统一的发布口径，还要对相关舆情和记者可能关心的问题有准备。

（2）强调组织，淡化个人。发言人是组织代表，是为组织发言的，因此，在任何新闻发布过程中都要淡化个人意识，不能有个人观点，在发言中尽量不要出现“我认为”、“我保证”之类的说法。

（3）尊重事实，回答准确。如果记者的问题过于尖锐，涉及敏感问题，可以采用回答技巧，或者直接用“无可奉告”作答。但绝对不可否认事实，甚至歪曲事实。

除了发布新闻之外，新闻发言人的另一个最重要的责任就是引导人们如何去认识、看待或评价一个事实。

（4）思路严密，逻辑清晰。这一点尤其体现在回答记者提问的时候，如需分几点作答，要理顺思路，不要漏点，也不要重复。发言人在回答问题时最好用纸笔记下问题，特别是同时遇到两个问题时。回答第一个问题的时候能够大致整理回答第二个问题的思路。

（5）数据分析，事实说话。在新闻发布中，经常会出现大量的数据，这一方面显示了发言人的权威，另一方面又增加了发布的可信度、说服力。在具体的应用中，要注意说明数据的来源，不要一味罗列，要解释数据的意义，将数据与具体事实结合。

（6）引发共感，拉近距离。要将相对枯燥难解的政策、法规、理论与大家的常识经验结合起来，通过引发共感，拉近发言人和记者的距离，提高发布效果。

3. 新闻发言人的发布语言要则

（1）简洁明了，要点清晰，口齿清晰，反应敏捷。

（2）避免公式化的语言和做报告的口吻。少用命令式，多用建议式。

（3）处理好书面语和口语的关系。尤其是运用到专业术语时，要给出解释，或用更容易理解的词语代替。

（4）身体语言的结合。发言时，与媒体面对面，传播活动不仅仅是语言，还有眼神的交流、身体姿势的表达。亲切、大方、严肃、坚定、自信……这些都可以在身体语言中一览无余。

（5）语调的变化。在长时间论述一个问题的时候，单一的语调容易使人厌倦，也容易加重发言人的紧张情绪。所以在发言中要注意语调的变换。

4. 新闻发言人回答攻击性问题的要则

（1）要注意回答的底线。发言人心中一定要明确每次发布的底线，可以说什么，不能说什么。

（2）以原则对具体。当遇到具体的事例，难以直接做出回答时，可以转移到发布者对于相关问题的原则和基本态度，而对于具体问题不用作答。

（3）对于的确存在的、目前未能解决的问题，不要逃避，要诚恳地表示歉意，注意语言的运用，不要用套话，并表示将很快作出回应及其改善。

（4）不要重复记者的话。尤其是当提问中包含一些过激的批评或不实的言论时，不要被记者带到他的逻辑当中。如果记者的提问带有诱导性，要请他再明确地重复一遍问题。如果记者一再追问，可以直截了当地回绝："这个问题我已经回答完毕，大家还有别的问题吗?"

（5）不要被记者激怒，避免发生争执。

（6）"无可奉告。"当记者提出尖锐的敏感问题时，首先看能否把问题转移开来，或者请其在会后到相关部门了解情况，最后的底线不可打破——"无可奉告。"

第十节　公共关系广告传播

一、公共关系广告的概念和作用

公共关系广告指以介绍组织机构（企业公司、团体协会等）的各方面情况、塑造组织形象、协调组织机构与各类公众关系为目的的广告。

我们对公共关系广告的界定是相对商品广告而言的。公共关系广告与商品广告的最主要区别，在于商品广告是以推销商品或服务为其直接目的，是依据商品特点、市场情况进行策划、制作、刊播，直接为营销或销售服务的；而公共关系广告则是通过让公众了解一个组织的情况，组织对社会公益的关注，表明组织的立场，传播组织的理念等起到与公众沟通交流，塑造组织形象的作用。其主题可以是传播组织的形象；组织的发展历史、所处地位、目前状况；组织的价值观、经营理念、政策方针；组织的人事、财务、经营、社会服务；甚至是解释误解、化解纠纷、澄清流言等。

在实际的企业公众传播中，公共关系广告和商品广告的作用其实是很难严格地区分的。公共关系广告虽不直接推销商品，但同样可通过其所塑造的企业形象所产生的影响力，为企业的商业活动扫清道路，起辅助作用，从而达到推销商品、扩展市场目的。商业广告的商业气息日益淡化似乎已成为现代广告发展的一个趋势，推销基础产品和核心利益的广告正在失去市场。今天的竞争从本质上说，发生在产品的附加层次（在欠发达国家，竞争主要发生在期望产品层次）。由此决定了广告的诉求点向产品的角色赋予功能，产品所体现出的精神理念，内蕴的文化含量等更高层次的利益点迁移，同时更加关注对企业整体形象的塑造和推广。

这一趋势使得纯商业广告和公共关系广告的界限更加模糊。典型的例子如阿迪达斯的两则广告：一则是贝克汉姆一记“香蕉球”把一个别人扔在路边的垃圾袋踢到了垃圾桶里；另一则是一位著名的橄榄球明星抢救一条躺在马路上的鱼，那位运动员抱起鱼后，穿过汽车冲洗器，跳过各式各样的路障，还撞翻了一辆小货车，终于用最快的速度把鱼扔到了海水里。两则广告的结束语都是：“Adidas can do you good.”虽然广告里都出现了产品形象和商标，但总体看更像公共关系广告。

对一般组织、企业来讲，做公共关系广告比做商品广告更容易得到公众的好评，更容易在公众心目中建立好感，形成良好印象，有利于塑造企业形象，是建立信誉、提高美誉度、打造企业品牌的更有效手段。对一些知名品牌的产品，辅以企业形象广告、社会公益广告，可增加消费者对产品的信任，起到维护、提高品牌忠诚度的作用。美国《时代周刊》在对64家企业进行有关公共关系广告的研究后发现：做公共关系广告的企业，在每个测试中都比没有做公共关系广告的企业分数要高，公共关系广告至少有四项测量上的优势：高记忆度、高熟悉度、高的良好印象和高的行为支持。

国外还有一项调查显示：公共关系广告对企业股票价格影响率为2%。据美国西北大学对737家公司的调查证明，做公共关系广告后，这些公司的股票价格都有所上涨。据另一家美国的民意调查机构的研究指出，当人们完全了解了一个企业后，对这家企业的好感会增加5倍。① 可见公共关系广告可以影响公众对企业的信心和信赖。

对从事公共关系或广告服务的专业公司来看，由于设计制作公共关系广告较少受各种限制，公共关系、广告人员可充分发挥自己的才华。而且公共关系广告影响面大，社会冲击力强，广告评比获奖率高，制作公共关系广告的公司的知名度、声誉也会随广告发布而迅速提高。这对提升专业公司或专业人员的名声和地位十分有利。对于社会，公共关系广告在倡导良好社会风尚，引领先进的社会观念，协调关系，化解矛盾，维护社会和谐等方面发挥作用。

二、不同类型的公共关系广告

在公共关系广告中，如果从其直接的传播目标来划分，有以下几种主要的类型：与组织形象、品牌打造、维护有关的组织形象广告；与社会福利、公益有关的社会公益广告；与企业、组织活动有关的特别事项广告；与社会公共政策、大众利益相关的政治、公众事务广告；等等。

（一）组织形象广告

这类广告的目的在于塑造企业形象，获得公众认同和增进商业信誉。

（1）以直接塑造企业总体形象为目标的广告。如美国国际商用机器公司（IBM）刊出的主题为“高枕无忧”的广告。其醒目标题：“大部分人对一家电脑公司的要求是晚上睡得好”。广告又以大枕头的画面配合广告文中的许诺：“我们使你们买电脑后获得很好的休息”，直观而生动地塑造IBM引导潮流和高品质的形象。

（2）宣传企业文化和企业历史传统的广告。日本松下公司曾做过以“松下电器公司永远是乌龟先生”为标题的著名公共关系广告。在广告中，借助伊索寓言中的乌龟与白兔赛跑的故事，来表达自己白手起家、艰苦创业的历史和企业的经营方针。在文案中写道：“我们自创业以来，脚踏实地，不断努力向前进，我们虽然跑不过兔子，我们是乌龟，但不断努力，我们终于取得了胜利。”整个广告的语言十分朴实、真挚又饶有趣味，很讨人好感。特别是以日本人的吉祥物象征企业，反映企业精神，既十分贴切，又有十分突出的东方文化特征。

（3）传播企业的精神特质和核心理念的广告。这种广告倾向于倡导一种生活态度或价值观，以引起公众的认同和共鸣。如向公众阐明企业的经营方针、政策、措施，以使在公众中建立良好的组织形象。新浪网的一则电视广告塑造了两个外形完全一样、都是身着黄色衣服、头上套着新浪“眼睛”头套然而性格迥异的年轻人，一个传统拘礼、助人为乐，另一个却我行我素、喜欢恶作剧，体现了新浪网内容和风格的包容性和多样性。

（二）社会公益广告

社会公益广告指不以营利为目的，而是以社会服务、社会公益为目标的广告。这

① 徐百益等编著：《公关广告》，同济大学出版社1992年版，第18页。

类广告通常以协助解决某些社会问题，为社会公众提供某些服务，为社会公众谋取利益的活动为主题的。如减少交通事故，赞助慈善福利和教育文化事业，保护环境，关心儿童、老人、残疾人等有利于社会公益、社会风尚的广告。

赞助型公共关系广告是企业通过赞助举办社会公益事业和各种社会活动，在社会公众中树立良好形象的广告。赞助型公共关系广告经常用在体育赛事当中，因为一场体育赛事的观众收看率非常高，因此各企业争相赞助以期获得注意，如日本的西铁城表就是因为赞助奥运会而闻名的。公益广告也可通过倡导正确观念来弘扬优良社会风气，或是引导人们对社会特殊群体的看法，对他们投以理解和关怀。如为改变人们对高考落榜生的观念，社会上陆续推出“成功，来自于许多挫折”；“人生是一场马拉松，只有暂时领先，没有永久的落后”；“今天滑铁卢，明天诺曼底”等广告。

(三) 特别事项广告

这是以配合各种特别活动事项为目标的公共关系广告。常见的有公司建立周年纪念广告、新厂房落成典礼广告、新产品的问世、陈列展示活动、商贸洽谈活动、股东大会等广告。

(1) 礼仪型公共关系广告是工商企业在重大的节日、各种庆典活动或圆满完成各项任务、取得各种成绩之时利用大众传播媒介，有礼貌地向广大顾客和社会各界致以节日的问候或表示谢意的形式。

(2) 活动广告主要是通过举办活动，发动吸引社会各界积极参与，让社会公众在趣味活动之中，熟悉企业和产品，构筑起企业和产品形象。

(四) 政治与公共事务广告

这是以宣传政治目的为主题的广告。最典型的是西方国家的选举广告。西方候选人在竞争时，经常利用广告来宣传自己，贬低对手。如1992年克林顿和老布什对抗时，克林顿的竞选班子设计了一个有关老布什的广告：“请看我的嘴巴，不加税”，以此来讽刺老布什在担任总统期间自食其言向国民增加税收的事实。

三、公共关系广告策划

(一) 公共关系广告与商品广告的区别与界定

为了使大家熟悉公共关系广告，并从中体味它与商品广告的区别，可以从如下几个方面对公共关系广告和商品广告进行区别与界定。

(1) 宣传的侧重点不同。商品广告是直接推销或宣传其产品及劳务。如“雀巢”咖啡的广告“味道好极了”，就是直接诱导人们的购买动机。公共关系广告则不直接宣传产品，而是传播产品之外的各种与公众有关的组织信息。如某企业在春节之际会在电视屏幕上打出“某某企业祝广大观众春节愉快、全家幸福”之类的话。目的是在受众中树立良好的形象。

(2) 宣传信息的流经途径不同。商品广告侧重于某种产品或服务的推销或促销，讲求立竿见影的效果；公共关系广告则侧重企业在社会竞争中的地位和形象。也就是说，前者是让公众先认识产品然后再认识企业；而后者则相反，是让公众先认识企业再认识产品。如欧米茄表："一旦拥有，别无所求"；飞亚达表："为您报时！"这两则广告，前者是商品广告，后者是公共关系广告。

（3）宣传色彩有别。商品广告注重引导人们的购买行为，商业色彩较浓；公共关系广告则注重与公众进行情感交流，引发公众的好感从而达到公共关系目的，所以商业色彩较淡，公众色彩、社会色彩较浓。

（4）选择的媒体不同。商业广告可利用的媒体较广泛，大致有报纸、广播、电视、杂志、广告牌、陈列、橱窗、包装纸、火柴盒、车厢、挂历、网络以及活人等。公共关系广告则侧重于报纸、广播、电视等新闻媒体，有时还可以利用开业典礼、周年纪念等活动或赞助活动而大张旗鼓地宣传，使芳名远扬。

（5）发生作用的时间长短不同。商业广告是推销产品的，要求广告能立即对消费者产生作用，即更注重短期的效应，要求使消费者有行动；而公共关系广告则更注重长期的效果，更注重所产生的作用对企业的长期发展有益。

（二）公共关系广告策划要则

（1）做公共关系广告首先应对一个组织的历史、背景、实力、现状及原来公共关系广告的做法有全面的了解。这样才有可能把握组织形象的个性特征，才能扣紧实际，找到切合需要的富有创意性的主题。

（2）公共关系广告应确立鲜明形象特征。形成自己鲜明的形象特征是公共关系广告成功的关键。松下公司的"乌龟"、IBM 的"枕头"、大通银行的"理想之门"、万宝路的"牛仔"等，都以强烈的个性，给公众留下难以忘怀的深刻印象。

（3）公共关系广告的信息要十分简练、集中专一。应在一个广告中集中介绍一个论点、一个故事、一个观念、一个统一稳定的视觉形象，注意保持主题和主要视觉形象的相对稳定性。

（4）公共关系广告在表现上应有别于一般强推销的商品广告，应采用较为朴素、坦诚的表现方式和方法。特别是说服性的广告，应用事实来说话，以赢得公众的信赖。

（5）在公共关系广告的刊播上，除了有特别的需要（如初次推出的新广告或配合具体公共关系活动的需要）之外，它更注重的是总刊播周期的持续问题，更注意能在一段较长的时期内保持不断重复播出，而不在于某一短期内的高出现频率。

第十一节　整合传播管理

20 世纪 90 年代以来，整合营销传播成为国际业界的热门话题，成为商业传播发展的主流方向，被誉为"21 世纪企业决胜关键"。整合传播的思想方法、策划模式和策略思考已在不同程度、以不同形式为市场营销、公共关系和广告所运用，并影响着组织公共关系传播策略的未来走向。

整合营销传播源自美国，经过多年的发展，理论上渐成雏形，也有了一些成功的案例运用。尽管这一理论从实质上看并没有提供多少新鲜的内容，但它确是深刻把握消费、传媒的发展趋势，总结最新营销观念和实践，依据信息论、系统论、控制论等科学方法重新审视营销传播而提出来的新策略，它对提高企业公众传播的科学性、传播的效益等具有重要的借鉴意义。

一、消费者导向

传统的4P理论以同质性高、无显著差异的消费大众为基础，确定了营销的四个组合因素，即：产品（product）、价格（price）、渠道（place）、促销（promotion）。这一理论体现了企业由内而外的营销导向，先研制某一产品，然后制定能赚到丰厚利润的价格，再通过由其掌握的配销通路并使用各种促销手段把产品卖出去。企业所关注的是“我们想要的消费者”，而不是“消费者想要的是什么”。

随着社会发展和人们生活水平的提高，产品和服务极大丰富，人们从事的职业、归属的社会阶层日渐增多，消费需求日益细分化。曾经单一化的大众市场分裂成成百上千个别市场。在新形势下，新的替代性的行销理论——4C's理论出现了。4C's理论要求企业首先考虑：一是顾客（consumer wants and needs），把产品先放到一边，研究消费者的需要与欲求，不要再卖你所能制造的产品，而要卖某人确定想购买的产品；二是成本（cost），暂时忘掉定价策略，了解消费者要满足其需要与欲求所愿意付出的成本；三是方便（convenience），思考如何给消费者方便，以购得商品；四是沟通（communication），与消费者达成沟通。整合营销传播体现了这种营销理论体系的重心转移，以消费者为导向是一次整合营销传播的出发点，更是整合营销传播过程中每一个环节的焦点。

这个策划模式的起点是消费者和潜在消费者的资料库，看消费者是一类什么样的人，其性别、年龄、收入、文化程度如何；有何喜好，其娱乐方式、价值观念；如何认识产品，对产品的关心点是什么，通过何种渠道认识；他头脑中的品牌网络如何，那些品牌各有哪些特色，排名怎样；在什么时间、什么地点购买产品，又在何种场合下使用该产品，他的使用感觉如何，以后对自己、对他人又有何种影响……这些资料将是品牌市场定位的重要依据。

在产品开发方面，日本厂商对以消费者为导向深得精髓。日本的一些大企业经常邀请家庭主妇们聚会，听取主妇们对于市场上现有产品的意见，不管爱不爱听、目前能不能做到，一律先收集起来。通过对这些信息的研究分析，发展出新产品的概念、设计、价格、售后服务、推广及沟通等要素。

接下去是寻求有效的接触管理，即在某一个时间、地点或场合下，企业与消费者进行沟通。现在的市场由于信息超载、媒体繁多，干扰大增，因此，最重要的是决定何时何地与消费者接触。然后是发展传播沟通策略，这意味着在什么样的背景环境下，要和消费者沟通什么诉求主题，传递何种信息。传播的目标及期待的反应必须明确，可测量。根据传播目标，再制定行销目标，最后选择传播工具来达到这一目标。

这是一个理想的、完全由外而内、以消费者需求为导向的营销传播体系。成功的企业就是因坚守这一导向而长盛不衰的。如宝洁公司（P&G）为使产品更贴近顾客，十分注意日常对客户的访问和调查，创立了“一日回忆法”和查询电话制度。“一日回忆法”即调查顾客在一天内所接触到和正在使用的生活用品的感受，有何不便之处，有无新的需求。查询电话制度则要求，每天有50位职员从早到晚在电话里回答顾客的询问，以便从中受到启发，改进和完善产品。低热量、不含胆固醇的名牌保健食品“欧力宝”就是受顾客启发而开发出来的。

整合传播的中心思想是在实现与消费者的沟通中，将各种营销传播功能，如公共关系、广告、直效营销、促销、事件活动等，按统一的目标进行策略性整合，使不同的传播工具在每一阶段、每一接触点发挥出统一、集中的作用，实现“多种工具一个声音”的效果。整合营销传播是以消费者为导向的营销过程，目标是与消费者建立起长期的、双向的、维系不散的关系。

二、产品同质化——营销＝传播

产品的同质化现象愈来愈普遍，质量、功能、外观、价格、渠道等“硬件”都可以被竞争者仿效甚至超过，而唯有商品的品牌形象不能。品牌形象蕴涵了消费者的情感寄托与价值认同，心理上的消费体验是不同的，品牌形象也就无法替代。如同是洋快餐，“麦当劳”叔叔滑稽可爱，其玩具、游戏对小孩子有吸引力；而“山德士”上校笑容可掬，店面的浪漫情调为青年人所偏好。品牌的形象代言人和店面装饰氛围不同，相近的汉堡包、鸡块也就带给消费者不同的情感体验。而品牌形象的建立，品牌价值的转换，只有依赖于传播。因而，整合营销传播理论认为，营销就是传播。

传播的对象是消费者，了解当今消费者接受、处理信息的时代特征，对于提高传播效果是必要的。当今社会，消费者与媒体的接触面广了，接触深度却下降了。如何充分利用各种媒体，有效地为企业或品牌服务，正是整合营销传播所关注的问题。消费者面对众多信息，很多情况下缺乏足够耐心去进行理性加工，常常是蜻蜓点水，有意无意地把零散信息组合起来，形成某种知识、经验，然后根据知识积累对产品做出判断。这就要求组织所传播的信息必须富于个性、简洁明了、持续而统一。要使信息是消费者所乐于接受的，就必须把对产品属性的炫耀转化成对消费者利益的诉求，同时，这些信息是与消费者已有经验或认识相吻合的，先从共识之处切入，再求在异质信息上的沟通。“持续而统一”就是通过对传播过程的整合处理，争取和维护消费者与公司和品牌之间的亲密关系，包括对营销与传播各个发展阶段的纵向整合与对营销与传播工具的横向整合。假如一种洗发水堪称“植物一派”，以此与其他品牌相区别，那么所有的营销与传播都必须体现这种个性。消费者与产品的每一次接触都是传播，传播无所不在。只要是可以控制的接触点，都应予以整合。同时，品牌的培育是长期努力的结果，这与消费者的传播、沟通过程必须维系不散，从而需要进一步从资料库营销入手，提升品牌忠诚度。

三、提高品牌忠诚度——资料库营销

提高消费者的品牌忠诚度对企业具有重要的战略价值。国外许多研究表明，相当大一部分销售量是来自小部分忠诚的重度用户（heavy user）。对企业来说，他们是最有价值的消费者，因为，保持一个消费者的费用仅仅是吸引一个新的消费者的费用的1/4。识别、培育、保持本品牌的忠诚消费者，企业必须与消费者进行长期的双向沟通。这就需要建立完善的沟通机制，寻求有效的沟通手段，而资料库的建立和管理首当其冲。一个回合的整合营销传播需要三个步骤：一是激发消费者反应；二是对消费者反应的测量与控制；三是建立资料库，整理消费者行为模式。

整合营销传播执行双向沟通，通过服务卡、热线电话、直接信函、折扣券、抽奖等手段刺激消费者反应，然后对消费者的语言或行动反应进行统计、测量，并输入电脑资料库，经过分析研究，整理出消费者的消费类型与模式。

一次销售不是营销的最终目的，而是建立品牌忠诚的开始，是把品牌购买者转化为品牌忠诚者的机会。当进行下一个回合的整合营销传播活动时，就可根据上一回合的反应而投消费者所好，建立长期的沟通。一些国际知名品牌都相当重视与消费者的沟通。如你购买了佳能打印机，很快会收到一份教你如何使用、保养产品的内部读物；如果你有兴趣，填上回执单，就能成为这份读物的长期赠阅读者。而你佩戴了博士伦隐形眼镜后，在生日时就会收到一张博士伦的贺卡，像老友的关心问候，一缕温情在你心中油然而生，下次换镜片，自然去找老店家。如此一次次循环往复，资料库里的消费者信息越来越详细，品牌与消费者构筑起真挚的友谊，令消费者因情感归属甚至是荣誉感而发生购买行为，这就是品牌忠诚营销。但要注意，消费者对品牌的忠诚是十分脆弱的，很可能因为一次对他的冷落而使他转换品牌。循环往复的沟通是整合营销传播的真正价值所在，培养品牌忠诚度绝不可一劳永逸。可口可乐在事先没有争得消费者同意的情况下，改变了配方和口味，遭到消费者强烈反对，之后，它又改回原貌，即是前车之鉴。

四、传播整合

传达到消费者的信息要做到持续而统一，就必须经过整合处理，这样才能有的放矢，节约资源，求取 1 + 1 > 2 的整体效果。整合营销传播就像集团军作战，步兵、炮兵、装甲兵、航空兵高度合成，分阶段、分层次出击，方可制胜。整合的内涵可从两方面把握：一是横向整合，即在某一阶段对各种传播工具、媒介的整合；二是纵向整合，对不同阶段的信息主题、形式进行整合。

（一）横向整合

（1）营销传播工具的整合。李奥·贝纳广告公司（Leo Buvnett）执行的一项专有研究表明，消费者拥有 102 种类似广告的不同媒体，随手写下一份接触清单就有：产品包装、销售地点（店面档次、规模、装修）、货架阵列与店面宣传品、销售人员展示、广告、促销活动（促销内容、方式）、公共关系活动（新闻发布会、赞助、公益活动等）、直效行销活动（电话、信函等）、售后服务、媒体报道与评论、上级主管部门检查……

这其中有企业和广告公司可控制的接触点，也有不可控制的接触点，接触管理就是要强化可控的正面传播，调解不可控的或不利于品牌的负面传播。

人类电影史上的空前巨片《泰坦尼克号》创下了一系列吉尼斯世界纪录，它投入最大，票房收入也最多，除电影业外，它还给出版业、玩具业、旅游业等其他相关产业带来了巨额盈利，充分实现了电影的产业化经营，其成功之处颇值得思考。

首先是影片宣传盛况空前。当 1997 年该片在美国本土刚上映时，中外传媒就不停地渲染影片情节，给予“票房情况公报”。1998 年 3 月，该片在美国荣获第 70 届奥斯卡 11 项大奖，全球数十家电视台现场直播，观众人数超过 10 亿人。在中国，各大城市电影公司首先组织记者观看该片，然后由这些意见领袖在报刊、电台、电视上评点，有的还登出了泰坦尼克号的故事连载，激发人们的兴趣与好奇心。在上海，全身披着广告的公交车驶上南京路，人民广场大屏幕连续滚动播放其 MTV，街头巷尾到处都有影片海报、横幅和灯箱广告，哀婉凄清的主题曲也不绝于耳，浪漫情怀弥漫一时。影片的成功带动了多种产业的兴盛，磁带、贴画、VCD 光盘、录像带和五花八门的书刊蜂拥而来，有写沉船之谜的，有介绍幸存者生活的，尽管其中不乏盗版之作，但购者如潮。有的制造商大量生产“泰”船模型，随影片拿到世界各地去卖，销路很好。在上海，《泰》片各式海报的下方都印有“Lee 与您真情共赏、浪漫蜜语、风雨无阻”的广告字样，公映期间，凡买电影票就可获赠 Lee 牌服装优惠卡，而购买 Lee 服装 500 元后还可获赠明信片珍藏卡和泰坦尼克船票等各类纪念品。企业搭乘影片东风，影片借势扩大宣传，双方联合营销，各得其所。

（2）对各类目标受众的信息整合。一个品牌的目标受众，有其目标市场的主要群体与次要群体；有扮演不同购买角色（倡议者、影响者、决定者、购买者、使用者）的人们；也包括产品的批发商、零售商；还有其他对产品营销有影响的团体、组织、公众，比如政府、行业组织、原料供应商、社会公益组织等。每一类目标受众对企业、对品牌有不同的信息和利益需求，传播管理必须针对不同区隔的受众，提供他们需要的信息，既有统一的企业与品牌形象，又满足不同人的特殊需求。

整合营销传播的横向整合，使传统广告程序发生了变化。传统的广告程序是：营销目标→选择目标消费者→广告策略→创意执行→媒体定位。倡导整合营销传播的 DDB Needham 公司对之作了修正，提出了新的广告程序：营销目标→选择目标消费者→媒体定位→传播策略→创意执行。从中看出，一个广告活动可以用媒体概念来主导创意概念，也就是前面提到的先确定接触管理再发展传播策略。

（二）纵向整合

纵向整合，即时间整合，是在不同营销阶段，综合运用各种传播手段，产生协调一致、渐进加强的信息，达成传播目标。现从两种时间发展角度阐述整合营销传播的纵向整合过程。

（1）营销活动过程的整合。选定目标受众，即可进行产品的 4P 组合设计，通过广告与其他传播工具的通盘运作，彰显品牌个性，塑造品牌形象，并在消费者心目中不断努力加强这一印象，培育品牌资产。

（2）与消费者关系发展过程中的整合。传播目标或传播效果的层次，如果换用消费者与品牌之间的关系来描述的话，就是品牌忠诚阶梯的概念。一般而言，越往高处，人数越少，传播的任务就越重。整合营销传播的纵向整合是要在品牌忠诚阶梯的不同阶段，确定与消费者所需适当信息相一致的传播目标，推动消费者向品牌忠诚者衍化。在阶梯的不同阶段上，各种传播工具的作用和重要性是不同的，应当有不同的优先选择，更替其主导地位。让我们试用一个简单的改良后的 AIDAR 模式加以说明。

①潜在消费者——引起注意。在这一阶段，要让消费者意识到品牌的存在。强烈的品牌个性和清楚的定位，是让品牌脱颖而出的关键。当年七喜汽水的“Un-Cola”运动至今让人称道。相应地，商品的形象广告、强势的公共关系活动，以及同伴和产品使用者的影响，都是让消费者形成品牌正面态度与行为倾向的重要手段。在北美地区，Windows 95 上市仅 4 天就售出 100 万套，事前的产品新闻发布会已经很好地激发了消费者的购买欲望，广告不过是锦上添花而已了。

②有意顾客——引发兴趣。有意顾客会想吸收更多的资讯，以考虑是否将品牌作为选择的对象，不过他们仍是被动地接受。比较详细的产品广告、公共关系活动、媒体报道、新闻化广告以及直效行销等，都是本阶段恰当的传播工具。

③潜在顾客——刺激欲望。消费者开始主动寻求有关信息，以便做出品牌之间的比较。同伴团体以及其他意见领袖的口语传播、产品手册、直邮信函和销售人员提供的信息，都会起到关键的效果。如房地产经销商在大众传媒发布广告，主要目的是引发消费者欲望，使其加入垂询者行列，然后通过直邮广告、面谈、样品房展览等，由销售人员进一步说服、沟通。

④顾客——付诸行动。转变为实际的顾客，他们的信息既来自使用经验，又来自各种传播。这一阶段，广告和公共关系的目的，在于再次提供保证，使其确信自己的选择正确。促销活动也不可或缺，但不能轻易在价格上退步，以免损坏品牌形象。售后服务是关键，“海尔”的优质高价加上“星级服务”，24 小时随时上门安装维修，国际名牌家电的形象稳定可靠。如果已有明确的顾客资料，通过人员销售与数据库营销，效果会更好。

⑤品牌拥护者——再次购买。这一阶段的传播目标在于维持品牌与消费者的坚定关系，提供的信息用来减低购买后可能产生的认知不协调。调性一致、持续出现的广告和公共关系活动是这一时期的传播重点。另外，口碑、售后服务、直效行销继续扮演着决定性的角色。所有的营销活动和传播信息，都应该用来刺激消费者重复购买，并鼓励他们向别人推荐。国内某一儿童饮料品牌在广告中让广告口号从儿童的嘴里喊出来：“今天你喝了没有？我们都喝乐百氏！”营造口碑效应，对爱攀比、喜模仿的儿童很有诉求力。

【案例7-1】“请您欣赏一部彩色歌剧电影——中国的《罗密欧与朱丽叶》”

1954年4月；周恩来率团出席日内瓦会议。会议期间，中国代表团举办电影招待会。会上准备放映一部根据《梁山伯与祝英台》改编的电影《梁祝哀史》。

有人怕外国记者看不懂越剧，就请人将剧情介绍和主要唱段写成一本十几页的说明书，准备译成外文发给他们，并把剧名译成《梁与祝的悲剧》。周恩来听取汇报后说：“十几页的说明书，谁看？”周恩来建议：“在请柬上写一句话：‘请您欣赏一部彩色歌剧电影——中国的《罗密欧与朱丽叶》。’”

照此办法，影片上映后获得极大成功。外国记者普遍认为，这部电影无论故事情节、画面色彩以及音乐，都太美了！

周恩来是沟通的大师，他熟谙沟通的原则与技巧。他建议取消了十几页的说明书，目的是为了在沟通信息时，更简洁明了，方便受众。同时，他充分把握对方的文化背景，将中国的《梁祝》比成西方脍炙人口的《罗密欧与朱丽叶》，让对方一下子超越了沟通上的文化差异障碍，看懂了《梁祝》，理解了《梁祝》。

【案例7-2】大亚湾不是切尔诺贝利

由于煤电供应日趋紧张，尤其是近年来燃烧石化燃料过多而导致的“温室效应”及天气异常现象，加深了人们对核电优越性的认识。我国政府有关部门经过科学的分析与调查，认为发展核电不失为解决我国中长期电力增长问题的重要途径。于是，我国政府有关部门决定在深圳大亚湾修建一座核电站。

然而，此时从苏联传来了一个令世人震惊的噩耗——切尔诺贝利核电站发生了核泄漏事故。事故发生在1986年4月25日星期五的深夜到星期六的黎明，而新闻界4月28日才对外发表正式消息。在此之前，欧洲一家新闻社报道说，苏联切尔诺贝利核电站所发生的核泄漏这一事故已造成了2000人死亡。而后，各国新闻媒介从不同渠道获得了各种消息并纷纷加以报道。新闻媒介的推波助澜，一时间使世界舆论哗然。尤其是发表正式消息过晚，致使流言四起，谣言广为传播，引起了混乱。

1988年4月27~30日在澳大利亚墨尔本召开的第11届公共关系世界联盟大会上，一位苏联教授曾做了题为《切尔诺贝利核电站事故以来的两年》的报告。他在报告中说，我们认为事故发生后消息公布过晚是一个很大失败。流言搅得人心惶惶，谣言令人谈“核”色变。核电这一与人类生存攸关的重大问题不能不受到世界各国人民的广泛关注。

香港公众亦将国家将在大亚湾修建核电站之事列为热门话题，报纸辟出版面，电台、电视台开设专题节目。一时间闹得满城风雨，人心浮动。有关人士慷慨陈词，极力反对在与香港毗邻的大亚湾修建核电站。一些公众为此还组织了反核的专门机构，并发起了香港各界100万人的签名运动。在强大的舆论影响之下，125万香港公众参加了签名运动。反核的专门机构派出了请愿团赴京请愿，并将请愿名单送至北京。不利舆论汇成了汹涌的波涛。

面临这种不利舆论，我国政府有关部门究竟应该怎么办？如何平息这场不利舆论、矫正政府形象这一重大问题，不能不令我们认真研究。这时，有人理直气壮地提出：我们修建核电站是科学的决策，别人无权干涉。显然这种说法是无懈可击的。但是随后也有人提出不同意见。他们认为，产生这种不利舆论的原因通过调查已得知有两点：一是我们对大亚湾核电站的修建缺乏宣传，致使香港公众不了解有关情况而产生了误解；二是客观上受到了苏联切尔诺贝利核电站核泄漏“冲击波”的影响，人们产生了“核恐怖”心理。处理这种公共关系危机应采取全面的公共关系宣传，以“软处理”的方式化解这种不利舆论。

于是，我国政府有关部门通过研究决定采取如下对策：

（1）全面了解这种不利舆论产生的原因、衍生和辐射的范围，以及已经产生和将要产生的影响。

（2）立即组建核电站公共关系处，由一位高级工程师任处长，以增强公共关系宣传的针对性。

（3）通过新华社、中新社等新闻媒介如实报道苏联切尔诺贝利核电站事故调查及援救工作开展情况，并及时详尽报道调查结果——由于操作人员不慎所造成，并非技术问题。

（4）由具有权威的核科学家和核电专家在香港举办关于核电站知识的讲座。在宣传中，他们针对香港公众所担心的问题，给予了耐心的解释和说明。我国目前采用的安全标准是在国际上积累了几十年经验基础上结合我国国情制定的，具有很高的安全保障系数。在压水堆的设计上我们也采用国际上最成熟的技术，设立了三道屏障：一是安全壳；二是压力壳；三是包壳，从而使反应堆达到最佳安全状态，可谓万无一失。世界核电史上的两次最大事故（美国的三里岛核电站和苏联的切尔诺贝利核电站）均是由于操作人员操作不慎造成的，而并非压水堆本身的技术问题。高标准、严要求是我们在核电建设中始终坚持的原则。另外，大亚湾核电站距香港50公里，完全符合国际规定的选址要求。在美国、中国台湾的一些核电站的设立，距居住区都在50公里以内，没有造成任何危害。苏联切尔诺贝利核事故的清理范围也在30公里以内。因此，50公里的距离不算近，港人不必担心，相信该核电站投入使用后，也不会造成任何危害。核恐怖心理实际上是杞人忧天，大可不必。核电和原子弹是有本质区别的，核电站不会爆炸，它可能产生的泄漏也会因设有多层防护屏障的纵深保护而被减少到最低程度。所有这些有针对性的公共关系传播，大大缓解了公众的核恐怖心理，成功地引导了公众舆论。

（5）组织香港有关人士参观大亚湾核电站基地及设施，增加了工程决策、设计、施工、管理及技术等方面的透明度。

（6）中央有关领导会见香港赴京请愿团，向香港公众代表做了认真的解释和说明工作，沟通了信息与情感，让香港公众代表感到政府对此是襟怀坦白的，从而增强香港公众对我们的信任感，打消了对政府的误解。

（7）我国政府有关部门与香港一家有影响有信誉的公共关系公司合作在日本的广岛举办和平利用原子能的展览会，宣传核知识和我们对核的一贯态度。通过以上一系列公共关系活动的开展，一场反对修建大亚湾核电站的轩然大波终于被平息了。

（资料来源：熊源伟：《公共关系案例》，安徽人民出版社 1993 年版）

复习思考题

1. 试分析阐述大众传播媒介的基本功能。
2. 比较电视、广播、报纸、杂志、路牌等大众传播媒体的优势与局限。
3. 试分析阐述网络时代公众传播的新变化。
4. 阐述公共关系新闻传播在组织公共关系管理中的主要作用。
5. 《“请您欣赏一部彩色歌剧电影——中国的〈罗密欧与朱丽叶〉”》体现了沟通的哪些原则与技巧？
6. 《大亚湾不是切尔诺贝利》是如何综合运用沟通手段的？

参考阅读

1. 沙莲香：《传播学》，中国人民大学出版社 1990 年版。
2. 阿尔·里斯劳拉·里斯：《公关第一，广告第二》，上海人民出版社 2004 年版。

第八章　社会组织与公众的协调

本章提要

公共关系协调是公共关系工作的核心。通过协调，使社会组织与利益相关的公众达到和谐一致的状态，从而双方密切合作，取得双赢。

本章首先说明了公共关系协调作为目的和行为的两种含义；阐述了公共关系协调对实现组织目标和可持续发展、对建立和谐的公共关系环境的重要意义；提出了公共关系协调应遵循基本原则，简述了公共关系协调中利益协调、目标协调、态度协调、行为协调的主要内容，介绍了公共关系协调的多种方法；分别分析了组织内部和组织外部以及不同主体等各类公共关系的协调特征；对公共关系协调中重要内容之一的“危机处理”也专门分节做了阐述。

经过对本章的学习，我们要了解公共关系协调的意义和内容，熟练掌握公共关系协调的原则和方法，针对各类关系的协调处理，都能够应付自如。

第一节　公共关系协调的意义、原则、内容与方法

一、公共关系协调的含义

公众，是公共关系的客体要素，是社会组织开展公共关系工作的对象。建立和谐的公众关系，不但是公共关系工作追求的理想目标，而且是公共关系工作的基本内容。这里，公共关系协调实际上有两种含义：一是指社会组织与其公众之间的关系处于协调的状态，如内部同心同德、步调一致，外部享有盛誉、融洽合作等，在这个含义中，“协调”是形容词，形容社会组织与相关公众之间配合得适当，关系和谐，是结果式的静态范畴；二是指社会组织为争取公众的支持与合作而进行的一系列努力和开展的各种协调公共关系的工作，如在内部为员工办实事、广泛听取员工的意见、向员工宣传组织的政策等，在外部为顾客提供满意服务、为社区分忧解难、模范遵守政府法令以及加强与各方面公众的沟通和调适等，在这个含义中，“协调”作动词，表明社会组织为建立和谐的公共关系环境所付诸的实际行动，是过程式的动态范畴。

二、公共关系协调的客观必然性

社会组织与相关公众的协调，具有其客观必然性。

（一）社会组织与相关公众的协调是两者相互联系、相互作用的一种基本形态

相关事物的联系从性质上看有两种存在状态：一种是对立的，另一种是统一的。矛盾斗争和协调合作是事物的两个方面要求。公共关系的存在状态从性质上可分为对

立性的和合作性的两类。对立性的公共关系状态是指社会组织与相关公众之间为了各自目标、利益而相互排斥或反对，包括竞争、冲突、对抗、强制、斗争等。合作性的公共关系状态指公共关系主客体双方为了共同的利益和目标采取相互支持、相互配合的态度和行动。合作的公共关系状态，实质上就是社会组织与相关公众的关系处于一种协调状态，双方彼此相互适应、相互顺从、互助互利、和谐一致。

爱因斯坦认为：统一、联系、和谐、协调是自然界的普遍性质。我们认识到，人与人构成的社会，也存在着上述属性。当今社会，和平与发展是主旋律。作为一种基本的存在和运作形态，协调与公共关系相伴而生。社会组织与相关公众发生联系之后，就会有协调状态的关系存在着。

（二）协调是公共关系存在和发展的内在机制

中国古代的贤哲们认为，和谐协调是万物生成、生存、发展和形成多样性统一的内在原因。

先秦时的荀子在《天论》中提出：“万物各得其和以生，各得其养以成。”春秋时的史伯提出了“和实生物，同则不维”的重要命题。孔子认为：“中也者，天下之大本也；和也者，天下之大道也。”他把中庸看作世界的根本规律。孟子也认为：天时不如地利，地利不如人和。人和，人与人之间的谐调关系，是成功的首位要素。

现代科学揭示，协调是运动发展的调节机制和动力。这是由事物本身所固有的一种调节能力和协同能力所决定的。一个系统通过调节使主客体之间相互适应，保持系统的良性运转；通过协同，不断解决矛盾冲突，使系统从无序走向有序，使各子系统与系统不断保持合作。

协调之所以成为事物运动发展的动力，在于它可以促使各子系统之间耦合，产生相干效应。它使系统各游离独立的子系统按一定方式在大范畴内相互联结、相互促进。

协调成为运动发展的动力，还在于协调本身是一种自组织能力。这种自组织能力是以信息联系为基础，通过反馈控制来实现的。当系统与环境进行物质、能量、信息交换时，这种自组织能力就体现在控制和调整系统内各子系统，使之协同动作，保持系统的和谐有序运转。

如果我们把社会组织与相关公众结成的关系看作一个系统的话，那么，保持这个系统和谐有序地相互作用、共同发展的调节机制和动力是协调。这是公共关系能够建立、维系、发展的内在原因。

首先，协调可以使社会组织与相关公众产生耦合，让目标一致、利益相关的社会组织与公众按一定的方式在社会范围内相互建立关系。比如，一个生产厂家通过信息传递、谈判等，为自己找到产品销售商和消费者。

其次，协调使社会组织与相关公众保持正常的联系，让其相互依赖、相互影响、相互制约、相互作用。一方面，社会组织从公众那里获得生存和发展所必需的信息、能量、物质、市场等；另一方面，向社会公众提供有关的产品和服务，取得生存和发展的权力。在这个双向交流过程中，如果没有有效的组织和调节，很难设想交流能够有序地、顺畅地进行。

最后，协调是化解社会组织与相关公众矛盾冲突的有效手段。不同事物之间总是存在种种差异与对立，平衡与和谐是相对的、暂时的，而矛盾总是无时不在、无处不有。社会组织与相关公众之间由于角色不同、信息不通、认识与行为上的差异、利益上的冲突、目标上的背离、发展得不平衡等，总会经常产生这样那样的对立，要使其缓和关系、达到统一、重新合作，就必须进行协调。协调是使不同事物（包括社会组织与公众），尤其是存在种种差异与对立的事物达到统一，特别是要使它们之间内在地有机地融合为一个新的统一体的决定性条件。要不断地促使双方及时沟通信息，保持交流渠道的畅通，要对双方目标、利益、态度、行为进行修正、调整，化解矛盾，达成新的合作。

三、公共关系协调的意义

（一）保持组织内部团结，增强组织的凝聚力

组织内部各个要素、各个层次、各个部分的有序统一、和谐运动是组织生存和发展的基础之一。队伍团结，才能有战斗力。组织有凝聚力，才能调动各个方面的积极性。而要达到这一点，协调是必不可少的。组织内部也可看作一个系统，由若干种公众组成。上级领导与下层各级干部之间、各个职能部门之间、管理人员与操作员之间、组织内部正式团体与非正式团体之间等，客观上都存在着密切的联系。内部成员之间的关系，一般也有合作和对立两种类型。要使内部成员之间减少摩擦、消除隔阂、形成合力，必须通过协调来达到目的。领导、管理层要协调好与内部员工的关系，关心员工的生活、工作条件，尽可能满足员工的精神和物质需要，使他们在组织内有安全感、归属感，自觉乐意地为实现组织目标而尽心尽力。各职能部门要善于沟通信息，协调行动，相互支持和配合，使组织高效运作。组织内部各种关系协调好了，成员就会心情舒畅、士气高昂、步调一致、配合默契，组织的生机和活力就会大大增强，竞争力就会大大提高。

（二）促使社会组织与公众进行广泛、深入的合作，谋求共同发展

社会组织与公众既是各自独立的，又是相互依赖、相互作用的。说它们是各自独立的，是因为社会组织有自己的目标、利益、结构、功能等等，公众也有自己的需求、爱好、态度、行为等；说它们是相互依赖、相互作用的，是因为它们在需求上可以相互补充，互相满足对方是合作的基础。

由于信息沟通不畅或不及时，社会组织与公众的联系发生障碍，可能会引起不理解、误会，可能会使行动不一致；由于各自利益的驱动，可能会产生目标的不统一；由于发展的不平衡，可能在相互满足的程度上出现种种不如意；等等。差异的出现、矛盾的发生、冲突的形成，会影响和破坏社会组织与公众的合作。

协调在社会组织与公众关系中所具有的意义和作用在于以下几方面：

第一，以疏通社会组织与公众的联系渠道，收集公众信息，了解公众的需求、舆

论、态度和行为，监测社会组织生存和发展的环境，掌握外部世界的各种变化，以便作出反应。

第二，有效地向公众传播本组织各种信息，扩大组织影响，塑造组织形象，争取公众的了解、理解，支持、配合组织行为。

第三，根据环境的变化、公众需要等，及时调整本组织目标、行为，使公众利益与本组织利益取得一致，相互适应、统一行动，从前更广泛、更深入地合作下去。

第四，当社会组织由于种种原因面临危机时，协调可以使组织迅速地摆脱困难局面，重新得到公众的配合和支持。

（三）优化社会环境，保持社会稳定、持续发展

当今社会，和平和发展是主旋律。

协调了组织内部关系以及组织与外部公众的关系，不仅可以使社会组织得到顺利、高效运作、发展，还可以优化社会环境，对宏观社会产生积极作用。

首先，协调可以促使社会交往增多，交流质量提高，优化了社会互动的环境。

其次，协调可以使人们在社会交往过程中得到精神、心理上的满足，优化了社会心理环境。

再次，协调可以使社会各个群体利益最大实现，既有助于营利性组织找到合作伙伴争取最好经济效益，又有助于非常营利性群体经济条件不断改善，优化了社会经济环境。

最后，协调可以使民众的意见、要求得到更充分反映，人民群众的主人翁地位得到加强，政治民主化更好地实现，从而优化了社会的政治环境。

四、公共关系协调的原则

公共关系协调的原则指社会组织在协调与相关公众关系时应遵循的法则和标准。

1. 平等原则

平等原则即将社会组织与公众放在同等地位上，相互尊重。首先，社会组织要尊重公众。社会组织的生存和发展，有赖于公众的支持和合作，必须充分认识公众对社会组织的重要作用和影响，对公众的利益要多加维护。而且，不论规模大小、力量强弱，社会组织对相关的公众都要一视同仁，不能厚此薄彼。其次，社会组织自身要自重，既要在协调过程中虚心待人，又要不卑不亢、独立自主。双方处于平等的地位，有利于协调顺利进行。

2. 互利原则

在对双方的目标、利益、态度、行为等进行协调时，要充分保障双方的利益需求都能得到满足。在公众利益优先的前提下，兼顾自身利益。利益的互补是合作的基础，没有互利便没有合作的动力。要想合作建立起来并维持下去，必须对利益问题予以特别关注。

3. 双向调节原则

双向调节原则即一方面要使对方的立场、目标、态度、行为等得到调整，以适应

自身的需要；另一方面也要调节自己的方针、政策、目标、态度、行为等，以适应对方的需求。不能只想着影响、作用对方，让对方作出改变，自己不进行修正；也不能只调节自己这一方，忽视对对方施加影响，促使其作一定的调整。围绕共同的目标、共同的利益，双方都对自身进行调整，合作就会更好地进行。

4. 求同存异原则

求同，就是寻找双方的共同点，在利益一致、目标一致的基础上进行合作；存异，就是在大的方面有合作的基础前提下，容许各方有自己的不同见解、策略等，对非原则的不同点采取宽容、克制的态度。

5. 系统原则

社会组织与相关公众合作是合力作用的结果。协调是一个系统工程，从内容到方法等，涉及的因素很多。要善于综合平衡、统筹兼顾，系统地进行协调。

6. 注重沟通原则

沟通在公共关系协调中具有重要作用。在沟通的基础上，双方才能相互了解，才能找到合作的机会；当双方有矛盾时，往往也要靠沟通来消除误会或争取谅解。所以，协调工作中必须尤其关注沟通。

7. 讲求信誉原则

社会组织进行协调工作时，必须十分注重信誉、注重自身的形象。办事要认真；态度要诚实；工作要讲效率；言必行，行必果；守信用；等等。

8. 持久原则

社会组织与公众的合作是长期的、久远的。协调工作具有持久性，战略上必须充分注意这一特点，要从长计议，要做长期持久的努力。

五、公共关系协调的内容

协调社会组织与公众的关系，涉及方方面面。概括起来讲，社会组织与公众协调的主要内容有以下几个方面：利益、目标、态度、行为等。

（一）利益协调

利益即好处。在公共关系学中，利益是指社会组织和公众各自在物质和精神上的需求的满足。

每一个社会组织、每一类公众，都有其自身的利益。从物质上讲，有满足衣食住行、健康、安全、从事生产和服务等需要；从精神上讲，有交往、被尊重、知晓、感情交流、实现既定追求等需要。社会组织之所以能够成立并维持正常运转，原因就在于社会组织的成员能在其组织内实现这些利益需求。

不同的社会组织和不同的公众，有不同的物质和精神需求。服装公司希望通过向社会提供受消费者欢迎的服装，来获取利润，美化人们生活；电力公司期待着在向社会输送生产和生活用电后，得到经济上的回报；等等。

马克思在论述社会关系时明确指出，要承认各自的利益和需要。他说：“人们奋斗所争取的一切，都同他们的利益有关。”① 又说：“凡是有某种关系存在的地方，这种关系都是为我而存在的。”② “每一个社会的经济关系首先是作为利益表现出来。”③

由于社会分工，不同的社会组织有不同的产品和服务。比如电视机厂只生产电视机，食品厂只提供食品，电影院只能放电影供人观赏。而一个社会组织的需要是多方面的，要满足多方面的需求，这就既要资金，又要人才、设备、原料等，从而必须同其他社会组织交换产品或服务，进行互补和合作。可见，互利是各种社会交往和合作的前提条件。

社会心理学在阐述社会交往中人的行为时，提出了收益原则、相等理论、得失理论。

收益原则又叫成本收益原则。它指出，人的行为在通常情况下，总是希望付出小的代价而获得更多的利益。

相等理论认为，虽然在现实生活中一般人把以小的代价换取高的报酬作为行为准则，但是在社会交往中，这往往是行不通的。社会交往能否正常发生，友谊是否能建立和维持，常以相等为标准，即礼尚往来。如果交往久了，不能平等交流，交往就会中断或减少。

得失理论认为，交往过程中的得失是不可避免的，要承认这种眼前的暂不平等，着眼于长远利益，在更大的范围和更长的时期中获取自身利益。

社会学中提出了交换理论。这种理论认为，社会成员之所以参加某一组织，是为了与组织其他成员进行物质和精神上的交换，或者是通过组织来获取自己单独无法取得的利益。因此，组织凝聚力的有无和强弱，在于组织成员能否在组织中实现自身的利益。

满足利益需要——经济学、社会学、心理学、行为科学、管理学等多门学科，都提出了这一原则。公共关系学也把满足社会组织与公众的需要作为自己的重要研究课题。

尊重各自的利益需求，确保在相互交往和合作中对方的利益和自身的利益都能较好地实现，是公共关系工作的一项重要原则。

可是，在现实交往和合作中，各自利益的充分实现是有一定困难的。比如，某企业生产了一种新胶水，其功能和质量超过以前的产品。社会上有一批人盼望有一种新胶水出来，供自己使用。可是，因为不知道有新产品问世，就自然使用老产品。对供需双方来说，利益都未能实现。再比如，某地水果大丰收，却因收购部门少、运输能力限制，果农收获的水果不能及时卖出去，造成损坏和腐烂，遭受经济上的损失。还比如，有一家精品商店，虽然商品质量很好，可因为价格太高，普通百姓望而生畏，虽喜欢却买不起，不能成交，双方利益都未满足。沟通不够、发展不平衡等，都会使

① 《马克思恩格斯全集》第1卷，第82页。
② 《马克思恩格斯选集》第一卷，第35页。
③ 《马克思恩格斯全集》第18卷，第307页。

利益互相满足不能实现。另外，由于一方对另一方利益的分割，比如，某厂生产一种不合格产品，使消费者蒙受利益损失，造成双方利益上的冲突等。要使社会交往的双方能够互补、合作，就必须解决利益上的问题，调解利益上的冲突。

公共关系是社会组织与相关公众结成的关系。社会组织与某些公众之所以能形成经常的联系，最主要的原因是相互之间有利益上的互补。企业用产品或服务从消费者那里获取利润，消费者用货币从市场上得到企业提供的自己所需的产品和服务。如果没有各自利益的实现和满足，双方就不会建立良好的关系。如果一方提供伪劣商品，另一方受害，那么双方就会发生冲突，关系出现危机。公共关系建立在互利的基础上，公共关系工作的核心，就是要协调好双方的利益，使双方在利益上都能得到满足，在利益上取得一致，巩固公共关系赖以建立和发展的基础。

利益协调的关键在于了解双方的利益需求，寻找双方的利益共同点，并努力使共同的利益得到实现。要做到这一点，以下几个方面应当特别关注：

首先，清晰认识各自的利益所在。在社会组织内部，管理者要搞清组织成员的各种需求，并在组织总需求中表现出来，组织只有满足了内部成员的要求，才能够有凝聚力和动力；在社会组织与公众关系问题上，既要明白自己的需求，又要弄清对方的需求，做到知己知彼。

其次，寻找利益共同点、交汇点。社会组织和公众各自都有自己的需求。一方的需求可以从另一方那里得到，两者就有了相关性。找到了可以互补互利的对象，就有了建立公共关系的条件；找到了一致的利益，双方合作就有了基础。而双方利益的交汇点，是利益协调的关键部位。

最后，促成有利益相关的社会组织与公众通过努力实现共同需求，包括较好地满足自己的需求。“寻找”还是主观上的东西，只有实现了利益需求和愿望，合作才落到了实处，公共关系才得到巩固和发展。而“促成”则是指公共关系工作者在社会组织与公众利益之间进行协调。一方面，努力向对方输送其所需产品和服务等，满足对方需求，如果对方对自己有不满意地方，要及时自我纠正、调整，适应对方；另一方面，以各种手段影响对方，使对方能够接受自己的政策或产品和服务等，达到自己的努力目标，满足自身的利益需求。

美国百事可乐公司为了使自己的产品进入印度市场，首先与一个印度集团组成一个合营企业，并提供了特别优惠的合营条件，从而得到了印度政府的批准与支持。百事可乐公司提出，其将帮助印度出口农产品，并使其出口额大于进口饮料浓缩液的成本。此外，百事可乐公司还保证，其不仅要在城市销售，而且要尽最大努力把产品销往乡村地区。百事可乐公司还提出把食品加工、包装和掺水处理等新技术提供给印度。由于百事可乐公司给印度提供了一系列利益，使其能够赢得印度各利益集团的支持，从而在印度市场站稳了脚跟。

（二）目标协调

目标是指想要达到的境地或标准。

任何社会组织或公众都有自己既定的目标。

社会组织的目标是其在一定时间、空间的动态范围内所要争取达到的一种未来的状况。

组织目标的功能主要有以下几方面：

第一，指向功能。需要引起动机，动机又会引发行为。把人的行为指向目标，就会使目标的指南针的意义愈加突出。目标中明确了组织发展的方向和程度，对行为有指向和调节作用。

第二，为激发组织活力提供动力。内在需要动因和外在明确目标相结合，就会激发热情，使精神因素成为推动行为的现实力量。

第三，合力功能。目标既有群体的，又有个体的。群体目标是个体目标的总和，也是群体内每个成员的目标。要实现目标，就必须集结群体成员的所有力量，共同努力。群体目标把个体分力聚集成群体合力。

组织目标是组织生存和发展的总体需求的外在的具体体现。它是组织内在现实需求和对未来期望的结合体，是组织利益的具体化、指标化。

组织目标在制定和实现的过程中受到内部和外部两方面因素制约：

一是内部成员需求因素。前面提到，组织目标是内部各成员个体目标的总和，组织目标必须反映个体成员需求。组织目标与成员个体目标是否协调一致以及一致程度直接影响着组织目标能否实现以及实现程度。

二是外部环境因素。社会组织是社会分工的产物。社会组织与环境是互为条件、互为因果的功能耦合关系。社会组织必须满足环境的需求，为环境提供产品和服务，才能在社会中立足，确立自己的位置。社会环境需求不仅划定了组织目标的范围，而且规定了组织目标的时限，影响着组织的生命周期。而且，环境的需求是不断发展、变化的，社会组织必须根据变化及时调整目标。

公共关系协调中所讲的目标协调，就是将社会组织目标、组织成员目标、社会公众目标统一起来，使三者达成和谐，保持一致。

进行目标协调的原理是：

协同学认为，如果系统自己要走向一种有序结构，那就是说代表那种系统有序结构的点是系统的目标。不管从空间的哪一点开始，终归要走到这个代表有序结构的点。系统只有在目的点或目的环上才是稳定的。离开了就不稳定，系统自己要回到点或环上才肯罢休。①

如果我们把社会组织看作一个系统，那么它内部的成员就是这个系统的构成成分，要使组织能够有凝聚力和稳定发展，组织目标与组织成员个体目标就必须在一个目的点或环上结合好。如果我们把社会组织与相关公众也看作一个更大的系统的话，那么，社会组织的目标与相关公众的目标也必须在一个点或环上取得一致，这样，两

① 参见钱学森：《论系统工程》，湖南科学技术出版社 1982 年版，第 224 ~ 245 页。

者才能形成稳定和谐的合作，建立起良好的关系。

目标协调的意义在于：

从宏观上看，社会组织目标与社会环境、与公众目标一致，可以使社会组织与社会环境同步发展、和谐运作，既有利于社会组织实现生存、发展目标，又有利于整个社会的稳步进步、良性运转。

从微观上看，目标协调一致，使社会组织、组织内部成员以及相关合作者目的明确、分工清晰，共同一致的目标既可成为动力，又可作为考核成效的标准，是合作的动力和依据。

目标协调与利益协调、态度协调、行为协调有着密切的关系。目标协调是利益协调的指标化、具体化，又是态度协调、行为协调的先导条件。目标协调使合作双方的思想、意志得到统一，进而对态度产生影响，双方相互认可，有了合作的积极性。目标协调使双方有了共同的努力方向，使行动计划和行动采用方法都有了制定的依据，有利于统一行动，相互配合。

进行目标协调，关键在于抓住目标的制定过程和实现过程这两个主要时期。

在制定目标时，要充分吸收各个方面的意见，并加以综合平衡，使组织目标既符合内部成员意愿，又符合相关公众需要，自身需求也能得到保障。同时，要采取有效措施，对合作者产生影响，使其目标也能与本组织的目标相吻合。比如，当组织准备生产一种新产品时，要培养相关公众对这种产品的需求，引导消费者采用新产品。

在实现目标过程中，要对自身的发展和相关公众的发展及时作出反应，对出现的目标距离和冲突及时加以调整，在动态过程中保持目标的统一和一致。

近年来我国商界不少单位采取的降低盈利率、增加销售品种和数量以赢得顾客欢迎的做法，就是目标协调的具体实践。

针对一个时期我国商界中存在的盲目提高商品出售价格获取暴利的不良做法，一些商家提出“十点利”、“八点利”销售，即降低商品出售价格，使自己出售商品的盈利率指标控制在10%或8%。这一目标的推出，迎合了广大消费者追求物美价廉商品的心理，遵守了国家反暴利的原则，使消费者得到了实惠。由于此举赢得了市场的称赞，购销两旺局面形成，生产厂家加速了商品出售和货币回笼，国家政策也得到了落实；同时，因为价格便宜，吸引了大量的消费者前来购买，使商家的销售量大增，总体盈利增加。可见，目标调整适当，给合作各方都带来好处，相互关系就十分融洽。

（三）态度协调

态度是我们对待事物的看法与心理倾向。态度由认知、情感、意向三个因素构成。态度协调是对认知、情感、意向、理念、价值观等进行协调。

认知因素是带有好坏的评价与意义的叙述的成分，叙述的内容包括认知主体对某个对象的认识与理解、赞成和反对。比如，“购买国库券是一种较好的投资方式”、“广播传播信息快，但没有电视那样图文并茂”等。

情感因素是人们对某个事物的内心体验，即人们对某事物产生的好或恶、肯定或否定的心理反应。比如喜欢或厌恶、同情和冷漠、热爱或仇恨等。例如，“我喜欢喝家乡的黄酒”、“我对欺骗顾客的行为很愤怒”等。

意向因素是人们对事物的反应倾向，准备对事物作出某种反应，即行为的准备状态，是行动之前的思想倾向。比如，“我想参与‘人与自然’的话题讨论”、“我倾向购买国产品牌货”等。

人们的态度主要由人的价值观决定。也就是说，对同样一个事物，由于人们价值观念不同，会产生不同的态度。年轻人大都喜爱流行音乐和迪斯科，而年老的人更钟爱传统音乐和交谊舞。

态度对人们的认识和行为具有一定的制约作用。

首先，态度影响人的判断。对生活持积极态度的人会认为“工作着是美丽的”；对生活持消极态度的人会觉得“一心扑在工作上是‘傻帽儿’”。基本态度是不会轻易改变的，人的判断深受其影响。态度不一样，结论也不一样。

其次，态度会预示人们的行为。态度是心理活动向行为过渡的临界点，它会预示着将要发生的行为。已经生产出顾客喜爱产品的厂家，会有寻找销售伙伴的心理。当销售商上门洽谈业务时，厂家会抱积极态度，并力促双方形成合作。

最后，态度会影响人的行为。对某企业有好感的消费者，会选购这个企业生产的产品。有的一旦认定了某企业产品质量好、信誉高，会不断地选用这个企业的产品。比如，有的消费者专门选购某电器厂家的产品，从电视机到录像机到组合音响，都买某一品牌产品。

态度在公共关系的建立、巩固、发展以及解除等各个阶段都具有一定的作用。

对高科技产业高度重视的企业，会主动与科研单位和高校建立联系，就某些科研项目达成合作协议：或投资支持某项科研，或将某项科研成果开发出来生产成新产品投向市场。

与某些单位合作已久，对对方有了一定了解和感情的银行，会优先在资金上支持这些合作单位，更加巩固彼此的合作关系。

已经从双方的合作中受益的单位，会珍惜已有的合作，并将合作持久发展下去。或是扩大合作范围，比如两个友好城市，原先只是在技术设备上有互助关系，后来发展到在教育、金融等领域进行合作；或是加深合作程度，比如原先只是在流通环节有合作，后来将合作发展到生产环节和新产品开发环节。

彼此有了解、有好感，一有合作机会，就会首先想到对方，产生与对方合作的意向——这就是态度在相互关系中的积极作用。它会促使双方建立和发展良好的公共关系。当然，反过来，当一方对另一方没有好感，建立合作关系就是比较困难的事；或者，即使过去有过好感，后来因为态度改变了，从认知到情感都发生了变化，那么，已有的关系也会中断，合作也会破裂。

了解了态度在公共关系的建立、巩固、发展以及解除中的作用，那么，对态度进行协调的意义也就明确了。

由于态度影响着人们的判断和行为，所以，要使相关公众与组织合作，必须对公众的态度予以高度重视。协调好了公众对组织的态度，让公众对组织有一个正确的了解、判断，对组织有好感，愿意与组织合作，那么，双方的合作就有希望了。良好的态度会引发合作的行为。合作行为发生了，公共关系就会建立在牢固的基础上。

公共关系协调在态度方面要做的工作，首先是帮助社会组织和公众双方彼此通过接触建立友好的合作态度；其次，当已经有了良好态度和初步合作以后，要强化双方友好态度，推进关系进一步密切；最后，当双方彼此态度不友好时，要积极改变这种态度，促使态度朝有利于合作方向转化。

态度协调主要从认知、情感、意向几个方面入手：

认知方面主要是向相关公众输送准确的信息，并帮助对方树立正确的价值观念，使对方有一个正确的、准确的、全面的判断，克服偏见。比如，当某类物品市场价格上涨时，有关部门要及早将价格上涨的原因通报公众，让公众正确理解价格上涨的原因，使公众对价格上涨表示理解和配合。天津市政府在处理豆浆、早点涨价问题上的做法，便是认知协调的一个范例。当老百姓通过报纸了解到早点原材料进价日益上涨，饮食行业陷入困境，饮食行业职工积极性受到严重挫伤，早点行业难以为继时，理解地说道：“不涨点儿价不行，豆浆比大碗茶还便宜了。”

情感协调主要是帮助社会组织与相关公众建立彼此间的友谊和好感，消除相互关系中的冷漠、敌视、仇恨等不利于关系建立和发展的感情障碍。

意向协调主要是指培育相关公众对组织的合作思想倾向，纠正已经出现的不利于双方合作的思想状态。

有些厂家在新产品投放市场之前，就向消费者宣传该新产品的性能、优点等，引起消费者的关注，让消费者产生对此种产品的消费欲望。一旦新产品投到市场上，就会赢得消费者青睐。

某些禁止吸烟的公共场所（如影剧院、候机室等）会在醒目的地方出现告示：“为了您和他人的身体健康，请勿吸烟!”“吸烟请到吸烟室!”这是在提醒烟民改变在公共场所吸烟习惯，在烟民有了吸烟意向还未付诸行动之前，劝阻其不要抽烟或到专门指定的地方抽烟，通过纠正其意向改变其行为。

态度协调在公共关系工作中具有重要的地位。态度协调好了，会为最终的行为协调打下良好基础。行为协调是建立在态度协调基础之上的。事前的态度协调是公共关系协调工作成功的秘诀之一。态度协调的主要方法是沟通。在充分交流信息、意见、看法的情况下，态度协调就顺利多了。

（四）行为协调

行为是受思想支配而表现出来的活动。行为协调是指社会组织对自身的行为或公众的行为进行调整，使双方统一步调、统一行动，在行动上相互支持、相互配合，形成合作。

行为协调是公共关系协调的重要内容之一，对公共关系的形成、巩固和发展具有重要作用。行为协调好了，社会组织与公众的合作才真正成功，协调工作有了最终成果。对社会组织与外部关系来讲，行为协调了，意味着社会组织与外部社会环境进入实际的良性互动。比如，生产厂家与销售商行为协调了，工厂生产出来的东西就会顺利地通过销售环节实现交换。对社会组织内部来讲，行为协调了，组织内部各部门、各环节就会和谐有序地进行工作，相互衔接和配合，形成一个正常运转的有机体。

公共关系工作中的行为协调，既包括政治行为协调，又包括经济行为、文化行为、科技行为等等的协调；既有项目的行为协调，比如共建一个教育基地，又有时间上的行为协调（使行动在时间顺序上相互吻合）和空间上的行为协调（比如不同区域间的统一配合行动）以及环节上的行为协调（比如生产中各工序之间的协调）等等。

公共关系工作中的行为协调，其主要目的有三个方面。

一是通过协调，使社会组织周围的潜在公众、知晓公众转化为行为公众。也就是说，要把那些与组织有关的公众从潜伏状态、了解状态动员起来，投入到与组织合作的行动中来。比如，不少地方政府举办了一些有地方特色的节会文化活动或组织招商引资考察团到国外活动。前者是把客人请进来，“文化搭台，经贸唱戏”，促成外界与当地建立各种关系，进行各项合作；后者是自己走出去，宣传自身的合作资源和条件，考察外界的状况，洽谈各种项目，推动外商投资与本地区进行商贸和其他往来。

二是通过协调，使已经建立公共关系的社会组织与公众强化彼此之间的合作行为，使合作的规模更大、内容更丰富、程度更深。比如，某大学与某公司原先只是在人才上有合作关系：每年该大学向公司输送几位大学生，并接受公司委托代其培训公司员工。后来，公司又向大学科研项目投资，参与开发具有高科技含量的新产品。再后来，该大学又组织教师和科研人员为公司进行市场调查和企业策划，在公司进行股份制改造后，该大学又成了公司的股东。——合作行为一步步得到强化，彼此关系从一般到亲密，一步步巩固和发展。

三是通过协调，使竞争行为、冲突行为化解，转化为彼此合作。在市场经济条件下，竞争是不可避免的，冲突时有发生。为了消除彼此伤害的行为，就必须进行协调。比如，有两家酒厂为一个商标、一个品牌争得头破血流，谁都不愿放弃这个在消费者心目中有较高信誉、能使本厂获得丰厚利润的商标和品牌。经过谈判、协商，最后这两家酒厂的产品使用同一商标和品牌，对外统一宣传的口径和销售渠道，对内实行独立核算，使竞争行为转为有统有分、对双方都有利的合作行为。再比如，一家商店由于进货把关不严，使一批伪劣商品从商店销售出去。当消费者前来投诉、退货时，商店虚心接受批评，并及时退换了商品，还向消费者发了举报伪劣商品的奖金，让消费者满意而归。这家商店的对自身行为作出的纠正，有利于在消费者心目中重塑自己的形象，吸引消费者下次再来光顾商店，使原先的冲突行为转化为进一步的合作。

（五）利益协调、目标协调、态度协调、行为协调四者的关系

公共关系协调的四个方面内容，是一个紧密联系的整体。我们只是为了研究和阐述的方便将其分成几个侧面。在公共关系协调中，利益协调是最本质的东西。社会组织与公众能不能取得合作，关键在于两者在利益方面有无互补需要以及是否实现利益上的互补。将利害关系认识清楚并将其协调好，公共关系就会顺利建成并巩固发展。目标是对利益的具体反映，通过目标协调，使利益协调明朗化、具体化。态度协调是对双方精神、思想状态进行协调，使双方在认识上取得相互了解、理解，在情感上接近、融洽，在意向上相互有合作欲望，为行为协调打下基础。行为协调是利益协调、目标协调、态度协调的最后落实。双方行为协调了，相互采取支持和配合的实际行动，利益协调、目标协调才落到了实处。态度协调也是为行为协调作准备的。我们在开展公共关系协调工作时，可以先从分析利益关系入手，找出各自利益需求和能够相互补充的地方，然后确立明确的合作目标，之后分别从态度和行为方面进行协调。

六、公共关系协调的方法

社会组织与公众的协调不仅有丰富的内容，而且还有多种多样的方式方法。针对具体情况采用恰当的方法能够有效地促使协调成功。我们概括出 20 多种公共关系协调的方式方法。下面分别介绍。

（一）自强性协调

中国有句老话：“打铁还需自身硬。”要与公众处好关系，自身首先要很强，要能适应公众。

1. 塑造形象

社会组织有了良好的形象，公共关系的主体建设就达到了要求，公共关系工作的基础就夯实了。良好的组织形象在团结内部公众、吸引外部公众等方面，发挥出独特作用。

塑造形象的方法多种多样。

（1）树立产品形象，创立品牌产品。

产品形象是组织形象（企业形象）的重要构成因子之一，是组织形象的具体体现。产品质量好，受到了广大消费者欢迎，甚至成了市场上的名牌，就会为企业赢得较高的声誉。而名牌产品，是在很大范围内知名度极高的产品。名牌产品对公众具有很大的影响力和号召力，会吸引众多的消费者、投资者。

（2）提供优质服务。

有些社会组织不直接从事有形的物质产品的生产，它们主要是向社会提供各种服务。如政府提供的是管理上的服务，商店提供的是销售方面的服务。有些社会组织虽然也有物质产品的生产，但其提供的产后、产前服务，与公众的关系也是很大的。如洗衣机厂的售后维修服务等。提供优质的服务也是塑造组织形象的重要方面。

（3）以信立身，讲求信誉。

办事讲信用，取得公众的信任，也是塑造形象的一个方法。

（4）营造组织文化，体现独特风格。

组织文化建设也是塑造组织形象的重要手段。组织有个性的文化，构成独具魅力形象，深深地影响、吸引着公众。

（5）树立组织领导人形象。

组织领导人是组织的代表、组织的象征。树立领导人的形象，是塑造组织形象的一个重要方面。领导者的形象不仅体现在外表和言行举止上，还表现在思想境界、品行修养、知识结构、能力水平、性格、功绩、经历等方面。

（6）树立优秀员工的形象。

员工的形象也是组织形象的组成部分。员工形象如何，直接影响着组织的形象。公众对于组织的了解，往往是通过员工的一举一动获得的。一个售货员的仪表和服务态度背后是一家商场的形象。树立员工的良好形象，是塑造组织形象的重要方面。

（7）善于宣传，赢得公众了解。

有人说过，塑造良好的形象，90%靠自己做得好，10%靠宣传。意思是说，当自己的工作做好了，自身建设得不错了，还不能完全把形象塑造好，还要加上一定的宣传才行。

（8）实施 CI 战略。

近年来，很多组织尤其是企业，积极导入 CIS（简称 CI），在塑造形象方面，有了一个新的跨越。

2. 改变自我

根据公众的需求，对社会组织自身的目标、利益、政策、结构、态度、行为等进行修正、调整，寻求公众的了解、理解、谅解和合作，是公共关系协调中加强主体建设、从自我做起、进行自我改善的一个重要方面的工作。

改变自我的方法，主要提倡修正自身的不足、对公众要求作出适当的让步和妥协，进行自我平衡、自我调节、自我完善。

不断地改变自我，以适应公众需求，在公共关系协调中具有重要意义。公共关系协调工作不仅仅指社会组织对公众的态度和行为等进行协调，还必须对自身进行修正和调整。社会组织在处理与公众关系时，首先应该想一想，我的利益目标、态度、行为，是否能被公众接受。如果公众不能接受，不愿接受，那么社会组织就要考虑自身的问题。

（二）沟通性协调

沟通、善于沟通，这在处理公共关系中非常重要。不仅要有信息沟通，还要有感情沟通。

3. 沟通信息

在社会组织与公众之间通过一定的媒介进行信息的双向传递，使公共关系的主客体两方彼此通联，这叫作公共关系沟通。

信息沟通在公共关系协调中具有极其重要的地位和作用。社会组织与公众之间的交往往往不是直接进行的，而是通过一定的媒介发生联系，具有间接性的属性。社会组织与公众建立关系、巩固关系、发展关系，首先必须进行信息沟通。一方面，社会组织要调查公众的情况：相关公众有什么需求和特点，有什么政治的、经济的、文化的背景，目前的态度和行为怎样，等等；另一方面，社会组织要向公众传播本组织的情况：本组织的目标、宗旨、经营方针、业务项目、范围、规格、产品和服务特点，有关政策、制度、福利条件，等等。通过彼此沟通，让双方相互了解，找到利益和目标的共同点，在态度上产生认知的共识、感情的亲近，有相互合作的愿望，从而引导行为上的相互配合，使双方达到和谐相处的状态。

信息沟通的原则有以下几条：①准确真实；②及时；③有效；④双向对称；⑤多种沟通方式综合运用；等等。

沟通的类型和方式方法可以参阅本书第七章“公共关系媒介与沟通管理”。

4. 以情动人

感情影响人的态度和行为。增加彼此的感情交流，建立亲近感、信任感，在感情上拉近距离，或对不良情绪、情感及时进行调整，是公共关系协调必不可少的工作之一。

记住下属的名字、在员工过生日时送上一件小礼物、节假日向顾客赠送一个小礼品、谈判之前先请对方吃顿饭……从感情上接近，在感情上融洽，往往会收到意想不到的效果。

（三）引导性协调

在思想认识上、心理认同上多做引导性工作，可以有效地协调关系。

5. 舆论引导

舆论是指社会上大多数人的具有权威性的共同意见。简单地说，舆论是公众意见的总和。

在公共关系协调中，舆论具有两个方面的重要作用：一方面，舆论犹如温度计、晴雨表，通过舆论，社会组织可以观察、了解公众的需求、对问题的看法等，及时掌握公众的情绪、意向，调整本组织的目标、方针、政策、行为等，以更好地适应公众；另一方面，舆论对大多数人具有煽动性和威慑力，社会组织通过对舆论的控制，可以扭转公众中存在的不正确认识，约束不恰当的行为，树立新的思想观念，统一人们的态度，促使人们的行为朝着彼此合作的方向发展。

培植有利于社会组织发展的舆论环境，控制并尽力消除损害组织形象、干扰双方合作的舆论，是公共关系工作的重要任务之一。

6. 启发

对协调的对象进行开导，阐明道理，使其在思想上有所领悟，从而与组织合作。

7. 教育

用新思想、新知识、新方法等教育相关公众，使大家有共同的认识、共同的技能等，实行统一的目标、一致的行动，达到和谐。

8. 说服

用摆事实、讲道理的方法，劝说对方支持自己，进行合作，是公共关系协调中常用的方法。游说是说服的手段之一。

9. 心理调节

心理是感觉、知觉、记忆、思维、感情、性格、能力等心理现象的总称。

公共关系协调中的心理调节，就是公共关系的主体一方通过劝导、暗示、感染、诱引、沟通等手段，对公众的心理定式、心理倾向等施加影响，消除公众的心理障碍和挫折，在心理上求得与公众的和谐，从而建立和巩固彼此的合作。

10. 培育共同的价值观

价值观是主体意识中关于客体对象的意义的总观点、总看法。

价值观体现主体所推崇的基本信念及奉行的行为准则。价值观是社会组织的灵魂，它统率着人们的思想和行为。价值观一经确立，并成为组织成员的共识，就会持久地、深远地发挥其独特的导向、凝聚、支撑等作用。培育共同的价值观，就是在社会组织内部和社会组织与公众之间，树立共同的精神追求和信仰，以公认的价值准则衡量各自的态度和行为，在同一的价值取向下，相互配合，统一行动。

比如，在企业，日本日立制作所确立了“将优良产品贡献给社会”的价值观，以此作为最基本的精神追求，号召全体员工努力生产一流的产品。

（四）协商性协调

通过对话和协商来进行协调，是公共关系工作中普遍采用的方法。

11. 谈判

有关方面就共同关心的问题互相磋商，交换意见，寻求解决的途径和达成协议，这就是谈判。谈判在公共关系协调中发挥着重要的作用。

12. 协商

双方经过商量，就某个问题取得一致意见，这种方法叫作协商。协商的宗旨是尽可能地通过交流意见和看法，调整各方的观点、方针、政策、目标、行为等，使双方彼此接受对方的所作所为，并采取配合的态度和行动。

13. 妥协

这是一种以退谋进的方法。有时适当的退让能获得更好的合作效果。

14. 兼顾

不仅仅倾向一个方面，而是同时照顾几个方面，这是协调的重要方法之一。

15. 调解

排解双方之间的纠纷，促使其重归于和谐，这种方法叫作调解。

调解的关键是在双方之间找到共同的利益、共同的目标，一方或双方采取折中的策略，作出一些妥协、让步，得到部分满足，求大同，存小异，消除冲突，从而达到新的调和。

在双方当事人中，一方出面主动做调解工作是一种方式，寻找第三者（即中间人）出面斡旋，也是一种方法。这是在双方当事人自己无法调解的情况下，请出中间人进行调解的方法。

比如，在谈判时，谈判各方坚持要实施自已预先制订的方案，都采取强硬态度互不相让，或已说出一些出格的话但碍于面子不愿放下架子承认自己的失态。此时请中间人出面，可以让其提出相对客观公正的建议，充分地同各方协商，并保护双方的面子。

（五）规范性协调

公共关系的一个重要特征是它具有规范性，即有规则制度约束。有规范大家共同遵守，这样可以协调一致。

16. 以礼相待

礼仪是人们在长期的社会交往活动中形成的以相互尊重为基本内核的行为规范与准则。具体表现为礼貌、礼节、仪表、仪式等。

用礼仪来规范人们在相互交往中的行为，是古今中外都采取的有效方法之一。

中华民族号称礼仪之邦。礼是中国传统文化的重要组成部分。几千年来，“礼”在维护中华民族的历史发展中发挥了巨大的作用。“以礼治国”是中国古代历史上各代统治者管理国家的重要手段，对调节人们的关系、稳定社会秩序起到了重要作用。

在当今社会交往中，大到国家之间的相互往来，小到一个单位内部互动，人们都按照一定的礼仪要求处理相互之间的关系。无论是处理国际争端，还是日常工作中打一个电话、写一封信，其中都必须十分注重礼仪问题。注重礼仪，会赢来更多的合作者；忽视礼仪，会失去朋友。

17. 借助道德的力量

道德指调整人们相互关系的行为规范的总和。

道德对人的相互关系的调整，不是采取强制手段，而是通过借助社会舆论、传统习俗和思想教育等手段，使人们形成内心的善恶观念、情感和信念，自觉地按照一定的原则和标准去行动，从而达到协调社会关系的目的。

18. 采用规章制度

制定规则、章程，要求大家共同遵守办事规程或行动准则，以此协调彼此的行为——这种方法在公共关系实践中被广泛使用。

世界著名的快餐店麦当劳，坚持并扩大特许经营制。根据这一制度，任何餐馆和商店只要坚持麦当劳的食品质量、服务和卫生标准，都可代销它的食品。这样，麦当劳就培植了一大批有才华的特许经营商。如今，在美国的9000多家麦当劳快餐店中，不少是特许经营的。这是用制度协调关系的一个很好的范例。

用制度进行协调，可以从技术标准化、操作标准化、过程标准化、成果标准化几个方面进行细分。技术标准化，即用一定的知识水平、技术要求来规定人们的行为。操作标准化，就是按照一定的标准进行活动。过程标准化，即对可以预先规定程序的和规范化的工作，订出规章制度，间接控制和指挥执行者的行动，实现协调。成果标准化，即只规定最终目标，对达到目标的途径、方法、过程等不作限定。

用规章制度协调相互之间关系，避免了随意性和感情用事，使双方在合作时目标明确、标准统一、责权利清晰、操作方便。

19. 运用法律武器

法律是一种经国家制定和认可的、体现统治阶级意志、以国家强制力保证实施的行为规范的总和。法律规范是调整社会关系的一种肯定的、明确的、普遍的规范。与道德等规范相比，法律具有强制性、规范性、公开性等特征，它对人们行为的约束更加有力和有效。法律在规范人们的行为、处理社会关系纠纷、惩治犯罪等方面，具有强有力的作用。运用法律武器来保护自身利益、调整与相关公众的关系，是公共关系协调中往往要采用的手段之一。

20. 仲裁

第三者出面对冲突双方是非作出判断和裁决，并把第三者解决冲突的意志强加于冲突者，这种方法叫作仲裁。这里的第三者一般是双方都可以接受的权威机构。比如，冲突双方的上级领导、行业协会等。裁决对双方均有约束力。仲裁一般都是在双方协商无效或不能进行的情况下，由第三者来处理纠纷。

（六）结构性协调

结构，是指系统内诸要素之间相互联系和相互作用的方式和顺序。

社会组织内部领导与员工之间、各职能部门相互之间以及社会组织与外部各类公众之间联系和作用的方式、顺序等，形成了公共关系系统的结构。

在组织内部，有正式结构和非正式结构。正式结构是指组织内部各个职位、各个部门之间正式确定的、比较稳定的相互关系形式。非正式结构是指组织成员从外面带进的和组织内部成员自发产生的以血缘、地缘、情感、习惯、志趣等为纽带结成的关系的总和。

组织正式结构包括组织领导系统结构和组织分层结构。领导系统结构是指为了达到组织目标，组织、指挥、协调和监督组织活动的运行结构。组织分层结构是指按照职能分工，设置组织机构，确定人员编制。

正式组织结构有直线制结构、直线职能制结构、事业部制结构、科层制结构、矩阵管理制结构、系统结构等类型。非正式组织结构有纵的共栖结构、纵的寄生结构、横的防守结构、横的进取结构等类型。

小到一个单位，大到一个国家，都存在上述的组织结构。

21. 调整结构

结构的有序是系统保持稳态的本质，也是事物保持其协调的本质。

调整结构，是加强公共关系主体的自我调节，从而协调各类公共关系的一种重要方法。调整和改变结构，可以让信息流通更加顺畅、各类社会群体利益得到更好的确认和保障，在基本上不影响各种关系运作基础上，减少结构内部各要素之间的阻碍和抑制作用，把“内耗”减少到最低程度，增强结构的功能和关系的整体效能。

调整结构的主要做法在于及时发现社会组织与相关公众互动过程中不合理、不完善的联系、作用方式和顺序，并加以调整和改善，使社会组织与各类相关公众合作得更有序、更有效。

调整结构，除了包括调整组织结构外，还包含调整产品和服务结构，以适应公众的需求，协调好与公众的关系。

22. 组合

把潜在的、相关的社会组织与公众联系、组织起来，使它们成为一个有合作关系的整体，这种方法叫作组合。

关系组合既包括对有明确的相互需求的社会组织与公众进行组合，又包括对表面上看似乎不相干、但实际上存在着有合作的可能的社会组织与公众进行组合，还包括对已有冲突、竞争关系的双方，将其有利益互补的方面组合起来，促成部分合作。组合的意义就在于，在当今社会分工越来越细的情况下，将分散的力量组织起来，形成一种合力，共同完成某项使命和计划，使被组合的各方都得到比原来分散状况下更多的利益。组合可以带来更多的支持、更多的力量，这就使社会组织与公众对组合有了更多、的兴趣。通过组合，社会组织与公众或建立了关系，或关系更加密切了，双方合作的机会增加了，从而彼此也就更加友好了。所以，组合也是协调关系的重要手段。

（七）指令性协调

在组织或系统内，上级对下级可以直接发号施令进行协调。

23. 直接指挥与调控

依靠上级的权威，凭借上下级之间的指挥与服从关系，从上到下采用命令、决定、指示、规定和下达指令性计划任务等，对某些类别的公共关系进行直接的调控，这种公共关系的协调方法称为直接指挥与控制法。

直接指挥与控制法的主要特点是以鲜明的权威和服从为前提，以命令、决定、规定、指示、建议、监督、威胁等为手段，直接指挥和控制组织系统内的上级与下级关系以及下属相互之间的互动，运用权力让下属顺从、妥协、配合、合作，协调与下属以及下属之间的关系，具有强制性、直接性、无偿性等。

在一定的条件下，恰当地运用此种方法，可以直接、有效、果断地协调一些公共关系。

24. 行政命令

行政系统上级对下级直接发出指示进行协调。

（八）争斗性协调

恰当地运用争斗性心理和行为，可以有效地协调双方关系。

25. 激励

所谓激励，就是组织通过设计适当的奖酬形式和工作环境，以一定的行为规范及奖励和惩罚性措施，借助信息沟通，来激发、引导、保持组织成员的行为，以有效的实现组织及其相关者目标的系统活动。

26. 竞争

在协调公共关系时，退让、谦恭、妥协是一种策略和方法，与对方争胜、采取相互超越的行为，也是一种策略和方法。竞争是一种间接的反对关系，一般来讲，它不具有对抗性。有效地把握竞争的积极性的一面：对内，可以鼓舞士气，改进工作；对外，可以在社会公众中树立一种积极进取的形象，让公众感到组织充满活力和向上的精神，从而产生支持和配合的态度、行为，为本组织赢得一部分市场；对竞争对手，可以让其感觉到咄咄逼人的态势、本组织的实力，而需要与本组织和平共处。

设置一个竞争的局面，自己化被动为主动，驾驭竞争，最终在竞争中取得对自己有利的地位，从而使双方关系得以调整。——由此可见，恰到好处地运用竞争对协调关系是多么有效！

27. 斗争

协调公共关系，大多数都采用和平的方法。有公共关系学者用一句通俗的话表达，就是：“大家都赢！”即关系各方通过努力，都能够得到应有的物质和精神利益。

但是，社会生活是复杂的。有些关系可以通过非对抗性方法来处理，有些关系却要通过对抗性的方法去处置。在某种特殊情况下，一方只有经过斗争战胜另一方，取得胜利者地位，才能够使双方关系得以稳定和平衡。

阅读材料：

埃及与以色列的领土之争

1967 年，以色列发动了中东战争，占领了埃及的西奈半岛。后在美国总统协调下，1978 年，两国在美国进行谈判。双方立场根本对立，埃及要求以色列归还领土，以色列坚决不还。谈判进行艰难无果。谈判专家介入之后，理清了双方意图：埃及要求归还领土，追求的是民族自尊心和自豪感，而且也符合国际惯例；以色列却更关注安全，西奈半岛的山脉是以色列与埃及之间的唯一屏障，易守难攻，而越过这条山脉，以色列无险可守。据此，专家设计了协议方案，西奈半岛归还埃及，但部分地区划做非军事区，埃及军队不许进入。这样，既满足了埃及的自尊要求，也满足了以色列的安全需要，双方达成和平协议。

第二节　组织内部公共关系的协调

社会组织面临的公共关系可以分为两大系统：一是内部公共关系；二是外部公共关系。内部公共关系如何，直接关系到组织的生机和活力，并进而影响着外部公共关系的构建和组织目标的实现。所以，搞好内部公共关系是整个公共关系协调工作的基础和起点。

一、组织内部的公共关系

组织内部的公共关系，是指社会组织与其内部各类公众构成的社会关系。一般说来，在社会组织内部，首要公众就是员工。任何组织作为一个社会单位，首先是由它的全体工作人员即员工构成的。所以，组织内部的公共关系，主要是指员工关系，即组织与员工之间纵向横向的关系。其中，纵向关系包括领导与群众的关系、上级与下级的关系等；横向关系包括同级的部门与部门之间的关系以及正式组织与非正式组织之间的关系等。在现代市场经济条件下，股份制已经成为重要的组织形式。虽然股东是组织的投资者似乎已经超出了组织内部公众的范围，但是，股东大会是组织的最高权力机构，由股东大会选举产生的董事会是组织的最高权力执行机构。相当一部分员工也持有股票成为股东，因此，股东属于组织内部的公众，股东关系也是组织内部重要的公共关系。

二、领导关系的协调

与上级领导关系的特点是：权力制约性是与上级领导关系中最基本最重要的一个特点。

上级领导掌握一定的人权、财权、物权等，从而构成对下级的制约力，足以影响下级工作、思想、切身利益（职务、薪酬）等。

协调领导关系，必须充分注意“权力制约”这一特点，重点放在争取领导对自己工作的理解、支持和帮助上。

与领导协调关系的方法有以下几个方面：

①坚定性与灵活性相结合：重大问题讲党性讲原则，方法要灵活。

②尊重、服从，但不盲从：下级服从上级，个人服从组织。

③非理想化原则：不要用自己头脑中形成的理想化模式，去要求现实中的领导。全面地看待领导；能容纳领导的不足。

④近效应原则：把自己的直接领导、身边领导关系放在首位。

⑤强化自身建设，完善自我。

⑥善于沟通，不急于表现。

⑦关系处理适度：既不要过分，也不要不及。不卑不亢。到位而不越位。补台而不拆台。

⑧提意见注意时机、方式、方法。不作强求。

⑨关键之处多请示汇报。关键之处包括关键事情、关键地方、关键原因、关键方式。

三、员工关系的协调

尊重人、关心人、理解人是构建良好的员工关系的基本要求。

处理员工关系要注意以下几点：对亲者保持距离，对疏者正确对待；尊重以礼，善于聆听；多做鼓励，作风民主；宽厚待人，对纠纷公平处理等等。

四、同级关系的协调

同级关系特点是：目标一致、地位平等、接触频繁、相互依存。

协调的作用有：交流信息、联络感情、相互激励、才能互补、形成合力。

协调的方法有：真诚相待、热情帮助；坚持原则、适当妥协；灵活待人，巧妙处事；相互信任、不要权术；尊重他人，虚心学习；宽以待人，严于律己；化解矛盾，密切合作；提防小人，敢于争斗。

五、股东关系的协调

尊重股东、对股东负责、为股东谋利益，是构建良好的股东关系的基本要求。

1. 尊重股东

尊重股东，就要尊重股东的主人翁地位，在涉及组织发展、股金运用、红利分配等问题上，使股东享有知晓、参与、决策等各项权利；还要特别注意对股东不能厚此薄彼，要一视同仁，使各类股东利益同等、信息共享。

2. 对股东负责

组织的各项决策和投资效果必须时刻考虑股东的利益需要；组织的各级领导和全体员工都要时刻牢记股东对组织的投资信赖，把组织的各项工作做好。

3. 为股东谋利益

股东利益包括经济效益和社会效益。一般而言，股东的投资目标是追求高于银行利率的股息，因此，必须切实搞好组织的经营管理，为股东创造经济效益，又要及时、合理地分配和发放股东红利，使股东投资最终受益。

4. 加强信息沟通

首先，要了解股东情况，研究股东的意见，以作为组织决策和改进工作的依据。同时，要及时向股东报告组织信息。另外，应当重视与股东中介机构的沟通。股东中介机构，如金融组织、证券公司、投资分析家和经纪人等，对股东的投资判断和信心、交易意向和行为等有重要影响，因此，让这些中介机构及人士对组织有全面、正确的了解，可以得到有利的忠告。

第三节　组织外部公共关系的协调

一、组织外部的公共关系

组织外部的公共关系组织存在于由相互依赖的各类组织或群体所构成的社会环境大系统之中。其中，任何一个组织都必须向社会输出需要的劳动成果，否则就失去了自身存在的价值和可能；同时，也必须从社会输入自身需要的各种资源，否则就无法实现输出成果的转换。一个组织赖以存在的这种输出和输入的需要，构成了组织外部公共关系系统。

二、顾客关系的协调

（一）顾客关系的重要性

狭义的顾客，指商业、服务业企业组织的光顾者和产品及服务的购买者。在现代社会，顾客概念的外延已经被广泛扩展，交通运输组织的旅客、邮电通信组织的用户、金融保险组织的客户、医疗卫生组织的患者、音乐厅或影剧院的听众和观众、新闻出版组织的受众和读者、政府有关部门和其他组织的服务对象等都是实际上的顾客。所以，广义的顾客，是指各类组织有形或无形的劳动成果的服务对象。顾客关系，也泛指各类组织与自己的服务对象之间的关系。

顾客关系的重要，是因为：首先，顾客是组织存在的价值和可能。其次，顾客关系决定组织的兴衰成败。最后，顾客关系是组织公共关系环境的轴心。

（二）为顾客提供满意服务，是构建良好的顾客关系的基本要求

顾客是组织的服务对象，建立良好的顾客关系，基本要求是必须为顾客提供满意服务。

目前，在企业界推行一种新的“CS 理论”。所谓 CS，是英文 customer satisfaction 的缩写，意为“顾客满意”。CS 乃是公共关系中协调顾客关系的一个理想性的标准与要求。

为顾客提供满意服务，首先必须端正服务思想、强化服务意识。

为顾客提供满意服务，同时必须落实到具体的服务工作上。要为顾客提供质量优良、价格合理、计量准确的适销产品，杜绝假冒伪劣、随意涨价和缺斤短两；要为顾客提供热情的服务态度和周到的服务项目，如企业售前、售中、售后全程服务和各项方便服务，杜绝“冷”、“硬”、“顶”和各种不负责的敷衍、推诿。要结合组织的职能类型和工作特点，创造深受顾客欢迎的新的服务制度和措施，如各种形式的“承诺”制度、“绿色通道”服务措施等，不断改进服务工作，不断提高服务水平。

为顾客提供满意服务，还必须重视加强对组织员工的培训。搞好服务，要靠组织的全体成员共同努力，实行“全员公共关系”。

（三）加强与顾客的沟通，是构建良好的顾客关系的基本途径

协调顾客关系，离不开搞好组织与顾客的信息沟通。这种沟通也应当是双向的。一方面，要通过各种方式的调查研究，如问卷调查、座谈访谈等，主动了解顾客的需求和认真听取顾客的意见；通过妥善处理顾客投诉，及时、诚恳地为顾客排忧解难，维护顾客的权益；并将这些顾客的需求、意见、投诉作为做好和改进服务工作的依据。另一方面，要通过各种媒介和渠道，如大众传播媒介、组织出版物和信函、展览和联谊活动等，积极做好对顾客的指导和引导以及咨询服务，不断提高组织的认知度、美誉度、和谐度。

三、社区关系的协调

（一）社区关系的重要性

社区关系就是邻里关系。其重要性表现为：首先，社区为组织提供可靠的后勤保障。其次，社区为组织提供人力资源和员工生活环境。最后，社区公众是组织经常的顾客。此外，社区公众往往还是组织主要的和潜在的股东；社区地方政府及其他管理机构的政策和工作效率也会对组织有重要影响。总之，社区是组织的“土壤”和“根据

地”。“远亲不如近邻”，组织外部的公共关系协调，要重视从“家门口”做起。

（二）做社区的“好居民”，是构建良好的社区关系的基本要求

做社区的“好居民”，必须热心社区事业。要关心和支持社区建设，积极参与社区的各项公益活动，努力为社区出力、做奉献，这样就会受到社区的欢迎。

做社区的“好居民”，必须承担社区责任。组织要自觉遵守社区规则，保护社区环境。要认真避免或纠正组织行为对社区的不良影响，妥善处理与社区出现的矛盾。有条件的组织，还应将自己的文化、福利设施向社区公众开放。要以竭诚的努力为社区送去“福音”，绝不做社区的“祸害”。

四、政府关系的协调

（一）政府关系的重要性

政府是国家权力的执行机关，即国家行政机关。这里所谓的“政府”，也是一个广义概念，既包括不同行政层次，如中央政府和各级地方政府，也包括不同职能部门，如公安管理、司法管理、工商管理、税务管理、海关管理、物价管理等。政府关系则是社会组织与政府之间的关系。将政府当作公共关系的客体来对待，是公共关系实践和理论的一大发展，国外已在这方面积累了不少经验，国内各种社会组织对此愈来愈重视。

政府关系的重要性表现为：首先，政府依法行使对各种社会组织的指导、调节和监督。其次，政府对各种社会组织具有权威性和影响力。最后，政府是各种社会组织获取信息的重要来源。此外，政府还是社会组织的产品和服务的重要采购者；政府在社会组织与其他公众的协调中也发挥着重要作用等。可见，任何社会组织都不能超越政府的管理，政府关系是各种社会组织都避不开的一种关系。

良好的政府关系，有利于赢得政府的信任和特别关照，这在一定意义上可以说比什么都重要。

（二）做政府的“模范公民”，是构建良好的政府关系的基本要求

做政府的“模范公民”，就应当把国家利益放在首位。协调与政府的关系，实际上就是处理与国家的关系。

做政府的“模范公民”，就应当模范遵守国家的法律、政策。

做政府的“模范公民”，还应当替政府着想、为政府分忧。比如，在资助“希望工程”、抗灾赈灾、解决下岗职工再就业等方面切实做出贡献，无疑可以充分显示组织的社会责任感并受到社会的欢迎，同时，也会由于协助政府工作而格外博得政府的好感。

（三）加强与政府的沟通，是构建良好的政府关系的基本方式

组织了解政府信息，主要应当及时掌握和研究国家的有关法律和政策，认真按其要求和变化来规范和调整组织的行为和方向。还应经常邀请政府有关人员参加组织的活动，听取和征询他们的意见，请他们进行指导。让政府了解组织信息，则应当通过各种方式及时主动向政府通报组织的情况，让政府及有关部门了解组织的工作、规

划、亟待解决的问题等，以得到政府的指示和支持。也应积极参与政府倡议的活动和密切与政府部门的人际交往，这对建立良好的政府关系会很有成效。

五、新闻媒介关系的协调

（一）新闻媒介关系的重要性

首先，新闻媒介主导社会舆论，关系组织的生存和发展。在西方，新闻媒介有“第四权力”之称，记者也被称为“无冕之王”，这说明新闻舆论有巨大的力量。新闻媒介是权威性的舆论机构，具有“把关人”和“授予地位”的功能，能够主导舆论、影响民意，关系组织的生存和发展。一个组织如果得到了新闻媒介的赞赏，就会由此声誉卓著；反之，则默默无闻，甚至声名狼藉。从一定意义上可以说，建立良好的新闻媒介关系，就等于获得了良好的舆论环境。

其次，良好的新闻媒介关系，是运用大众传播手段的前提。除广告外，组织对于大众传播媒介具有非可控性，因此，获取大众传播的“免费宣传”在很大程度上往往取决于组织与新闻媒介的关系。

最后，新闻媒介是组织与其他公众沟通的桥梁。新闻媒介是组织与其他各类公众沟通的重要渠道和主要工具。

新闻媒介是广大社会公众的“铁面卫士”，受到广大社会公众的普遍信赖并具有广泛的社会影响。所以，组织可以通过新闻媒介加强与其他公众，比如，与员工、股东、顾客、社区、政府等的信息沟通，借助新闻媒介的可信度和影响力，赢得各类公众的理解、信任、支持、合作。

（二）尊重、支持、理解新闻媒介，是构建良好的新闻媒介关系的基本要求

首先应当尊重新闻媒介。无论出现何种情况都以真诚、友善的态度同他们交往。这是赢得新闻媒介信任和好感的制胜法宝。同时，应当全力支持新闻媒介的工作。要尽可能为新闻媒介的报道提供帮助、提供便利、提供服务。

另外，应当充分理解新闻媒介。对有利于组织的报道，要谦逊谨慎、不骄不躁；对某些不利于组织的报道更要冷静、虚心、不吹毛求疵，此时应持“有则改之，无则加勉”的态度，正视舆论，并主动将积极的反映提供给新闻媒介。这是建立良好的新闻媒介关系的最好策略。

（三）加强与新闻媒介的沟通，是构建良好的新闻媒介关系的基本方法

首先应当重视研究媒介，熟悉媒介。各种新闻媒介，受众不同，定位和方针不同，运作特点和方式也不同，组织必须重视对各种新闻媒介进行研究，建立新闻媒介关系档案，更好地了解它、熟悉它，投其所需。同时，应当主动向新闻媒介提供组织信息。要通过提供新闻稿件、“制造新闻”、举办新闻发布会等方式，主动向新闻媒介提供必要的信息，增进新闻媒介对组织的了解、兴趣和关注。此外，还应当加强与新闻媒介的日常交往，广交朋友，如经常邀请新闻媒介有关人士参加组织的重要活动、做客指导，主动参与新闻媒介主办的一些社会活动并尽力提供帮助等。

（与新闻媒体关系协调，还可以参阅本书第七章“公共关系媒介与沟通管理”。）

阅读材料：

在华跨国公司政府事务研究

内容摘要：在现代经济社会中，企业的经营不仅受到经济力量的影响，还会受到非经济力量的影响，其中政府是最重要的非经济力量之一。许多来华投资的跨国公司早就认识到这一点，它们组织专门的力量主动开展政府事务工作，并将政府事务作为企业战略的重要组成部分。而国内企业大多没有用一套规范专业的方式处理与政府的关系及相关事务。本文通过对在华跨国公司政府事务工作的介绍，希望能对国内企业的政府事务工作提供参考。

顾名思义，政府事务就是企业处理与政府相关的事务，它类似于常说的政府关系管理，但又不完全相同，因为建立与管理好政府关系应该说是政府事务的基础。在今天的中国，做政府事务绝不是跑关系那么简单，与西方的游说也有一定差异。它是结合中国国情，吸取西方游说理论和实践中适合在中国运用的部分，由一批对中国政府及其工作流程相当了解、对所在企业的业务及行业知识相当精通的专业人员按照专业的程序所从事的一项专业性很强的工作。它主要包括建立政府关系、公共政策与标准的监控、分析与游说、支持企业的社会公益项目、战略扩张、议题、危机管理及日常运营等内容。

政府事务工作的策略与方法

政府事务最重要的工作策略就是动用一切资源，团结一切可团结的人，游说政府，具体工作方法包括三种。

(1) 直接游说。简而言之，直接游说就是通过正式的会见或者其他方式如与政府合作开展项目等直接去接触立法人员或有决策权的政府官员，代表公司陈述公司的立场和观点，提供相关资料，分享最佳实践经验，以影响政府或立法部门的决策。这种方法没有中间环节，有利于游说人员将公司的意志完整准确地表达给立法或决策人员。但随着中国政府机构改革，直接游说的机会逐渐减少。许多部委在外事接待上有一条不成文的规定：《财富》500强中位于前10位的企业通常只有董事长才有资格见部长。

(2) 间接游说。间接游说是就一些存在共性的问题通过第三方如行业协会、行业媒体、学术团体等以专家学者的身份或以联盟团体的身份向立法机关或决策机构提供意见。这种方式近年来跨国公司用得越来越多。如全国人大就《劳动合同法》草案公开征求意见，美国公司通过中国美国商会向全国人大提交了十几页的修改意见，有很多意见都被全国人大吸纳。

如果某个议题找不到合适的第三方，有共同利益的跨国公司还会自己结盟，形成一个利益集团，去游说决策者。

(3) 草根游说。又称公众游说，就是通过一些有影响的媒体或宣传工具如报纸、杂志、广播、电视等对公众进行宣传，塑造公共舆论，从而影响政府部门或立法机关的决策。

充分利用媒体效应对在中国开展政府事务是非常关键的。比如，一些大的跨国公司如通用、卡特彼勒都在首都机场最显眼的位置安装了大的广告牌，宣传公司环保、节能等先进理念，在政府和公众中产生的反响都很大。

此外，开展政府倡导的社会公益项目，是塑造企业正面形象的重要手段。四川汶川发生特大地震以来，许多在华投资的跨国企业第一时间作出反应，向灾区捐物，支援灾区。

政府事务工作的特点

(1) 政治性。跨国公司的投资活动不仅是一种经济现象，还带有一定的政治性。跨国公司的政府事务工作主要就是体现其政治性方面的工作。Gary Dirks 博士在一次演讲中说："政府关系管理就是私人及私人机构对政治的参与。"跨国公司的政府事务工作不仅可能影响到投资所在国的行为和决策、投资所在国及跨国公司母国之间关系的发展与变化，甚至可能影响到更大范围的国际政治经济关系。

(2) 多种关系的博弈。跨国公司的政府事务工作最重要的目标就是影响政府有关跨国公司在华投资相关的法规与政策，其中最关键的莫过于针对跨国公司的投资制定的相关产业指导与管理法规、政策，这是政府对跨国公司的投资进行管理和规范的最重要手段。从表面上看，政府法规政策的制定是政府的单边行为，但其内容却多是与跨国公司长期博弈的结果。此外，为了取得母国政府、议会的支持，跨国公司与需要与母国的政府、议会进行博弈。正是在这种相互竞争和博弈中，各跨国公司、相关利益团体才可能平衡和限制彼此的力量，从而防止权力过于集中，促进民主政治发展。

(3) 与政府目标的一致性。绝大多数跨国公司在中国政府事务工作很重要的一个任务就是学习和领悟中国政府的政策及工作重点，在现有的政治制度和框架下用合法的方式和渠道向政府表达企业的要求，如可能的话积极响应政府的号召，支持政府的工作。比如，安海斯—布希公司为了响应国家振兴东北老工业基地的号召，在东北斥巨资收购了哈尔滨啤酒，并在哈尔滨市设立了城市发展基金，帮助当地政府解决失业、贫困孩子上学等社会问题。随着中部崛起战略的实施，跨国公司开始越来越多地关注中部。在 2009 年 4 月 26～27 日在武汉举办的第三届中博会上，参会的中国美国商会代表团有 45 人之多，其中许多都是世界《财富》500 强企业的代表如波音、通用、强生、安利、迪斯尼等。

(4) 主动性。跨国公司凭借其庞大的经济实力和母国政府强有力的支持，在中国的政府事务工作有较强的主动性。随着中国政府机构改革和透明度的提高，中国政府也更加主动地在法规政策制定过程中与相关利益方沟通、协商。将来的政府事务更多的会是一种政府与企业之间的双向互动。

以跑审批和议题管理为主，个人关系仍发挥重要作用。由于中国对跨国公司的市场准入管理比较严格，跨国公司在中国新设一家企业或者并购国内企业需要市、省甚至中央商务部门的审批、工商部门登记。这就造成了目前跨国公司在中国的政府事务还主要以跑审批或解决议题或问题为主，法规游说仅占工作的很少一部分。在这种背景下，与主管的政府官员保持良好的个人关系仍发挥着重要作用。除了与政府接触之外，政府事务部门还有一个很重要的工作就是对内部人员包括公司总部和中国区的高层及业务部门同事的沟通。

对国内企业的启示

（1）随着中国政治体制改革的深入，政府工作的透明度和法制化加强，国内企业应当学会通过正当的渠道和法律许可的方式与政府沟通，取得政府对业务发展的支持，同时对政府面对的挑战和政策制定的取向要有敏锐的思考和清晰的理解。

（2）在全球经济大环境下，变幻莫测的政治和意识形态意味着极大的商业风险，这将关系到企业的生死存亡。这就要求企业应当从战略的高度来看待政府关系管理，并将政府关系管理纳入企业的战略管理中，从机构和人员方面对这项工作的开展予以保证。

（3）企业要经常与人大代表、政协委员保持积极沟通，通过他们反映一些立法建议。企业发展到一定规模，企业负责人或有影响力的员工应当争当人大代表、政协委员或社区负责人，直接参政议政，通过一切渠道与政府及立法部门保持密切联系，保护和促进本企业和行业的发展。

（4）国内企业还应提高对政府事务的认识，不能仅仅局限在与政府部门或相关官员搞好关系的层面，要更多关注与企业利益相关的法律法规的制定，尽早反映企业的意见，参与各种利益的抗衡，从而为企业的发展主动地创造一个良好的政策环境。

（5）政府代表社会，但却不是唯一的代言人。公众和社会利益团体影响着政府，而政府也希望通过这些团体去影响企业。所以企业要充分运用行业协会等利益团体的力量，向政府提出法律议案或对政府法律议案提出意见。今后行业协会在政府与企业间的桥梁作用会越来越突出。

（6）要重视企业形象，支持社会公益事业，以便在政府主管部门及公众中树立良好的企业公民形象。

（7）重视媒体尤其是行业媒体和知名大众媒体甚至包括广告对政府的影响。媒体作为政治过程的一个参与者，在提出议题、推动议题进入政府或立法机构的议事日程及促成议题解决方面有重大作用。此外，在需要草根游说的议题上，媒体也是一支不可忽视的力量。

（8）对于要走出国门的企业，建议开始时在当地聘请专业的游说机构或政府事务机构提供服务，但同时也要在内部逐渐壮大政府事务的队伍。等到内部队伍壮大之后可实行内部为主、外部支持为辅的模式。除直接游说外，要积极参与当地利益团体的间接游说，必要时可与有共同利益的当地中国企业结成联盟，在使领馆的指导和支持下展开对投资所在地立法和执法机构的游说。

（资料来源：薛华：《国际公关》，2009 年 4 月）

第四节　不同社会组织的公共关系协调

一、政府组织及其公共关系的协调

政府即国家行政机关，是国家权力的执行机构，它对国家各方面事务具有指导、管理、服务、协调、监督、保卫等基本职能。各级政府部门作为公共关系主体，应有效地进行各种管理，争取广大公众的信任和支持，这对形成稳定和谐的社会政治局面、建构良好的公共关系是至关重要的。在现代社会，公共关系学在政府部门已得到广泛应用，政府公共关系已成为政府从事管理的重要组成部分，成为政府与公众充分沟通和协调内外关系的强有力的手段。

政府作为公共关系的主体，有它自身的特性。首先是政府机构的权威性，即它依法对国家事务和社会公共事务履行指导、控制、管理和服务等职能。它以国家强制力为后盾，从而具有绝对的权威性。其次是复杂性，即政府的组织机构错综复杂，其管理的事务涉及社会的方方面面，所要处理的利益关系也复杂多样。再次是它的服务性，即为社会公众提供所需要的各种公共服务。最后是独立性，即它超越于各类社会组织之上，作为整个社会的核心组织和最高权力执行机构，独立地行使管理权，主导整个社会的运行方向。

政府作为公共关系主体的特殊性，使得它与其他社会组织的公共关系有很大的差别。其一是公共关系主体与客体双方利益的一致性。政府是全体公众对象的政府，公众的利益也是政府的利益，政府是公众合法权益的维护者和保障者，因此，政府公共关系是在主、客体双方利益一致基础上的特定关系。从某种意义上说，政府并不存有自身的特殊利益，这一点是与企业组织根本不同的。其二是决定政府公共关系状态的关键因素是政府自身的行为与政策，这其中也包括政府工作人员的言行举止。政府或其相关的工作人员推出某项政策或实施某种管理行为，从而对公众产生一定的影响，公众在了解或接受到这一影响之后，便以他们自己的标准、要求和价值观去评判该项政策或相应的行为。政府的公共关系状态直接反映政府工作的成效。换句话说，政府组织的威信、形象或工作绩效与政府公共关系直接相关。政府组织公共关系工作做得好，政府的威信就高，形象就好，工作绩效也就越为明显，否则，政府的工作就会极为被动和不利。

政府组织公共关系协调工作主要体现在两个方面：其一是主动地、有计划地收集信息，包括广泛开展各种形式的民意调查，倾听公众呼声，接受群众的监督。这就需要建立规范的信息反馈制度，设立专门的调查统计机构，使信息收集、分析处理工作做到科学化、专业化、定期化。其二是及时准确地传播信息。这主要是指政府应有效地利用各种信息传播媒介和渠道及时向社会公众提供公众舆论普遍关注的信息，宣传政府的工作方针和政策等。

二、企业组织及其公共关系的协调

企业组织是公共关系运用得最多、最充分且是受益最大、最明显的公共关系主体。企业组织是一个独立运作的经济实体，它必须依靠营利来维持自己的生存与发展。因此，企业公共关系工作的第一个显著特征就是它的营利性，即全面深入到企业的一切行为活动之中，为企业的营利服务。

只是，公共关系工作帮助企业达到营利的目的是依靠构建良好的公共关系环境来实现的。也就是说，公共关系帮助企业寻求公众利益的满足与自身营利之间的最佳结合点：一方面为公众利益着想，使其得到来自企业的最大的利益满足；另一方面又要为企业服务，使其最大限度地实现营利的目的。这也是企业公共关系的第二个显著特征，即企业公共关系的协调，实际上是在保证公众利益不受侵害的前提下，寻求企业本身的最大利益。

企业组织是所有社会组织中面临公众对象最多，且需求最复杂、利益矛盾和冲突最为突出的公共关系主体，不仅存在着合作者的利益需求，还存在着竞争者、媒介和政府的种种挑战、监督与制约。这是企业组织公共关系的第三个显著特征，即企业组织要与诸多的公众对象协调好关系，满足各方面公众的需求，才能得以顺利发展。

在激烈的市场竞争中，企业表面上是在做市场争夺的拼杀，而实质上则是在争夺消费者，争夺自己的顾客，乃至争夺自己的每一个公众对象。没有公众的信任与支持，也就不会得到市场。没有市场，企业也就失去了生存的空间。企业组织对公众的这种强烈的依赖性，是其公共关系工作的第四个显著特征。

为此，企业组织只有认清自身公共关系协调的特征，有效地开展公共关系工作，才能使自己在激烈的市场竞争中，永远立于不败之地。

三、商业服务业组织及其公共关系的协调

商业组织是以销售物质商品来满足顾客需求的经济实体，包括批发商、代理商和各类商场商店等组织。而服务业组织则是以提供劳务服务来满足顾客需要的经济实体，包括酒店、宾馆、旅行社等。商业组织与服务业组织的一个共同特点就是以工作人员与顾客的直接接触来开展经营活动。因此，在其公共关系协调方面，有三点是必须明确的。

其一是确立优质服务、顾客至上的信条。作为为社会提供服务的窗口行业，其行为直接处于社会公众的监督之下，组织是否做到文明经商、礼貌待客、优质服务和方便顾客，直接关系到公众及社会舆论对组织的评价。因此，组织必须使每一位工作人员都明白自己组织的利益与声誉只有通过最大限度地满足顾客的需求才能得到保证。

其二是捕捉有利时机，大力对外宣传。商业服务业的工作重在直接满足人们的生活需要，而人们的生活需要又有着很强的规律性。因此，如何利用消费需求的变化，捕捉时机大力推出宣传攻势，是组织与公众保持最大沟通和协调的一项重要工作。

其三是重视员工关系，满足员工需要。商业服务业员工关系的协调直接影响着其他公众关系的协调。员工关系协调，就能够有效地调动员工在顾客关系协调中的积极性和主动性。反之，员工关系不协调，顾客关系的协调也必然要受到一定的影响，甚至是破坏。因此，商业服务业组织应比任何其他社会组织都更为重视员工关系的协调。组织应尊重员工的权益，关心并最大限度地满足员工的利益需求。

四、事业组织与社会团体及其公共关系的协调

事业组织通常是指那些由政府出资设立的满足社会某种需要的专门机构，如学校、图书馆等。社会团体是指具有共同利益需求或背景的人们为实现某种社会理想自愿结合而成的一些非营利性组织，如专业学术团体、宗教团体等。

事业组织和社会团体由于其本身的非营利性特点，其公共关系协调除了具有与其他社会组织共有的特征（如树立自身良好形象、积极扩大社会影响）外，还有其自身的特色，表现在以下三个方面。

其一，确立一种良好的社会认识及道德楷模形象。事业组织与社会团体在社会公众中树立的形象目标是：担当着崇高的社会道义责任；具有强烈的献身于社会的奉献精神；表现较高的文化知识水平和社会道德水准。

其二，以自身的行为，积极影响社会舆论。事业组织与社会团体成员在社会利益关系格局中处于较为超脱的位置，对各种社会问题的看法往往容易引起人们的重视，形成一定的社会舆论导向。因此，事业组织与社会团体成员一是通过参政议政，表明立场，影响舆论；二是以身作则，通过在社会各界公众中树立良好的行为样板以促进良好社会风气的形成。

其三，积极参与和组织各种社会活动。事业组织和社会团体应积极组织和参与各种公益性的社会活动，并在其中起领导作用。这样，既可使广大社会公众受益，又可扩大组织自身的影响，并能通过与社会公众的有效沟通得到更多的理解和支持。

以上只介绍了几种主要类型的社会组织及其公共关系的协调。需要说明的是，作为公共关系主体的社会组织是多种多样的，每一个社会组织都有其自身的公共关系协调问题。组织应针对自身的特点和公众的特殊要求，不断总结自己的公共关系协调经验，并上升到理论来指导自己的公共关系实践，切忌照搬其他组织的现成经验。

第五节 危机处理

一、危机的含义

“危机”的字面意思是危险、危难与机遇。

《现代汉语词典》的解释是：危机，指严重困难的关头，也就是严重困难起决定作用的时机或转折点。

美国学者巴顿（Barton）指出：危机是一个会引起潜在负面影响的具有不确定性的事件，这种事件及其后果可能对组织及其员工、产品、资产和声誉造成巨大的伤害。

危机事件是指意想不到的与社会组织有关的危及生命财产和名誉等等的重大事件。

社会组织在日常工作中会遇到大量的“问题”，需要排除故障，解决问题，也会遇到“问题”无法控制，而酿成冲突与对抗，所有这些被称为危机事件。

危机是对社会组织公共关系最富挑战性的考验，社会组织对危机事件的处理，集中地反映了社会组织的公共关系工作水平。

二、危机的特征

危机的特征主要表现在以下几个方面。

（一）突发性

危机事件一般是在组织毫无准备的情况下突然发生的。这些事件容易给组织带来混乱和惊慌，使人措手不及。

（二）意外性

危机爆发的具体时间、实际规模、具体态势和影响深度是始料未及的，会给组织带来各种意想不到的困难。特别是那些由组织外部的原因造成的危机，如自然灾害、国家政策的改变、科技新发明带来的冲击等，它们往往是组织始料不及并难以抗拒的。

（三）破坏性

危机发生后，对组织、对社会都会造成伤害。对组织来说，它不仅会破坏正常的工作秩序，使组织陷入混乱，而且还会对组织未来的发展造成深远的影响，特别是发生了有人身伤亡的事故之后。从社会角度看，组织危机会给社会公众带来恐慌，有时还会给社会造成直接的损失，如产品不合格或是机毁人亡的事故，抑或污染环境等，会给人造成终生残疾或对生态环境造成较大的破坏。

（四）紧迫性

危机一旦发生，就会像一颗突然爆炸的“炸弹”，在社会中迅速扩散开来，对社会和组织本身造成严重冲击，如果不能及时控制，危机会急剧恶化，使组织和社会遭受更大损失。因此，应对危机具有很强的时间限制。

（五）周期性

危机发生、发展具有一定的周期，大致可以划分为：①潜伏期：起源阶段，开始酝酿问题；②发作期：爆发和扩大阶段，问题迅速放大；③延续期：成型阶段，问题在持续；④恢复期：解决阶段，问题休眠。

认识这一特征非常重要：第一，在危机发生发展的不同时期，我们可以采取不同的策略和措施；第二，任何危机既可来也可去，我们应有战胜危机的信心。

（六）舆论聚焦性

进入信息时代后，危机的信息传播比危机本身发展要快得多。媒体对危机来说，就像大火借了东风一样。危机常常会成为舆论关注的焦点、热点，成为媒介捕捉的最佳新闻素材和报道线索。有时候它会牵动社会各界，乃至在世界上引起轰动。

（七）结果可转化性

危机事件是可变化的。如果注意监测环境，积极预防，就能防患于未然，就能把危机消灭在萌芽状态。危机发生后，如果积极应对，也可以把负面影响控制在最小范围，甚至转化为“正面宣传”。对危机中出现的问题进行举一反三消除和防范，反而会转危为安，促进发展。这也是我们在危机面前可以有所作为、进行危机管理的理论依据。

三、危机产生的原因与类型

导致危机发生的根本原因是：事物发展得不平衡，发生矛盾冲突、利益受损。

我们分别从客观环境和自身主观两个方面分析危机产生的原因，并根据这些对危机的类型作区分。

（一）组织的生存和发展环境发生变化

1. 自然环境

自然灾害的发生或人对自然的破坏，前者如地震、水涝或干旱、台风等，后者如核泄漏、环境污染等，往往会造成严重的危机。

2. 经济环境

根据国际经济社会发展情况统计：当一个国家或地区的人均生产总值（GDP）处于1000美元至3000美元发展阶段时，往往是经济容易失调、社会容易失序、心理容易失衡、社会伦理需要调整重建的关键时期。我国目前是经济转轨、社会转型，正处在危机频发的时期。(2008年，我国人均GDP已达到3266美元。)

全球经济一体化，国家与地区相互作用加强。你中有我，我中有你。好事坏事都会相互影响。

3. 政治环境

国家政策的改变，战争、暴力对抗、恐怖主义事件等，也会导致组织面临危机。

4. 社会环境

重大的社会矛盾，如公众对公共产品、公共服务、公共政策的需求与政府满足公共需求能力之间差距的加剧。

社会价值分配的“瓶颈”出现，使公平与正义、发展与平衡、两极分化、权力腐败等公共问题凸显。

市场经济与改革对传统的框架构成压力，政治行政体制改革滞后，社会保障系统不完善，多元的利益表达机制不足，制度化的社会减压系统不灵，各种社会矛盾激发出来的群体性事件剧增。

一些社会恶意事件，如故意破坏、敲诈勒索（美国强生公司的泰莱诺尔事件就属此类）等。

这些都可能造成危机发生。

5. 科技环境

科技新发明，会对传统的工作方式、生产方式带来的冲击。

媒体技术与规模的巨大发展，在信息传播中有较大的放大效果，一件小事，往往会因为媒体的关注产生轩然大波。

6. 舆论环境

舆论的负面报道，会极大地影响组织的声誉和形象；公众误解，也会使组织处于不利境地；公共议题，如“手机辐射对人体的影响”等往往也会引起危机。

（二）组织自身错误

像组织意外事故（如火灾、工矿业事故）、产品质量问题（如三鹿奶粉事件）、组织高管发表有争议言论、组织的不正当行为（如欺骗）等，因为损害了相关公众利益，从而引起危机。

许多危机的产生根源在组织内部，即往往是因为内部的管理。

体制或人员素质不佳导致问题演化成危机，具体有以下几方面。

1. 管理者公关理念淡薄，缺乏危机管理意识

在现代组织中，还有相当一部分管理者没有正确的公共关系理念，对社会利益、社会责任的认识不足，在组织利益与社会利益相矛盾时，首先想到的是如何维护组织自身利益，忘却了公众的利益，使问题演变成一场危机。

2. 组织自身决策违背公关基本原则要求

在现代社会，组织的决策与行为应自觉考虑到社会的利益，与公众共同发展。如决策背离公众和社会环境的利益与要求，就有可能使组织利益目标与社会利益目标相对立，从而引发公众对组织的抵触、排斥和对抗，使组织陷入危机之中。

3. 组织人员素质低下，行为严重违背组织宗旨

组织人员包括管理人员和员工两类。就管理者而言，现阶段仍有不少管理者纯粹靠经验、习惯甚至关系行使其管理职能，对内缺乏感召力和凝聚力，不能激发员工工作潜能，对外缺乏组织形象意识与公众权益意识，对公众的正当权益要求置若罔闻，甚至粗暴对待公众，以致引发组织危机。就员工而言，往往个别员工的粗暴行为会给组织形象带来恶劣后果。

4. 没有建立正常有序的沟通渠道

许多组织在沟通上还存在两大“盲点”：其一，无限制扩大组织机密范围，追求事事保密、层层设卡，唯恐公众知晓组织决策内容；其二，只知道信息的单向发布，不知道信息的及时反馈，一旦危机发生，谁都不知道发生的程度如何，公众的知晓状况如何，行动程度如何，媒体的态度又是如何，第一手信息资料缺乏，危机又怎么能得以有效控制呢。

四、危机的结局

危机发生后有三种结局：

（1）由于无法承受危机的沉重打击或没有对付危机的准备和能力，组织崩溃，不复存在。

（2）虽然存活，但由于危机处理不力，组织受损较大。

（3）危机处理得当，减少或避免损失，并借机发展。

【案例8-1】“特富龙”事件与格兰仕入局

2004年7月11日，央视经济新闻栏目播发了一则消息：美国杜邦公司由于在生产“特富龙”过程中使用了一种催化剂叫“全氟辛酸铵”（PFOA，又称C8）可能存在对环境的污染，美国环保署要求杜邦公司应该履行相关的行政程序进行问题报告，否则可能会面临环保署高达3亿美元的罚款。拥有200多年历史的老牌世界级化工巨头怎么也没有想到，就在其对华的生意节节攀升之际，2004年的一场“苦”夏由此拉开了序幕。

杜邦“特富龙”事件不仅给杜邦公司造成了巨大的负面影响，更给使用“特富龙”材料生产产品的企业造成了巨大的危机。

在“特富龙”事件闹得沸沸扬扬全民关注的时候，格兰仕的相关负责人通过媒体表示：格兰仕的产品大部分都是出口海外，而海外市场对产品的质量等各项市场准入指标要求比国内严格得多，因此质量安全有绝对的保证，但目前也在积极寻找相应的替代材料，以便消除消费者的疑虑。这一消息马上被全国各媒体主动引用报道，在整个行业发生危机，消费者信心动摇时格兰仕此举树立了一个捍卫消费者权益，挑起行业重担，负责任的企业形象。

随后“特富龙”事件危机继续蔓延，已经殃及整个炒锅行业，甚至是使用该材料的相关行业。媒体与消费者的声音也越来越严厉。此时格兰仕再出猛招：与两家国外高端材料技术公司达成了使用宇航DYH材料技术和宇航5T涂层技术联合产销及研发意向，这种材料对人体没有任何危害，可以替代“特富龙”材料应用于炒锅、电饭煲、微波炉等炊具中。同时与100多家国内外材料供应商签订《材料健康保证书》，向外界表明格兰仕不采用“特富龙”材料，其微波炉与炒锅等产品是健康安全的。此外，格兰仕还向广大下游经销商发表《材料健康声明》，稳定经销商信心。

在媒体大肆宣扬杜邦“特富龙”事件，消费者高度关注的情况下，格兰仕抓住这个大好时机，打出“健康牌”，不仅增强了格兰仕的品牌知名度与美誉度，更使其微波炉在全国引起抢购风潮。

五、危机处理的原则

（1）居安思危，未雨绸缪。

（2）速度第一，沉着冷静，果断决策。

（3）生命财产安全优先。全力抢救人员。以人为本，依法管理。

（4）真诚沟通，迅速反应，权威证实，及时报道，信息畅通。切忌封锁隐瞒消息。

（5）系统运行，协调联动，分级管理，群策群力，保障有力，共渡危机。

（6）控制负面影响。尽量减少对家属和公众的影响。

（7）责任调查与追究。全面调查，明确责任、严肃处理。敢于承担自己应负责任。

（8）做好善后及后续保障。

（9）举一反三，注意对相关领域的检查与防范。

（10）对公众教育和警示。从事件中吸取教训，善于学习，总结提高。

【案例8-2】　恒天然肉毒杆菌风波

案例主角：恒天然乳业集团。

案例回放：

2013年8月2日，恒天然乳业集团发布消息称：旗下一家工厂2012年5月生产的3个批次、共38吨浓缩乳清蛋白中检出肉毒杆菌。此后，达能、雅培的多家厂商开始召回产品。

就在恒天然公司发布浓缩乳清蛋白粉中检出肉毒杆菌消息的当晚，国家质检总局紧急要求进口商立即召回可能受污染产品，并要求各地检验检疫机构进一步加强对新西兰输华乳制品的检验监管。国家质检总局表示将对此事继续给予关注。

8月3日，国家食品药品监督管理总局发出紧急通知，要求上海市、浙江省食品药品监督管理局会同质量技术监督局，立即开展对新西兰浓缩乳清蛋白粉肉毒杆菌问题调查，布置进行系列检验检测，做好风险防范工作。

8月4日，国家质检总局公布消息，经中新双方核查，初步确定有4家中国境内进口商进口了可能受到肉毒杆菌污染的新西兰恒天然集团产品。4家企业分别为杭州娃哈哈保健食品有限公司和杭州娃哈哈进出口有限公司，进口浓缩乳清蛋白14.475吨；上海市糖业烟酒（集团）有限公司，进口浓缩乳清蛋白4.8吨；多美滋婴幼儿食品有限公司，进口原料乳粉208.55吨。

与此同时，国家食品药品监督管理总局约谈了杭州娃哈哈保健食品有限公司、可口可乐中国公司、多美滋婴幼儿食品有限公司3家受肉毒杆菌污染企业相关负责人，要求尽快查明情况、分析原因，迅速采取措施，立即停止销售并召回涉及问题原料加工的全部食品。

恒天然集团于8月3日在新西兰举行了新闻发布会，恒天然集团新西兰奶制品公司执行董事加里·罗马诺表示，有3批浓缩乳清蛋白出现质量问题，这些产品是2012年5月在新西兰本地一家工厂生产的，涉嫌被污染的产品总量为38吨。污染源是该公司在北岛怀卡托地区豪塔普工厂的一根受污染的管道。恒天然集团表示，检测结果显示，这些浓缩乳清蛋白可能含有肉毒杆菌的菌株，有可能造成食用者中毒。据介绍，这种浓缩乳清蛋白被广泛用于婴儿奶粉、儿童成长奶粉和运动饮料中。

8月底，经新西兰初级产业部确认，恒天然未受肉毒杆菌污染，而是检出了没有毒素的生孢梭菌。

恒天然还是由全球副总裁雷兰德着手调查事件真相与起因。9月4日，该公司宣布这次污染发生的主要原因是：有关方面决定将早先的浓缩乳清蛋白产品进行重新加工，而非将其降级处理，并使用了某项非常规的设备元件；恒天然的某两个业务部门之间出现了一次偶发的信息共享疏漏，导致相关检测有所延误；该问题未及早上报到首席执行官层面；召回之前不久部分工厂的计算机系统刚刚升级，导致产品追溯耗时较长。

恒天然首席执行官史毕根思说："在召回之前不久，我们在部分工厂进行了计算机系统升级，但还没有完成相应的培训，这也影响了我们追溯产品的速度。"此前，新西兰总理约翰·基指责恒天然拖延宣布其产品可能受污染的时间。

恒天然表示，为防止类似事件再次发生，公司新设了全球食品安全与质量事务的总监职位，直接向首席执行官汇报。恒天然将在董事会独立调查和新西兰政府的两项调查结束后，综合所有四项调查的建议制订行动计划。

多美滋在8月2日紧急发表声明表示，一些多美滋产品使用的部分批次恒天然生产的浓缩乳清蛋白粉可能存在潜在质量问题，将立即启动产品追溯系统。根据恒天然提供的信息，多美滋已查明部分优阶贝护和多领加二阶段产品有可能受到影响，共涉及12个批次。其中部分已经被迅速封存，未流入市场。多美滋其他产品未受影响，消费者可放心使用。"尽管恒天然声称'目前没有任何关于因食用含这些批次乳清蛋白的产品而导致疾病的报道'，本着对消费者安全的高度重视以及对产品安全问题零容忍的态度，多美滋已启动召回程序，将对以上产品实施预防性召回，并全部销毁。如您已购买相关产品，建议立刻停止使用。"

多美滋表示："我们将对供应商恒天然公司进行事故原因调查，进一步加强监管，以杜绝此类事件的发生。"

同时，上海市糖业烟酒（集团）有限公司也在官网发布公告表示，"立即全面开展排查与产品溯源。上海糖酒集团将全力配合相关部门做好对上述事项的后续处理工作。经查，我司进口代理的该批次产品共计4.8吨，相关产品的最终客户为可口可乐饮料（上海）有限公司。经与可口可乐饮料（上海）有限公司确认，在4.8吨原材料中，25公斤已用于生产个别批次的美汁源果粒奶优，其余4.775吨尚未投入生产，已被安全隔离"。

可口可乐公司也在其官方微博上发表声明，称收到恒天然公司就相关批次乳清蛋白质量问题通知后，立刻和相关部门配合展开全面调查。

"我们正在调查处理中，届时会有公开的声明。"娃哈哈品牌总监任威风（微博）

在接受北京商报记者采访时表示。娃哈哈发布公告承认，公司确实进口了新西兰恒天然公司生产的批号为 JW22 的 WPC－80 乳清蛋白计 14.475 吨。该乳清蛋白用于钙好喝等酸性产品中，但随即表示，并未查出肉毒杆菌。“我公司对去年至今年 2 月使用该乳清蛋白产品的出厂检测记录进行复查并未发现肉毒梭状杆菌及肉毒毒素。我公司还对市场上的产品库存进行了紧急排查，我公司经销商销售的产品已经基本销售完毕，尚未发现食品安全方面的问题。”

娃哈哈表示：“公司已要求销售人员全面核查市场上零售商还有无该批号所涉产品，若有我们将立即召回。同时我们已委托国家权威机构对我司产品的留样进行肉毒梭状杆菌及肉毒毒素的检验。”

【案例点评】

根据著名危机公关专家、关键点传媒董事长游昌乔先生危机公关 5S 原则，对案例作如下点评：

承担责任原则（SHOULDER THE MATTER）

恒天然在最短的时间内查清产品的来路、污染源以及产品批次的去向，控制了事态的发展，在最大程度上减低了损害。而且值得注意的是，恒天然集团在乳品检测中未有“肉毒杆菌”的情况下，通过自我检查揪出了这一安全隐患，并主动进行信息披露、主动召回产品，这种做法大大降低了污染事件进一步发酵的风险。体现了对客户及消费者负责的态度赢得了公众的信赖。但美中不足的是，针对消费者提出的赔偿问题，公司方面并没有给出确切的答案。

项目分数：40 分 评分：30 分

真诚沟通原则（SINCERITY）

事件发生后，恒天然集团举行了新闻发布会，执行董事直接面对媒体，并由全球副总裁雷兰德着手调查事件真相与起因。增加了彼此的信任，争取到了媒体的正面报道。另一方面，恒天然集团首席执行官西奥·史毕根斯在北京发布会道歉称，“我们对中国和世界各地受到此次事件影响的人们表示最诚挚的歉意，婴幼儿奶粉必须拥有百分之百的安全。”在出现危机后，不回避、不拖延、不说谎，以最大的诚意将危机带来的品牌损失降到最低同时也赢得了消费者的信任。

项目分数：20 分 评分：20 分

速度第一原则（SPEED）

事发后快速将这一消息告知公众，举行新闻发布会与媒体配合，并主动调查事件真相与起因，以积极的态度处理了这一件事。

项目分数：20 分 评分：20 分

系统运行原则（SYSTEM）

危机发生后，企业一方面坦然面对媒体介绍事件的最新情况，另一方面在企业内部积极进行调查。为防止类似事件再次发生，公司还专门设立相关职位，采取了一系列有针对性的措施避免再次发生类似事件。

项目分数：10 分 评分：10 分

权威认证原则（STANDARD）

由国家质检总局和各地方检验部门同时把关，把这次危机的风险降到最低。同时企业高层直接表态，并且相关的检验部门保持口径上的一致。这一做法解除了公众对恒天然的戒备心理，重获消费者的信任。

项目分数：10 分 评分：10 分

案例评分：总分 100 分，实际总评分 90 分

资料来源：游昌乔：《2013 年十大品牌危机公关案例研究报告》，2014 年 1 月 20 日。

六、危机处理的主要流程和措施

“每一次危机既包含导致失败的根源，又孕育着成功的种子。发现培育以便收获这个潜在的成功机会，就是危机管理的精髓。”

（一）平时的危机应对准备和检测防范

1. 危机应对准备的工作

制订危机处理方案，建立预警机制、建立决策指挥机制、建立危机管理的责任制、建立执行机制、建立检查监督机制、建立社会动员和参与机制、建立物质保障机制、建立信息收集分析和披露机制、评估学习机制等。

（1）树立长远的危机管理观念，居安而思危。组织的决策者要有敏锐的危机感，在顺境中保持“未来可能会发生危机”的思想准备。

（2）危机预测分析。危机管理是对危机的产生、发展、变化实施的有效控制，为此，事先要对可能发生的危机做出预测、分析。预测包括：可能发生哪些危机，危机可能具备的性质及规模，它对各方面可能带来的影响。

根据组织具体情况，按轻重缓急将危机分类，如：

A 类是很可能发生的危机，如产品质量、媒介关系、环境变化等。

B 类是有可能但又不一定发生的危机，如被盗窃、合作伙伴违约等。

C 类是很少发生但又不是不可能发生的危机，如产品被投毒、水管爆裂等。

（3）建立危机预警系统。建立危机预预警系统是此阶段的另一项重要工作，即通过对有关公众对象和组织环境的监察，及时发现危机隐患，帮助决策层迅速采取针对性措施，减少危机可能对组织造成的损害。预警至少能使组织在危机发生时能更快反应（不良变化被注意到并传递到决策层）；保护人和财产并激活积极反应系统（防御体系）。

预警首先是寻找危机环境，一种是找出组织在历史上曾发生过的危机；另一种是找出国内外同行或类似组织已发生过的危机。其次是分析上述两类危机发生时的条件、成因，并结合近期社会环境因素的变化进行相关分析，从中判断危机发生前的环境“预兆”（如同地震前动物骚动、水质变化一样），进而通过监测，确保随时能做出第一反应。

（4）制订应急计划。在危机发生之前制订完善的计划，以便一旦出现危机即刻能作出反应，这是控制危机花费最少、操作最为简捷的方法，是减少危害的有效措施。

计划应包括对付各类不同危机的不同方法，安排好危机中、危机后在各个工作环节中负责处理各种问题的适当人选，同时让这些人员事先了解。

制订应急计划应回答下列问题：

①潜在的危机有哪几类？

②危机一旦突发，将会影响的公众有哪些？他们会受怎样的影响？

③以什么方式、在何种程序与有关公众进行沟通？沟通的渠道畅通吗？

④危机发生后各环节的工作合适人选是谁？他们都该做些什么呢？面对不同危机时他们的责任和应该采取的措施是什么？

（5）成立危机管理组织。大中型组织应设这样的委员会，这是顺利处理危机的组织保证。危机管理委员会的人员应包括组织领导、人事经理、工程管理人员、保安人员、公关经理、后勤部门领导等。如果组织有分支机构，每个分支机构、子公司、分厂都应向委员会派一名代表，以便发生问题时能迅速在各地协调行动。

①危机管理组织的作用：全面、清晰地对危机发展趋势作出准确预测；确定有关处理策略和步骤；安排调配组织现有的人、财、物力，明确责任，落实任务；启动信息沟通网络，与传媒及目标公众保持顺畅联络；对危机处理过程中各项工作做指导和咨询。

②危机管理组织应配置的设备与材料有：足够的通信设备、各类图纸、员工名册、重要人物的地址、联系电话及应急车辆、人员，各类专用设备等。

此外，还可以根据危机内容和可能的发展趋势，确定是否聘请外部专家介入对危机的处理，有些危机只有靠专业的、经验丰富的公关专家，才能帮助组织控制灾难。

（6）印制危机管理手册。将危机预测、危机情况和相应的措施以通俗易懂的语言编印成小册子，可以配一些示意图，然后将这些小册子发给全体员工。还可以通过多种形式，如录像、卡通片、幻灯片等向员工全面介绍应付危机的方法，让全体员工对出现危机的可能性及应付办法有足够的了解。

目前，仍有很多组织不注意这方面的工作，员工长时期不了解本组织可能出现的危机，也不了解一旦出现危机应该采取什么样的措施来自救和保护，这是非常危险的。

（7）建立处理危机关系网。根据预测的组织可能发生的危机，与处理危机的有关单位联系，建立合作网络，以便危机到来时能很好合作。这些单位有医院、消防队、公安部门、新闻单位、邻近的驻军、相关的科研单位、同行业兄弟单位、保险公司、银行等。在平时就要通过互相沟通使它们了解组织的基本情况，以及在危机中组织会向他们寻求哪些帮助等。

(8) 搞好内部培训。处理危机是公关工作中的一项重要内容，但由于危机并非经常发生，所以大多数工作人员对处理危机都缺乏经验。可组织短训班专门对有关人员进行培训，内容包括：模拟危机，让受训学员作出迅速反应，以锻炼他们面对危机，处理问题的能力；向他们提供各种处理危机的案例，让他们从各类事变中吸取经验和教训，帮助他们在心理上做好处理各种危机的准备。

将危机应急方案在组织内部广泛宣传，并进行实战性演习。可以以小册子、宣传品等形式，将应急计划内容发给全体员工，使员工对危机发生的可能性以及应付办法有足够的重视与了解。

要使每个成员成熟悉他们在危机中的任务和位置，并通过各环节人员之间的相互作用，使互助性和操作性更务实。另外，通过演习，调动、组合、部署相关人员，当危机真的来临时，相关人员能轻车熟路，提高工作效率。

2. 监测防范的工作

具体的危机处理的首要一环是对危机进行监测，在组织顺利发展时期，就应该有强烈的危机意识和危机应变的心理准备，建立一套危机管理机制，对危机进行检测。越是风平浪静的时刻越应该重视危机监测。

许多危机在爆发之前都会出现某些征兆，危机管理关注的不仅是危机爆发后各种危害的处理，而且要建立危机警戒线。在危机到来之前，把一些可以避免的危机消灭在萌芽之中。对于另一些不可避免的危机通过预警系统及时掌握情况，这样，才能从容不迫地应对危机带来的挑战，把损失减少到最低的程度。

(1) 企业危机征兆：销售额连续下降、连续亏损 5 年以上、坏账增加、商品滞销、库存过高、投资过大、负债过高、自有资金过少、成本过高、消耗过大、人才严重流失、行业萎缩、竞争过度、客户流失等等。

(2) 危险客户常见的征兆：经理经常不在岗且任何人不知去向、经理常去医院、经理热心表面事务而疏于本职工作、员工调入调出频繁、员工无霸气、无朝气、萎靡不振、员工平均年龄偏大、队伍老化、公司卫生状况差、无人清扫、原来现金或支票支付货款改为开收据、要求延长货款结算周期、事故增多、无货供应、客户纷纷离去、业内口碑不佳、有行将倒闭等的负面传闻等①。

(3) 危机爆发的信号：美国公共关系专家弗雷泽 · P · 塞特尔指出，当组织的危机即将爆发时，有 7 种典型的警告信号出现：

A. 震惊。B. 信息不充足。C. 事件在逐步升级。D. 失去控制。E. 来自外部的质询增多。F. 不知所措。G. 恐慌。

① 引自苏伟伦：《危机管理》，中国纺织出版社 2000 年版。

（二）危机发生时，识别控制与综合处理阶段

首先，确认危机。确认危机包括将危机归类、收集与危机相关信息、确认危机程度以及找出危机产生的原因，辨认危机影响的范围和影响的程度及后果。

其次，控制危机。控制危机需要根据确认的某种危机后，遏止危机的扩散使其不影响其他事物，紧急控制如同救火兵刻不容缓。

最后，危机决策。企业在调查的基础上制定正确的危机决策。决策要根据危机产生的来龙去脉，对几种可行方案进行对比较优缺点后，选择出最佳方案。方案定位要准、推行要迅速。

在处理危机中，关键的是速度。能够及时、有效地将危机决策运用到实际中化解危机，可以减少或避免危机造成的损失。

1. 要迅速掌握危机的全面情况

首先搞清是什么人，在什么时间、地点，发生了什么事，事故的原因是什么，按这些要点迅速查明危机的基本情况。有可能的话，可以在目击者的协调下进行调查。

2. 迅速拿出计划付诸实施，控制局面

估计危机可能产生的后果和影响，如人身伤亡的数量、程度，应送什么样的医院治疗，设备损坏的情况，公用设施损坏的程度及其他财产损失，找到迅速控制事态的最有效方法并付诸实施。

慎重处理危机中的有关人员伤亡事宜。正所谓人命关天，一旦出现人员伤亡事故，务必要引起足够重视，充分认识到受难者家属在危机事件中的重要地位。

3. 查看事故现场

查看危机是在继续发展还是得到了有效控制，控制情况如何；若还在进一步发展，要迅速查明原因，并明确怎样控制事态发展，找到处理危机的方法。

4. 预测危机发展的前景

判断现有解决方案实施的效果及可能造成的影响，如不能制止还将如何发展，会引发什么样的新问题。

5. 同事故见证人保持联系

记下其姓名、单位、地址及证件号码、电话号码等，必要时可请公安机关加以协助。

6. 保护现场，搜集物证

无论是产品不合格引起事故，还是其他原因造成的事故都应及时搜集物证，组织专家检验、测定。在结果没出来之前，有引起事故嫌疑的产品应通知销售部门暂停出售。这样做时先不要声张，以免造成不必要的形象损害。这个时候要具体问题具体分析。

7. 及时沟通

（1）组织应将所有已知信息在第一时间通告行政领导和社区领袖，寻求他们的理解与支持。

(2) 尽快调查并向社会公布真相，澄清事实。

①危机发生之后，社会组织应迅速抢救受害公众，减轻危机影响程度，并尽快将最新情况、背景情况和处理的措施告诉公众。不要发布不确切的消息。

②同时，还须尽快查明危机根源，如果是组织的自身的原因，就应勇于承担过失责任，向公众道歉；如果是其他因素所致，也应将事实告诉公众，减轻组织自身的压力。

③联络媒介、引导舆论是一项十分重要的工作。

——危机事件发生后，各种传闻，猜测都会发生，媒介也会纷纷报道。尤其是在互联网时代，消息传播速度异常迅速。这时社会组织应委派"发言人"主动与媒介联络，特别是首批报道事件的记者。

——宣布召开新闻发布会的时间，以尽可能地减轻公众电话询问的压力，准备好新闻稿，做好新闻发布会的全面准备。

——务必以最快的速度来召开新闻发布会或记者招待会，以"填补信息真空"，掌握舆论主导权。国外一个危机专家曾说过"危机中传播失误所造成的真空，会很快被颠倒黑白、胡说八道的流言所占有"，"无可奉告对于公众的理解就是默认"。

——如果有多次的新闻发布会，新闻发言人代表社会组织"以我为主"公布消息，使信息传递口径统一。

④充分运用微博、微信、微视等新媒体的即时快速发布和迅速扩散的特点，及时发出社会组织的声音，占领舆论制高点。

⑤如果有关危机的新闻报道与事实不符，应及时予以指出并要求更正。

⑥尽量邀请技术权威机构介入对危机事件真相的调查与论证，可提高信息的可信度，对于减少谣传、寻求传媒与公众的理解尤有好处。

⑦在危机传播中，避免使用行话，用简洁明了的语言来说明组织对发生的事件的关注。

(3) 建立24小时沟通机制和热线电话，以训练有素的人员来回答新闻媒介和外部公众的询问。回答敏感问题之前须向决策层请示报告，严格按照统一的口径对外发布信息。

【案例8-3】 百度被黑事件

2010年1月12日早上7点左右，www.baidu.com突然出现无法访问故障，域名无法正常解析。至9：30，太原、天津、郑州、烟台、长沙、成都、沈阳等地均出现百度无法正常访问现象。10：45，百度官方表示：由于baidu.com的域名在美国域名注册商处被非法篡改，导致百度不能被正常访问，公司有关部门正在积极处理，

www.baidu.com.cn 能够正常访问。自11：00起，各地网络恢复对百度的正常访问。

12：51，对于百度被黑事件，CEO 李彦宏在百度 i 贴吧上，以“史无前例”表达了自己对于事件的震惊。当日下午6点，百度发表正式声明，称目前已经解决了大部分登录问题。对于部分中国网友基于义愤报复性攻击其他外国网站的做法，百度称“我们并不鼓励这样的做法，请大家保持冷静”。

【事件点评】

作为国内最大的网络搜索平台，百度的突然被黑在网民中引起轩然大波。从应对角度来看，百度方面的作法近乎完美：在第一时间对事件作出回应；快速运用技术手段对问题进行处理；迅速制定应急方案，积极引导广大网友使用 www.baidu.com.cn 进行正常搜索；CEO 李彦宏借助网络发表自己对于事件的看法，消除广大网友的猜疑与疑虑；而对于广大网友保持克制的提醒，显示了百度的大度与事件应对的全局观。如此系统的危机应对策略，保障了问题的顺利解决，得到了广大网友的好评。

（资料来源：游昌乔：《2010年1月十大危机公关案例分析》，品牌中国网2010年2月9日。）

8. 做好善后工作

如果是由于社会组织生产的产品质量所引起的恶性事件，应立即收回不合格产品，或立即组织检修队伍，对不合格产品逐个检验，通知销售部门立即停止销售这类产品，然后，追查原因，立即加以改进。确保组织在处理危机时有一系列对社会负责的行为，以增强社会对组织的信任度。

9. 危机处理中几类关系的协调

危机发生后会触及相关公众的利益，对此应分别进行协调。

（1）对内部公众。首先，应把事故情况及组织对策告诉全体员工，使员工同心协力共渡难关。其次，如有人员伤亡，应立即通知家属，并提供条件满足家属探视、吊唁的要求，组织周到的医疗和抚恤工作，由专人负责；如果是设备损失应及时清理。

（2）对事故受害者。首先，安抚受众，缓和对抗。对受害者应明确表示歉意，慎重地同他们接触，冷静地倾听受害者的意见和他们提出的赔偿要求。这时即使他们的意见并不完全合理，也不要马上与之辩论、讨论；即使受害者本身要对事故负有一定责任，也不应马上予以追究或推出门了事，或立刻诉诸法律。然后，同他们坦诚、冷静地交换意见，同时谈话中应避免给人造成推卸责任、为本组织辩护的印象。还要注意在处理事故的过程中，没有特殊情况，不要随便更换负责处理事故的人员和探望受害者的人员，以便保持处理意见的一致性和操作的连续性。

（3）对新闻传播媒介。新闻是政府的“喉舌”，它代表着大众利益，他们有权知晓他们认为有必要知晓或传播的信息，在这里，公开、坦诚的态度和积极主动的配合是处理媒体关系的关键，也唯有这样，才能取得新闻界朋友的信任和支持，更何况组织与公众的沟通也只有借助媒体的支持才有可能进行，因此社会组织应该非常乐意，且能够与媒体作更深层次的沟通，甚至让媒体成为危机事件的新闻咨询顾问。

（4）对上级领导部门。危机发生后，应及时向组织的直属上级领导汇报情况，不能文过饰非，不允许歪曲真相、混淆视听。

在危机处理过程中应及时将事态的发展，处理、控制的情况，以及善后的情况，不断向上级报告。事故处理结束后，应将详细的情况、解决的方法及今后预防的措施、组织应承担的责任形成综合报告，送交上级部门。

（5）对组织所在社区。对待社区，如果是火灾、毒物泄漏等给当地居民确实带来了损失，组织公关部门应向当地居民登门道歉。必要时可以在全国性或地方性报纸上刊出致歉广告，直到给予经济赔偿。这种致歉广告应该面向有关公众，告知他们所急需要了解的情况，明确表示出组织敢于承担责任、知错必改的态度。

（三）危机后的评估学习阶段

危机评估是危机管理的一个重要环节，它对制定新一轮的危机预防措施有着重要的作用。危机评估应该包含三个部分：

第一部分是在危机即将发生和已经发生时对危机可能造成的结果进行评估；

第二部分是对整个危机管理工作的成功和失败之处进行评价；

第三部分是在危机结束以后，就整个危机所造成的损失和产生的影响作系统的评估。

评估之后拟出改进计划，在经验教训中学习。

【案例 8－4】 让企业在危机中成长

每年的“3.15”消费者权益保护日，都让不少企业战战兢兢，担心自家品牌成为消费者投诉和央视“3.15”节目曝光的对象。

在这个危机频发的时代，危机公关日益成为企业的必修课。面对维权意识逐渐强烈的消费者，企业应该如何应对危机，化危为机，进一步强化品牌的正面形象，成为所有企业需要深刻思考的问题。

企业危机公关意识增强

2013 年央视“3.15”晚会曝光了苹果手机、大众汽车、网易、高德地图、江淮汽车、周大生等一批国际国内企业侵犯消费者权益的虚假欺诈行为。大众汽车被曝双离合自动变速器存在质量缺陷，给车主带来较大安全隐患。苹果手机则被曝在中国市场实施不同于国外的售后政策，其在中国宣称的“以换代修”、“整机交换”并没有真正实现更换整机，而通常沿用旧手机后盖，以逃避中国手机“三包”规定。

被曝光后，“中招”企业纷纷进行危机公关。15日晚间，大众（中国）即在其官方微博上做出声明，称提升客户满意度一直是其首要任务，将高度重视该报道，并将以最快速度联系消费者予以解决。16日，大众进一步表示，将实施主动召回以解决问题，具体召回细节将于近期公布。苹果公司则回应，苹果一直致力于超越客户的期望，高度重视每一位消费者的意见和建议。

在历年“3.15”的磨炼中，企业在危机公关方面，无论是危机意识还是危机管理上都有很大长进。2012年“3.15”晚会曾曝光麦当劳食品过期问题，当时麦当劳的危机处理可圈可点，事情曝光后，麦当劳第一时间通过官方微博发布致歉声明，承认这是一次违规事件，表示将立即调查，严肃处理，并在未来进行改善。此外，企业相关负责人也及时赶到现场，与公众和媒体进行沟通。这一快速回应让麦当劳迅速占据了舆论制高点。

有了上次的教训，今年麦当劳更是做足功夫，3月18日，也就是“3.15”晚会举办后的次周首日，麦当劳在全中国免费派发100多万份早餐。沃尔玛也在推行“绿色之约”主题活动。2012年，这家美国零售企业曾被北京市食品安全委员会指责违反食品安全规定。此外，因食品安全问题而曾于2012年遭“3.15”晚会曝光的家乐福也于近日启动水果蔬菜标签制度。

尽管大多数公司否认自己的行动与“3.15”晚会有关，但来自媒体曝光的压力的确促使企业推出更多服务改善活动，以提升品牌形象，可以看出企业的危机公关意识在逐渐增强。毕竟，消费者期望的并不仅仅是每年的3月15日这一天，而是希望一年365天，天天都是“3.15”。所以，企业必须时时有危机意识。

微博成企业危机公关第一阵地

2013年央视“3.15”曝光企业在危机公关的后续处理中，一个明显的特点就是被曝光企业第一时间纷纷通过微博发布声明，进行回应。在新媒体时代，微博显然成为企业进行危机公关的首选利器和第一阵地。

3月15日晚9：35分，离被央视“3.15”晚会曝光不到1小时，大众汽车便迅速通过新浪微博发出致歉声明。两小时后超过18000名网友进行转评，虽有不少网友抱怨被曝光后才承诺改变，并提出了不少批评，但也有网友赞扬其第一时间做出反馈并承诺解决，态度上赢得一筹。

在没有开通企业微博的情况下，苹果公司也第一时间选择通过@新浪科技发布名为《苹果回应央视“3.15”报道》的官方声明。

同样，遭到曝光的江淮汽车、周大生、网易、高德地图等企业也纷纷在第一时间通过微博发布声明，或致歉，或澄清。尤其值得一提的是，高德地图在微博中直接针对央视提出的问题进行澄清，表明曝光的是两年前的旧版本，当时受制于分享的技术方式，现高德地图安卓版已全部解决这个问题。从消费者的反馈看，高德地图通过这条微博，赢得了公众的谅解，更提升了品牌知名度与美誉度。

周大生珠宝于3月15日晚10点左右在其官方微博回应央视曝光的问题称，已成立问题处理小组，对事件展开调查，并将第一时间对事件进行通报。周大生方面宣称，将本着严肃、真诚、认真的态度对待此次事件，对顾客负责，对员工负责，对社会负责。令人诧异的是，几分钟后，周大生删除了这条声明。随后，其官方微博又再次将这条微博发出。如此反复，遭受诟病。微博时代，在保证第一时间进行回应的同时，也需要有明确的态度和坚定的立场。

做好危机公关5S原则

在危机发生后，如何与媒体和公众进行沟通，才能真正做好危机公关？做好笔者所倡导的危机公关“5S”原则很有必要。

第一，承担责任原则。危机发生后，公众会关心两方面的问题：一方面是利益问题，利益是公众关注的焦点，因此无论谁是谁非，企业应该承担责任。即使受害者在事故发生中有一定责任，企业也不应首先追究其责任，否则会各执己见，加深矛盾，引起公众的反感，不利于问题的解决。另一方面是感情问题，公众很在意企业是否注重自己的感受，因此企业应该站在受害者的立场上表示同情，并及时安慰，通过新闻媒介向公众致歉，解决深层次的心理、情感问题，从而赢得公众的理解和信任。

被曝光后，大众汽车迅速通过微博致歉，承诺尽快联系消费者解决问题。但由于大众汽车DSG变速箱问题存在已久，并且之前对于召回一拖再拖，在国家质检总局的压力之下才宣布实施召回。其承担责任的品牌形象大打折扣。

苹果公司发布的声明中未流露出一丝道歉的意味。这则不足200字的声明被网友称为是“官方回复假大空的经典范文”。

而江淮汽车在被曝光后，首先通过微博发布声明，表示将以最快速度为客户提供最佳解决方案，接下来发布详细说明，实施召回，体现了承担责任原则。

第二，真诚沟通原则。企业处于危机旋涡中时是公众和媒介的焦点，此时企业应该主动与新闻媒介联系，尽快与公众沟通，说明事实真相，促使双方互相理解，消除疑虑与不安。

大众汽车DSG变速箱问题被央视曝光后，虽然大众汽车声称将实施“主动召回”，但召回的细节却没有一并公布。这让作为大众第一市场的中国消费者很不满意，也让人们对大众“主动召回”的诚意打上了一个大大的问号。

苹果公司不但在官方声明上毫无歉意，而且在晚会结束后，对于媒体与公众沟通，苹果公司的工作人员与公关部门相互推诿，三缄其口，延误最佳沟通时间和机会，违背真诚沟通原则。

相反，江淮汽车的做法可圈可点，被曝光后，江淮汽车发布详细声明，从问题的起因到如何解决，再到如何提高服务及工艺水平都做了详细的阐述，这让消费者看到了其解决问题的诚意，正如其在官方微博中所说的：不是所有错误都能获得原谅，但是所有错误都必须积极面对；不是所有过去都能一笔勾销，但对已经发生的问题就只能向前看。

第三，速度第一原则。好事不出门，坏事行千里。在危机出现的最初24小时内，消息会像病毒一样，以裂变方式迅速传播。而这时候可靠的消息往往不多，社会上大多充斥着谣言和猜测。危机发生后，能否首先控制住事态，使其不扩大、不升级、不蔓延，是处理危机的关键。

大众汽车、苹果、江淮汽车、周大生、网易等企业被央视曝光后，均第一时间在微博上发布声明，或致歉，或澄清，避免了危机的进一步蔓延。

第四，系统运行原则。在逃避一种危险时，不要忽视另一种危险的存在。在进行危机管理时必须系统运作，绝不可顾此失彼。只有这样才能透过表面现象看本质，创造性地解决问题，化害为利。

被曝光后，大众汽车首先通过微博发布致歉声明，随后向国家质检总局递交召回申请，实施主动召回，符合系统运行原则。

而苹果公司除了在微博上发布声明外，接下来并没有其他与媒体和公众沟通的举措，显然违背这一原则。

第五，权威证实原则。当危机发生以后，除了自身的澄清，还要适时地邀请重量级的权威部门或人士到前台说话，使消费者解除对企业的警戒心理，重获他们的信任。

大众汽车、苹果公司在被央视曝光后，并没有邀请第三方权威机构介入，为其证言。而江淮汽车对于涉及的问题车辆，积极向国家质检总局缺陷产品管理中心申请召回，符合权威证实原则。

（资料来源：TOM 2013.4.15，关键点传媒董事长游昌乔。）

复习思考题

1. 深入调查一个组织（如某家企业），就员工关系或顾客关系制订一份公共关系协调方案。
2. 为你所在的组织（班级、学校、企业等）提供一个内部公共关系活动建议。
3. 公共关系协调在公共关系工作中处于什么地位？
4. 《不同方法，不同结果》给你的启示有哪些？
5. 《“我只想谈一点历史”》采用了何种协调方法，对我们有何启发？
6. 《35次紧急电话》与本章介绍的哪些内容有关？你从中体会到了什么？

参考阅读

李道平、单振运：《公共关系协调原理与实务》，中国商业出版社、复旦大学出版社1996年版。

第九章　公共关系调查

本章提要

公共关系调查是社会组织公共关系工作的基础性工作，在公共关系工作中处于首要环节，也是社会组织公共关系人员需要掌握和运用的公共关系基本方法和专业技能之一。

本章从社会组织和公共关系工作系统的实际情况出发，讨论了公共关系调查的作用；从社会组织公共关系状态四大影响因素和三大指标项目出发，分析了公共关系调查的内容范围；从公共关系科学运作的总体思路和要求出发，介绍了公共关系调查的运作程序和基本方法。

通过对本章的学习，我们要了解公共关系调查的内容和程序，学会公共关系调查的方法，为公共关系策划做好准备。

在现代社会中，人们要有效地开展公共关系工作，就必须准确地把握社会组织的公共关系状态，而要准确地把握社会组织的公共关系状态，就必须有效地掌握与之相关的公共关系信息，这自然少不了开展公共关系调查。

第一节　公共关系调查的作用

公共关系调查亦称公共关系调查研究，简称公共关系调查。它是公共关系工作的规范化和科学化的过程中出现的一种社会调查类型。关于公共关系调查，我们大致可以作出这样的界定，即：公共关系调查是指社会组织的公共关系部门和公共关系人员运用科学的调查手段，有目的、有意识、有步骤地考察、了解、分析、研究社会组织客观存在的公共关系现象，以把握社会组织的公共关系及其影响因素的实际状况的一种科学认识活动。关于公共关系调查这一概念的基本含义，我们还可以作如下认识。

第一，公共关系调查本质上是一种对社会组织的公共关系现象进行考察的科学认识活动。公共关系调查作为一种认识活动，它与其他对公共关系现象的认识活动有着明显的不同。首先，它不同于对公共关系现象的直觉感悟。直觉感悟是凭人的感觉和悟性来认识社会组织的公共关系现象，而公共关系调查则要靠深入实际，通过对社会组织公共关系现象的具体考察、了解和分析、研究来认识社会组织的公共关系现象。其次，它不同于对公共关系现象的日常观察。日常观察通常是一些无意识或潜意识的活动和一些无组织、无系统的活动，而公共关系调查则是在一定科学理论的指导下，有目的、有计划、系统地了解社会组织公共关系现象的实际状况，并对所观察到的现象做出科学解释的活动，它必须以经验事实和逻辑法则为依据，必须以科学程序和科学方法为保证。

第二，公共关系调查的目的是把握社会组织公共关系及其影响因素的实际状况。任何社会组织都存在着公共关系，任何社会组织的公共关系都要受到各种因素直接和间接的影响。在不同的情况下，社会组织的公共关系及其影响因素都有着不同的具体内容和结构形式，表现出不同的实际状况。这种实际状况制约着社会组织的生存与发展，同时也决定着社会组织公共关系工作的任务和方式。正由于这样，有效地把握社会组织公共关系及其影响因素的实际状况，既是社会组织评估其公共关系状态优劣的依据，也是社会组织开展公共关系科学运作的基础。

第三，公共关系调查的方法是一套完整的科学认识方法。公共关系调查要有效地把握社会组织公共关系及其影响因素的实际状况，首先必须深入社会、深入组织、深入公众，到社会、组织、公众中去收集反映社会组织公共关系及其影响因素的实际状况的各种事实资料和数据资料，获得对社会组织公共关系现象的感性认识，因而它应该采用感性认识的方法。但是，公共关系调查要有效地把握社会组织公共关系及其影响因素的实际状况，仅有感性认识的方法是不够的，还必须采用理性认识的方法。公共关系调查不能仅仅停留于一般的感性认识层次，罗列各种再现社会组织公共关系现象的事实资料和数据资料，而是要上升到理性认识层次，要通过对各种公共关系现象的事实资料和数据资料的整理、加工、分析、研究，形成对社会组织公共关系及其影响因素的实际状况的准确描述、科学解释和可靠预测的观点和结论。

随着现代公共关系运作科学化、信息化的发展，公共关系调查在社会组织公共关系工作中的地位日益提高。正如美国公共关系专家R. 西蒙所说："不论人们如何表达公共关系活动的流程，调查研究都是举足轻重的。如果把公共关系活动视为一个'车轮'，调查研究便是这个'车轮'的'轴'。"①

关于公共关系调查的地位问题，我们大致可以从以下几个方面加以认识。

（1）公共关系调查是公共关系过程的首要步骤。有效的公共关系是一个过程。美国公共关系专家卡特李普等人认为，这一过程有四个基本步骤，即公共关系问题的确定、公共关系计划与方案的设计和制订、沟通及其他公共关系活动的实施、公共关系活动的评估。② 卡特李普等人所说的公共关系问题的确定实际上就是指公共关系调查。用我们的话来说，公共关系过程的四个步骤也就是公共关系调查研究、公共关系运筹谋划、公共关系活动实施、公共关系检测评估。其中，公共关系调查是公共关系过程的第一步骤，公共关系工作始于公共关系调查。不仅如此，公共关系调查也是公共关系过程的一个重要步骤。美国公共关系专家丹尼斯·威尔科克斯指出："调查是听取意见的形式。在进行任何一个公共关系活动之前，必须收集资料、数据和事实证

① 方光罗主编：《公共关系实务》，中国财政经济出版社 1994 年版，第 49 页。
② 斯科特·卡特李普等：《有效公共关系》，中国财政经济出版社 1988 年版，第 197 页。

据。只有采取公共关系过程的这个第一步，一个机构才能开始筹划决策和战略以开展有效的信息交流项目。”①

由此可见，公共关系调查的确是公共关系过程的首要步骤。没有公共关系调查，有效的公共关系运作就无从谈起。

（2）公共关系调查是公共关系工作的基础工作。在社会组织的整个公共关系工作中，公共关系调查具有明显的基础特性。它是公共关系工作的基础工作。从静态来看，公共关系调查是社会组织公共关系工作的起点，是为社会组织的其他公共关系事务铺垫基础的工作。用美国公共关系专家马克·麦克尔里恩教授的话说：“调查意见为你提供处理大规模公共关系活动资源所需要的基础信息。”②

从动态来看，公共关系调查还是贯穿于社会组织公共关系工作全过程的基础工作内容。在公共关系工作的四个步骤中，除第一步骤本身就是公共关系调查外，在公共关系运筹谋划步骤、在公共关系活动实施步骤、在公共关系检测评估步骤，一旦出现了基础信息不全、不准、不明的情况，便需要进一步开展公共关系调查，或补充调查，或重新调查，或追踪调查等，这些调查，目的都是要为公共关系工作的各个步骤夯实基础，为公共关系工作的正常进行提供完备的基础信息保证。

（3）公共关系调查是公共关系活动的重要方式。公共关系调查也是公共关系活动的一种方式，可称为调查征询型公共关系活动方式。调查征询型公共关系活动方式是现代社会一种十分重要的公共关系活动方式，其重要性在于：首先，调查征询型公共关系活动通过信息采集、舆论调查、民意测验等工作，广泛地了解舆情民意，能够为社会组织正确作出经营决策、切实优化组织行为、建树良好组织形象提供依据。其次，调查征询型公共关系活动通过深入公众、深入社会，能够直接架设社会组织与广大公众沟通的桥梁，密切社会组织与广大公众的交往，从而有效地协调社会组织与公众的关系。最后，调查征询型公共关系不仅能够搜集公众信息，而且能够传播组织信息；不仅能够塑造组织形象，而且能够传播组织形象。总之，调查征询型公共关系活动也即公共关系调查活动，在当今社会组织的公共关系工作中，其重要性日益明显，其地位不断提高。

随着现代信息社会的到来，公共关系调查这一搜集公共关系基础信息的工作，已引起了公共关系工作者非常的重视。在实业界，据美国《幸福》杂志统计，在美国排名前1000名的大公司中，大约有一半重视开展公共关系调查活动。一些国际著名的公共关系公司为适应这一发展形势，也纷纷加强自己的公共关系调研能力。比如，希尔·诺顿公共关系公司自20世纪70年代到80年代的10来年间，其调研部门的人数和规模增长了3倍之多。③

人们之所以如此重视公共关系调查，是因为它在公共关系工作中有着多方面的巨

① 斯科特·卡特李普等：《有效公共关系》，中国财政经济出版社1988年版，第197页。
② 同上，第97页。
③ 夏建中：《最新公关实务》，中国人民大学出版社1995年版，第1页。

大作用。这些作用主要是以下几个方面。

第一，提供信息保障。

公共关系是社会组织与其相关公众之间一种信息交流关系。公共关系工作的每一个步骤、每一个环节、每一个方面都需要有公共关系信息为保证，都需要有公共关系信息为原料，都需要有公共关系信息为指导，都需要大量地运用公共关系信息。在公共关系工作的前期，公共关系信息可以用来测度社会组织的公共关系状态，可以作为社会组织开展和加强公共关系工作的动力，可以作为制定公共关系战略、公共关系决策和公共关系政策的依据；在公共关系活动实施过程中，公共关系信息是公共关系传播沟通的内容，公共关系反馈信息还是公共关系行为调控的依据；在公共关系工作的后期，公共关系信息是评估检测社会组织公共关系工作绩效和公共关系状态改善情况的依据。

第二，实施环境监测。

任何社会组织的公共关系工作都要在一定的公共关系环境中开展，也要受到公共关系环境的制约和影响。因此，社会组织要有效地开展公共关系工作，必须注意监测自身所处的公共关系环境。所谓公共关系环境，即社会组织开展公共关系工作时的周边境况。公共关系环境是一个由多因素构成的开放系统，具有明显的不确定性、可变性和复杂性。因此，要对公共关系环境进行监测，必须依靠持续不断地、广泛深入地开展公共关系调查活动。通过公共关系调查活动，社会组织一方面可以测度当前所处的公共关系环境状况，准确地把握当前情况下公共关系环境的构成情况、性质特点、包容能力、干扰大小，以便制定出与当前公共关系环境相吻合的公共关系运作方案和行动策略；另一方面可以监测公共关系环境的变化情况，有效把握公共关系环境变化的内容、变化的方向、变化的速率、变化的特点，以便制定出与未来公共关系环境相适应的公共关系战略规划和行动计划。

第三，开展问题预警。

公共关系调查能对社会组织可能出现的公共关系问题进行预测和报警，能为社会组织开展“论题管理”和“危机管理”的超前行动提供警示和依据。所谓“论题管理”是指社会组织对于那些富有争议的、将要进入立法程序的问题可能给组织的影响进行分析、预测并制定相应的对策和方案，使组织在社会变动中保持主动性和应变力。所谓“危机管理”则是指社会组织对业已出现的或可能出现的公共关系危机问题进行分析，并采取相应的对策和行动，以保证社会组织在危机面前保持稳定，转危为安。无论是“论题”还是“危机”，都是社会组织公共关系方面的重要问题，这种问题一旦发生并成为事实，都可能对社会组织形成严重的影响。对于这些问题，社会组织的公共关系部门必须超前行动，作出适当的处理。而要超前行动则有赖于及时了解这些问题出现的苗头，认清这些问题发展的走向，对问题作出预测与警示。公共关系调查可以起到这方面的作用。首先，它通过对社会环境的调查，可以预测社会发展的趋势和政法部门的意图，从而把握将要进入立法程序的各种可能影响社会组织的问题，为社会组织的“论题处理”提供“论题”的预测性信息；其次，它通过各方面的公共关系实情的调查，可以预测社会组织公共关系存在的各种不良状况和偏向趋势，从而发现社会组织存在的各种公共关系危机问题。人们通常认为公共关系是社会组织的预警系统，其实所反映的正是公共关系调查具有的问题预警功用。

第四，塑造组织形象。

公共关系调查一般来讲都是要深入社会、深入公众中进行的公共关系实务，这对于社会组织在公众中建树和传播良好的社会形象是有直接作用的。首先，公共关系调查能够树立社会组织良好的形象，比如，就政府机构来讲，开展公共关系调查活动，让政府官员深入基层、深入第一线，与公众打成一片，了解社会状况，了解公众疾苦，了解舆情民意，并以此作为政府决策和施政的依据，这样，必然会给广大社会公众留下良好的印象；就企业组织来讲，开展公共关系调查活动，让公共关系人员或其他管理人员深入市场，了解市场动向，了解消费者的需求、建议、意见和评价，并以此作为优化企业决策、优化企业行为的依据，必然会给广大消费者带来良好的感受。其次，公共关系调查能够传播社会组织多个方面的形象信息。公共关系调查不仅是一个信息资料的收集过程，它还是一种形象信息的传播活动。公共关系调查从主观目的来讲，主要是为了收集有关信息资料，把握社会组织公共关系及其影响因素的实际状况。但从客观效果来讲，公共关系调查又可以通过公共关系人员和其他管理人员与作为调查对象的公众的广泛接触、广泛交流，向公众传播社会组织多方面的形象信息，如产品形象信息、服务形象信息、人员形象信息、实力形象信息、精神风貌信息等，这些形象信息的传播一般都对社会组织形象的塑造有重要作用。

第二节　公共关系调查的内容范围

从本章【案例9-1】可知，公共关系调查的内容范围是十分广泛的，它涉及社会组织公共关系状态的种种影响因素。根据公共关系状态的四大影响因素以及社会组织与公众关系现状的认知度、美誉度、和谐度这三大指标项目，大致可将公共关系调查的内容范围区分为五大方面。

一、组织自身状况调查

社会组织是公共关系工作的主体，也是公共关系调查的主体。“知己知彼，百战不殆。”社会组织要取得公共关系工作的成功，“知己”乃第一要事。社会组织自身状况调查的具体内容有以下几方面。

（一）组织基本情况调查

任何公共关系活动的开展都不能脱离社会组织的实际情况，因而也都离不开对组织自身基本情况的掌握。组织基本情况调查的内容，依据公共关系工作的需要，主要可确定为以下几个方面：一是组织总体情况，如组织的性质、任务、类型与规模，组织的管理体制、机构设置、主管部门等；二是组织经营情况，如组织的经营发展目标、经营方针、经营战略，组织对社会提供的产品和服务及其特色等；三是组织荣誉情况，如组织的光荣历史、组织发展史上的重大事件及影响、组织对社会的贡献、组织获得的各种奖励与殊荣的情况；四是组织文化情况，如组织信念、组织精神、组织的信条、组织的道德规范、组织的文化传统以及组织的名称和各种识别标志等的文化含义等。

（二）组织实力情况调查

组织实力情况一般指组织自身的物资基础和技术力量方面的情况。具体应当调查的有：一是组织的物资基础情况。如组织拥有的空间、组织拥有的先进设备和设施的情况、组织拥有的现代办公手段的情况、组织的各种附属设施的情况等。二是组织的技术实力情况。如组织拥有的技术人员的数量和知识构成情况、组织拥有的科研器材和实验手段情况、组织技术的领先程度等。三是组织的财务实力情况。如组织的固定资产总额、流动资金总额、人均利润率等。四是组织成员的待遇情况。如组织成员的工资水平、奖金数额、津贴标准、住房面积、劳动保护情况等。

二、相关公众状况调查

公众是公共关系工作的客体，即社会组织开展公共关系工作的对象，它构成社会组织公共关系工作的微观环境。在公共关系工作中，要想获得公共关系工作的成功，除必要的“知己”外，关键的问题在于“知彼”。因此，公共关系调查必须将相关公众状况调查作为其工作重点。具体的调查内容主要有以下几项。

（一）公众构成情况调查

任何一种公共关系活动都很难全面地影响所有的公众。开展公众构成情况调查有利于确定公共关系工作的基本范围和重点对象，避免盲目地开展公共关系活动。公众的构成情况调查的主要内容包括：一是内部公众构成情况。如组织成员的数量构成、专业构成、年龄构成、性别构成、角色构成、能力构成、文化程度构成、职务职称构成、需求层次构成、劳动态度构成、思想素质构成等。二是外部公众构成情况。如外部公众的数量构成、空间构成、特征构成、需求构成、观念构成、与组织的联系状态构成、对组织的重要性构成、对组织的依赖性构成等。

（二）公众需求情况调查

社会组织是为人的需要而存在、为人的需要而发展的。社会组织要有效地开展公共关系工作，必须做好对公众需求情况的调查工作，以掌握公众需求信息，不断设法满足公众的合理需要。公众需求情况调查主要涉及两个方面：一是公众的物质需求情况。如公众对改善物质生活环境、对获得优质物质产品、对获得各种有形服务等的需求。二是公众的精神需求情况。如公众对组织接纳、对合法权益、对获得满意服务、对获得重要信息、对获得组织重视等的需求。

（三）公众评价情况调查

任何公共关系工作的开展，必须基于对组织实际社会形象的清楚认识。所谓组织形象，实际上是公众对社会组织各种评价的综合。社会组织开展公共关系调查，必须着重收集公众对组织的评价性信息。公众对组织的评价主要有：一是对组织产品的评价。如公众对产品的内在质量、对产品外形、对产品价值等的评价。二是对组织服务质量的评价。如公众对组织服务项目、服务方式、服务措施、服务水平等的评价。三是对组织管理水平的评价。如公众对组织管理机构及其办事效率、对组织经营创新和管理革新、对组织管理效益等的评价。四是对组织人员素质的评价。如公众对组织领导人、中层管理人员、专业技术人员、一般员工、公共关系人员及特殊人物等的评价。五是对组织外向活动的评价。如公众对组织外向宣传活动、社会公益活动等的评价。

三、传播媒介状况调查

公共关系工作的本质是社会组织与相关公众之间的双向信息交流活动，它需要有效地利用传播媒介来进行。而要有效地利用传播媒介来开展公共关系工作，必须以对传播媒介状况信息的把握为基础。传播媒介状况调查的主要范围包括如下几项。

（一）大众传播媒介情况调查

大众传播媒介是公共关系信息传播的支柱性媒介，它们跨越空间大、影响范围广、传播效率高，深受社会组织的重视。对大众传播媒介情况进行调查的基本内容范围，一是大众传播媒介的分布情况。如地域、行业、类型、数量等分布情况。二是大众传播媒介的功能作用情况。如涉及大众传播媒介功能作用的传播范围、传播内容、传播特色、传播效果、传播者的威信等方面的情况。三是大众传播媒介所需信息的情况。如一定时期内大众传播媒介的报道中心，新栏目的开辟，编辑和记者需要的内容等方面的现实状况。

（二）专题活动媒介情况调查

在现代社会中，专题活动已成为一种重要的社会信息交流通道，是现代公共关系工作中一种具有特殊作用的信息传播媒介。掌握有关专题活动媒介的情况可以决定组织是否参加某种专题活动，或参考某种专题活动自办有关专题活动。专题活动媒介情况调查的内容主要有：一是专题活动筹办情况。如某次专题活动是由何种组织机构主办的，将在何时何地举办，拟办活动的主题、内容、规格、规模、参加活动的人数、估计影响等。二是专题活动效果评价情况。如某次专题活动的经验教训与利弊得失、经济效益与社会效益、主办单位的自我评价、参与活动者的印象、权威人士的看法、局外人士的见解、新闻媒介的报道情况等。

四、社会环境状况调查

社会环境是指与社会组织生存和发展相关联的外部社会条件的总和。社会环境对社会组织的经营发展具有制约作用，同时也对社会组织的公共关系工作具有重要影响。在公共关系工作中，必须重视做好社会环境状况的调查。社会环境状况调查一般着重于以下内容。

（一）基本社会环境状况调查

基本社会环境一般是指社会组织所处的一个国家或地区的政治、经济、文化等因素构成的宏观社会环境系统。基本社会环境状况调查的一般内容范围，一是人口环境状况。如现有人口的总量、增长速度、年龄结构、性别比例、地理分布、婚姻状况、教育状况、就业状况、流动状况、国家的人口控制政策与人口管理措施等方面的情况。二是政治环境状况。如国家或地区的政治体制及其改革情况，国家或地区的方针政策和法令条规的提出、制定、颁布、实施等方面的情况，以及其他方面的政治性因素存在与变化的情况等。三是经济环境状况。如国家或地区的经济体制及其政策情况，国家或地区的产业结构、分配结构、交换结构、消费结构、技术结构及其调整变化情况，国家或地区的经济发展情况及相应的战略与策略的情况等。四是文化环境状况。如国家或地区的民族特征、文化传统、宗教信仰、教育水平、社会结构、风俗习惯、价值观念、生活方式、社会道德规范与精神文明建设等方面的情况。

（二）具体市场环境状况调查

具体市场环境是指与社会组织公共关系活动相关联的市场因素组成的中观社会环境系统。在现代市场经济条件下，对具体市场环境状况进行调查，是社会组织特别是企业组织环境状况调查的一项重要课题。具体市场环境状况调查的主要内容有：一是市场需求状况调查。如市场容量、社会的购买力、居民的消费结构与消费水平、现有的和潜在的购买人数、近期需求和长远需求及其需求变化趋势、国家是否鼓励某类消费、银行是否贷款支持某类消费等。二是消费者状况调查。如消费者的总体数量、消费者的构成情况、消费者的消费欲望与购买动机、消费者的偏好及造成消费者偏好的原因等方面的情况。三是市场竞争状况调查。如市场是否形成竞争态势，竞争对手的生产能力、产品特色、销售政策、服务措施、在消费者中的印象、与中间商和消费者的关系、广告宣传的力度、公共关系促销的措施等方面的情况。

（三）所属行业环境状况调查

所属行业环境是指由社会组织所在特定行业的各种组织构成的微观社会环境系统。开展所属行业环境状况调查，可以收集同行组织的信息，把握本行业的发展动向。所属行业环境状况调查主要包括：一是所属行业基本情况调查。如所属行业各种组织的数量、所属行业的整体发展水平、所属行业在国民经济和人民生活中的地位与作用等。二是所属行业特定组织情况调查。所属行业特定组织的经营方针、人员素质、技术力量、资金占有、经营管理水平、产品与服务方面的情况，在公众心目中的形象，在同行业中的地位等。三是所属行业横向协作情况调查。如所属行业各种组织之间的协作意向、协作项目、协作类型、协作可能取得的效果，有无同行组织愿与本组织开展协作等。四是所属行业竞争对手情况调查。如竞争对手的历史、竞争对手的优势、竞争对手的横向联系情况、竞争对手的公共关系状态、竞争对手的关键技术和关键人物、竞争对手原本已有的竞争对手或合作伙伴等。

五、社会组织与公众关系现状调查

公共关系即社会组织与公众的关系，它是社会组织与相关公众在一定社会环境条件下结成的一种社会关系。社会组织与公众关系的现状，实质上就是社会组织公共关系状态的现有状态，它是社会组织公共关系调查的重要内容。如果说前述有关公共关系状态的四大影响因素状况的调查是一种分立项目调查的话，那么，这里所讲的社会组织与公众关系现状的调查则是一种综合项目的调查。社会组织与公众关系现状调查的具体内容，可根据公众关系的三大指标项目确定为以下几个方面。

（一）认知度调查

认知度是衡量社会组织与公众关系现状的一个重要指标。它表明一个社会组织在社会公众中的影响大小，说明一个社会组织为社会公众关注的程度。认知度由两大维度构成：一是知晓度，即一个社会组织为社会公众知晓的广度；二是熟悉度，即一个社会组织为社会公众知晓的深度。在公共关系调查中，对认知度的调查可以区分为两个方面：

①知晓度调查。知晓度调查侧重反映一个社会组织的名声在多大范围内为多少社会公众所知晓，其主要的调查内容包括三项：一是相关公众的总体数量；二是相关公众的区域分布情况；三是一定区域的相关公众中知晓公众的数量。通过这些方面的调查，便可测算出一个社会组织在某一区域内的知晓度。其计算公式为：

$$\text{社会组织在某一区域内的知晓度}=\left(\frac{\text{某一区域内知晓公众数}}{\text{某一区域内公众总数}}\right)\times 100\%$$

②熟悉度调查。熟悉度调查侧重反映社会公众对社会组织不同内容层次的各种因素的认识情况。根据公众对社会组织认识内容层次由低到高也即由不够熟悉到较为熟悉的一般顺序，熟悉度调查的内容涉及公众对社会组织名称、所处地理位置、行业归属、规模档次、发展历史、取得业绩、所具交换物、组织领导人、个性概念、深层文化等多方面的熟悉情况。通过对这些不同层次的认识内容为公众熟悉程度的调查，即可把握社会公众对社会组织有多深的认识，或社会组织的哪些方面在社会公众中有多大的影响。

（二）美誉度调查

美誉度是衡量社会组织与公众的关系一个具有决定性意义的关键指标。一般来讲，一个社会组织要获得社会公众的赞誉，必须具有符合社会公众需要的优良的组织行为及行为结果，否则，就不可能获得社会公众的赞誉。一个组织获得公众赞誉的程度，实际上就决定了一个社会组织与公众关系现状的性质。美誉度从某种意义上讲，它是社会公众对社会组织的行为及行为结果的一个评价性指标，因此，对美誉度的调查一般要通过态度测量方式来进行，且往往同认知度的调查和测度结伴而行。可以这样认为，美誉度即指对社会组织具有一定认知程度的公众中，对社会组织持好感、信任、欢迎、赞赏态度人数的百分比。其计算公式为：

$$\text{社会组织在一定区域内的美誉度}=\frac{\text{(一定区域内对社会组织持赞赏态度的公众人数}}{\text{社会组织在一定区域内的知晓公众人数)}}\times 100\%$$

美誉度调查也可以区分为不同的具体内容，一般来讲有以下几个方面：一是公众对组织理念的赞誉程度。如对组织经营宗旨、经营价值观、经营哲学的赞誉程度等。二是公众对组织行为的赞誉程度。如对组织的行为机制、行为规则、行为模式、行为过程、行为结果的赞誉程度等。三是公众对组织视听标识的赞誉程度。如对组织名称、组织标志、组织标准色、组织标准字、组织广告、组织特定歌曲和音乐的赞誉程度等。四是公众对组织产品的赞誉程度。如对产品设计、产品质量、产品功用、产品价格的赞誉程度等。五是公众对组织服务的赞誉程度。如对组织服务方式、组织服务保障体系、组织服务的完备性和方便性、组织服务的环境、组织服务的态度、组织服务的绩效的赞誉程度等。

（三）和谐度调查

和谐度也称协调度，它是衡量社会组织与目标公众关系现状的一个重要指标。这一指标的重要性在于：一是它是对前述公共关系状态四大影响因素状况调查以及认知度和美誉度调查在较高程度上的一种概括；二是它能比较综合地反映社会组织与公众关系的互动特性；三是它能较好地说明社会组织公共关系工作的协调目标。和谐度调查一般涉及利益协调、目标协调、态度协调、行为协调等多种内容，并且涉及社会组织与公众之间的“交互式”调查问题，这就决定了其调查内容的复杂性。

就公众对社会组织的取向来讲，具体调查内容可分为：第一，公众对社会组织态度赞同的情况。如公众中对社会组织经营观念、经营政策、经营措施、经营发展目标等持支持、中立、反对态度公众的比率等。第二，公众与社会组织情感亲和的情况。如公众对社会组织的好感程度，公众中对社会组织存在的冷漠、敌视、怨恨等情感障碍的情况等。第三，公众为社会组织作言语宣传的情况。包括宣传的次数、宣传的性质、宣传的力度等。第四，公众与社会组织行为合作的情况。如公众对社会组织融资的合作情况、公众对社会组织产供销和技术合作的情况、公众对社会组织产品与服务的接纳情况，以及公众对社会组织采取其他特殊行动的情况等。

就社会组织对公众的取向而言，具体调查内容包括：一是社会组织对公众合理需要的承认情况；二是社会组织对公众合理需求的满足情况；三是社会组织对公众意见和合理化建议的接受采纳情况；四是社会组织与公众情感沟通的情况；五是社会组织对公众或公益事业给予支持和赞助的情况等。在公共关系调查中，和谐度的调查要将行为记录、事实调查和态度测量三者结合起来进行，方能有效把握社会组织与公众关系的协调状况。

通过“三度”的调查，便能掌握社会组织与公众关系的状态，即组织形象的级别，这就为公共关系活动提供了依据。

第三节　公共关系调查的一般程序

公共关系调查是一种对社会组织的公共关系现象进行科学考察的科学认识活动，它必须根据人的认识过程和认识规律，科学地安排运作程序。公众关系调查的程序指对社会组织客观存在的公共关系现象进行科学调查的基本过程。具体地说，它是指根据人的认识过程和认识规律而确定的几个具有严密逻辑联系的和最佳运作效率的实施阶段。公共关系调查的一般程序可以分为五个基本阶段。

一、调查准备阶段

调查准备阶段是公共关系调查的基础阶段和首要环节。公共关系调查能否达到满足公共关系工作所需公共关系信息的要求，在很大程度上取决于调查准备阶段的工作内容与工作质量。调查准备阶段的工作内容主要包括以下三项。

（一）确立调查任务

公共关系调查的内容范围是十分广泛的，公共关系工作中所需的公共关系信息也是千头万绪的，任何一次公共关系调查都不可能包罗万象。况且公共关系调查的具体内容总是由社会组织公共关系工作的具体目标、具体对象、具体内容和具体要求规定的，它也没有必要面面俱到。如果眉毛胡子一把抓，不仅会使公共关系调查没有重点，没有针对性，而且会使公共关系信息的冗余度增加，影响人们对公共关系现象的正确认识。正因为如此，公共关系调查应该首先确立调查任务。也就是在公共关系调查实施前，公共关系调查者要通过对社会组织面临的现实的公共关系问题的探讨，根据社会组织公共关系工作对公共关系信息的实际需要，确立具体、实在的公共关系调查任务，使公共关系调查真正做到有的放矢。

（二）开展调查设计

调查任务的确立，实际上是对整个公共关系调查研究工作提出所要达到的目标。目标提出后，怎样去达到这一目标便成为公共关系调查者所要思考的一大问题。公共关系调查是使人们对公共关系现象的认识从模糊转变为清晰，使人们对公共关系状态的认识从不确定到确定，因此靠蛮干是不行的。要有效地完成公共关系调查的任务，首先必须进行周密的公共关系调查设计，而不是急于到社会环境中去搜集资料。公共关系调查设计的任务较多，主要包括调查课题设计、调查指标设计、调查样本设计、调查问卷设计、调查过程设计、调查方案设计等。其中一个完备的调查方案应包括八项内容：调查的目的、意义和研究课题；调查研究范围和分析单位；研究类型和调查方式；调查对象的选择方案或抽样方法；调查内容、调查指标和调查项目；调查的场所、时间和进度；调查所需的经费和物质手段的计划与安排；调查人员的选择、培训和组织。调查方案的设计必须全面考虑这些问题。

（三）准备调查条件

公共关系调查在考虑到社会组织公共关系工作实际需要的同时，还必须以一系列的条件作保证。因此，准备调查条件也是公共关系调查准备阶段的一项重要工作。调查条件主要涉及三个方面：一是人员条件。公共关系调查的人员条件不仅包括数量要求，而且包括知识、能力、素质等方面的质量要求，社会组织要根据本次公共关系调查的需要，有针对性地开展调查人员的培训工作。二是经费条件。公共关系调查活动需要经费的支持，要做好经费预算，确保经费到位。三是物质条件。公共关系调查往往需要一些物质技术手段的支持，如录音机、录像机、摄像机、摄影机、电话机、电传机、计算机等，这些都应尽量做好准备。

二、资料搜集阶段

资料搜集阶段也称为具体调查阶段，是整个公共关系调查过程中最为重要的阶段。公共关系调查能否按照调查准备阶段所确立的调查任务的要求和所设计的调查方案的规定有效地进行，关键看资料搜集阶段或曰具体调查阶段的实施情况。资料搜集阶段的主要任务有两项：一是实际搜集资料，二是争取多方支持。

（一）实际搜集资料

资料搜集阶段是公共关系调查唯一的现场实施阶段。因此，根据公共关系调查方案的要求，采取各种调查方法，实际搜集各种资料是资料搜集阶段的根本任务，资料搜集阶段的其他工作都要围绕这一根本任务的完成来进行。在公共关系调查中，搜集资料的方法是多种多样的：根据搜集资料方式的不同，可以划分为直接搜集和间接搜集；根据搜集途径的不同，可以划分为正式途径搜集和非正式途径搜集；根据调查者显隐特征的不同，可以划分为公开搜集和秘密搜集；等等。但无论采用上述哪一种资料搜集方式，都始终离不开以下搜集资料的基本方法，即科学观察法、询访调查法、问卷调查法、量表测量法、文献调查法等，公共关系调查者对此必须熟悉且灵活运用。

公共关系调查中所要搜集的资料可分为两种：一是原始资料；二是现成资料。原始资料也称为第一手资料，即调查者深入现场实地调查所搜集的资料，它是公共关系调查资料搜集的重点。现成资料也称为第二手资料，即经过他人搜集、记录或业经整理的资料，有时为了减轻调查负担，避免重复劳动或校核原始资料，也要适当搜集一些现成资料。在公共关系调查过程中，无论搜集何种资料，也无论采用何种方法搜集资料，都应以保证资料的真实、准确、全面、丰富为原则。

（二）争取多方支持

资料搜集阶段是公共关系调查者在一定的社会环境中与被调查者正式接触的阶段，也是公共关系调查者接受种种外部因素制约而无法完全控制自己工作进程的阶段。为了确保资料搜集工作的顺利进行，真正搜集到真实、准确、全面、丰富的资料，公共关系调查者必须有效协调各种关系，争取多方支持。具体的工作内容有：第一，要协调好与被调查者的关系，努力争取他们的支持与合作。在公共关系调查中，被调查者不是消极地被反映，而是能动地被反映。每一个被调查者在接受调查中，也在对调查者进行“调查”，并根据自己的“调查”结论来决定对调查者的态度和与调查者的合作程度。因此，调查者必须特别重视协调好与被调查者的关系，求得被调查者的大力支持与通力合作。第二，协调好与那些和被调查者有关的组织及人士的关系。这是公共关系调查实施过程中一支不可忽视的力量，他们有可能影响和阻碍调查者向被调查者采集信息，也可能支持与帮助调查者向被调查者采集信息，甚至还可能向调查者提供被调查者的有关信息。因此，调查者很有必要协调好与他们的关系，争取他们的积极支持与具体帮助。

三、整理分析阶段

整理分析阶段也称为研究阶段。它是运用科学的方法，对资料搜集阶段搜集得来的各种调查资料进行提纯、整序，并加以分析、研究的信息处理过程。整理分析阶段是公共关系调查从感性认识到理性认识的飞跃阶段。它不仅能为解答社会组织的公共关系问题提供理论认识和客观依据，而且能为公共关系学理论的发展做出贡献。整理分析阶段的主要任务有两项：一是整理调查资料；二是分析调查资料。

（一）整理调查资料

一般来说，经过资料搜集阶段从现场搜集得来的调查资料具有三个特点：一是这种资料多是原始状态的资料，它们真伪不分，良莠并存，真实度和准确度都有待确认；二是这种资料多是零乱无序的资料，它们内容分散，形式各异，有序度和完整度都比较低；三是这种资料多是平列粗糙的信息资料，它们无主次，冗余性强，概括度和有效度都比较低。靠这样一些调查资料很难明晰地测度社会组织的公共关系状况，很难明晰地反映社会组织的公共关系问题，很难有效地预测社会组织的公共关系趋势。因此，对于经过资料搜集阶段搜集得来的公共关系调查资料，必须进行悉心的整理。公共关系调查资料的整理是公共关系调查资料分析研究的基础工作，是公共关系调查从具体调查阶段过渡到研究阶段、由感性认识上升到理性认识的一个必经的中间环节。公共关系调查资料整理的工作内容主要包括：按照真实性、准确性、完整性、标准性的要求对调查资料进行审核；按照科学性、实用性、渐进性、相斥性的原则对调查资料进行分类；按照条理化、系统化、精练化、规范化的要求对调查资料进行加工。

（二）分析调查资料

公共关系调查资料的整理，解决了公共关系调查资料的表层次和形式上的某些不规范、不实用的问题，为公共关系调查资料的利用打下了较好的基础。但是，要使公共关系调查资料中的某些重要信息充分显现出来，以作为社会组织公共关系工作的依据，单纯对公共关系调查资料进行整理是不够的，还要对公共关系调查资料做出科学的分析。公共关系调查资料的分析是指调查者运用一定的科学分析方法，对公共关系调查资料的内容进行深度加工的过程。这一过程所运用的分析方法很多，一般可以概括为定性分析方法和定量分析方法两类。在这一过程中，调查者可以通过对已经整理的公共关系调查资料进行由此及彼、由表及里、由浅入深的测算、比较、推理、判断，发现隐匿于大量的调查资料之中的某些重要信息，揭示隐藏在大量的调查资料背后的某些关键问题，并以此提出社会组织公共关系工作的若干对策措施，形成公共关系调查的科学认识成果。公共关系调查资料的分析是公共关系调查的深化和提高过程，公共关系调查能否真正出成果，以及公共关系调查的成果究竟具有多大的作用，在很大程度上取决于这一过程的工作。

四、报告写作阶段

当完成了调查资料的整理分析后，一般还要写作调查报告。调查报告是用以反映公共关系调查所获得的主要信息成果或初步认识成果的一种书面报告。它是公共关系调查成果的集中体现，也是公共关系调查成果的重要形式。通过调查报告，调查者可以将调查过程中获得的信息成果和认识成果集中地表现出来，以方便社会组织的领导者或公共关系部门的负责人参考利用，使他们免去全面查阅所有原始信息资料之累，有利于将公共关系调查成果尽快地应用于公共关系科学运作过程中，求得公共关系科学运作的良好收效。

调查报告写作实质上是公共关系调查者对调查所获信息资料的一种高级处理工作过程。这一过程的具体工作内容包括：一是综合分析经过审核和加工处理的信息资料，确定调查报告的主题；二是全面汇集有关信息资料，概括出相应事物存在与变化的一般情况；三是综合研究相关信息资料，提炼出有关观点；四是选择运用有关信息资料，具体地说明社会组织公共关系工作中应当注意的有关问题等。

写作一个好的公共关系调查报告，不仅能体现公共关系调查者的调查能力和写作水平，而且能体现公共关系调查的重要价值和巨大作用。公共关系调查者必须按照一定的要求，认真写好调查报告。第一，确保调查报告内容的客观性和真实性。在调查报告中，确保调查报告内容的客观性和真实性是最起码的要求。这一要求的实质含义，是调查报告写作必须以调查所获得的信息资料为依据，包括要以信息资料为依据确定主题，要以信息资料为依据概括情况，要以信息资料为依据提炼观点，要以信息资料为依据说明问题等，绝不能弄虚作假。第二，确保调查报告体例的系统性和完整性。系统性是指调查报告的内容体例应有系统，能全面地且合乎逻辑地安排和表述；完整性主要是指调查报告的形式体例应当完备，一般来讲，应包括题目、目录、概要、正文、结论、建议和附件等要件。第三，确保调查报告表述的准确性和便读性。调查报告的语言表达与一般文体的表达有所区别，它主要要求准确、便读。准确即指行文要把握分寸，恰到好处地将事实表达出来；便读即指行文要简洁朴实，通俗易懂，无须拐弯抹角，装饰美化。

五、总结评估阶段

总结评估阶段是公共关系调查的最后阶段。在公共关系调查过程中，公共关系调查者经过精心策划准备、广泛搜集资料，并对资料进行认真的整理分析，可以说已经付出了艰辛的劳动，取得了实际的成果。至此，公共关系调查便要转入总结评估阶段。总结评估阶段是公共关系调查的一个必不可少的重要步骤。通过总结评估，公共关系调查者至少可以取得三种新的收获：可以了解到本项公共关系调查的完成情况如何；可以了解到本项公共关系调查所取得的成果怎样；可以了解到本项公共关系调查的经验教训何在。总结评估的内容较多，通常集中于两个方面。

（一）评估调查成果

评估调查成果主要是指评估调查成果的价值。评估调查成果的价值一般通过两个指标来进行：一是调查成果的学术价值；二是调查成果的应用价值。在学术价值方面，主要应对公共关系调查所提供的事实资料和数据资料的完整性、真实性、可靠性等做出客观的评价，以及对所提出的理论观点和研究结论的科学性、合理性、创新性等作出客观的评价。在应用价值方面，一般要根据公共关系调查成果被采用的情况、公共关系调查成果对公共关系科学运作的实际指导作用和所取得的实际效益来作出具体的评价。评估调查成果从参与评估者来看，大致有四种情况，即调查人员自评、成果应用者评估、同行专家评估、组织领导评估。公共关系调查工作应尽可能实施上述的四种评估，或作有上述四类人员参加的综合评估。评估的具体方法则有多种，定性的、定量的、集中的、分散的、面对面的、背靠背的等，都可选择使用。

（二）总结调查工作

总结调查工作实际上是对整个公共关系调查活动的工作过程和有关情况进行回顾和检讨。其内容主要包括：第一，公共关系调查工作的完成情况。如是否按时完成了调查任务，是否真正达到了调查目的，是否需要补充调查或重新调查等。第二，公共关系调查所取得的经验教训。如本次公共关系调查的成功之处和不足之处有哪些，公共关系调查各阶段取得的工作成绩和具体收获有哪些，公共关系调查的目的、任务、范围、过程的确定是否妥当，公共关系调查的条件、方法、手段是否合用等。总之，总结调查工作主要是为了积累成功经验，吸取失败教训，为下一步的公共关系调查工作提供参考与借鉴的依据。

第四节　公共关系调查的基本方法

公共关系调查方法是指用以保证公共关系调查目的得以顺利实现的途径、方式、手段、措施等。公共关系调查方法对于公共关系调查任务的顺利完成具有极其重要的作用。毛泽东同志曾形象而深刻地说明过方法的重要性。他说：“我们不但要提出任务，而且要解决完成任务的方法问题。我们的任务是过河，但是没有桥或没有船就不能过。不解决桥或船的问题，过河就是一句空话。不解决方法问题，任务也只是瞎说一顿。”①

因此，在公共关系调查中，调查任务确定后，要顺利完成任务，最关键的是要解决方法问题。

公共关系调查的方法是多种多样的，可以从多角度、多方面进行分类。基本的分类主要有两种，即基于调查对象范围变量的分类和基于资料搜集方式变量的分类。

一、基于调查对象范围变量的分类

基于调查对象范围变量的分类，是指固定其他变量，而以调查对象范围变量作为依据的公共关系调查方法分类。依此，公共关系调查方法可以区分为普遍调查、抽样调查、典型调查、重点调查、个案调查五种方法。

（一）普遍调查

普遍调查简称普查，又称为全面调查或整体调查。它是指公共关系调查者对调查

① 《毛泽东选集》第一卷，人民出版社1952年版，第134页。

对象总体中的全部单位逐一地、全面地进行调查，以搜集有关调查对象总体情况信息的公共关系调查方法。普遍调查有许多类型：按照调查的范围，可分为大范围普查和小范围普查；按照调查的时间性，可分为常规普查和快速普查；按照调查的方式，可分为发送调查问卷的普查和填写统计报表的普查。普遍调查的主要作用是对社会组织的某一公共关系现象的一般情况做出全面的、准确的描述，其主要目的是在于把握某一公共关系现象的总体情况，得出具有普遍意义的结论。普遍调查有着自己的一些特点，其优点在于：一是普遍调查获得的公共关系信息资料全面、准确，精确性和标准化程度均较高；二是由于普遍调查是对所有的调查对象进行全面的、无一例外的调查，因此，通过汇总和归纳可以得到具有很高概括度和普遍适用的调查结论。普遍调查的缺点在于：一是，普遍调查对调查对象总体内的各单位都要一一调查，因而所需要的人力、物力、财力和时间均较多。二是普遍调查不可能对每一个调查对象都进行深入细致的调查，因此，它的调查项目较少，资料缺乏深度。在社会组织的公共关系调查中，普遍调查一般限于在调查对象总体规模不大的情况下采用。对于调查对象总体规模较大的社会群体，一般社会组织往往不具备进行普遍调查的能力。

（二）抽样调查

抽样调查是指公共关系调查者借助于一定的抽样方法从调查对象总体中抽取一部分单位作为样本进行调查，并以从样本那里获取的信息资料来推论调查总体一般状况的公共关系调查方法。抽样调查是为既保持普遍调查的优点又克服普遍调查的缺点而创立的一种新型调查方法，其目的是从许多“点”的情况来概括总体“面”的情况。与普遍调查相比，抽样调查具有许多优越性，这就是：由于抽样调查只是对调查对象总体中的一部分单位作具体调查，因而调查费用低、调查进度快、调查项目多、调查精力相对集中，这样，一方面可相对容易地获得内容丰富且准确度高的资料；另一方面其应用范围也相对较广。进行抽样调查的关键在于抽样，其基本过程有三：界定研究总体和调查总体，建立抽样框；设计和抽取样本；对样本进行评估。

抽样方法主要有概率抽样和非概率抽样两种。概率抽样是指调查对象总体内所有单位具有相同的被抽作样本的概率的抽样方法。其操作方法有：简单随机抽样、等距随机抽样、分层随机抽样、整群随机抽样、多段随机抽样等。非概率抽样则是指调查对象总体内所有单位不具有相同的被抽作样本的概率的抽样方法。其操作方法有：偶遇抽样、主观抽样、配额抽样、“滚雪球”抽样等。抽样方法的不同和所抽取的样本的容量大小都对抽样调查的结论具有重要影响，调查者在调查中必须高度注意。

（三）典型调查

典型调查是调查者从调查对象总体中选择有代表性的少量单位作为典型，并通过对典型的调查来认识同类公共关系现象的本质及其发展规律的调查方法。典型调查的认识过程是从具体到抽象、从特殊到一般。它的主要作用在于通过少量典型来真实迅速地了解调查对象全局的情况。典型调查的优点在于：调查少量典型，其时间、人力、物力、财力占用较少；可以细致地剖析某一具体调查对象，调查内容比较深入、全面；调查的具体方式和实施过程都比较灵活。典型调查的缺点是：选择典型易受调查者主观意志左右，很难避免主观随意性；典型的代表性和结论的适用性难以用科学的手段准确测定；典型调查局限于定性研究，难以进行定量研究。典型调查的关键是要选择好典型，也就是要选择到那些具有代表性的单位。因此，它要求调查者对调查对象总体有比较全面的了解，并以实事求是的态度来选择典型。

（四）重点调查

重点调查是调查者从调查对象总体中选择具有某种集中特性，对全局具有某种决定作用的少量单位作为具体调查对象，并通过对这些具体调查对象的调查来掌握调查对象总体基本情况的调查方法。重点调查的目的是通过对具有某种集中特性的少量具体调查对象的调查来迅速掌握一定范围内对全局具有决定性影响的事物和现象的情况。其优点在于：具体调查对象的确定比较容易；调查比较省时省力；调查结果可反映全局情况。其缺点是：适用范围较小；调查项目较少且缺乏广度；一般只能作定量调查，用于掌握调查对象的数量状况。

（五）个案调查

个案调查也称个别调查，它是为了了解或解决某一特定的问题，对特定的调查对象所进行的深入调查。个案调查的目的是通过深入“解剖麻雀”来描述各个“点”的情况。其优点在于：首先，个案调查的调查单位少，能作详尽深入的了解；其次，个案调查的具体方式灵活多样，能搜集全面、完整、系统的个案资料；最后，个案调查时间安排较长，适用于边调查边研究，对个案作出具体诊断。个案调查在公共关系调查中主要适用于：第一，了解某一特定公众对象的形成和发展过程；第二，具体详细地分析公众对象的行为方式与社会组织公共关系工作之间的关系；第三，了解某些独特因素或事件对公众特定行为的影响；第四，具体研究某一特定公众对象对社会组织的需要、动机、兴趣；第五，开展 VIP（Very Important Person，特别重要的人物）研究。个案调查一般按确定个案、登记立案、访问案主、搜集资料、分析诊断五个步骤进行，通常通过现场观察或深入访谈搜集调查资料。在个案调查中，值得特别注意的是个案调查的具体调查对象属于个别的案主，对其所作的调查只能反映个案的具体情况，不能用于推论其他个案和公众的一般情况。

二、基于资料搜集方式变量的分类

基于资料搜集方式变量的分类，是指固定其他变量，而以资料搜集方式变量作为依据的公共关系调查方法分类。照此，公共关系调查方法可以区分为科学观察法、询访调查法、问卷调查法、量表测量法、文献信息法等几种主要类型。

（一）科学观察法

科学观察法是指公共关系调查者根据一定的调查目的和调查任务的要求，亲临现场，具体观察调查对象的行为表现和所处状态，以搜集所需公共关系信息资料的公共关系调查方法。科学观察法有多种类型：根据观察者是否参与被观察者的活动，可分为参与观察与非参与观察；根据观察内容是否有统一设计的有一定结构的观察项目和要求，可分为有结构观察与无结构观察；根据观察对象所处的环境状态特征，可分为自然状态中的观察与人为情境中的观察。这些不同的观察方法都有着各自不同的适用范围，在一般情况下，公共关系调查者往往可以综合地运用这些方法，以达到快速、准确地搜集公共关系信息资料的目的。科学观察法大多是在观察对象没有觉察的情况下进行的，因此其调查结果较为客观。但采用科学观察法只能了解被观察对象的表面现象和行为活动，而不能看出被观察对象的内部特征，尤其不能看出被观察者的内心世界和了解被观察对象的行为动机、态度、打算等，因而调查深度往往显得不够。

（二）询访调查法

询访调查法是公共关系调查中常用的信息资料搜集方法之一，它是指公共关系调查者根据一定的调查目的和调查任务的要求，通过向调查对象提问、与调查对象交谈而搜集所需的公共关系信息资料的公共关系调查方法。询访调查法按其所采用的信息媒介与手段区分，可分为面谈询访、书面询访、电话询访、电子邮件询访等；按其有无固定的询访内容结构区分，可分为有结构询访和无结构询访；按其询访意图的显隐性情况区分，可分为公开的询访和隐秘的询访；按一次询访的人数多寡区分，可分为个体询访和集体询访。

询访调查法中，各种具体方法各有长短，各具利弊，各有其适用范围。如面谈方法主要适用于较为复杂的信息的搜集，可以对信息的各种相关因素作细致的了解，但这种方法花费时间多，对询访者的语言表达能力和综合分析能力要求高，还需要询访者具有一定的临场经验和丰富的相关知识。因此，究竟采用哪种方法，应根据具体情况确定。一般来说，搜集简单的、时间性强的信息资料，以电话询访为好；搜集涉及面广、深度要求高的信息，则以面谈为佳；涉及不便当面谈的内容信息，则以书面询访为宜。

（三）问卷调查法

问卷调查法是指由公共关系调查者向调查对象提供问卷并请其对问卷中的问题作答而搜集所需的公共关系信息资料的公共关系调查方法。问卷是用于搜集信息资料的一种重要工具，它的形式是一份精心设计的问题表格。问卷依其问题的构成特点可分为封闭式问卷和开放式问卷两种。封闭式问卷的提问是在提出问题的同时，还给出若干个备选答案，要求被调查者选择其中一个或几个作为回答；开放式问卷的提问是只提出问题，不提供具体答案，而由调查者自由填答。此外，问卷还可依发送方式分为邮寄问卷和送达问卷两种。从问卷的结构来看，一般地说，各种问卷往往都包括封面信、指导语、问题、答案、编码等几个部分，其中问题和答案是问卷的主体。在问卷的设计过程中，关键是要设计好问卷的问题和答案。问卷调查法有许多不同于其他调查方法的特点，其优点在于：可以节省时间、经费和人力；具有较好的匿名性，有利于搜集真实的信息；所获得的信息资料便于定量处理和分析；可以较好地避免调查者的主观偏差，减少人为误差。其缺点在于：回收率一般较低；不适于对文化水平低的人作调查；由于被调查者填写问卷时调查者一般不在场，因而所获得的信息资料的质量往往难以保证。

尽管如此，问卷调查法却不失为现代公共关系调查的一种科学规范的调查方法。正如美国社会学家艾尔·巴比所说："问卷是社会调查的支柱。"① 事实上，问卷也是公共关系调查的支柱。

（四）量表测量法

量表测量法是指公共关系调查者根据一定的调查目的和调查任务的要求，借由测量量表对调查对象的主观态度和潜在特征进行测量，以搜集公共关系信息资料的公共关系调查方法。量表是适用于较精确地调查人们主观态度和潜在特征的调查工具，它由一组精心设计的问题构成，用以间接测量人们对某一事物的态度、观念和某一方面的潜在特征。人的态度、观念和潜在特征都具有隐匿性和模糊性，有时连自己也难以发现或进行精确地描述，因而调查人们的态度、观念和潜在特征并非易事，尤其以直接的方式很难达到目的，这就需要采取量表测量法这种间接的方式。量表也具有多种类型，按其测量内容分，主要有态度量表、能力量表、智力量表、人格量表、意愿量表、人际关系量表等；按其作用分，主要有调查量表和测验量表；按其设计方式和形式分，则有总加量表、累积量表、瑟斯通量表和语义差度量表等。公共关系调查者可以根据不同的目的、要求，结合实际情况选用。

（五）文献信息法

文献信息法是指公共关系调查者根据一定的调查目的和调查任务的要求，通过对现有文献的搜集来获取公共关系资料的公共关系调查方法。文献是指以文字、图像、符号、声频、视频等为主要记录手段的一切知识载体。根据文献的物质载体和记录技术的不同，可把文献分为手书型文献、印刷型文献、音像型文献、缩微型文献、机读型文献五种；根据文献的加工程度及在信息交流过程中作用的不同，可把文献分为一次文献、二次文献、三次文献等；根据文献的编写方法和出版方式的不同，可把文献分为图书、期刊、报纸、政府出版物、会议文献、科研报告、学位论文、专刊文献、档案、内部资料等。文献中饱含社会组织公共关系工作所需要的信息资料。利用文献信息法搜集公共关系信息资料，具有简单、快速、节省调研费用、不受时空限制等特点，尤其适用于对历史资料和远程区域信息资料的搜集。它既可作为一种独立的调查方法运用，也可以作为实地调查等方法的补充。利用文献信息法进行公共关系调查一般有两个特定步骤：一是文献载体的采集；二是信息资料的摄取。文献载体的采集主要可以采用借阅、购买和交换等方法来进行。信息资料的摄取则分为两条途径：一是通过浏览、阅读各种文献从有关文献中摘取信息资料；二是通过检索工具从有关信息文档中查检信息资料。在当今社会，由于计算机技术和通信技术的飞速发展，人们已能通过高速信息网络检索各种文献信息资料，这可以说是文献信息法在当今社会的有力延伸和巨大进步。

① 袁方主编：《社会调查原理与方法》，高等教育出版社1990年版，第189页。

【案例9－1】“先搞清这些问题，然后开始你们的公共关系工作”

有一家宾馆新设了一个公共关系部，开办伊始，该部就配备了豪华的办公室，漂亮迷人的公关小姐，现代化的通信设备……但该部部长却发现无事可做。后来，这个部长请来了一位公共关系顾问，向他请教“怎么办”，于是这位顾问一连问了以下几个问题：

“本地共有多少宾馆？总铺位有多少？”

“旅游旺季时，本地的外国游客每月有多少，港澳游客有多少？国内的外地游客有多少？”

“贵宾馆的‘知名度’如何？在过去三年中，花在宣传上的经费共多少？”

“贵宾馆最大的竞争对手是谁？贵宾馆潜在的竞争对手将是谁？”

“去年一年中因服务不周引起房客不满的事件有多少起，服务不周的症结何在？”

对这样一些极其普通而又极为重要的问题，这位公共关系部部长竟张口结舌，无以对答。于是，那位被请来的公共关系顾问这样说道：“先搞清这些问题，然后开始你们的公共关系工作。”

【案例9－2】中国公共关系业年度调查报告

为反映2016年度公共关系服务市场的运行态势，正确评价中国公共关系业的发展状况，为专业机构提供积极的行业指引，2017年2月20日至3月20日，中国国际公共关系协会（CIPRA）对中国大陆境内主要公共关系公司进行了调查活动。该项活动由协会研究发展部具体实施。

项目组采用问卷调查的方法对2016年度全国主要公关公司进行抽样调查，内容涉及运营管理、业务发展和可持续发展等方面。

项目组对问卷所取得的数据进行了科学统计，并依据行业经验和历史数据进行了相关核实和判断，在科学分析基础上形成本调查报告。本报告由年度排行榜、行业调查分析、TOP公司研究、最具成长性公司研究及行业发展分析五个部分组成。

报告说明：

1. 本报告所涉及的调查内容仅涉及中国内地的公共关系服务，不包括被访者的广告及其他制作业务；

2. 本报告所依据的调查数据为被访者所提供的数据，尽管访问者对这些数据做了相关核实，但本报告并不为这些数据的真实性提供保证；

3. 本报告所访问的对象为公司主要负责人，他们在接受调查时均声明代表公司的意志，所提供的信息均是真实、准确和有效的；

4. 本报告所发表的数据和结论以被访者提交的数据为基础，经过统计分析和行业判断，并加以测试和修正，这些数据不一定完全符合真实情况但能反映行业发展基本面的情况；

5. 本报告相信，有关数据和分析确实具有非常好的参考价值，能为中国公共关系市场的健康发展提供积极的引导和推动力。

一、年度排行榜

2016 年度公司排行榜包括 TOP 公司和最具成长性公司两个榜单，其中 TOP 公司 30 家，最具成长性公司 10 家。该榜单以自愿参与调查活动、提交完整数据、能够接受考察核实的公关公司为评选对象，以“TOP 公司评选标准”为评选依据，通过加权指数计算产生最终结果。

榜单统计分析由 CIPRA 研究发展部执行，由 CIPRA 公关公司工作委员会常委会审议。

关于“营业利润”的注释

本调查中所使用的“营业利润”一词，专指公共关系服务收入（不含广告、制作等业务），Fee 或称毛利润。该收入为含营业税的服务收入，须扣除第三方费用（包括外购劳务、媒体购买等）。

（一）2016 年度 TOP30 公司榜单

（排名不分先后，按公司品牌英文名排序）

AcrossChina	信诺传播 I	HRH	恒瑞行
ACTIVATION	艾德韦宣	trax	爱创
Attention digital	注意力数字	Linksus Digiwork	灵思云途
BlueFocus	蓝色光标	MRG	嘉利智联
Cenbo	森博营销	Ogilvy	奥美公共
Chuan	传智天际	Orange	甜橙创新
CYTS Linkage	中青旅联科	QiTai	启泰文化
D&S	迪思传媒	Revo	睿符
Daniel J. Edelman China Group	爱德曼中国	Ruder Finn	罗德公关
EVISION Digital	时空视点	Shunya International	宣亚国际
Fleishman Hillard	福莱（中国）	TED	太德励拓
Genedigi	际恒集团	Trends Digital	趋势纵横
High Team	海天网联	Trusrwin	君信品牌
Hill + Knowlton	伟达（中国）	Webershandwick	万博宣伟

WISEWAY	智者品牌	ZenithPR	哲基公关

（二）2016年度最具成长性公司榜单

（排名不分先后，按公司品牌英文名排序）

CIG	新意互动	Potential Power	势能整合
DrivingStrong	达毅思创	Qinzhi	勤智慧和
Iforce	百孚思	Topline	尚诚同力
Linksense	联华盛世	WinPR	上海赢嘉
Mega	美格公关	WINS	汪氏

二、行业调查分析

2016年，随着中国经济继续保持稳定快速发展，中国公共关系新生力量不断涌现，中国公关市场依然保持了较快的增长速度。据调查估算，整个市场的年营业规模达到500亿元人民币，年增长率约为16.3%。相比2015年13.2%的增长率，增幅有所上升（见图9－1和图9－2）。

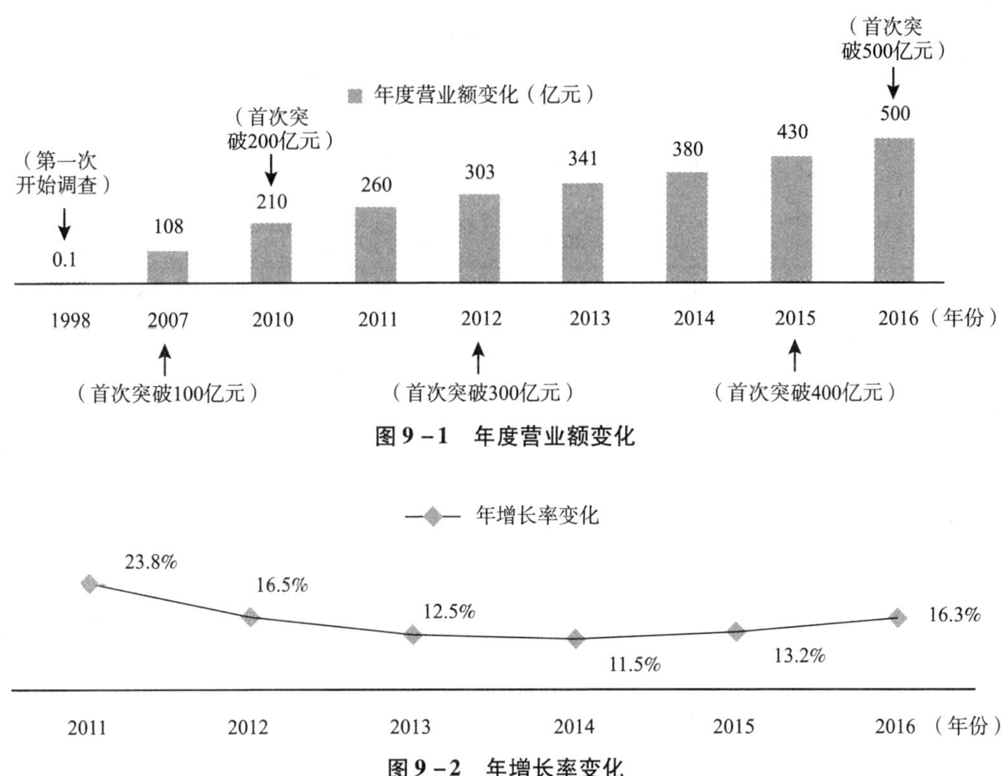

图9－1 年度营业额变化

图9－2 年增长率变化

2016年，中国公共关系行业呈现以下特点和趋势。一是大战略引领公关，为公共关系行业发展创造新的发展契机。随着中国实施"一带一路"战略，中国企业开始进行国际化的布局，市场对公关公司的专业化、规范化和国际化提出了更高要求。二是公共关系行业的兼并、重组已成为常态。据统计，参与调查的公关公司中有20多家通过主板、新三板以及兼并收购等多种形式打通与资本市场的通道。资本加速进入公关行业，而公关行业也正在借助资本的力量做大做强，这一趋势受到行业内外的高度关注，这是2016年的一个突出特点。三是内容营销已经成为行业发展的新动力。随着以新媒体为代表的传播格局的改变，传统渠道的作用在不断下沉，内容营销成为企业品牌传播的核心要素之一。四是娱乐营销、体育营销成为服务领域新的业务增长点，这得益于中国经济从传统制造业向服务业转型的结构调整。

调查显示，2016年度中国公共关系服务领域的前5位分别是汽车、IT（通信）、快速消费品、互联网、娱乐/文化。汽车依然是行业内主要服务客户，市场份额稍有回落，但依然保持了30%以上的占有率。其余4个领域与2015年相比排名略有变动，IT（通信）由2015年的第四、五位跃升到第二位，这得益于智能移动终端的快速普及和应用。快速消费品、互联网市场份额稍有回落，从2015年的第二、三位下降到第三、四位。娱乐/文化为2016年新增调查领域，发展势头迅猛，高居第五位。奢侈品首次跻身前十名，位居第六位。此外，制造业、医疗保健、金融、房地产等份额出现明显回落，分别位居第七、八、九、十位（见表9－1）。从公关服务领域市场份额的变化，可以明显看出中国经济结构的调整和转型趋势。

表9－1　2016年和2015年行业市场份额对比　单位：%

排行榜	行业市场份额	2016年	2015年
1	汽车	30.6	31.30
2	IT（通信）	12.3	IT4.6、通信8.5
3	快速消费品	11.8	14.00
4	互联网	9.4	10.70
5	娱乐/文化	4.9	/
6	奢侈品	4.4	/
7	制造业	3.9	4.40
8	医疗保健	3.2	4.20
9	金融	2.9	4.00
10	房地产	2.4	3.40

鉴于TOP30和10家最具成长性公司数据的相对准确性，我们依据这40家公司数据从业务领域、业务类型、业务潜力和新媒体服务内容等方面加以统计分析。

40家公司中，29家开展汽车业务，24家开展IT（通信）业务，23家开展快速消费品业务，22家开展互联网业务，8家开展娱乐/文化业务，8家开展奢侈品业务，13家开展制造业业务，10家开展医疗保健业务，11家开展金融业务，4家开展房地产业务。

40家公司中，16家以新媒体业务为主，10家以传播代理为主，6家以媒体执行为主，6家以活动代理及执行为主，4家以顾问咨询为主（见图9-3）。新媒体业务、传播代理、活动代理及执行，成为公关市场的主要三大业务类型。

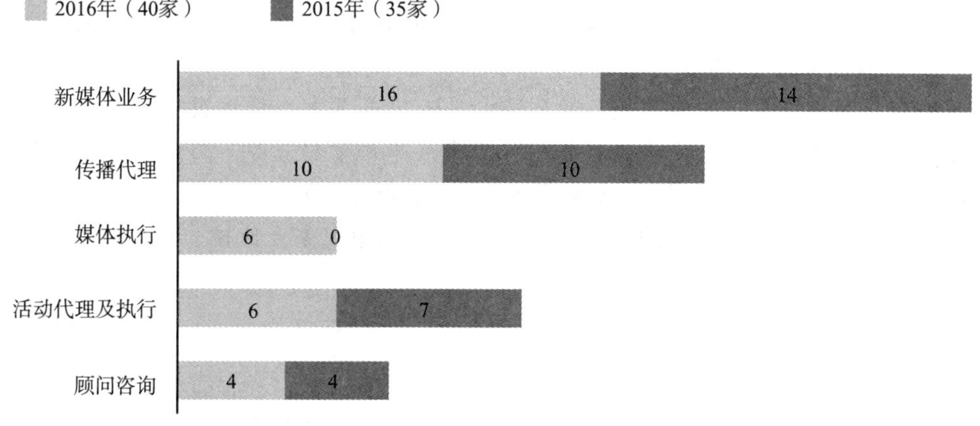

图9-3 业务类型市场构成（公司数）

40家公司在新的服务手段应用进展方面，37家开展新媒体营销，31家开展事件营销，23家开展娱乐营销，15家开展危机管理，13家开展意见领袖（KOL）管理，10家开展体育营销，7家开展客户关系管理，5家开展议题管理，5家开展政府关系，4家开展舆情监测，4家开展海外品牌传播管理，3家开展CSR项目，3家开展城市营销，2家开展投资者关系管理，1家开展员工关系。（意见领袖管理、员工关系、投资者关系管理、客户关系管理、舆情监测、海外品牌管理为2016年度调查新增项目。）

调查显示，2016年40家公司在新媒体营销、事件营销、危机管理应用等方面更加广泛（见图9-4）。娱乐营销、体育营销、意见领袖（KOL）管理取得进一步发展。

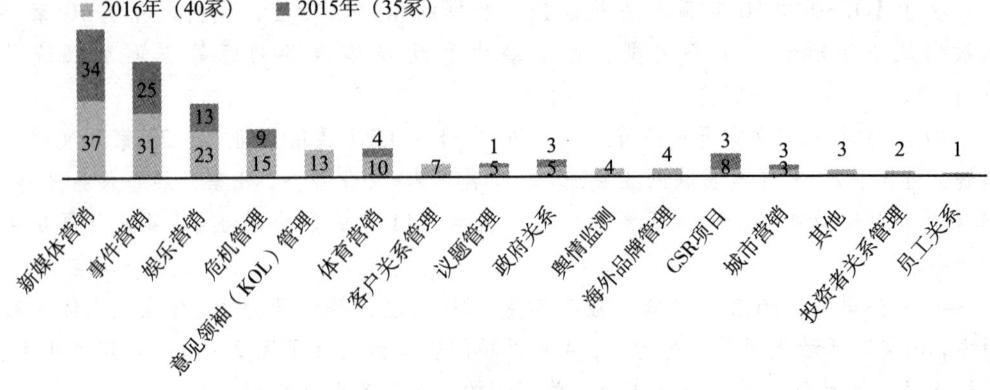

图 9－4　业务潜力市场构成（公司数）

据统计，40 家公司中，新媒体业务营收在 3000 万元以上的公司为 20 家，占比 50%，比 2015 年增加 16 个百分点。

40 家公司中开展了新媒体业务的公司中，36 家开展整合传播服务，36 家开展产品推广服务，31 家开展口碑营销服务，29 家开展事件营销服务，26 家开展企业传播服务，11 家开展舆情监测服务，8 家开展危机管理服务，5 家开展社区运营服务（见图 9－5）。调查显示，新媒体传播的客户主要需求集中在整合传播、产品推广、口碑营销、事件营销、企业传播这五个领域。

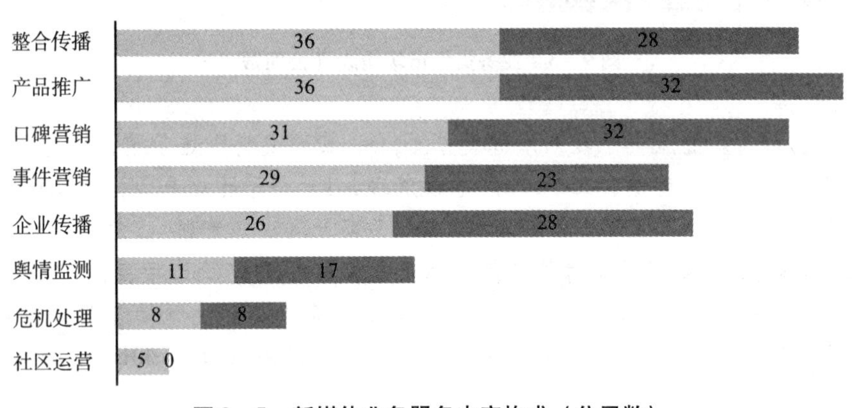

图 9－5　新媒体业务服务内容构成（公司数）

调查显示，40 家公司中有 38 家在 2 个或 2 个以上城市设立分公司或办事处，北京、上海、广州、深圳为公关公司的主要集中地，并逐渐向其他城市（香港、杭州、青岛、重庆、长春、福州等地）延伸。

三、TOP30 公司研究

（一）营业情况

2016 年，TOP 公司平均年营业额 4.91 亿元，比上年增长约 19.2%；平均年营业利润 1.74 亿元，比上年增长约 19.5%。

2016 年，TOP 公司人均年营业利润 37 万元/年，与上年同期基本持平，减少了 0.5 万元/年。

独立上市的公司蓝色光标、宣亚国际，其公关传播 2016 年营业额分别为 38 亿元、4.67 亿元。

随着 TOP 公司业务规模扩大，单位人工成本上升较快，加上管理费用加大，以及兼并收购出现的商誉和无形资产减值等因素，运营压力依然存在。

2016 年，TOP 公司年平均签约客户 72 个，日常代理客户比重 64%，外资客户 48%，连续签约客户 31 个。

新服务手段方面，TOP 公司均在新媒体营销、事件营销、娱乐营销、体育营销方面实现较快发展。

随着新媒体业务需求的增加，多数 TOP 公司新媒体业务营业利润多于 3000 万元，平均占总体营业利润的 33.7%，主要提供产品推广、企业传播、事件营销、口碑营销、整合传播的业务。

（二）运营管理

2016 年，TOP 公司平均员工人数 438 人，比上年同期增加 72 人；管理团队平均人数 42 人，比上年同期增加 2 人；专业人员平均人数 245 人。

2016 年，TOP 公司女性雇员占比 62%，比上年同期减少 0.8%；员工平均年龄 29 岁左右；平均留任时间为 3 年；人员流动率 29%，比上年同期减少 1%，周平均工作 45 小时，比上年同期减少 3 小时。

2016 年，TOP 公司年人均培训时数 59 小时，主要培训集中于专业技能、业务认知、岗位技能等方面，一般通过内部业务交流、部门岗位培训、行业培训来解决。

2016 年，TOP 公司年平均工资水平为 12352 元/月，比上年同期增长 16.7%；客户经理平均月薪 13307 元，比上年同期增长 8.2%；大学生转正平均月薪 4820 元，比上年同期增长 11%。人员成本逐年增加，这是公关行业的一个明显趋势。

表 9－2　　TOP 公司对照统计

项目	2016 年（均值）	2015 年（均值）	变量
年营业额（亿元）	4.91	4.12	0.79
年营业利润（亿元）	1.74	1.456	0.284
年营业额增长率	27.4%	29.6%	－2.2%

续表

项目	2016年（均值）	2015年（均值）	变量
年人均营业利润（万元）	37	37.5	-0.5
年均签约客户数（家）	72	34	38
日常代理客户比重	64%	67%	-3%
外资客户比重	48%	48%	0
年平均员工人数（人）	438	366	72
管理团队人数（人）	42	40	2
女性雇员比例	62%	62.8%	-0.8%
员工平均年龄（岁）	29	27	2
人员流动率	29%	30%	-1%
平均留任时间（年）	3	3	0
周劳动强度（小时）	45	48	-3
年培训时间（小时）	59	87	-28
平均工资（元/月）	12352	10588	1764
客户经理工资（元/月）	13307	12300	1007
大学生转正工资（元/月）	4820	4343	477

四、最具成长性公司研究

（一）营业情况

2016年，最具成长性公司平均年营业额1.14亿元，比上年0.85亿元增长34.1%；平均年营业利润3419.5万元，比上年2076.46万元增长64.7%；年增长率47%；人均年营业利润26.6万元，比上年23.1万元增长15.1%。

平均签约客户数41个，日常代理客户比重占69%，外资客户占47%，连续签约客户21个。

新服务手段方面，绝大多数公司在新媒体营销、事件营销、娱乐营销方面实现较快发展。

新媒体业务年平均营业利润在1501～2000万元之间，占总体营业利润的57%，主要提供产品推广、事件营销、口碑营销、企业传播、整合传播的业务。

（二）运营管理

2016年，年平均员工数136人，比上年增加24人；专业人员平均人数119人，比上年增加23人，管理团队平均人数18人，比上年增加2人。

女性雇员64%，职业平均年龄维持在29岁左右；平均留任时间为2.3年，人员流动率34%，周平均工作时数44小时。

年人均培训时数92小时，主要培训集中于专业技能、业务认知、岗位技能和业务管理四个方面，一般通过内部业务交流、部门岗位培训和行业培训来解决。

2016年，年平均工资水平为10350元/月，比上年8993元/月增长15.1%；客户经理平均月薪12000元，比上年10230元增长17.3%；大学生转正平均月薪4778元，比上年4120元增长16%。

五、2016年中国公共关系行业发展分析

2016年，伴随“一带一路”国家战略的持续推进和具体实施，中国公共关系市场机遇增大。同时，在“大众创业、万众创新”的背景下，中国公共关系行业新生力量不断涌现，市场保持稳定而快速增长。据调查估算，2016年整个市场的年营业规模达到500亿元人民币，年增长率约为16.3%。相比2015年13.2%的增长率，增幅有所上升。

第一，汽车依然稳居行业之首，IT（通信）跃升至第二位。调查显示，2016年度中国公共关系服务领域的前3位分别是汽车、IT（通信）和快速消费品。尽管本年度的汽车份额稍有回落，但依然是行业内的主要服务客户。汽车在近年的行业调查中均位居榜首，表明其服务需求依然很大，预计未来几年这一趋势不会有大的改变。但值得注意的是，近年来，汽车领域的危机公关事件不少，公关公司需要在品牌塑造方面与企业、媒体加强沟通，不断创新活动模式。本次调查中，IT（通信）跃升至第二位，达到12.3%，这跟智能移动终端快速普及和应用密切相关。位居第三位的快速消费品所占份额为11.8%，继续保持近年来行业主要服务客户的地位。

第二，娱乐/文化发展势头迅猛，显示中国经济转型趋势。2016年度的行业调查，首次将娱乐/文化列为调查项目，出人意料的是，该领域份额位居第五。这表明，随着人们物质生活水平的提高，娱乐和文化等精神方面的需求不断增加，它为公共关系行业发展提供了更大的服务空间。

第三，人力成本增加导致运营压力加大。调查显示，2016年，TOP公司平均月工资水平为12352元，比上年同期增长16.7%；客户经理平均月薪13307元，比上年同期增长8.2%；大学生转正平均月薪4820元，比上年同期增长11%。调查还显示，随着TOP公司业务规模扩大，单位人工成本上升较快，加上管理费用加大，以及兼并收购出现的商誉和无形资产减值等因素，运营压力依然存在。

第四，国际公司在中国的业务保持稳定增长的同时，本土公司已经占据主导地位。国际公司的主营业务侧重顾问咨询服务。由于成本控制较好，人均利润较高，加上年签约客户数及连续签约客户数相对稳定，因此国际公司在中国的业务保持稳定增

长。但近年来，本土公司在不断提升专业化水平的同时，借助技术、资本和资源等优势，已经在行业中处于主导地位。

第五，中国公共关系行业发展趋势。随着社会对公共关系需求的不断增加，公关行业服务领域将越来越广泛和深入，行业发展机遇更加宽广。

首先，大战略引领公关，为公共关系行业发展创造新的发展契机。伴随“一带一路”战略的持续推进和实施，公共关系行业面临新的发展契机。随着中国企业全球化布局，市场对公关公司的专业化、规范化和国际化提出了更高的要求。

其次，资本加速进入公共关系行业，行业上市、兼并重组成为常态。据统计，参与本次调查的公关公司中有20多家通过主板、新三板以及兼并收购等多种形式打通与资本市场的通道。资本加速进入公关行业，而公关行业也正在借助资本的力量做大做强。未来的中国公关行业将形成双头格局：一是通过兼并重组形成少数实力强大的综合性国际传播集团，它们规模较大，业务范围广泛，客户相对稳定，国际化水平高；二是专注某些特定领域的中型公关公司，它们数量较多，通常针对一个或几个细分市场，专业化程度高。

再其次，数字营销正成为行业发展的明显趋势。据统计，本次上榜的40家公司中，新媒体业务营收在3000万元以上的公司为20家，占比50%，比2015年增加16个百分点。调查显示，新媒体传播的客户主要需求集中在整合传播、产品推广、口碑营销、事件营销、企业传播这五个领域。而在数字营销领域，娱乐营销和体育营销成为新的服务增长点。调查显示，40家公司中，23家开展娱乐营销，10家开展体育营销。另外，随着传播环境和方式的变革，广告、公关和营销的边界更加模糊、竞争更趋激烈。

最后，人才流动和培养依然是影响行业发展的重要因素。由于行业整体稳定增长带来的人才需求，与2015年相比，中国公关市场人才专业化，以及人才培养等问题，并没有得到有效缓解。2016年，尽管人才无序流动的势头稍微放缓，但总的来说，人才问题依然困扰着公关行业。另外，2016年公关行业人力资源成本上升较快，也给公关公司带来了一定的成本压力。

作为行业组织，中国国际公共关系协会始终致力于中国公共关系行业的国际化、专业化、规范化，并取得有目共睹的成绩。2017年，协会将继续加大力度，提升行业的社会影响；继续与政府相关部门沟通，让政府了解和重视公共关系的作用，并使行业获得应有的地位；继续推进公共关系的业务整合和资本运作，推动更多的优秀公关公司做大、做强、做精；鼓励它们在通过创新模式、兼并收购等手段发展壮大的同时，承担更多的行业责任和社会责任。

（资料来源：中国国际公共关系协会：《中国公共关系业2016年度调查报告》，2017年5月17日）

【案例9-3】 兰州市八大商场服务质量及公共关系形象调查问卷

亲爱的顾客：

您好！为了促使兰州市商业系统服务质量的提高，为了您能享受到更好的服务，请您回答下列问题。答题时在您所选定的序号前画“√”。第20题则烦您简洁地写上几句。谢谢合作！

兰州大学公共关系研究中心　　年　　月

您的基本情况：

1. 您是：
   A. 本地人　　B. 外地人
2. 性别：
   A. 男　　B. 女
3. 年龄：
   A. 22岁以下　　B. 23~35岁　　C. 36~49岁　　D. 50岁以上
4. 文化程度：
   A. 小学　　B. 初中　　C. 高中　　D. 大专以上
5. 家庭月人均收入：
   A. 200元以下　　B. 200~300元　　C. 300~500元
   D. 500~800元　　E. 800元以上

商场基本情况：

6. 您认为该商场外观设计及商品橱窗的装饰：
   A. 很好　　B. 较好　　C. 一般　　D. 不好　　E. 很差
7. 您认为该商场的内部布局：
   A. 巧妙美观、井井有条　　B. 没有特色、很一般
   C. 乱七八糟
8. 您认为该商场的服务质量：
   A. 很好　　B. 较好　　C. 一般　　D. 不好　　E. 很不好
9. 您认为该商场售货员的业务水平：
   A. 很好　　B. 较好　　C. 一般　　D. 较差　　E. 很不好
10. 在大多数情况下，您在该商场曾经受到售货员的：
    A. 热情接待　B. 一般接待　C. 冷漠对待　D. 斥责和嘲笑
11. 您认为该商场的售后服务：
    A. 很好　　B. 较好　　C. 一般　　D. 不好　　E. 很不好
12. 您认为该商场的商品种类：

A. 很齐全　B. 比较齐全　C. 一般　D. 不齐全　E. 很不齐全

13. 您每年光顾该商场的次数大概有：

A. 10 次以下　B. 10～20 次　C. 20～30 次

D. 30～40 次　E. 40 次以上

14. 您每年在该商场购物的总金额大约在：

A. 500 元以内　B. 500～1000 元

C. 1000～2000 元　D. 2000 元以上

15. 您认为该商场的商品质量：

A. 很好　B. 较好　C. 一般　D. 不好　E. 很不好

16. 您在该商场购得的商品不能令您满意时，一般来说：

A. 都能得到退换　B. 只有个别的能得到退换

C. 一个都不能退换

17. 在该商场买东西时，如果您的利益受到侵害，您是否想到去找消费者协会？

A. 想到过　B. 没有想到

C. 认为没有必要　D. 想找，但不知道到哪儿去找

18. 您认为该商场哪一类活动搞得最好？

A. 优质服务竞赛活动　B. 优惠展销

C. 有奖销售

19. 您认为该商场亟须解决的问题？

A. 提高服务质量　B. 提高业务水平

C. 改变内部布局

20. 您认为应怎样解决这一（些）亟须解决的问题？

（资料来源：穆建刚：《现代企业公共关系操作示范》，兰州大学出版社 1996 年版，第 105～107 页）

【案例 9－4】 桂格公司的调查问卷

问卷编号：(01－06)

喀嚓粒粒脆（巧克力）

姓名：

地址：

为了帮助我们进一步改良产品，以配合您的口味，敬请阁下在品尝之后，回答这

份问卷，并将填好的问卷及早投入指定商店的桂格问卷收集箱内，或将问卷邮寄到桂格食品公司驻×××办事处。前1000名将得到桂格公司赠送的精致桂格休闲帽。您可凭桂格公司寄出的领奖通知单前去领取奖品。

办事处地址：××××××

邮政编码：××××××

请在适当的空格内打“√”

1. 请问除了您以外家中还有哪些人尝过我们送的这个产品？

□①孩子（07）　□②少年（08）　□③青年人（09）

□④中年人（10）　□⑤老年人（11）

2. 您喜不喜欢这个产品？（12）

□①非常喜欢　□②比较喜欢　□③不是喜欢也不是不喜欢

□④不太喜欢　□⑤非常不喜欢

这个产品	非常同意	同意	中	不同意	非常不同意
总体味道好	□1	□2	□3	□4	□5（13）
甜味适中	□1	□2	□3	□4	□5（14）
巧克力味浓度适中	□1	□2	□3	□4	□5（15）
香味好	□1	□2	□3	□4	□5（16）
口感好	□1	□2	□3	□4	□5（17）

3. 您觉得这个产品最好是在什么时候吃？

□①当我感到肚子饿时，作小吃（41）

□②当我看电视/娱乐/聚会/休闲时作零嘴（42）

□③当我感到嘴馋想吃东西时（43）

□④其他（请注明）

4. 现在您尝过了这个产品，如果您在商店再看到这个产品，您有多大可能会买它？（51）

□①我一定会买　□②我可能会买　□③我不知道会不会买

□④我可能不会买　□⑤我一定不会买

5. 如果您或您的家人买了这个产品，您认为您会多久吃一次？（52）

□①每天都吃　□②2～3天吃一次　□③每星期吃一次

□④每两星期吃一次　□⑤每个月吃一次　□⑥每个月少于一次

□⑦不会吃

6. 您认为您家中谁会吃这个产品？

□①孩子（53）　□②少年（54）　□③青年人（55）

□④中年人（56）　□⑤老年人（57）　□⑥全家人（58）

□⑦没有人会吃（59）

7. 您在收到这个产品前有没有见过这种产品或其他“桂格”的食品？

□有（请在您见过的“桂格”食品旁边打“√”）

□①桂格营养燕麦粥（60） □②桂格丰谷营养粥（61）

□③桂格趣米乐（62） □④桂格奇香米脆（63）

□⑤桂格喀嚓粒粒脆（64） □⑥桂格燕麦片（65）

□⑦完全记不起/不清楚名称（66～67） □没有（68）

8. 您知道现在有些指定商店设有免费品尝“桂格”食品的柜台吗？(69)

□①知道 □②不知道

9. 您有没有在这些柜台尝过“桂格”的食品？(70)

□①有 □②没有

10. 您有没有买过任何“桂格”的食品？

□有（请在您买过的“桂格”食品旁打“√”）

□①桂格营养燕麦粥（71） □②桂格丰谷营养粥（72）

□③桂格趣米乐（73） □④桂格奇香米脆（74）

□⑤桂格喀嚓粒粒脆（75） □⑥桂格燕麦片（76）

□⑦记不起/不清楚产品名称（77） □没有（78）

11. 下面我们将使用一个1～10分的评分足度。1分表示“非常差”，10分表示“非常好”。用这个评分标准，总的来看，您怎样评价所买的每一种桂格产品？

①桂格营养燕麦粥______分（79～80）

②桂格丰谷营养粥______分（81～82）

③桂格趣米乐______分（83～84）

④桂格奇香米脆______分（85～86）

⑤桂格喀嚓粒粒脆______分（87～88）

⑥桂格燕麦片______分（89～90）

为了了解答问卷者的个人资料，请您回答以下问题：

12. 年龄（91）

□①10岁以下 □②10～14岁 □③15～19岁

□④20～24岁 □⑤25～29岁 □⑥30～34岁

□⑦35～39岁 □⑧40～44岁 □⑨45～49岁

□⑩50岁以上

13. 性别（92）

□①男 □②女

14. 婚姻状况（93）

□①未婚 □②已婚

15. 家里每个月的平均总收入（请包括所有收入，如奖金、第二职业收入和亲友资助等）。(94)

□①少于600元　　□②600～799元　　□③800～999元
□④1000～1199元　　□⑤1200～1499元　　□⑥1500元或以上

16. 连同您在内，家里一共有多少人？(95～96)

17. 家里有多少3～9岁的小孩？(97)

18. 您住在哪个区？(98)

□①×××　　□②×××　　□③×××
□④×××

（资料来源：胡锐主编：《现代公共关系案例评析》，浙江大学出版社1994年版，第116～119页）

附：关于调查问卷设计的说明

从以上两个调查问卷实例可以看出，调查问卷一般都有这样几个组成部分：

1. 封面信。封面信是写在问卷开头的一段话，又称说明信、前言。它是调查者向被调查者说明调查目的与要求的一封简单的信。其内容一般有：（1）调查的目的与意义；（2）关于匿名的保证；（3）对被调查者回答问题的一般要求；（4）调查者的个人身份或组织名称等。

2. 指导语。指导语又称填表说明，是用来指导被调查者填写问卷的一组说明。在问卷中，指导语既可集中于封面信之后，对填写问卷作总的说明，也可分别安排到各题之中，具体说明各题的填写方法，比如【案例9－4】第3题中的“每个句子请选一个答案”，即属于具体说明该题的填写方法的指导语。

3. 问题。“问题”是问卷的核心，它是在问卷中所提出的需要被调查者回答的项目。问题可以从不同角度分成多种类型。按是否为被调查者提供备选答案分，可分为开放式问题、封闭式问题和半封闭式问题3种。开放式问题就是不为被调查者提供具体答案，而由被调查者自由填答的问题，如【案例9－3】中第20题，就是开放式问题。封闭式问题就是在提出问题的同时，还给出若干个答案，要求被调查者选择一个或几个作为回答的问题，如【案例9－3】中第1～19题和【案例9－4】中的第1、2、3、5、6、7、8、9、10、11、13、14、15、16、19题都是封闭式问题。半封闭式问题就是在问题提出后，提供若干备选答案，让被调查者在其中选择符合他实际情况的答案，如果在备选答案中找不到或找不全符合他实际情况的答案，则可在最后一个答案位置“其他——”中填上被调查者自拟的答案的问题，如【案例9－4】中的第4题即为半封闭式问题。按问题的性质分，可分为客观性问题和主观性问题。客观性问题主要包括背景事实与具体行为方面的问题，如【案例9－3】中的第1、2、3、

4、5、13、14 等题以及【案例 9 –4】中的第 1、8、9、10、11 等题均属于客观性问题。主观性问题包括信仰、价值、认识、兴趣等方面的问题，如【案例 9 –3】中的第 8、15、18、19 等题和【案例 9 –4】中的第 2、3、4 等题均属于主观性问题。按问题的内容分，可分为一般性问题和敏感性或威胁性问题。一般性问题被调查者容易接受，敏感性或威胁性问题有些会遭到被调查者的拒绝。此外还有一种特殊形式的问题，叫相倚问题。所谓相倚问题，是指置于某个问题之后，且是否需要回答，完全由前一个问题的回答来决定的问题。如【案例 9 –4】中第 8 题中的①、②、③、④、⑤、⑥、⑦小题和第 11 题中①、②、③、④、⑤、⑥、⑦小题就是相倚问题。

4. 答案。答案是调查问卷的重要组成部分，尤其是封闭式问题的答案更显得重要，它需要调查者事先设计好。封闭式问题的答案形式很多，最常见的有：

（1）两项式。两项式是提供两个备选答案，让被调查者从中选择一个的答案形式。如【案例 9 –3】中的第 1、2 题和【案例 9 –4】中的第 9、10、14、15 题即是。

（2）并列式。并列式是提供 3 个或 3 个以上的备选答案，让被调查者在其中选择符合他实际情况的备选答案作答的答案形式。说明只能选一个或几个答案回答的，属于限制性答案形式，如【案例 9 –3】中的第 18 题即是；可以任选答案回答的，属于非限制性答案形式，如【案例 9 –3】中的第 19 题即是。

（3）等级式。等级式是提供两个以上分等级的备选答案，让被调查者在其中选择一个作答的答案形式。如【案例 9 –3】中的第 3、4、5、6、7、8、9、10 等题和【案例 9 –4】中的第 2、3、5 等题均是。

（4）排序式。排序式是提供若干个备选答案，让被调查者对全部答案或从中选取的部分答案按照一定的原则进行顺序排列的答案形式。上述两个调查问卷实例中，均未采用这一答案形式。

（5）矩阵式。矩阵式是一种将同类型的若干问题集中起来，按矩阵结构设置通用备选答案的答案形式。如【案例 9 –4】中的第 3 题即是。

（6）表格式。表格式是矩阵式的一种变体，其形式与矩阵式十分相似，所不同的是它将问题与答案列成了一个表格。表格式与矩阵式一样，有简单、集中、整齐、醒目的优点，但也容易使人产生呆板、单调之感。上述两个调查问卷实例中均没有表格式题型。

5. 编码。编码是将问卷中的所有问题的每一个答案都编上号码，即把文字答案转变为标准数字代号的过程。在较大规模的统计调查中，调查问卷的答案一般都要编码，目的是为了便于计算机处理调查资料。在上述两个调查问卷中，很明显，【案例 9 –4】提供了完整的编码，而【案例 9 –3】未提供编码。但这也不能说明【案例 9 –3】就不会编码。编码有两种形式：一种是事先编码，它是在问题排定之后即把问题的答案编上代号，然后印制问卷的方法，如【案例 9 –4】即属事先编码。另一种是事后编码，它是在问卷回收后根据被调查者提供的答案的具体情况再作编码。如果【案例 9 –3】回收后是用计算机进行数据处理的话，那它就要进行事后编码。编码的关键问题是要做到两点：一是答案与号码一一对应；二是每个答案的位数要与答案可能出现的最大绝对数或频数的位数相同。如【案例9－4】中，第14题“性别”占一位，而第17题，由于“家庭人口”可能达到或超过10人，故占两位。

6. 其他资料。调查问卷除了上述5个组成部分之外，有些问卷还需要在封面印上调查访问人员姓名、访问日期、审核员姓名、被调查者住址、问卷编号等资料。【案例9－4】中即有问卷编号、被调查者姓名、地址等。

复习思考题

1. 请举一实例，说明公共关系调查是公共关系工作的基础工作。
2. 请根据调查方案的内容事项，为一社会组织具体设计一个公共关系调查方案。
3. 请设计一份调查问卷，其中应有封闭式和开放式两类问题，并请附上封面信和指导语。
4. 请说明《“先搞清这些问题，然后开始你们的公共关系工作”》中公共关系顾问向某宾馆公共关系部部长所提问题主要体现了公共关系调查的哪些内容？
5. 《中国公共关系业年度调查报告》为我们提供了哪些重要信息？

参考阅读

1. 谢俊贵：《现代公共关系调查与策划》，中南工业大学出版社1998年版。
2. 林汉川、李觅芳：《公共关系案例教程》，复旦大学出版社1997年版。
3. 邱伟光：《公共关系调查》，复旦大学出版社1992年版。

第十章 公共关系策划

本章提要

策划是公共关系工作的一个极其重要的环节。成功的策划，可以使公共关系工作出彩，取得更好的效果。

本章明确阐述了策划在整个公共关系运作流程中的地位、作用和施行原则，并在此基础上，结合策划运作实际，提出公共关系策划的八大要素组合、四大创意技法以及公共关系策划方案形成的基本要求。

通过本章的学习，我们要掌握公共关系策划的基本要素以及原则与技法，为公共关系工作提供有创造性的方案。

第一节 公共关系策划的作用和原则

策划，是指策划者利用手中有限的资源去创造性地谋定有效而可行的实施方案，以图实现组织预期目标的思维全过程。所谓公共关系策划，则是指公共关系策划者，为实现组织的公共关系目标，对公共关系活动的性质、内容、形式和行动方案进行谋划与设计的思维过程。

一、公共关系策划的作用

由于公共关系策划在公共关系工作程序中，处于核心的地位，发挥着承上启下的功能，其作用就显得特别重要。围绕公共关系工作的特性，公共关系策划的作用大致包括五个方面。

（一）整理思路

公共关系策划既然是一种对未来公共关系行为进行布局的思维过程，就要求我们必须具有明确的思维目的、严密的思维逻辑以及系统的思维结果。策划本身就是为了避免未来行为的盲目、随意、无序混乱，因而，策划的作用首先就在于帮助我们于纷繁的信息中去整理思路、找出头绪、明辨方向、把握节奏，使未来的公共关系行为能主次有序、轻重有别、环环相扣、层层相接。

（二）指导行为

公共关系策划的第二个作用，就表现在对未来公共关系行为的事前设计和规定。为了达到预期的策划目标，策划必须对未来公共关系行为的每一步骤、每一行动细节做好安排和设定，对公共关系行为的方向、方法、度和量作出统一的规定和要求。这才能保证未来的公共关系行为不至出现仓促应付、随心所欲、偏离目标、各自为政、主次不分、前后失序、节度不明、张弛失控等弊病。

（三）开启创意

公共关系不应是简单的临摹，不应是照本宣科、依样画葫。每一组织，都有其自身行业的特征、资源的个性和环境的差异，更有其不同的公共关系预期。这就要求策划人的工作必须是一种创造性劳动，追求的是“人无我有，人有我优”、“不求唯一，但求第一”、“欲与天公试比高”的境界。公共关系策划因此也就具有开启思维、促进创意、不断进取、追求卓越的作用。

（四）咨询决策

公共关系策划的第四个作用乃是在组织管理中，对公共关系决策的咨询和支撑。应当说，公共关系策划是组织公共关系学决策中不可缺少的一环，它是整个决策过程中决策者方案选择的依据，是决策者最后决断的前提。毛泽东曾经说过：“指挥员的正确部署来源于正确的决心，正确的决心来源于正确的判断，正确的判断来源于周到和必要的侦察，和对于各种侦察材料的连贯起来的思索”。[①] 这种思索，就是我们所说的策划。可以说没有策划便没有对行动实施的部署和安排。从确定公共关系目标到进行公共关系策划，从进行公共关系策划到优选方案再到最终拍板下决心实施，可谓层层相连，环环相扣。没有了公共关系策划，公共关系决策便成了空中楼阁、断线风筝，毫无意义可言。

（五）促进竞争

应当说，现代公共关系乃是市场竞争的产物，但就组织整体竞争战略看，公共关系策划又势必促进组织在树立形象、传播沟通、协调关系诸方面的竞争。今天，各类组织为了自身的生存发展，又逐步从有形资产的竞争过渡到无形资产的竞争，即形象和关系的竞争。如何在激烈的竞争中使自身组织的形象脱颖而出，成为众所瞩目、众望所归的焦点；如何使组织形象获得公众的认可、理解、支持和依赖，关键在于组织的认知度、美誉度和和谐度，也取决于公共关系策划水平的高低。也就是说，形象和关系竞争的背后，实际上乃是公共关系策划人及其策划水准的竞争。由此看来，公共关系策划的确起着促进竞争的作用。

二、公共关系策划的原则

所谓公共关系策划的原则，即是指导我们进行公共关系策划的思想认识基础和行为规范准则。在公共关系策划的实践中，我们应遵循这些从千百次公共关系策划的经验和教训中总结出来的原则，使之成为我们进行有效公共关系策划的行为依据和思想指南。公共关系策划的基本原则包括下列五项。

（一）目标导向原则

目标导向原则指组织的公共关系策划活动必须在一个明确目标的指引下完成。它一方面指出公共关系策划活动必须是“有的放矢”，也就是在每次公共关系策划活动

① 《毛泽东选集》第一卷，人民出版社 1996 年版，第 163 页。

之前，策划者必须清楚此次策划究竟是为了解决什么问题，以及问题的大小难易程度；另一方面，它指的是公共关系策划的每一步骤和环节都必须紧扣组织的公共关系总目标——量化的三大目标：认知度、美誉度、和谐度，也就是说，在公共关系策划的思维全过程中，必须始终围绕着既定的目标来进行。

（二）利益驱动原则

公共关系策划必须事前弄清组织公共关系行为的深层次动机。利益是公共关系策划和公共关系行为的原动力。组织的利益由组织的经济效益和社会效益两方面构成。组织的公共关系行为虽不表现为经济效益的直接获取，但组织良好形象的塑造和公众环境的协调，必定给组织带来有利于生存发展的优越条件和因此而生发的更为深远的经济效益和社会效益。公共关系行为不是慈善施舍行为，更不是一掷千金、花钱如流水的败家子行径，公共关系行为的每一分投入都必须考虑利益的产出。高明的公共关系策划，总是在利于公众的同时也有利于自己，那种毫不考虑组织自身利益的公共关系策划方案是没有实际价值的废纸，只会被决策者弃若敝屣。

（三）真诚求实原则

公共关系策划中真诚求实原则，具体表现在下列几个方面。

（1）在策划全过程中，尊重事实、尊重实践、尊重科学。公共关系策划首先必须经过大量调查，全面搜集和掌握有关信息，并加以客观公正的分析和研究，然后将此信息向组织决策人进行如实传递。其次，根据组织环境的实际状况和组织现有的有限资源，设计出符合公众真实需要和组织自身利益的形象，并谋划出最佳的形象传播策略，将形象向公众进行有效的传播。再其次，于传播实施过程中，根据环境事实的变化，不断修正补充完善策划方案和调整实践行为。最后，依据实施及其收效，对公共关系策划进行科学的总结和评估。总之，在公共关系策划的全过程中，必须以客观事实为策划基础，以客观实践为检验标准，以科学精神为工作态度，这样策划出来的公共关系活动，其结果才能获得公众反响、理解、支持、认可，才能塑造出值得公众依赖的良好组织形象。

（2）在策划传播交流内容时，注意信息的真实准确。公共关系策划在考虑向公众传递组织形象有关信息，以及搜集哪些公众反馈信息向组织决策层传递时，都应考虑信息的质（信息真伪）、量（信息多少）和度（信息强弱）的问题，做到使信息尽量及时、准确、全面、客观地传递到公众或组织决策层耳中。不容许传递任何虚假不实的信息，不容许将信息作夸大或削弱的加工，尤其要注意不虚美、不隐恶。那种为迎合决策者个人意愿，只考虑本组织利益而不惜蒙骗公众的行为，表面上看起来似乎是在维护组织形象，实际上一方面会致使组织公众决策的失误；另一方面会造成公众心目中组织的虚假形象。

（3）在策划公共关系活动方式时，要以解决实际问题、达到切实效果为佳。反对不切实际、不讲效益的虚架子、花架子。公共关系策划虽然讲究创意，但不能离开组织真实需要和现实境况，去搞一些不着边际的设想，去片面地追求轰动效应，去做一些得不偿失甚至适得其反的事。

（4）在对公共关系策划效果进行预测评估时，要实事求是。一次公共关系策划能解决的问题总是有一定限度的，一次公共关系活动能达到的效果也不是无限的。我们的策划虽然要足以打动并鼓舞决策者的心，但关键在于抓住需求的要害和办法的新颖等特性，并以此拿出可行的方案供其抉择，而不在于言过其实、花言巧语、胡编乱诌。正如《有效公共关系》一书所说："公共关系计划通常要灌注热情的语言，这样有助于取得上层管理者或者雇主的批准。但是如果这些热情语言过多则容易产生许诺过头的危险，形成轻诺寡信的印象。"①

（四）灵活创新原则

根据这一原则，策划者在策划过程中应努力做到以下几个方面。

（1）以动态的眼光看世界，以应变的头脑想对策。这就是说，我们的策划思路必须跟上环境的千变万化。环境变了，公共关系对象变了，我们的谋略对策也要变，千篇一律走老路的办法，是无法解决复杂纷纭的公共关系问题的。

（2）策划方案必须具有相当的弹性。实践证明，事前再周密完善的策划，在实施过程中总会遇到这样那样突如其来、猝不及防、意料之外的问题，方案如果毫无事前预有应变的思考和留下回旋的余地，则事到临头措手不及，从而束手无策或举措失当。策划在总目标大原则不变的情况下，保持相当的适调弹性，对策划的成功，是很有必要的。

（3）牢固树立策划创新的观念。在策划中不随便将就现成的办法，不受陈规的束缚，不轻易满足于最初的设想。策划者应经常向自己提问：这是不是解决问题的最好办法？这是不是达到效果的最佳途径？能不能再想到更为有效的方法和更为便捷的途径？力求别出心裁、独辟蹊径，尽量避免重蹈老路和与别人"撞车"。

（4）将创造性思维方法贯彻到策划的始终。创意是策划的灵魂，创造性思维方法是获取创意灵感的有效手段。策划者不仅应在公共关系策划的全过程中从整体上使用创造性思维方法，对公共关系行为的每一个步骤、每一个细小环节的设计，都应采用创造性思维方法。

（五）合理可行的原则

公共关系策划是一种思维活动，但它却不能脱离实际而存在，它既然是事前对公共关系行为的通盘谋划，就必须考虑它在未来的实施中是否合理与可行。遵循公共关系策划合理可行的原则，在策划过程中，我们应当注意以下几个方面。

（1）风险性。凡策划，其结果总是成功与失败的可能同在。任何策划者，不管你是否走创新之路，对未来行为的谋划，总得考虑承担一定的风险。策划自然不能因为风险的存在而裹足不前、故步自封，但策划也绝不应漠视风险的存在而粗心大意。策划只能凭借策划者的艰苦劳动，尽量搜集到准确的信息，尽量确定出明确的目标，尽

① 卡特利普、森特等：《有效公共关系》，中国财政经济出版社1988年版，第236页。

量选择出合理的方式，尽量设计好周全的方案，在充分考虑到各种有利和不利因素及其给组织带来影响的前提下，去尽量争取成功的收效，把风险出现的可能降到最低限度。

（2）经济性。公共关系策划必须对组织自身资源有充分的认识，策划必须量体裁衣、看菜吃饭，必须根据组织的经济实力和经济潜力去考虑组织的经济承受能力。公共关系策划的合理与否往往表现在如何提高公共关系活动的效益与效率方面，即如何尽量在有限的条件下多办事、办好事、办成事，以及如何以最快的速度实现公共关系策划要实现的目标。不考虑公共关系行为投入与实际效益产出的比率的策划，不是收效会成问题便是在决策者那里根本通不过。

（3）合法性。今天，任何组织都不是生存在真空之中，其行为总要受到所在国家或地区法律法规乃至宗教信仰、民族意识、文化传统和风俗习惯的制约。对公共关系的策划，必须首先考虑到是否合乎本国国情和法规；其次要考虑是否有违当地的民族习俗、宗教信仰、文化传统、风俗习惯等。凡涉及坑蒙拐骗、违法乱纪、有悖国情的策划，只会搬起石头砸自己的脚，绝无好下场。至于有违当地民情的做法，必将招致公众的反对、舆论的谴责，结果必将使组织形象受到严重损害，甚至引来灭顶之灾。

（4）可操作性。公共关系策划是为公共关系实施提供依据，策划的优劣直接关系到实施的成败。故策划出的方案是否具有可操作性至关重要。公共关系策划的可操作性首先表现在对公共关系行为的每一个步骤与环节，以及它们之间的衔接呼应关系都有着具体的表述和规定，不致使操作者出现理解的偏差或无所适从；其次，它表现在公共关系策划的现实性，即策划是建立在组织现有资料条件基础之上的，它不是脱离客观实际条件的非分之想；再次，它必须与操作者的观念意识、文化水平、工作技能等素质水准相适应（必要时，可通过培训等手段加以弥补），否则，再高明的策划实施起来也会走样；最后，它必须与公众对象的心理素质和承受能力相适应，否则曲高和寡，无人呼应，策划也就变成一厢情愿了。

（5）融通性。组织的形象是一个多面综合体，反映组织形象、建立公众协调关系的工作，绝不是一个公共关系部或一个策划书就能解决的。真正要使公共关系策划取得效果，除了要搞一些必要的专门化的公共关系活动外（如制造公共关系新闻、设计公共关系广告、参加社会公益活动等），更主要的是融公共关系意识于组织的管理意识之中，融公共关系行为为组织每一成员的自觉行为，融公共关系活动于组织的其他活动之内，融公共关系效益于组织整体效益之中。只有将公共关系行为渗透到组织行为的方方面面，只有将公共关系思想变成组织中每一个人的自觉意识，公共关系策划才有显效。那种指望通过一两次轰轰烈烈的“公共关系活动”解决组织长远的战略形象的想法，实际上是一种脱离现实的“书生意气”。

第二节　公共关系策划的基本要素

一、目标确立

公共关系策划是一种大脑的思维活动，是一个积极寻求完美答案的思维过程。因而，公共关系策划应掌握一整套谋划的科学思路，或者说应当事前将公共关系策划的基本要素加以组合，在头脑里搭造一个严谨周密的思维构架，以避免凭经验和直觉办事的随意性和盲目性。

为此，我们在策划中应当首先关注的事便是：就实现组织的总体目标看，组织在公共关系方面是否存在什么问题？

所谓问题，就是组织公共关系现状距离公共关系工作准则呈现出的偏差。所谓发现问题，就是根据公共关系工作准则比较组织公共关系实际而确定出差距的过程。在公共关系发展的历史中，任何一个成功的策划，都是肇端于发现和提出问题。

对组织外部环境的调查和内部资源的审定，实际就是对主客观条件的了解。通过这个了解，去发现组织的公共关系问题所在，并由此提出组织的公共关系目标，这是公共关系策划要素组合的第一步。

在确立组织公共关系活动的目标时，我们应注意以下几点。

（1）目标必须是具体的。目标不应是一个抽象的概念或空洞的口号，如“良好形象”或“真诚的奉献”。它应当是组织在内外环境条件下必须达到的实际结果，如“在某区域提升组织认知度 5 个百分点”，“与内部公众的和谐度提高 3 个百分点”等。

（2）目标必须是可测量的。公共关系的认知度、美誉度、和谐度这三大目标，均是可以测量的，因此，目标不应是模糊含混的。比如，“使员工的参与意识得到极大提高”中，“极大”一词便是难以准确把握的，应是可以通过计算得到明确数据的结果，如“使 80% 的员工参与到本组织组织的这次活动中来”。

（3）目标应当是能够达到的。在确立目标时，必须考虑在组织现有条件下，能否解决问题、实现目标，能在多大程度上解决问题、实现目标。目标过高，必然导致失望和沮丧；不考虑自身条件的盲目蛮干，也只会以失败告终。

（4）目标必须有时间限制。组织公共关系活动要实现的目标，必须是在规定的时间里应当达到的结果，既非远不可即，也不应遥遥无期。确立公共关系策划目标的思路，大约是这样一个过程：通过调查研究获得组织内外环境与资源的大量材料，以材料去推断组织的优势与劣势、机会与风险、资源与条件；通过对这些推断的分析，找出组织的公共关系问题所在；再根据问题的轻重缓急，排出解决问题的先后次序，并提出和界定首要的问题。然后通过对这一最重要问题产生原因的探索，寻出问题的症结，根据组织的特质和组织的需要，最后确立组织公共关系策划的目标。

二、主题提炼

主题，指公共关系活动中联结所有项目、统率整个活动的思想纽带和思想核心。提炼公共关系活动的主题，是公共关系策划过程中一个极其重要的环节，它好比确定一部大型交响乐曲的主旋律。

我们听过《命运交响曲》、钢琴协奏曲《黄河》、小提琴协奏曲《梁祝》，它们或气势恢宏，或奔腾激越，或哀婉凄绝，我们之所以能在脑海里留下深刻难忘的印象，就在于它们有风格各异、色彩鲜明的主旋律。能否提炼出鲜明突出的公共关系活动主题，主题能否吸引公众、抓住人心，可以说是公共关系策划成败的一个重要标志。为此而反复揣摩、推敲、提炼，“语不惊人死不休”，对于公共关系策划者来说，都是必要和值得的。提炼主题，需要创意，但不能为提炼而提炼，故弄玄虚，故作高深。提炼和确定主题应当注意以下几个方面。

（1）目标的一致性。提炼主题，是为了更好地凸显公共关系目标，主题必须与公共关系活动的目标保持一致，主题必须服务于目标。偏离目标的主题，会给公众造成错觉，从而起到误导的作用，策划者不可不慎。

（2）主题的实效性。好的主题，不在于辞藻华丽、技巧娴熟，而在于产生的实效。

主题的实效一是表现在是否合乎公共关系活动的客观实际，不能话说得好听实际却做不到；二是要能真正打动公众心扉，切中公众心愿；三是要考虑社会效果，一味哗众取宠、迎合低级趣味的主题是要不得的。

（3）主题的稳定性。主题一经确定，就应贯串公共关系活动始终，不得半途而废、中途改换，以免造成公众感知的混乱。

（4）主题的单一性。一次公共关系活动，只应有一个主题，一般不得出现多个主题。对于大型的综合性公共关系活动，虽然也可设计一些次主题，但不能喧宾夺主，造成主题的杂乱无序。这犹如交响乐曲一样，无论主题如何变化：对比、发展、再现，所有的手法都是为了烘托和突出主题，而不是削弱和破坏主题。

（5）主题的客观性。公共关系活动的主题，要展示公共关系精神、体现时代气息，不可商业化十足，也不宜宣传口号味太重。一句话，主观性不要太强，以免招来公众的反感。

三、公众认定

组织公共关系活动目标的差异性，决定了公共关系活动对象的区别性。在公共关系策划过程中，我们必须在组织的广大公众群中，根据实现目标的需要，去认定哪些是该项公共关系活动必须关注、交流和影响的目标公众。

认定目标公众的方法一般有以下几种。

第一，以活动目标划定公众范围。例如，学校为宣传自己的办学成果而组织的人才交流会，其公众主要是应届毕业生、用工单位、新闻单位、毕业生家长、人才交流部门及部分教职工，非毕业班学生和他们的家长、政府机关、实习基地等则不是该次活动的目标公众。这种划分主要强调的是关联性。

第二，以组织实力划定目标公众。在公共关系实践活动中，有时组织需要面对的公众面极广，面面俱到则深感人力有限、经费不足，应付不过来。这时就应将有关公众按与组织关系的密切程度、影响的大小程度、相关事情的急缓程度等因素进行排队，选出最为当紧重要的部分作为目标公众。这种划分主要强调的是重要性。

第三，以组织需要决定目标公众。例如，当组织出现形象危机时，目标公众应首指组织的逆意公众和行动公众，以防危机的扩散和加剧。这种划分主要强调的是影响度。其实，不同组织每次公共关系活动确定谁为目标公众，很难有统一的标准，基本的原则便是考虑组织目标、需要和实力三个方面的因素，由各个组织灵活去决定。

四、项目设计

项目，指围绕公共关系目标而确定的在不同时期进行的各种形式的活动。要实现公共关系目标，只有通过一个个公共关系项目的实施，去逐步接近，直至完成。没有公共关系具体活动的开展与公共关系项目的完成，组织的公共关系目标就永无实现之日。

五、时空选择

我国自古以来，就有“机不可失，时不再来”、“机事之来，间不容发”的名言。“机”的含义很广，从普遍意义上看，凡牵涉事情成败的关键因素，都可以称作“机”。就公共关系策划看，也需要刻意去捕捉“天时”、“地利”，去充分地选择运用时间和空间。

（一）时机的捕捉

时机，简而言之，就是时间变化所带来的机会。从传播学的角度言，时间是影响传播效果的重要因素之一。能否捕捉并抓住利用时机，乃是公共关系策划水准最为重要的衡量标志之一。

时机的选择或捕捉，有两层意思：一是捕捉时机要准确；二是把握时机要及时。前者指的是：对那些可以预先选定的时机，一定要选准其“时间区间”；后者所指，则是说对那些预先不可选定、稍纵即逝的时机，要及时抓住，不可犹豫。

（1）一般说来，组织可预先选定利用的时机有以下几种：

①组织创办或开业之时。

②组织更名或与其他组织合作、兼并、资产重组之时。

③组织内部改组、转型、品牌延伸之时。

④组织迁址之时。

⑤组织推出新产品、新技术、新服务之时。

⑥组织周年庆典或周期性纪念活动之时。

⑦组织新股票上市之时。

⑧国际国内各种节日和纪念日之时。

（2）组织需即时捕捉、稍纵即逝的时机主要有以下几种：

①重大的社会活动和社会事件出现之时。

②组织形象出现危机之时。

③组织或社会突发性灾害爆发之时。

④国家或地方政府新政策出台或新领导人上台之时。

⑤公众观念和需求发生转变之时。

⑥组织经营出现困难之时。

⑦国际国内政治经济大环境大气候转变之时。

⑧组织内部资源条件发生变化之时。

时机具有不可逆转性，“难得者时，易失者机。”公共关系策划必须抓住不可复得的机会，迅速果断地采取对策。时机又具有机会的均等性，它公平地赐予每一个组织和公共关系策划者，就看你能否抓住它。谁先抓住它，谁就将在竞争中获得先机，谁就可能获得成功。

（3）选择时机时，我们要注意以下几点：

①尽量选择那些能够引起目标公众关注，又具有新闻“苗头”的时机。

②要善于利用节日，去做可借节日传播组织信息的项目；但又要学会避开节日，和节日毫无关系的活动项目不光不能借节日之势，反会被节日气氛冲淡效果。

③尽量避开国内外重大事件。因为这时公众关注的焦点、热点是这些重大事件，组织的活动项目弄不好会毫不起眼。但国内外大事发生之时，又是组织借势之机，关键看是否能借题发挥。

④重大的公共关系活动不要同时开展两项以上，以免分散人们注意力，削弱或抵消应有的效果。

⑤选择时机时，要考虑公众，尤其是目标公众参与的可能性，避开那些目标公众难以参与的时日。

⑥选择时机时，要考虑媒介，尤其是大众传媒使用的可能性，避开那些因其他重要新闻而使组织信息上不了媒体的时日。

⑦选择时机时，要考虑当时当地的民情风俗，尽量使组织的活动项目与这里的风土人情相吻合。我国是一个多民族国家，面对不同民族、地区的不同风俗习惯和宗教信仰，时机选择尤应慎重。

（二）空间的选择

公共关系策划，对于空间场景的利用非常必要。一方面应尽可能地考虑如何充分利用环境的有利条件，回避不利条件。比如对当地资源土特产利用、对地理和人文构成的旅游资源的利用、对特殊民俗风情的利用以及对恶劣气候条件的避开等。另一方面是尽量去选择便利于公共关系活动实施的场所。具体应顾及以下几个方面。

（1）空间大小。空间大小以活动参与者与活动所需物资的多少大小为转移。场地过大既是浪费也无美感，会使活动气氛显得冷清；过小则显得拥挤、混乱，也易造成事故。

（2）空间位置。活动空间的地理位置很重要，选择位置要与活动内容相吻合，大型活动还要考虑与机场、港口、车站的距离。

（3）空间环境。主要指公共关系活动场地周围的建筑环境、交通环境、人流环境、生态环境等。

（4）空间条件。这主要指组织活动场所应当具有的基本设施和基本条件。比如通信设施、医疗急救条件、卫生条件、治安条件、文化娱乐条件、购物条件以及食宿条件等。

(5) 备用空间。这主要指为防止各种因素或条件的偶然变化，策划时应对空间作一些应急和临时性变动的考虑。

(6) 空间审美。这指的是公共关系活动地点场所给人的感官审美印象。它包括建筑的造型、布局和结构；场地设施布置与环境装潢；实物摆设与商品柜台设计；橱窗展示、展品陈列以及活动宣传现场广告的张贴、悬挂、放置等。

六、媒体整合

媒体，即公共关系信息传播的载体。公共关系工作对象的复杂性和公共关系传播内容的广泛性，传播形式的多样性，决定了公共关系传播媒体的包容性。也就是说，只要用心设计，从语言到文字、从声音到画面、从形体到实物、从表情到服饰、从空中、水面到陆地、从结绳锲刻到印刷技术到电子激光到多媒体到信息高速公路，无一不可成为公共关系传播的媒体，关键的问题是看我们是否“善假于物”。

要想达到预期的传播效果，公共关系策划者必须知晓各种媒介，了解各种媒介各自的优缺点，并要善于通过巧妙组合的方式，造成优势互补、交相辉映的整合性传播效果。至于如何去确立那些功能特点各有所长的媒体，应当是根据不同的情况去作不同选择，最常见的有以下几种方法。

(1) 根据传播对象选择媒体。这里的关键是考虑组织公共关系信息的接受者是否能有效地获取信息。为此，应考虑以下几项内容：

①该次活动的信息接受者是谁。

②他们习惯于接受哪种或哪些媒体传达的信息。

③他们对什么形式和内容的信息感兴趣。

④他们对信息的理解能力如何。

⑤他们接受信息的条件如何。

(2) 根据传播内容和形式选择媒体。组织公共关系传播的内容千差万别，形式也多种多样，故而对媒体的选择也要求多样化。

(3) 根据组织实力来选择媒体。公共关系传播需要一定的经济投入和其他资源的投入。故组织在选择媒体时应事先考虑自己的实力，只要能达到预期的目标，考虑媒体时应尽力以节省经费为出发点，不必一味贪大。

(4) 根据组织的环境条件来选择媒体。在我国，经济和科技的发展并不平衡，媒体的分布和发展程度，尤其是大众传媒发展水平极不平衡。故而选择媒体时必须考虑研究当地现有的条件，不切实际的策划等于妄想和空谈。

七、经费预算

经费预算既是公共关系策划的“目标”，也是对实施经费开支的控制。策划中的精打细算，既可给实施带来事前心中有数的方便，也使决策者认可策划方案成为可能。美国内布拉斯加大学著名传播学教授罗伯特·罗雷在《管理公共关系学——理论与实践》一书中指出：“公共关系活动往往由于以下原因归于失败：第一，由于没有足够的经费，难以为继，关键时刻不得不下马；第二，因经费不足，只得削足适履，大幅度修改原计划；第三，活动耗资过大，得不偿失。”这是我们策划时必须引以为戒的。

公共关系活动的经费开支主要包括四大内容。

(1) 日常行政经费。如房租、水电费、电话费、办公室文具用品费、保险费、报刊订阅费、交通费、差旅费、交际费以及其他通信费（如电报、特快专递费等）、资料购置费和复制费等。

(2) 器材设施费。如购置、租借或维修各种视听器材、通信器材、摄影（像）器材、交通工具、工艺美术器材，制作各种纪念品、印刷品、音像制品和各种传播行为所需的实物及用品。

(3) 劳务报酬经费。包括组织内部公共关系人员的薪金或工资、奖金及其他各种福利费、组织外聘专家顾问的工时报酬（策划费用的高低，一般根据公共关系策划者名望水平、公共关系活动要求、规模和难易程度事先谈定）。

(4) 具体公共关系活动项目开支经费。这笔费用的开支主要根据公共关系活动项目大小来确定。它包括宣传广告费、调查活动费、人员培训费、场地租用费、各种名目的赞助费以及办公、布展、接待参观的费用。与此同时，策划人员还应考虑活动的机动费用（一般占总费用的20%），以防意外突发事变。

公共关系经费预算是一件非常琐细而复杂的事，为了达到组织预期的公共关系目标，本着勤俭节约、精打细算的原则，要开列出详细的开支预算清单，要保证所有开支项目都是必要的、可检测的。在制作经费预算时，最好同时制定经费开支的办法和超支规定，以便在公共关系活动的实施中及时核对、控制开支并考察绩效。

八、人员分配

再好的公共关系策划，最终是靠人去实施和完成的。因此，在策划时就应对将来的实施人作一个考虑和安排。

对人员分配的策划，一般要考虑以下几个步骤。

(1) 人员挑选。根据组织公共关系活动规模的大小、内容的繁简、层次的高低、经费的多少等因素，为达到活动开展的效果，首先要对活动实施的人员进行量和质的挑选。

(2) 人员培训。对于选出的人，为保证策划方案的有效实施，在策划时便需要考虑如何对其进行培训，就策划目的、宗旨、方法技巧、应急措施等方面准备一套行之有效的培训计划。

(3) 人员分工。策划中对于将来活动中的各个岗位，事先要对现有人才或培训人才作一个量才施用的考虑，尽量根据其过去的表现和经验，使之能做到人尽其才，既能发挥特长，又能完成任务。

第三节　公共关系策划的创意技法

其实，在公共关系策划的各项要素中，创意乃是最为关键的要素。所谓创意，即创造性的意念，有策划的灵魂之称。面对复杂多变的社会环境、充满竞争的当今世界，要使策划能有较高水平，没有独特创新之意、灵活应变之策、出奇制胜之道，是万万不可能的。公共关系工作必须为社会提供切合实际而又高效优质的服务，公共关系工作必须创造出自己的精品才能真正证实自己的力量。我们可以断言，未来社会发展离不开公共关系，公共关系发展又离不开创造。将来公共关系行业的竞争，必定是创意的竞争。

公共关系策划中常用四大创意技法。

一、运势

“势”，是一个意蕴精微、含义丰厚的词。就现代社会对“势”的运用看，主要集中在三层含义上：①指事物赖以生存发展的客观环境诸因素运动变化及形成格局的情状，即常说的“形势”；②指形势对事物运动变化进行推动或制约的一种无形的作用力，即常说的“势力”；③指作用于事物的无形之力的方向，即常说的“趋势”。

任何组织都是在特定的“势”中生存。“势”有消长、有逆转，“势”的运动变化对组织的影响巨大，组织置身于“势”中，被“势”那虽然无形却几乎不可抗拒的力所左右、所推动，在一种“不得不这样”的格局中去作相应的运动演变。组织必须积极敏锐全面地观察了解预估“势”运动变化的趋向和力度，使自己的行为跟上形势、顺应形势、适应形势。这就是“审时度势”。“审时度势”的另一层意义，则在于认清自我的优势和劣势。在同一个时空下，“势”对于所有的对抗或竞争的组织，并不厚此薄彼，只是由于组织自身条件和要求的差异，决定了“势”在某些组织看来是优某些组织看来是劣。

但是，在“势”的面前，人们及组织并非只能逆来顺受，并非只能消极被动地承受“势”。我们可以通过人为的努力，去能动地反作用于“势”。我们在自然伟力和社会大潮面前虽然显得卑微脆弱，却不必只是一味无奈地咏唱宿命的悲歌。一方面，我们应当充分认清自身的优势与劣势，随时捕捉“势”给组织带来的机会，努力去利用自己的优势，回避自己的劣势，抓住转瞬即逝的机会，防止突如其来的危难；另一方面，我们应变被动为主动，学会通过主观努力去“运势”，即能动地蓄势、融势、借势、造势和导势。

（一）蓄势

人类社会是一个大系统，系统中的个人、群体和组织之间，相互影响、相互作用。组织既是“势”的承受客体，也是“势”的构成主体。也就是说，组织在受到“势”的制约的同时，也可以产生、积累作用于其他社会成员的“势”。

蓄势就是在对抗和竞争行为中，通过积蓄准备，去造成双方在实力对比、心理状态、舆论倾向、士气斗志等方面的反差。它通常体现为对主客观条件的逐步完备和对成熟时机的等待。例如，组织重视内部公共关系，加强内部成员之间的交流沟通和理解，增强组织成员的责任心和归属感，创造出内部上下一致、相互配合、共同奋斗的工作状态，就是一种蓄势的做法。蓄势能产生强大的势能。蓄势就好比满张的弓弦、闸控的洪水、山巅的巨石、伺出的猎豹，一旦时机来临，风驰电掣、奔流喷涌、飞滚直下、锐不可当。蓄之愈厚，发之愈速。组织的公共关系策划，理当深思组织形象长期的稳步增进，以达到厚积薄发的功效。

（二）融势

融势即把组织自身的力量，融入社会大潮之中，以此增强组织社会形象的做法。

关心社会大趋势、大热点，是组织融势的前提。组织是社会的细胞，组织亦是社会的主人，关心社会、关心人类共存的问题，是现代组织应有的责任。一个组织要想仅凭自己有限的资源来完成一些人类关注的事业，以求惊天动地的效应，是很难做到的。但它却可将自己有限的资源，融入众所瞩目的事业中，在万众的合力中呈献上自己的一份心力，在整个事业耀眼的光芒中，折射出组织形象的一道明亮来。

（三）借势

借势即借助已有的形势，顺风张帆、顺路搭车、借鸡下蛋、借冕生誉、别人搭台我唱戏的方法。

组织要想在公众心目中塑造自己的良好形象，总是希望提高自己的认知度、美誉度和和谐度，总是希望能借助现代传媒而美名远扬。但是，要做到这一点，我们常常面临两个困惑：一是组织资源有限，要想在传媒上进行广告轰炸却经费不支，要自己搞有影响的大型活动又感力不从心。二是自己好不容易开展一些活动，想请媒介予以报道，却又常常因为缺乏新闻价值，记者们找不到报道“由头”而无法实现。在此情况下，借势是解决上述困惑的最好办法。

在国内外大量的公共关系活动案例中，借势之举比比皆是，或借节日之势、或借名人之势、或借文化之势、或借政府之势、或借舆论之势。总之，举凡借风使舵、借船下海、借花献佛、借题发挥之类，均属借势之为。“君子生非异也，善假于物也。”（荀子语）假势之举，要在择势。就是说必须事前对所借之势有所选择。第一，通过联想，看组织的目标是否能与所借之势联系得上。如无内在联系，生拉活扯硬拼在一起，只会给人牵强附会的感觉。第二，事前研究势的发展变化趋向。势头看好，形势发展有利于己，借势才有意义。一味地跟潮逐浪，不去辨析势头走向，是很危险的。第三，所借之势，本身必须有较强的影响。当然，不是说所借之势都要惊天动地，而是说要借势就要达到为我所用，如所借之势还不如自己的影响大，借势便无多大价值。第四，借势的一个重要原因是为了少花钱多办事，花小钱办大事。如果借了半天，还是需要自己的高投入，这样的势就没有必要借了。

（四）造势

造势不同于借势，它是凭借自己的智慧和力量，去积极主动地创造出一种有利于己的态势、格局和趋向。

在公共关系工作中，组织并非总能找到可资利用的形势和机会。要塑造良好的组织形象，建立、维系和矫正组织与公众之间的关系，常常需要通过制造新闻、发动舆论、凸展形象、渲染气氛，去人为地创造出提高实力、扩大影响、增进优势的形态与格局。《孙子兵法·势篇》说："故善战人之势，如转圆石于千仞之山者，势也。"意思是善于指挥军队打仗的人，善于造成有利的态势，就像推圆石从八百丈的高山陡坡上飞滚而下，形成高速运动引发的强大冲击力。公共关系策划中的造势，也就是去创造设计出突出组织形象的舆论影响力和感官冲击力。

（五）导势

导势即当形势发展使组织处在不利境地或面临形象危机时，改变和引导形势朝着有利于组织的方向转变的方法。

我们知道，客观形势的发展变化，总是不以人的意志为转移的。人们在很大程度上只能去设法适应客观形势的发展变化。但是人的主观意志要始终跟上客观形势的步伐而不出一点差错，却是不可能的。我们在处理与客观环境的关系时，难免出现因为无知、偏见、疏忽、判断失误、信息交流受阻等原因造成的错误，致使组织处于不利的境地。这时，如何变被动为主动，及时迅速地控制形势的发展，扭转形势，十分重要。

导势，就是在形势变化不利于己时以变应变、夺取主动权的行为，通常称为危机公共关系。组织在发展过程中，常常会遇到许多意外，以及由于这些意外而引起的组织危机。现代传播业的迅猛发展，使得组织的危机以极快的速度在本地区、本国甚至在全球范围传开，引起社会各类公众极大关注，进而在相当程度上给组织的声誉带来损害。因此，研究和运用导势之术，就很有必要了。

二、用奇

"奇"一般内含两层意思：一是罕见、特殊、非常；一是出人意料、令人难测。

公共关系策划如同军事谋略，要在公众每天接到的纷繁信息中突出有关本组织的信息，要在形象竞争中立于不败之地，没有独出心裁、超凡脱俗的主意和办法，不采取出奇制胜的谋略，成功是难以实现的。

公共关系策划中的"出奇"，可表现在诸多方面。例如，也许是目标选择新奇，即视角独到，不去跟风追热潮，而独钟大家忽视的冷点，人弃我取，攻其不意；也许是思维方式新奇，即突破约束、跳出常规、不循老路、八面出击；也许是手段新奇，敢为常人之所忌；也许是功效新奇，意料之外却又情理之中。总之一句话：不按牌理出牌。

（一）谋为天下先

公共关系策划难就难在既要达到预期效果，又要是自己独创。公共关系策划要出奇，就要超越常情、突破常识、冲出常规，去匠心独运，一切不问条件的照搬、模仿、临摹或偷梁换柱，伴随时空的迁移、目标的变异、人才的更替，不是难有成效，便会画虎类犬。

要独创，就要谋为天下先，去创造第一。我们过去比较强调在竞争中去夺取第一，这种意识很有必要。但我们不能不看到，很多组织自己的实力并不很强，或者虽然有实力，但在同一个问题上和竞争对手比，别人先走一步甚至十步百步千步，双方根本不在同一条起跑线上，要去拼出个第一，难度很大。因此，最好的办法，是独辟蹊径，去创造出个“第一”来。这样，至少短时间里没人能和你比，你也因出奇而制胜了。

从传播学的角度看，具有“第一”、“首创”的信息，容易给人留下深刻的印象。公共关系策划是为组织塑造形象，这个形象是否良好，是否能引起公众的兴趣、舆论和反响，和这个形象是否具有独特个性有很大关系。

“谋为天下先”的另一层含义，则是表示在竞争和对抗中要处处力争主动，抢占先机，先人一步，高人一着，方能后来居上，脱颖而出，先机制敌，步步领先。

（二）想旁人所不敢想

要出奇，首先就要敢想。有人说：世上只有想不到的事，没有做不到的事。从事物的创造来看，这是很有道理的。想，是做事的主观前提。策划中创意的产生，通常就在于敢想旁人所不敢想。

激励创意的头脑风暴法中有条规定，就是不允许对别人提出的创意在现场提批判意见。因为动辄行使批判或讽刺挖苦，很容易扼杀创意，抑制创意，使人们花过多精力去权衡事物的“可能”与“不可能”，而不敢大胆设想。

其实，人类之所以有今天，乃是大胆设想创造的结果。试想一下，有哪一件事我们追根溯源，最早它是事先标明了“可能”的呢？只有我们冲破思维的樊笼，自觉主动变不可能为可能，世界才会进步。

前面我们说过，公共关系策划应当遵循一些基本原则。但是，原则是为目标服务、为现实服务的。如果原则失去了对现实的指导意义，也就是说，如果现实的发展证明这个原则已不适用，或者说原则已成为一个僵死的框框，策划者们唯一的选择就是毫不犹豫地抛弃它，去用生活和工作的实践总结出新的原则。

不破不立，只有敢想，才能出奇。我们常常习惯于千军万马去争过独木桥，为什么就不能想点别的办法，找到别的途径呢？天下之大，哪里会没有一点别的“路子”或“空子”呢？可能与不可能，是以常规来界定的。敢于突破常规，变不可能为可能，方为非常之举，才称得上是“奇”。

（三）反其道而行之

公共关系策划要出奇，不仅要敢想，而且还要善想。善想之法有很多，其中常见功效的就是不按正常思路走，偏偏喜欢打破思维定式的逆反思维法。

世界万物都是处在矛盾运动之中，对矛盾双方由此及彼或由彼及此的思考，即互为反向思维。故在公共关系策划中，反向思维的切入点很多，只要善于采用反向思维，往往会收到意想不到的效果。

（1）冷点中求热点。热点是大家关注的焦点，冷点是无人问津的角落。在大家都对热点趋之若鹜之时，反其道而行之，留心冷点，常会在被人遗忘的角落引发出新的热点。

（2）平凡中出新奇。很多人都认为所谓新奇，就一定是脱俗超凡的佳作，结果是大家都刻意去追求新奇，又不免落入俗套。就拿广告词的制作来说，每逢某组织向社会征集广告词时，反馈回来的应征稿常犯的毛病多是对仗、押韵、谐音、蕴意和文辞华丽之类的“新八股”。

其实，“奇”并不等于玄奥，大家都去求工求玄之时，一句平淡之语，反见功力而令人称奇。就如被万紫千红弄得人眼花缭乱时忽见“清水出芙蓉”，被山珍海味弄得全无胃口时偏爱白菜煮豆腐，平凡中出新奇才是更高境界。

（3）共性中求个性。人们的思维习惯总是喜欢追求共性的东西，从而就有了追风逐浪的行为，大轰大嗡，一拥而上。这些年办“节”风靡一时，你有时装节、风筝节、恐龙节、梅花节，我也千方百计在本地找点什么土特名产，也来办个节，一味地攀比跟潮，不去很好地琢磨自己究竟优势特长在哪里，结果是劳民伤财而效果平平。我们不反对为开发利用自己的资源而办节，以达到文化搭台经济唱戏的目的，但效果是关键。如果只是形式上模仿别人，是没有意义的。我们希望在追求共性时，反过来多想想自己的个性，在突出个性的活动中，去追求显效。

三、求变

公共关系强调组织与公众环境的动态和谐，说到底就是为了增强组织对环境的应变能力。公共关系策划犹如良医诊病，病人病史病因不一，病情病症各异，诊断开药自然不能千篇一律，而应对症下药，对不同的病人病情开不同的处方。从这个意义上看，“变”既是公共关系策划的基本原则，也是基本的手段策略。

公共关系策划要运用求变思维去创新，主要应从知变、应变、改变、促变四方面入手。

（一）知变

知变即对环境变化和自身变化的了解和判断，它表现为组织对环境信息的灵活反应度。

公共关系策划首先应从变化中去发现和抓获时机，以求创新。创新就是利用变化。“系统的创新在于有目的、有组织地寻找变化，在于系统地分析这种变化可能为经济或社会方面的创新提供的机会。”①

（二）应变

应变即在知变的情况下采取相应的变化策略。应变又分为有准备的应变和无准备的应变。

有准备的应变即在事情发生变化之前，通过调查、分析和预测，对未来可能发生的变化，以及一旦发生这些变化应当采取的对策，作一个谋划。如公共关系工作中，

① 彼得·德鲁克：《创新和企业家精神》，企业管理出版社1989年版，第35页。

公共关系战略计划的设计和制订，实际上就是一种有准备的应变。

无准备的应变则指事前并无预测准备或预测准备始料未及的变化一旦发生，临时采取的对策。公共关系工作中许多战术性或具体操作性的策划，都属于这种情况。

无论如何周密的策划，进入实施阶段后，都难免碰到一些临时冒出来的、事前没有想到的问题或变化。应变能力的强弱在这时便会得到充分的表现。但是，应变能力不是凭空掉下来的，没有平时知识和经验的积累，没有应变的思想准备，在猝不及防凌空而降的变化面前，也会束手无策。

（三）改变

当环境或自身条件已经发生变化时，如何采用与原有方式不同的策略。造成不同，即为改变。

改变有量变和质变之分。量变的积累最终产生质变。质变之后，又开始一轮新的量变。公共关系策划中，既需要考虑事物的量变，也需要考虑事物的质变。例如，我国著名的公共关系杂志《公共关系世界》开始创刊时，还是一个类似普及知识型的读物，随着公共关系事业的发展和杂志本身的不断成熟，文章的分量逐步提高，成为公共关系传媒中专业化程度和专业品位较高的一份杂志。近年来又从过去较多务虚转向较多务实，更加增强其对公共关系实际工作的指导和顾问作用。这一系列的改变，就是一个从量变到质变的过程。正是杂志社的同志们在知变的情况下，采取了应变的策略，不断地改进杂志的内容和形式，才有了这份深受业内外人士喜爱的期刊。

（四）促变

促变即指运用主观能动的力量，去促使事物向着有利于组织的方向去转变的策略。

事物的变化是一种客观存在，但变并不一定都对组织的生存发展有利。它既包含了向积极方向的转化，也包含着朝消极方向的转化。所谓促变，就意味着促使事物向着对组织来说是积极方向的转变。公共关系策划说到底，都是在考虑如何促使环境变得对组织更为有利。

变是个过程，变需要条件。创造条件即是促变。公共关系工作实际上就是为使组织适应社会变革，通过组织形象塑造去创造组织应变的条件。因此，公共关系策划必须破除头脑呆板、思想僵化、死搬教条、墨守成规的弊端，去积极创造，锐意求变。

四、谋合

日本的创造学家、千叶大学多湖辉教授曾说过："策划内容里的96.6%是任何人都知道的、非常常见的普通的东西，当他们被一种新的关系体系重新组合起来，具有相当的有效性时，就能发展成为策划。"美国著名的广告大师詹姆斯·杨在《产生创意的方法》一书中也说过：创意完全是旧元素的新组合。

公共关系策划中，经常需要考虑如何去运用组合这一法则。如目标、需求的组合，传播媒介的组合，传播交流形式的组合，时间与空间的组合，组织资源利用的组合，形象因素的组合，营销、广告、公共关系的组合等。利用联想思维方式，考虑借组合产生综合效应，或将一些看似不相关联的事物经过有序的思维碰撞去产生组合的创意，这都是公共关系策划争取事半功倍的途径。

第四节　公共关系策划方案的价值与构成

一、公共关系策划方案的价值

公共关系策划方案，指以书面文字形式确定下来的策划者头脑里的构思和创意。整个策划的思维过程，最终是以策划方案的形式加以条理化和系统化。所有的灵感和创意，都将在策划方案中被具体细化为可供施行的方法和步骤。就连公共关系活动的最后结果，也将预先在策划方案中进行展示。

公共关系策划方案的价值主要表现在以下五个方面。

第一，它是策划者思维水准的具体体现。它反映着策划者的知识修养、实践经验和各方面的能力。策划者总是利用策划方案来证明自己的价值。

第二，它是公共关系行动的说明书。策划者通常利用策划方案来阐明公共关系行动的缘由、步骤和可能出现的结果。一份理由充分、条理清楚、目的明确、创意独到、开支合理、效果可见又便于操作的策划方案，是说服打动决策者、赢得他们拍板认可的先决条件。

第三，它是公共关系活动的实施指南。策划方案对公共关系活动主题、目标、内容、形式以及步骤的规定，使得活动参与者有章可循、有法可依，他们对策划文案的准确理解、认真执行，是公共关系活动取得成功的保证。

第四，它是衡量估价公共关系活动的依据和标准。我们总是以策划方案的最终实施效果来评价公共关系活动的成功与否，诸如目的是否达到、效果是否彰显等。

第五，它是策划者脑力劳动的结晶，是组织公共关系进程的实录，因而也是极富保存价值的备忘录。它既可供日后组织公共关系工作参考，也可为其他公共关系同行或学习公共关系的学生提供历史的借鉴。

二、公共关系策划方案的构成要素

公共关系策划方案当无定式，策划者一般根据实际的需要和自己的文笔风格来撰写。但无论方案形式、内容有着如何的差别，理应包容的基本要素都不可或缺。

一份完整的策划方案应当具备5W、2H、1E：

What（什么）——策划的日的、内容。

Who（谁）——策划组织者、策划者、策划所涉及的公众。

Where（何处）——策划实施地点。

When（何时）——策划实施时机。

Why（为什么）——策划的缘由。

How（如何）——策划的方法和实施形式。

How much（多少）——策划的预算。

Effect（效果）——策划结果的预测。

上述8个要素组合即是一份完整的公共关系策划文案应当具备的基本骨架。针对不同组织不同内容与形式的公共关系策划方案，应当围绕着这8个要素，根据自己的需要去进行丰富完善和组合搭配，公共关系策划文案的创意与个性风格，就存在于对要素的丰富完善和组合搭配的差异之中。

三、公共关系策划文案的基本格式

公共关系策划文案的基本格式，大致包括下列五项。

（一）封面

策划方案的封面不必如书籍装帧那样去考虑其设计的精美，但文字书写及排列应大小协调、布局合理，纸张只要略比正文厚些即可。

封面内容一般包括：

（1）题目。题目必须具体清楚，让人一目了然。

（2）策划者单位或个人名称。方案如系群体或组织完成，可署名“某某公共关系公司”、“某某专家策划团”或“某公司公共关系部”，对其中起主要作用的个人也可在单位名称之后署名，如“总策划某某某”、“策划总监某某”等。方案如系个人完成则直接署名：策划人某某某。

（3）策划文案完成日期。写明年月日甚至时。

（4）编号。比如根据策划方案顺序的编号，根据方案的重要性或保密程度的编号或根据方案管理的分类编号等。

（5）在需要的情况下，可考虑在封面上简洁地加上说明文字或内容提要。

（6）如策划方案尚属草稿或初稿，还应在标题下括号注明，写上“草案”、“送审稿”、“讨论稿”、“征求意见稿”等字样。如果前有“草稿”，决策拍板后的策划方案就应注明“修订稿”、“实施稿”、“执行稿”等字样。

（二）序文

并非所有策划方案都需加序，除非方案内容较多较复杂，才有必要以简洁的文字作为一个引导或提举。

（三）目录

这也如序一样，除非方案头绪较多较复杂，才有作目录的必要。目录是标题的细化和明确化，要做到让读者通过看标题和目录后，便知整个方案的概貌。

（四）正文

正文即是对前述8个要素的表述和演绎。其主要内容有：活动背景分析；活动主题；活动宗旨与目标；基本活动程序；传播与沟通方案；经费概算；效果预测。正文的写作需要周到，但应以纲目式为好，不必过分详尽地去加以描述渲染，也不要给人以头绪繁多杂乱或干涩枯燥的感觉。

（五）附件

重要的附件通常有：①活动筹备工作日程推进表。②有关人员职责分配表。③经费开支明细预算表。④活动所需物品一览表。⑤场地使用安排表。⑥相关资料：这主要是提供决策者参考的辅助性材料，不一定每份方案都需要，例如完整的或专项的调查报告、新闻文稿范本、演讲词草稿、相关法规文件、平面广告设计草图、电视片脚本、纪念品设计图等。⑦注意事项。即将策划方案实施过程中应当注意的事项作一重点集中的提示。比如完成活动需事前促成的其他条件、活动实施指挥者应当拥有的临时特殊权限、需决策者出面对各部门的协调、遇到特殊情况时的应变措施等。

【案例10-1】 中美“乒乓外交”

20世纪60年代后期，长期处于敌对状态的中美两国开始为改善和缓和关系而进行试探和秘密接触。1971年4月6日，正在日本名古屋参加第31届世界乒乓球锦标赛的中国乒乓球队，向美国乒乓球队发出访华邀请。

1971年4月10日，美国乒乓球代表团和一小批美国新闻记者，成为自1949年新中国成立以来，第一批获准进入新中国境内的美国人。4月14日，中国总理周恩来在北京人民大会堂接见了美国乒乓球队的成员，并对他们说：“你们在中美两国人民的关系上打开了一个新篇章。我相信，我们友谊的这一新开端必将受到我们两国多数人民的支持。”

在周恩来总理讲话几小时后，美国总统尼克松宣布了一系列对华开禁措施。并且，作为对中国访问的回报，美国乒乓球队邀请中国乒乓球队访问美国，这个邀请立即被接受。1972年4月11日，中国乒乓球队回访美国。中美两国乒乓球队互访轰动了国际舆论，成为举世瞩目的重大事件。“乒乓外交”结束了中美两国20多年来人员交往隔绝的局面，使中美和解随即取得历史性突破——1971年4月21日，周恩来总理通过巴基斯坦向美方首脑发出访华邀请；7月9日，美国总统国家安全事务助理基辛格博士秘密访华；1972年2月18日，尼克松启程来华，21日到达北京，成为第一个来华访问的美国在任总统。2月28日，中美在上海发表中美联合公报，中美关系开始实现正常化。

“乒乓外交”也称为“转动小球带动大球”，中美建交是巧借外力成功外交的一个范例。

【案例10-2】 求新求异结硕果

美国实业界巨子华诺密克参加了在芝加哥举行的美国商品展览会，遗憾的是，他被分配在一个极偏僻的角落，这个角落是很少有游客光顾的。因此，为他设计摊位布置的装饰工程师萨孟逊劝他索性放弃这个摊位，等待明年再来参加商品展览会。华诺密克却回答说："萨孟逊先生，机会要靠自己去创造，不会从天而降。"华诺密克随即向他的公关部求援。公关人员明白了他的处境和要求之后，召开会议，集思广益，最后得出一条妙计：设计一个美观而富于东方色彩的摊位。萨孟逊不负所托，果然为他设计了一个古阿拉伯宫殿摊位，那摊位前面的大路，变成了一个人工做成的大沙漠，人们走到摊位前面时，就仿佛置身于阿拉伯一样。华诺密克对这个设计很满意，他让所雇用的200多名男女职员，全部穿上阿拉伯的服装，并且特地派人去阿拉伯买回6只双峰骆驼来运输货物。他还派人去定做了一大批气球，准备在展览会开始时使用。这一切都是秘密进行的，在展览会开幕之前，不许任何人说出去。

这个阿拉伯式的摊位设计，引起了参加展览会的商人们的兴趣，不少报纸、电台的记者都报道了这个新奇的设计。这些报道引起了市民们的注意。展览会开幕那天，有很多人都怀着好奇心前来参观。这时，展厅内升起无数个彩色气球，升空不久，便自动爆破，落下来一片片印着一行很美观的小字的胶片，上面写着："当你拾到这小小的胶片时，亲爱的女士或先生，你的好运气就开始了，我们衷心祝贺你。请你拿着这胶片到华诺密克的阿拉伯摊位去，换取一件阿拉伯的纪念品。谢谢！"这消息马上传开了，人们纷纷挤到华诺密克偏僻的摊位，而冷落了那些开设在黄金地段的摊位。第二天，芝加哥城里又升起许多华诺密克的气球，引起了更多市民的到来。45天后，展览会结束了。华诺密克做成了2000多笔生意，其中有500多笔是超过100万美元的大交易，他的摊位成为展览会中顾客最多的摊位。

【案例10-3】 奥运官方电影开机仪式

项目背景

随着2008年北京奥运会的日益临近，各大奥运赞助商们纷纷开始一轮又一轮的奥运"攻势"，借助北京奥运的舞台大力推广自身的品牌文化与价值。大众汽车集团作为北京奥运唯一的汽车类合作伙伴一直以都在不遗余力地为北京奥运提供高水准的赞助服务，并且制定了一整套系统的大众奥运市场营销策略，伴随着的北京奥运的倒计时，大众汽车集团的奥运推广活动也是逐步推向高潮。在2008年北京奥运倒计一周年之际大众汽车把焦点汇集在了奥运倒计一周年四大主题庆祝活动之一的奥运官方电影开机仪式上，通过对这场首次在国家体育场（"鸟巢"）所举办的大型活动以及电影拍摄全程的汽车服务赞助将大众品牌特性与奥运电影所蕴涵的奥运精神相融合，同时向广大用户传递这样一个信息，那就是大众汽车将不断地为用户们提供种类更齐全，品质更高的产品与服务。本届北京奥运官方电影是历经20年来，唯一由主办国拍摄的官方电影，同时也是第一次由中国人拍摄、国际顶级大师指导的奥运电影；第一次在世界人口最多的国家拍摄并在全球传播的奥运电影；第一次引入市场机制，投入巨资拍摄的高水平、高规格的大型纪录电影，因此作为奥运官方电影拍摄工作第一步的开机仪式拥有众多的新闻点和很高传播价值，对本场活动的创意策划与项目执行将是大众汽车奥运营销战略中非常重要的一笔。在这样的背景前提下，北京海天网联公关顾问有限公司（下称海天网联）受大众汽车集团的委托，为奥运官方电影开机仪式进行活动策划与执行。

项目调研

拍摄奥运官方电影是自1912年以来每届奥运会的历史传统，将奥运会主办地从奥运工作的筹办到奥运会的举办这之间的所有值得记录的画面用电影的手法珍藏下来，这将成为奥运历史上非常重要的历史档案和文化财富。本届北京奥运会的奥运官方电影拍摄工作得到了大众汽车集团鼎力支持，大众汽车将为电影的全程拍摄提供汽车类服务。海天网联在对项目进行调查和分析之后，明确了以下几个问题。

1. 项目优势：本次奥运官方电影是北京奥运倒计一周年四大主题庆祝活动之一，得到了各方面的重视的支持。同时本次活动将是在“鸟巢”举办的第一场大型活动，具有很高的新闻价值和关注点。当晚邀请的嘉宾将有国际奥委会相关官员，北京奥组委高级官员，中央新闻纪录电影制片厂领导，媒体以及各大企业赞助商企业高层，在如此一个重要的场合中巧妙地融入大众汽车品牌，向嘉宾传达大众企业文化将具有很高的传播价值。

2. 项目难点：应对项目的优势，在另外一方面来看就是项目执行的难点，活动得到多方的支持同时也就需要多方的沟通与协调，在项目周期短的情况下，如何快速地拿到决策，进入执行，是海天网联首要解决的问题。本次活动的实施场地“鸟巢”是第一次举办如此大型的活动，谁都没有经验，在这样一个还没建成的体育场内，在充满泥泞的场地上搭建所有活动相关场地难度非常大，同时8月北京炎热的天气给项目的开展也提出了很大挑战，让如此多重量级的嘉宾享有一个舒适尊贵的活动环境是项目前期必须考虑到的因素。最后一个项目难点在于如何来安排整场活动的流程，使得整场活动引人入胜，几个高潮点安排的恰到好处，同时又能将大众汽车的品牌价值以及企业文化很好地融入其中，这一系列的难题摆在了海天网联的面前。

3. 项目机遇：大众汽车集团对本次活动的顺利实施提供了充足的资源保障，北京奥组委也对活动亮起了“绿灯”以确保活动的按时按质完成，而奥运电影的承办方中央新闻纪录电影制片厂对活动提出了众多的创意建议，并邀请到相关导演嘉宾，配合活动流程设计，扩大活动的影响力。

4. 项目挑战：为了确保2008年奥运会的开展，作为北京奥运会标志性建筑的国家体育场的施工进度是严格控制的，而本次活动的搭建势必将影响到“鸟巢”的施工进度，如果说不能将整场活动的搭建及活动之后的撤场工作的周期压缩到规定期限内的话，活动将不能在“鸟巢”中举行。另外，8月的天气不仅带来炎热，也有可能带来大规模的降雨，“鸟巢”是一个开放式的场地环境，如果当晚突遇大雨的话，活动必须要有另一套室内的备用执行方案。因此在项目前期所有的方案都必须按室内和室外两套不同的环境来设计，以此来确保活动的成功执行。

项目策划

在对项目进行了细致的分析和深入的调研后，海天网联提出对整场活动实施的策划方案。

一、目标

作为北京奥运电影摄制活动赞助商的大众汽车集团旨在通过对本次奥运电影开机仪式的赞助来表达大众汽车对一年之后北京奥运的美好祝愿，同时大众汽车通过对整场活动的组织策划为到场的重要嘉宾们带来一场非常难忘的体验之旅，最后大众汽车更是利用本次活动所具有的影响力，最大化地利用相关资源传播大众汽车品牌价值，展现大众汽车作为北京奥运会合作伙伴的能力与价值。

二、活动嘉宾

——国际奥组委官员

——北京奥组委官员

——新闻媒体

——中央新闻纪录电影制片厂领导及相关文艺工作者

——大众汽车集团高层领导及各大奥运合作伙伴企业高层领导

三、策略

活动前期：利用网络资源，为项目建立起系统高效的沟通平台，把活动参与各方拉入到这一共有平台，所有信息得到及时交流和共享，所有决策得到第一时间的传达。使得活动相关的资源得到最大化利用同时又可以得到及时的分享。与此同时，在活动场地方面，海天网联对“鸟巢”进行了多次详细的现场勘查，对现场已有资源充分利用，并且选定了“鸟巢”外部唯一一块整齐的空场作为活动现场，以整个“鸟巢”作为活动背景，同时还选定了距离“鸟巢”最近的“五洲皇冠假日酒店”作为活动的备用场地，以应对可能发生的下雨天气。

现场设计：作为奥运电影的开机仪式，“奥运”和“电影”这两大元素成为整场活动的设计重点，从活动的主形象到活动中任何一处的平面视觉效果中处处融入了这两大主体元素，电影胶片、摄影机、运动员、运动场，将所有这些象征性元素恰如其分地安排设计，让嘉宾入场之后将完全沉浸在当晚活动的主题中。针对现场场地的实际情况，海天网联在设计上将活动分为两大区域：活动准备区和活动现场区。在活动准备区首先设计了一条神秘的光影隧道，隧道中不仅有当晚的主题元素，还加入了大众汽车的品牌和历史，让每一位嘉宾刚入场便容身于气氛浓郁的光影世界中，同时感受大众的品牌文化。而在隧道尽头则安排了鸡尾酒区和大众汽车展示区，这样不仅给予嘉宾一个轻松优雅的等待区域，并且让嘉宾非常自然的进入到大众汽车的展示区域。对于活动现场区域的设计则完全体现在细节上，针对现场嘉宾的重要性，整个嘉宾席位区域设计的宽松大方，并在首排座席前独特设计了风扇口及微型冰箱，而在活动后嘉宾的反馈中也恰恰印证了这些细节的重要性。最后在活动现场海天网联还独特设计了嘉宾摄影区，让每一位嘉宾都能记录下这一值得纪念的时刻。然而所有这一切的设计都必须建立在高质量高效率的搭建实施上，因此海天网联对所有搭建物的设计都运用了易装易拆的设计原则，使之获得快装快拆的效果。综上所述，纵观整场活动，设计策略被定性为：细节中体现尊贵，设计中展现巧妙。

内容设计：在如此精巧的环境设计下，相应的内容设计成为整场活动最重要的补充。根据活动的主题，“铭记奥运，大众共享”的活动标语孕育而生。用电影的手段将北京奥运永久留存，而这样宝贵的精神财富将为“大众”所共享。从这样的活动标语出发，整场开机仪式设计划分为“回望”、“分享”、“期待”三个相辅相成的章节。回望奥运历史，分享今日成果，期待美好明天，在这样的内容章节设计下，活动中不同的环节被分门别类地加入到这三个章节中，使得整个活动拥有了清晰完整的故事线，让嘉宾深入地了解到主办方及大众汽车所要表达的含义。有了如此完整的活动流程后几个活动高潮便成为整个故事中的点睛之笔。“大众汽车交车仪式”、“奥运电影开机仪式”、“鸟巢亮灯仪式”将活动一步一步推入高潮，最后所有嘉宾将有幸成为“鸟巢”第一次亮灯的见证者。

项目执行

1. 活动前期。

地点选择：地点选择在建设之中“鸟巢”（国家体育馆），因为这里最能代表中国对2008年奥运的期待和憧憬。而大众汽车能够携领迈腾、速腾等车型迎接“鸟巢”在全球的首次亮相，意义也是非同寻常。

时间选择：时间的选择也颇有讲究——日落之后、星光闪烁之时——夜幕的降临配合上人工镭射灯光效果，令钢筋铁骨的“鸟巢”在众人面前展示了璀璨倾城的另一面。为本次活动而增设的人为建筑并不多，一切也是为了展现出“鸟巢”最真实的面貌。

2. 活动现场。

亮点一：光影隧道。

以大众和奥运历史为轨迹的光影隧道，令来宾一入场即感受到了奥运强大的精神力量。光影隧道以若干幅精简而充满力度的灯箱图片，以及交错的五色光影，将奥林匹克荣誉、正直、高贵、振奋的精神植入人心。如此设置的巧妙之处就在于，形象地将“大众”的品牌形象融入奥林匹克精神中，自然而有效地传递出“大众”可信赖的责任感和价值观。奥林匹克超越种族、语言和文化的伟大精神，为“大众”作为国际品牌构建可信赖的本土文化提供了绝好的机会。隧道尾端专门辟出的区域是为嘉宾设置的留影拍照区，专业的摄影师在这里捕捉每一个嘉宾的画面，国际奥委会执委、北京奥申委顾问何振梁、为中国夺得首枚奥运金牌的前射击名将许海峰、北京2008奥运官方电影的总导演顾筠等体育、影视界名人，都在这里留下了愉悦的微笑。

亮点二：鸡尾酒区域。

来宾在穿过光影隧道后便进入了白色巨型帐篷搭建的鸡尾酒区，“铭记奥运大众共享”的主题让这里的展示显得尤为特别。模仿胶片设计的布幔延伸在帐篷的顶部空间，变幻的光影在上面投射出奥运艺术的影像。长廊一般的鸡尾酒区完全按照高端宴会的标准设计，连小小的纸巾盒都被精心的设计过，不忘在每一个细节体现奥运电影的精彩开机。一色纯白的室内风格，高品质的鸡尾酒、茶点供应，体现出大众品牌的独特品位。鸡尾酒区域的另一侧是4辆大众奥运车辆的展示区和采访区域，全部精心围绕奥运电影主题展开。在以大众奥运服务车为背景的“采访区域”中，大众中国副总裁苏伟铭接受了媒体采访，通过这个平台，他透露，北京奥运会期间，大众汽车将提供5000多辆大众品牌、奥迪品牌和斯柯达品牌的轿车、MPV和SUV，这些车辆将组成“多兵种集团军”，为来自全球的奥运官员、运动员和新闻媒体提供交通服务。

亮点三：晚会现场。

正式的奥运电影开机仪式晚会是在晚上8:30开场的，由周涛和张斌主持的晚会分为“回望”、“分享”、“期待”三个主题段落，通过影像、表演、歌舞、嘉宾采访和讲话等形式，将奥运电影开机仪式拉向高潮。

第一幕：回望。

浓缩在5分钟之内的，22部记载着全世界22个国家、民族对奥运精神认识与理解的奥运电影为本次奥运电影的开机仪式拉开了序幕，超越自我、正直勇敢的奥运精神，让心灵回到最初的感动。最后一秒将画面定格在“鸟巢”，让我们对2008年中国奥运充满了期待，也对“大众”携手奥运电影从“鸟巢”起航感到了非凡的意义。在邀请国家广电总局副局长赵实，北京奥组委执行副主席刘敬民，国际奥委会委员，北京奥运会协调委员会主席维尔布鲁根讲话之后，许海峰等前奥运冠军的到来为晚会带来了第一个惊喜。

第二幕：分享。

分享是奥运电影的意义所在，分享也是大众汽车希望带给中国的愉悦体验。代表中国现代设计风范的艺术界名人艾未未、“鸟巢”的设计施工方谭总和大众集团设计师代表，就设计和艺术的话题展开了现场TALKSHOW，无国界地分享了艺术设计领域的体验和设计改变生活、改变社会的奇迹。在经过了激动人心的开机打板仪式之后，3辆“大众”旗下的奥运电影服务车款款上台，速腾、迈腾等新型轿车在熠熠生辉的舞台上显得沉稳大气。“大众”向奥组委交上水晶钥匙，表明了“大众”服务奥运的决心和一贯的可信赖的品质。

第三幕：期待。

全场的高潮被刘翔和胡彦彬的动人歌声迅速掀起，代表着中国运动精神的刘翔在歌声中唱出了自己对奥运的展望和期待。随后的“鸟巢”亮灯仪式将晚会的高潮推向了顶峰，随着人们的欢呼声，夜色中的“鸟巢”在镭射灯光的辉映下，如魔术般幻化成高雅绚丽的奥运晚会现场。所有关于奥运与大众的光彩与辉煌，尽在这个炫丽的奥林匹克之夜。

亮点四：独特礼品。

活动结束后，为了给到场来宾每人都留下一个颇有纪念意义的礼物，公关公司还提供了来宾和首次璀璨亮相的“鸟巢”合影的机会，而数码照片则存放在“大众”标志的U形五色手环中方便来宾携带和保存。

项目评估

这是一个里程碑式的辉煌组合：舞台是象征2008年奥运的伟大建筑“鸟巢”，主角是拥有百年历史的大众汽车。这样的创意不仅意味着“大众”对奥运的期待，更体现了“大众”服务奥运的品牌精神。以奥运电影为契机，以备受关注的“鸟巢”为活动亮点，多位奥组委官员与奥运冠军出席，“大众”成功地塑造了奥运会最可信赖的合作伙伴的形象。“大众”赞助奥运电影开机仪式成为一项绝佳的“民心工程”，很好地赋予了“大众”在中国良好的奥运人文形象，以及不一般的品牌魅力。

复习思考题

1. 公共关系策划的基本原则。
2. 在生活和工作中搜索例证，来说明本章所列4种不同的创意思路。
3. 为你熟悉的某组织思考一个公共关系活动创意，并写成建议寄去。
4. 结合本章内容，试写一份在你所在地区推广发行本书的公共关系活动策划书。
5. 《中美“乒乓外交”》体现了公共关系策划的哪些原则与技巧？
6. 阅读《求新求异结硕果》后有何心得？
7. 《奥运官方电影开机仪式》在策划方面给我们哪些有益的启示？

参考阅读

1. 舒咏平：《实用策划学》，中国商业出版社1996年版。
2. 李道平：《公共关系策划》，中国商业出版社1997年版。

第十一章　公共关系实施

本章提要

再好的策划也是纸上谈兵，要使有创意的方案变为现实，就必须努力实施和善于实施。

本章介绍了公共关系实施的方法技巧：

首先，必须依据公共关系策划文案的要求对公共关系实施方案进行设计。公共关系实施方案又叫公共关系实施技术文案，其本质是规定实施工作的方法体系，使操作者懂得如何做。

在正式实施之前，应对实施的障碍因素进行调查，必要时在一个局部范围对实施方案进行试验，以便排除各种实施干扰，总结实施经验。

再好的实施方案，如果没有有效的实施管理，也不可能取得好的实施效果。必须加强对公共关系实施过程的管理。

公共关系实施的管理方法主要是对实施过程进行组织、指挥、协调和控制的方法。掌握实施管理方法，是对公共关系实施管理者的客观要求。

第一节　公共关系实施的特点与原则

公共关系实施是指公共关系主体（社会组织）为了实现既定公共关系目标，充分依据和利用实施条件，对公共关系创意策划进行实施策略、手段、方法、流程设计并进行实际操作与管理的过程。

公共关系实施是解决公共关系问题和实现公共关系目标的重点环节。只有通过扎实、有效的实施工作，才能直接地、实际地、具体地解决问题。即使是完美无瑕的公共关系策划，如果不经过实施，而是束之高阁，也只能是毫无意义的“纸上谈兵”。公共关系有效实施就是提高公共关系策划的执行力。

公共关系实施决定了公共关系策划创意能否实现，以及实现的程度和范围。有效的公共关系实施，不仅能执行策划创意，而且能创造性地修改和弥补策划的不足。这时的实施活动，表现为实施人员能够选择最有效的实施途径和手段、方法和技巧。失败的公共关系实施，不仅不能实现策划创意，有时还可能使策划方案中想要解决的问题更加恶化，甚至完全与目标背道而驰。从这个意义上说，实施这个环节不仅决定了策划创意能否实现，而且也决定了策划创意实现的效果。

公共关系实施的结果是后续公共关系策划的重要依据与起点。任何一项公共关系策划的实施过程不论成功与否，都会在社会上造成一定的影响和后果，进行新一轮的公共关系策划必须以此为基础，针对新出现的问题策划新的方案，这是公共关系策划的继承性和可持续性规律的客观要求。

一、公共关系实施的特点

（一）艺术性

公共关系实施的艺术性包括两层含义。其一是公共关系实施要勇于创新。同一公共关系策划方案的实施策略、手段、方法很多，要突破常规，别具一格，标新立异，以奇制胜，设计出公众意想不到的、传播效果最好的操作手段和方法。其二是公共关系实施在于攻心。目标公众具有不同的心理，比如性别心理、年龄心理、职业心理、专业心理、收入心理（也叫经济心理，即不同经济收入者心理）、地域心理、血型心理、民族心理、宗教心理、情感心理等，要针对目标公众的特定心理来设计与操作实施策略、手段和方法。因此，公共关系实施的过程是创新与攻心的过程。

（二）文化性

公共关系实施的策略、手段、方法具有鲜明的、浓郁的文化色彩。许多传统文化和现代文化成为公共关系实施可利用的重要资源。随着社会进步和人们物质消费水平的不断提高，特别是随着知识经济时代的到来，物质文化化、消费文化化、生活文化化和经济文化化成为现代社会生活的一大趋势。从某种角度来说，现代物质消费就是文化消费，现代生活就是文化生活，因此，公共关系实施手段、方法要体现一种文化品位，迎合公众的文化追求，用文化的力量去感染公众。没有文化品位的操作方法和手段是低层次的公共关系实施行为。

（三）人情性

公共关系实施的过程常常表现为一种感情交流的过程，感情手段成为公共关系实施中最基本的、常用的手段。要注重研究和利用公众的感情心理和感情倾向，重视感情投资，以情感人，以情动人，以情服人。让公共关系实施行为充满情感、人性和道德，这是公众的客观需要，也是公共关系的生命根基。

（四）形象性

公共关系实施的策略、手段与方法必须具有良好的公众形象和社会形象，以此赢得公众和社会的信任与喜爱。这是由公共关系注重塑造良好形象的属性所决定的。

（五）关系性

公共关系实施以建立和协调组织与公众的良好关系为基础，一切有利于建立良好公共关系的协调手段、交际手段和游说方法均是现代公共关系实施手段与方法的重要内容。要建立、巩固与发展广泛的关系网，遵循“养兵千日，用兵一时”的关系网络运作原则，使关系网络成为公共关系实施的重要路径。要正确应用交际方法和交际手段，善于与公众打交道，以便顺利完成公共关系任务，实现公共关系工作目标。

（六）传播性

公共关系实施的过程就是组织与公众之间的双向信息沟通过程。各种传播媒介都是公共关系信息传播的载体，各种传播方法都是公共关系实施的方法。要把人际传播媒介、组织传播媒介、大众传播媒介以及各种综合性传播媒介有机结合使用，熟练掌握其使用技法，以实现公共关系整合传播的最佳双向沟通效果。

（七）适应性

实施环境千变万化，实施条件也不尽相同。一方面要求必须紧密结合实施环境和条件策划实施方案，增加实施的可行性、可操作性；另一方面在执行公共关系实施方案时，还要依据实施环境和条件不断修改调整完善实施方案，往往不能生搬硬套、机械执行。

二、公共关系实施的原则

公共关系实施是一个复杂而科学的过程，客观上需要有一套科学的实施原则作指导。公共关系实施原则是公共关系实施的工作准则，是公共关系管理者（领导者）和操作者在错综复杂的实施环境中，排除各种实施不利影响因素，顺利完成公共关系实施各项工作，实现公共关系目标的成功法则。

（一）准备充分原则

在正式实施公共关系策划方案之前，必须做好各种实施准备。实施准备是公共关系实施成功的基础和前提条件。准备越充分，公共关系实施就越顺利，失误就越小。绝对不能打无准备之仗。在正式实施策划方案之前，要用足够的时间做好各种准备工作。公共关系实施的管理者、操作者要严格、准确地检查每一项准备工作。要建立“准备工作责任制”，把各项准备工作落实到具体的人，负责到底。

（二）策划导向原则

策划导向原则就是公共关系人员必须严格按照既定的策划方案开展实施工作的原则。策划导向包括目标导向、策略导向和实施方案导向。目标导向要求公共关系人员在公共关系方案实施过程中，不断将实施结果与目标要求相对照，发现差距，及时努力，务必实现目标。策略导向要求公共关系人员必须按既定策略思路去执行实施方案。策略指导实施行为，是实施行为的主题思想。实施方案导向要求公共关系人员严格按照实施方案开展实施工作。各项具体工作内容的实施方法是公共关系策略和公共关系目标的实现手段，应当熟练掌握与应用，并在应用中创造更有效的实施方法。

（三）控制进度原则

控制进度原则就是必须按照公共关系实施方案中各项工作内容实施时间进度的要求，随时检查各项工作内容的完成进度，及时发现滞后（或超前）的情况，搞好协调与调度，使各项工作内容按计划协调、平衡地发展，并确保按时完成。控制进度原则要求做好实施影响因素预测工作和及时发现各种影响因素对实施工作进度的影响，及时针对关键影响因素采取有效的预防和应对措施。

（四）整体协调原则

这是指在公共关系实施过程中，要使各项工作内容之间达到和谐、合理、配合、互补和统一的状态。公共关系实施是一项系统工程，各项工作只有相互有机配合才会达到整体实施效果最佳。各自为政，相互矛盾，只能增加内耗，严重时导致公共关系实施的失败。总之，整体协调的目的是要形成全体实施人员思想观念上的共同认识和行动上的一致，保证实施活动的同步与和谐，做到统一意志、统一指挥、统一行动，提高工作效率与效果。

（五）反馈调整原则

反馈调整原则是指通过监督控制机制及时发现公共关系实施中的目标、方法、手段等偏差甚至错误，并及时进行调整与纠正。由于各种因素干扰，或由于实施人员的素质问题，不按照既定工作方案实施的情况时有发生。由于策划设计错误，或由于实施环境突然发生变化，原来设计的实施方法无法操作，这些都是在实施中可能会遇到的问题。要建立一种灵敏的监督反馈机制，快速发现问题征兆，并立即采取有效措施调整实施过程、实施方法、实施手段和实施人员等。

第二节　公共关系实施的方案设计

公共关系策划的主要成果是产生了一个（或一组）公共关系策略和点子（即公共关系创意），确定了主要的公共关系工作策略模式（如形象塑造策略模式、传播沟通策略模式、关系协调策略模式），并进行了总体预算（概算），但是没有策划公共关系策略、点子详细的实施（操作）方案，这正是公共关系实施策划（设计）要解决的问题。公共关系实施方案又称公共关系实施技术文案或公共关系策划的实施文案。其核心内容是详细策划设计公共关系策略、点子的具体操作方法。同样的策略、点子，不同的操作方法可能产生不同的效果。因此，公共关系策略、点子的具体操作方法也需要进行精心策划与设计。

一、实施工作项目与内容

一种公共关系策略（或一个公共关系点子）的实施，往往要做多方面的工作。我们把“一个方面的工作”叫作一个工作项目，这是一级工作项目。一级工作项目又可分解为若干个二级工作项目（即更小的工作项目），二级工作项目同样可分解为若干个三级工作项目，直到不能再分解为止。我们把不能再分解的最后一级工作项目称为工作内容。工作项目分解与工作内容的关系如图 11 -1 所示。

举例说明如下：

贵翔餐厅为中档次社区性火锅餐厅，其目标顾客主要是中档收入居民家庭。该餐厅开业的公共关系促销策略（点子）是“公开成本，请顾客自己定价，最低定价不低于成本价”。这一策略（点子）实施的一级工作项目有三项：①特殊菜谱工作。通过菜谱形式告诉顾客每种菜的原材料价格、餐厅成本价格和餐厅市场价格。例如，1 公斤毛肚的原材料价格为 24 元，餐厅成本价为 34 元，本城市同档次餐厅市场价为 48 元。这种特殊菜谱，增加了价格的透明度，同时告诉顾客自己定价的范围是在成本价与市场价之间。②宣传工作。要将“公开成本，顾客定价”的消费方式、消费吸引力和本餐厅开业、欢迎顾客光临的信息传达给本餐厅附近的居民家庭。③咨询工作。向顾客解释、说明与"公开成本，顾客定价"活动有关的各种问题。以上三项一级工作项目的分解如图 11－2、图 11－3、图 11－4 所示。

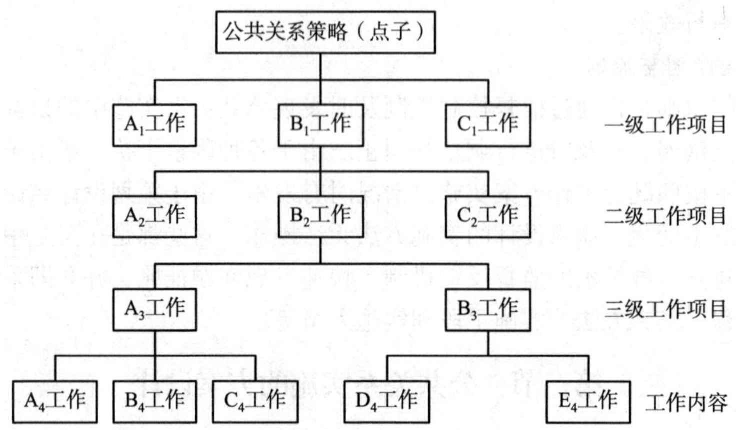

图 11－1　工作项目分解与工作内容的关系

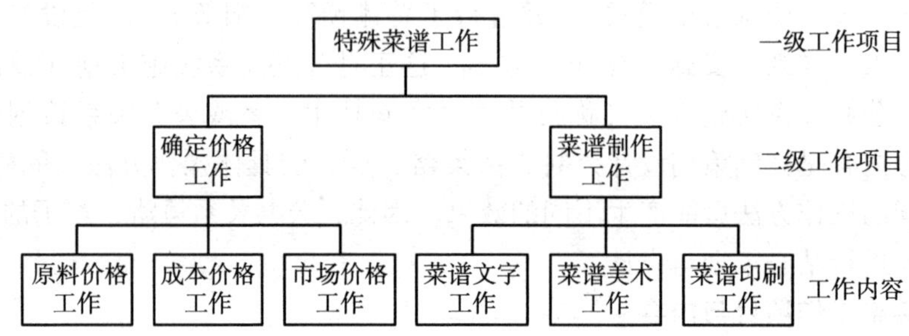

图 11－2　特殊菜谱工作

注："菜谱文字工作"主要是撰写"告顾客书"、"总经理致辞"。

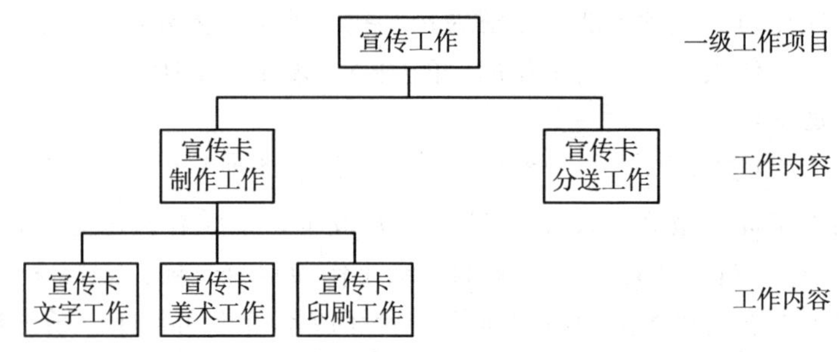

图 11－3　宣传工作

注："宣传卡文字工作"主要是撰写"公开成本，顾客定价"的活动含义和规则、经营特色等。

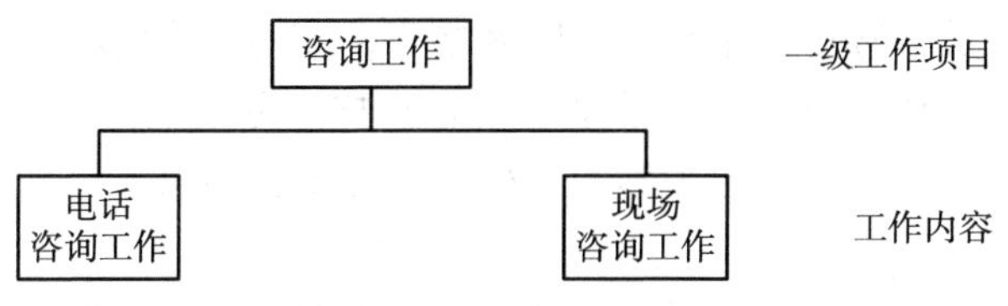

图 11－4　咨询工作

注："现场咨询工作"是顾客来到餐厅后，询问有关"公开成本，顾客定价"的问题，餐厅应给予准确解释。

从以上三个一级工作项目分解图中可见，所有不能再分解的最后一级工作项目共有 12 项，即有 12 项工作内容，它们分别是：A. 原料价格工作；B. 成本价格工作；C. 市场价格工作；D. 菜谱文字工作；E. 菜谱美术工作；F. 菜谱印刷工作；G. 宣传卡文字工作；H. 宣传卡美术工作；I. 宣传卡印刷工作；J. 宣传卡分送工作；K. 电话咨询工作；L. 现场咨询工作。

二、实施工作要求与方法

公共关系实施工作要求是指各项公共关系实施工作内容的操作目标、原则和注意事项，它对具体工作方法设计和实际工作过程具有重要指导作用。在公共关系实施工作内容设计完成后，就要对每项工作内容提出工作要求，根据这一要求设计具体工作方法。这里的工作方法特指工作内容的操作方法，而非指工作项目的操作方法。对工作项目只存在分解方法（分解为更小更细的工作项目的方法），而不存在操作方法。公共关系实施工作方法的策划设计要符合以下原则：

（1）工作方法的设计要具体、仔细、实在，工作量要小，尽量简单，具有较强的可操作性。

（2）工作方法的形象要好，成本要低。

（3）完成工作任务（内容）和实现策略（点子）的可靠性要高，防止"实现功能不足"。

（4）必要时进行多种方法组合，有利于增加完成工作任务和实现策略（点子）的把握度，但要防止"实现功能过剩"，以免造成实施成本增加。

（5）要为有风险的操作方法设计备用方法，确保万无一失。

（6）工作方法要符合目标公众心理，符合政策法律和各种社会风俗习惯、伦理道德。

从理论上讲，完成一项工作内容的具体方法很多，但实践中可寻找的方法却是有限的。要深入调查分析组织（企业）自身和实施环境所提供的各种实施条件和产生的实施制约，针对目标公众的公共关系心理，寻找和策划出多种工作方法，反复比较论证，从而确定出能圆满完成工作任务（工作内容）、达到甚至超过工作目标的相对最佳的工作方法。以"公开成本，顾客定价"公共关系策略（点子）"宣传卡分送"工作内容的工作方法策划为例，我们寻找和策划出如下分送方法：

(1) 请工作人员将宣传卡亲自送达顾客之家，家中无人时将卡从门缝送进去。

(2) 请居委会工作人员（一般都是老同志）挨户分送宣传卡。

(3) 请社区幼儿园、小学、中学的学生将宣传卡带回家。

(4) 邮寄宣传卡。

(5) 在下班时刻，由礼宾小姐在居民大院向下班回家者分送宣传卡。

(6) 特制一个能装进宣传卡的礼仪小袋（自带胶），工作人员将装有宣传卡的小袋贴于居民家门的上方（避免小孩取走），待主人下班回家发现并取下阅读。

经过比较论证，相对更符合工作方法设计原则的是第（5）种分送方法。为了增加完成分送工作任务的可靠性，我们可以考虑选择（2）和（5）两种分送方法组合。

承接上面所述的实例，“公开成本，顾客定价”策略（点子）的实施工作内容有12项，根据目标顾客的消费心理，在调查分析餐厅自身和实施环境所提供的各种实施条件以及产生的实施制约因素之后，对12项工作内容的实施要求与方法分别策划如下：

①原料价格工作。

工作要求：准确反映本市本餐厅所用各种菜品的原料平均价格。

工作方法：在本市东南西北中选定5个菜市场，分别调查10~11点时的菜价，以5个菜市场同种菜的平均价格作为这种菜的“原料平均价格”。

②成本价格工作。

工作要求：本餐厅设备折旧、人员工资、水电气费、房租费、各种税费、低值易耗品开支等各种费用的核算工作要精确，并将这些费用科学地分摊到每种菜。绝不允许人为加大成本，欺骗顾客。

工作方法：聘请一位财务专家，本餐厅会计全力配合，各有关部门提供准确数据，按照科学的成本核算方法进行核算。具体核算方法由财务专家确定。

③市场价格工作。

工作要求：本餐厅每种菜的市场价（即“成本+利润”）应略低于本市同档次餐厅的平均市场价。

工作方法：在本市东南西北中任意选择同档次餐厅10个，统计相关菜的市场价，以这10个餐厅的平均市场价再减掉10%的价格作为本餐厅各种菜品的市场价格。

④菜谱文字工作。

工作要求：《告顾客书》、《总经理致辞》要体现本餐厅经营思想和“质量、实惠、服务、卫生”的经营准则，文字优美，朴实易懂，无错字、病句，总字数分别控制在500字以内。

工作方法：聘请一位中文写作专家，将写作要求与其充分沟通。完稿后交总经理修改定稿。

⑤菜谱美术工作。

工作要求：按本餐厅标志、标准字体、标准色、吉祥物、象征图形等视觉识别要素进行版面美术设计。严格校对文字内容。

工作方法：聘请一位有较高水平的美术设计专家，将要表现的文字内容（《告顾客书》、《总经理致辞》、形象口号、服务宗旨、图片、价目表等）和设计要求与其充分沟通。设计完成后交总经理审查定稿。

⑥菜谱印刷工作。

工作要求：纸张和印刷质量均要求中高档，菜谱印刷成品色彩与菜谱版面美术设计原稿必须保持一致，印数 500 册，16 开本，尽量节约印刷费用。

工作方法：在本市中高档印刷厂中优选 3 家进行综合比较，列出各自的优缺点，并提交总经理由其选定一家合作。

⑦宣传卡文字工作。

工作要求：准确表述“公开成本，顾客定价”的含义、规则和本餐厅的经营特色。文字简明，充满诚实情感。

工作方法：先由本餐厅起草初稿，请负责 D 项工作的中文写作专家进行文字润色，再交总经理审查定稿。

⑧宣传卡美术工作。

工作要求：同菜谱美术工作要求。通过一个小宣传卡片充分展示餐厅形象。

工作方法：同菜谱美术工作方法。

⑨宣传卡印刷工作。

工作要求：同 F 工作要求。宣传卡长 10 厘米，宽 6 厘米。

工作方法：在印刷厂印刷。

⑩宣传卡分送工作。

工作要求：分送对象为：以本餐厅为圆心，半径 1 公里以内的中档、中低档收入居民家庭，送达率不低于 90%。开业前一周之内必须送完。分送行为要高雅、礼貌、诚实、热情，亲和力强，可信度高，成本低。

工作方法：请居委会工作人员（一般是老同志）分送。居民下班时，由本餐厅礼宾小姐在居民大院向下班回家者分送。以上两种方法应有机配合，防止重复分送和分送疏漏。

⑪电话咨询工作。

工作要求：有问必答，热情礼貌，统一口径，表述准确。

工作方法：由专职礼宾小姐负责电话接待。电话铃响三声必须拿起话筒。用所规定的电话礼貌用语与顾客对话。编写包括“公开成本，顾客定价”方案说明、餐厅经营特色、餐厅概况等在内的《咨询手册》，对负责咨询的礼宾小姐进行培训，使其熟练掌握，以便统一口径，对答如流。

⑫现场咨询工作。

工作要求：同电话咨询工作要求。

工作方法：对现场所有礼宾小姐、服务小姐按《咨询手册》要求进行培训。顾客问谁就由谁回答，不能回答的问题由值班经理回答。

三、实施工作时间与流程

在完成了公共关系实施工作内容、工作方法的设计后，接着要对实施时机、工作进度和各项工作之间的配合关系进行策划和设计。

（一）公共关系实施时机

这是指能够使公共关系实施获得最佳效果的开始工作时间和结束工作时间。在现代社会，时间就是金钱，时间就是生命，时间就是效率。不善于利用时机，事后即使投入更大的力气，也无法收到好的公共关系实施效果。

一项公共关系创意的实施，往往有若干项工作内容，其中，与公众发生关系的工作内容（如“公开成本，顾客定价”实施中的宣传卡分送工作内容）的实施开始与结束时间特别重要，必须准确把握，科学决策。

公共关系实施的最佳时机，有时表现为一刻一时一日，有时也表现为一个较长的时间段，如几日、几周甚至几个月等。这些时机，有的是日常性的，有的是固定的，而有的则具偶然性。日常的时机类型有：由于国家方针、政策变化带来的机会；具有新闻价值的重大活动和运动；新闻人物的特殊活动；重要人事的变化；具有新闻价值的偶然事件；危机事件；重要节日；消费季节变化；气候变化；消费流行；组织内部的重要事件、重大变化。

“公开成本，顾客定价”的最佳实施时机是节假日，因为这是亲朋欢聚、请客吃饭的高潮。

（二）公共关系实施进度

这是在确定公共关系实施时机后，对各项公共关系实施工作内容所需的时间规定并进行日历进度安排。必须保证在所确定的最佳开始时间启动有关工作，在最佳结束时间完成操作。实施时间进度安排，要充分估计各种因素的干扰，要留有余地。最直观的时间进度安排方法是拟出时间进度表。“公开成本，顾客定价”的实施工作内容的时间进度安排如表 11－1 所示。

（三）公共关系实施流程

公共关系实施各项工作内容之间存在着一种科学的、逻辑的分工与协调关系。只有合理分工，有机协调，才能保证各项工作的顺利完成。我们把公共关系实施各项工作内容之间的衔接、协调和配合关系及其有机组合的过程称为公共关系实施流程。它反映了各项公共关系工作内容之间的一种内在联系规律，是公共关系实施作为一项系统工程的体现。

公共关系实施流程中的时间衔接、分工协调和有机组合关系要通过流程图来表示，并配以文字说明。“公开成本，顾客定价”公共关系策略的 12 项工作内容的实施流程如图 11－5 所示。

表 11－1　　“公开成本，顾客定价”实施时间进度安排

日期 / 进度 / 工作内容	12月																					1月			工作单位要求	经费预算	实施人
	11	12	13	14	15	16	17	18	19	20	21	22	23	24	25	26	27	28	29	30	31	1	2	3			
A. 原料价格工作	1天 11日																										
B. 成本价格工作		2天 12~13日																									
C. 市场价格工作				1天 14日																							
D. 菜谱文字工作					1天 15日																						
E. 菜谱美术工作						4天 16~19日																					
F. 菜谱印刷工作										3天 20~22日																	
G. 宣传卡文字工作								1天 18日																			
H. 宣传卡美术工作									1天 19日																		
I. 宣传卡印刷工作										3天 20~22日																	
J. 宣传卡分送工作															3天 25-27日												
K. 电话咨询工作															10天 25~3日												
L. 现场咨询工作																		7天 28~3日									
开业仪式																		1天 28日									
策略执行																		7天 28~3日									

注：①开业仪式公共关系活动及各项准备工作被省略。
②“策略执行”共7天，即只在这7天内执行“公开成本，顾客定价”，以后恢复正常营业。

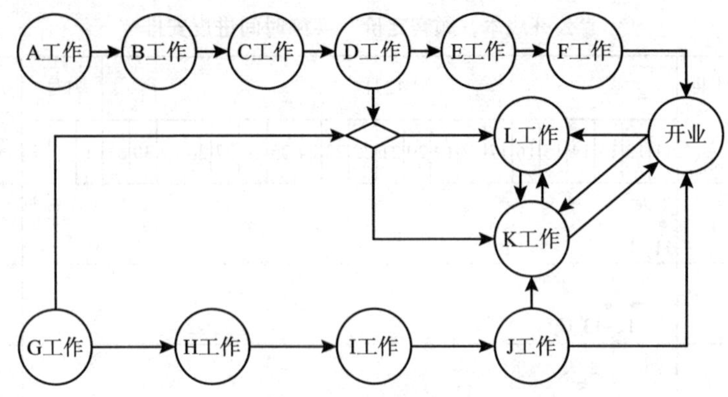

图 11－5　“公开成本，顾客定价”实施流程

流程图的文字说明，主要是对各项工作之间的协作关系、责任关系进行规定，必要时形成一种制度。一定要防止彼此责任不清、相互“扯皮”、“踢皮球”等情况发生。否则，将严重影响实施工作进度和质量。

四、实施工作预算分配

在公共关系策划工作中，已对所选择的传播媒介操作等活动经费做出了总体控制预算，这是进行公共关系实施工作预算分配的依据；将公共关系策划的总体控制预算经费合理分配到公共关系实施的各项工作内容中去，以保证各项工作开支需要，这就叫公共关系实施工作预算分配。

一般说来，公共关系策划工作中的经费预算是总体控制预算，至多做到一级工作项目预算，也只能做到这一级预算。因为，这时的详细工作内容及其工作方法尚未策划设计出来，所以不可能做到具体预算。

公共关系实施工作预算分配的结果应表述于公共关系实施时间进度表右侧（如表 11－1 所示），这样一目了然，便于了解与管理。需要提醒的是，公共关系策划中的一级工作项目经费预算（或总体经费预算）是留有余地的，目的是防止意外工作增加或策划不周遗漏工作而造成经费不足。留有余地仍然是具体工作内容预算分配的原则，这主要表现于不要把一级工作项目预算的经费分配完，一般需要留下 5%～10% 的经费备用。

五、实施工作机构及人员

组织的公共关系实施主体有三种：组织内部公共关系部（或相关机构）、公共关系公司和公共关系社团。不管是哪种操作主体，都必须建立项目公共关系实施机构，配备得力的实施人员（包括实施领导和操作人员）。实施人员的素质与能力十分重要，优秀的实施人员不仅能顺利完成工作任务，而且能修改完善实施方法，弥补实施方案的不足。

所谓公共关系实施机构，是指为完成某一项公共关系任务、实现公共关系目标而建立的专门组织。规模较大的公共关系活动实施，其机构具有多层级特点，从低级层次到高级层次，人数依次减少，权力依次增大，形成“金字塔”式的稳定结构。应按照精简、统一、节约、高效的要求来构建公共关系实施机构。一般应以领导中心机构为核心，下设智囊机构、执行机构、监督反馈机构。其中，领导中心机构是决策角色，人员要少而精，决策、组织、指挥和控制水平要高；智囊机构作为领导决策的参谋部门，其组成人员应具有科学分析问题的能力以及较宽的视野和战略眼光；执行机构作为实施方案具体操作部门，其组成人员应具有较强的执行力，非常善于协调、组织、交际和操作；监督反馈机构作为督导、控制和检查的部门，其组成人员应有敏锐的洞察力、实事求是的科学态度和强烈的责任感。公共关系实施机构设置的程序是：①明确指导思想，确定组建机构的目的和任务。②制订编制方案。根据公共关系项目的任务和工作量，确定领导、部门、职务和人数，规定每个岗位的职责。③确定管理机制。明确纵向隶属关系和横向协作关系。④报批机构编制方案。⑤任命领导人和安排工作人员。

一定要将每一项工作内容落实到具体人员。一项工作内容安排两个以上人员操作时，要确定一个负责人，并进行相对分工。一个人负责多项工作时，要考虑工作之间的内在关系，使其运作起来节约、高效、方便。每一项工作内容的实施人员姓名表述于公共关系实施时间进度表右侧，如表 11 –1 所示。

六、实施工作规章制度

要依据公共关系职业准则和组织中有关规章制度，以及公共关系实施的具体情况，制定出各项公共关系实施的工作制度。这是设立对公共关系实施人员在各项公共关系实施工作中的行为约束与管理机制。

组织的公共关系部（或公共关系公司、公共关系社团）都建立有具有共性的公共关系人员行为准则和公共关系实施制度，这是任何一次公共关系实施都必须遵守的工作制度。但就某一项公共关系活动来讲，其实施具有特殊性，应根据这种特殊性，制定出特殊的工作制度作为补充。这些工作制度涉及如下内容：职业道德；信息保密；经济关系；行政关系；分工协调；交际形象；请客送礼；奖罚机制；危机处理（紧急处理）；差旅出勤；礼仪规范。

第三节　公共关系实施的准备

一、实施人员培训

在公共关系方案实施之前，对实施人员进行一定培训是很有必要的。这种培训的主要内容是实施工作制度教育和操作方法学习与研讨。

公共关系方案实施工作制度的教育，除了让大家明白各种规定及其意义外，特别要对特殊规定、容易违反的规定进行重点说明与强调。配合制度教育，反复灌输组织文化与理念，提高实施人员的思想与道德素质，增强其抵御腐蚀的能力。

要组织实施人员认真学习研讨公共关系方案实施工作内容的操作方法，反复体会，彻底弄懂，绝不含糊。很重要的方法，可通过讲解、讨论、答辩和模拟训练来促使其正确掌握。有操作风险的方法要反复做模拟演习，切实提高操作的把握度，把失误率降至最低限度。很重要的工作内容的实施，除了第一工作方法外，还应配有第二工作方法甚至第三工作方法作为第一工作方法失败时的备用方法。

备用方法的启用规定及其操作技能必须重点掌握。重要工作内容的第一工作方法如果是两种以上方法组合，其相互配合关系也是学习研讨的重点。

二、实施调查与试验

尽管公共关系计划实施方案是经过认真论证（可行性论证）的方案，但由于实施主体、客体和实施环境存在着许多意想不到的实施障碍因素，由于同一种实施方案在多种实施环境（如不同区域市场、不同时间市场、不同社会条件等）同时或先后实施时实施环境的个体差异，公共关系计划实施常常会遇到意想不到的困难，严重时会使公共关系计划实施搁浅甚至夭折。因此，较为重要、涉及范围大、影响大的公共关系计划实施，有必要对实施方案的实施障碍因素进行调查，并通过方案的局部（小范围）试验，进一步了解、认识实施障碍因素，寻找和设计排除障碍因素的途径与方法，取得成功实施的经验，以利于全面推广。

（一）公共关系实施障碍因素调查

这是指在公共关系实施前，对来自于公共关系实施主体、客体和实施环境的各种可能影响和阻碍实施行为的因素所进行的调查。影响公共关系实施的因素是众多而复杂的，一般说来有三种类型：实施主体障碍、实施沟通障碍和实施环境障碍。①

1. 实施主体障碍

这是来自于实施主体自身的影响因素。产生这种障碍的主要原因是组织的人员素质、管理水平、策划与论证存在问题与失误。

（1）实施人员障碍。主要有：公共关系计划实施人员违反实施制度，工作不认真负责，没有积极性，职业道德素质和工作能力欠佳；实施人员心情不愉快，身体健康状况差（甚至突然生病）；实施人员之间关系紧张，工作不协调。排除来自于实施人员的障碍，关键是选择优秀的实施人员并进行严格培训，建立一套有效的激励机制和约束机制。

（2）公共关系策划的目标障碍。主要有：目标不明确，不具体；目标过高或过低；目标的实现条件不具备；目标不符合目标公众和社会利益；公共关系目标之间相互矛盾；公共关系目标没有服从于组织总体目标；公共关系目标与组织内部其他工作目标矛盾；近期目标与长远目标矛盾。在作公共关系目标策划时，一定要征求各方面的意见，要形成目标共识；要对目标进行可行性论证（甚至进行不可行性论证），切实确立出正确、明确和具体的公共关系目标。

（3）公共关系策划的创意障碍。主要有：公共关系策略、点子不符合公众心理需要和行为规律；策略、点子的传播力、感染力、冲击力和吸引力不够，难以打动公

① 熊源伟主编：《公共关系学》（修订版），安徽人民出版社 1997 年版。

众之心；目标公众和竞争对手不明确；策略、点子的针对性不强；各种策略、点子之间难以耦合（存在矛盾或相互关系不密切）；策略、点子的可操作性差，实施风险大。减少创意障碍，提高公共关系策略、点子的质量，关键在于提高策划素质，充分利用组织内外策划专家，集思广益，应用创造技法。特别需要注意，如果公共关系调查工作失误，依据错误的调查结论来做公共关系创意，这样的策略、点子必然也是错误的。

（4）公共关系策划的预算障碍。主要表现为经费预算不足，造成公共关系实施经费短缺。经费预算要了解开支标准，反复测算，并留有充分余地。尽管如此，有时也会出现超过“余地”的经费开支，只要是实事求是的，又是必要的，追加经费也是应该的。

（5）公共关系计划实施方案障碍。主要有：工作内容实施方法不正确；各种工作内容之间配合不好；公共关系计划实施时机决策失误；工作进度安排不科学；预算分配不合理；公共关系计划实施组织不健全，人员配备不合理；公共关系计划实施制度不完善、不具体。公共关系计划实施方案要由具有实施经验、实施能力强、管理能力强、责任心强、忠诚的公共关系人员来设计，要多征求各方面意见，尤其要多征求实施者的意见，力求实施方案科学、适用、有效、节约。

2. 实施沟通障碍

这是在公共关系计划实施过程中组织与公众之间的传播沟通障碍。公共关系计划实施的过程实际上是传播沟通的过程。实施过程中的传播沟通并不是一帆风顺的，常常会因为传播沟通工具运用不当、方式方法不妥和传播渠道不畅而使实施工作不能如愿以偿。难怪一些传播的实践者不得不出现感叹：我们面对着的，仍是一个难以沟通的世界。公共关系计划实施沟通障碍主要有以下几点。

（1）语言障碍。语言是以语音为物质外壳，以词汇为建筑材料，以语法为结构条理而构成的符号体系。公共关系传播只有借助语言才能表达情感，交流思想，协调关系。但是语言是一种极复杂的工具，要准确有效地使用并非易事。常见的公共关系语言沟通障碍有：语音混淆，语意不明，语意误解，语法不通，用词不妥，文字差错，标点错误。

（2）习俗障碍。习俗即风俗习惯，是在一定文化历史背景下形成的具有固定特点的调整人际关系的社会因素。如道德习惯、礼节礼貌、审美传统等。习俗世代相传，是经过长期重复出现而约定俗成的传统心理的外化形式。虽然习俗不具备法律的强制力，但通过家族、邻里、亲朋和舆论监督，往往迫使人们入乡随俗，即使圣贤也莫例外。违反社会风俗习惯而导致公共关系实施沟通失败的事例屡见不鲜。常见的公共关系实施习俗障碍主要表现为违反道德、礼仪、习惯、传统、风俗等。

（3）观念障碍。观念属于思想范畴，由一定的经验和知识积淀而成，是一定条件下人们接受、信奉并用以指导自己行动的理论和观点。观念本身是沟通的内容之一，同时对沟通又有巨大的影响作用。有的观念是促进沟通的强大动力，有的观念则是阻碍沟通的绊脚石。影响公共关系实施沟通的观念障碍有：保守观念、封建观念、落后观念、自私观念、不科学的观念（无知观念）、金钱第一观念（拜金主义）、极端观念（上下、左右、好坏、相信、怀疑等极端观念）、片面观念（以偏概全，以点带面观念）、眼前观念（只顾眼前，不顾长远的观念）等。

（4）心理障碍。心理障碍是指人的认识、情感、态度等心理因素对沟通过程的障碍。公共关系的心理非常复杂多变，不易了解与把握，如果所传播的信息与公众特定心理不相符合或难以相融，则公众会排斥、抵制、异化（作不正确的、偏见的变化）其沟通信息，造成传而不通和“通”而无效的后果。按心理作用范围划分，公共关系实施的障碍性心理主要有消费心理、交际心理、政治心理、工作心理、家庭心理、文化心理等类型。按心理产生原因划分，公共关系实施的障碍性心理主要有性别心理、年龄心理、职业心理、专业心理、收入心理（即经济收入心理）、地域心理、血型心理、民族心理、宗教心理、情感心理、籍贯心理、学历心理、职务心理、职称心理等类型。

（5）组织障碍。“组织”这一概念在这里是指由若干“系统”所组成的、开放的社会技术系统。合理的组织结构能够有效地进行内外沟通。反之，不合理的组织结构则形成内外沟通的障碍机制。公共关系实施过程中的组织障碍主要表现为：信息传递层次过多造成信息失真；机构臃肿造成沟通缓慢；条块分割造成沟通“短路”；多头领导造成信息不统一；沟通渠道单一造成信息量不足；沟通媒体、渠道形象不好造成对信息的不信任。

3. 实施环境障碍

公共关系方案是在一种复杂多变的社会环境、市场环境中实施的，因此环境中各种因素会从正面（促进）和反面（制约）影响实施工作。公共关系实施环境障碍是指来自于实施环境的各种制约因素、对抗因素、干扰因素。这些障碍因素有如下类型：

（1）政治环境制约因素。政府的有关政策、法规的管制，以及政治形势、政策变化的影响。

（2）经济环境制约因素。经济体制、经济政策与经济形势的影响。

（3）社会文化环境制约因素。传统的民族文化、区域文化、宗教文化以及各种现代文化的影响。

（4）科技环境制约因素。各种新知识、新技术、新工具、新材料、新产品、新能源等的影响。

（5）竞争环境对抗与干扰因素。竞争对手的认知度、美誉度、占有率以及开展的各种公共关系宣传活动等的影响。

（6）自然环境制约因素。比如地理条件、气候自然资源、生态等的影响。

（7）国际政治、经济环境制约因素。比如国际形势、外交关系、战争、国际市场与金融形势等的影响。

（二）公共关系实施试验

这是在公共关系计划实施方案正式实施前，将实施方案在一个典型的、较小的公众范围所作的试探性实施，目的是验证各项工作内容的操作方法，取得实施经验，实战性调查各种实施障碍因素。

根据试验效果对正式实施结果及其公共关系目标实现的可能性进行评价。通过试验，针对实施障碍因素和既定实施方案的不足，修改、调整、完善公共关系实施方案。这也是对公共关系实施方案的实践性论证与修改的过程。公共关系实施试验需要注意以下问题：

（1）选择典型的实施环境和目标公众进行试验。非典型试验将失去意义。

（2）始终以发现障碍因素、完善与调整方案、取得实施经验和效果验证为实施试验的重点。

（3）试验的过程也是对实施人员的培训过程，因此要建立试验培训的考核评价机制。显然，在试验中表现优秀的人员应该是以后正式实施的工作骨干。

（4）必要时，进行“比较试验”，即选择 2～3 个典型环境同时进行试验工作，防止试验的偶然性，增加其客观性。

（5）试验人员的选择非常重要，他们必须要非常忠诚、客观、负责，经验较丰富，组织与实施能力强。

（6）经过试验，如果要完全否定实施方案，甚至完全否定公共关系创意（策略和点子），必须做出实事求是的分析论证。

（7）要加强对试验工作的领导，主管领导要亲自抓试验，不可放任自流，随随便便。

第四节　公共关系实施的管理方法

公共关系实施管理是公共关系实施成功的最后决定因素。不进行科学、有效的实施管理，公共关系创意、实施方案设计、实施准备等所付出的艰辛劳动都将会前功尽弃。

一、实施领导与指挥

公共关系实施领导是指率领公共关系人员具体操作公共关系实施方案的组织系统和指挥过程。公共关系实施领导具有组织职能和指挥职能，拥有组织、指挥、协调、激励、控制的责任和权力。在公共关系实施方案确定以后，实施成败的关键就在于实施的领导与指挥。

（一）公共关系实施领导者的工作职责

公共关系实施领导者的工作职责主要有：①组织一支精干的实施队伍，明确分工授权。②指导公共关系实施方案的执行和完成。③为每一阶段或每一时期的实施工作确立明确、具体的目标。④保证组织与公众之间双向传播的畅通。即一方面监测和分析组织基层的意见和外界社会的舆论，及时提供给主管领导参考；另一方面又能向主管领导提供消除沟通障碍的新途径新方法，并在所属范围内协调好实施中的各种关系。⑤以公众利益为准则，协助和影响本组织领导采取为公众所欢迎的政策和方针，并建立和维持本组织的良好形象。⑥加强与组织内部各管理部门的合作。包括：了解和熟悉各部门的具体业务；经常与各部门保持联络，以获取可靠的信息；帮助各部门了解公共关系实施方案，使每个部门都能成为执行方案的积极配合与支持力量；随时向各部门提供情况等。⑦确保公共关系实施中必需的人、财、物力支持，使工作得以正常进行。⑧努力增强下属操作人员的向心力，调动其工作积极性。⑨检查监督下属（操作人员）的工作，及时提出修正意见。⑩定期向主管领导汇报工作并请示指导。

（二）公共关系实施领导者组织与指挥工作原则

公共关系实施领导者的组织与指挥工作量大，且复杂，必须遵循以下原则方可取得良好管理效果：①目标原则。始终坚持以公共关系目标和实施方案作为管理依据。②系统原则。明确划分公共关系实施的指挥系统。在系统整合的前提下实行单一指挥，切忌多头领导。③分工原则。各工作岗位、工作人员分工明确，任务落实，责权清楚。④协调原则。上下各层次间的纵向关系和同一层次不同岗位（工作内容）的横向关系均必须协调一致，有机整合。⑤平衡原则。保证实施过程中人流、信息流、物流、资金流的动态平衡，使公共关系实施机构正常运转。⑥激励原则。使责权利有机结合，建立精神激励与物质激励相结合的、有力度的激励机制，切实调动实施人员的工作积极性、主动性和创造性。⑦信息原则。建立动态的实施实态信息监督与报告机制，及时了解实施的情况，发现问题，及时纠正。⑧例外原则。实施中的例常性工作通过建立实施模式和规范来管理，实施领导重点管理例常性以外的（例外性）工作。特别要重视各种偶然事件、特殊事件、危机事件等重要例外事件的管理。

（三）公共关系实施领导者管理方法

公共关系实施的管理方法很多，其方法是否有效，不完全决定于方法本身，还决定于方法是否适合领导者（管理者）和管理对象的具体情况，以及方法应用得是否得当。管理方法中没有灵丹妙药，有效的管理往往是科学管理方法与公共关系实施具体情况的最佳结合和多种管理方法的巧妙综合运用。下面我们将公共关系实施中最基本的、常用的管理方法作简单介绍，更详细的管理操作方法请见有关方面的管理著作。

1. 目标管理方法

这是指公共关系实施领导者通过确立公共关系目标、实施公共关系目标和按照公共关系目标进行检查评比，并在执行公共关系目标的过程中实现“自我控制”的一种管理方法。其操作要点是：①把公共关系任务转化为公共关系目标体系，使公共关系实施机构（组织）内每个岗位、每个人都明确自己的目标，按公共关系目标导向原则指导实施人员的行动，从而实现主动管理。②动员全体实施人员参加公共关系目标制定，通过充分协商，使公共关系目标转化为每个实施人员的自觉要求，从而实现全体实施人员参加的民主管理。③尽可能使公共关系目标具体化，以达到可检查、控制和考核评价的要求，从而实现“自我控制”型的自我管理。④要围绕公共关系目标建立一套规章制度和行为准则，例如决策制度、审计制度、责任制度、保障制度、检查制度、考核制度和奖惩制度等，从而实行制度管理。

2. 系统论管理方法

这是指把公共关系实施作为一项系统工程，必须使其内部各项工作内容之间、各种工作方法之间、各位实施人员之间具有整体性、目的性、层次性、关联性和适应性（包括对实施环境的适应性）。系统论管理方法的操作要点是：①按整体性要求来建立公共关系实施系统和管理系统，实施系统与管理系统都必须是“1+1>2”的有机整体。②公共关系实施系统及其内部各岗位各人员均明确自己的实施目标和工作方法。③必须按照层次性和关联性的要求理顺公共关系实施中各项工作内容的纵向关系与横向关系，使其有机协调运作。④公共关系实施系统要积极地适应环境和改造环境，取得实施环境的最大支持。

3. 心理管理方法

这是按照心理学原则进行公共关系实施管理的方法，重点在激活实施人员的精神、情感、观念、人性、品德、文化意识等内在潜能。其操作原则是：①心向一致原则。即公共关系实施领导（管理）者在维护组织目标实现的同时，要了解和掌握下属（被管者）个人目标的合理性、不合理性，讲清实现组织目标与实现个人目标的相关性、利害性，使个人目标归属于组织目标。②心理投入原则。心理投入是指实施人员自觉为实现公共关系目标、为组织做贡献（甚至献身）的心理状态。心理投入原则即指公共关系实施领导者要关心、爱护、尊重下属（实施人员），使其产生主人翁意识和奉献心理，从而为完成公共关系任务竭尽全力。③心理平衡原则。心理平衡是指公共关系实施人员因受到尊重、信任而产生一种愉快舒畅的心理状态。维持全体实施人员的心理平衡是公共关系实施工作顺利、高效运作的基础。在应用心理管理方法时，公共关系实施领导（管理）者应做到：①尊重和信任下属，使其认识到自己工作的重要性。②注意发挥下属的才能，使其感到自己的聪明才能有用武之地。③慎重处理问题，考虑处理结果对各方面的心理影响。④做好心理重心人物（即意见领袖）的工作。⑤注意提高下属的自我心理平衡能力。

4. 行政管理方法

公共关系实施领导利用组织的权威（权力），下达各种命令、指示和各项具体规定，统一指挥实施工作内外、上下左右的行动，从而完成公共关系任务、实现公共关系目标，这就是公共关系实施的行政管理方法。行政管理方法的具体形式很多，比如命令、指令、指示、制度、条例、规定、规则、标准、程序和办法等。公共关系实施中采用较多的有：①命令。命令是公共关系实施领导者用组织赋予的权力，任免实施人员，规定行政措施，下达任务和宣布决定的一种形式。命令是绝对的，必须坚决执行，不得阳奉阴违。命令又是严肃的，有时还是紧迫的，往往具有“组织法律”的性质。②指令。指令是命令的一种形式，是公共关系实施领导者对公共关系工作和应完成的任务，发布指示性和规定性相结合的要求和措施。指令比命令详细，根据不同要求，一般包括做什么、怎么做、什么时间完成等内容。③指示。指示就是指导之意，是公共关系实施领导者对实施人员的工作进行指导的一种形式。指示一般分“书面”和“口头”两种。前者以公文形式发至下属，或对下属的报告、请示进行批复；后者是实施领导者与下属见面（包括谈话、开会、视察）时的指导性讲话。④规章制度。这是公共关系实施领导者签发的公共关系实施的有关条例、章程、规则、制度、办法、决定和标准的总称。规章制度具有强制性和约束力，一经公布，只要与规定有关的，就应按制度办事，不得违反。

二、实施控制与反馈

“控制”是公共关系实施管理的一种重要职能。美国管理专家巴达维说：“没有控制，组织就不起作用”；“企业的日常工作如果不通过有效的控制，使它在轨道上正常运转，最好的计划和决策，都是要落空的”。我们不能把控制简单理解为上级对下级单纯的监督和强制，公共关系实施控制职能是指：公共关系实施领导者通过建立公共关系实施控制标准（如公共关系目标、预算、规章制度、各项工作内容的工作要求和工作方法等）和实施过程的反馈机制，及时将实施行为和阶段效果与其实施控制标准进行对照（比较），从而及时发现实施偏差并立即采取纠偏措施，使实施行为顺利进行，确保公共关系目标实现。可见，公共关系实施控制系统由标准、反馈、对照、纠偏四个要素组成，其中，反馈是关键要素。

（一）公共关系实施控制原则

公共关系实施控制是一个复杂的、敏感的过程，失控固然是大忌，然而不科学的控制同样会导致严重不良的后果。有效的公共关系实施控制必须坚持以下原则。

1. 激励原则

不能把控制理解为“压制”、“监督”和“惩罚”，这样的控制必将导致被控者的反感和抵制，甚至形成“道高一尺，魔高一丈”的恶性反控制后果。所谓激励原则是指控制必须是将压力变为动力，激发被控制者最大的责任心和工作热情，并实现自我控制。这种激励性控制，要求领导者形成上下必要的思想交流，加强宣传教育工作，让每一位实施人员深刻理解达到控制标准（目标）的重要性，积极主动地为完成任务而努力工作。

2. 责任原则

这是指必须界定公共关系实施各岗位、各人员的责任和权力，防止职责不清。职责不清，分工不明，控制就失去了明确的对象，工作出了偏差，实施领导不知“打”谁的“屁股”让谁去纠偏，控制的职能也不可能实现。

3. 客观和公正原则

所谓客观，就是实施领导不能仅凭个人的判断、经验而主观地去对照、测度实施情况，要尽可能用客观的事实和数据说话。所谓公正，就是实施领导绝不能凭个人的情感、好恶来评价下属，更不能对与自己关系好的下属失控，而对其他人则严控，尤其对与自己关系不好的下属进行监控，控制面前人人平等。

4. 控制点原则

公共关系实施的控制点是指实施中关键的、重要的工作环节、工作内容、工作方法等，他们是最容易出偏差的部位，或者是出偏差对整体影响较大的部位。所谓控制点原则就是对控制点进行重点控制的原则。面面俱到泛泛控制，没有重点，其后果是控而无效，或虽有效，但控制成本太高。

5. 及时与准确原则

这是指公共关系实施过程中联络渠道畅通，各种信息能够迅速准确上传下达，坚决杜绝信息失真、传达延误。尤其是在实施过程中发生突发性重大事件，控制反馈系统的信息传递不及时准确，将造成重大损失。必须建立一个反应灵敏、准确的信息机制和相应的一套规章制度，确保控制信息及时准确地传递。

6. 弹性原则

弹性原则是指公共关系实施控制必须具有较强的适应性和应变能力。公共关系实施环境复杂多变，许多实施条件本身就富有弹性，因此，控制标准要有合理的余地，在纠正偏差时也不要走“极端”、“绝对化”，只能追求相对满意结果。在公共关系实施控制中，不存在绝对最优。

（二）公共关系实施控制对象

公共关系实施控制对象包括实施中的实施要素及其阶段性实施目标。在一项具体的公共关系实施中，要分析各种实施要素在实施中的重要性，将最重要的实施要素确定为关键控制对象并进行重点控制。公共关系实施控制的对象有：人力、物力、成本、时机、进度、流程、质量（效果）、工作方法、阶段性目标、突发性危机事件等。

（1）人力控制。控制点：①人数；②责权利关系；③积极性、主动性和创造性；④遵章守纪；⑤人头目标（岗位目标）；⑥用人之长，人尽其才；⑦公共关系素质与能力。

（2）物力控制。公共关系实施中常用的“物力”主要是摄录摄影设备、音响设备、通信设备、交通运输设备、计算机等。控制点：①数量；②使用量；③损坏与丢失；④安全使用；⑤使用效果（质量）；⑥使用成本。

（3）成本控制。控制点：①购买与消费过程；②价格；③购买质量、功能与价格比（即价值）；④浪费；⑤节约；⑥贪污；⑦回扣；⑧财务规章制度。

（4）时机控制。控制点：①实施开始时点；②实施结束时点；③时机影响因素。

（5）进度控制。控制点：①时间进度与工作进度的关系；②影响进度的因素；③进度与时机的关系。

（6）流程控制。控制点：①分工；②协作；③时间衔接；④矛盾；⑤影响因素。

（7）质量（效果）控制。控制点：①工作质量（各项工作的质量要求）；②公众的实际反应；③负效应；④各种失误；⑤公共关系工作受组织内部其他非公共关系工作的影响；⑥其他各种因素对实施效果的影响。

（8）工作方法控制。控制点：①工作方法操作的关键技巧；②障碍因素；③工作方法之间的配合；④组织对实施（操作）的供应（特别是物力、财力和信息的供应）；⑤备用方法的启用；⑥保密。

（9）阶段性目标控制。将公共关系实施过程分为若干阶段，订出每一阶段的具体目标要求作为控制点。

（10）突发性危机事件控制。公共关系实施突发性危机事件是指在公共关系实施过程中发生的严重阻碍正常实施的突发性事件。如果对这种事件失控，将导致不堪设想的后果，严重时使整个公共关系实施夭折。控制点：①各种矛盾和不协调因素；②实施环境的各种障碍因素；③制约性公众（政府职能部门）；④新闻传媒；⑤实施中的关键、重点工作内容；⑥有风险的工作方法；⑦竞争对手的对抗性行为；⑧保密；⑨危机管理方案及其启用。

（三）公共关系实施控制方法

常用的公共关系实施控制方法是反馈控制法。所谓反馈控制，是指通过建立公共关系实施的反馈系统，不断地将实施前、实施中和实施后的情况与事先制定的实施控制标准进行对照并发现偏差、纠正偏差的方法。反馈控制法有三种：前馈控制法、中馈控制法和后馈控制法。

1. 前馈控制法

前馈控制法又叫超前控制法，是指在公共关系实施开始之前，充分调查分析影响实施的各种障碍因素，并采取控制措施，将可能导致产生偏差（问题）的原因的影响力控制在最小范围（甚至彻底消除），以保证实施工作的顺利开展。前馈控制是最先进的一种控制方法，充分体现了“预防为主”的管理思想，它具有控制成本低、主动、避免损失等优点。但前馈控制对调查分析预测的能力要求高，如果分析预测不准确，控制失误，不但不能抑制住问题的发生，反而增大控制成本，可能还会造成一些不好的后果。前馈控制如图 11－6 所示。

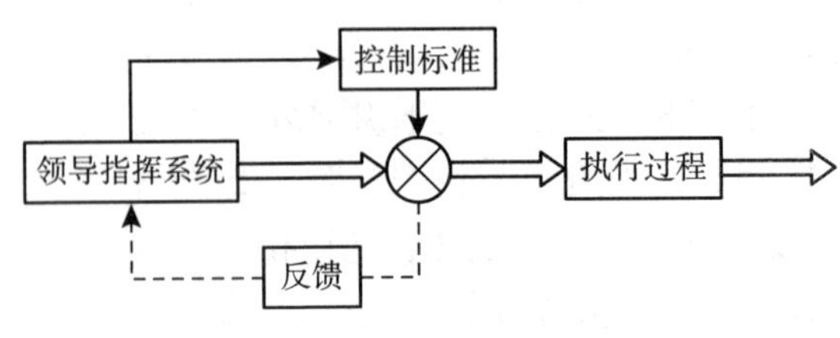

图 11－6　前馈控制示意

2. 中馈控制法

这是在公共关系实施过程中，采取各种检查方式及时发现实施行为偏差并及时纠正的方法。这时的控制标准主要是公共关系实施的工作项目、工作内容、工作要求和工作方法。中馈控制法又叫过程控制法，它主要控制的是正在进行的工作过程而非工作结果，因此是一种把问题（偏差）消灭在萌芽状态的控制方法。中馈控制法如图11－7所示。①实施这种控制方法，关键在于高水平的、公正负责的检查人员对实施过程进行检查。检查的主要类型有行政检查、专业检查、值班检查、专职检查和社会检查。

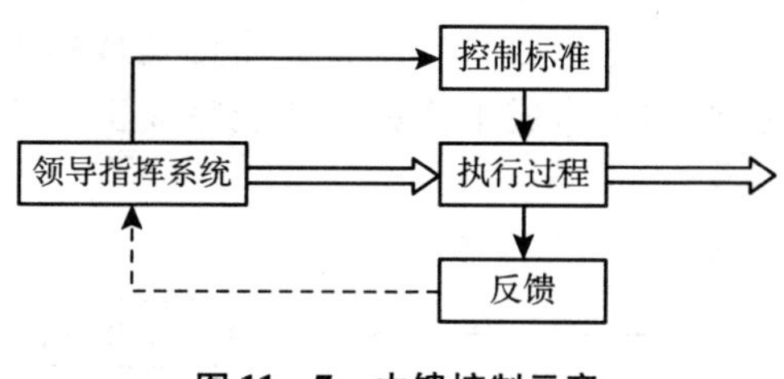

图11－7　中馈控制示意

（1）行政检查。在公共关系实施过程中，任何一个领导者（管理者）对其直接下级和所属下级中的任何岗位和人员都有检查的权力，同时也有检查的责任，这种由领导者（管理者）对自己下属（被管理者）所实施的检查叫行政检查，其检查范围不能超过自己权力所属的范围。没有特别授权不能检查别人所属的下级。不检查下属是失职的重要内容。行政检查的方式有：①常规检查。这种检查是设计好的工作流程，有固定的检查项目、时间、表格和手段，也包括检查结果的记录、处理和上报程序。②巡视检查。就是公共关系实施领导深入实施现场巡视工作状态，现场办公，现场发现问题和解决问题。③目标检查。这是公共关系实施领导者带着某些问题，有明确的目的，事前做好各种检查手段的准备，在非常规时间集中突击检查。

（2）专业检查。专业检查又叫职能检查，是指组织的有关职能部门根据自己特有的部门职能，按照程序标准对公共关系实施过程进行检查。如财务部对实施中资金使用的检查；人事部对考勤执行情况的检查；内保部对保密及贵重物品保安措施执行情况的检查等。这些检查均属于横向检查，它的授权来自于组织为各部门所制定的工作权限及工作程序中的明确规定。专业检查具有专业性、强制性和责任性的特点。

（3）值班检查。在公共关系实施过程中，轮流安排值班负责人，分班负责实施检查。值班负责人有权处理日常运作中所发生的问题，如遇紧急而自己无法解决的问题，应立即报告实施领导人。值班负责人在值班时间内巡视并随时记录所发生的问题，以及自己的处理结果。值班结束后将检查记录本交给实施领导人。

（4）专职检查。配备专职检查员对公共关系实施过程进行全过程不间断检查。专职检查员只有检查权而无处理权，只要将检查情况及时报告实施领导便完成任务。

（5）社会检查。社会检查又称为委托检查，即委托组织以外的有关机构、专家

① 刘光启：《A管理模式》，企业管理出版社1998年版，第261～273页。

对公共关系实施过程进行检查。如委托公共关系协会、公共关系公司及有关传媒对公共关系实施进行相关检查。这种检查具有专业、客观、超脱、公正、严格的特点。

3. 后馈控制法

这是将公共关系实施中各项工作内容的工作方法的操作结果（效果）与工作内容的目标要求进行对照，发现偏差及时采取补救措施（调整工作方法或启用备用方法），确保实现公共关系目标。后馈控制法是一种事后控制的方法，虽然控制具有极强的针对性，但由于问题（偏差）已经发生，甚至已造成损失，只能通过补救，将损失控制在最低限度，并增加工作成本，进而才能完成工作任务。后馈控制法如图11－8所示。

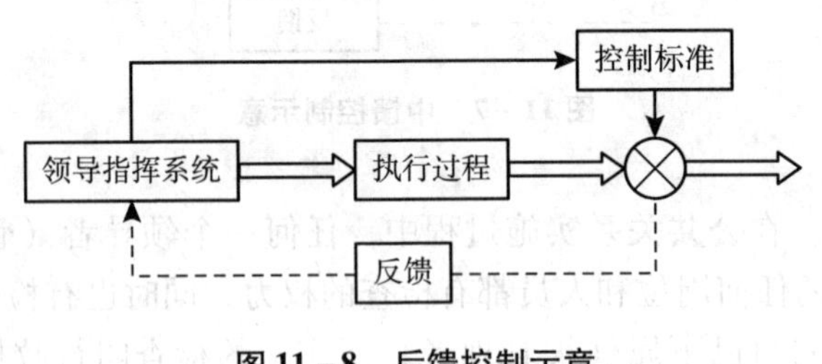

图11－8　后馈控制示意

因此，后馈控制法不应该作为公共关系实施的主要控制方法，只能作为过程控制失败后的补救方法。公共关系实施的主要控制方法是前馈控制法和过程（中馈）控制法。

【案例11－1】“转给你看”

20世纪80年代初，南京长江机器制造厂开发出一种蝙蝠牌电扇。当时在我国的电风扇市场上，已有3000个生产厂家在激烈竞争。蝙蝠牌电扇较其他名牌产品来说，还是一个“小字辈”。它还没有参加全国性的质量评比活动，消费者对它也很陌生。在这种情况下，如何使蝙蝠牌电扇迅速打开市场，在消费者中建立起自己的形象呢？该厂有关人员经过认真分析与研究，认为如果采取常规的实施手段，比如在媒介上大做广告或派推销人员直接去全国各地进行推销，恐怕即使花上很多的宣传费用也很难奏效。于是，他们决定采用出奇制胜的战术，打破常规，别出心裁地租用了南京一家比较大的商场的橱窗，让蝙蝠牌电扇在橱窗里昼夜不停地运转，并在橱窗内醒目地写着：“自1981年4月10日起连续不停地运转，请您计算一下，现在已经运转了多少小时。”这种旨在“转给你看”的传播方式，立刻吸引了许多消费者的注意：当他们发现，这台电扇确实昼夜不停地运转而没有中断时，对蝙蝠牌电扇的质量也就确信无疑了。很快，蝙蝠牌电扇首先占领了南京市场。随后，南京长江机器制造厂的有关人员对这次宣传活动进行了认真的总结，他们认为，要想使蝙蝠牌电扇在其他地区与城市树立形象，建立信誉，也可采取同样的宣传攻势与手段。于是，他们又在全国其他城市如法炮制，如在广州租用了一家有名的商场的橱窗，在北京的西单百货商场也租用了一个橱窗，让蝙蝠牌电扇夜以继日地转动，以引起消费者的注意。后来，蝙蝠牌电扇果然成为家喻户晓、备受消费者青睐的名牌产品。

【案例 11－2】 精工表公关巧实施　奥运会扬名效果佳

1964 年东京奥运会结束后不久，曾有日本人访问罗马。在一家餐厅里，当侍者看到这位日本人手腕上戴的表是瑞士产品时，竟疑惑地问："您真的是日本人吗？"诧异什么？日本人竟然没戴在东京奥运会上叱咤风云的国粹——精工表。侍者的态度不仅反映了公众对精工表的评价，这实际上也正说明精工计时公司借助奥运会开展的公共关系活动的成功。从某种意义上讲，这也是对该公司公共关系活动效果的最好评价。精工计时公司的公共关系计划是如何实施的呢？

一、精心策划运筹帷幄

功夫不负有心人。精工表饮誉东京奥运会，对其公共关系战略却要追溯到 4 年前。当奥运会一经宣布将在东京举行，日本主办单位决定的第一件事项，就是大会的计时装置要使用日本的国产表。而在这以前，奥运会所使用的计时装置几乎全部是瑞士产品。当东京奥运会决定首次使用日本国产表后，奥委会的有些人士曾深感不安，唯恐发生了故障使大会难堪。

日本精工计时公司决心消除人们的种种顾虑，制订了"让全世界的人都了解精工的计时是世界一流的技术与产品"的公共关系计划；确立"荣获全世界的信赖"为公共关系目标；"世界的计时——精工表"，作为公共关系活动的主题。为此，精工计时公司着手制订并实施了一项长达 4 年之久的整体计划，开始了一场本公司史无前例的公共关系活动。

二、巧妙实施逐层推进

首先，精工计时公司派遣本企业的公关人员到罗马奥运会进行"欧米茄"计时装置的现状及设施使用情况的调查。其次，根据调查结果，决定产品开发的程序，拟定全盘公共关系计划。同时，各公司也开始进行多种多样的计时装置技术开发工作。随着计时装置开发工作的顺利进行，精工计时公司的公共关系计划也业已策划成熟。调查研究工作结束之后，整个公共关系计划便分为三个阶段进行。

第一阶段主要是全力以赴地开发计时装置技术并同时说服主办单位使用该企业的

产品。另外，会场的布置也需征得国立竞技场和东京都政府的认可。精工计时公司一方面积极从事游说工作，另一方面将新开发的计时装置提供给日本国内举办的各种运动会作为实验之用，其目的是向各委员会证明精工技术的可信度。真诚努力终结硕果，奥委会于1963年5月正式决定东京奥运会全部使用精工计时装置。

第二阶段主要是在改进技术的同时，展开以“精工的竞技计时表将被用于东京奥运会”为主题的公共关系活动。为了在世界范围内大造舆论，精工准备了奥运会预备会上所需的宣传手册，广告宣传也紧锣密鼓地开展。

进入奥运会前的第三阶段，公共关系的各种计划先后付诸实施，报纸、广播、电视等在报道与奥运会有关的消息时，都或多或少地涉及精工表，从而造成了“东京奥运会必须使用精工计时装置”的舆论。

由于精工与奥运会完美结合，公共关系活动收到了奇效。当东京体育馆室内比赛大厅的竞技计时装置完成后举行盛大的落成典时，精工的技术被夸耀为日本科学的精华、无与伦比的结晶，终于实现了“精工——世界的计时表”这一目标。

精工计时公司为这次长达4年的公共关系战役投下的资本是：85名技术员与890名作业员以及数亿日元的财富。然而，公关成就的最好例证便是开篇的故事。在罗马人眼里，精工表可以和瑞士表媲美。这足以说明精工计时公司此项公共关系活动的效果。

复习思考题

1. 公共关系实施的原则是什么？
2. 策划一个小型的公关活动，拟订一份实施流程图和时间进度安排表。
3. 公共关系实施控制对象有哪些？
4. 《“转给你看”》成功在何处？
5. 《精工表公关巧实施奥运会扬名效果佳》在实施上有何可借鉴之处？

参考阅读

1. 丹尼斯·威廉克斯：《公共关系战略与战术》，解放军出版社1992年版。
2. 艾瑞克·亚威包姆、鲍伯·布莱：《如何推进公共关系》，企业管理出版社2001年版。

第十二章　公共关系评估

本章提要

公共关系评估是公共关系四步工作法的最后一个环节，其目的是取得关于公共关系工作过程、工作效益和工作效率的信息，以便总结工作，并为下一步开展公共关系工作、改进公共关系工作和制订公共关系新计划提供依据。

公共关系评估是最容易被忽视的公共关系工作环节。深入理解公共关系评估的意义，有助于有效公共关系工作的开展。

在公共关系评估中，评估人应具备相应的条件与资格。合格的评估人应遵循科学的公共关系评估程序、步骤、标准、内容，分阶段或按照评估目的开展公共关系评估工作。评估人将根据评估情况撰写公共关系评估报告书，为组织提供一份公正客观的书面文件。遵循一定原则和要求撰写的公共关系评估报告书，具有特定的内容、结构和格式。

通过对本章的学习，我们要掌握公共关系评估的标准、程序和方法，学会撰写公共关系评估报告。

第一节　公共关系评估及其作用

一、公共关系评估

公共关系评估，就其科学性而言，指有关专家或机构依据某种科学的标准和方法，对公共关系的整体策划、准备过程、实施过程以及实施效果进行测量、检查、评估和判断的一种活动。其目的是取得关于公共关系工作过程、工作效益和工作效率的信息，作为决定开展公共关系工作、改进公共关系工作和制订公共关系新计划的依据。

1977 年，在美国电报电话公司（AT&T）的资助下，美国公共关系效果测量联合会在马里兰大学正式建立。随后，美国公共关系协会要求申请加入这一协会的组织，提供对其公共关系活动进行详细评估的具体方案。这一做法“标志着这一行业成熟时期的到来”。现在美国的许多大学已经把“公共关系评估”列为公共关系专业的重要必修课之一。

然而，美国公共关系协会于 1980 年调查发现，70% 申请加入该协会者不符合这一要求。1982 年，美国《财富》杂志对 1000 家企业进行调查，发现其中 48% 运用了评估的方法，而其余 52% 则没有运用这一方法。迄今为止，我国大多数社会组织领导人对公共关系评估缺乏正确、全面的认识。公共关系人员要说服社会组织的决策者投资 1 万元进行效果评估，恐怕要难于当初说服他投资 100 万元开展某种活动。在公共关系学界，尽管有专家包括公共关系事业极为发达的美国的专家，进行一些总结工作，但很少有人能够运用科学的方法进行评估。比如，在准备传播时并不去检验针对主要公众群体的初步传播战略和计划，或去了解有关的民意调查情况，而只是靠自己的专业经验办事。在观察信息传播的情况时，不是通过搜集材料对正在进行的事件做正式的分析，而只是同大众媒介的专业人员进行私人接触。在评估传播的效果时，既不是通过分析邮件或电话中表达的公众意见，也不是通过用科学的方法进行公众舆论调查来了解传播的影响，而只是注重他们自己和公众接触时所获得的反应。

出现上述情况的原因，除了缺少专业评估人员和评估知识外，还在于对公共关系评估的作用不太重视，认为它可有可无。

二、公共关系评估的作用

在整个公共关系活动程序中，公共关系评估控制着公共关系实践活动的每一个环节，它在公共关系实践活动的准备阶段、实施阶段及影响效果的分析阶段均发挥着重要的作用。

（一）公共关系评估是改进公共关系工作的重要环节

公共关系评估对一个社会组织的公共关系工作具有“效果导向”的作用。美国一位公共关系的先驱者埃瓦茨·罗特扎恩早在 1920 年就曾经说过，当最后一次会议已经召开、最后一批宣传品已经散发、最后一项活动已经成为历史的记录时，就是你在头脑中将自己和自己所采用的方法重新过滤一遍的时刻。这样你就会清理出经验和教训，供下一次借鉴。这位先驱者所说的“清理出经验和教训，供下一次借鉴”，恰恰说明了公共关系评估对改进公共关系工作的重要作用。

（二）评估是开展后续公共关系工作的必要前提

从公共关系工作的连续性来看，任何一项新的公共关系工作计划的制订与实施都不是孤立存在和产生的，它总是以原来的公共关系工作及其效果为背景的。制订新的公共关系工作计划，要对前一项公共关系工作从计划的制订到实施、从效果到环境变迁进行系统评估分析。即使是前后两项公共关系工作所要解决的问题各不相同，但这两项公共关系工作仍然不会是截然分开的。

（三）评估是鼓舞士气、激励内部公众的重要形式

公共关系工作实施的效果本身往往表现为一个复杂的局面，既涉及公众利益的满足，也涉及公众利益的调整。一般说来，内部员工很难对它有全面深刻的了解和认识。所以，当一项公共关系计划实施之后，由有关人员将该项公共关系计划的目标、措施、实施的过程和效果向内部员工解释和说明，可以使他们认清本组织的利益和实现的途径，自觉将实现本组织的战略目标与自己的本职工作联系在一起，并变为一种行动。

（四）评估可以承上启下，为进一步开展公共关系活动提供依据

公共关系评估是公共关系工作的最后一个步骤，但又与新的公共关系活动的开拓

首尾相连，所以又可能是新的公共关系活动的调查与分析阶段。评估过程中，评估人根据公共关系活动的目标要求，结合各层次各环节的评估结果，以及实际投入、成本与收效进行比较，对本次活动实施成败的各种因素及制定目标依据与实际实施过程的偏差程度进行分析、评价，用于指导今后的公共关系活动，成为进一步开展公共关系活动的前车之鉴。

（五）评估可以为企业管理提供决策参考

通过公共关系评估，可以评估出经过公共关系工作之后的企业形象的状况，评估出企业形象各因素（如员工素质、产品质量、服务方针等）与期望值的差距，为企业经营管理决策提供参考。公共关系评估还在于使组织领导人看到开展公共关系工作的明显效果，从而使他们能更加自觉地重视公共关系工作。

（六）评估可以增强公共关系意识，提高公共关系人员的工作信心

就企业而言，公共关系活动重在平时，它对企业良好形象的树立能起到潜移默化作用。因为爱企业就会爱产品，成为产品使用爱好者。只有通过公共关系评估，才能很好将公共关系活动的这些效能凸显出来，使全体职工看到公共关系活动有作用，体会到公共关系的重要性，理解“唐松定律：100－1＝0（即100个员工为组织形象而努力，只要有一个人损害组织形象，这些努力都可能会付诸东流）”，加强企业全员公共关系意识。同时，公共关系从业人员从中能看到自己的工作为企业带来的效益，劳有所成，提高工作效率。

（七）评估可以衡量公共关系活动的效益

公共关系工作的评估，可以衡量经费预算、人力、物力的配备与开展公共关系活动之间的平衡性，衡量公共关系活动的效益。

总之，在进行公共关系活动之后，有必要对于是否达到目标，实现目标的程度如何，开展传播是否有效，投入与收效等进行认真评估。这是公共关系实务不可忽视的一个重要步骤。

第二节　评估人与评估标准

一、评估人

（一）对评估人的界定

评估人是公共关系评估工作的主体，指谁来对公共关系工作进行评估。他们必须是具备一定资格或条件的人。它包括参与公共关系绩效评估工作的个人和建立起的相应组织。

评估人的确定宜早不宜迟。一般说来，活动实施之前必须确定评估人员。这样，既可以让他们更早地进入角色，又可以使他们尽可能全面地了解公共关系工作的整体过程，从而得出更客观、全面的评估报告。

通常，评估人包括以下几类：

（1）公共关系活动的主办者。他们是公共关系活动的组织者、策划者或实施人

员。他们是从当事人自我的角度总结自己的工作做得怎么样。

（2）公共关系活动中的公众。他们全程参加了需要评估的公共关系活动。他们是从活动参与者的角度评价公共关系活动的组织者、策划者或实施人员的工作效果。他们的评价往往是一种“体验”。

（3）公共关系专家。他们主要来自专业公共关系公司、研究所或高等学校的公共关系专家、教授。他们是专业的公共关系“评估师”。他们往往从公共关系“专业”的角度评价活动本身的绩效，带有更科学与理性的特点。

（二）对评估人的基本要求

1. 客观中立

保持中立是评估人最基本的特点。无论评估人来自哪个单位或领域，都必须保持中立的态度、客观的立场。

2. 认真负责

公共关系绩效评估涉及对过去工作的评价，更涉及评估结论的运用与推广。认真负责是评估人不可缺少的工作态度。

3. 遵从规范

公共关系评估工作不能有太大的随意性，它需要评估人遵从事先确定的评估原则和规范。

4. 讲究道德

公共关系工作评估人员必须讲究公共关系职业道德。从《国际公共关系道德准则》和《中国公共关系职业道德准则》看，公共关系职业道德的基本内容包括：敬业爱岗，忠于职责；廉洁奉公，遵纪守法；坚持原则，处事公正；求真务实，勤奋高效；顾全大局，严守机密；维护信誉，光大形象；认真钻研，锐意创新。

二、评估标准

（一）评估标准与目标体系

评估标准是评估人开展公共关系工作绩效评估的依据。从根本上说，公共关系绩效评估的标准只有一个，即社会组织施行该公共关系活动所要达到的目标。

我们在本书第十章的“目标确立”中曾经阐明：根据公共关系的三大目标以及策划由目标导向的原则，在策划中首先就要确立具体的目标。如将形象级别由“5C23”提升到“6C34”，即：“认知度”在省区的区域——C 内，由“5”档提升为“6”档（10 个百分点左右）；“美誉度”由“2”等提升到“3”等；“和谐度”由“3”等提升到“4”等。评估中，我们就应将“6C34”的具体目标转为评估标准，从而评估、衡量出该次公共关系效果如何，是理想还是不理想，并具体在“三度”上有何体现。

（二）评估的基本标准

公共关系行业目前尚未制定出通行的适合所有公共关系活动、项目和事件的评估标准与评估模式。本书所提出的公共关系目标体系暨评估体系则可作为评估的基本标准。

通常，评估人从定量和定性两大方面来确定评估的基本标准，故有人称为评估的定量标准和定性标准。

定量标准是对评估标准给予特定的数量化。在本书第五章中，我们已分别阐述了认知度、美誉度、和谐度的定量测量的方法。这里还需指出，数量的表示有绝对数和相对数两种。比如，“要一个月之内让 10 万人称赞我们的组织”属于绝对数标准，“在这个地区，我们的组织提高了 10% 的认知度”属于相对数标准。

定性标准是对评估对象进行性质描述，如“他们这个企业的整体形象很好”、“知道我们产品的人非常多”、“这次活动的影响很大”等。但这些描述与社会组织的形象级别应是相统一的。比如某次公共关系活动使一社会组织的形象级别超出了“6C34”的预期目标，其同样也是定性描述，只不过它建立到了定量评估的基础之上。

第三节 评估的程序、步骤与内容

一、评估的程序

无论被评估的项目大小，真实的、有价值的公共关系项目效果评估的基本程序是：

第一，分解评估标准。分解后的评估标准，仍是一个标准的统一体，它是评估人员开展评估工作的参照系。如果标准不分解，评估则无从进行；而标准不统一，则会在调查中搜集许多无用的资料，影响评估的效果与效率。

第二，取得组织的最高管理者的认可并将评估过程纳入公共关系计划之中。评估不是公共关系计划的附属品或计划实施后的事后考虑和补救措施，而是整个公共关系计划的重要组成部分。

第三，在公共关系部门内部取得对评估研究意见的一致。

第四，确定搜集证据的最佳途径。方法的选择取决于评估的目的、提问的方式以及前面已经确定的评估标准。

第五，保持完整的计划实施记录。实施记录应能够全面、细致地反映公共关系项目的实施过程、工作方式、工作效果、存在的问题等。

第六，评估结果的使用。公共关系活动的每一个周期都应比前一个周期表现出更大的影响力。这是因为，通过评估结果的运用，问题的确定和形势的分析将会更加准确，更加符合组织发展的长远要求。

第七，将评估结果向组织管理者报告。这样做一方面可以保证组织管理者及时掌握情况，有利于进行全面的协调；另一方面也可以说明公共关系活动在实现组织目标中的重要作用。

二、评估的步骤

在《有效公共关系》一书中，卡特李普等将整个公共关系的项目评估分为准备过程、实施过程和活动效果三个阶段，每个阶段依次又分为3、4、7共14个步骤，如图12－1所示。

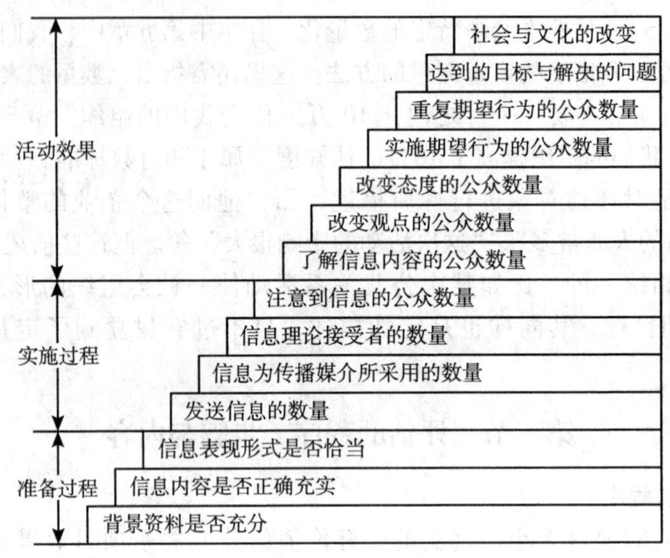

图12－1　公共关系评估的三大阶段

从图12－1中可知，第一阶段即对准备过程的评估包括三大步骤：

第一，背景材料评估。在整个沟通计划的实施过程中，及时发现在环境分析中被遗漏的、对项目有影响的因素十分重要。因为公共关系评估只有在充分占有和详细分析计划制订的背景材料的基础上才能实现。对背景材料的评估，就是检验是否充分占有资料、分析判断是否准确。如在确定公共关系目标公众时是否遗漏了关键公众？哪些关于公众方面的假设被证明是错误的？新闻界所需要的材料哪些没有充分准备？组织环境中的所有关键因素是否都已确定？这里，评估实际上是在检验前几个程序中是否充分占有资料和分析判断的准确性。

第二，信息内容评估。在这一步骤里，应重点检验社会组织说过的、做过的一切并进行分析，为开展未来的项目提供有益的启示和经验。其实质是为了检验公共关系活动中准备适应形势的要求。如分析公共关系活动中准备的信息资料是否符合目标公众及媒介的要求？沟通活动是否在时间、地点、方式上符合目标公众的要求？有没有对沟通信息和活动的对抗性行为？有没有制造事件或其他行动配合这次公共关系活动，这方面做得够不够？相对其他任务本身而言，人员与预算资金是否充分？

第三，信息表现形式评估。这一步是对公共关系活动组织者专业技能的检验。其主要目标是检验有关信息传递资料及宣传品设计是否合理、新颖，是否能达到引人注目、给人以深刻印象的要求。具体包括文字语言的运用、图表的设计、图片及展示方式的选择等。到这一步为止，公共关系从业人员应该对资料的充分性、合理性、有效性有了切合实际的把握与评估。

第四，评估发送信息的数量。这是第二阶段“活动实施过程”的第一步。其具体的评估形式是直接计算在某一特定时间内，参与该活动的公共关系人员（包括专职与特聘的）撰写了多少新闻稿和特写，拍摄了多少照片，寄发了多少信函，有多少次电视广播讲话，以及新闻发布的数量、发出的其他宣传材料的数量等。重点检查所有信息资料的制作情况和数量。

第五，统计信息被传播媒介所采用的数量。内容丰富、形式恰当、写得很好的宣传资料，如果不被传播媒介所采用，目标公众就无法接触，也不能受其影响。因此，通过统计信息被传播媒介所采用的数量，就能测量它们所产生的影响。通常，可以通过报刊索引、剪报、广播记录、展览、公开讲话的次数等进行统计。

第六，测量信息理论接受者的数量。即从理论上推测有多少公众接受了所传播的信息，可以从报刊的发行量、电视和广播接收的可能范围上推论出来。比如，报纸上的一条消息，可以从其发行量、一张报纸的平均阅读人数上，推知其理论上的接受人数。假定一张报纸平均有 3 个人阅读，那么这张发行数量为 50 万份的报纸，其理论上的受众就大约有 150 万人。

第七，评估注意到信息的公众数量。这是评估实施过程的最后一步。这一步与第 6 步的不同之处在于，它要了解的是实际接收到信息的公众的数量，而不是理论上的数量。

广播电视的收听率和收视率的调查，是常见的一种对实际注意信息的公众数量加以评估的方法。具体可以采用的方法有三种：①日记法。这种方法要求被调查者在测验期间每天将自己收听、收视广播、电视的次数、时间、频率（或频道）以及其他有关事情记录下来，供调查者研究、分析。②表录法。这种方法是将一种电子记录器指针调整到与被测电台、电视台的频率、频道相一致，以测定各媒介对有关信息的发布情况，然后将测定的资料传递给中心电子计算机系统进行处理。③电话访问法。这种方法是在节目播出期间或刚刚播放完毕，由调查者进行电话访问，了解公众对节目的收听收视情况。

第八，了解信息内容的公众数量。这是公共关系评估第三阶段活动效果评估的第一步。公共关系活动的目的之一，在于增加目标公众对组织的认识、了解和理解。目标公众对社会组织传播的信息内容是否了解以及了解的程度，直接影响到他们对组织的态度和可能采取的行动。对此，卡特李普说得好：“只要探险家们相信地球是个平面，他们就不敢朝遥远的边缘航行。同样，公众没有了解或没有完全了解有关组织的事件或问题，都会影响到他们对组织的观点和行为。”

评估了解到信息内容的公众数量以及他们的了解程度，可以在某一项公共关系活动的最后，对同一组织公众进行重复测验。或者在一组公众中开展此项公共关系活动，而在另一组公众中不开展此项公共关系活动，然后对比这两组公众对信息内容了解的人数差异和程度差异，以此测定该项活动在何种广度和深度上增进了公众对组织及其有关信息的了解。

第九，评估改变观点的公众数量。

第十，评估改变态度的公众数量。

第九和第十两步，是评估项目影响效果的一个更高层次的标准。由于评估的内容十分接近，所采用的方法也大体一致。通常使用“水准基点研究”来衡量公众的观点和态度在某项公共关系活动前后的变化。评价一个人的态度，要根据一段时期内他在所有有关组织问题上的立场和观点，而不能仅凭一时一事来判定一个人的态度发生变化与否。现在，水准基点研究已经成为发达国家的各类政治、经济和文化组织来评估其对公众的观点和态度影响程度的重要手段。

第十一，评估实施期望行为的公众数量。即在社会组织开展的公共关系活动及其传播影响下，有多少公众做出了我们所期望做出的行为。评估公众行为的改变，主要利用三种方法，即自我报告法、直接观察法和间接观察法。

第十二，评估重复期望行为的公众数量。这一步着重评估的不是有多少人做了什么事，而是有多少人重复做了什么事。最有效力的公共关系活动应该不仅能改变人们的某些行为，而且能够改变人们的行为习惯。重复期望行为的公众数量，是一种公众行为能否得到相当一段时间的改变的标志。

第十三，对“达到的目标与解决的问题”进行评估。

第十四，对“社会与文化的改变”进行评估。

最后两步进一步论述了如何从组织目标的达成和社会文化的发展的高度来评估整个活动。说明卡特李普和森特这两位杰出的公共关系专家具有强烈的职业责任和成就意识，表达了“增益于社会是公共关系职业的最高境界”这一观点。不过，评估公共关系活动对社会和文化发展的影响，并非仅是公共关系人员去完成的，它需要社会学家和心理学家的共同参与。

三、评估的内容

从理论的角度讲，公共关系评估的内容包括公共关系活动项目的方方面面。从这个意义上说，公共关系活动项目是公共关系评估的内容。但在具体的操作中，公共关系评估的内容可以根据要求有所侧重。概括起来，公共关系评估的内容有公共关系工作程序、专项公共关系活动、传播沟通、公共关系状态、工作机构及其绩效五大方面。

（一）公共关系工作程序评估

公共关系工作程序评估是对公共关系工作的各个步骤、各个环节的工作进行评价、估计或研究。评估的内容和要点主要有以下几项。

1. 公共关系调查过程评估研究

公共关系调查过程评估，应着重研究：一是公共关系调研的设计是否合理，能否据此搜集到充分准备的公共关系工作信息。二是公共关系调研方法的选择是否得当，能否据此获得普遍、深层的信息资料。三是公共关系调研工作的组织实施是否科学、合理。四是公共关系调研的结论分析是否科学。

2. 公共关系计划制订过程的评估研究

公共关系计划制订过程的评估，应着重研究：一是公共关系计划的目标是否正确。二是总体计划是否可行、合理。三是公共关系战略构思是否科学。四是目标公众选择是否正确，有没有遗漏。五是媒介选择及媒介策略是否得当。六是经费预算是否合理。

3. 公共关系计划实施过程的评估研究

公共关系计划实施过程的评估，应着重研究：一是准备是否充分，包括实施方案的准备、组织机构统筹分工准备、信息资料准备、实施人员训练的准备、各种实物准备、沟通协调工作等。二是实施过程安排是否合理、细致、周到、灵活、创新。三是信息制作如何，内容是否准确充实，表现形式是否恰当，数量如何，质量如何。四是传播如何，发送的信息量多大，被采用多少，有多少公众已接收到信息，有多少公众注意到信息。五是实施效果如何，包括测量公众在了解信息、改变观点、改变态度方面的数量分析，引起行为的公众数量、重复行为的公众数量，是否达到目标及解决问题等。

（二）专项公共关系活动评估

专项公共关系活动的评估研究，主要包括以下几类：一是日常公共关系活动成效评估；二是单项公共关系活动效果评估；三是年度公共关系活动效果评估；四是长期公共关系活动效果评估。

1. 日常公共关系活动成效评估

日常公共关系活动成效评估，主要研究以下几方面的问题。

（1）组织的全员公共关系运作如何，领导者内、外部公共关系活动开展得怎样，全体员工的公共关系意识和行为表现如何，组织的形象如何，组织和各部门在经营管理的各个环节上的公共关系投入如何，组织是否通过日常活动建立了有利的公共关系网络。

（2）组织的内部公共关系协调状况如何，平时的组织沟通如何，人际关系如何。

（3）组织和外部公共关系协调状况如何，认知度怎样，美誉度如何，外部公众传播沟通怎样，公共关系环境是否有利。

（4）公共关系人员的工作是否得力，日常工作的内容是否有利于推进内部、外部公共关系的进展，日常工作是否井然有序又灵活创新，日常工作是否确定了长远目标。

（5）公共关系人员与领导工作配合怎样，是否经常与领导沟通，是否为组织决策搜集和提供了大量可靠的信息。

2. 单项公共关系活动效果评估

同日常公共关系相比，单项公共关系活动在计划性上和目标追求上要强烈一些。这无论在开业庆典、新闻发布会还是一次展览、一次联谊会上，均充分体现了其较强的目标导向特点。对单项公共关系活动效果进行评估，常常要涉及下述内容要点。

（1）项目的计划是否合适，其目标与组织总目标、公共关系战略目标是否一致，项目的目标是否已经实现。

（2）传播沟通策略、信息策略是否有效。

（3）公共关系沟通协调状况如何，对公众产生了哪些影响。

（4）公共关系形象有何改变。

（5）项目预算是否合理。

（6）组织管理工作成效如何。

3. 年度公共关系活动效果评估

年度公共关系活动效果评估是对年度内的日常公共关系活动、单项公共关系活动进行的总体评估。主要包括以下内容：

（1）年度公共关系计划目标是否实现。

（2）年度公共关系计划方案是否合理，实现状况如何。

（3）年度内日常公共关系活动成效如何。

（4）年度内单项公共关系活动的类型、数量及成效分析。

（5）年度公共关系经费预算使用情况及合理性研究。

（6）内部公共关系利弊得失如何。

（7）公共关系机构与公共关系人员的绩效怎样。

（8）组织的公共关系应变能力怎样。

4. 长期公共关系活动效果评估

长期公共关系活动效果评估，包括某一时期公共关系项目及公共关系长期工作的成效分析。如日本丰田公司历时 19 年将皇冠牌小汽车打入美国市场的公共关系经历，客观上需要进行效果评估。长期公共关系活动效果评估是一个总结过程，需要将日常工作评估结果、单项活动评估结果、阶段性工作评估一并吸收进来，进行系统分析，从而获得一个总的结论。所以，长期公共关系活动效果评估的内容要点与前几种专项公共关系活动效果评估的内容要点是一致的，只需加以归纳整理和分析研究即可。不过，在这种评估中，要特别注重公共关系战略的得失问题、公共关系变动规律问题、公共关系与经营管理关系问题等。

（三）传播沟通的评估研究

对传播沟通的评估研究，旨在专门分析衡量公共关系中的传播效果，以检测传播沟通工作中的得失问题。传播沟通的评估要点有以下几项。

1. 信息制作的评估研究

检测公共关系人员的制作能力，如一定期限内的新闻稿件撰写数量、专题报道数量、其他传播资料的制作数量、图片和信件的数量等。检测制作的表现形式是否合适、表现手法和质量是否很高等。信息是否准确易懂。

2. 信息曝光度的评估研究

仅仅制作了信息而没有得到足够的曝光，这不会有多大的传播沟通效果。因此，需要对信息曝光度进行必要的评估研究，把握信息得以传播的覆盖面、数量。比如发稿量多大、被媒介采用的数量多大，信息被哪家传播媒介采用效果更好，传播是否充分，传播是否浪费。

3. 传播沟通效果评估

传播必须有效。对效果大小的衡量主要是检测这样一些内容：公众对信息本身的了解情况——有多少公众了解，了解程度如何；公众接受信息的情况——是否接受、承认信息内容，接受的比例多大；公众接受信息后的态度情况——多少公众赞同信息内容；多少公众形成了对组织的很好印象；公众行为效果的情况——多少公众对信息产生相应反应，多少公众达到公共关系目标的期望水平，传播沟通方案如何，目标是否得体，策略是否得当，媒体选择是否合适，信息策略是否合适，目标对象状况如何；等等。

（四）公共关系状态评估

着眼于对主要公共关系状态进行评估研究，旨在通过各类公众的变化来评估以往公共关系工作成效。

公共关系状态分析应分两步进行：内部公共关系与外部公共关系。

内部公共关系评估的内容要点是：一是组织的政策在沟通中为全员接受，接受的程度如何。二是员工的士气如何。三是组织的凝聚力如何。四是组织中的各种工作关系是否融洽，呈现为哪些趋势。五是双向沟通带来哪些生机和活力。六是影响员工关系的因素测评。七是沟通渠道需作哪些改进。八是传播策略及目标有何欠缺。九是公共关系是贯穿于各种经营管理活动、各个环节之中，还是仍有障碍。

外部公共关系评估的内容要点可分头评估：

第一，消费者关系评估。看消费者的态度、行为变化特点，评估组织对消费者关系的传播沟通及人际协调方面的工作成效。

第二，媒介关系评估。看其态度是冷淡还是热情，还是积极支持，采取何种沟通策略及成效。

第三，社区关系评估。了解各类社区公众对自己及其活动的看法，分析社区公共关系投入的利弊，找出新的沟通策略。

第四，政府公共关系评估，了解政府的支持情况，组织与政府的沟通效果，政府关系的沟通协调策略等。

（五）公共关系实务及机构工作绩效评估

对实务活动分项评估与对机构的工作绩效进一步评估，便于清点公共关系机构人员的工作效率、实际能力、策略手段等。定期对此作出评估分析，对改进机构工作效率和水平很有帮助。

（1）市场营销分析。主要研究公共关系工作对市场营销工作的促进状况，市场营销中的公共关系策略，市场公共关系传播的成效等。

（2）广告研究。测定广告覆盖状况、影响的广度与深度，评估广告所带来的认知度变化、产品被接受情况，评估广告策略的利弊得失。

（3）新闻宣传评估。在前面我们已作了分析，此处不再重述。

（4）专题活动评估。前面已作陈述。

（5）管理绩效评估。包括对目标完成情况、管理技能、工作人员目标任务完成情况、工作效率、实际能力、策略手段的改善和调整的评估。

上述五个大的方面公共关系评估类型，在研究内容上，互有交叉，区别只在于评估的角度。公共关系评估工作可视其需要，选取其中一类或几类进行评估。

我们还可以根据公共关系活动的时间发展，从公共关系工作事前、事中、事后三个阶段进行评估。不同阶段的评估标准、方法和侧重点是不同的。事前评估主要侧重需求研究；事中评估主要侧重过程研究；事后评估主要侧重效益和效果的确定。

第四节　公共关系评估报告

一、撰写公共关系评估报告的意义

公共关系评估报告是提供给组织的一种正式的公正性文本。它是通过文字、图表或相应的其他形式来体现开展公共关系工作的成绩、经验、教训、建议等评估工作的成果形式。它具有业务性强、理论性强、经验性强等特点。

撰写公共关系评估报告的主要意义，在于为公共关系评估成果的运用提供依据。通常，评估小组将公共关系评估报告分别提供给管理层领导，作为他们统筹管理和发布新决策的依据；送达各职能部门，作为各部门改善工作的参考；提供给全体员工，以利于员工了解外界的评价，提高士气，改善行为。还可以公开发表，供同行或其他社会组织参考与借鉴。通过撰写公共关系评估报告，社会组织对公共关系过程与绩效可以总结过去，积累经验；着眼现在，克服缺点；指向未来，指导工作。

到目前为止，我国许多社会组织仍然不太重视公共关系评估工作，能见到的公共关系专业评估报告甚少。他们也不太注重评估成果的运用，常常使公共关系工作带有盲目性和被动性，进而丧失了许多成功机会。

二、撰写公共关系评估报告的基本原则

公共关系评估报告是对公共关系活动或工作的书面评价，是对已经做的公共关系工作的总结，是公共关系评估结果运用的依据。

为此，公共关系评估报告除了要遵循科学性、公平性、真实性等外，还应符合以下要求。

（1）针对性。公共关系评估报告的针对性很强。要么是综合项目评估，要么是单项活动的评估。为了解决工作中的实际问题，最多的情况还是单项活动的评估。如庆典活动、赞助活动、展示展览活动、产品推广活动、危机处理效果等。

（2）完整性。公共关系评估报告的完整性主要有三方面的内容：①按照公共关系评估报告书的内容，对评估工作的目的、对象、原则、依据、方法、结果等要进行全面的概括。②正文内容与附件资料要配套一致，尤其要注意附件资料要起着完善、

补充、说明正文的作用。③被评估的范围和对象要做到完整无缺、无一遗漏。

（3）及时性。公共关系评估具有较强的时效性，公共关系活动及其面临的环境也在不断地变化。因此，在公共关系活动开展结束之后，评估人应及时写出公共关系评估报告书，否则容易失去评估本身的意义。

（4）客观性。公共关系评估报告是一种公正性的文件。在撰写报告时，必须真实、客观，有理有据。要避免空泛议论或掩饰缺点，应力戒片面分析或夸大其词。

（5）独立性。在撰写公共关系评估报告的过程中，通常要与公共关系活动主办单位的部分领导、员工等接触。评估人在做出结论时，要避免受到他们主观意志或一己之见的影响。在评估报告中，必须反映自己的独立评估结论。

三、公共关系评估报告的内容与格式

（一）公共关系评估报告的内容

公共关系评估报告具有特定的目的。不同的目的，决定了评估的范围和对象不同。因而公共关系评估报告书的内容就不完全一样。根据公共关系评估实践的总结，公共关系评估报告的内容主要有以下几方面。

（1）评估的目的及依据。包括：为什么要进行公共关系评估，通过评估解决什么问题，以及评估所依据的文件或相关会议要求之精神等。

（2）评估的范围。公共关系活动涉及方方面面。为了突出重点，缩短篇幅，利于评估结果的运用，报告书必须明确公共关系评估的范围。

（3）评估的标准和方法。在报告书中，应说明评估的标准或具有可测量的具体化的目标体系，以及评估过程所采用的方法。比如直接观察法、问卷调查法、比较分析法、文献资料法、传播审计法等。

（4）评估过程。简要说明评估过程是怎样进行的，分哪些阶段。从阅读报告书的过程和采用的方法等可以判断评估是否科学、系统、规范、完整等。

（5）评估对象的基本情况。在公共关系评估报告书中，必须明确评估对象本身的情况，包括活动或项目名称、开展时间、实施的基本情况与特点等。

（6）内容评估、分析与结论。在评估报告书中写明被评估的公共关系活动、工作或项目的内容，对运行与执行以及效果、效益进行分析，进而得出客观、公正的结论。

（7）存在的问题及建议。评估人根据掌握的实际材料、相关情况，有针对性地提出问题，并提出有利于解决问题的建设性意见。

（8）附件。附件主要包括附表、附图、附文三部分。

（9）评估人员名单。包括评估负责人；参加评估人员的姓名、职业、职务、职称等。有时为了利于咨询，评估人还需要把电话、通讯地址、邮政编码也写明。

（10）评估时间。由于公共关系活动处于动态的状态下，不同时间评估所得出的结论会不同。因此，评估报告书必须写明评估时间或评估工作开展的阶段。

（二）公共关系评估报告的格式

“文无定法”。公共关系评估报告书没有固定的结构格式。按照评估的目的与要求，公共关系评估报告的结构可以采用不同的格式，灵活安排结构。结构服从于内容表达的需要。

通常，公共关系评估报告书的结构格式依次包括以下各项：

（1）封面。封面的主要内容包括评估书或项目的题目、评估时间、评估人（单位名称）以及保密程度、报告书编号。题目要反映出评估的范围和对象。排版应醒目、美观。

（2）评估成员。反映哪些人参加了评估工作，负责人是谁。

（3）目录。用来方便阅读报告书的人。

（4）前言。反映评估任务或工作的来源、根据，评估的方法、过程以及其他特别需要说明的问题。也有的评估报告书把评估的方法、过程等写进正文部分。

（5）正文。正文是评估报告书最重要最主要的部分，也是评估报告书的主体。它包括评估的原则、方法、范围、分析、结论、存在的问题、建议等。

（6）附件。附件内容是对正文内容的详细说明和补充，是正文的证明材料。

（7）后记。主要说明一些相关的问题。比如报告书传播的范围，致谢参加人员及相关单位等。

四、撰写公共关系评估报告应注意的问题

公共关系评估报告书的写作是有相当难度的。在写作过程中，既要求执笔人员客观、公正、全面，又要求报告书可读、简洁、明了。为此，除格式方面的要求外，在写作过程中，还应注意如下问题。

（1）定量与定性相结合。通常，评估结论是定性的，但必须用定量的指标作说明。注意定量与定性的密切结合。

（2）建议与策略具有可操作性。只有切合实际情况的建议才具有可操作性。

（3）语言准确、精练。尽量用最少的文字、篇幅来说明问题，提出建议。切忌太多的学术词汇，让评估报告的阅读者难以理解。

（4）结论客观具体。评估结论要客观，既要看到成绩、效益，又要看到缺点和不足。在结论中，要避免“可能”、“大概”、“也许”等模糊语言。所有的结论都应该找到相应的材料作证明。

【案例 12 -1】 一名乘客的航班该不该飞

1999 年 3 月 9 日，海南航空股份有限公司从广州飞往成都的一个航班上，148 个座位中，只有一名乘客。

一架波音737客机，从广州飞成都，总费用在7万~8万元之间，只运载一名乘客，远远不够运输成本。但飞机还是照常起飞了。而且，航行途中照常举行乘客抽奖活动，这名唯一的乘客以100%的中奖率，获得一张免费机票，等于不花钱享受到了乘坐专机的待遇。

这件事，引起人们的争论。当地一家报纸发表署名文章，为海航“一名乘客的航班”叫好，大为赞赏公司以乘客利益为重，恪守信誉的做法。继而该报又发表文章，表示对“一名乘客的航班”不解，认为“按照市场经济的一般规律，148座比1这个数字的比例就已经失去了这个专机航班存在的理由”。有的文章则为海航设计了一些解决的办法，即许多航空公司常规的做法：或者向乘客讲明情况，帮助乘客调整航班；或者在乘客同意的前提下，给予退票和相应的赔偿。文章说：“这种情况在国内外都有先例可循。”

海南航空公司自办的一张报纸发表评论员文章。文章不无骄傲地说：“海航从来都不是按常规发展起来的。”“为了整体利益和长远利益而牺牲局部利益是值得的。一名乘客的航班，照飞。”

一名乘客的航班该不该飞？对这一问题的回答，反映了不同的经营思想。

不少人认为：一张机票，形成了乘客与航空公司之间的契约关系。乘客买了机票，只要不轻言放弃，航空公司就应履行飞行的承诺。否则，其信誉损害，远远超过了一次几乎空载的航班的经济损失。

但同样也有不少人则认为：对于本次航班，航空公司应当采取“常规”办法。对这名唯一的乘客晓之以理、动之以情，并给予一定的赔偿。那么，在国内航班正点率原本不是很高的情况下，得到赔偿的这名乘客完全可以高兴地改乘下一个航班。这样做，既防止了经济损失，也不会损害航空公司的信誉。

“一名乘客的航班”偶尔出现一次，“照飞”可以为企业取得轰动效应，相当于为企业做了一次花钱不多的广告。然而，也有人士认为，这种现象出现多了，如果航空公司每天都面对几起“一个人的航班”，谁还敢夸“照飞”的海口？

对于“一个人的航班”飞与不飞，还有另一种观点：“一个人的航班”现象的发生，是市场发出的一种危险信号。有关经营者对此不应沾沾自喜，更不应把它当作吹牛的资本。在服务良好的前提下，需要想一想市场为什么不选择这个航班，多研究一些解决供需严重失衡的办法，少提一些壮志凌云的口号……

到目前为止，尚未有什么权威人对“一个人的航班该不该飞”做出什么结论，但可以肯定的是，对这一问题的讨论（争论）肯定是有些意思的。

（资料来源：《重庆日报》）

【案例12-2】 巧借年会扬美名

贵宾楼饭店是北京市旅游局饭店管理公司与香港爱国人士、全国政协副主席霍英东博士合资建造的豪华酒店，投资额达4600万美元。1989年，在试营业期间，跻身于“世界一流酒店组织”。

1990年正式营业后，被国家旅游局评定为五星级酒店。本着“自行设计、自行施工、自行管理”的方针，贵宾楼人不断在实践中摸索具有东方特色的管理体系，走出了一条由中国人自己管理豪华合资酒店的新路子。它独一无二的地理位置、古香古色的硬件设施和细致入微的个性服务受到来自世界各地的各界人士的高度评价。迄今为止，贵宾楼接待了包括国际奥委会主席萨马兰奇、澳大利亚前总理霍克、美国前国务卿基辛格、英国前首相希思、英国前首相撒切尔夫人、巴基斯坦总理贝·布托、日本前首相海部俊树、日本前首相中曾根康弘、秘鲁总统藤森、德国前总理科尔等首脑在内的国内外宾客189万人次；营业收入以平均60%的速度逐年递增，已向国家上缴各种税款3864万元，还本付息总额1748万美元；1994年饭店总经理被评为全国旅游行业劳动模范，饭店被国家旅游局评为最佳星级饭店，并获全国外商投资企业协会颁发的“优秀外商投资企业奖”。作为为数不多的7家中国成员之一，贵宾楼在1994年底还成功地主办了第66届“世界一流酒店组织”年会，名声大振。

一、活动背景

世界一流酒店组织成立于1928年，是世界上最早的环球性宣传、促销、预订网络机构，现有成员饭店270家，分布在50多个国家和地区，代表着世界上最高档、最豪华、最优秀的饭店潮流。

“服务至上、价值至上、质量至上”一直是一流酒店组织及其成员所奉行的原则。他们根据旅游业服务对象、发展步伐、复杂程度的变化情况调整自身的服务管理标准，追求卓越，最大限度地适应客人的需求。饭店业中只有最杰出的企业才能有资格申请加入该组织，并需经过严格的考核才能成为正式成员。

该组织定期要对每一个成员进行复查，以确定其不折不扣地符合一流组织的各项水准。目前，一流酒店组织在全球设有15个分支机构并拥有自己的国际电脑预订系统和销售联络网络，可确保每位客人都得到最精确的信息和最迅速的确认以及最出色的服务。该组织每年举办一次年会，总结上一年的工作，反馈市场信息，交流工作经验，以求共同促进、共同发展。年会的地点不固定，一般是在头一年年会上决定下一年的会址。而得到会议的主办权如同申办奥运会一样，绝非易事。申办城市首先要提交申请，阐述其接待计划，然后经大会讨论决定。中国成员曾在1988年力争过主办权，但由于当时受交通、接待等条件的限制，与竞争对手新加坡相比不具备明显优势，故失去了一次机会。时隔5年，在1993年的年会上，以北京贵宾楼饭店、广州白天鹅宾馆为首的中国代表团经过多方努力，在众多的申办城市中终于赢得了1994年一流酒店组织年会的主办权。主席先生决定年会于1994年11月16～20日在北京举行。

1994年年会是一流酒店组织的第66届年会，与会者都是世界一流酒店组织成员酒店的董事长、总经理等显赫人士，他们当中80%的人未到过中国，对中国悠久的历史、灿烂的文化及飞速发展的现状了解甚微。因此，接待好此次会议，不仅仅只关系到贵宾楼，更重要的是：它将向专业人士和社会公众展示中国酒店管理状况；体现北京旅游事业发展水平；反映北京人精神风貌；宣传北京、宣传中国。

二、筹备策划

1. 筹备

年会争办到手，是值得庆幸的。但要想成功，却不是一件轻而易举之事。以往的65届年会，多在发达国家、发达地区举行，他们有举办会议的丰富经验，亦了解与会者的需求，而对年轻的贵宾楼人而言，确实需要做一番精心策划和筹备。

(1) 考虑到会议是酒店业的“奥林匹克”盛会，具有相当的国际性，规模较大，300多名与会者地位很高，且在京期间的活动日程涉及方方面面，贵宾楼首先向上级行政领导北京市旅游局书面报告，阐明活动的背景及意义，希望在会场、旅行社、车队、景点等各方面得到支持。北京市旅游局对此十分重视，并上报北京市委。

市委批示各单位密切配合，全力以赴举办好这次有意义的活动。

(2) 1993年12月24日贵宾楼成立内部筹备领导小组，总经理亲自挂帅，主要成员为总经理室、公共关系部、销售部、餐饮部人员。公共关系部负责整体策划以及同国家旅游局、北京市政府、人民大会堂、市旅游局等国内有关单位联络，并加强会前宣传；销售部负责直接与世界一流酒店组织联络，获取会议信息；餐饮部则负责会议期间的餐饮及会议的安排。到1994年2月7日，会议日程安排草案已基本形成。

(3) 在北京，“世界一流酒店组织”成员有两家，一家是贵宾楼饭店，另一家是王府饭店。按会议的常规要求，与会人员必须选择成员酒店下榻，且有些活动需在“王府”举办。因而，为了共同的利益，本着“互通有无、互惠互利”的公共关系原则，贵宾楼总经理出面，主动与王府饭店协商，成立筹备协调小组，由贵宾楼牵头。

(4) 从1993年年底开始，全饭店的工作重点就开始转向一流年会的筹备工作，各部门的细分工作亦以此为中心展开。培训部配合各部室加强人员的素质和语言能力的培训，力求在会议期间，以崭新的面貌、一流的服务，接待来自八方的贵宾；维修部、客房部门对每一间客房都检修一遍，保证万无一失。

2. 策划

如果说全方位的筹备是接待工作的基础，那么活动的策划和实施方案的制定则是会议成功的关键。在距年会召开将近1个月的最后冲刺阶段，各项接待工作需要更加具体落实，故此，饭店于1994年10月17日成立一流酒店年会接待小组，下设常务办公室，由一名总经理助理负责，公共关系部、销售部、培训部、餐饮部、办公室抽调精兵强将参与其中。筹备办公室根据“一流”总部确认的日程，从营造气氛的环境布置到机场接送的具体细节，从大会会场的选址到跟踪服务，进行统一的筹划和安排。

3. 日程安排及接待

——11月16日到达

- 派专人到机场迎接，总经理专程率队在饭店门口迎接。
- 欢迎晚宴（贵宾楼3层花园大厅）

——11月17日

全天会议（人民大会堂）

午宴（人民大会堂国宴厅）

夫人活动（天坛、雍和宫、北京工艺美术品厂）

风味晚宴（全聚德烤鸭店）、杂技表演

——11月18日

分会议（王府饭店、贵宾楼饭店）

夫人活动（颐和园、动物园熊猫馆、秀水街）

午餐及“东方霓裳”时装表演（北京饭店宴会厅）

庆祝晚宴（王府饭店）

——11月19日

游览故宫、慕田峪长城

中午野餐（长城脚下）

告别晚宴（贵宾楼饭店）

——11月20日

离京赴西安旅游

如此规模的国际会议对于贵宾楼来说确是一次挑战，组织者们在策划过程中，以多创新意、提高档次为原则，反复地琢磨推敲。

开始考虑到外国人可能喜欢多姿多彩的民族风格，但经过仔细研究，根据贵宾楼独特的地理位置和格调，最终在创意中融入了浓重的宫廷特色，增加了帝王的气派。为了使16日晚欢迎宴会的皇家气氛更加逼真，筹划小组做了大量细致而严谨的准备工作，负责人亲自到故宫研究室，就帝王大宴的程序和安排特别请教了专家。同时，求得多方面的帮助，专门录制了帝王出行、用膳时所奏乐曲的录音带，以从各个角度突出皇家的风格和气派。

三、活动实施

1. 营造会议气氛

为了营造良好的会议气氛，贵宾楼工作人员在饭店的前车场上悬挂一块精制巨型欢迎横幅，不仅使与会者看了高兴，同时对外界也是一种很好的宣传；3部观光电梯内分别用中国国旗、一流年会会旗和贵宾楼店旗装饰，并配以“66年历程，66年辉煌”、“祝贺一流酒店年会圆满成功”等热情洋溢的文字；3层花园大厅祝酒台上用“WELCOME”字样拼摆成一个大型鲜花坛，上空悬挂各成员饭店所在国国旗；另外，在大厅两侧还摆放着象征中国的长城和代表北京的天坛的自制模型。贵宾楼内外装点一新，格外别致，体现了生长在礼仪之邦的中国人特有的热情和友好。

2. “帝王之梦”欢迎晚宴

既然是在中国，那么欢迎晚宴一定要有中国特色；既然是在北京贵宾楼饭店举办，贵宾楼又是离故宫最近的一家酒店，所以“帝王”特色便成为创意的主导思想，欢迎晚宴的主题也因此确定为“帝王之梦”。随着总裁先生的一声锣响，欢迎晚宴正式开始。在20多名身着宫女和太监服装的少男少女的恭迎下，在66声浑厚的古钟与悠扬的中国民乐伴奏声中，客人们轻松愉快地步入晚宴会场。酒宴虽不是满汉全席，但也确是集南北菜肴之精华，以中华美食给客人带来美妙的享受；席间还穿插唐朝的唐宫乐舞和清朝的吉舞祥歌表演，以传统艺术给客人带来精神上的满足；唯我独尊的“皇帝”在中和韶乐的伴奏声中御驾亲巡，向客人表达了最尊贵的敬意，充分突出了“帝王之梦”的主题；“皇帝”亲自颁诏，馈赠礼品给每个客人，使宴会气氛达到最高潮，令每一位客人陶醉，尤其是穿上皇帝赐给的龙凤袍，好似真正走进了那东方远古的“帝王之梦”……

3. 独具特色的细节

由于策划周全，准备时间充分，整个会议很有生气，高潮此起彼伏。随同来的夫人们一般不参加会议，但她们对于参观、购物等项目却十分感兴趣。为此，贵宾楼专门为夫人们安排了活动，由专门的导游和随从陪同前往。每天晚上回到房间，客人都能在床头发现一份带有中国特色的精巧礼物。这份细致入微的体贴，使客人们忘记了一天的劳顿。西方客人有过夜生活的习惯，细心的贵宾楼人为他们专门开辟休憩、闲聊的场所，还准备了夜宵。每一次外出活动，为了方便住贵宾楼的客人辨认车辆，每辆大客车前都有两名工作人员站立在寒风中，拉着饭店的店旗，引导客人上车，格外醒目。欢迎晚宴的菜单、桌牌卡、礼品卡上都统一印制了一流酒店组织的标识，使宴会的标准更加符合高档次、国际化要求……

4. 跟踪摄像

这次会议不仅对贵宾楼是开天辟地头一遭，对于80%的与会者而言也是第一次。为了让大家记住这美好的时光，筹备办公室专门策划出跟踪摄像服务。不论是开会，还是参观，不论是在室内还是户外，都有一位摄像师跟踪录像。饭店的工作人员利用夜间时间把当日活动的录像剪辑、配音、配乐，制成活动简报，在次日客人用餐的餐厅内播放。当看到自己的身影频频在屏幕上出现时，客人们异常激动，纷纷提出要购买录像带，将这永久的记忆珍藏。会议结束的当晚，工作人员快马加鞭，将连日来的录像编辑成一个名为“Welcome to Beijing”的短片，向客人销售。这种做法区别于以往年会照相的惯例，前所未有，十分有新意。

四、效果评估

1. 树立中国酒店的良好形象

中国人管理的酒店牵头举办这样的大型国际性专业会议，为中国酒店史书写了新的一页，也向世人表明中国的旅游饭店已成功地进入世界先进水平的行列，增强了中国人自己管理酒店的信心。

2. 多方面、多层次的立体宣传效果

在会议准备期内，《北京日报》、《中国旅游报》、《北京旅游报》等传媒发布了贵宾楼将举办这次会议的消息，让公众通过贵宾楼，初步了解世界一流酒店组织；在会议召开期间，中国中央电视台一套、四套，北京电视台，香港旅游专业周刊(TTG)，《北京月讯》，《经济日报》，《人民日报（海外版）》，《中国日报》，《北京青年报》等多家报纸、杂志和电视台的记者对会议进行采访和报道，使北京乃至全中国、亚洲的公众和世界范围内的专业人士了解到会议的盛况，进一步宣传了中国人自己管理的酒店，树立了贵宾楼的良好形象。此外，与会者也都是重要公众，他们中有的是大酒店的老板，他们所接触的人正是贵宾楼的潜在客源市场，他们的“口头宣传”是很有价值的免费广告；还有一些与会者是一流酒店组织地区经理和预订网络负责人，他们对贵宾楼的感性认识无疑会增加客房预订的潜在力度，对于没有外方管理集团，在海外销售不占优势的贵宾楼今后的市场工作，有良好的开拓作用。

3. 广交朋友，促进合作

通过会议，不仅树立了酒店的形象，而且广交了朋友。会议期间，许多酒店老板约见总经理，商谈酒店之间的合作事宜。如里兹酒店亚洲公司、巴黎的科里昂酒店等饭店都有合作意向。贵宾楼已同韩国的新罗酒店、日本的大阪酒店等合作，在双方分别举办美食节，相互传播美食文化，促进相互的业务发展。

4. 经济收入可观

通常，11 月份是北京酒店业淡季，而 1994 年 11 月却是贵宾楼的旺季。会期虽然只有四五天，但这期间饭店收入非常可观，营业收入达 150 万元人民币，仅自制的录像带销售一项，就收入 2 万余元人民币。

5. 全员“公关”结硕果

贵宾楼非常重视公共关系，总经理多次提出人人都是公关员，旨在培养“全员公关”意识。这次年会的成功举办，体现了“全员公关”取得的成果，同时受到客人的一致赞赏。4 天时间很短，但客人们对贵宾楼的安排非常满意，因为通过贵宾楼，他们了解了中国的酒店业，更了解了中国人。

对于欢迎晚宴，客人们是这样评价的：我们参加过许多豪华晚宴，但像这次这样新颖别致、具有浓厚的中国特色的安排却是第一次。主席先生夸赞道：我知道你们的确是用了心思，有的事情别人也同样做了，但我感到你们是用心做的，这就是区别所在。因为“用心”在酒店业是很重要的，这是用金钱买不到的。

来自意大利 Grand Hotel Billa D'este 的总经理 Mr. Doulers 在给贵宾楼总经理王泉生先生的信中写道，我们是一流酒店中资格较老的酒店，但今天我非常高兴地看到贵宾楼饭店已经走在我们前面。在贵酒店的几天里，我真切地感到，世界一流酒店组织是一个大家庭，我们一定会向我们的客人推荐贵宾楼，这里就是他们中国的家。

跟踪录像给客人的印象更深。当主席先生了解到这是酒店工作人员自己摄像、编辑、配音、制作时非常惊讶，他夸赞道：你们能在如此短的时间内制作出配有音乐和标准英文解说的录像专题片，效率惊人，这不仅具备了专业水平，而且也是世界一流酒店组织成立以来的一次创举，其意义是不可估量的。他还说，你们给今后的主办者带来了压力。

世界一流酒店组织总裁在感谢信中写道，贵宾楼饭店出色的接待和风格独特的欢迎晚宴以及在各项活动中表现出来的周密设计与安排令我们终生难忘，我毫不怀疑贵宾楼是世界上一流的酒店之一。年会期间的所有感受告诉我们这样一个事实，中国的旅游业发展很快，总体接待水平不断提高，正向国际水平靠近。

（资料来源：《中国优秀公关案例选评（之二）》，复旦大学出版社 1997 年版）

复习思考题

1. 请对学校或班级开展的某项公共关系活动撰写评估报告。
2. 请你以主持人或专家的身份，对当地政府或某个企业的一次公共关系活动进行评估，并撰写公共关系评估报告。
3. 请你找一份公共关系评估报告，评价该报告的优缺点。
4. 对《一名乘客的航班该不该飞》这个案例应掌握哪些评估标准？
5. 《巧借年会扬美名》给我们的启示有哪些？

参考阅读

1. 狄思达：《公共关系手册》，社会科学文献出版社 1989 年版。
2. 罗伯特·罗雷：《管理公共关系学》，南开大学出版社 1990 年版。
3. 弗兰克·杰弗金斯：《实用公共关系》，上海翻译出版公司 1988 年版。
4. 武田哲罗：《顾客满意经营》，中国台北洪建全教育文化基金会。

参考文献

[1] 卡特利普、森特:《有效公共关系》，中国财政经济出版社1988年版。

[2] 王乐夫、廖为建:《公共关系学》，辽宁人民出版社1986年版。

[3] 中国社科院新闻研究所:《塑造形象的艺术——公共关系学概论》，科学普及出版社1988年版。

[4] 熊源伟:《公共关系学》，安徽人民出版社2003年版。

[5] 翟向东:《中国公共关系教程》，中国商业出版社1994年版。

[6] 李道平、单振运:《公共关系协调原理与实务》，中国商业出版社、复旦大学出版社1996年版。

[7] 余明阳、陈先红:《CIS教程》，中国物资出版社1995年版。

[8] 郭惠民:《当代国际公共关系》，复旦大学出版社1995年版。

[9] 刘庆龙:《科技公共关系》，清华大学出版社1992年版。

[10] 纪华强:《公共关系的基本原理与实务》，高等教育出版社2006年版。

[11] 居易:《公共关系学入门》，安徽人民出版社1987年版。

[12] 谢俊贵:《现代公共关系调查与策划》，中南工业大学出版社1998年版。

[13] 林汉川、李觅芳:《公共关系案例教程》，复旦大学出版社1997年版。

[14] 邱伟光:《公共关系调查》，复旦大学出版社1992年版。

[15] 舒咏平:《实用策划学》，中国商业出版社1996年版。

[16] 李道平:《公共关系策划》，中国商业出版社1997年版。

[17] 国家职业资格工作委员会公共关系专业委员会:《公关员职业培训和鉴定教材》，复旦大学出版社1999年版。

[18] 谢俊贵:《公关信息学》，中南工业大学出版社1995年版。

[19] 郑杭生:《社会学概论新修》，中国人民大学出版社2003年版。

[20] 沙莲香:《传播学》，中国人民大学出版社1990年版。

[21] 袁方:《社会调查原理与方法》，高等教育出版社1990年版。

[22] 狄思达:《公共关系手册》，社会科学文献出版社1989年版。

[23] 罗伯特·罗雷:《管理公共关系学》，南开大学出版社1990年版。

[24] 弗兰克·杰弗金斯:《实用公共关系》，上海翻译出版公司1988年版。

[25] 武田哲罗:《顾客满意经营》，中国台北洪建全教育文化基金会。

[26] 丹尼斯·威廉克斯:《公共关系战略与战术》，解放军出版社1992年版。

[27] 艾瑞克·亚威包姆鲍伯·布莱：《如何推进公共关系》，企业管理出版社 2001 年版。

[28] 阿尔·里斯劳拉·里斯：《公关第一，广告第二》，上海人民出版社 2004 年版。

[29] 陈向阳：《最佳公共关系案例》，安徽人民出版社 2005 年版。

[30] 邢颖：《中国公共关系二十年：理论研究文集》，北京大学出版社 2007 年版。

[31] 张依依：《公共关系理论的发展与变迁》，安徽人民出版社 2007 年版。

后　记

我们每天一睁开眼睛，就同各种各样的关系打交道了。关系像空气一样，随时随地包裹着我们。关系处好了，我们的事业顺利，我们的精神愉快，我们的生活幸福。这也是我们越来越重视公共关系，越来越注重学习公共关系学的重要原因。

当代中国的公共关系无论是实践活动还是理论研究与教学工作，都取得了累累硕果：

——公共关系的实践活动从自发走向自为、从盲目走向自觉、从照搬走向自主创造。各行各业、各个地区充分运用公共关系的职能发展经济、开拓事业，各种专题的公共关系活动或包含着公共关系意识与方法的工作遍地开花，公共关系在促进社会进步的同时，自身也在不断成长、壮大。

政府积极运用公共关系推动工作：北京奥运会、上海世博会、政府应急管理等，公共关系大显身手；企业普遍采用公关手段，创造佳绩。政府与企业是公共关系工作特别活跃的领域。

公共关系市场和公共关系专业公司长足发展。据中国国际公共关系协会调查估算：2000 年，国内公关市场的营业额约达 15 亿人民币；到了 2016 年，整个公关市场的年营业规模达到 500 亿元人民币。

——公共关系专业化、职业化有较大发展。一批专业公共关系公司、群团纷纷组建并探索性地前进，一些专业人员已经专门从事公共关系实务运作、理论研究和教学工作，国家劳动和社会保障部已经批准将公共关系职业载入“国家职业分类大典”，公共关系工作已进入国家正式职业行列。1999 年，国家职业资格工作委员会专门设立公共关系专业委员会。这标志着我国公共关系职业化迈出关键一步。

——公共关系人才培养和教育普及化、规范化。各种社会办学满足了人们学习公共关系学并掌握其技能的需要，全国大部分高校开设了公共关系学课程，部分高校设立了公共关系大专或本科专业，公共关系方向的硕士生、博士生也开始培养。

2006 年年初，中国国际公共关系协会与国家人事部高级公务员培训中心，合作开展了公务员公共关系专业培训。来自于中央国家机关的公务员和事业单位的工作人员，全国各省、市党政机关和企事业单位的人员接受了培训。中国高级公务员培训中心启动公务员公共关系专业培训，标志着公共关系作为独立的专业学科，纳入公务员培训系列之中。

公共关系教材出版令人目不暇接，目前已被国家图书馆馆藏的就达 3000 多种。

——公共关系理论研究成果丰硕。全国公共关系理论研讨会已成功地举办了多次，一批专著和有影响的论文发表，形象学派、协调学派、传播学派、管理学派的产生，活跃了学术空气，细化和深化了对公共关系的研究。

我们一直行进在中国公共关系界的队伍中，亲历了中国公共关系的征程。随着经济、文化、社会和科学技术的加速发展，人类社会将面临巨变，公共关系将会备受关爱，社会对专业公共关系人员的需求越来越多，对每个“社会的人”的公共关系素养也会有更高的要求。公共关系的普及化、专业化、职业化、规范化，都要求公共关系培训和教育有更长足的发展，这就需要公共关系教材建设能很好地配合。

20世纪80年代中期，中国大陆第一代公共关系教材面世，其开山之作有中国社科院新闻研究所明安香等人编写的《塑造形象的艺术——公共关系学概论》、王乐夫和廖为建等人编著的《公共关系学》等。这一代教材主要完成了公共关系学的引进任务。

20世纪90年代初，一批对中外公共关系理论作了一定的梳理并初步结合中国国情和中国公共关系实践经验、有一定个性化的教材问世。其中以居延安等人编著的《公共关系学》、熊源伟等人编写的《公共关系学》、翟向东等人撰写的《中国公共关系教程》等影响较大，学术界有人将其称为第二代教材代表作。第二代教材的主要贡献是初步形成了适合中国国情的公共关系的理论框架，为公共关系学在中国的广泛传播立下汗马功劳。

历史发展到21世纪，公共关系理论研究有了较为深入的进展，产生了很多新的学术观点，总结、提炼出许多新的实际操作方法和案例。回头再看以前的教材，感到有很多发展、完善的工作可做，公共关系教材的编写面临新的突破。

社会实践发展的需要，公共关系教育和培训对新教材的呼唤，公共关系学科理论自身寻求有突破性的发展，一批长期从事公共关系实践、教学和理论研究的人士有责任感的推动——促使中国公共关系界要推出新一代的公共关系学的教材。

经过数位专家学者的努力，新的教材编写工作终于有了结果——全国适用教材《公共关系学》诞生了！

与以往的公共关系教材相比，本书有以下几个特点：

第一，构建了一个崭新的公共关系学科体系。全书以公共关系基础理论、公共关系历史、公共关系四大要素作为领头，以公共关系三大目标、公共关系工作三大基本方法、公共关系活动四大步骤作为躯体，形成一个完整的、有机的、有逻辑性的学科体系。

第二，几个重要的学术流派首次融合，使公共关系学科体系更为丰满，内容结构更加合理。形象塑造、沟通管理、关系协调等学派的倡导人携手合作，将各派观点和方法集大成于一书，使公共关系理论建设和教材编写走进一个新时期、新境界。

第三，全书内容有很多创新。学科体系的创新，为全书搭起了新的框架；学术流派的融合，使本书兼收并蓄，带来综合后产生的新意；新知识、新观点、新方法、新材料、新案例等的大量运用，使全书面目一新。

第四，实力派作者汇聚联手，使本书的写作具有相当的权威性和影响力。参加本书写作者，都是目前国内公共关系界的知名人士。他们长期从事公共关系实践活动和公共关系理论研究和教学工作，有深厚的理论功底和丰富的实践经验。比起若干年前，现在他们见识多了，见解深了，技能丰富了，水平提高了，写出的书稿成熟多了。还有一些有影响的公共关系学者、专家虽未亲自撰稿，但他们对本书的关心和提出的咨询意见以及所提供的有关资料，也使本书增色许多。

第五，理论与实用并重。我们特别注意把握公共关系学是一门应用性学科的特点，在编写时，对理论问题以简练、通俗的语言阐述，对操作性的方法和技巧的介绍给予充足的篇幅并强调做到：具体、细致、实用。使读者学之能懂、会举一反三并创造性地运用。

第六，体例规范、完整，并有新的形式。每章开始有本章提要；正文表述符合要求；阅读材料置于章节中、典型案例列于正文后，便于理论联系实际，增加可读性，提高学习兴趣；每章最后附有复习思考题、阅读参考等，以便于读者总结、思考、复习、训练。

本书由廖为建、余明阳、李道平任学术顾问，具体编写、审订和再版修订工作由李道平负责。

撰稿人由以下同志担任：第一章：李道平；第二章：余以游；第三章：刘庆龙、熊卫平；第四章：廖为建；第五章：舒咏平；第六章：薛可；第七章：纪华强、陈志云；第八章：李道平、樊建廷、陈志云；第九章：谢俊贵；第十章：游为民；第十一章：黄翔；第十二章：干勤。舒咏平协助李道平做了许多具体工作。单振运为部分章节撰写了稿件。

本书的编写工作得到了中国公共关系界同仁的关注和大力支持。许多著名公共关系界领导、专家和学校老师经常问询本书编写情况，一些朋友因自身工作太忙无暇参与本书写作，但却为我们提供了很多咨询意见和有关资料。出版社的领导和责任编辑为本书出版做了大量工作。本书初版后得到广大师生和读者厚爱，被很多学校选用和阅读，使我们有机会在书中与你们进行系统和深入的交流。在此，我们全体编写人员表示衷心的感谢，谢谢你们的帮助和支持！

在本书出版之际，中国公共关系业已进入一个较好的发展时期。经济全球化使中国公共关系业面临巨大的机会；互联网在中国的飞速发展，给中国公共关系业带来新的服务方式和手段；政府职能部门改革的深化和经济运行与国际接轨，为中国公共关系业发展提供了良好条件。我们期望本书的推出能为中国公共关系业的发展贡献一分力量。

当然，一门新学科的成熟不是短时期就能实现的。公共关系教材的完善也需要公共关系界同仁持续地努力。本书虽然作了一些新的探索和尝试，但还存在一些不足。

我们将不断修订此书，使其日臻完善。我们祈望广大师生和读者朋友对本书提出批评及修改意见，帮助我们提高编写水平。我们盼望有更多、更好的公共关系类图书面世！

编写组全体成员